侵权责任法典型案例实务教程

主　编　李显冬
副主编　周　黎　王　芳
撰稿人（以下按姓氏拼音排序）

崔华洁　崔俊贵　蔡晓仪　丁小团
范静怡　郭志京　古丽努尔　高　杨
高海玲　何冠楠　何耀佳　贾永智
贾明星　孔德峰　刘志强　李志国
李显冬　李　敏　李兆军　刘艳明
刘诗瑜　刘天舒　刘菲菲　马秋影
邱　杨　孙　丽　石　玥　唐　飞
王　芳　王　宁　王　倩　王　丽
温松梅　杨怀智　杨永营　禹　良
杨舒淇　张　珺　郑　杰　周　黎

中国人民公安大学出版社
·北　京·

图书在版编目（CIP）数据

侵权责任法典型案例实务教程/李显冬主编．—北京：中国人民公安大学出版社，2011.10

ISBN 978－7－5653－0594－8

Ⅰ.①侵…　Ⅱ.①李…　Ⅲ.①侵权行为—民法—案例—中国—教材　Ⅳ.①D923.05

中国版本图书馆 CIP 数据核字（2011）第 188118 号

侵权责任法典型案例实务教程

主编　李显冬

出版发行：中国人民公安大学出版社
地　　址：北京市西城区木樨地南里
邮政编码：100038
经　　销：新华书店
印　　刷：北京泰锐印刷有限责任公司

版　　次：2011 年 10 月第 1 版
印　　次：2011 年 10 月第 1 次
印　　张：24.75
开　　本：880 毫米×1230 毫米　1/32
字　　数：672 千字

书　　号：ISBN 978－7－5653－0594－8
定　　价：62.00 元

网　　址：www.cppsup.com.cn　www.porclub.com.cn
电子邮箱：zbs@cppsup.com　zbs@cppsu.edu.cn

营销中心电话：010－83903254
读者服务部电话（门市）：010－83903257
警官读者俱乐部电话（网购、邮购）：010－83903253
法律图书分社电话：010－83905745

序

今年是中国政法大学建校的第59个年头，作为中国政法大学的一名老教师，我深深体会到法律教育的成败和得失事关国家法治的盛衰。法学的实践性极强，但法律本身，特别是条文却是死的东西，如果我们仅仅注重对学生进行法律注释的教授，而忽视了关于法律的运用，尤其是不注意培养学生们以灵活的头脑来解释死的法律，那么我们的学生往往会既难以把握法律学习的真谛，也忘记了“法学理论的研究，乃是法律真正科学的研究”①，而且又由于此种学习方法养成的动力定型，会使我们的学生每每在遇到某种事实没有形成的解释例可适用时，就变得迷茫失措。

此时，我总能回忆起自己在苏联留学期间，在苏式seminar的课堂中学生们必须运用理论的经历，那种教学方式使我真是受益匪浅。在自己几十年的法学教育经历中，我逐渐更认同这种教学方式的优越性。我的学生显冬教授，从20世纪90年代开始致力于案例研习的教学方法，这正是他对该教育思想的探索与实践。

这几年，显冬教授总结自己的案例研习和教学，力图撰写出一套适合案例研习与实务应用的教材，遂带领他的学生们以自己侵权责任法的教案为基础，在我国各级法院公布的案例中遴选适当的案例进行精析，通过梳理裁判要旨再现法官运用法律的逻辑过程，进而引发案例意义的法理思考。做到了在案例精析中呼应侵权法律知识，在案例精析中展现法律精神。

所以，这本书除了供在校学生学习参考之用外，还可作为讲义

① Gray，The Nature and Sources of the Law，2d ed. p. 133.

与其他致力于seminar教学的教师进行交流之用。同时，它还可以供法律工作的法官、检察官和律师从事法律实务参考，以供必要时举一反三，由此及彼。

最后，这本书还可供所有对《侵权责任法》有兴趣的人阅读。这本书将法律理论和实践相结合，对侵权法律知识进行了深入浅出的诠释，案例的分析不但可以使读者深刻理解法律意旨，而且还能使读者在案例的研读中增长具体的法律能力，定会帮助读者拿起法律武器保护自己或他人的合法权益。

法治是法律人的共同理想，但这一理想并非仅靠法律人一己之力就能实现。我们期盼更多的人关注和投入到我国法治事业中来，如此一个法治昌明的和谐社会定将早日到来！

是为序。

江　平

2011年5月

目　录

第一章 侵权责任法绪论

第一节 侵权责任法概述

一、侵权责任法的内涵

（一）侵权责任法的定义

侵权责任法的内容是对民事主体的合法权益遭受其他私法主体侵害时的救济措施，故其也可以被看做是，主要规范侵权行为法律后果的法律规范的总称。

【案例 1-1-1】七年磨一剑

——《“侵权责任法”表决通过 历时七年经四次审议》①

2009 年 12 月 26 日，十一届全国人大常委会会议表决通过了历时七年、经四次审议的《侵权责任法》，这是继 2007 年《物权法》之后，我国民法典中的重要组成部分。我国《侵权责任法》的制定是从 2002 年民法典的起草开始——2002 年 12 月，民法典草案首次提请九届全国人大常委会会议审议，草案共九编，有一千二百多条、十余万字。其中第八编的“侵权责任法编”有 68 条，该编由中国人民大学法学院教授王利明和杨立新两位学者共同主持起草，这就是侵权责任法的雏形。

① 《“侵权责任法”表决通过 历时七年经四次审议》http://www.edu.cn. 2010-08-26 来源：人大与议会研究网 http://www.e-cpcs.org/newsinfo.asp? Newsid=17706.

翌年，国家立法机关考虑到，民法典涉及面广，内容复杂，如果作为一部法律进行修改和审议，历时长、难度大。于是确立了分编修改和审议、分编通过的原则，待各编审议通过后，再按照法典体例编纂民法典。因此，侵权责任法草案是在民法典中侵权责任法编的基础上起草的。

六年以后，全国人大常委会法制工作委员会在《民法草案(征求意见稿)》第八编和专家学者等各方面修改意见的基础上，形成了《侵权责任法（草案)》第二次审议稿，提交2008年12月22日召开的十一届全国人大常委会第六次会议进行了审议。

2009年，《侵权责任法（草案)》审议工作提速，10月底和12月底，全国人大常委会分别进行三审和四审并通过。从初审到通过，《侵权责任法》走过了整整七年。

(二）损害赔偿之债的内涵

损害赔偿之债，是指在侵权行为发生以后，侵权人对被侵权人承担的以金钱给付的形式来对受损的民事权益提供救济的义务。它反映了侵权人与被侵权人之间，基于侵权行为而发生的一种特定的当事人之间的特定的债权债务法律关系。与基于合同产生的债权债务不同的是，侵权损害赔偿之债的产生是基于法律的强制性规定。一般情况下损害赔偿的救济方式是在损害业已发生并且无法恢复原状的情况下才予以适用。

【案例1-1-2】侵权损害赔偿知多少?

——《“同命同价”是对侵权责任法误读》[①]

“每个人受到人身损害受伤或死亡，得到的赔偿不一样是很正常的，这是因为人的社会、经济地位不平等，人的收入不一样。”

① 《“同命同价”是对侵权责任法误读》，2010-01-07 06：47：00来源：四川新闻网-成都商报（成都)，记者 郑钰飞。

律师王某指出，死亡赔偿金的性质是财产损害，是对受害者家庭未来预期收入的一个赔偿。

《侵权责任法》通过后，法律全文向社会公布。其中第17条规定："因同一侵权行为造成多人死亡的，可以以相同数额确定死亡赔偿金。"这一条文的出现，迅速被社会冠以"同命同价"的标签。律师王某认为，"这是对《侵权责任法》的一种误读，从来就不存在'同命同价'的问题。"

"首先这个条款不是'同命同价'。'同命同价'讲的是不管在什么样的侵权行为中，我们的赔偿不以受害人是城市户口还是农村户口而有差别。"从来不存在"同命同价"。如果认为农村的人赔偿太少，完全可以通过提高精神损害赔偿来填补。这个法条只是对于因同一侵权行为造成多人死亡情形的特别规定，和"同命同价"没有关系。

二、侵权责任法的目的及功能

（一）侵权责任法的立法目的

侵权责任法的功能由其立法目的所决定，为目的服务，是目的的具体化。《侵权责任法》第1条开宗明义，"为保护民事主体的合法权益"而制定本法，而"明确侵权责任，预防并制裁侵权行为"，都是服务于民事权益保护。

（二）侵权责任法的主要功能

1. 填补功能

填补功能又叫补偿功能，其实就是广义的恢复原状功能，其主要目的在于对受损的民事权益进行保护，使其得以补救和修复，恢复到受损前的原始状况。由此来具体理解损害的填补：

（1）侵权责任的确定建立在侵权行为发生以后的现实状态与侵权行为发生以前的原始状态的比较之上。

（2）在损害填补的方式上主要有狭义的恢复原状与金钱赔偿

两种办法。

恢复原状是损害赔偿的一般方式，金钱赔偿只在特定条件下才予适用。恢复原状关注被侵权人具体利益所遭受的事实上的破坏，注重对被侵权人完整利益的维护，而金钱赔偿仅注重对价值利益的维护。因此在制度层面上，除了对财产损害的赔偿以外，侵权责任法的补偿功能还体现在对精神损害的赔偿上。

【案例1－1－3】耽误录取也能要赔偿

——《张某诉电大误填信封信息、邮局等错误投递致其逾期报到被作自动放弃入学处理侵权赔偿案》①

原告张某高考由被告某电大录取，电大工作人员在填写新生报到须知的信封时，误填邮政编码，后被告甲邮政所在分拣该信件时也出现失误，致使张某错过到校报到时间，未能被该电大录取。

张某向被告邮电局、某电大交涉未果，于是向法院起诉，请求判令被告赔偿精神损失费、医疗费、生活补助费、学习培养费等。

法院经审理认为，由于被告电大和邮政局工作人员的重大过失，使该录取通知书未按期到达原告手中，导致原告不能入学深造，侵犯了原告的合法权益，给原告精神上造成了一定的损害，应由被告承担过错赔偿责任。

本案原告因被告工作失误而失去上大学的宝贵机会，受损的民事权益对原告意义重大，但又难以用经济价值进行衡量，但侵权责任独有的精神损害赔偿的方式为原告提供了救济的途径，使其诉讼请求得到了法院的支持。

---

① 《张素霞诉淮阴电大误填信封信息、淮阴邮局等错误投递致其逾期报到被作自动放弃入学处理侵权赔偿案》，载最高人民法院中国应用法学研究所编：《人民法院案例选》2000年第2辑（总第32辑），人民法院出版社2000年版，第95页。

2. 预防侵权之功能

（1）强调开启或形成危险源主体的危险防免义务。这里的危险源泛指那些具有给他人的合法权益造成损害的潜在性危险的物质、场所、业务等。法律通过对开启、形成危险源的主体明确义务，强调其义务违反的责任，促使其增强预防、控制危险发生的责任意识，并进而调整自己的行为，达到预防侵权行为发生的目的。

（2）无过错责任的规定有助于预防和遏制侵权行为的发生。

（3）侵权责任的承担方式从源头上遏制侵害的发生或扩大。《侵权责任法》突出了停止侵害、排除妨碍、消除危险等防御性责任方式的适用。

【案例 1－1－4】惩前毖后　防祸未然

——《大学生跌落地铁致死　北京地铁坚称无监控录像》①

大学生马某不明不白跌落北京地铁站台，被铁轨上的高压线电死，警方的初步结论是“孩子自己跳下去的”，但马某进入地铁前毫无自杀征兆，而监控设备齐全的地铁站，没有录像可查。马某的母亲孟某，唯有每晚到地铁站台扛着牌子寻找知情者。

消失的监控录像

孟某第一时间就要求调取事发当晚地铁站的监控录像，并申请了证据保全。地铁公司提供给家属的说法，在事后多日，发生了好几次变化，从最初的“不能提供录像给家属”，到“一部分录像设备坏了，提供不了”，再到最近的说法是，“8 月 11 日到 8 月 24 日，监控设备全都发生了故障，没录上”。

孟某聘请的律师金某说，根据《北京市城市轨道交通安全管理办法》的规定，监控录像对地铁公司来说，“必须有”．而且地铁调度中心，每天都有人盯着屏幕在看，哪个摄像头坏了，能立刻

① 《大学生跌落地铁致死　北京地铁坚称无监控录像》，2010－09－23，10：07：43，来源据：南都周刊（广州）。

被发现，马上就有人来修复，如果坏了十几天，那是个大事故，但报修、检修报告为什么没有？“不是地铁公司说没有，就没有的，这很好追查。”

地铁公司的责任

“地铁公司明知轨道有高压线，存在巨大风险，却不安装防护栏，也是造成悲剧的重要原因。”金律师说，北京地铁采用第三轨供电，这第三条轨道，平行于乘客能看到的两轨，位置紧贴站台一侧，电压超过七八百伏，一旦有乘客不慎跌落站台，后果不堪设想。而北京地铁除了2007年以后开通的新线路有封闭或半封闭屏障外，1号线、2号线、13号线、八通线，都没有防护栏，站台上仅有一条黄色标志线，距离铁轨不过半米远，乘客稍有打闹或站立不稳，都有可能跌落下去。

在金律师看来，北京地铁发生这么重大的事故，地铁公司的高层领导应该在第一时间站出来，主动追着家属解释，做安慰的姿态。从进入站台，到跌落死亡，这几分钟内，马某到底经历了些什么，地铁公司也有举证责任。“地铁公司除非能提供证据证明马某有重大过失，比如说是他自己跳下去的，否则，那就是地铁公司的过错嘛。”

3. 制裁侵权行为之功能

侵权责任法的制度设计体现着法律对侵权行为的否定性评价，“侵权责任法是对民事权益否定之否定”，这非常直白地概括出了侵权责任法所具有的制裁功能。

但这种制裁不同于刑法，并不具有报复性惩罚的目的，而是旨在保护民事权益，侧重矫正不法行为。《侵权责任法》第47条规定的惩罚性赔偿责任是其制裁功能的直接体现。此外，监护责任等为他人的侵权行为负责的规定同样含有惩罚的意味。

【案例 1－1－5】为啥刑事案件中还有民事赔偿责任?

——《唐某以私设电网的危险方法过失致人死亡案》①

唐某为防止自家葡萄园的葡萄被人偷盗或被牲畜破坏，在葡萄园靠着人行的道路架设了一条电网。邻村的 9 岁男童倪某与另两名男童到被告家的葡萄园偷摘葡萄。倪某钻进葡萄园后，即触电倒地。唐某得知后，将倪某送往医院，经抢救无效死亡。经法医检验，确认倪某系被电击死亡。

检察院以被告人唐某犯过失杀人罪向法院提起公诉。死者倪某的父亲提起附带民事诉讼，要求被告人唐某赔偿其经济损失。

法院依照我国《刑法》第 106 条和第 67 条的规定，认定被告人唐某犯私设电网过失致人死亡罪，判处有期徒刑 3 年，缓刑 3 年。

经法院对民事部分主持调解，双方达成协议：由唐某赔偿死者倪某的父亲各项经济损失 6000 元。

本案中，被告人唐某过失致人死亡自无疑问。同时，鉴于被告的过错行为造成了男童倪某死亡，侵犯了其生命权，虽已依法被判处承担刑事责任，但还应依法承担民事赔偿责任，不能因承担了刑事责任就免除其民事责任。

就违法行为而言，有的仅应负民事责任，而有的在应负民事责任的同时，因触犯刑律还应承担刑事责任。这就意味着，一个人在承担民事责任以后，还可能要承担行政、刑事或其他的法律责任。通俗的说法就是，不能“打了不罚，罚了不打”，而要“又打又罚”。民事责任的承担，自不构成免除其他法律责任的条件，但无疑可以作为减轻其他有关法律责任的法定情节。

① 《唐海清以私设电网的危险方法过失致人死亡案》，载最高人民法院中国应用法学研究所编：《人民法院案例选》1995 年第 3 辑（总第 13 辑），人民法院出版社 1995 年版，第 22 页。

在许多情况下，民事法律关系的主体须为他人行为造成的损害承担民事责任，如国家对公务员的行为负责；法人对其负责人的行为负责；法定代理人对未成年子女的行为负责；雇佣人对受雇人的行为负责等，这种责任本身就体现着惩罚的意思。

【案例1-1-6】父母须为孩子的侵权行为埋单
——《吴某诉朱某与曙光学校人身损害赔偿纠纷案》[①]

某市曙光寄宿学校，学生就寝时，一年级小学生朱某（6岁）拿橘子把玩，便随手将橘子扔向吴某，恰巧打中吴某正在睁着的右眼上。虽经校医治疗十多天，吴某右眼未见明显好转。

学校在同月底将吴某的情况通知了其父母。吴某父母带着吴某四处求医治疗，合计花去医疗费39592.58元、交通费2040元、住宿费1000元。吴某父母遂以朱某和曙光学校为共同被告提起民事赔偿诉讼。

法院经审理认为，由于曙光学校系寄宿制学校，对学生实行封闭式管理，学生在校期间主要由学校进行教育、管理、保护，被告朱某在宿舍内致伤原告，故被告曙光学校应承担主要责任，被告朱某应承担次要责任，原告不承担责任。由于被告朱某未满10周岁，系未成年人，应由其法定代理人承担相应的民事赔偿责任。

根据《侵权责任法》的规定，无民事行为能力人造成他人损害的，应由监护人承担侵权责任，尽到监护责任的，可以减轻责任。在学校受到人身损害的，幼儿园、学校等应承担责任，但能够证明尽到教育、管理职责的除外。

本案中，原告的损害虽由被告造成的，但被告是无民事行为能力人，其父母未尽到监护责任，学校也未尽到其管理职责，对他们

① 《吴凯诉朱超、淮安曙光双语民营寄宿制学校人身损害赔偿纠纷案》，载最高人民法院中国应用法研究所编：《人民法院案例选》2006年第2辑（总第56辑），人民法院出版社，第131页。

判令承担赔偿责任就是一种惩罚性的责任，同时这种惩罚也是侵权责任法预防功能的体现。

第二节　侵权行为

一、《民法通则》对侵权行为的定义

在《侵权责任法》出台之前，我国学者以往一般都是依照《民法通则》第106条“……公民、法人由于过错侵害国家的、集体的财产，侵害他人财产、人身的，应当承担民事责任。没有过错但法律规定应当承担民事责任的，应当承担民事责任”，来定义侵权行为的。

随着科学技术的不断进步和社会经济的长足发展，在世界各国逐步工业化的过程中，种类繁多的侵权行为随之产生，各种各样的侵权纠纷也与日俱增。随着人们对权利的不断认识，新型的侵权案件也不断涌现。因此，有关侵权行为的认定及其民事责任的承担，无疑成为近年来民事立法研究的重点。

【案例1-2-1】男人究竟有没有生育权？

——《叶某诉妻子朱某擅自流产侵犯其生育权案》①

叶某与朱某系夫妻。朱某与婆婆关系不和，经常口角。在一次争吵后，未经叶某同意，已怀孕35周的朱某到医院做了产化流产手术。叶某起诉朱某剥夺其生育权。

一审法院认为：男、女公民均享有相应的生育权。被告朱某享有的生育权是基于人身权中的一种生命健康权，原告所享有的生育

① 《叶光明诉妻子朱桂君擅自流产侵犯其生育权案》，载最高人民法院中国应用法学研究所编：《人民法院案例选》2007年第4辑（总第62辑），人民法院出版社2008年8月版，第112页。

权是身份权中的一种配偶权。当两种权利相冲突时，法律应当更加关注生命健康权，而非配偶权，而且《妇女权益保障法》明确规定了妇女有生育的权利。因此，被告对腹中怀孕胎儿进行产化流产手术，不构成对原告生育权的伤害。且原被告夫妻和好后仍然可以生育儿女，男方基于配偶权所享有的生育权仍然可以实现。判决驳回原告的诉讼请求。一审宣判后，当事人均未上诉。

本案中原告叶某作为一个成年男性，理所当然享有既定的生育权，而且，所享有的权利与其妻子是平等的。然而，在男女双方的生育权发生冲突时，考虑到女方将付出更多义务，且直接基于女方人身权，女方处于弱势地位，理应优先保护女方的人身权益。

二、《侵权责任法》对侵权行为的定义

《侵权责任法》没有对侵权行为的定义直接作出规定，但我们可以从相关法律条文中推知其内涵。

《侵权责任法》第2条："对侵害民事权益，应当依照本法承担侵权责任。本法所称民事权益，包括生命权、健康权、姓名权、名誉权、荣誉权、肖像权、隐私权、婚姻自由权、监护权、所有权、用益物权、担保物权、著作权、专利权、商标专用权、发现权、股权、继承权等人身、财产权益。"

据此，侵权行为就是指侵害合法民事权益，依法应当承担侵权行为的民事赔偿责任的行为。

三、侵权行为之学理定义

综合各种学说，并依我国《侵权责任法》的规定，我们可以将侵权行为定义为：侵权行为，是指行为人因过错作为或不作为，侵害他人人身、财产权利或法律所保护的利益，而应依法承担相应民事赔偿责任的行为，以及依法律特别规定无过错也应承担民事责任的行为。

【案例 1 -2 -2】建立完善的公害救济体系
——《谁为松花江污染埋单?》①

2005 年 11 月 13 日，中国石油天然气股份有限公司吉林分公司双苯厂发生爆炸，本次事故共造成 5 人死亡、1 人失踪、60 多人受伤。爆炸还造成约 100 吨苯类物质流入松花江，造成了江水严重污染，沿岸数百万居民的生活受到影响。

2005 年 12 月 6 日，哈尔滨 20 家企业联合起诉吉化双苯厂污染侵权。

在中国民法体系中，侵权责任设计是一对一，一个人侵害另一个人的权利，就此承担相应的直接责任；即便发生一人损害多人，也是每一个被损害的个人一对一向侵权人索赔。这样造成的结果是：侵权者的责任在无形中被缩减了，企业的赔偿额远远enums不上其应该承担的责任。

在中国目前公共事件频发的状况下，国家应尽快建立起完善的公害救济体系。一方面，改变侵权者责任承担过低的状况，尤其需要建立起公益诉讼等机制；另一方面，建立社会补偿机制，对遭受公害侵犯的人尤其是弱势群体给予救助。

第三节 侵权责任

一、侵权责任的含义与特点

(一) 侵权责任的含义

侵权责任就是侵权行为的民事责任，它是民事责任的一种，是指民事主体依据法律的规定，对他人的人身或财产权益所受的侵害

① 段宏庆：“谁为松花江污染埋单?”，载《财经》杂志，总第 148 期。

而依法应承担的民事法律责任。

（二）侵权责任的法律特征

1. 侵权责任是平等主体间的民事法律关系

引起侵权责任的损害是一种发生在平等主体之间的法律事实，其虽然是以既有的民事权利义务为前提的，但损害赔偿的责任无疑又在平等民事主体之间形成了一种新的民事法律关系。

【案例1-3-1】旅行社与其上级领导旅游局负的是不同责任
——《在国外旅游不幸身亡诉办旅游护照单位未同时办旅游意外保险要求给付此项保险金案》①

刁某等人到某市旅行社办了旅游护照，以旅游团的名义，到俄罗斯做生意，雇原告米某之夫白某开车。回国途中在俄罗斯遭歹徒抢劫，白某中弹身亡。

因赔偿问题白某之妻米某向法院起诉被告旅行社和旅游局，请求法院判令被告赔偿出国旅游人身意外伤害保险金30万元及子女抚养费和丧葬费30余万元。

法院认为：被告旅行社为白某办理了旅游护照，使其以旅游者的身份出境，就应依照《旅行社办理旅游意外保险暂行规定》第4条的规定为白某办理意外保险②。根据《旅行社办理旅游意外保险暂行规定》第22条的规定，对旅行社的不作为，应由主管部门进行行政处罚，旅行社应赔偿原告的实际损失而非仅赔偿保险金。但被告旅游局因属行政管理部门，不承办旅游业务，故不应承担民事

---

① 《米凤群因其夫在国外旅游时不幸身亡诉办旅游护照单位额尔古纳市国际旅行社未同时办旅游意外保险要求给付此项保险金案》，载最高人民法院中国应用法学研究所编：《人民法院案例选》2002年第1辑（总第39辑），人民法院出版社2002年版，第125页。

② 《旅行社办理旅游意外保险暂行规定》第4条规定："旅行社组织团队旅游，必须为旅游者办理意外保险。"

赔偿责任。

本案涉及的首先是旅游意外险的强制保险属性。当强制保险合同的投保人在与被保险人形成某种必须保险的法律关系时，订立保险合同就成为投保人的一种从合同义务。被告的不作为，损害了原告的权益构成侵权。原告与被告属于旅游合同的两方，是平等的民事主体，符合侵权责任法律关系的主体特征。

至于就原告将旅游局列为被告而言，由于侵权责任法调整的是平等主体之间的关系，而旅游局是行政机关，故即使其行政不作为，也不是用《侵权责任法》来调整，故而认为原告只可以另行提起行政诉讼，要求国家赔偿。

2．侵权责任的“处分性”或“自主性”的特征

侵权责任法既然是民法的重要组成部分，民法的“意思自治”即所谓“自主性”的原则就具体表现在责任承担的“处分性”特征上。民事责任这种“任意处分”的特点其实就意味着：只要双方当事人愿意，权利人既可以放弃损害赔偿的请求，也可以对赔偿数额予以减少。也就是说，对于赔不赔、赔多少，完全可以由双方当事人自己协商决定。因此，民事责任与行政责任或刑事责任的最大区别就在于，民事责任中更多的不是强制性的规定，而是“任意性的规范”。

【案例1－3－2】花钱到底能不能减刑？

——《蔡某故意杀人案》①

蔡某与陈某恋爱不成，遂起报复心理，用凶器挟持陈某到其家中，对其进行百般虐待后杀害，后经抢救陈某保住性命。公诉机关

① 《蔡超故意杀人本应判处死刑立即执行但因其真诚悔过、积极赔偿被害人经济损失并取得被害方谅解而判处死缓》，载最高人民法院中国应用法研究所编：《人民法院案例选》，2008年第一辑（总第63辑），人民法院出版社2008年版，第24页。

以故意杀人罪对蔡某提起公诉。

一审法院认为被告人故意杀人罪成立，判处蔡某死刑立即执行，剥夺政治权利终身，但没有判决其赔偿被害人的经济损失。

二审法院因蔡某真诚悔过且积极赔偿被害人经济损失并取得被害方的谅解，改判蔡某死刑缓期执行。

本案被告人虐待、杀害被害人的行为无疑构成了对他人生命和健康权的侵害，但刑事责任的承担不影响其民事责任的承担。只是鉴于民事责任的可处分性，是否要求民事赔偿，是属于被害人对自己权利处分的范围。所以必须明确，民事责任的可处分性是针对权利人来讲的，侵权人对是否承担责任及如何承担并没有选择的权利。

不过，民事责任就其可处分性而区别于刑事责任，这是因为，追究刑事责任是国家的任务，被害人并没有决定权，但就受害人而言，可以表示谅解，因此，刑事被告积极进行民事赔偿并取得受害人的谅解，应是本案对被告人从轻量刑的酌定情节。

3. 民事责任以“恢复原状”为其最高原则

民事责任以“恢复原状”为原则，不过债权人可以请求恢复原状所需要的金钱，以代替恢复原状①。而恢复原状的具体法律含义是：

（1）侵权法对于受害人提供的是同质救济。侵权行为民事责任是民法中的一项重要制度，其所提供的救济是同质救济。“民事责任以恢复被侵害权利的原来状况为要务；在恢复原状不能时，则按照价值规律的要求，用金钱赔偿损失。”②

① 陈卫佐译：《德国民法典》（第2版），法律出版社2007年版，第85页。

② 张俊浩主编：《民法学原理》，中国政法大学出版社2000年版，第42页。

【案例 1－3－3】损失有多少赔偿就有多少

——《病人吃药后不良反应诉制药厂损害赔偿案》[①]

胡某因病服用某制药厂生产的卡马西平片，出现皮疹，且在继续服药之后，病情加重，于是入住某医院治疗。经鉴定为："因服用卡马西平过敏致全身泛发性黄豆大小水肿型红斑……有轻度复视。根据被鉴定人的病情，一般可酌情予以休息 4～5 个月，营养 2 个月，护理 2 个月。"于是，胡某诉至法院，要求制药厂赔偿各种损失共 15 万元。

法院查明：市卫生局曾因该制药厂擅自删除卡马西平片药品说明书中包括皮疹等 28 项不良反应的内容，对其作出行政处罚。

一审法院判决：被告赔偿原告医疗费、误工费、营养费、护理费和鉴定费共计 13000 余元，并补偿原告 5000 元。

原告不服，提起上诉。二审法院经审理认为：一审判决的误工费忽视了胡某劳动合同中每年可领取 13 个月工资的事实；护理费未注意到胡某因周身溃烂，需昼夜护理的需要；补偿款的确定也未考虑到上诉人为此支付的取证、上访、治疗复视和解除劳动合同的诸项经济损失。对于胡某在身体受损害后所产生的直接经济损失应依据二审查明的数额予以赔偿。同时，对胡某因此而蒙受的其他经济损失也应酌情予以补偿。据此，法院改判：制药厂赔偿医疗费、误工费、营养费、交通费和鉴定费共计近 15000 元；另外补偿原告 55000 元。

本案被告擅自删除药品说明书中不良反应内容的违法行为，造成原告在服药后出现皮疹反应时未能及时找到原因，延误了治疗，被告依法应承担民事赔偿责任。

---

① 《胡爱苗诉上海黄海制药厂损害赔偿案》，载中国高级法官培训中心、中国人民大学法学院编：《中国审判案例要览》（1997 年民事审判案例卷），中国人民大学出版社 1998 年版，第 170 页。

与一审相比，二审的进步之处在于注意到了对原告合法权益的充分保护。不但对于法定赔偿之外，确实是由于侵害人的行为所导致的损害，均作了相应的合理补偿，如对于原告支付的上访、取证、诉讼等合理费用的补偿。而且对于尚未发生的，但客观上又无法避免的，必然发生的损失，也给予了酌情赔偿，如误工的收入，就充分考虑了受害人的实际工作及收入情况，较一审给予了更切合实际的补偿。

因此可以说，二审法院的判决更充分地体现出了恢复原状这一损害赔偿的最基本的功能，尽量使原告恢复到未受侵害前的原始状态。虽然无法恢复到原有的工作状态，但可以恢复到同在原工作状态下一样的经济状态。

(2) 赔偿与损害相当。民法以平等自愿、等价有偿为其基本准则，这一原则对于侵权责任法同样适用。既然侵权行为的民事责任是以恢复原状为其基本的功能，且以其作为损害赔偿制度的最高原则，那么民事赔偿就要与损害结果相当。就是说，义务人所给予的赔偿要和受害人遭受的损失相匹配。

【案例 1－3－4】赔偿就是填平损害

——《拖带作业未打招呼致人身伤害损害赔偿案》[①]

甲轮船公司的拖轮为即将离泊的乙公司的丙轮船进行拖带作业。拖轮水手李某按拖轮拖带作业铃声指示走到船的艏带缆桩前部，俯身整理引缆绳做带缆工作准备。丙轮船水手长等 3 人未认真观察拖轮船艏环境，也没有向拖轮警示，便擅自指挥轮船向拖轮艏撇缆，其胶制撇缆头击中刚站起身的李某头顶，致使李某当即休克

① 《李百明诉中波轮船股份有限公司拖带作业撇缆时未打招呼致其人身伤害赔偿案》，载最高人民法院中国应用法学研究所编：《人民法院案例选》1999 年第 4 辑（总第 30 辑），人民法院出版社 2000 年版，第 301 页。

倒地。住院3个月后，经鉴定，李某患帕金森综合症，医疗期满后仍然不能脱离治疗，已形成医疗依赖。李某向海事法院提起诉讼，要求乙轮船公司进行赔偿。

海事法院经审理认为：李某作业过程中没有违背作业习惯和规章制度，因此没有民事过错。丙轮船水手长未尽谨慎义务，而且违章作业，致使李某身体受到严重伤害，这一违章行为与伤害后果之间存在必然的因果关系，乙公司须依法承担全部的民事责任。

根据《侵权责任法》第16条的规定及侵权法原理可见，侵权损害赔偿实行的是“填平原则”，即侵权行为的赔偿责任应与受害人所受到的实际损失相符。本案的审理法院判决被告承担全部赔偿责任，依据的就是赔偿与损害相当的侵权法原理。

二、侵权责任与其他法律责任的关系

（一）侵权责任与刑事责任之联系与区别

侵权行为与犯罪行为常常具有一定的联系，二者在责任目的和功能上趋同，且往往会发生竞合。《侵权责任法》第4条规定：“侵权人因同一行为应当承担行政责任或者刑事责任的，不影响依法承担侵权责任。”可见，在侵权行为与犯罪行为发生竞合的情况下，行为人既要承担刑事责任也要承担侵权责任。

但侵权行为与犯罪行为的区别也是明显的，刑事责任是不以某种实际损害为其承担法律责任的前提的。例如，刑事责任中的未遂犯罪，就并不要求以实际损害结果的发生为其必要构成要件，但是仍要对犯罪人予以制裁，因为惩罚犯罪为刑法的主要目的和功能，而侵权民事责任以“恢复原状”为最高原则，无损害就不能要求赔偿。

【案例 1－3－5】“判刑不依实际损害的发生位构成要件”
——《闪甲盗窃近亲属财产数额特别巨大被在法定刑以下减轻处罚案》①

某晚被告人闪甲盗走其姐夫的白色“猎豹”汽车。被告人联系曾受雇为其姐夫司机的张某，要将所盗车辆以35000元卖掉，同时还与闪乙联系用车换现金，再让闪乙向其姐夫提出拿钱赎车，后司机张某打电话通知失主并报警，被告人闪甲被当地派出所抓获。案发后，赃车已追退失主，经市物价局评估该车价值134100元。

法院经审理判决被告人闪甲盗窃罪。但考虑到被告人与失主系近亲属，且属初犯，作案时实际控制车辆时间短，且归案后认罪悔罪，未给失主造成实际损失，以及失主要求对被告人减轻处罚等实际情况，故对闪甲在法定刑以下处罚。

本案体现了民事责任与刑事责任的不同之处。受害人的财产已被退还，实际并未遭受损失，不存在侵权责任。但是被告人的行为已然触犯了刑法，侵犯了法律所保护的社会秩序，主观恶性明显比一般侵权行为要大。法律对该行为处以惩罚的目的主要是制裁犯罪，而不是使被害人的权益恢复原状。

（二）侵权责任与行政责任之联系与区别

侵权行为与行政违法行为也具有一定的联系，而且可能发生竞合。同一主体实施的同一行为可能同时构成民事违法行为和行政违法行为，因而同时产生两种法律责任，这两种责任相互并不冲突，唯有在责任人赔偿能力不足时，才会发生民事赔偿优先的情况。

但两种责任也有区别。首先是侵权责任发生于平等民事主体之

① 《闪国润盗窃近亲属财产数额特别巨大被在法定刑以下减轻处罚案》，载最高人民法院中国应用法学研究所编：《人民法院案例选》2006年第2辑（总第56辑），人民法院出版社2007年版，第1页。

间，是侵权人向被侵权人承担，发生的基础是民事权利义务的违反；而行政责任产生于行政主体和行政相对人之间，责任主体既可能是行政相对人也可能是行政机关承担，发生的基础是行政权利义务的违反或行政职责的违反，此外责任承担方式也不相同。

【案例1-3-6】违章建筑就谈不上民事利益保护吗?
——《叶某兄弟三人诉陈某向正在烧砖的砖窑内泼水致砖窑损坏赔偿纠纷案》①

原告三兄弟在被告荔枝树附近建砖窑一座，未办理任何手续并开始烧砖生产。原告烧砖引起的高温烧伤了被告的荔枝树，因协议赔偿不成，被告提水泼入原告正在烧砖的砖窑引起砖窑爆裂造成损失。

三原告诉至法院要求赔偿。被告称其行为属正当防卫，并提起反诉，要求三原告赔偿荔枝树损失。

一审法院认为，原告所建砖窑及烧砖生产没有办理合法手续，其行政违法行为应当由有关行政机关进行处罚。但原告砖窑属于其合法的个人财产，被告无权加以损害。被告行为不构成正当防卫，应当赔偿原告部分经济损失。被告不服，提起上诉。

二审法院认为，一审判决上诉人赔偿损失是正确的，但被上诉人也应当赔偿上诉人荔枝树损失。

原告修建砖窑及生产没有办理营业执照、纳税登记、土地使用证等手续，因此其经营行为具有行政违法性。但砖窑是原告投资所建，是其个人财产的一种表现形式。原告行政责任的承担，并不影响对其民事权益的保护。

---

① 《叶则欣兄弟三人诉陈宝钗向正在烧砖的砖窑内泼水致砖窑损坏赔偿纠纷案》，载最高人民法院中国应用法研究所编：《人民法院案例选》1993年第3辑（总第5辑），人民法院出版社1993年版，第78页。

三、侵权责任的分类

（一）一般侵权行为责任与特殊侵权行为责任

这是据以判决所依据的法律规范的性质所进行的分类。

1．一般侵权行为的民事责任

所谓“一般侵权责任”，是指行为人基于主观过错实施应适用侵权责任的一般构成要件和一般责任条款的致人损害的行为所产生的责任。

《民法通则》第117条规定的侵害财产权责任、第118条规定的侵害知识产权责任、第119条和第120条规定的侵害人身权责任等都属于一般侵权行为的民事责任。《侵权责任法》中前三章作为总则部分，其规定的内容都是一般侵权行为。

【案例1－3－7】主观有过错即承担侵权责任

——《疏于照顾义务而致幼儿落井身亡案》①

董甲经叶某同意将叶某之子带回自己家中与自己之子一起玩耍。后董甲又携两个孩子到邻居董乙家串门，让他俩和其他小朋友一起玩捉迷藏游戏。回家时董甲发现叶某之子不在，经寻找在董乙家新开挖的水井中发现了孩子的尸体。后叶某向法院提起诉讼，要求董甲和董乙共同赔偿其相关的损失。

经查：董乙家的院落呈半封闭状态，董乙在其院中新开挖水井一口，未砌防护围栏，也未加固封盖，仅以杂物遮掩井口。一审法院依《民法通则》第125条“在公共场所、道旁或者通道上挖坑、修缮安装地下设施等，没有设置明显标志和采取安全措施造成他人损害的，施工人应当承担民事赔偿责任”，按特殊侵权判决水井所

① 《张建松等诉董群英带其子去邻居家串门时其子在玩耍中跌入邻居在自家院落内新开挖的水井中死亡赔偿案》，载最高人民法院中国应用法学研究所编：《人民法院案例选》2002年第3辑（总第41辑），人民法院出版社2003年版，第147页。

有人承担主要责任。

二审法院认为，《民法通则》第125条是一种特殊侵权责任的规定，条文明确规定了特定的侵权场所。本案中，受害人受害的场所是在董乙家中院内，并非“在公共场所、道旁或者通道上”，故一审属适用法律不当。

董甲携带未满4周岁的幼儿去邻居家串门，理应承担看管和保护其人身安全的义务，其未尽此义务而致使幼儿跌入水井中死亡，存在明显的主观过错，应依一般侵权承担主要的民事赔偿责任。叶某未尽监护职责，对其子的死亡也有一定的责任。

本案的焦点在于到底适用何种侵权行为的归责原则来判断承担不承担民事责任。就本案的情形来看不属于特殊侵权行为，因此本案应适用一般过错责任原则。

2. 特殊侵权行为的民事责任

所谓“特殊侵权责任”，是指法律直接规定的行为人和相关人就某些特殊情况所应承担的民事责任。

《民法通则》第121～127条，《侵权责任法》第5章至第11章规定的都是特殊侵权行为的民事责任。

（二）积极侵权行为的民事责任与消极侵权行为的民事责任

1. 积极侵权行为的民事责任

所谓积极的侵权行为，是指行为人违反对他人的不作为义务，以一定的积极作为致人损害的行为，如不法侵害他人人身、侵占他人财产等。由此而承担的民事责任就是“由于积极侵权行为而承担的民事责任”。

【案例1-3-8】违反了法定义务才构成积极侵权

——《甲电脑公司诉乙软件公司软件著作权纠纷案》①

原告甲公司与香港乙公司合作开发了智软系统，取得了该软件著作权。丙公司经过原告同意委托乙公司在智软系统基础上开发了华泰软件系统，共同享有该软件系统的著作权及所有权，原告总经理王某在华泰软件系统的验收协议及验收报告上代表乙公司签了名。

被告丁公司是甲公司员工辞职以后成立的公司。丙公司委托丁公司以华泰系统为基础，开发应急出单系统。原告认为被告在新系统中使用了智软系统的核心技术，构成对其著作权的侵犯，遂涉讼。

法院认为，原告是适格主体。被告开发的保险应急出单软件系统是在华泰系统基础上由丙公司授权开发。而华泰系统是丙公司委托乙公司在智软系统基础上开发而成，并经过了原告的同意。乙公司是原告的关联企业，与原告共同开发了智软系统。故丙公司是华泰系统的合法共有人，对该软件的源代码等资料享有所有权，有权对该软件进行使用、修改、自行再开发或委托他人再开发。

故被告接受丙公司委托，根据丙公司提供的华泰系统开发应急出单系统的行为属于软件所有人丙公司对相应软件的合理使用，不构成对原告的侵权。故判决驳回原告诉讼请求。

本案属于著作权侵权保护问题，焦点是软件用户能否在其与软件设计者共有的软件基础上进行后续开发。原告对其开发的软件享有著作权，未经原告允许，任何人不得使用其享有著作权的技术。如果违反这种不作为的义务，就构成积极侵权。

---

① 《广东智软电脑开发有限公司诉广州拓保软件有限公司软件著作权纠纷案》，载最高人民法院中国应用法研究所编：《人民法院案例选》2007年第三辑（总第61辑），人民法院出版社2008年版，第339页。

但华泰作为软件用户通过委托开发与开发者共同拥有了软件的著作权，有权自行或委托他人进行后续开发，这种开发行为不构成对原告著作权的侵犯。这就在著作权人的保护和促进新技术开发、防止知识产权人的过分垄断之间寻求了一种平衡。

2. 消极侵权行为的民事责任

所谓消极的侵权行为，是指行为人违反对他人负有的作为义务，以消极的不作为致人损害的行为。

诸如，建筑施工中未依规定安放警示标志，致人损害；保管人未尽保管义务，致使被保管物遗失；医生违反救死扶伤的作为义务而置病人于不顾等。一般地，消极侵权行为的成立以行为人负有某种特定的法定作为义务为前提，违反该作为义务而承担的民事责任就是“由于消极侵权行为而承担的民事责任”。

【案例1-3-9】该做的没做也是侵权

——《未将姓名输入旅客名单致转机不成被遣返赔偿案》①

原告章某等五人在乙公司售票处购买了当日下午泰国航空公司TG665航班上海至泰国曼谷、转乘阿联酋航空公司EK087泰国曼谷至阿联酋迪拜的机票。到达曼谷后，五人在办理转机手续时，被告知阿联酋航空公司EK087航班的电脑乘客名单中没有五人的姓名，五人遂被曼谷机场移交给泰国移民局，监管在曼谷机场。四天后，五人乘泰国航空公司的航班返沪。五人遂向法院提起诉讼，要求被告乙公司赔礼道歉并赔偿损失。

法院以旅客运输合同赔偿纠纷为案由受理了本案。审理中，双方同意调解，并达成赔偿协议。

---

① 《章果禹等诉东方航空公司售票后未将其姓名输入电脑旅客名单致其转机不成并被遣返赔偿案》，载最高人民法院中国应用法学研究所编：《人民法院案例选》2001年第1辑（总第35辑），人民法院出版社2002年版，第122页。

本案原告是以被告不作为侵害人身及财产权益为由提起诉讼，被告的行为属于消极侵权行为。负有积极作为义务而不作为致人损害，就是消极侵权行为。[①] 首先，消极侵权行为的成立须以作为义务的存在为前提；其次，不作为造成他人权利受损，可以包括财产、人身两方面；最后，行为与侵害他人权利之间有因果关系，也就是倘若有所作为即得防止结果的发生，因其不作为致他人之权利受到损害时，则不作为与权利受侵害之间有因果关系。[②]

本案中，被告将购票人姓名输入电脑旅客名单属于合同的附随义务，以保证旅客在办理乘机手续时票证姓名与旅客名单一致。但被告因自己的过失没有履行自己的义务，这种不作为造成原告五人被泰国移民局监管在曼谷机场达4日之久，给五人造成了损害。如果被告积极作为，履行自己的义务，损害就不会发生，故被告的不作为与原告受到的损害之间存在因果关系。

四、侵权责任的承担方式

（一）损害赔偿是承担侵权责任的最重要的方式却不是唯一方式

如前所述，侵权民事责任以“恢复原状”为最高原则，我国《侵权责任法》规定的侵权民事责任形式不仅包括停止侵害、赔偿损失，还包括广义上的恢复原状（如返还财产、消除影响、恢复名誉、赔礼道歉）和狭义上的恢复原状[③]。

我国《侵权责任法》第15条规定：“承担侵权责任的方式主要有：（一）停止侵害；（二）排除妨碍；（三）消除危险；（四）

---

① 张新宝：《中国侵权行为法》，中国社会科学出版社1995年版，第30页。

② 王泽鉴：《侵权行为法》（第一册），中国政法大学出版社2000年9月增订版，第103~107页。

③ 张新宝：《侵权责任法原理》，中国人民大学出版社2005年版，第466页。

返还财产；（五）恢复原状；（六）赔偿损失；（七）赔礼道歉；（八）消除影响、恢复名誉。

以上承担侵权责任的方式，可以单独适用，也可以合并适用。”

（二）《侵权责任法》责任形式之适用

上述8种侵权责任承担方式中，停止侵害、消除危险和狭义上的恢复原状相对简单，就不再赘述，而“赔偿损失”则要在以后的章节中进行专门的研究，故下面只对“排除妨碍、返还财产、消除影响、恢复名誉、赔礼道歉”这几种侵权民事责任的形式加以讨论。

1. 排除妨碍

所谓排除妨碍，是指当不法行为人实施侵害他人的人身或财产的行为时，受害人可以请求排除该行为或行为的结果，从而使自身的权利得以行使的民事责任方式。

【案例1-3-10】行使自己的权利不能妨害他人的合法利益
——《招牌安装在窗台下妨碍他人安装空调要求拆除案》[①]

原告陈某、被告洪某先后购买了被告某房产公司开发的上下相邻2楼商品住房和底层的商品营业用房。洪某在其所购营业房门上方与陈某住房窗台下方之间的外墙面上安装了店面招牌，影响了原告陈某在其外墙上安装空调，双方因此发生纠纷。

一审法院判决被告某房产公司和洪某将悬挂于外墙的店面招牌拆除。洪某不服，提起上诉。二审法院认为：洪某安装招牌的房屋外墙系共用墙，洪某、陈某均享有共同使用的权利。洪某安装招牌的行为，未征得陈某同意，侵犯了陈某对外墙面的共同使用权。鉴

① 《陈晋蓉诉洪金坪依智业房产公司的公告将招牌安装在窗台下妨碍他人安装空调要求拆除案》，载最高人民法院中国应用法学研究所编：《人民法院案例选》2001年第1辑（总第35辑），人民法院出版社2002年版，第81页。

于洪某的招牌已安装数月，除此又无别处可安装，陈某将来无法在正面安装空调，只能加长线路往侧面安装的实际情况，洪某已安装的招牌可继续保留，由房产公司和洪某对陈某进行适当的补偿。

本案的基础是建筑物区分所有权问题。外墙具有结构上的共有性与非独立性的特点，但同时还具有利用或使用上的相对独立性。建筑物的各区分所有权人只能享有支配自己商品房外墙的使用权，而不能任意妨碍他人对自己房屋外墙的使用权。

本案中，洪某为自己营业上的宣传需要而悬挂店面招牌，只能在自己专门使用的外墙面范围内悬挂，未经他人许可而超出此部分就因妨碍他人行使权利而构成了侵权。由于这一行为直接妨碍了陈某对自己外墙的使用利益，故陈某有权请求排除妨碍。

受害人在请求排除不法妨碍的时候，应注意以下两点：

（1）须妨碍行为无违法阻却事由。如果妨碍行为具有合法正当的理由，受害人不得主张排除妨碍。

【案例1－3－11】妨害合同的履行亦可导致承担侵权责任
——《村委会诉田某承诺在承包土地上种植制种玉米后又改种其他玉米要求铲除案》①

原告村委会与包括被告田某在内的村民集体达成协议，在承包地上统一种植制种玉米。而被告在签约后又擅自在自己承包地上种植了普通玉米，拒不铲除，对原告及制种农户确保玉米种子合格造成了极大的妨碍和危险。原告起诉至法院，要求排除妨碍。被告同意铲除，但要求原告赔偿损失。

法院认为，被告自愿与原告达成协议，在其承包地上统一种植

---

① 《七运村村委会诉田军承诺在承包土地上种植制种玉米后又改种其他玉米要求铲除案》，载最高人民法院中国应用法研究所编：《人民法院案例选》2000年第4辑（总第34辑），人民法院出版社2001版，第97页。

制种玉米，后又违反协议种植普通玉米，且对其他制种农户的玉米种子合格造成妨碍和威胁，应当承担消除危险、排除妨碍的民事责任，应立即铲除玉米苗；鉴于由此造成的损失，是由于被告自己的过错所致，要求原告赔偿无法律依据。一审判决被告立即铲除玉米苗。被告未上诉。

本案存在侵权和违约责任的竞合，但原告选择了侵权责任，并请求排除妨碍。由于被告种植普通玉米的行为对原告及其他农户的预期利益已经造成现实的威胁，在实际损害后果发生之前，及时请求排除妨碍，避免了较大损害。被告种植普通玉米的行为具有违法性，故不构成违法阻却事由。

（2）须不法行为的实施或实施的结果妨碍了权利人行使权利。这包括妨碍权利人行使物权、人身权或知识产权等权利。特别地，当不法行为的实施或实施的结果妨碍了物权行使时，不仅所有权人，对该物享有他物权的人也同样可以依法请求排除妨碍。

2. 返还财产

返还财产的责任方式，适用于不法行为人非法占有他人财产的情况。

【案例1－3－12】“有借无还”惹侵权
——《藏画被侵占请求返还案》①

二原告为同胞姐妹，主张拥有其父生前收藏的有“白石”字印鉴的中堂画之所有权。被告贾某借走此书画后，一直没有归还。在多次追要未果的情况下，二原告起诉至法院，请求判令被告返还，否则予以赔偿。

---

① 《串井小等诉贾计生返还出借的名画案》，载最高人民法院中国应用法学研究所编：《人民法院案例选》2003年第2辑（总第32辑），人民法院出版社2003年版，第58页。

一审法院认为：被告贾某借走原告所有的书画，理应妥善保管，及时归还。如果确实不慎丢失，应当承担民事赔偿责任。据此，法院判决：被告贾某归还原告书画；如果交不出原物，应赔偿原告书画损失。被告不服，提起上诉。

二审法院认为：被上诉人享有对所诉书画的所有权，上诉人负有返还义务。但诉争书画由于没有原作，价值难以确定。为保证履行返还义务，贾某应向被上诉人交付一定数额的保证金，待书画返还后退还。

这一起因财产被他人侵占而请求返还财产的案件。原告既然能够证明其对所诉的书画享有所有权，只要再证明被告借走了该书画，那么根据法律规定，被告就不但负有对该书画妥善保管的义务，还负有及时归还该书画的义务，如若丢失，还应承担民事赔偿责任。据此，原告提起返还财产之诉，并得到了法院的支持。

在适用返还财产的责任形式时，应注意以下几个问题：

（1）行使返还财产请求权的前提是原物必须存在。如果原物已经灭失，返还财产就不可能，则只能请求赔偿损失。如果原物虽遭破坏但仍存在，原物所有人可以同时提出返还原物和恢复原状两项请求。

【案例 1－3－13】能还即还，不能还就赔

——《毛某诉某学院、王某因胡某简历遗失返还案》①

原告毛某向被告某学院学报投稿，并应被告学报副主编王某的要求，将与稿件相关的胡某的来信、信封以及简历的原件交予了王某，事后却未获返还。毛某诉至法院要求返还原物，并赔礼道歉。

① 《毛彬彬诉南京晓庄学院、王健因胡绳简历遗失返还案》，载最高人民法院中国应用法研究所编：《人民法院案例选》2005 年第 1 辑（总第 51 辑），人民法院出版社 2005 年版，第 164 页。

被告当庭返还信及信封原件，但简历未找到。

一审法院认为，简历属原告毛某合法所有，被告应予返还。鉴于王某系职务行为，故其行为后果由第一被告某学院承担，且王某在诉前已向原告赔礼道歉。故判决确认原告毛某对胡某的简历享有所有权，被告限期返还，逾期不能返还，则交付原告600元保证金，驳回其要求赔礼道歉的诉讼请求。被告上诉后，二审双方达成了调解协议。

本案被告对因业务需要而临时占用的原告财物，负有妥善保管并及时返还的义务。被告拒不返还的行为构成非法占有，原告可依法律之力强制其返还。如果被告证明原物已经灭失，则其不负返还义务，但其赔偿责任不能免除。只是本案争议财物是否灭失的事实无法查清，故法院一方面判决被告返还，一方面对返还不能的情形给予救济，使原告的合法权益受到充分保护，也体现了诉讼经济原则。

（2）行使返还财产请求权的主体是物的所有人或合法占有人。毫无疑问，物的所有人有权请求返还财产，但物的合法占有人，如质权人、留置权人等，也有权要求非法占有人返还财产，并且当合法占有的基础仍然存在时，合法占有人的请求权优先于该财产所有权人的请求权。

【案例1-3-14】谁的东西谁有权

——《甲公司诉中方出资人乙玻纤厂从中方职工权益基金账户中列支其他费用侵权应予返还案》①

原告甲公司是被告乙玻纤厂与日本丙株式会社合资兴办的中外

① 《泰慕士公司诉中方出资人如皋市玻纤厂从中方职工权益基金账户中列支其他费用侵权应予返还案》，载最高人民法院中国应用法学研究所编：《人民法院案例选》2002年第4辑（总第42辑），人民法院出版社2003年版，第102页。

合资企业，被告是原告的法人股东。原告根据有关规定，将中方职工工资转入工会账户下设的中方职工权益基金账户，用于中方职工工资、补贴、福利等的发放，专款专用；被告指派在原告工作的中方职工作为中方代表管理和操作基金账户；原告公司工会负责对该基金的使用进行监督。

经审计，原告发现被告在该基金账户中列支应由其自行承担、与基金用途无关的费用数额巨大，故诉至法院，要求予以返还。

法院以侵权纠纷为案由受理了此案，认为原告是该账户资金的名义所有权人，该账户内资金仍然属于公司总资产中的一部分，只是按照法律及政策规定，该账户资金只能专款专用，用于中方职工工资和福利发放，而不能用于除此以外的其他用途。

被告利用其指派的中方职工代表管理此基金的便利，从中列支与基金用途无关的己方费用，属于侵权行为，应当返还。故判决被告返还占有资金及中方职工权益基金账册。

本案属于股东侵占公司财产。中方职工权益基金账户属于原告内部专款专用的账户，账户内资金在发给中方职工以前，所有权、管理权均属于公司，只是所有权中的处分权受到限制。被告利用中方职工管理之便，侵占账户内资金，不仅违反了该账户资金的专有用途，侵害了中方职工的合法权益，也侵害了原告的财产所有权，是一种典型的侵权行为。原告作为被侵占的账户资金的所有权人，当然享有返还财产请求权的主体资格。

（3）行使返还财产请求权时承担民事责任要区别对待。根据占有的相关理论，在善意占有的情况下，占有人返还原物及孳息时，同时可以请求所有人补偿对占有物的保管和改良的必要费用。但如果是恶意占有，则无权要求补偿费用。对此，我国《物权法》第 243 条也作了规定。

3．消除影响和恢复名誉

（1）消除影响。是指不法行为人由于在特定范围内侵害了受害人的人格权并产生了不良影响，而应在特定范围内消除该不良影响的责任方式。

【案例1－3－15】法律是作学术领域的守护者还是裁判者

——《甘肃“遗诗考案”告结 学术争议不构成名誉侵权》①

甘肃“张雨僧遗诗考释名誉侵权案”，历经两级法院三次庭审，近日以维持一审判决，肯定学者张某“遗诗考释”不构成名誉侵权而告结。

1998年，张某出版《张雨僧狱中遗诗考》一书，对其堂伯祖父张雨僧1922年至1923年在狱中所写杂咏20首等进行了收集、整理、考证、注释。其中《有怀二首之二》中“况复鹿鳖狸兔獐狼与猬狗”一句，张某注解为“此句以动物谐音痛斥当时为害甘肃的一批军阀政客，且生动地揭示了他们的个性特征：鹿鳖指昏庸如鳖的陆洪涛……猬狗指甘作陆督走狗的魏鸿发。”

此书出版后，2001年6月，魏鸿发的儿子（年近70岁）以该书有关内容歪曲事实，侵犯其父名誉权，向法院提起诉讼。

一审法院审理认为，张某作为一名文史作品的作者，由于占有的材料和个人的认识水平有限，其书中所述内容与所持观点难免有失实和不当之处，有待学术界争论并指正，属于正常的学术研究，不构成名誉侵权，驳回原告的诉讼请求。

原告不服上诉。二审法院认定张某在其《张雨僧狱中遗诗考》一书中对杀害张雨僧经过的描述，使人相信魏某是杀害张雨僧的积极策划者和组织者，并将这些与事实不符的内容传播给第三人，造成对魏某社会评价的降低，其行为构成侵害他人名誉，要求张某登报致歉。

二审判决后，不服判决的张某向甘肃省检察院递交了言辞激烈

① 《甘肃“遗诗考案”告结 学术争议不构成名誉侵权》，中新网据《中国青年报》报道，2004年03月08日09：56（记者 狄多华）。

的申诉书，该案同时引发了甘肃文史学术界关于“法律干预学术问题”的讨论。有学者认为，该案从一开始就被导入误区，把学术是非错误地当做法律纠纷，使学术和司法严重错位。

（2）恢复名誉。是指不法行为人由于在特定范围内侵害了受害人的名誉并造成其社会评价的降低，而应在该特定范围内将受害人的名誉恢复到不法行为发生前的状态的责任方式。

【案例 1－3－16】剪头发糟践人咋办？
——《侮辱案中的名誉侵权救济》①

某酒店服务员刘某与顾客发生口角，并打闹。酒店管理人员金甲、金乙及其母亲黄某于是殴打刘某，酒店服务员金丙和朴某即过来劝解。其间，金甲、金乙与金丙、朴某发生争执。金乙转而殴打金丙和朴某。事后，金丙和朴某与该酒店的经理申某谈及此事时，被金甲撞见，于是金甲当场要剪掉金丙和朴某的头发以泄愤，但被申某阻止。之后，金甲、金乙及其母亲黄某再次进入金丙和朴某的住所，强行剪去了二人的大部分头发。

金丙和朴某以金甲、金乙犯有侮辱罪，向法院提起自诉，要求追究她们的刑事责任，同时要求二被告人赔偿精神损害费及误工费20万元。

金甲、金乙和金丙、朴某都是朝鲜族人。朝鲜族有个习惯，女人被剪去头发，证明她与其他男人有不正当的性关系，是不正经的女人。

法院经审理认为：被告人金甲、金乙的行为已构成侮辱罪。且被告人金甲与金乙运用暴力手段强行剪去自诉人金丙和朴某的头

① 《金贞淑、金雪薇侮辱金明锦、朴杏梅案》，载最高人民法院中国应用法学研究所编：《人民法院案例选》1997 年第 1 辑（总第 19 辑），人民法院出版社 1997 年版，第 27 页。

发，严重影响了二人的形象，贬损了她们的人格，侵犯了她们的名誉权。二被告人对二自诉人所造成的精神损害和误工工资，应当给予一定的赔偿。

根据《民法通则》第120条的规定，任何贬低他人人格、使他人的社会评价降低的行为，都可能构成对名誉权的侵害，行为人应该承担相应的法律责任。事实上，这些法律责任本身就有消除影响和恢复名誉的作用。当然，在必要时，还可以提出专门的“消除危险”和“恢复名誉”的诉讼请求。

（3）二者的区别。消除影响与恢复名誉这两种责任方式的适用前提是受害人能够证明其社会评价由于不法行为人的行为而有所降低，如果只是证明了其遭受到精神上的痛苦就不能适用这两种责任方式。

“消除影响”适用于人格权受到侵害的场合，而“恢复名誉”仅适用于名誉权受到侵害的场合。恢复名誉的措施可根据不法行为所产生后果的严重性而有所不同。

4. 赔礼道歉

所谓赔礼道歉，是指不法行为人因自身行为给他人造成损失而应向受害人承认错误、表示歉意，以求得受害人原谅的责任方式。

赔礼道歉作为一种民事责任，与一般道义上的赔礼道歉不同，是依靠国家强制力来保证实施的。单纯的赔礼道歉虽不会增加受害人的财产，却能使受害人得到精神上的慰藉，因而也具有比较重要的意义。毕竟侵权行为可能影响到受害人的精神状态，对此理应给予相应的法律上的救济。

【案例 1－3－17】为逝者致歉

——《擅自使用已故患者肖像做广告侵权案》[①]

原告王某等四姐弟之母孙老太太因病住进被告某医院，于该院病逝。孙老太太在医院住院治疗期间，该院曾给其拍摄过照片。后来医院与公交广告公司签订广告合同，将孙老太太的照片制作成汽车广告。

四原告向法院起诉医院、公交广告公司、客运分公司，请法院判令三被告停止侵害、赔礼道歉、销毁复制版，并赔偿经济及精神损失。

经审理，法院判决：被告医院、公交广告公司不得再使用孙老太太的肖像做广告，向四原告赔礼道歉，将广告的复制版销毁，并由两被告分别赔偿四原告 3000 元和 1000 元。

公民死亡后，虽然作为肖像权的主体已不复存在，但其肖像却不会因其死亡而消灭，且肖像中蕴含着人的尊严和价值，也关系着死者近亲属的合法权益。根据《民法通则》第 5 条的规定及最高人民法院有关人身权保护的司法解释的精神，公民死亡后，应该对死亡公民的肖像使用权给予保护。

本案被告擅自使用原告已故之母的肖像用于商业广告的行为构成侵权，对原告的精神造成了损害，其承担赔礼道歉的责任是应当的。

各种民事责任方式都有自己特定的适用范围，应当根据实际情况来选择。对责任方式的选择应该以法律为依据，法律有明文规定的，从其规定；法律没有明文规定的，根据法律的精神加以选择。

---

① 《王金荣等诉松堂关怀医院等擅自使用其已故母亲的肖像做广告侵犯肖像使用权案》，载最高人民法院中国应用法学研究所编：《人民法院案例选》2001 年第 2 辑（总第 36 辑），人民法院出版社 2001 年版，第 142 页。

当单一责任方式的适用不能有效保护受害人的权利时，就可以同时适用几种民事侵权责任方式进行救济。

【案例1-3-18】“多管齐下”才能维护合法权益
——《侵犯计算机软件著作权案》①

葛某在甲公司担任POS系统部门负责人。7月，葛某与乙商厦进行了关于POS系统项目的洽谈，但没有正式签约。7月底，甲公司因故终止了与葛某的雇佣合同。葛某离开甲公司后承包了丙分公司，并以该公司的名义准备承接乙商厦的POS系统工程。为此，葛某私下约请了在甲公司从事软件开发的周某等人，将他们从甲公司带出的POS系统软件的复制盘装入计算机，并用数台计算机为其搭建了网络。后来，葛某利用上述网络向乙商厦展示了甲公司POS系统的功能。

甲公司向法院提起诉讼，请求判决葛某停止侵权、赔礼道歉并赔偿经济损失。

经审理，法院对甲公司的诉讼请求予以了支持。

根据《计算机软件保护条例》的规定，本案中POS系统软件的著作权应归甲公司所有，葛某擅自使用该系统软件，无疑构成了对甲计算机公司的侵权。鉴于葛某仍在利用该软件与乙商厦进行商业谈判，侵权行为仍然在继续，故法院支持了甲公司要求葛某停止侵害的请求。

甲公司要求葛某赔礼道歉的合理性在于，这样做不但可以使葛某进一步认识自身的错误，而且由于赔礼道歉的公开性，还可以使广大不知情的第三者获知该软件是为甲公司所有的，从而达到维护甲公司商业信誉的目的。既然葛某的行为使甲公司丧失了潜在的商

---

① 《上海心族计算机有限公司诉葛刚烈侵犯计算机软件著作权案》，载国家法官学院、中国人民大学法学院编：《中国审判案例要览（1998年民事审判案例卷）》，中国人民大学出版社1999年版，第468页。

业客户，给甲公司造成了经济损失，故甲公司可以依法要求葛某予以赔偿。只有对葛某同时适用上述三项民事责任方式，才能最大限度地减少葛某的行为给甲公司带来的损失，于是，法院最终作出了支持甲公司全部诉讼请求的判决。

第四节　侵权责任与其他民事责任的竞合

一、责任竞合的概念与特征

（一）责任竞合的概念

责任竞合现象，既可能存在于同一法律部门之内，如违约责任与侵权责任的竞合；也可能存在于不同法律部门之间，如刑事责任与民事责任的竞合。

我们这里所研究的，仅仅是民事责任内部的竞合问题，即因行为人的某一行为符合多种民事责任的构成要件，而导致两种甚至两种以上的民事责任产生，且各项民事责任之间发生相互冲突的现象。

【案例 1－4－1】殊途同归的保护

——《刘甲等诉市公共交通有限责任公司、刘丙、袁某客运合同赔偿纠纷案》①

刘乙等四人在乘坐被告的客车时因与货车相撞而死亡。交通事故责任认定结论为肇事货车负全部责任。原告刘甲作为刘乙的近亲属以违约赔偿起诉被告市公交公司。

① 《刘洪喜等诉徐州市公共交通有限责任公司、刘修文、袁庆才客运合同赔偿纠纷案》，载最高人民法院中国应用法学研究所编：《人民法院案例选》2007 年第 4 辑（总第 62 辑），人民法院出版社 2008 年 8 月版，第 163 页。

此前，在同一车祸中死亡的王某等人的近亲属以肇事货车的实际车主、挂靠车主、保险公司为被告向另一法院提起侵权之诉，并根据最高人民法院司法解释中的人身损害赔偿标准获得了赔偿。

法院认为，根据《合同法》关于客运合同的规定，刘乙与被告形成客运服务合同关系。被告作为承运人负有将旅客安全运输到指定地点的义务。刘乙在运输过程中死亡，被告应负无过错损害赔偿责任，损失赔偿额应相当于违约所造成的实际损失。

本案属于民事责任内部的竞合问题。同一起车祸，使受害人的两种权利同时受到损害，一种是基于客运合同享有的被安全送达目的地的合同债权，另一种是基于人格中的生命健康权，两种权利因一个行为受到侵害，从而产生两种不同的请求权。根据我国目前的法律规定，当事人可以择一行使。本案因同一起交通事故，产生了侵权之诉和违约之诉，且受诉法院也不相同，就是当事人行使选择权的结果。

故而本案两个受诉法院，在判决中均适用了相同的标准，即统一按照《最高人民法院关于审理人身损害赔偿案件适用法律若干问题的解释》规定的计算标准进行赔偿，因此虽由不同法院审理，但判决结果相近，这既维护了法律的统一适用，又有效地保护了受害人的合法权益。

(二) 责任竞合的法律特征

1. 责任竞合是由违反民事义务的行为所导致

发生责任竞合一定要有行为人对所负的民事义务的违反，而且行为人所承担的义务是双重性的，其中一种义务必然是法定义务。

2. 责任竞合是由一个违反民事义务的行为导致的

一个违法行为导致数个民事责任产生，这是责任竞合产生的前提。加害人虽然只实施了一个加害行为，但是这一个加害行为却符合几个民事责任的构成要件。出现这种现象的原因可能由于行为本身的复杂性，也可能由于法律规范的交叉性。不管怎样，加害人都只实施了一个行为，而不是数个行为。凡加害人实施几个行为而导致数个责任产生的，都不是责任竞合。

3. 一个行为所导致的几个责任之间相互冲突

一个行为同时产生几个责任，可能是相互冲突的，也可能是同时并存的，或者是相互吸收，但是，只有这数个责任相互冲突的情形才是责任竞合，其余情形都不属于责任竞合。

【案例1-4-2】救济途径并存或吸收

——《宋某、张某诉旅行社因过错致旅客旅游途中死于交通事故要求其赔偿损失案》①

二原告委托徐某带其女儿宋某到新疆旅游。行程中应游客的要求，被告的司机及导游同意在原计划中无停车点的一个地方停车，以便游客下车拍照留影。当宋某下车后横穿马路时，被某运输公司李某驾驶的客车碰撞致伤，经抢救无效死亡。交通事故责任认定司机李某与宋某对事故负同等责任。二原告已与运输公司达成赔偿协议，但认为旅行社的工作存在重大过失，应对其女的死亡承担赔偿责任，遂向法院提起诉讼。

法院经审理认为，宋某与被告存在旅游服务合同关系，被告应当按合同约定提供服务，并在合理限度范围内尽安全保障义务。被告在旅游车临时停车让游客观光时，其工作人员没有认真组织和引导，致使宋某横穿马路时被超速行驶的车辆碰撞致死，应认为没有尽到安全保障义务，自应承担赔偿责任。

宋某系无民事行为能力人，作为监护人的原告委托他人带其旅游，未尽到监护义务，也应承担相应的责任。原告从肇事车辆的所有人和保险公司获得的人身损害赔偿金和保险金，应用以抵偿被告

① 《宋君胜、张玲玲诉乌鲁木齐辰光旅行社因过错致其女宋姝颐旅游途中死于交通事故要求其赔偿损失案》，载最高人民法院中国应用法研究所编：《人民法院案例选》2006年第2辑（总第56辑），人民法院出版社，第167页。

的部分赔偿。

本案中，旅行社既违反了合同约定的安全保障义务，构成违约，又因疏于管理，使原告女儿的生命权受到侵害，构成违约与侵权的责任竞合。这两个责任是相互冲突的，不能同时行使，但允许受害人做出选择。原告选择了侵权赔偿请求权，也获得了相应的法律救济。

二、侵权责任与违约责任的竞合

侵权责任和违约责任的竞合是最常见的责任竞合，指行为人的一个行为既违反了侵权责任法的规定，又违反了合同法的规定，从而产生两种责任，即侵权责任与合同责任。

【案例 1－4－3】违约与侵权受害人有选择权
——《殡仪馆丢失寄存骨灰的损害赔偿纠纷案》[1]

艾某之兄因病去世，遗体在某地殡仪馆火化。火化后，死者亲属将死者的骨灰存放在殡仪馆骨灰寄存处，寄存期限为 5 年，寄存费 10 元，并领取了骨灰寄存证。此后，每年死者忌日时，其亲属都去祭骨灰以寄托哀思。

某日，死者亲属前去祭祀时，殡仪馆工作人员告知骨灰遗失，并向死者亲属表示了歉意，但死者亲属仍要求寻找。骨灰寄存期满，死者亲属要求殡仪馆归还未果，遂起诉。

法院认为：被告将原告之兄的骨灰遗失，系其工作人员失职所致，具有过错。对于死者骨灰遗失造成死者亲属精神痛苦，殡仪馆理应赔偿。经法院主持调解，双方当事人自愿达成协议：由殡仪馆

---

① 《艾新民诉青山殡仪馆丢失寄存的骨灰损害赔偿纠纷案》，载最高人民法院中国应用法学研究所编：《人民法院案例选》1993 年第 3 辑（总第 5 辑），人民法院出版社 1993 年版，第 83 页。

赔偿艾某现金550元，艾某撤回起诉。

本案涉及违约责任和侵权责任的竞合问题。死者家属与殡仪馆之间存在骨灰保管合同法律关系。因殡仪馆未履行妥善保管的义务，致使骨灰灭失，应承担违约责任。同时，骨灰遗失给死者家属造成精神痛苦，构成侵权，殡仪馆应承担侵权责任。这两种不同的责任发生竞合，受害人有选择行使的权利。

（一）侵权责任与违约责任的区别

1. 违反的法律义务不同

侵权行为人违反的是法定的民事义务，故以绝对权或法定强行性义务的存在为前提；而违约人违反的是合同约定的义务，所侵害的对象是因合同所产生的债权这样的相对权，故以有效合同的存在为前提。

【案例1－4－4】义务从何而来？

——《杜某诉庄甲、庄乙未尽到保管义务服务合同案》[①]

杜某与庄甲约定包月洗车。在一次洗车过程中杜某因故离开，洗车完毕后，庄甲因杜某未及时返回取车，遂将该车停放于店铺内。当晚店铺被盗，被盗物包括杜某的车锁等物。杜某认为庄甲违反妥善保管的义务，遂诉至法院，要求庄甲赔偿自己的损失。

一审法院认为，原被告之间已形成服务合同关系，被告在服务过程中已尽到合理的谨慎注意义务，不应承担违约责任。但根据《民法通则》及其司法解释的规定，当事人双方对造成损害均无过错，但一方是在对方的利益或共同利益进行活动的过程中受到损害的，可以责令对方或受益人给予一定的经济补偿。故判令被告补偿

① 《杜邵辉诉庄惠珍，庄玲玲未尽到保管义务服务合同案》，载最高人民法院中国应用法研究所编：《人民法院案例选》，2005年第2辑（总第52辑），人民法院出版社2006年版，第145页。

原告1000元，原被告均上诉。

二审认为，原被告之间的服务合同不包含车辆保管义务，双方也未另行成立寄托保管合同，被告并不承担保管责任。一审适用法律错误，应予纠正，判决撤销被告的给付义务，驳回原告诉讼请求。

本案的关键就是被告是否对原告承担妥善保管的义务或者说在原被告之间是否存在车辆保管合同关系。

从审理查明的事实来看，原告与被告之间仅存在洗车服务关系，没有车辆保管的约定。因此被告依约只负有在车辆冲洗的合理时段内使车辆保持完好的义务，在车辆冲洗作业完成以后，因原告未及时取车，把车放于店铺内，已经尽到其谨慎注意义务。故因合同义务的不存在，相应的违约责任也无法成立。二审判决正确。

2. 归责原则不同

侵权行为一般以过错为归责原则，即有过错才须承担侵权责任，并辅助以无过错责任、公平责任等；而违约行为并不以过错为归责原则，即一般只要构成违约就应承担违约责任。

3. 赔偿范围不同

侵权损害赔偿一般采取全面赔偿原则，不仅包括财产损害赔偿，还包括精神损害赔偿等；而违约赔偿是一种仅限于财产损害的赔偿，且通常只是对订约时“可预见”的损害的赔偿，此外，合同中约定的“违约金”是合同中特有的违约责任承担方式，其承担范围从约定，而不以所受损害为限。

【案例1－4－5】不仅仅是道歉
——《违反合同转发其汇编的信息不正当竞争案》[①]

甲公司分别为十多家商品和证券交易所签提供交易行情信息的数据采集、转发和经营服务，并以自己的数据格式对上述交易信息进行整理、汇编，形成了自己的综合行情信息，供客户使用并收取服务费。

后甲公司与乙公司签订了关于使用甲公司数据格式的合同，双方约定：未经甲公司书面许可，乙公司不能以任何方式转发根据其数据格式汇编的信息。随后不久，乙公司利用其掌握的数据格式，擅自截取和转发了甲公司的信息，并发展客户，与甲公司抢占市场，非法牟利。甲公司遂起诉，要求乙公司停止侵权行为和违约行为，并赔偿损失、赔礼道歉。

法院认为：甲公司利用信息资源的再生性，以有偿方式采集了各交易所在交易过程中形成的交易行情信息，经其加工、整理后，通过卫星通讯，发送给客户，信息的扩展性和延伸性使公司的信息源已经产生了深加工后的增值效应。乙公司违反合同约定，截取和转发甲公司信息源的行为侵犯了甲公司的商业秘密，应承担侵权责任。遂判决乙公司赔偿甲公司经济损失92万余元，并在《证券报》上向甲公司公开赔礼道歉。

本案中乙公司的行为既构成了违约又构成了侵权，原告选择侵权之诉是可以的。法院也是依此判决被告承担侵权责任的，即赔礼道歉和赔偿其经济损失。

---

① 《阳光数据公司诉霸才数据公司违反合同转发其汇编的综合交易行情信息不正当竞争案》，载最高人民法院中国应用法学研究所编：《人民法院案例选》1999年第2辑（总第28辑），时事出版社1999年版，第233页。

4. 客体不同

前者一般侵犯的是绝对权，后者则侵犯的是相对权。

如前述《殡仪馆丢失寄存骨灰的损害赔偿纠纷案》① 中那样，同样一个纠纷依据不同的请求权提起诉讼，就会出现不同的结果，显然这是因侵权行为和违约行为的构成要件不同所致。无疑，法律基于保护受害人的利益考虑赋予其根据实际情况选择请求权的权利符合民法的公平理念。

5. 责任构成要件不同

侵权责任一般以主观过错为责任构成要件；而违约责任一般不以主观过错为责任构成要件。(《合同法》第107条)

6. 责任形式不同

侵权责任既包括财产责任也包括非财产责任，违约责任则仅限于财产责任。

【案例1-4-6】病人在医院自杀医院有无责任?

——《朱某诉乌市医院人身损害赔偿案》②

原告父亲患抑郁症入住被告内科部，入院时双方签署内科部住院志愿书一份，约定如病人病情变化，为防病人自伤等，院方有将病人转入重性精神病房实行保护性治疗的权利。住院期间，原告之父两次出现跳楼迹象，但被及时制止，应被告要求，患者家属进行24小时看护。但患者趁陪护的家人洗脚之时，再次跳楼自杀身亡。原告即起诉了该医院。

一审法院认为，原告之父入住被告处接受治疗起，双方就建立

---

① 《艾新民诉青山殡仪馆丢失寄存的骨灰损害赔偿纠纷案》，载最高人民法院中国应用法学研究所编：《人民法院案例选》1993年第3辑（总第5辑），人民法院出版社1993年版，第83页。

② 《朱亚南诉乌鲁木齐市第四人民医院人身损害赔偿案》，载最高人民法院中国应用法学研究所编：《人民法院案例选》2007年第1辑（总第59辑），人民法院出版社2007年版，第136页。

了医患关系，被告对精神病患者负有在合理限度范围内的安全保障义务。被告作为专业机构，在发现患者具有自杀倾向时未按照志愿书约定将患者转入重性精神病房实行保护性治疗，对患者死亡负有责任。患者家属选择陪护仅属于一般过失，故不能减轻医院责任。二审维持原判。

本案存在侵权与违约责任的竞合，但原告选择了侵权之诉。因为侵权责任包含精神损害赔偿，原告权益能够得到更充分的保护，而且责任承担方式也更为灵活，而违约责任仅限于财产责任，对于精神损失无法提供救济。

三、侵权责任与不当得利责任的竞合

（一）侵权责任和不当得利责任之竞合的概念

侵权责任与不当得利责任之竞合，是指同一法律事实既具备侵权责任的构成要件，又具备不当得利责任的构成要件。也就是说，基于同一法律事实，当事人既可向对方当事人主张侵权损害赔偿请求权，又可向对方当事人主张不当得利返还请求权。在无权处分、非法出租他人财产、非法使用他人之物并获取收益、侵害知识产权而获取收益以及侵害肖像权、名称权、姓名权等场合，都可能发生这两种民事责任的竞合。

【案例1-4-7】银行柜员业务差错也能请求储户退还吗？

——《因办理取款业务差错向单位补齐短款后诉取款人返还不当得利案》①

被告朱某持其丈夫龙某名下本金为1018.94元的存单，到原告

①《马晓会作为储蓄所营业员因办理取款业务差错向单位补齐短款后诉取款人朱洪杰返还不当得利案》，载最高人民法院中国应用法学研究所编：《人民法院案例选》2002年第2辑（总第40辑），人民法院出版社2002年版，第99页。

马某所在的储蓄所清户取款，由原告以柜员身份为其办理。当天下午该储蓄所结账时发现库存短款9000元，经原告回忆和观看录像带，认定是多付给了被告。随即，原告补齐短款，并与被告交涉未果。事后，原告向法院提起诉请求判令被告返还人民币9000元。

法院经审理，判决被告朱某返还原告马某不当得利人民币9000元。

本案定位于不当得利之债的法律关系是毫无疑问的。在本案中，不当得利之债原始地发生于储蓄所与被告之间，但因原告的清偿行为而使储蓄所不再对被告享有请求权，进而自己成为不当得利行为的继起受害人。随即，原告作为新的债权人依法享有代位权，有请求被告返还不当得利的权利。法院认可了原告的诉讼主体资格，认为其仍可向被告主张不当得利返还请求权的做法是恰当的。

（二）不当得利与侵权行为的区别

不当得利行为与侵权行为都是债发生的原因，但在构成要件上却有着明显的不同。

1. 是否获利不同

不当得利行为要求不当得利人获得没有合法根据的财产上的利益，而侵权行为并不要求具备此要件。

【案例1－4－8】不当得利必须获利
——《利用同名同姓支取汇款不当得利案》①

自1993年5月，原告刘某的丈夫的单位将寄给刘某的生活困难补助费寄到刘某之女李某所在单位市水利勘测设计院，收款人为刘某。

---

① 《刘秀英诉刘秀英利用同名同姓支取汇款不当得利案》，载最高人民法院中国应用法学研究所编：《人民法院案例选》1998年第3辑（总第25辑），人民法院出版社1999年版，第97页。

张某与李某在同一单位工作，其妻名字也叫刘某。自1993年5月至1997年4月，张某与其妻冒领此项汇款共3681元。

1997年4月，原告发现此事。原告遂向张某和其妻追要该款未果。刘某以张某和其妻为被告诉至区法院，要求两人返还3681元汇款及其占用期间的利息损失。

法院经审理判决张某与其妻返还刘某3681元汇款及其占用期间的利息损失。

本案两被告利用名字巧合支取他人汇款，客观上受有利益而缺乏法律依据，原告因此受到损失，被告的行为构成不当得利，负有返还义务。

2. 有无过错不同

侵权行为的构成一般以过错为要件，而不当得利行为的构成不问得利人是否存在主观上的过错。

【案例1-4-9】主观是否有过错不影响不当得利的构成
——《误送轮胎给第三人以致不能收回货款赔偿损失案》①

甲轮胎有限公司与乙汽车运输六场有多年运输关系。1998年10月31日，甲公司委托乙运输六场送各种型号甲公司轮胎920条至齐齐哈尔市，在交付的运输单上只标明“齐齐津达”四个字，没有收货人的地址，乙运输六场也未向甲公司核实收货人的详细地址，即按甲公司提供的代理商一览表将货运至第三人（桦齐公司）处，第三人收到该批轮胎并签收。后经多次交涉，第三人只退还轮胎278条和人民币1万元，其余部分始终未予退还。为此原告向法院起诉，要求被告乙、第三人赔偿经济损失。

---

① 《锦湖轮胎公司诉天津气运六场误送轮胎给第三人以致不能收回货款赔偿损失案》，载最高人民法院中国应用法学研究所编：《人民法院案例选》2001年第1辑（总第35辑），人民法院出版社2001年版，第149页。

法院经审理认为：甲公司与乙运输六场之间的运输业务由于未作书面详细约定，造成误送，对此双方均有责任。第三人在收到货物后，明知自己不是收货人而拒绝返还货物，属不当得利，应无条件返还。

本案中，第三人明知自己不是收货人而收取货物，没有合法依据，使自己获利而使他人受损，并且两者之间有直接的因果关系。因此乙公司与第三人之间存在不当得利之债的关系，第三人为受益方，其所获利益为积极利益，第三人应返还其取得的不当利益。

3. 判别取向不同

侵权行为的构成要求有相当因果关系，包含着价值判断，而不当得利行为只要求有直接因果联系，只是一个事实判断。

【案例 1-4-10】装修了前男友母亲的房子算谁的?
——《终止恋爱关系要求返还其为结婚后使用的房屋装修出资款案》[①]

原告梁女与被告刘男恋爱。双方协商后开始对被告刘母所有的、二被告共同居住使用的一套房屋进行装修，共计花费 23000 元左右，其中包括原告诉请主张的 18158 元支出。

此后，原告梁女与被告刘男终止了恋爱关系。原告向法院提起诉讼，要求判令两被告共同返还装修出资款 18158 元。

法院经审理判决被告刘母返还 18158 元装修款的诉讼请求；驳回原告梁女要求被告刘男承担返还责任的诉讼请求。

梁女的出资装修行为是出于婚后使用该房屋的动机，而梁女以结婚后使用房屋为目的进行的装修房屋的行为并非是以结婚作为使用装修后房屋的条件，只是其装修房屋的原因。恰恰由于刘母没有

① 《王丽青因终止恋爱关系诉朱桂英等返还其为结婚后使用的房屋装修出资款案》，载最高人民法院中国应用法学研究所编：《人民法院案例选》2000 年第 3 辑（总第 33 辑），人民法院出版社 2001 年版，第 91 页。

任何合法依据而获得了装修财产的利益，其与梁女的装修行为没有取得相应对价之间有着因果联系，这些都符合不当得利的构成要件。因此，受审法院认定原告与被告间形成不当得利之债并进而判决刘母向梁女返还装修款自然是恰当的。

4. 制度目的不同

对侵权行为的规范是为了填补受害人的损失，而对不当得利行为的规范是为了纠正不当得利人获得的非法利益。

第二章　侵权责任法律关系以及侵权行为的构成要件

第一节　侵权责任法律关系概述

一、侵权行为是事实行为

特定的侵害行为自然能够引起具体的损害赔偿法律关系的产生。

民事法律事实，作为符合民事法律规范规定的能够引起具体民事法律关系或者具体民事权利产生、变更和消灭的客观情况[①]，显而易见是将侵权行为包括在内的。

人们依据民事法律事实的发生是否具有直接的人的意志性，将民事法律事实分为事件和行为两大类，其中行为包括合法行为和违法行为。而违法行为就是指那些不符合或者违反民法规定的，依法应承担民事责任的行为，主要是所谓的侵权行为和违约行为。

【案例 2－1－1】三鹿破产了　损害谁来赔偿?
——《“结石宝宝”的赔偿方案难解制度困境》[②]

三鹿事件的重大影响远远超越了行业边界甚至国界，而演化为

① 江平主编：《民法学》，中国政法大学出版社 2000 年版，第 169 页。

② 马光远：《“结石宝宝”的赔偿方案难解制度困境》，2008－12－30；08：44：56；来源：金羊网（广州）。

震动国际的中国食品质量安全困局，对政府治理、应急能力和商业秩序都形成了极大挑战，其重中之重是近30万受害者的善后工作。

政府和企业拿出的赔偿方案的要点有三：一是22家责任企业对近30万名确诊患儿给予一次性现金赔偿；二是22家责任企业共同出资建立了医疗赔偿基金，患儿今后一旦出现相关后遗症，发生的医疗费由该基金给予报销，如果不够，由政府兜底；三是政府对“结石宝宝”死亡病例可补偿20万元，重症病例可补偿3万元，普通症状可补偿2000元。

赔偿方案的最大亮点是将三鹿破产与赔偿责任完全隔离，以国家的信用为受害者兜底，这也是很多国家处理同样事件的惯例；而最大的不足是缺乏透明和细节。22家企业的“一次性”现金赔偿的标准和依据是什么？数额有多少？赔偿方案既没有受害人参与，也没有一个议价的过程，完全是22家企业单方面的意思表示。20万的死亡赔偿暂且不论，但3万的重症赔偿能否解除受害者的后顾之忧？

三鹿事件用法律术语来说本身不是事件而是行为，再进一步，是违法行为中的侵权行为。三鹿事件的特点在于不是个别的侵权行为，而是大规模的侵权，侵害对象具有广泛性、不确定性、分散性，侵害后果具有隐蔽性、迟发性。这种侵权类型符合工业化大生产的特点，即生产和销售能力越强，侵权能力就越强，损害后果就越严重。三鹿事件的处理结果，涉及民事、刑事、行政多种责任的同时承担，体现了不同性质法律责任的兼容性。

仅从侵权责任法的角度来说，三鹿事件的民事赔偿责任属于产品责任。其对现行《侵权责任法》的影响是，催生了惩罚性赔偿责任制度的立法。《侵权责任法》第47条规定：“明知产品存在缺陷仍然生产、销售，造成他人死亡或者健康严重损害的，被侵权人有权请求相应的惩罚性赔偿。”故从条文表述来看，立法者对惩罚性赔偿责任的适用进行了严格的限定，主观上要求明知，客观上要求造成死亡或健康严重损害的后果。因此要想有效防止类似事件的再次发生，只靠该制度的震慑作用是难以做到的。

应该看到，三鹿事件不仅仅是一种民事侵权行为，它已经演化为涉及公共安全的重大事件，更使人不由得联想起5年前的“吉化爆炸松花江重大污染”事件。两个事件都涉及社会公共安全，侵权范围广，受害对象具有不特定性，后果极其严重。类似事件的一再发生，凸显了我国社会制度的缺失，呼唤一种合理的法律制度的建立。

应当认为，只有集团诉讼、公益诉讼的力量，才足以对不良商人不惜牺牲社会利益，单纯追求商业利润的行为产生足够的制约，才能有效遏制类似恶性事件的再次发生，才能促进企业社会责任的培养和形成。遗憾的是新颁行的《侵权责任法》在这方面并没有突破，也许可以借助《民事诉讼法》的修改，纳入类似制度。

二、侵权行为的民事责任是一种法律关系

虽然侵权行为是事实行为，但侵权行为之债却是民事法律关系，即损害赔偿法律关系。从广义上讲，就是在特定的侵权人与受害人之间，依据法律的规定而形成了特定的侵权行为的民事责任法律关系。

罗马法历来注重抽象法规的研究，以法律关系的抽象为其基本特征，因而将高度抽象的商品交换的法律规范体系概括成为一种先验的伦理方式，用以检验商品交换过程中的各种法律事实。在罗马法基础上演化而来的作为近代大陆法系代表的德国民法，更是以左右社会生活的最大动力——民事权利为核心，使社会生活与正当秩序有机地结合在了一起。

所以，以《法国民法典》和《德国民法典》为代表的传统大陆法系，都是从各种具体生活的经验中所抽象出来的一般经验，将那些受到侵害的社会关系恢复到其没有受到侵害以前的原始状况的权利义务关系，称之为损害赔偿之债，无疑，此种特定的责任人与

特定的受害人之间的权利义务关系，即为一种民事法律关系。

【案例2－1－2】“人肉搜索”究竟为何种法律关系？

——《“人肉搜索”入罪还需考虑三个前提》①

【媒体报道】

2008年8月25日，部分全国人大常委会组成人员在分组审议《刑法修正案（七）》草案时，认为保护公民个人信息，需要追究网络“人肉搜索”者的刑事责任。

笔者认为，在将“人肉搜索”入罪前，有三个前提不得不考虑。

其一，刑法打击什么样的“人肉搜索”？

“人肉搜索”含义比较宽泛，包括在网上搜索他人的信息，将在网下搜集的他人信息贴在网上，将杜撰的事实在网上传播，以及在网上对他人进行辱骂、骚扰等行为。

其二，如何区分“人肉搜索”中正当舆论监督与侵犯隐私权呢？事实上，“人肉搜索”在某种程度上，也是一种公民行使监督权、批评权的体现。由于法律没有对隐私权的概念作出明确的界定，导致“公众人物”的隐私权及其界限没有法律依据。那么，该以什么为标准来判断网民的行为是在监督、批评社会不良现象，还是在侵犯他人的隐私权呢？

其三，对“人肉搜索”侵犯隐私权的行为如何追究也值得考虑。

“人肉搜索”行为之所以难查处，主要原因在于，其责任主体具有不确定性，分散性，取证成本高。如果把“人肉搜索”侵犯隐私权行为也规定为自诉案件，那么“人肉搜索”入罪能否发挥警示作用就值得怀疑。

---

① 杨涛：《“人肉搜索”入罪还需考虑三个前提》，来源：《检察日报》，2008年09月01日10：20。

由上述看来，目前不宜将“人肉搜索”入罪。眼下，我们应加强对隐私权的立法，界定隐私权的范围。应当强化有关行政机关打击违法“人肉搜索”的职责，规定对违法的“人肉搜索”进行行政处罚。在这些基本问题解决后，再考虑“人肉搜索”入罪的问题也不迟。

“人肉搜索”是不是一种违法行为？如果是违法行为，应当属于何种违法行为？

应当认为，首先“人肉搜索”不是一个法律用语，而是一个网络流行语，其含义宽泛模糊，泛指一类社会现象，而且被更多的人理解为一种舆论监督的戏称，该称谓本身并不含有任何道德的暗示。因此要将“人肉搜索”纳入刑法调整范围必须先明确其含义和内容，及其要规制的具体对象。

其次，必须明确对“人肉搜索”定罪要达到的目的，预先评估其可能产生的社会效果。设立任何规制的目的都是为了引导一种价值判断，因此我们在考虑对某一现象进行规制尤其采用最为严厉的刑法调整时，必须先要考虑这样的规制是否有助于社会建立一种良好的价值判断。“人肉搜索”在使用中是一个中性的概念，既可以指正当的网络舆论监督，也可以指网上的对个人隐私的侵权，而更多情况可能是指前者。

既然对“人肉搜索”的褒贬不一，对其动则课以刑责，是否会使社会的价值判断发生混乱？或者使正当舆论监督遭到株连？由于“人肉搜索”入罪的伦理基础是对隐私权的侵犯，在隐私权的私法保护尚处于探索阶段时，就忙于定罪，很可能无法达到预想的效果。

因此，多数媒体的意见是，对“人肉搜索”的定罪应予缓行，首先让位于民法及行政法的调整，如果还有必要，再定罪不迟。

传统民法理论认为，侵权行为是一种法律事实，这种法律事实只有受到了法律规范的调整，其所产生的法律关系才是侵权行为之债或侵权损害赔偿法律关系。

民事法律关系无疑同样要由主体、内容、客体三个要素构成，故侵权损害赔偿也应该由主体、客体、内容三个要素构成。由于损害赔偿的前提是侵权行为的存在，所以，如何判断一个行为构成了侵权，就得结合学理上的侵权行为的构成要件来进行分析和判断。

故而侵权行为虽是事实行为，但由此而产生的侵权行为之债却是民事法律关系，即损害赔偿法律关系，从广义上讲，其历久弥新演化成了现今的侵权行为的民事责任法律关系。

三、《侵权责任法》是对民事权益予以法律规制的负面调整手段

（一）《侵权责任法》对保护对象作了全面系统的规定

《侵权责任法》第2条规定："侵害民事权益，应当依照本法承担侵权责任。本法所称民事权益，包括生命权、健康权、姓名权、名誉权、肖像权、隐私权、婚姻自主权、监护权、所有权、用益物权、担保物权、著作权、专利权、商标专用权、股权、继承权等人身、财产权益。"

我国民事基本法这种一般概括与具体列举相结合的规定无疑具有自己的特色：

（1）采用列举加兜底的方法明确了侵权责任法所保护的民事权益的范围。民事权益多种多样，并且随着社会、经济的发展，新型的民事权益也在不断出现，侵权法无法全部列举。为了适应不断发展的社会现实，满足人们权益保护的需要，又不至于过于抽象概括使立法失去可操作性，《侵权责任法》采取了列举加兜底的方法，使侵权责任法的保护范围得以明确，很好地兼顾了法的稳定性、权威性和灵活性。

（2）首次以法律形式规定了"隐私权"，丰富了人身权的内容。与产生于农业社会的大陆法系的传统民法所面对的主要是简单的侵权行为不同，现代侵权责任法所面对的更多的是大规模、多主

体的复杂侵权案件。《侵权责任法》把隐私权明确纳入其保护范畴，以负面调整的方式正式确立了隐私权的法律地位，进一步扩大人格保护的范围。一方面是因为个人人格的觉醒，另一方面是由于科技及大众传播的发展，增加了侵害人格尊严的可能性及严重性，有特别加以规范的必要性。

【案例2－1－3】凡新的权利都难以界定其概念及保护范围
——《甘甲诉乌市某报社等名誉权侵权纠纷案》①

被告乌市某报社登载了一篇题为《县警方QQ“钓”杀人嫌犯》的报道，该报道披露了被害人甘乙即原告三女儿的真实姓名、年龄、籍贯，并称甘乙与一犯罪嫌疑人系同居情人关系，与另一犯罪嫌疑人发生了性关系等。原告甘甲将该报社诉至法院，称报道中写了其女儿的真实姓名并大肆歪曲报道与案件无关的其女儿的隐私，导致当地路人皆知，有不少流言飞语，给原告及家人精神上造成了极大的痛苦。

一审法院经审理认为：原告女儿被害一案尚在侦查阶段，被告在报道中随意披露受害人真实姓名、年龄及与案件无关的与他人同居关系、两性关系等情况，足以使读者能够确认报道所指向的具体对象，公开了甘乙的隐私。属以书面、口头形式宣扬他人隐私，或者捏造事实公然丑化他人人格，以及用侮辱、诽谤等方式损害他人名誉，造成一定影响的行为，故应认定为侵害公民名誉权的行为。判令被告停止侵害、赔礼道歉并赔偿原告的损失。宣判后，被告不服上诉。二审维持原判。

本案实质并不是侵犯名誉权，而是侵犯隐私权，只是限于法律直接规定的缺乏，才通过保护名誉权而使对隐私权的侵害得到救

① 《甘维寿诉乌鲁木齐都市消费晨报社、新疆经济晨报社及尹金钟名誉权侵权纠纷案》，载最高人民法院中国应用法学研究所编：《人民法院案例选》2007年第3辑（总第61辑），人民法院出版社2008年版，第131页。

济。对于隐私权的内容，我国学者的观点：隐私主要是指自然人保有的属于自己的私人秘密①。隐私权首先是指保护自己的隐私，不允许他人窃取和披露的权利。任何个人或组织均无权加以窃取或披露，如果违反这种不作为的义务，未经允许加以披露或利用，就构成侵权。其次，也包含披露和利用自己的隐私的权利。

我国立法部门的认为：隐私权是指自然人享有的对其个人的、与公共利益无关的个人信息、私人活动和私有领域进行支配的一种人格权，主要包括：个人信息控制权、个人活动自由权、私有领域不受侵犯权、权利主体对其隐私的利用权。②

本案被告所报道的杀人案，被害人甘乙生前与犯罪嫌疑人同居及存在性关系等情况，其本人活着时予以隐瞒，不愿意为他人所知，是肯定的；在其遇害后，其亲属也不会同意公开女儿的这种隐私。而被告未征得原告同意，报道案件时披露了甘乙的隐私，不仅侵犯了甘某某的隐私权，也给原告造成了不利的影响，造成精神痛苦，其行为构成侵权。

判断新闻媒体的报道是否侵害公民的隐私权，不在于该报道的内容来自何处和是否真实，而在于是否涉及公共利益，公民对此是否有知情权。如果回答是肯定的，即使披露了权利人的隐私，也不构成侵权，反之则构成侵权。

在本案审理时，《侵权责任法》尚未颁行，只能根据相关规定来进行判决，这才有了本案的通过公开隐私侵犯名誉权的判决。在《侵权责任法》实施以后，对侵害隐私权的案件可以直接依据该法的有关规定来进行判决。

---

① 江平主编《民法学》，中国政法大学出版社，2000 年 1 月第 1 版，第 298 页。

② 奚晓明主编：《〈中华人民共和国侵权责任法〉条文理解与适用》，人民法院出版社 2010 年 1 月第 1 版，第 23 页。

（3）“股权”被正式纳入了《侵权责任法》的保护内容。

【案例2-1-4】股权被侵害亦可打官司
——《香港甲公司诉汪某不执行股东会决议案》[①]

原告香港甲公司与被告汪某经协商共同投资设立“丙创公司”，原告法定代表人陈某签署了公司章程规定汪某任公司董事长。公司设立不久原被告就公司有关变更事项进行洽谈，签署《会议协议》一份，双方同意原告让出丙创公司的出资，另行协商转让事宜；丙创公司更名，由被告办理具体手续；由被告保管丙创公司公章；被告保证在原告转让出资和公司更名办妥前不以丙创公司的名义进行任何商事及相关活动；原告对丙创建公司的商事活动不承担法律责任。

此后被告未经股东会通过，擅自修改了公司章程，并据此向工商局办理了变更登记，经营范围增加“附设分支机构”一项，并登记设立丙创公司分公司，对外营业，从事经营活动，经销原告同类产品。原告要求被告停止经营活动不成，遂诉至法院，要求确认原告在丙创公司的合法权益（出资90万元及其股权），被告立即停止丙创公司的非法经营活动，并承担该公司的全部债务，赔偿因被告的经营活动而使原告营业额减少的经济损失30万元。审理中，原告增加诉讼请求。

一审法院经审理认为：原告接受公司章程，出资创办公司，是丙创公司的股东之一。原、被告签订的《会议协议》，是双方关于丙创公司重大事项的决定，应视为是股东会决议。被告作为丙创公司的另一股东和公司董事长，应对全体股东负责，切实履行其职责，保证该协议的执行。被告不按协议行使其职权，超越权限修改

① 《启康医疗康复器械公司诉汪渭文不执行股东会决议案》，最高人民法院中国应用法学研究所编：《人民法院案例选》1998年第3辑（总第25辑），人民法院出版社1998年版第179页。

公司章程，显属违反《公司法》关于董事会职权及关于“董事、监事、经理应当遵守公司章程，忠实履行职务”的规定和公司章程的行为，应当承担过错责任。但原告要求被告赔偿其经济损失的诉讼请求，缺乏事实和法律依据，不予支持。

二审期间，被告（上诉人）又以已与原告（被上诉人）达成和解协议为由，申请撤回上诉。

本案涉及有限责任公司股东资格认定及股权保护问题。

公司股东资格的认定包括实质条件和形式条件，其中出资是实质条件。形式条件包括公司章程的记载、股东名册的记载、公司登记机关的登记等。本案原告在公司章程上签名盖章，并实际履行了出资义务，注册登记文件上也有相应记载，具备了作为股东的形式条件和实质条件，其股东资格不容置疑。原告基于股东地位享有权利承担义务。

而被告作为公司高管及股东会决议的执行人，拒不履行职责，滥用职权，侵犯其他股东的合法权益，应当承担相应的责任。原告基于公司法及股东会决议享有的权利应当受到保护，在权利受到侵害时有权获得相应救济，要求侵权人停止侵害、赔偿损失。《侵权责任法》的颁布实施后，已把股权明确纳入了其调整范围。

（4）明确将“财产权益”扩大成为侵权责任法的保护对象。传统民法认为，侵权责任法并非要保护所有的民事权利，只有绝对权才能作为侵权责任保护的对象，对于侵害当事人合同权利的行为应承担违约责任。而该条文以兜底的“财产权益”的形式，将所有财产权利都一律纳入了侵权法的保护范围，这里面当然也包括债权这样一些因合同而产生的权利。而在此之前，债权是否能受侵权法规范保护一直备受争议。

【案例2-1-5】侵犯普通债权也可承担侵权责任

——《投资管理有限公司诉杨某等股东不当清算赔偿纠纷案》①

原告甲投资公司系华乙厂债权人，杨某等六被告是华乙厂的股东。六被告业已对华乙厂清算完毕，并将剩余的财产进行了分配，且进行了工商注销登记，但对原告的债权未予偿付。故甲投资公司诉至法院，要求被告承担连带赔偿责任。

一审法院认为，原告对华乙厂的债权合法有效，应当受到法律保护。华乙厂注销后，应由股东组织清理，并用清理的财产归还原告欠款。现原告要求被告承担连带赔偿责任没有法律依据。

二审认为，被上诉人在未对华乙厂资产及债权债务进行清理的情况下，即向工商局出具虚假的清算报告，并办理了注销手续，侵犯了上诉人的债权，应当对上诉人的损失承担连带赔偿责任。遂撤销原判，支持了上诉人的诉讼请求。

本案的焦点是股份合作制企业股东不履行清算义务侵犯债权的责任承担问题。原告是被告所在企业的合法债权人，被告是企业股东。由于股份合作制企业的股东清算义务目前尚无法律规定，故本案审理法院依照《公司法》及其司法解释追究了被告不履行清算义务的责任。二审法院明确认定被告作为股东不履行清算义务，导致原告损失的行为，构成侵犯债权。

本案的审理发生在2008年，是在《侵权责任法》颁布之前，这说明我们的司法实务早就开始了对债权侵权的保护，而有了《侵权责任法》明文规定后，无疑使本案的此类债权成为传统意义上的相对权的典型代表，因其属于财权权益的范畴，而正式明确得到立法的保护。因此，《侵权责任法》扩大了保护对象的范围。

---

① 《太仓港百利达投资管理有限公司诉杨仲春等股东不当清算赔偿纠纷案》，载最高人民法院中国应用法学研究所编：《人民法院案例选》2009年第1辑（总第67辑），人民法院出版社2009年9月版，第307~314页。

(5) 体现了“以人为本”的民法基本精神。《侵权责任法》不再以所有制形态对被侵害财产加以区分，而且将人身权益置于财产权益之前。

(二) 侵权责任体现了没有救济就没有权利的法律本质

当民事主体的权益受到侵害时可以对其提供及时有效的法律救济，毕竟“没有救济就没有权利”。

按照我国民法理论与实践，《侵权责任法》保护的客体不仅包括民事权利，还应涵盖民事权利之外的合法利益。无论侵害民事权利，还是侵害民事权利之外的合法利益，均可构成侵权责任。因此《侵权责任法》规定了侵权责任法保护的客体为民事权益，又对民事权益的范围进行了列举式规定。从其所列举的15种民事权利可知，侵权责任法保护的民事权利，主要为绝对权，至于民事权利之外的合法利益，一般认为，包括人格利益（如死者名誉）和财产利益（如纯经济损失）。

(三) 侵权责任法无非是侵权行为民事责任的法律规范系统

民事责任，是指当事人违反民事义务时应当承担的民法上的不利后果。[①] 按照《民法通则》的规定，民事责任分为违反合同的民事责任和侵权的民事责任以及法律规定的责任。因此，侵权责任就是侵权行为民事责任的简称，其指民事主体因违反法律，过错（或无过错）侵害他人的人身或财产权益而依法应当承担的民事责任，而《侵权责任法》在本质上就是调整有关侵权行为的系统化的法律规范的总合。

① 王利明:《侵权行为法研究》（上卷），中国人民大学出版社2004年版，第31页。

【案例2-1-6】侵犯自然人名誉权应当承担侵权责任
——《石某诉乙公司等侵害名誉权案》[①]

原告石某被甲公司派遣至被告乙公司工作。工作期间，乙公司向原告邮寄了《解除劳务关系通知书》，并向公司全体员工发送了电子邮件。内容为“公司于8月31日对物流部员工石某给予惩戒处分”的通报。理由是他有渎职、谋取私利的行为，给公司带来重大损失。

次日，公司老板以乙公司的名义向丙人力资源服务有限公司发送了内容为“……本公司于8月31日对下述人员给予惩戒解雇处分。贵俱乐部的会员在录用该人员时，可能会给各公司带来损害。请在收到本信息后，各会员企业进行招聘录用时务必充分注意……”的电子邮件，附有原告的姓名、户籍、身份证号及出生年月日。

原告认为，被告的行为不仅侵害了原告名誉，而且给原告今后的就业、生活造成不良影响，使原告身心遭受极大的打击与伤害。为此，原告起诉要求被告给予赔偿。

法院经审理认为，被告乙公司做出与原告解除劳务关系的决定后，在将该决定告知公司员工的电子邮件中涉及原告违纪事实的内容有不实之处，且使用了“渎职”、“谋取私利”等含有贬义的言辞，同时乙公司在给丙人力资源服务有限公司时，其邮件内容亦含有贬低原告人格之意。乙公司的上述行为客观上降低了公众对原告的评价，损害了原告的名誉。对此，乙公司应承担相应的民事责任。故对原告要求甲公司书赔偿的诉讼请求，法院依法予以支持。

被告不服一审判决，提起上诉，二审法院维持原判。

本案中，原告和被告乙公司之间的劳动合同关系解除后，乙公

① 《石咏梅诉上海住电装管理有限公司等侵害名誉权案》，最高人民法院中国应用法学研究所编：《人民法院案例选》2008年第2辑（总第64辑），人民法院出版社2009年版，第122页。

司应根据诚实信用原则，积极妥善地行使好与原告之间合同解除后对原告的用工信息的保护义务。但被告却利用用人单位的优势，滥用自己的权利，在没有事实依据的情况下，向本公司内部及其相关猎头公司发布了诋毁、降低原告社会评价内容的电子邮件，违背了诚信原则和对劳动者的保护义务，侵犯了原告的名誉权。

本案值得讨论的问题是，用人单位将其依职权对劳动者作出的处理决定告知他人的行为，是单位正当行使内部经营管理权还是侵权行为。用人单位对劳动者所作的评价应当以事实为基础，客观公正地作出。法律并没有赋予用人单位对职工作出与事实不符的贬低评价的权利，并应当局限于公司内部。但本案被告是在没有事实依据的情况下，发布含有诋毁、降低原告社会评价内容的电子邮件，不仅对内发布，还向外发布，导致原告的社会评价降低，因此其行为已超出正常管理范围，构成对他人的名誉权的侵害，应当承担侵权责任。

此外本案还有一个值得关注的细节，即乙公司在给丙公司的邮件中不仅将解聘原告之事一一告知，还未经原告同意透露了原告的姓名、户籍、身份证号、出生年月日等个人信息。笔者认为，虽然原告没有提起，但实际上乙公司已构成对原告隐私权的侵害。

1. 侵权责任为给予损害以救济的法律制度

毋庸置疑，侵权责任，就是指凡因人为因素，包括那些不以人的意志为转移的客观事件与人为因素竞合而发生的法律事实而造成损害时，侵权行为人必须依据民法或其他法律的规定，向受害人予以赔偿的一种法律制度。

2. 责任强调的是行为后果的法定义务的属性

一位法国的比较法学家断言：“大陆法的法学家们并没有什么

侵权行为的概念，他们在表述中宁可使用‘责任’这个字眼。”①主张不叫“侵权行为”而称之为“民事责任”的学说认为：当事人一方因侵权行为或违约行为等对他方当事人造成损害时，就在当事人之间产生请求财产赔偿的权利和给付财产赔偿的义务。在当事人不自觉履行其损害赔偿的法定义务时，就转化为损害赔偿的民事责任。我国《民法通则》采取的就是这种民事责任说。

那些受法国法影响较大的学者，更多的也是将侵权法的损害赔偿定性为一种责任，强调侵权法对违法行为的制约功能，故他们将侵权行为的民事责任也称为“侵权损害的民事责任”。这种理论强调侵权行为所产生的法律后果，是由民法规定的，侵权行为人对其不法行为造成的他人人身或者财产损害所应承担的法律责任。

3. 债权则强调侵权人对受害人的支付义务是补偿利益缺失

受德国法影响比较深的学者，则是从侵权法对受害人的救济出发，把对受害人的赔偿视为一种债。即侵权行为发生时，根据法律的规定，在侵权人和受害人这两个特定的当事人之间产生了一种特定的权利义务关系：侵权人负有了一种法律上的义务，就是必须赔偿受害人因其侵权行为所受到的损失；反过来看，受害人也就因此而享有了一种权利，即其有权请求侵权人赔偿因此所受的全部损失。这种在特定的当事人之间所形成的特定的权利义务关系，就是所谓的侵权行为之债。此种观点强调侵权人对受害人的支付义务，显然这种义务和合同义务一样，是对他人财产利益缺失的一种补偿制度。

4. 民事责任无非是损害赔偿之债的负面制度保障

其实，侵权行为之债也罢，民事责任也罢，无非是从不同的视角观察问题而得出的结论罢了。将其视为债权更多强调侵权法的填补功能，而将其视为民事责任则更看重的是侵权法的制约功能。如

① 王卫国：《过错责任原则：第三次勃兴》，中国法制出版社2000年版，第205页。

果从权利与义务关系的角度来看，任何侵权行为首先都会依法律的规定，在双方当事人之间产生损害赔偿权利义务关系（损害赔偿之债），这是一种可以依自律规则自动予以调整的法律关系；而当债务人不愿自觉履行其义务时，损害赔偿之债才转化为必须依他律规制，也就是被法律赋予强制执行效力的民事责任。

第二节　侵权责任法律关系的主体

侵权行为是事实行为，但侵权行为之债是民事法律关系，即损害赔偿法律关系，从广义上讲，就形成了侵权责任法律关系。虽然“侵权责任法律关系的主体”不在侵权行为的构成要件中直接研究，但作为法律关系的三要素，这是一个与之密切相关且必须首先解决的问题。

一、侵权责任法律关系主体的概念

侵权行为作为事实行为造成了损害，当然就产生了赔偿的问题。在这种侵权责任法律关系中，有权请求损害赔偿的人就是赔偿权利人；而有义务对受害人进行赔偿的人就是侵权责任人。这一法律关系中的权利人和责任人，就是侵权民事责任法律关系的主体。具有民事权利能力的人（包括自然人和法人）以及特定情况下的国家，都可能成为侵权责任法律关系的主体。

【案例2-2-1】幼教老师擅离岗位期间幼儿致伤谁来负责?

——《幼儿玩火被伤其家长诉村委会赔偿纠纷案》①

甲村委会办了一个幼儿班，聘请张乙担任教师。一日，张乙在

① 《阎红瑞诉旧寨村村民委员会损害赔偿纠纷案》，载最高人民法院中国应用法学研究所编：《人民法院案例选》1992 年第 2 辑（总第 2 辑），人民法院出版社 1993 年版，第 68 页。

课间休息时离校回家，几个幼儿在教室的火炉旁烤火。学生张丙玩火点燃了学生闫某身上的衣服，将闫某烧伤。

闫某之父将甲村委会、幼儿班教师张乙和学生张丙告上法庭，要求三被告承担民事赔偿责任。

一审法院经审理认为：被告甲村委会违反省教委关于学前班入学年龄应为5周岁的规定，招收不到5周岁的闫某，应对闫某的损害承担主要责任；被告教师张乙擅自离开工作岗位，应负次要责任；被告学生张丙虽年幼，但玩火烧伤他人，其监护人也应负一定责任；原告闫某未达到入学年龄上学，在校被烧伤，其监护人也应负一定责任。故判决甲村委会承担治疗费用近4000元；教师张乙承担600元；学生张丙承担400元；今后治疗不足部分由原告自负。

甲村委会不服一审判决，以全部责任均应由张乙承担为由上诉。

二审法院经审理认为：幼儿班是甲村委会所办，教师张乙是其聘用的雇员。招收5周岁以下儿童，符合省教委“关于有条件的农村也可以让3周岁以上幼儿入园”的规定。幼儿班学生在家由父母监护，在校由学校监护。闫某受到伤害和张丙玩火造成损害均系在学校期间发生，学校理所当然应该承担民事赔偿责任。但致害人张丙的家长平时对子女缺乏管教，张丙平时爱玩火柴与烧伤他人有因果关系，故应按过错承担一部分赔偿责任。教师张乙的失职行为，应由甲村委会追究。故判决撤销原判，由甲村委会负担治疗费用近4000元；学生张丙的监护人赔偿1000元。

本案中，幼儿张丙侵权行为的赔偿责任应由幼儿班的开办者甲村委会承担。同时，张丙父母作为监护人应适当分担责任。教师张乙的失职行为与闫某的损害具有因果关系，本应承担相应责任，但由于其是甲村委会的聘用人员，故此赔偿责任应由甲村委会先承担，甲村委会赔偿后当然可以向其追偿。

毋庸置疑，确定侵权损害赔偿法律关系的主体，并不能简单地认为就是确定侵权行为人和受害人的问题，而应根据实际情况和法律的规定才能加以明确。

二、侵权责任法律关系的权利主体

就侵权责任的权利人而言，一般仅限于侵权行为的直接受害人，但在特殊的情况下，直接受害人之外的间接受害人也可以成为侵权责任的权利人。

（一）由受害人生前扶养的人可以成为侵权责任的权利人

由于受害人死亡，使得其扶养的人失去了生活来源，那么造成此情形的侵权人自然应该对其负责，我国《民法通则》第119条规定："侵害公民身体……造成死亡的，并应当支付丧葬费、死者生前扶养的人必要的生活费等费用"。这里需要注意的一点是，如尚未出世的胎儿的父亲因遭侵权而死亡，该胎儿是否可成为赔偿权利人？现代民法理论对此持肯定态度，下面案例中法院的判决也体现了这一点。

【案例2-2-2】遗腹子算不算死者生前实际抚养的人

——《罗乙诉某公司等道路交通事故人身损害赔偿案》①

原告罗乙出生于2007年7月，是罗甲的遗腹子。2006年10月，罗甲因交通事故丧生。交通部门认定，罗甲负事故的主要责任，贺某负事故次要责任。（贺某系驾驶员，大客车属某公司）

罗甲的亲属向法院起诉要求某公司和贺某赔偿损失，法院判定贺某是某公司雇请的驾驶员，某公司承担雇主责任，并作出了相应判决但并未支持支付胎儿出生后的被扶养人生活费的诉讼请求，该

① 《罗芯瑞苏四川宜宾长峰运业有限责任公司等道路交通事故人身损害赔偿案》，最高人民法院中国应用法学研究所编：《人民法院案例选》2008年第4辑（总第66辑），人民法院出版社2009年版，第127页。

判决已生效且已实际履行。

原告罗乙出生后，原告的法定代理人（即罗母）请求赔偿罗乙生活补助费 27089.28 元。

法院认为，已生效判决所确定的事实当事人无需举证。原告罗乙是受害人罗甲的遗腹子，其合法权利应受到法律保护，原告主张的被扶养人生活费，法院予以支持。

虽然，我国《民法通则》规定民事权利能力始于出生，但是，根据民法理论中有关权利延伸保护的原理，在必要的时候，人们可以根据相关法律条文，为胎儿在将来出生时行使权利预留合理的空间。只有这样，才符合民法的公平原则和有损害即有救济的民事裁判原则。简言之，胎儿一旦出生并为活体，其民事主体地位就应得到承认，其权利就延伸至孕育期间，而与其双亲必然形成法定的抚养关系。

本案中，法院的判决体现了对胎儿的保护以及对法律的正确适用，值得肯定。

（二）与受害人签有扶养协议并履行了扶养义务的单位或个人以及为受害人的死亡支付了丧葬费用的人也可成为侵权责任的权利人

与受害人签有扶养协议并履行了扶养义务的单位和个人可成为损害赔偿的权利人，是因为其根据协议可以在被扶养人死后获得归被扶养人所有的财产，而受害人的死亡赔偿金属于财产利益，该单位或个人当然可以主张。

受害人死后的丧葬费是赔偿义务人应当负责赔偿的费用，故为受害人支付了丧葬费用的人当然可就其所支付的丧葬费要求赔偿义务人承担，而成为赔偿权利人。《侵权责任法》第 18 条规定："被侵权人死亡的，支付被侵权人医疗费、丧葬费等合理费用的人有权请求侵权人赔偿费用，但侵权人已支付该费用的除外。"

【案例2-2-3】村委会可就“五保户”侵权致死请求损害赔偿
——《五保户车祸身亡 村委会获赔4万》[①]

“五保户”冯某与所在的村委会签订了“五保户赡养协议”约定：村委会赡养冯某；冯某死亡后，其遗产归村委会所有；冯某遭受意外事故死亡时，村委会享有追索赔偿的权利。

某日，冯某步行横过马路时被贺某驾驶的轿车撞伤致死。交警部门认定贺某负事故的主要责任，冯某负事故的次要责任。冯某所在的村委会以赔偿权利人的身份向法院提起诉讼，要求驾驶员贺某及车主谢某连带赔偿丧葬费、死亡赔偿金等共计5.82万元。贺某与谢某均辩称：村委会既不是继承权利人，也不是赔偿权利人，不具有诉讼主体资格。

法院经审理认为：村委会对冯某死亡产生的损失享有赔偿请求权。判决：贺某与谢某连带赔偿村委会因冯某死亡造成的损失4万余元。

在一般情况下，侵权行为的受害人因侵权去世后，有权要求损害赔偿的应是死者的配偶、父母和子女等，本案向法院起诉请求赔偿由于村委会与冯某签订的“五保户赡养协议”，依据有关法律法规的规定，村委会就成为冯某的遗产受益人，既然其履行了扶养协议的义务并支付了死者的丧葬费用，故法院裁定村委会应当作为赔偿权利人参加诉讼，并最终为法院判定胜诉。

（三）受害人的父母、配偶、子女等近亲属

由于亲情关系的存在，受害人的父母、配偶、子女或其他近亲属因受害人的死亡遭受精神痛苦为人之常情，故法律一般肯定其此时可对赔偿义务人提出精神损害赔偿请求，成为赔偿权利人。《侵

① 张辉、张宝华：“五保户车祸身亡 村委会获赔4万”，载“中国法院网”〈http://www.chinacourt.org/public/detail.php? id=176496〉,2005/09/05。

权责任法》第18条规定："被侵权人死亡的，其近亲属有权请求侵权人承担侵权责任。"《最高人民法院关于确定民事侵权精神损害赔偿责任若干问题的解释》第7条规定："自然人因侵权行为致死，……死者的配偶、父母和子女向人民法院起诉请求精神损害赔偿的，列其配偶、父母和子女为原告；没有配偶、父母和子女的，可以由其他近亲属提起诉讼，列其他近亲属为原告。"这里要注意的是，对于其他近亲属成为赔偿权利人必须从严掌握，否则就有可能使得赔偿权利人的范围过于宽泛，以致过分扩大赔偿义务人的赔偿范围。只有在死者没有配偶、父母和子女的情况下，其他近亲属才可能成为赔偿权利人。

【案例2-2-4】因其死亡而遭受损害的近亲属同样是被侵权人
——《患者父母诉医院医疗事故致其女儿死亡赔偿案》①

吴某夫妇的女儿因腹痛、头晕到当地某医院门诊部急诊，被值班医生误诊为"高血压脑病"，直至7个多小时后才被确诊为"糖尿病酮症酸中毒"，因治疗措施不当和治疗时间已被延误，最终导致死亡。经医疗事故鉴定委员会鉴定，构成一级医疗事故。吴某夫妇起诉要求医院赔偿医疗费、丧葬费、死亡赔偿金、精神损失费及鉴定费合计22万余元。

一审法院经审理认为：被告应依法承担医疗事故损害赔偿责任，即按规定承担医疗费、丧葬费、鉴定费等损失。故判决：被告赔偿精神损害赔偿费90000元，其他费用共5000余元。二审法院认为：医院承担本案的全部责任是正确的，但原判认定的精神损害赔偿费过高，遂判决：上诉人赔偿死亡赔偿金65000余元，其他费用5073元。

---

① 《吴淑良等诉海南医学院附属医疗事故损害赔偿案》，载国家法官学院、中国人民大学法学院编：《中国审判案例要览》（2000年民事审判案例卷），中国人民大学出版社2002年版，第230页。

本案是一例典型的被侵权死亡者的近亲属成为精神损害赔偿权利人要求精神损害赔偿的案例。被侵权而死亡者是被侵权人，因其死亡而遭受精神损害及其他损害的近亲属，同样是被侵权人，是法律保护的对象。《侵权责任法》第18条规定："被侵权人死亡的，其近亲属有权请求侵权人承担侵权责任……"，明确了近亲属的请求权主体地位；第22条规定："侵害他人人身权益，造成他人严重精神损害的，被侵权人可以请求精神损害赔偿"，条文中的被侵权人当然应当解释成精神受到严重损害的人，死者无所谓精神损害的问题，而作为死者父母即本案原告承受丧子之痛，当然存在精神损害的救济问题，其诉讼请求的提出因此才有了法律上的依据。

（四）单位分立、合并后继承权利的单位

《侵权责任法》第18条规定："被侵权人为单位的，该单位分立、合并的，承继权利的单位有权请求侵权人承担侵权责任。"这一条规定了单位主体在被侵权后，分立、合并的情况下的权利主体。

三、侵权责任法律关系的责任主体

就侵权责任人而言，按照"自己责任原则"，通常为加害人本人。但在某些特殊情形下，也可能由他人承担赔偿责任，该他人就成了侵权责任人。

（一）直接侵权人

直接加害人是直接实施侵权行为，造成受害人损害的人。直接加害人分为以下几种情况：

1. 单独侵权责任

直接加害人为一人的为单独侵权人。单独侵权人为自己的过错独自承担责任。

2. 共同侵权行为

广义的共同侵权行为包括共同侵权、共同危险行为等。根据我国实体法和程序法的相关规定，共同侵权行为人承担连带赔偿责任。除了有共同故意或过失并共同实施加害行为或危险行为的人要承担连带责任外，那些虽未亲自实施侵权行为，但是其本人与实施侵权者存在共同故意或共同过失的，也应承担相应的连带责任，如教唆者。但需要注意的是，在教唆无民事行为能力人侵权的情况下，教唆人为唯一的侵权人，应独立承担民事责任。

此外，类似的情况还有被挂靠企业对挂靠的个人或企业的侵权行为承担连带责任；个体工商户营业执照登记的业主与实际业主之间的连带责任；被代理人授权不明时与代理人之间的连带赔偿责任等等。此外，《侵权责任法》中还首次对网络服务提供者的责任加以规定，如果网络服务提供者知道网络用户利用其网络侵害他人民事权益，未采取必要措施的，与该网络用户承担连带责任。对此，本书将在第八章多人侵权的责任中加以详细论述。

【案例2－2－5】“挂靠”是拴着赔偿当事人的绳子
——《肖某诉出租汽车公司等交通肇事损害赔偿案》[①]

韩某将其中巴车挂靠在某市出租汽车公司，该公司每月收取挂靠管理费60元。其间韩某未经车辆管理所和车辆交易所许可，私自将车卖给赵某，之后由赵某每月向出租汽车公司缴纳管理费。赵某雇用吴某驾车营运，在公路上行驶时，将肖某撞伤。经交警大队事故责任认定，应由驾驶员负全部责任。

肖某于是向法院起诉，要求出租汽车公司、韩某和赵某承担其医疗费等损失。

一审法院经审理认为：韩某在将车挂靠出租汽车公司经营期间，私自卖车给赵某的行为有悖于法律法规，故该买卖行为无效。吴某系赵某雇佣人员，其违章行车造成交通事故，应由赵某承担责

---

① 《肖生忠诉乌鲁木齐市出租汽车联营公司等交通肇事损害赔偿案》，载国家法官学院、中国人民大学法学院编：《中国审判案例要览》（1999年民事审判案例卷），中国人民大学出版社2001年版，第322页。

任，出租汽车公司负连带责任。判决韩某、赵某各赔偿住院医疗费2900元、伤残补助8571.60元和鉴定费50元，出租汽车公司负连带责任。出租汽车公司不服一审判决，提起上诉。二审维持原判。

被挂靠企业应对挂靠的个人或企业的侵权行为承担连带责任，这是由“挂靠”关系所具有的连带性质决定的，而不限于其收取的费用总额，故本案联营公司应当承担赔偿责任。

（二）间接的侵权责任人

1. 侵权人的监护人

当侵权人不具备完全民事行为能力时，不能独立承担责任，其监护人为赔偿责任人。对监护人所承担的责任性质有三种学说，即“独立责任说”、“连带责任说”和“补充责任说”。我国立法采用的是“补充责任说”的观点，即加害人虽为无民事行为能力人或限制行为能力人，但如果本人有财产，应先从其财产中支付赔偿费用，不足的部分才由其监护人承担。

【案例2-2-6】因为父母是监护人

——《因孩子玩牌发生冲突气枪伤人赔偿案》①

龚某（9岁）与靳某（13岁）到熊某（11岁）家去玩。三人在打牌过程中，因龚某与靳某作弊，熊某从家中储藏室拿出一把气枪对准靳某射击，靳某躲过却击中龚某，子弹从其右眼窝进入左脑室，造成严重伤害。龚某的父母作为法定代理人以龚某的名义将熊某和靳某告上法庭，要求两被告承担赔偿责任。

法院经审理认为：熊某用其父的气枪向龚某、靳某两人开枪，致使龚某受伤，对此应负主要责任。龚某、靳某两人因一起口角，

---

① 《龚祥诉熊立业等人身损害赔偿案》，中国高级法官培训中心、中国人民大学法学院编：《中国审判案例要览（1997年民事审判案例卷）》，中国人民大学出版社1998年版，第225页。

应负次要责任。因龚某为无民事行为能力人，靳某与熊某为限制民事行为能力人，所以应当由他们的监护人承担责任。

据此，法院判决：熊某的监护人承担所有费用的80%；靳某的监护人承担10%；其余10%由龚某的监护人自负。

《侵权责任法》第32条第1款规定："无民事行为能力人、限制民事行为能力人造成他人损害的，由监护人承担侵权责任"；第2款："有财产的无民事行为能力人、限制民事行为能力人造成他人损害的，从本人财产中支付赔偿费用。不足部分，由监护人赔偿"，再次肯定了民法通则确立的监护人的侵权责任主体地位及补偿赔偿责任。本案的三个当事人都不是完全行为能力人，当其没有财产可供赔偿时，应由其监护人承担损害责任。

2. 国家、单位或雇佣人

国家公务员在执行其公法上的职务时所产生的侵权责任、单位工作人员在从事本职工作时所产生的侵权责任、受雇人在执行受雇职务时所产生的侵权责任，应由国家、单位或雇佣人承担，这符合"享受利益即应承担风险"理论。

【案例2-2-7】享受利益即应承担风险

——《大连爆炸承包商难觅踪迹 据称中石油负次要责任》[1]

尽管此前已通报认定，"7·16大连管道火灾爆炸事故"直接责任方为中石油两家承包商，但对于中石油应负何种责任，并未给予认定。记者却未在涉案的承包商之一天津辉盛达石化技术有限公司工商登记的地址以及公司网站公布的地址处找到这家公司。

辉盛达公司之谜

中油燃料公司当时是委托辉盛达负责加入原油脱硫剂作业。尽

① 《大连爆炸承包商难觅踪迹 据称中石油负次要责任》，2010-08-03；02：35：22 来源：第一财经日报（上海）。

管辉盛达在工商部门的登记地址为“大港油田二号院原四厂液化气站”，但当记者抵达大港油田二号院时，当地的工作人员都表示没听说过“辉盛达”的名字。

中石油负次要责任

“7·16大连管道火灾爆炸事故”发生后，中石油在召开了三天的安全环保工作会议。中石油集团公司副总经理、党组成员廖某专门就这起事件进行了通报。

廖某表示：“尽管这次事故的直接原因是由于负责加注脱硫剂的公司现场操作不规范所导致的管道爆炸着火，属于承包商事故，但也暴露出有的单位仍然存在着属地管理职责不落实、现场监管责任不到位、作业许可管理不规范、作业过程监管不落实、安全环保风险意识淡薄等问题。”中石油的上述说法，与两部门通报的内容一致。然而中石油的责任果真只是“现场监管责任不到位”吗?

北京盈科律师事务所律师王某在火灾发生后，也一直关注着该事故的进展。他认为尽管脱硫剂加注工作由承包商操作，但中石油是业主和委托方，“就责任认定方面，我认为中石油可能将承担共同责任。”事实上，BP钻井平台爆炸事故发生时，BP公司时任CEO海沃德也曾表示，钻井平台是BP公司向瑞士越洋钻探公司租赁来的，BP不应该承担全部责任。但此后无论是美国政府、有关受害者都依然认定BP有不可推卸的重大责任。另一位不愿透露姓名的律师也表示，施工方案应是中石油认可或者参与制定的。“常理来说，中石油有不可推卸的责任”。

即使认定了中石油的责任受害方索赔的难度依然很高。

上述律师告诉记者，中国目前的公益诉讼还不成熟，渔民、过往船只、旅游业等受害方的单独诉讼很难获得成功。

2005年吉林石化分公司双苯厂硝基苯精馏塔爆炸引发松花江水污染事件后，法院并未支持多方提出的民事诉讼。直至2006年1月24日，当时的环保总局向吉林石化开出了100万元的罚单。实际上，这已经是环保部门能开出的最高罚单了。但这个数目仍远远无法补偿事件实际造成的损失。“中国可以参考国外的一些做法。BP公司的钻井平台在美国墨西哥湾发生爆炸后，美国政府就要求BP出资200亿美元建立赔偿基金。这其实就是政府代表群众利益而作出的努力。”上述为律师建议。

3. 有安全保障义务的公共场所管理人或群众性活动组织者

《侵权责任法》第37条规定：“宾馆、商场、银行、车站、娱乐场所等公共场所的管理人或者群众性活动的组织者，未尽到安全保障义务，造成他人损害的，应当承担侵权责任。”

【案例2-2-8】在银行营业厅遭抢劫算谁的?
——《王甲、王乙诉中国银行某江支行及其分理处储蓄合同案》[①]

原告王乙持原告王甲的存折到被告中国银行某江支行南门分理处支取存款港币2万元。当王乙从分理处工作人员处接过现金清点核对时，突然被一男青年抢夺，分理处工作人员打开几道铁门出来援助时，男青年已跑出分理处，坐上另一男青年的摩托逃走了，造成王甲损失港币2万元。原告遂起诉请求被告赔偿。

一审法院经审理认为：原告在被告营业处存款和取款，双方形成了储蓄合同关系。被告在提供金融服务的过程中应当做好安全防范措施，保障原告的合法权益不受他人侵犯。原告在被告营业柜台前清点所取港币时被他人抢夺，造成原告损失港币2万元，被告没有履行提供营业场所安全的义务，应承担一定的赔偿责任；同时，原告清点核对所取港币时，防范意识不够，亦应承担保管不善的风险责任。双方均有过错，程度相当。判决被告赔偿原告王甲存款损失港币1万元。

---

① 《王彩云、王冬利诉中国银行梅江支行及其分理处储蓄合同案》，国家法官学院、中国人民大学法学院编：《中国审判案例要览》（2004年民事审判案例卷），中国人民大学出版社、人民法院出版社2005年版，第222页

二审法院经审理，判决上诉人银行的支行及其南门分理处共同赔偿上诉人王甲港币9000元。

本案的抢夺事件发生在被告的经营场所，被告对其营业场所内可能发生抢劫、抢夺等事件，完全能够预见并采取相应措施加以控制。然而，被告营业场所内没有任何保障储户人身、财产安全的设施。很显然，本案被告没有履行保障安全义务，故应当承担赔偿责任。法院判决原告承担一部分责任是不正确的。

4. 学校和其他教育机构

《侵权责任法》第38、39、40条，对学校等教育机构对未成年人在校期间受到人身损害时的责任承担进行了规定。学校等教育机构有法定的教育、管理职责，当未成年人受到人身损害时，学校应该承担其相应的责任。

【案例2-2-9】放学后小学生在校内受伤谁负责?

——《赵某诉南楼小学等放学后在校内为教师个人打开水被他人撞翻烫伤赔偿案》①

原告赵某、被告闫某均系被告南楼小学的学生，被告王某系原告的班主任。某日中午，被告王某让已下课的原告为其打开水。原告在打回开水上楼时，恰逢被告闫某在学校楼道的防盗门横梁上打秋千，暖水瓶被闫某碰碎烫伤了原告的右腿。

事发后，被告王某及校方送原告到医院就诊，经医院诊断，原告右腿热烫伤3%（深Ⅱ度）。原告住院治疗，伤口愈合后出院。医院建议原告今后还需进一步治疗。原告向法院起诉，要求三被告赔偿医疗费、误工费、交通费、今后治疗以及精神损失费。

---

① 《赵晗诉南楼小学等放学后在校内为教师个人打开水被他人撞翻烫伤赔偿案》，载最高人民法院中国应用法研究所编，《人民法院案例选》1999年第3辑（总第29辑），人民法院出版社第69页。

法院经审理认为：被告闫某系限制民事行为能力人，应当预见到在学校楼道内打秋千的危险性，其不遵守校规，在楼道内打秋千将原告烫伤，应由其监护人承担民事责任。被告南楼小学对未成年的原告和被告闫某监护、管理不周，造成原告被烫伤，应承担一定的责任。被告王某不遵守学校规定，让无民事行为能力的原告为其打开水，不属于职务行为，致使原告被烫伤，亦应承担一定的责任。原告主张的精神损失费因证据不足，不予支持。原告提出的要求三被告赔偿今后的治疗费用问题，应待损失发生后另案解决。

学校不但是教育部门，同时也是教学管理机构，对学生负有教育管理的义务。虽然原告的损害结果发生在中午放学以后，但原告和被告闫某尚未离校，还在学校的管理和控制之中，因而学校还应继续承担管理的义务和责任。由于学校疏于管理，没有完全尽到责任，所以学校对原告的损害结果应承担相应的责任。

但原告后续治疗费未获支持，应属判决的不当之处。如果原告能够提出数额比较确定、依据比较充分的赔偿请求，可以考虑支持，以避免再次诉讼，这样既符合诉讼经济原则，又可以使原告的权益得到更好的保护。

（三）原侵权责任人的继承人

按照继承法的规定，继承人应在继承的范围内承担被继承人的生前债务。因此，在侵权人死亡的情况下，其继承人可以成为单纯财产责任的赔偿义务人。当然，这限于继承人接受继承的情况，且依限定继承的原则，其履行赔偿义务时仅以其继承的遗产价值为限。

【案例2-2-10】侵权人的继承人亦为赔偿义务人
——《交通事故中肇事者死亡后由其父母承担赔偿责任案》①

2005年春节期间，重庆某公司员工胡某未经公司批准，擅自开单位公车自驾游，由其丈夫张某驾车。驾驶途中，与对向行驶的一辆小客车相撞，造成五死四伤的特大交通事故。胡某、张某及女儿当场死亡，小客车驾驶员李某及其女儿死亡，李某的妻子陈某受重伤。经交警认定，张某应负事故的全部责任。

两个月后，陈某提起诉讼，将张某的父母列为被告。陈某诉称：张某的父母应当在继承张某的遗产范围内承担赔偿责任，请求法院判令其赔偿医疗费、死亡赔偿金、精神损失费等共计128万余元。

死者李某的父母也向张某的父母索赔各种经济损失23万余元。同时列为被告的还有胡某的公司和胡某的母亲。

法院认为：张某驾车违章，应对事故的发生承担全部责任。因其已死亡，故其继承人应该在继承遗产的范围内承担赔偿责任。胡某擅自借车给不谙驾驶的张某驾驶也应承担一定的赔偿责任，因其已死亡，该责任由其继承人在继承遗产的范围内承担。肇事车的所属公司也应对其雇员使用车辆造成的损害承担责任，但可依内部规定向胡某的继承人追偿。

据此，法院判决：张某父母共同赔偿11.1万余元；胡某的母亲赔偿1000元；公司赔偿83.6万余元，且对张某的父母及胡某的母亲的赔偿承担连带责任。

从本案可知，张某和胡某本应是赔偿责任人，但由于已经死亡，故其继承人除非放弃继承，否则就须在继承遗产的范围内承担赔偿责任，而成为赔偿责任人。

---

① 《儿出车祸　父母遭150万天价索赔》，来源：华龙网，载“法律在线”〈http://fl.cqnews.net/system/2005/12/22/000564158.shtml〉,2005/12/22。

第三节　侵权责任法律关系之客体

一、侵权责任法律关系之客体

（一）民事法律关系的客体无疑是民事法律关系理论口最复杂的，也是最具争议的一个理论问题

1. 民事法律关系客体之定义

一般认为，所谓“民事法律关系的客体”，就是民事法律关系主体所享有的权利和所承担的义务共同指向的对象，也就是主体之间可以形成民事法律关系内容的目标性事物。

2. 侵权责任法律关系客体之含义

侵权责任法律关系客体，是指受到侵害的民事权益或者说是侵权责任法所保护的民事权益，包括人身、财产权益。具体又包括哪些内容呢？

曾世雄先生认为：“人类之生活资源，有权利、法益及自由资源。法律体系所规范者，以权利为原则，以法益为例外；法律体系并不规范自由资源。财产上不利益或非财产上不利益，从法律体系之规范衡量之，必须表彰权利或法益受到侵害，否则不能获得救济。”① 换言之，侵权责任法律关系的客体一般为权利，特殊情况下也包括法益，但这种权利或法益应具有“表彰性”，亦即有其公示方法，方可对抗不特定第三人。

---

① 曾世雄：《损害赔偿法原理》，中国政法大学出版社 2001 年版，第 39 ~ 40 页。

【案例2-3-1】盗采国家所有的矿产资源赔偿谁?
——《水泥厂煤井诉邵某非法开采煤炭侵犯采煤权损害赔偿案》[①]

邵某在颜某的授意下在某市六道坝探矿采煤。双方口头约定:邵某出劳务探巷,每吨煤颜某提取利润10元,其他事宜由颜某处理。颜某未办理开采手续,也未收取费用,在开采后不久,出走下落不明。

市矿产资源局批准原告水泥厂煤井在六道坝处建井采煤,获得采煤经营权。原告发现邵某在其批准的煤田范围内已采煤达4个月。为制止邵某的侵害行为,原告多次向市矿产资源局和岭东公安分局控告,要求制止邵某的违法行为。邵某被岭东公安分局收审,被处罚款1500元。原告向区法院起诉,请求邵某赔偿损失。

区法院经审理认为:被告邵某在原告的煤田范围开采煤炭,属于侵权行为,已造成损害事实的发生,邵某负有赔偿原告经济损失的责任。判决被告赔偿原告非法采煤所得22600元,恢复生产损失费1万元,差旅费1500元,技术鉴定费1500元。一审判决后,邵某不服上诉。市中级法院经审查,判决驳回上诉,维持原判。

邵某仍不服终审判决,申请再审。

本案再审法院认为,鉴于水泥厂煤井在取得开采许可证后未实际开采,也没有任何投入,不存在损失。故邵某的不法行为未造成水泥厂煤井损失,因而也就不存在承担赔偿损失的责任问题。

显然,法院是依据没有发生损害的就只能请求消除危险来予以判决的。但对于矿业权人来说,在盗采的情形下矿业权人的权益是受到了侵害。因为,采矿不同于一般意义上用益物权中的“使用收益”,采矿本身也是一个劳动力付出的过程,其利益的落脚点在

① 《双鸭山水泥厂煤井诉邵明坤非法开采煤炭侵犯采煤权损害赔偿案》,载最高人民法院中国应用法学研究所编:《人民法院案例选》1997年第1辑(总第19辑),人民法院出版社1997年版,第177页。

于获得矿产品的所有权能够参与商品交换。鉴于采矿权的行使过程实际上就是一个对矿产资源逐渐消耗的过程，其本质利益不在于采掘过程本身，而是体现于采掘之后获取矿产品所有权而予以商品交换所带来的实益。因此，对矿业权人应当给予救济。[1] 矿业权的法律性质业已被《物权法》确认为是一种财产权益，是他物权的一种，当然属于侵权法保护的范围。矿业权具有独占性、排他性，邵某的盗采行为已经构成了对原告矿业权的侵犯，并使得原告基于采矿权的预期利益减少，损害实际存在。有损害就应当有救济。再审法院无视原告权益实际受损的事实，不给与救济是错误的，而且不利于遏制类似侵权行为的再次发生。

3. 传统民法中侵权责任法律关系的客体一般只包括绝对权

将侵权责任法律关系的客体限定于绝对权，具有保护人们行动自由的功能。所谓“自由止于权利”，是指每个人都可以自由地在自己的权利范围内进行活动，而这种自由的边界就是他人的权利。绝对权是公开的，有其公示方法，所以才能够产生一种对权利人之外一切人的对抗效力，起到昭示“自由边界”的作用。而相对权因不具有公开性，也就无法昭示“自由边界”，故只在特定的当事人之间产生法律上的拘束力。

（二）债权能否成为侵权责任法律关系的客体

1. 近年来一些国家（如日本）的民法理论和实践也开始承认债权同样可以成为侵权责任法律关系的客体

相对权作为民事主体的重要生活资源，就对外效力而言，债权和其他民事权利一样，也应具有不可侵犯性。在第三人故意或者恶意侵害债权的情况下，应该给予权利人法律上的救济。在现代侵权责任法的发展过程中，侵权责任法律关系的客体呈现出逐步扩大的

---

① 李显冬主编：《中国矿业立法研究》，中国人民公安大学出版社 2006 年版，第 96 页。

趋势。

【案例2-3-2】不负责任地乱说也要承担侵权责任
——《发布虚假信息侵害债权案》①

某演出公司邀请毛阿敏等歌星举办大型演唱会并举行了新闻发布会。第二天，各媒体发布演出消息，同时开始售票。仅几天，就售出了一万多张票，销售形势非常乐观。就在这时，某晚报刊发《毛阿敏不来了》一文，内容是毛阿敏由于重感冒，正在日本治疗，不能到本市演出。虚假消息发布的第二天，演出公司就收到退票8000张。演出公司与毛阿敏联系，确认是虚假新闻，毛阿敏还专门发来传真，向歌迷承诺一定会来演出，但是演唱会的票还是无法销售出去。演出公司无奈，只好送票保证演出，造成了重大财产损失。事后，演出公司向法院提起诉讼，要求该晚报社承担侵权责任。

法院经审理认为：被告晚报社恶意侵害债权，给原告造成了重大经济损失，故应承担赔偿责任。

本案中晚报社发布虚假消息的行为显然与原告的财产损失具有因果关系，而且被告对可能发生的损害后果是能够预见的，说明其具有侵害原告债权的故意或过失，符合侵权行为的构成要件，应当承担赔偿责任。本案被告侵犯的乃是原告对演出观众的债权，法院也是按侵权责任作出裁判，体现了侵权法对债权的保护。

2. 侵害债权之内涵

所谓“侵害债权”，是指债的关系之外的第三人故意实施的，旨在侵害债权人的债权，并造成债权人损害的行为。

关于债权能否成为侵权行为的客体，历来存在“肯定说”和

① 《发布虚假信息侵害债权案》，本案例选自杨立新：“专家评点自1989年以来民事侵权十大名案”，载《方圆》杂志2003年第7期。

"否定说"两种学说。[①] 第三人侵害债权制度因为将债权纳入侵权行为法的救济范围，一直是民法学界长期争论的热点问题。

应当认为，第三人侵害债权制度是债权与侵权行为制度相互融合和渗透的产物，它修正了债权相对性原则的传统理念，赋予债权以权利的不可侵犯性，并藉此给予债权人最为周全而充分的保护。《侵权责任法》第2条采用概括式立法，将保护对象扩展至财产权益。而债权是财产权益是不存争议的，故债权受到《侵权法》的保护应当是没有问题的。

（1）"否定说"的理论基础是"合同的相对性原则"。根据"合同的相对性原则"，合同债权是特定债权人请求特定债务人为特定给付行为的民事权利，若债务人未履行债务或未适当履行债务，则债权人可以依合同债权请求债务人承担相应的民事责任；若债务人以外第三人的行为导致债务人不能履行债务，则合同债权人不得请求第三人承担债务不履行的民事责任。究其原因：债权人实现其期待利益的唯一途径是通过债务人的行为，同样，只有债务人的行为才足以侵害合同债权的实现，即使有第三人损害债权的行为，也不发生合同义务的违反问题。因此，若允许合同之外的第三人成为侵害合同债权的主体，就与"合同相对性原则"背道而驰。

（2）"肯定说"则认为应该承认侵害债权同样是一种侵权行为。在现代社会中，债的当事人以外的第三人通过妨碍债务人履行债务的途径达到故意侵害债权人利益的目的，从而最终达到不正当竞争目的的现象与日俱增。在这一时代背景下，若债权人的利益通过向债务人追索得不到实现，而囿于"合同相对性原则"又不能向第三人求偿的话，则债权人所受侵害将无法得到法律的救济，第三人的不法行为也难以得到法律的制裁，这对于保护债权人的合法权益，维护正常的竞争秩序都是十分不利的。"任何权利均应受保

---

① 王利明主编：《民法·侵权行为法》，中国人民大学出版社1993年版，第256页。

护，物权如此，债权何独例外？”①

3. 债权不可侵性的理论基础是债权所具有的对内和对外的效力

就对内效力而言，债权只发生在特定的债权人与债务人之间；就对外效力而言，债权与其他民事权利一样，具有不可侵犯性。正如我国台湾地区学者孙森焱所言：“侵害权利系指妨碍权利所保护利益的一切行为，不仅妨碍现在所享有的利益构成侵权，而且妨碍将来所享有的利益亦构成侵权。就不可侵害性而言，债权与物权之间并没有本质性的区别，当然，在排他性、追及性、支配性上讲，两者仍具有区分之必要。”②

【案例2-3-3】独家使用权同样受法律保护
——《擅自在他人赠送给交警岗的遮阳伞上喷上自己名称侵权案》③

甲商场与某交警队搞“警民共建文明单位”活动，经交警队同意，甲商场先后为十个岗亭安装了印有“甲商场”的字样的蓝色遮阳伞。

几个月后，丙公司与某交警队建立“文明共建单位”关系，并经某交警队同意，丙公司又制作了一批印有“丙公司制”字样的黄色遮阳伞送给某交警队。某交警队于是将其中的六个岗亭上的原蓝色伞换成了黄色伞，并且通知了甲商场。

一个月后，甲商场未经某交警队和丙公司的同意，在十把印有丙公司的黄伞上喷了“甲商厦”、“甲冰箱城”字样。丙公司发现后，找甲商场协商处理未果，于是起诉至人民法院。

法院经审理认为：甲商场未经丙公司的同意在该伞上喷上自己

① 王伯琦：《民法债篇总论》，台湾中正出版社公司1952年版，第73页。

② 孙森焱：“论对于债权之侵权行为”，载台湾《法令月刊》第37卷第5期。

③ 《万宝公司诉航天商场未经同意擅自在其赠送给交警岗的遮阳伞上喷上自己名称侵权案》，载最高人民法院中国应用法学研究所编：《人民法院案例选》1999年第4辑（总第30辑），人民法院出版社2000年版，第129页。

的名字，侵犯了丙公司的权利，行为存在过错，判决甲商场将丙公司制作的遮阳伞恢复原状，在新闻媒体上公开道歉。宣判后，双方均未上诉，并在执行中和解。

本案中丙公司享有的独家使用权虽为无名合同却同样是一种受法律保护债权，该债权作为一种民事权利，同样具有不可侵犯性。甲商场在其自己赠送的蓝色遮阳伞上署上自己名称的行为具有正当性，但在蓝色遮阳伞被换成黄色遮阳伞后，未经丙公司的同意，商场不得在遮阳伞上署名或作其他广告，否则就是侵犯了丙公司对已赠送给交警队之遮阳伞的债权，丙公司可以要求甲商场停止侵害、消除影响及赔偿损失等。

4．在立法和判例中均已经体现债权不可侵犯的理论

一般认为，首次突破合同相对性原则而承认第三人侵害债权的判例是 1853 年英国的 Lumley V. Gye 一案。在该案中，第三人明知某演员与某剧场订有在该剧场演出三个月并不得到其他剧场演出的合同，仍诱使该演员与自己订立演出合同，法院最后以侵害合同关系为由判令第三人承担侵权的民事责任。[①]

此后，有关第三人侵害债权的理论逐渐地在许多国家得以承认。德国法官在审理双重买卖、不正当雇佣等案件时，往往引用《德国民法典》第 823 条第 2 款“违反以保护他人为目的的法律”和第 826 条“以违反善良风俗的故意损害”的规定，判令合同以外的第三人承担侵害合同债权的侵权责任。梁慧星先生在谈到《德国民法典》中的债务法相关章节的修改时也指出：“判例通过承认‘缔约上过失’及‘积极侵害债权’所产生责任，并加以扩张，扩张了当事者基于契约关系的准备及解除互负的注意义务、保

① 孔祥俊主编：《民商法热点、难点及前沿问题》，人民法院出版社 1996 年版，第 53 页。

护义务及情报提供义务的范围”。[①] 我国台湾地区的立法和司法实务都认为第三人侵害合同债权能够成立侵权，其主要法律依据与德国相似。

5. 第三人侵害债权包括直接侵害行为和间接侵害行为两类

（1）直接侵害债权的行为。直接侵害债权行为，是指直接针对合同关系的效力而实施的侵权行为，包括：胁迫债权人违背自身真实意思处分合同债权的行为；劝说、利诱、胁迫债务人违反合同义务的行为等。

（2）间接侵害债权的行为。间接侵害债权行为，是指虽不针对合同关系，但最终使合同债权受到损害的行为，包括：对债务人履约所需物质技术条件进行破坏的行为；对债务人的人身予以强制或精神干预的行为；对债权人采取强制措施，从而使债权人受领迟延、受领不能、不能在除斥期间内行使权利或使债权罹于诉讼时效的行为。

“直接侵害债权行为”只能由故意构成。由于“间接侵害债权行为”对他人权利的损害不是直接针对债权的行为，所以必须证明不法行为人有干涉他人的故意且该行为本身违法，才能认定是侵害债权的行为，否则，就会使合同债权对外效力过度膨胀而损害第三人乃至社会的整体利益。

6. 关于第三人侵害债权的归责办法

主要有以下三种情形：

（1）由侵害债权的第三人单独承担责任。在第三人的侵害行为直接造成债务人违约的情况下，债务人因对损害的发生没有过错，故不应承担侵权责任；而第三人是损害结果发生的直接责任人，故应承担侵害债权的全部民事责任。

（2）由侵害债权的第三人与债务人承担不真正的连带赔偿责任。

---

① 梁慧星：《德国民法典债务法的修改》，载《外国法译评》1993 年第 1 期。

在第三人诱导债务人违约的情况下，由于第三人存在侵害债权的故意，故应承担侵权责任；而债务人听从诱导，主观上也有过错，也应对损害负责。但债务人与第三人所承担的责任性质不同，债务人承担的是违约责任，而第三人承担的则是侵害债权的侵权责任。债权人对债务人及第三人享有并存的索赔权，其可以选择其中一人进行起诉，也可同时起诉二者。债务人与第三人对该损害负有不真正的连带赔偿责任。①

（3）由侵害债权的第三人与债务人分别承担赔偿责任。在第三人限制债务人人身自由或伤害债务人的情况下，若第三人的行为不是导致债务人违约的直接原因，如债务人所受的人身限制并不能导致其彻底违约，则应由第三人与债务人按照各自的过错程度大小来分别承担相应的民事责任，债权人享有依侵权行为的规定向第三人和债务人分别求偿的权利。

【案例2-3-4】法人死，债也同样不烂

——《甲纸箱厂诉某公司等将与其有债务关系的下属企业资产评估后作为在合资企业中的投资侵害债权赔偿案》②

甲与乙、丙签订合同，约定由甲供给乙、丙200万套啤酒纸箱（共550万元）。合同履行中，甲供货均由丙收货使用，至1998年7月3日，乙给甲出具一份《还款协议书》，认可欠甲货款1235947.27元，承诺于1999年年内还清，在资金不能到位时，可

---

① 史尚宽先生认为，不真正连带责任，是指数个责任人在客观上基于不同的发生原因，对于受害人承担标的相同的数人责任，每个自然人都负有全部履行的义务，并因任一责任人的履行而使全部责任均归于消灭的责任。简言之，不真正连带责任乃多数人就同一内容之给付，各负全部履行之义务，而因一责任人之履行则全体责任消灭之责任。

② 《枝江市五星包装装潢纸箱厂诉猴王集团公司等将与其有债务关系的下属企业资产评估后作为在合资企业中的投资侵害债权赔偿案》，载最高人民法院中国应用法研究所编：《人民法院案例选》2001年第2辑（总第36辑），人民法院出版社2001年版，第249页。

用实物及资产抵偿货款。

1998年5月15日，丁与戊啤集团公司合资成立戊啤宜昌公司。丁将其所属乙、丙的全部资产的51%份额1071万元出卖给戊啤集团公司，其余49%份额1029万元作为在戊啤宜昌公司的出资额。戊啤宜昌公司于1998年6月5日经工商管理机关登记注册，为独立的企业法人。

甲纸箱厂得知此事后，认为丁的行为侵犯了其对乙、丙的债权。遂将乙、丙、丁和戊啤宜昌公司四被告告上法庭。

法院经审理判决乙、丙限期清偿贷款及利息，若二者不能按期履行确定给付义务，由丁公司赔偿甲货款及损失。

侵害债权作为一种特殊的侵权行为，即可由该债权债务关系中的债务人实施，也可能由第三人来实施。但无论由谁实施这种侵害债权的行为，都具有损害特定债权债务关系中债权人享有的债权的目的，本案中债务人及其上级某公司是通过剥离债务人的负债财产的方式来损害原告的债权。在这种情况下，由于某饮品公司、丙啤酒厂明知其上级公司某公司的行为会损害其债权人的债权，任由某公司处分其负债财产；某公司将其有独立法人资格的下属企业的资产剥离予以占有和处分，致使下属企业的负债财产丧失殆尽，损害了债权人债权实现所依赖的基础，因此，可视为该三被告的行为是共同侵害原告债权的行为，由该三被告来承担清偿欠款的连带责任，就完全可以成立。

二、侵权责任法律关系客体的具体内容

（一）物权

物权可以说是侵权责任法保护对象的核心。所有权是典型的绝对权，故当然为侵权行为的客体；他物权，包括矿业权、水权、渔业权等准物权，与所有权具有类似的法律效力，自然也应成为侵权

责任法律关系的客体。《侵权责任法》第 2 条就对此作了明文规定。[①]

【案例 2－3－5】房产返还的前提是合法享有物权
——《甲市亨通房地产开发有限责任公司诉高某江侵权纠纷案》[②]

甲委派乙和王某参加丙拍卖行公开拍卖某房地产拍卖活动，并竞买成功。随后，甲依次向丙缴纳了保证金、定金，丙出具成交确认书（成交确定金额为 150 万元）。后甲、乙签订了《承包协议书》，该承包项目中就包括某房地产。当时，某房地产尚未办理产权过户登记手续。乙将拍卖物品证明书、拍卖专用发票、成交确认书上的竞买者涂改成自己，并依此将该房产和房产所占用的土地过户到个人名下。

甲遂将乙诉至法院，请求判决乙停止侵占，返还房地产，赔偿损失 62.98 万元。

法院经审理认为，原告证据不足，判决驳回原告的诉讼请求。

原物返还请求权的前提是权利人对该物依法享有物权，本案中的原告就是因为无法证明自己对该房地产享有合法权利，所以请求被告停止侵害、返还财产、赔偿损失的主张没有得到法院的支持。

（二）人身权

人身权包括人格权和身份权，对这些权利的侵害都可构成侵权行为。人格权本身是一个开放的体系，其权利类型具有难以穷尽的特点。为了实现对民事主体人格利益周延的保护，一般人格权的概念就应运而生，并为世界各国立法所承认。对于那些尚未成为具体

---

① 对于侵权法中对物权的保护与物权法中物上请求权的关系，学者存在争议，详请参考本书第一章对物权责任的论述。

② 《东营市亨通房地产开发有限责任公司诉高龙江侵权纠纷案》，资料来源：北大法律信息网，载 http://vip.chinalawinfo.com/Case/displaycontent.asp? Gid = 117544851。

人格权的人格利益，应以一般人格权的规定来加以保护。

【案例2－3－6】讲故事也不能冤枉好人

——《彭某诉某杂志社名誉权纠纷案》①

某杂志于1998年第4期登载了周某创作的小说《祸祟》，其中将彭家珍作为反面人物，描述为“恶魔”，并虚构了彭家珍不正当男女关系的内容。

2000年10月31日，杂志社收到彭家珍大将军专祠委员会和彭家珍烈士亲属对小说《祸祟》侵害彭家珍烈士名誉的交涉传真。杂志社得知情况后，即进行调查处理：作者周某已经去世，小说《祸祟》存在着严重失实；对于错误刊登小说《祸祟》一事，杂志社作出责令有关人员停职检查、在国内有关媒体上公开声明致歉、尽快刊登有关彭家珍烈士壮烈殉国的专稿，以正视听等决定。

2001年7月下旬，彭家珍烈士之妹彭某向法院提起诉讼。请求判令某杂志社作出深刻、郑重的道歉，并在海内外消除恶劣影响，赔偿侵害彭家珍烈士名誉的精神损失费465000元，物质损失38590元。

一审法院经审理，判决被告某杂志社赔偿原告彭某精神损失5万元，驳回原告彭某的其余诉讼请求。二审法院认为，彭某作为彭家珍烈士的近亲属对杂志社提起诉讼，是维护彭家珍烈士的名誉，而非自身的名誉权受到侵害，遂改判为：某杂志社赔偿彭某精神抚慰金人民币5万元，并赔偿彭某因本案诉讼支出的复印费、差旅费等共计人民币500元。

本案被告某杂志社对小说《祸祟》侵害彭家珍烈士名誉权负有不履行审查义务的法律责任，应承担相应的民事责任。

侵害死者生前的人格利益，间接地侵害到死者的亲属，导致了

① 《彭家惠诉〈中国故事〉杂志社名誉权纠纷案》，载《中华人民共和国最高人民法院公报》2002年卷，人民法院出版社2003年版，第413页。

死者亲属的精神痛苦，从而侵犯了死者亲属的人格权。所以，法律保护的是死者亲属的人格权，并不是死者本人的人格权。在本案中，原告的诉求合理合法，二审法院的判决也是正确的。

（三）知识产权

知识产权的概念虽然诞生较晚，但随着社会的不断发展和科学技术的日益进步，其在社会生活中的地位和作用越来越重要。不论是专利权、商标权、著作权，还是邻接权、商业秘密等，均成了侵权责任法保护的对象。知识产权作为无体财产权，也是一种绝对权，自然可以成为侵权行为的客体。

【案例2-3-7】销售假冒产品同样侵权

——《甲有限公司诉乙服装市场有限公司等涉及市场开办主体责任承担问题侵犯商标权案》①

甲公司在（包括挎包、手提包、旅行包等）18类商品上依法申请并获得注册商标“A”和“B”专用权。潘某与乙商厦签订了摊位租赁合同，开始经营活动。

2005年5月，甲公司以公证形式从潘某经营摊位上购买了带有“A”和“B”标识的女包各1个。同年5月16日，甲公司致函乙商厦，告知其市场内存在销售侵犯原告注册商标专用权商品的行为，并列出了销售者的摊位号，其中包括潘某经营的摊位。甲公司在律师函中要求乙商厦立即采取有力措施，制止上述侵权行为。同年6月3日，甲公司第二次从潘某经营的摊位上以公证形式购买到带有“A”和“B”标识的手包1个。同年9月甲诉至法院。

法院经审理认为：潘某的涉案行为构成对原告注册商标专用权

① 《（法国）路易威登马利蒂有限公司诉秀水街服装市场有限公司等涉及市场开办主体责任承担问题侵犯商标权案》，最高人民法院中国应用法学研究所编：《人民法院案例选》2008年第2辑（总第64辑），人民法院出版社2009年版，第364页。

的侵犯，应依法承担停止侵权、赔偿损失的民事责任。乙商厦公司对潘某的侵权行为所采取的防治措施是不及时的，应就潘某造成的侵权后果承担连带的法律责任。判决潘某和乙商厦公司立即停止侵权，并共同赔偿甲公司经济损失。二审法院维持原判，驳回上诉。

商标专用权是一种绝对权，商标权人有权在核定的商品或服务上使用自己的商标，未经权利人许可，任何人不得非法使用。否则，即构成商标侵权，商标权人有权追究行为人的商标侵权责任。

（四）股权

关于股权的法律性质，理论上素有争论，有“所有权说”、“债权说”、“社员权说”、“股东地位说”等。但现在一般认为，股权是一种独立的民事权利，兼有请求权和支配权的属性，具有资本性和流转性。[①] 股权作为一种财产权利，还具有人格化的法律特征。出于对权利人的保护的需要，在股权人可以证明他人明知或应该知道自己享有股权的情况下，应当承认股权可以成为侵权责任法律关系的客体。《侵权责任法》第2条将股权明确地规定为了受侵权责任法保护的民事权利。

【案例2-3-8】董事会能否不经权利人同意将其股权处分
——《庞某诉某市液压元件厂股权转让纠纷案》[②]

经改制成立的甲厂（股份合作制），注册资金73万元，由乙等19名股东共同出资，其中乙出资30万元，并任董事长。

2000年，乙因故离厂，董事长变更为丙。2002年，乙与股东丁签订股权转让协议，乙愿将29万元股权转让给丁。同日，乙向

① 赵旭东主编：《公司法学》，高等教育出版社2003年版，第285页。

② 《庞玉伦诉泰兴市液压元件厂股权转让纠纷案》，最高人民法院中国应用法研究所编：《人民法院案例选》2005年第1辑（总第51辑），人民法院出版社2005年版，第298页。

甲厂申请办理股权转让事宜。甲厂股东得知乙欲转让股权，向董事会提出认购股权申请。

2003年初，甲厂召开董事会，决定将乙的股权转让给书面申请购买的7名股东，具体购买的数额按股东原出资占股本比例计算。2003年1月9日至1月12日，购买乙股权的股东将资金缴纳给甲厂财务科。2003年1月12日甲厂函告乙领取29万元股金及办理1万元股权证手续。

乙认为甲厂董事会的决议侵犯了股东依法享有的合法私权，向法院提起诉讼，请求撤销甲厂转让自己股权的决议。

一审法院经审理，判决驳回原告诉讼请求。原告不服，提起上诉。

二审法院认为，董事会作出将此29万元股权按投资比例计算转让给其他股东的决议，违反了法律和公司章程规定，属于越权行为，同时董事会在未征得转让人同意的情况下，将权利人拥有的股权处分给他人，违背了股权转让人的意志，已构成侵权。

在本案中，甲厂董事会决议的内容实质是对乙股权的单方强制转让，而章程和法律均未规定董事会有此权限，股东大会亦未合法授权，因而应当认定为越权行为。股权作为法律所保护的民事权利，侵犯股权的行为人，应该承担侵权责任。

（五）其他经济利益

这里所谓的“其他经济利益”，主要是指那些没有法律明文规定的法益，如盗用他人电子邮箱密码以他人名义拒绝要约，并造成了该人损失的行为，构不构成侵权呢？这种行为显然不构成对通常意义上的民事权利的侵犯，甚至由于合同尚未成立，连债权是否受到侵害都难以认定。可见，此种权益并未受到现行法律的明文保护，但如果从公平正义的最高民法理念出发，此种权益无疑又是应当受到保护的。这也是一种法益，自应属于侵权责任法保护的对象。《侵权责任法》也将“财产利益”放在了侵权行为保护的民事权益之中。

总之，侵权责任民事法律关系的客体，以绝对权为根本，以相对权为例外；以权利为根本，以法益为例外。随着社会的不断发展，今天的法益可能成为明天的权利，而侵权责任法律关系的客体范围也呈现出不断扩大的趋势。在具体的案件中，侵权责任法律关系的客体问题必须结合案情作具体分析，方可得出正确的结论，从而最终真正达到个案正义。

所以，如何判断一个行为是否构成侵权行为并进而认定该行为所应承担的侵权损害赔偿责任，需要结合一般侵权行为的构成要件来予以分析和判断。

第四节　一般侵权行为构成要件之理论

一、侵权行为构成要件概述

（一）侵权行为构成要件的概念

所谓侵权行为构成要件，是指根据法律规定，行为人的具体行为是否构成侵权行为并承担相应民事责任的必备条件。反过来说，只要欠缺了“侵权行为构成要件”中的任何一个要件，就构不成侵权行为，当然行为人也就可以不承担民事赔偿责任。

【案例 2-4-1】卫生院误诊负何责任?

——《李某诉某卫生院医疗服务合同纠纷案》[1]

李某在市医院就医进行 B 超确诊，B 超提示“宫内早孕”。后李某因早孕到某卫生院就诊，该卫生院依据市医院的检查结果做了

---

① 《李某诉宜昌市点军区土城卫生院医疗服务合同纠纷案》，最高人民法院中国应用法研究所编：《人民法院案例选》，2008 年第 1 辑（总第 63 辑），人民法院出版社 2008 年版第 125 页。

药流手术。但实施药流后出现药物流产失败，李某被送往市医院就诊，经诊断原告为宫外孕，后经市医院抢救施行左侧输卵管部分切除术，住院9天后出院。

随后，李某诉卫生院要求其承担民事赔偿责任。后原告申请追加市医院为本案第二被告。

在法院主持下，本案双方达成了调解协议，被告某卫生院、被告某市医院共同给付原告赔偿金5000元。

本案要确定卫生院和市医院是否应该承担责任，要确定二者具体行为是否违法，主观上有无过错，以及侵权行为与损害结果是否存在因果关系。

根据《侵权责任法》第54条、第58条的规定，可推定卫生院其有过错。根据《侵权责任法》第57条的规定应判定市医院存在过错。

侵权行为与结果之间存在因果关系。在本案中，卫生院不进行B超检查而直接依据市医院的诊断证明进行手术存在过错，市医院出具错误的诊断证明存在过错，双方的两种过失行为直接结合导致了原告流产手术失败这一损害结果的发生，所以某卫生院的行为与市医院的行为与李某的损害之间都存在事实因果关系和法律因果关系。故二被告的行为符合侵权行为的构成要件。

根据《侵权责任法》第12条的规定，本案两被告都实施了侵权行为，二者的侵权行为客观结合，共同造成原告的损害后果，但二者对实施侵权行为没有共同的意思联络，故应当按照第12条的规定承担侵权责任。

（二）侵权行为构成要件理论的意义

1. 构成要件是研究具体的侵权行为的抽象指南和纲领

侵权行为构成要件理论在侵权责任法中之所以有重要的意义，就在于其可以被认为是研究具体的侵权行为的指南和纲领。有学者认为："一定的责任构成要件是对侵权责任立法和司法实践的高度概括，也是对归责原则的系统阐述。”①

【案例2-4-2】构成要件理论为案件适用法律提供了具体标准
——《刘翔诉某报社等侵犯肖像权案》②

被告某报社将原告刘翔的肖像用于其报刊的封面，在肖像下方有某公司第六届购物节的广告。原告认为被告未经同意使用其肖像作封面广告，要求停止侵权，赔礼道歉，赔偿损失。

一审法院认为，被告未构成对原告肖像权的侵犯。原告不服上诉。

二审法院认为，前期专刊封面广告与原告肖像产生一定广告性质的关联性，构成对原告肖像权的侵犯。责令该报社赔礼道歉，赔偿原告精神损失2万元。

原告的肖像权属于人格权的内容，人格权是绝对权，可以向任何人主张。被告未经同意将原告肖像做广告性质的使用，构成对原告人格权的侵害。本案一审与二审得出了截然不同的判决结果，从法学方法论的角度来看，首先就是对侵权责任构成要件的把握问题。

2. 侵权行为构成要件的理论是具体案件正确适用法律的尺度

运用构成要件的理论，通过对具体行为的分析，就可以确定某一特定的肇事事实是否构成了侵权行为，亦即是否有人应承担民事赔偿责任。可见，不论研究何种具体的侵权行为，都不可能不对侵权行为的构成要件进行探讨。侵权行为构成要件的理论为司法审判人员正确适用法律提供了一种更为精确的尺度，使案件的审理更加

① 王利明主编：《民法·侵权行为法》，中国人民大学出版社1993年版，第135页。

② 《刘翔肖像权案〈精品购物指南〉终审败诉》，王文波著，转引自http://www.chinacourt.org/public/detail.php? id=189240。

便捷。

二、一般侵权行为构成要件理论

侵权行为构成要件的理论实际上是与归责原则的理论紧密相连的，故由于人们对归责原则所持的观点不同，对作为归责原则系统阐述的构成要件的认识，自然也就仁者见仁，智者见智。

关于侵权行为的构成应当具备哪些必备条件，各国的法律规定和学说也都各有不同。有法国的“三要件说”、德国的“五要件说”、我国台湾地区的“七要件说”和作为通说的“四要件说”等学说。

各种理论学说对要件的描述不尽相同，关键分歧在于违法性是否应独立存在，但对各种侵权行为的本质要件的认识，却并无根本的不同。只是在归责原则由一元化的过错责任原则向多元化的过错责任、无过错责任、公平责任原则等不断发展的情况下，基于不同的归责原则来认定侵权行为时，对构成要件的要求当然也就各不相同。

（一）法国民法的“三要件说”

（1）构成侵权行为要具备过错行为、损害、因果关系三个要件。《法国民法典》第1382条规定：“任何行为致他人受到损害时，因其过错致行为发生之人，应该对他人负赔偿责任。”第1383条规定：“任何人不仅对因其行为造成的损害负赔偿责任，而且还对其懈怠或疏忽大意造成的损害负赔偿责任。”第1384条规定：“任何人不仅对因其行为造成的损害负赔偿责任，而且对应由其负责之人的行为或由其照管之物造成的损害负赔偿责任。”

（2）“过错”实际已为“行为”所涵盖不再被单列为一个构成要件。法国民法是以过错作为判断肇事行为的依据。

（3）对“违法”一般不承认其为单独要件。至于“违法”是否应作为一个单独的构成要件，虽存在争议，但一般也是持否定态度的。

(4) 法国民法承认无过错责任。法国民法在1870年以后通过对具体案例的判决确定了无过错责任，即不以过错作为判断侵权行为的依据。

在1870年的一个洗濯工厂锅炉爆炸案中，因为不能认定工厂有过错，法国最高法院采传统见解，否认了《法国民法典》第1384条第1项的适用。但在1877年的一个工厂机器破损倾倒伤害工人案中，法国最高法院为保护因工业灾害而受害的劳工，就扩张适用《法国民法典》第1386条关于建筑物所有人责任的规定，强调连接于建筑物的机器为建筑物的附属物，机器的瑕疵应视为建筑物本身的瑕疵，故受害人不用证明所有人的过失，就可以请求损害赔偿。

到了1897年，一船夫在船上工作时，一蒸汽锅炉突然爆炸将其当场炸死，船夫之妻诉诸法院要求锅炉的所有者赔偿。一审法院以被告无过失而驳回原告之诉。二审巴黎高等法院类推适用《法国民法典》第1386条（建筑物的所有人，对建筑物因维修不善，或者因建筑缺陷、塌陷造成损害的，负有赔偿责任）的规定，判令被告人承担赔偿责任。被告提起第三审上诉。法国最高法院首先肯定了《法国民法典》第1384条第1项后段系一项独立的规定，对于一切所谓的“无生命物”都应适用，以保护受害的劳工。1930年法国 jand’ heurv. Galleries belfortaises 案，则更进一步地肯定了《法国民法典》第1384条第1项后段也适用于汽车事故，并再度强调被告仅于证明该损害系出于不可归责的偶然事故、不可抗力或外在原因时，才可免责。①

① 案例引自王泽鉴：《侵权行为法》（第一册），中国政法大学出版社2001年版，第43~44页。

（二）德国民法的“五要件说”

1. 侵权要由行为、违法性、过错、损害、因果关系五要件构成

《德国民法典》第823条规定：“［损害赔偿义务］（1）故意或因过失不法侵害他人的生命、身体、健康、自由、所有权或者其他权利的人，对他人负有赔偿由此而发生的损害的义务。（2）违背以保护他人为目的的法律的人，负有相同的义务。依法律内容，即使无过失仍可能违背此种法律的，只有存在过失的情形，才发生赔偿的义务。”这些规定确立了行为、违法性、过错和损害四个要件，再加上学说所阐述的因果关系，德国民法形成了关于侵权行为构成的“五要件说”。

2. 德国民法将“过错”作为一个要件独立出来

其发展了法国民法中的“行为”要件，强调其违法性，强调其应是一种不法行为。

同时，随着科学的发展和社会的进步，德国法上的损害范围也呈现出逐步扩大的趋势。

在德国BGHZ 12452案[①]中，甲预见自己有不能生育的可能性，就将其精子冷冻储存于某大学附属医院。后甲结婚，欲取用精子时，获知医院因过失致其储存的精子灭失，甲于是向医院请求25000马克的抚慰金。

下级和原审法院都否认甲的请求权，而德国联邦法院审理认为：现代科技的发展使身体的部分与身体分离后还可以再予结合，如用于自我移植的皮肤或骨骼部分，为受胎而取的卵细胞及输血等。若身体部分的分割，依权利主体者的意思，系为保持身体功能或其后将再与身体结合时，则为保护权利主体者的自主决定权与身

① 案例引自王泽鉴：《侵权行为法（第一册）》，中国政法大学出版社2001年版，第108页。

体本身，就法律规范的目的而言，应认定此项身体部分在与其身体分离期间，仍构成功能上的一体性。对此种分离身体部分的侵害，应认定为是对身体的侵害。本案中精子的储存目的在于生育繁殖，而医院因过失致甲储存的精子灭失，符合《德国民法典》第847条第1款的规定："在侵害身体或健康，以及剥夺人身自由的情况下，受害人所受损失即使不是财产上的损失，亦可以因受损害而要求合理的金钱赔偿。"既然医院侵害了甲的身体权，客观上导致了甲丧失与其妻生育、同有子女的唯一机会，甲以身体权受侵害为由要求25000马克的抚慰金就应当予以支持。

（三）英美法关于侵权行为构成的观点

1．英美法关于侵权行为的构成理论是在判例法的基础上逐步发展起来的

其遵循先例的法律传统自然不会产生诸如"侵权行为构成要件"的这类法律术语。但是"怎样的行为才构成侵权，行为人才要就自己的行为负责"仍然是英美法系法官所关心的问题。法官是通过对个案的判决，来确立起相应的原则和规则的。

【案例2-4-3】谁是我的邻人？

——《Donoghue V. Stevenson 案》①

在著名的1932年Donoghue V. Stevenson案②中，原告的朋友在咖啡馆中为其购买了一瓶姜汁啤酒，其中含有已腐败的蜗牛躯体，原告不知而饮用，后因发现瓶中的蜗牛而受到惊吓，就向该姜汁啤酒的制造商请求赔偿。

---

① 案例引自王泽鉴：《侵权行为法》（第一册），中国政法大学出版社2001年版，第51页。

② 案例引自王泽鉴：《侵权行为法》（第一册），中国政法大学出版社2001年版，第51页。

法官 Lord Atkin 认为，被告违反了对原告的注意义务，应负赔偿责任，并提出了如下著名的判决理由：“法律的作用在于限制请求权人的范围及其救济的程度，当‘你必须爱你的邻人’的道德规范成为法律时，你就不可以伤害你的邻人。当法律提出‘谁是我的邻人’时，其答案必须严格认定。当你可合理地预见你的作为或不作为将影响邻人时，应采取合理的注意措施，以避免结果发生。然而法律上谁是我的邻人？答案是：当我作为或不作为时，可合理地预见将因我的行为，密切、直接而受影响之人，均是我的邻人。”

2. 英国过失侵权行为的成立实际上也必须具备三个要件：“注意义务”、“义务的违反”和“损害”。

（四）我国台湾地区的“七要件说”

（1）我国台湾地区“民法”汇集了关于构成要件的各种观点，形成独具特色的“七要件说”，即一个侵权行为要由“行为”、“责任能力”、“过错”、“违法”、“侵害权利或法益”、“因果关系”及“损害”这七个要件构成。①

（2）将“过错”单列为侵权行为的构成要件更体现法的引导作用。就台湾地区的“七要件说”而言，应当认为：将“过错”单列为侵权行为的构成要件，比起将其涵盖于肇事事实的概念之中，无疑可以更明确地表明法律对“过错”这种理性人主观上不应有的状态的否定态度，对于不具有法学专门知识的社会上的一般人而言，更体现出法的引导作用。

（3）将“违法性”作为一个独立的构成要件，对简化侵权行为理论有着重要的作用。至于“违法性”究竟是否应该成为侵权行为的一个独立构成要件，就只能从其功能上来加以考察了。现实生活中很多行为虽然会给别人造成损害，但其符合社会的公平、正

① 黄立：《民法债编总论》，中国政法大学出版社 2002 年版，第 242 页。

义理念，不具有违法性，如在依法执行公务、正当防卫、紧急避险、受害人的同意、自助行为、受害人的过错、第三人的过错、不可抗力、意外事故等情形下，所造成的损害就不应被认为构成侵权。

同时，由于违法性中所指的“法”不仅包括形式意义上的成文法，还包括广义的实质意义上的法，故违法性的规定自然可以使受法律保护的客体超出法定权利的局限，而涵盖“法益”的范畴。

（4）责任能力既包括“意思能力”，也包括“赔偿能力”。学界一般认为，“责任能力”不应成为侵权行为的独立构成要件。史尚宽先生认为：“对于自己之行为之结果，有识别之精神能力，谓之责任能力。亦有过失之责任能力之称，谓因自己之过失而负责任之能力。”① 可见，这里所谓“责任能力”实际上包含了两层含义：首先是指对行为的识别能力，也就是平常所说的“意思能力”；其次是指对侵权行为承担民事赔偿责任的经济能力。

关于行为的识别能力问题，其实我们已经在“过错”这一构成要件中探讨过了。既然已经有了“过错”这一要件，自然也就无需再去规定所谓的“责任能力”要件了。而完全民事行为能力人是否有经济能力与其是否应承担民事责任实际上是两个不同的问题，对于民事行为能力有欠缺的人，法律业已明确规定应由其监护人承担转承责任。

（5）“侵害权利与法益”既然在讨论“违法性”和“损害”时已经涉及，自然也就没有独立存在的必要。

【案例2－4－4】非我花心而只因我是他的对手
——《花心县长候选人》②

甲与乙同为县长候选人，因双方竞争激烈，甲亲自署名，印发

① 史尚宽：《债法总论》，中国政法大学出版社2000年版，第113页。

② 参见王泽鉴：《侵权行为法》（第一册），中国政法大学出版社2001年版，第112页。

竞选传单，说明乙已有配偶仍与丙同居，以文字及图画记载“花心博士，私密大公开，只见新人笑，不见旧人哭，惊人内幕……”等语，攻击乙。事实上乙已离婚，相隔二年与丙结婚，因居住日本，未向台湾地区户政机关办理结婚登记。乙主张甲不法侵害其名誉，请求损害赔偿。乙于诉讼中死亡，由其妻丙及子女承继其法律关系。

法院认为，虽乙为县长候选人，其私德并非与公益无关。唯甲就足以毁损名誉之事，散布于众，对于侵害乙名誉之结果，难谓非具有故意，复不能证明其所诽谤之事实为真实，即难认有免责之事由存在。故原审及终审法院均判决原告胜诉，被告侵犯了原告的名誉权。

本案涉及公职竞选，候选人私德与公益有关，故得受善意的适当评论，但不能故意散布不真实之事实贬损他人名誉。被告散布的是虚假的事实，故这一行为不具有违法阻却性，构成违法行为，且被告借此贬损原告名誉的目的是很明确的，客观上也造成了原告名誉减损的损害后果，行为与名誉受损具有因果联系，且原告具有责任能力，符合侵权行为的所有构成要件。

（五）我国大陆通说为“四要件说”

(1) 我国民法学界多数学者主张就一般侵权行为而言其必须具备四个构成要件。我国无论是《民法通则》还是《侵权责任法》，以及最高人民法院的司法解释从未一般性地确认是“三要件说”还是“四要件说”，但中国民法理论百年来始终囿于德国民法理论，又受到当年苏维埃民法的巨大影响，这只能是其历史发展的必然结论。

具体而言，首先要有“损害事实”，其次要有“违法行为”，这是判断侵权行为是否存在的先决条件；同时要求这两者之间必须有法律上的“因果关系”；最后，还要求侵权人在主观上有“过错”。

当然，对于采取不同规则原则的特殊侵权中，责任构成要件各不相同。从我国立法和司法实践出发，应当在过错责任和过错推定责任中，建立由损害事实、因果关系和过错所组成的责任构成要件；在公平责任和无过错责任中，建立由损害事实和因果关系所组成的责任构成要件。①

（2）构成要件理论充分体现了侵权责任法的整个制度价值。依此构成要件理论，在任何一个一般侵权行为的实际案例中，都要依照侵权行为的四个构成要件对其进行分析和判断：凡符合此四个要件的，都必须承担民事责任；反之，欠缺其中某一个或几个构成要件的，就无需承担民事责任。

【案例2－4－5】构成要件一个都不能少
——《张某、李某诉市农业综合开发领导小组办公室、市三工镇中心学校等人身损害赔偿纠纷案》②

市综合开发办将庙工村农田机耕路建设项目发包给某公司。某公司在庙工村七组地段施工期间，为方便挖取沙石，在村乡道路林带边用机械挖土取沙石，以致在林带边形成了一个约1.7米深的土坑。庙工村浇灌农田时，由于所建设的机耕路的过水涵管较小，而水流过大，致使溢水灌满了沙坑。

一日中午，李某在回家途中路经某公司施工所遗留的已灌满水的沙坑，即与同学入水坑玩耍。李某溺水死亡。

李某的父母在与某公司协商赔偿无果后，将市综合开发办、某公司、庙工村委会、镇中心学校诉至法院要求赔偿经济损失。

一审法院经审理认为：某公司在乡村道路林带边挖坑取沙石

① 王利明：《侵权行为法研究》（上卷），中国人民大学出版社2004年版，第348页

② 《张春芳、李新华诉新疆昌吉市农业综合开发领导小组办公室、新疆昌吉市三工镇中心学校等人身损害赔偿纠纷案》，最高人民法院中国应用法研究所编：《人民法院案例选》2008年第1辑（总第63辑），人民法院出版社2008年版，第140页。

后，未将取沙石中所形成的坑填土恢复原状，消除安全隐患，对此某公司负有过错，应承担相应的民事责任。被告综合开发办公室虽系发包方，其仅履行农业开发职能，既不是机耕路的所有权人，亦不是受益人，其对此不应承担民事责任。被告庙工村委会作为该项目的所有人及受益人，因未尽到必要的管理义务，对此亦应承担相应的民事责任。被告镇中心学校，因受害人李某在放学后回家途中发生事故，该校不再负有监护责任，不应承担民事责任。原告作为死者李某的法定监护人，对李某负有监护责任，其未尽到监护责任，对事故发生亦应承担相应的民事责任。

一审法院判决被告某公司承担60%的赔偿责任，被告庙工村委会承担20%，原告自行承担20%。被告综合开发办、镇中心学校因无过错，不承担民事赔偿责任。

二审法院经审理，对被上诉人庙工村委会、死者父母的责任份额进行了重新认定，同时，认为被上诉人镇中心学校也应承担部分赔偿责任。被上诉人丙综合开发办，在发包该项工程时未要求施工单位对挖沙形成的深坑进行填埋，其亦应承担相应的赔偿责任。

本案为一般侵权。依据侵行为法理论，一般侵权行为的构成须具备损害事实、因果关系、过错和违法行为四个要件。本案中损害事实和违法行为容易判断，关键是过错以及因果关系要件的判断问题。

在过错方面，某公司因施工的需要在道旁挖坑取沙，是深坑的实际受益者；事后又未及时填平，也未采取其他防范措施，违背了对不特定多数人生命及财产安全的注意义务，具有明显过错。而村委会在进行农田灌溉时跑水，致使土坑变成深坑，而且作为机耕路的受益者未尽必要的管理义务，具有过错。

在因果关系方面，被告某公司因施工需要在乡村道路林带边挖取沙石，致使此处形成了一个约1.7米深的土坑；被告庙工村委会所辖的庙工村进行农田灌溉时“跑水”，两者结合形成了危险源，一个积满水的深坑。危险源的存在与李某溺水身亡的损害后果之间存在明显的因果关系。

根据《侵权责任法》第12条规定，某公司与村委会分别实施了侵权行为，造成同一损害，应根据责任大小各自承担相应责任。被告综合开发办作为工程的发包方，对工程的施工负有管理责任，应当与某公司承担连带责任。镇中心学校没有实施侵权行为，不应当承担赔偿责任。

本案存在减责情形，死者作为限制行为能力人，对行为的危险性应当具有一定的认识，其监护人未对其进行充分的安全教育，致其安全意识不够，对损害的发生也具有一定过错，根据《侵权责任法》第26条，应当减轻侵权人的责任。

侵权行为构成要件是对侵权行为立法和司法实践的高度概括，也是对侵权责任归责原则的系统阐述。[①] 因此，在分析侵权法案例的过程中，我们将侵权构成要件作为线索。

① 杨立新：《侵权法论》，人民法院出版社2004年版，第144页。

第三章　损害事实

第一节　损害事实的概念及意义

一、损害事实的概念

损害是侵权责任必备的构成要件。任何人只有在因他人的行为受到实际损害时才能获得法律上的救济，而行为人也只有在因自己的行为及自己所控制的物件致他人损害时，才有可能承担损害赔偿责任。

（一）实证法上一般很少对损害作出定义

虽然损害依赖于对它加以规定的法律制度而有所不同，但各国法律中却很少对损害作出定义。我国《侵权责任法》中对“损害”也没有明确的定义。

【案例 3－1－1】日照不足算不算损害？
——《朱某诉某研究所回迁安置的住房日照不符合标准要求调换案》①

原告朱某原先居住的私房经市城市规划建设管理局批准，由被告某研究所等对该地段以统建形式建造住宅。房屋建造完成，原告因被告安置其所居住的房屋日照时间在冬至日少于连续 1 小时，将

① 《朱德喜诉硅酸盐研究所等回迁安置的住房日照不符合标准要求调换案》，载最高人民法院中国应用法学研究所编：《人民法院案例选》2000 年第 1 辑（总第 31 辑），人民法院出版社 2000 年版，第 96 页。

被告诉至法院，请求被告调整房屋，并赔偿损失。

经鉴定：被告安置原告的住房冬至日满窗日照时间为44分钟，法院还查明：讼争房屋系该处高层建筑的连接体，因受高层阴影影响较大，须改为非住宅用房。

法院经审理认为：被告未按有关部门的审核意见，将受阴影影响而不能用作住宅用房的房屋安置给原告使用，损害了原告的合法权益，应予调换。由于被告所安置的房屋采光不足，影响了原告的健康生活，故被告应酌情赔偿原告因此造成的经济损失。

本案中问题比较多：日照不足是否构成侵权？有无损害？应否给予赔偿？究竟赔偿多少才合理？显然，对于损害的认识只能由司法者依公平正义之理念进行自由裁量，故有关理论就起着举足轻重的作用，似乎也就没有必要非构建一个封闭的损害定义不可了。

（二）学者们所谓的“损害”就是权利或法益所遭受的不利益

1. 只要存在否定人身或财产利益的事实就构成损害

所谓“损害事实”，就是指特定的行为或者事件对特定民事主体的合法权益所造成的不利影响。其并不以损害的后果能否用货币来直接予以衡量为转移。损害既包括对公共财产的损害，也包括对私人财产的损害，还包括对非财产性权利的损害。

> **损害，谓就财产或其他法益所受之不利益。**
>
> ——史尚宽[①]

① 史尚宽：《债法总论》，中国政法大学出版社2000年版，第287页。

【案例3-1-2】非经同意利用他人的墙体做广告也是侵权
——《甲公司诉闫某在其院墙上喷涂商业广告损害赔偿案》①

被告闫某未经原告甲公司同意，擅自在原告新建的院墙上喷涂“贴穴位治鼻炎扁桃体，联系电话1390536××××”的户外广告。原告认为，被告的侵权行为给其形象造成了影响，遂诉至法院，要求被告停止侵害，并赔偿损失252元。

法院经审理认为：被告闫某未经原告许可，擅自在原告所有的院墙上喷涂广告，已构成侵权，应负民事责任。

在法庭审理中，双方当事人自愿达成调解协议。

本案涉及对物权的侵害问题，既可以采用物权的保护方式，也可以适用侵权法的保护。

依据《物权法》第35条规定，被告闫某应承担排除妨害、停止侵害的责任。而根据《侵权责任法》第2条、第3条及第15条的规定，严某应承担停止侵害、赔偿损失的民事责任。而本案就是依侵权之诉来起诉及审理的。

2. 损害包含损失故而损失只是损害的一种形式

“损害”与“损失”的不同主张与两词的语义以及学者对损害范围的不同认识密切相关。从汉语语词意义上看，“损”与“害”具有不同的含义，《说文解字》中说：“害，伤也；损，减也。”在英语中，损害为“damage”，损失为“loss”。根据《牛津法律大辞典》的解释，损害是指“在法律上被认为是可控诉的情况下，一个人所遭受的损害和伤害。损害的形式可以是对人身的、对名誉的、对经济利益的、对财产或者其他方面的损害”；而损失仅指

① 《弘润石化助剂有限公司诉闫东晓在其院墙上喷涂商业广告损害赔偿案》，载最高人民法院中国应用法学研究所编，《人民法院案例选》2002年第1辑（总第39辑），人民法院出版社2002年版第162页。

“经济上的损害”。

因此，无论是损失，还是损失之外的损害，均须承担损害赔偿责任。

二、损害事实在侵权责任理论中的重要地位与意义

（一）解决侵权案件的关键首先在于如何认定损害

损害是侵权责任法中一个最基本和最核心的部分。侵权责任法的宗旨就是填补损害，使受到损害的社会关系恢复到受到损害前的应有状态，赔偿额一般要与损害一致，故对损害的界定也就显得尤为重要。

【案例3－1－3】死者骨灰蕴含着身体权利益的延续
——《杨某等诉乙市丙煤矿骨灰盒遗失精神损害赔偿纠纷案》[①]

原告杨某的丈夫（其余六原告的父亲）黎某生前系被告丙煤矿职工。黎某被付某故意伤害致死（付某已判刑），丙煤矿在未通知原告的情况下，将黎某火化。后其骨灰盒几经转移，与其他几个无标志的骨灰盒混同，无法辨认。

原告遂向法院提起诉讼，请求判令被告赔偿原告交通费、误工费、食宿费、精神损害抚慰金39万元。

一审法院经审理认为，黎某作为丙煤矿的职工被他人伤害致死后，煤矿在未能通知到黎的亲属的情况下对黎某的尸体进行火化处理并无不当。但丙煤矿对黎某骨灰盒确实未尽到妥善保管义务，以致黎某的骨灰盒与其他人的骨灰盒混同，难以区分。依据最高人民法院《关于确定民事侵权精神损害赔偿责任若干问题的解释》第4条的规定，判决被告赔偿七原告精神损害抚慰金每人2500元，合

① 《杨润昌等诉宣威市羊场煤矿骨灰盒遗失精神损害赔偿纠纷案》，载国家法官学院、中国人民大学法学院编：《中国审判案例要览》（2004年民事审判案例卷），中国人民大学出版社2005年版，第387页。

计 17500 元，驳回原告的其他诉讼请求。

原告不服，提起上诉。二审法院认为，原审判决认定事实清楚，但适用法律不当。根据丙煤矿实施侵权行为的性质、程度以及损害后果等因素酌情赔偿原告精神损失费各 5000 元。

本案中原告权利是否遭受损害是个值得讨论的问题。骨灰与他人骨灰混同无法辨认，是否构成损害？尸体作为丧失生命的人体物质形态，其本质在民法上表现为身体权客体在权利主体死亡后的延续利益，即身体的延续利益。骨灰是由尸体转化而来的，骨灰与尸体的属性相同，二者的法律性质也是相同的。

本案中，死者的妻子及子女是死者骨灰这一身体权延续利益的享有人。由于被告没有尽到保管人应尽的注意义务，导致死者骨灰盒无法辨认，使原告无法行使对黎某骨灰的所有权，原告对死者的哀悼之情失去寄托，必然会严重伤害原告的感情。无疑，人的骨灰为死者遗体之象征物，代表一种特殊的人格法益，应当受到社会的尊重。

故法院认为侵权行为成立，判决被告对原告给予精神损害赔偿，应当认为是有法律依据的。但是交通费、误工费等也应属于原告的损失范围，法院驳回该诉求应当说明理由。

（二）没有损害事实的存在就谈不上损害赔偿问题

侵权责任法的基本功能是补偿受害人的财产或人身损失。将“损害”作为侵权责任的构成要件，就为判断能否构成侵权行为确定了一个客观的标准，即侵权行为的成立须以发生现实的损害为必要前提，而损害赔偿请求权的行使也须以存在实际损害为必要前提。侵权损害赔偿之债的双方当事人通常事先并不存在着某种法律关系，只是因为损害的发生，才产生了侵权损害赔偿法律关系。

【案例3-1-4】假造的损害自然不能获赔

——《摊位物品夜间被盗赔偿后公安部门认定为伪造现场再审案》①

张某租赁市工商局东升市场管理处封闭管理的市场二楼87号商亭经营裤子。1997年8月27日晚闭市后至次日早开市前，该商亭被盗，张某向派出所报案。由于公安机关一直未结案，张某于是向法院提起诉讼，要求管理处赔偿损失。但事后市公安局对被盗现场进行了重新鉴定，结论为：该现场系伪造。

由于一审和二审法院审理本案时，公安机关尚未作出伪造现场的结论，故都根据已认定的法律事实，判决应由管理处负民事赔偿责任。

再审法院确认了公安机关的结论，于是撤销一审、二审判决，将此案移送公安机关处理。

由于管理处对闭市后的市场一直进行着统一管理，其与各业主之间即形成了一种货物保管合同法律关系。管理处作为保管人，对保管期间货物的灭失应承担赔偿责任，这正是张某主张其权利的法律依据。

第二节　关于损害本质的理论学说

由于损害的概念过于抽象，在实践中难以操作，为求更进一步的研究，各种学说先后应运而生，现代各国主要采取的主要是“利益说”和“构成说”这两种学说。②

① 《张丽诉东升市场管理处摊位物品夜间被盗赔偿后公安部门认定为伪造现场再审案》，最高人民法院中国应用法学研究所编：《人民法院案例选》2001年第1辑（总第35辑），人民法院出版社2002年版，第98页。

② 此部分主要参考了曾世雄：《损害赔偿法原理》，中国政法大学出版社2001年版，第118~131页。

一、利益说

(一) 利益说的概念

1. 损害即受害人因该特定事故发生所损失的利益

“利益说”认为，损害其实就是受害人对该特定损害事故的利害关系。而此种利益，就是受害人总的财产状况在有损害事故发生与无损害事故发生两种情况下所产生的差额，故“利益说”也被称为“差额说”。

“利益说”起源于德国，为学者 Mommsen 着眼于日耳曼法首创。该说的价值取向是为了满足赔偿受害人所受全部损失（即设立侵权行为制度的最高目的）的需要，其在当代仍然是最权威的学说。

【案例 3-2-1】财产保全出错能否请求赔偿?

——《申请财产保全错误造成损失赔偿纠纷案》①

被告甲汽车总店申请对原告的财产进行保全，被告丁集团为其提供了担保。后法院查封了原告 20 辆汽车。因申请财产保全错误，原告乙诉至法院，要求法院依法判令两被告赔偿原告利息损失 216 万元、保管费 36 万元、降价损失 306 万元，并承担诉讼费用。

经法院查明，被告甲汽车总店的财产保全是错误的。汽车原价值是 26 万一台，现每台 9 万元，损失 306 万元（有两台留下自用），利息损失 110 余万元。

法院经审理认为：被告甲汽车总店因申请财产保全，由于申请错误，导致原告遭受了经济损失，按照我国相关法律的规定，应该承担赔偿责任。被告丁集团作为申请的担保人，应该承担连带

① 《广州市白云山汽车配件运营公司与北京亚飞汽车连锁总店等损失赔偿纠纷案》，天津市高级人民法院编：《人民法院裁判文书选》（天津 2000 年卷），法律出版社 2002 年版，第 378 页。

责任。

据此，法院判决：甲汽车总店赔偿原告经济损失近420万元，保证人丁集团对此承担连带赔偿责任。

本案的关键在于如何计算损失的大小。侵权法的理论中，“利益说”（“差额说”）和“组织说”（“构成说”）这两种观念对损害大小的计算一直产生着很大的影响。

就本案而言，原告遭受的不是具体财产上的损害，而是整体经济利益的损失，故只能适用“利益说”的理论来解决这个问题。具体而言，就是要先计算出如果没有发生损害事故时的汽车的价值和少支付的利息，再计算出损害事故发生后现有的价值，二者的差额418.32万元就是原告遭受的损失，也就是应该从两被告处获得的赔偿。

2. 受害人整体上遭受的损害只能适用“利益说”

“利益说”事实上是一种主观计算方法。

该说要求在确定损害的有无和大小的时候，要考虑受害人方面的一切影响损害最终形成的因素。

【案例3-2-2】赔偿多少谁说了算？

——《郭某诉乙商城向其出售明示在国内不能使用的电话机要求退一赔一案》①

原告郭某在被告乙商城购得进口电话机两台，商城工作人员曾告知该电话机在国内未上网，不能在国内使用，郭对此未作表示。购买电话机后，商城当即出具了购货发票，并在发票上加盖“本机未入网，只限国外使用”的明示章。郭收取发票后未提出异议。

① 《郭红萍诉虹桥友谊商城向其出售明示在国内不能使用的电话机要求退一赔一案》，载最高人民法院中国应用法学研究所编：《人民法院案例选》2002年第2辑（总第40辑），人民法院出版社2002年版，第171页。

之后，郭某至有关部门进行咨询，在确认该电话机未经商检部门检验后，即以被告出售的电话机未经商检，在国内不能使用，商城在出售时存有欺诈为由，诉至法院，要求商城“退一赔一”。

一审法院经审理认为：郭某在乙商城告知其所售电话机不能在国内使用的情况下仍将电话机购回，表明其购买电话机并不是为了使用，现其以商城存在销售欺诈，理由不足。遂判决：郭某退回商城进口电话机两台；商城返回郭某购物款9240元；郭某要求乙商城赔偿9240元的请求，不予支持。郭某不服一审判决，提起上诉。二审法院维持原判。

在计算本案原告的全部损失时，法院显然是采用了“利益说”即“差额说”，原告郭某在被告乙商城购得进口电话机两台，郭某共支付人民币9240元。现在事实上是在在国内没有使用价值的两部电话，即交换价值除了三部只能看不能用得电话，两者的差额即9240元。因此判决：郭某退回乙商城进口电话机三台；乙商城返还郭某购物款9240元。

（二）“利益说”的弊端

1. 依“利益说”来衡量财产状况时，在很多情况下无法计算差额

【案例3－2－3】无法用差额衡量的利益
——《国外经典案例》①

（1）污水使毗邻房屋跌价。

一家工厂违法将污水排入一条水渠之中，致使沿该水渠的毗邻房屋因水污染了环境而价格大跌。房屋所有人请求停止排放污水未果，就诉至法院请求赔偿因房子跌价所遭受的损害。开庭后，被告

① 参见曾世雄：《损害赔偿法原理》，中国政法大学出版社2001年版，第120～123页。

工厂即停止了排污，原告的房屋价格因此又回升到了原来的价格。

依“利益说”，此时两种财产状况的差额并不存在，故法院驳回了原告的诉讼请求。

(2) 擅自取用事实上不用的椅子。

甲某家中有椅子数把，却习惯于仅使用其中某一把特定的椅子，乙某未经甲某同意就擅自取用甲某事实上总不使用的那一把椅子。

依“利益说”，即使这种状态延续了很长时间，甲某也是不能请求损害赔偿的。因为甲某事实上并未使用过这把椅子，这把椅子即使被他人擅自取用，甲某的财产也并未减少，其受到侵害前的财产状况与受到侵害后的财产状况并无差额存在，即利益损失为零。

(3) 小面包卖原价。

甲面包店与乙烤面包工厂订有加工面包的合同。依据合同，甲店每天将一定数量的面粉交给乙厂而委托其烤制一定数目的面包。乙厂每天交付的面包数目与约定的数量一样，但私自扣下了一些面粉，即其所承制的面包比约定的略为小了一些。原告在不知情的情况下，仍将这些小面包按原价卖出，而且每天均能售完。

依“利益说”，即使事后原告发现了这一偷工减料的实情，也不能请求损害赔偿。因为原告的财产状况并未因被告的侵占而有所减少，不存在受到侵害前的财产状况与受到侵害后的财产状况的差额，当然也就无损害可言了。

(4) 影剧票案例。

受害人花钱买来的影剧票被盗。但即使影剧票未被盗，受害人也将不使用该票去观看影剧，却在影剧放映过后才请求赔偿损害。

依“利益说”，影剧票所有人受到侵害前的财产状况与受到侵害后的财产状况不存在事实上的差额，即从结果看，不论影剧票是否被盗，其所有人的财产状况都不会因此而发生变动，故受害人不能得到损害赔偿。

2. 将损害视同计算上的大小，会使评估成本太高

【案例3-2-4】混乱的分红惹官司　损害能定成本高
——《煤矿承包合伙纠纷案》①

马甲、王乙、任丙、任丁合伙承包煤矿。马甲入股金8.5万元，王乙入股金10.8万元，任丙入股金4万元，任丁入股金2万元。马甲任矿长，王乙任副矿长，王己任保管，麻庚任出纳。该合伙账目混乱，帐内不能真实反映承包期的财务状况。原告王乙、任丙、任丁因此与被告马甲就合伙问题发生争议，于是诉诸法院。

一审法院委托会计所对合伙账目进行审计。但提供的证据比较混乱，审计报告也未就大部分作出认定，一审法院故不再计入。

一审法院经审理判决，合伙收益应按出资比例予以分配。马甲不服一审判决，提起上诉。

二审法院经审理认为：上诉人与被上诉人共同出资、共同经营、分工明确，具备合伙关系成立的法律要件，应认定双方构成合伙关系。但确定合伙利润，应综合账目记载和双方各自占有的合伙资金情况加以认定。一审认定各合伙人应得的股金和利润数额是正确的，但在进行盈余分配时，没有将马甲、任丙占有的合伙资金中所包含的合伙亏损分别予以扣减，且没有明确马甲、任丙各自应给付其他二合伙人及收缴的具体数额，实际操作中无法执行，应予纠正。

即使就这样一个最终得到比较正确的处理的民事纠纷而言，一个案件如此几上几下，审计费用必然一次次地由当事人予以支付，就在事实上造成财产评估费用的大量支出，最终对案件审理的进展产生越来越不利影响。

---

① 来源：河北省高级人民法院（2003）冀民一终字第7号民事判决书，载“法易行网”http://www.fayixing.com/casecontent.jsp? id=3699〉2004/02/11。

3. “利益说”所谓“主观利益总是大于客观价值”并非绝对真理

(1) 在一般情况下，主观利益的确大于客观价值。在一般情况下，“客观利益”就是指市场价值，而“主观利益”实际上都是依当事人的主观感受不同而各有不同的。

【案例3-2-5】旧皮箱到底能值多少钱?

——《经典案例》①

一个旧皮箱，客观价值可能值30元，而所有人非40元不愿割爱。该皮箱依所有人之见解，在总财产中即代表40元。故30元代表客观价值，40元代表主观利益。

(2) 在损害赔偿中，受害人一般都是依自己的主观感受来主张自己的损害赔偿请求权的。

【案例3-2-6】同命不同价 公平不公平?

——《三少女遭车祸“同命不同价”案》②

2005年12月15日凌晨6时，在重庆市同一条街搭乘同一辆三轮车的三名花季少女同遭车祸丧生。事发后城里女孩的家人各得20余万元赔偿；而农村女孩何某的父母只能获赔5.8万元。

该公司给出的解释是：2003年12月4日通过的《最高人民法院关于审理人身损害赔偿案件适用法律若干问题的解释》中规定：死亡赔偿金按照受诉法院所在地，上一年度城镇居民人均可支配收入，或者农村居民人均纯收入标准，按20年计算。按此规定，何

① 参见曾世雄：《损害赔偿法原理》，中国政法大学出版社2001年版，第122页。

② 唐中明、田文生：《三少女遭车祸“同命不同价”给农村少女的死亡赔偿不及城市少女的一半》，来源：中国青年报，载“人民网”〈http://www.people.com.cn/GB/news/37454/37459/4056090.html〉,2006/01/24。

某属于农村户口，应按2004年度重庆市农村居民人均纯收入计算；那两个女孩是城市户口，则应按城市居民人均可支配收入计算。

该公司答应赔偿8万元，肇事司机出于同情，自掏腰包赔偿1万元。

本案的处理实际上就涉及损害赔偿标准问题，即究竟是应按客观利益，还是应按主观利益来计算损害赔偿额。最高人民法院出台的司法解释采用的是客观利益标准，受害的农村女孩父母主张的则是主观利益标准。显然，在一般情况下，主观利益是大于客观价值的。最高人民法院确立损害赔偿的客观利益标准固然是基于城乡差异的现实考虑，却导致了显失公平和正义的后果，故应当予以修正。

根据《侵权责任法》的相关规定，因交通事故、矿山事故等侵权行为造成死亡人数较多的，可以不考虑年龄、收入状况等因素，以同一数额确定死亡赔偿金。这对司法实践中"同命不同价"的情况作出了明确的回应，是立法的进步。

(3) 在例外的情形下，主观利益也可能小于客观价值。依"利益说"，损害应与主观利益相等，故当有人违反合同约定不予给付时，违约一方就应赔偿受害一方的主观利益。

但是，在依主观利益标准会导致债务人违约比守约处于更加有利的地位时，债务人往往就会更愿意违约而非守约。

【案例3-2-7】到底是依合同约定还是按市场价格？

——《涨价了的货物》[①]

甲将自己所有的一批货物以每吨5000元的价格卖给了乙，在甲尚未交付前，乙即以每吨6000元的价格转售给了丙。恰逢该种货物的市价上涨，每吨价格升至7000元。

① 参见曾世雄：《损害赔偿法原理》，中国政法大学出版社2001年版，第122页。

就甲而言，该批货物每吨的主观利益即为5000元，而其客观价值则为7000元。就乙而言，该批货物每吨的主观利益为6000元，而其客观价值为7000元。

若依“利益说”，则仅赔主观利益，当甲不履行合同时，其所应负的赔偿责任就是乙的主观利益，即每吨6000元，这显然与一般的公平正义观念相违背。

（4）如果固守“利益说”所坚持的损害观念，就可能产生一种鼓励债务人违约或行为人侵权的副作用。从公平的理念出发，任何情况下都不应使债务人因违约或侵权而获得比守约或不侵权更大的利益，而应使其承担相应的甚至更大的民事责任。

【案例3－2－8】亏本的买卖要不要继续做?

——《煤气表装配线和煤气表散件购销合同情势变更案》①

原告甲市煤气公司与被告乙市监测仪表厂签订了技术转让合同、散件供应合同及补充协议。前一份合同内容为：被告向原告转让煤气表装配技术，并提供相关设备和技术图纸，同时为原告建立一条煤气表装配线，原告向被告支付技术使用费等共80万元。后一份合同对煤气表散件的供货方式和费用支付作了详细的规定。在合同履行过程中，因物价大幅度上涨，生产煤气表散件的主要原料也大幅度上涨，被告遂与原告多次协商，请求变更合同中的价格条款。

原告同意解除双方签订的供应合同的要求，但要求煤气公司退还多余的预付款并支付违约金。被告接受上述意见，退还多余的预付款，双方解除了供应合同。但原告仍要求被告按原合同履行，而

① 《武汉市煤气公司诉重庆检测仪表厂煤气表装配线技术转让合同、煤气表散件购销合同违约纠纷案》，最高人民法院中国应用法研究所编：《人民法院案例选》（总第6辑），第110页。

仪表厂则停止向煤气公司供应煤气表散件，双方为此发生纠纷。

一审法院经审理认为，合同是建立在平等互利、等价有偿、协商一致的基础上的，其合同内容并不违反国家政策的有关规定，合同有效。仪表厂以经济改革中价格变化，要求变更价格为由，拒不履行合同规定向煤气公司提供反向表技术的行为构成违约。最终，法院判决合同终止履行，责令仪表厂返还技术转让费用，煤气公司返还装配线（由仪表厂拆除）及全部技术资料。仪表厂不服，提起上诉。

二审法院认为在本案双方当事人签订的技术转让合同已基本履行，煤气公司派员接受技术培训，掌握了图纸资料和正向表装配技术，煤气表生产线已投入生产并产生了经济效益的情况下，一审判决一方面确认装配线技术转让合同有效，另一方面又用处理无效合同的方式来处理有效合同，责令仪表厂返还技术转让费用，煤气公司返还装配线（由仪表厂拆除）及全部技术资料，不符合法律的规定。

在本案购销煤气表散件合同履行过程中，由于发生了当事人无法预见和防止的情势变更，即生产煤气表散件的主要原材料铝锭的价格，由签订合同时国家定价为每吨4400元至4600元，上调到每吨16000元，铝外壳的售价也相应上调，如要求仪表厂仍按原合同约定的价格供给煤气表散件，显失公平。故判决撤销原判，发回重审。

本案是按显失公平来予以处理的，但从另一个角度看，同样涉及主观利益与客观利益的问题。双方在原联营合同中约定的生产煤气表散件的主要原材料铝锭的价格，无疑是一种主观利益；而当事人无法预见的情势变更后的价格，无疑又是一种客观利益。

本案中，若依“利益说”，则仅按原合同约定的价格夹确定仪表厂的“主观利益”，而不按生产煤气表散件的主要原材料铝锭上调后的价格来考察其“客观利益”，这显然与一般的公平正义观念相违背，造成对仪表厂显失公平的结果。

4. “利益说” 难以涵盖全部损害赔偿的情形

在计算损害的范围时，还可能发生所谓“损益相抵”、“修补因果关系”及“第三人损害赔偿”问题，如果严格固守“利益说”的损害观念来解决这些纠纷的话，就可能产生有违公平正义的结果。

(1)“损益相抵”。所谓“损益相抵”，是指损害事故发生后，若权利人虽受有损害，但基于发生损害的同一原因而获得利益，则赔偿义务人在赔偿权利人所受到的全部损失时，应在赔偿额中扣除权利人所获得的利益。

【案例3-2-9】邮票被烧　意外受赠

——《为法学家所津津乐道的损益相抵的经典案例》①

一学生多年集邮，已收集了约5000张邮票。一天邻居“城门失火”，殃及他家“池鱼”，该学生多年收集的全部邮票被付之一炬。事后，不少善良的人闻讯通过邮寄的方式赠与其邮票，最终其所收到的邮票数目竟达20000余张。

此案中，该学生原本因邮票被焚而受到了损害，其受到损害前与受到侵害后的财产状况当然有差额存在。但因出现了多方赠与的情形，该差额实际上早已不复存在，若依“利益说”，既然该学生现在未受有损害，就不得请求损害赔偿。

① 参见曾世雄：《损害赔偿法原理》，中国政法大学出版社2001年版，第123页。

【案例3－2－10】车祸赔偿与护理费用能否相抵?
——《返还因交通事故所获得的赔偿款纠纷案》①

1993年11月，钟某（女）因婚姻之事由郭某（男）带到广东省。因婚事未谈成，两人一同乘车返回时，在福建境内发生撞车事故，致钟某受伤住院，由郭某进行护理。后肇事单位赔偿给钟某伤残补助费等共计6707元，由郭某之弟代表钟某亲属签名领取，并转交给郭某，两人均未告诉钟某赔偿数额。钟某于1993年12月出院后，住在郭某家继续治伤20天。其间，郭某付给钟某500元。后钟某得知真情，要求郭某返还余款。郭某以应扣除钟某受伤后所花费用为理由，加以推诿。钟某为此诉至法院。

法院认为：钟某因车祸致伤所得赔偿款是其合法财产，理应受法律保护。郭某在钟某受伤后能主动进行护理照料，精神可嘉，而郭某妄图侵吞钟某的赔偿款则是严重的侵权行为。

本案中，郭某应当返还钟某所获赔偿款自无问题。但郭某对钟某并不负有法律上或者合同上的照顾护理义务，其在钟某受伤后予以护理照顾的行为构成无因管理。鉴于劳务本身也是无因管理的重要组成部分，故郭某有权要求钟某偿付为其治疗直接支出的各项费用以及郭某本人的劳务报酬。虽然钟某在郭某的侵占行为发生后受有损害，但其基于发生损害的同一原因也获得了利益，依据“损益相抵”的理论，赔偿义务人郭某在赔偿钟某所受到的全部损失时，可以在赔偿额中扣除赔偿权利人钟某所获得的利益。

（2）“修补因果联系”。所谓“修补因果联系”，是指损害虽然由于可归责于行为人的事由发生，但即使没有这一侵权行为，损

---

① 《钟运娇诉郭带发返还其因交通事故所获得的赔偿款不应认定为不当得利案》，载最高人民法院中国应用法学研究所编：《人民法院案例选（民事卷）》（1992－1999年合订本），中国法制出版社2000年版，第1187页。

害也会因其他事由而发生。换句话说，就是两个侵权行为都将导致同一损害结果的发生，只是其中第一个业已引发损害，致使第二个无法产生作用。

【案例3－2－11】受伤雇人与当兵雇人是一回事吗?
——《为法学家所经常谈到的国外修补因果联系的经典案例》①

甲原本自己经营一家书店，因乙的过失行为受伤造成行动不便，而需要聘用店员来帮忙，故甲请求乙赔偿自己因雇佣店员所增加的支出。但此时战争突然爆发，凡壮丁都要被征召入伍，甲因行动不便而免于服役。

依“利益说”，某甲雇佣店员所增加的开支是其受伤前的财产状况与受伤后财产状况变化的差额，损害无疑是存在的。但是，如果某甲未受伤的话，就得应征入伍。那么，某甲同样不可避免地要雇佣店员。因此，法院认定无差额可言，驳回了某甲的请求。

【案例3－2－12】交通肇事与医疗事故何为肇事原因
——《张甲等诉乙医院医疗损害赔偿纠纷案》②

2002年5月22日，张丙因车祸致伤，于上午9时被送至乙医院急诊科救治。当时，张丙神志不清，头部出血不止，医院进行了诊断、治疗。后考虑到腹腔内实质脏器破裂，欲转送上级医院救治，将张丙抬到救护车时，陪护医生发现张丙呼吸表浅，心跳微弱，又将其抬回抢救室抢救，当日12时45分，张丙死亡。

后经有关机构进行医疗事故鉴定，确认死者的死亡是由于医护

① 参见曾世雄:《损害赔偿法原理》，中国政法大学出版社2001年版，第123页。

② 《张永富等诉枣庄市山亭区中心人民医院医疗损害赔偿纠纷案》，载最高人民法院民事审判一庭编:《民事审判指导与参考》（总第21辑），法律出版社2005年版，第117页。

人员没有及时准确地诊断出脾破裂及大出血而延误了抢救时间造成的，鉴定结论为一级医疗技术事故。事发后，张丙的近亲属与乙医院就赔偿事宜未达成一致意见。原告遂向法院提起诉讼。

一审法院认为，根据医疗事故技术鉴定委员会对张丙的死因所出具的鉴定结论，乙医院在救治张丙时存在重大疏忽，其过错是明显的，并与张丙的死亡后果具有直接的因果关系，应当就其医疗过失行为承担民事侵权损害赔偿责任。

尽管交通肇事致张丙受伤也是导致其死亡的原因之一，但是交通肇事行为人与原审被告并不具有共同致张丙损害的故意或过失，二者没有主观上的共同过错，不符合共同侵权行为的构成要件。并且，交通事故损害赔偿纠纷与医疗事故损害赔偿纠纷亦非同一法律关系，肇事车主在本案中不属于必须参加诉讼的共同诉讼人。最终法院据此判决被告支付丧葬费、交通费、死亡补偿费，以及三位死者所扶养人的抚养费。

被告不服，认为交通肇事者也应该承担责任，遂提起二诉。

二审法院经审理，驳回上诉，维持原判。

本案中，医院与交通肇事者都对原告的死亡存在过错，法院只判决医院承担责任，并不意味着肇事者就没有责任，只是因为二者并非共同侵权，对肇事者受害人可以选择一个被告。死者因车祸受伤，在被告处因医疗事故死亡，因而肇事者和医院都对死者造成了损害，如果没有交通肇事者的侵权行为，死者就不会被送到医院抢救，进而因医疗事故死亡。交通肇事可能会导致死者的死亡，但是因为医院的医疗事故使交通肇事不能发生最终结果。若严格采取“利益说”，则对交通肇事者则无法进行追偿。

（3）“第三人损害赔偿”。为法学家所经常谈到的国外经典案例是：[1]

① 参见曾世雄：《损害赔偿法原理》，中国政法大学出版社2001年版，第123页。

甲用现金购买一批货物，请求出卖人乙将标的物送交清偿地以外的丙地，乙就依买受人甲的指示将出卖的货物交运送人丁转送，但货物在运送途中全部被盗。

此案中，若依“利益说”，则买受人甲将无法得到法律救济。因为就买受人甲而言，由于动产所有权的取得须以动产交付为必要条件，而货物尚未送达交付，故其还不是所有权人，损害前后其财产状况不存在差额，自然就不能向运送人丁主张损害赔偿了。

【案例3-2-13】邮件投交前邮政与收件人并无权利义务关系
——《杨某因拒收的邮件由邮局退回后下落不明诉投递人赔偿案》①

1999年12月24日，原告杨某持被告寄给的“国际小包通知单”，到被告处领取朋友从英国寄来的邮件，发现邮件包装开封，因不知邮寄物是否丢失或损坏，故拒绝接收。被告按照有关规定将该邮件退回。12月28日，原告到被告处协商解决，被告告知其已将邮件退回英国。原告经与英国朋友联系，得知英国朋友并未收到退回的邮件，邮件下落不明。为此，原告向法院起诉，要求被告继续履行合同，赔偿损失，并赔礼道歉。

法院经审理认为：讼争邮件是国际邮件，原告不能举证证明该邮件是给据邮件，应视为平常邮件。被告在窗口投交时，原告因邮件包装开封而拒收，被告按照《国际邮件处理规则》的有关规定，将邮件立即退回原寄邮政，故原告不具备起诉赔偿的诉讼主体资格。裁定驳回原告杨某起诉。

本案因原告不具有诉讼主体资格而被法院驳回起诉。

---

① 《杨檬因拒收的邮件由邮局退回后下落不明诉投递人红旗路邮政支局赔偿案》，载最高人民法院中国应用法学研究所编：《人民法院案例选》2002年第2辑（总第40辑），人民法院出版社2002年版，第126页。

判断原告是否具备诉讼主体资格，首先要明确原、被告之间是否存在法律关系。在此国际邮政业务中，包括四方当事人，即给原告邮寄邮件的英国朋友、英国邮政、中国邮政和原告。被告作为中国邮政的一个具体投递局，在这个邮政业务中具有什么样的地位，与原告是什么关系？按照正常程序，原告在英国的朋友作为寄件人先把寄给原告的邮件，在英国办理委托邮递手续，并交纳一定邮费，英国邮政根据有关规定委托中国邮政将该邮件投交给原告。在这个邮政业务中，英国邮政与原告朋友之间是邮件收寄合同关系，英国邮政与中国邮政是委托投递合同关系，中国邮政按照英国邮政的委托把邮件投交给原告是投递关系。

根据《邮政法》第7条："邮件和汇款在未投交收件人、收款人之前，所有权属于寄件人或者汇款人"的规定，在邮件投交前中国邮政与原告之间不存在民事权利义务关系。如果在邮件投递过程中出现邮件丢失、损坏等情况，可以由寄件人向原委托邮政提出赔偿（必须是给据邮件）。在此业务中，被告实施窗口投交，由于原告拒绝接收，致使未构成投交，因此，原、被告不存在权利义务关系，原告也就不具备诉讼主体资格。

二、构成说

（一）"构成说"面面观

鉴于"利益说"存在的上述缺陷，各种新的学说就应运而生。20世纪的后半叶，民法学者在探讨"想象上损害原因"及"构成损害观念的必要性"时，开始倡导所谓的"构成说"或"组织说"。

一般认为该说系德国学者所创，但在他们之前其实早已有人提出类似的学说，不同之处仅仅在于：早期学者均是从"损益相抵"的角度来阐述此种学说的，并未引起人们的重视；而德国学者则将此种学说发展到对损害观念的理解方面，故他们才被人们奉为该说的鼻祖。这种学说曾经产生了很大影响，到后来又产生了各种不同的观点，主要有“真实损害说”、“直接损害说”和“法律保护直接所及说”三种学说。尽管这些观点各自区别很大，但共同之处均在于强调损害构成要素的独立法律意义。

【案例3－2－14】是赔修复费用，还是市场价值？
——《沈阳故宫“下马碑案”》①

沈阳故宫博物院门外路边的下马碑，在深夜被某公司醉酒驾车的司机卢某驾驶的该公司总裁的奔驰轿车撞倒，卢某当场死亡。次年，沈阳故宫博物院将肇事车的车主某公司董事长于某告到法院，要求赔偿2700万元的损失。

经专家鉴定：下马碑的价值最低在2500万元左右。

沈阳市中级人民法院一审判决：责令被告于某对下马碑进行修复，并赔偿沈阳故宫博物院100万元。原被告双方均上诉。

辽宁省高级人民法院经审理认为：下马碑应以2000万元为基数进行责任分担。肇事司机卢某本应承担80%的责任，但已死亡，故其民事责任归于消灭；于某作为肇事车的车主，承担5%的责任；沈阳故宫没有对下马碑采取妥善的防护措施，也要承担15%的责任。据此，法院判决：于某赔偿沈阳故宫100万元，承担对下马碑的修复费用。

本案法院判决肇事车主赔偿100万元，就是以下马碑的直接损失2000万元为基数，结合其主观过错程度来予以确定的，实际上采纳的就是“直接损害说”。

但是二审法院的责任划分是值得商榷的。本案属于雇用人责

① 《沈阳故宫“下马碑案”肇事车主被判赔百万》，来源：人民法院报，载“最高人民法院 人民法院报网”〈http://rmfyb.chinacourt.org/public/detail.php?id=84749〉,2005/06/30。

任，应当适用《侵权责任法》第34条第1款①。故肇事司机死亡，其应承担的民事责任不应当归于消灭，应由其用人单位某公司承担侵权责任。

（二）“构成说”的理论基础与核心

1.“构成说”的理论基础

“构成说”是建立在两个理论基础之上的：

（1）以赔偿权利人的财产状况为出发点。

（2）整体财产的保护则被放在了次要的地位。

【案例3-2-15】赔偿标准要不要具体问题具体分析？

——《包头空难遗孀挑战赔偿限额案》②

2004年11月21日，东方航空公司一架飞机失事。随后，东方航空公司公布了赔偿办法：每位罹难者的赔偿金额为21.1万元。

陈某是3名遇难者之一，遇难时是一家知名公司的副董事长兼总经理。陈某没有买航空意外保险，也就意味着只能赔偿21.1万元，这个数目仅仅是他生前几个月的工资而已。陈某之妻桂某不接受“廉价补偿”，遂诉诸法院。其诉讼理由为中国民航总局行政立法不作为，请求法院判令民航总局依法履行《中华人民共和国民用航空法》第128条规定的立法义务，依法制定“国内航空运输承运人的赔偿之限额”。

法院经审理认为：原告请求判令被告中国民航总局履行立法义务，因立法行为属抽象行政行为，故原告的起诉不属于行政诉讼的受案范围，裁定不予受理。

---

① 《侵权责任法》第34条第1款“用人单位的工作人员因执行工作任务造成他人损害的，由用人单位承担侵权责任。”

② 陈磊、王永超：“包头空难遗孀挑战赔偿限额”，来源：法制日报，载“法制日报网”〈http://www.legaldaily.com.cn/sylm/2005-05/20/content_136143.htm〉。

我国空难赔偿的唯一标准源自1993年国务院132号令修订的《国内航空运输旅客身体损害赔偿暂行规定》“承运人对每名旅客的最高赔偿金额为人民币7万元”的规定。

该规定实际上确立了一般的客观损害赔偿标准，而不考虑受害人的个人经济状况和经济能力差异，这无疑就成了导致个案不正义的直接原因。

2. “构成说”的理论核心

综合“构成说”的两个理论基础，其理论核心可简单概括为：当某一特定的物体受到损害时，依照“恢复原状优先于金钱赔偿”的原则，此种直接损害即应客观地予以估定并在任何情形下都是应当予以填补的；此损害就是损害赔偿的最低数额。前述《沈阳故宫“下马碑案”》[①] 中法院判决的赔偿额，就似以此理论为基础。

【案例3-2-16】恢复原状优先于金钱赔偿

——《张某诉严某排除妨碍纠纷案》[②]

原告张某原系被告严某担任法定代表人的丙公司之员工。原告购买天乙科技园1-2-702号房产一套，被告购买天乙科技园1-2-701号房产一套。被告将701室与702室之间的隔断墙拆除，移建至原告所有的702室内。

2005年9月，原告离开丙公司，遂向被告提出恢复隔断墙原来位置，双方经协商未果，成讼。

法院经审理认为，法律规定公民的合法财产受法律保护，禁止任何组织或个人侵占。现双方房屋间的隔断墙建在原告所有的房屋

① 《沈阳故宫“下马碑案”肇事车主被判赔百万》，来源：人民法院报，载“最高人民法院人民法院报网”〈http://rmfyb.chinacourt.org/public/detail.php? id=84749〉，2005/06/30。

② 《张志全诉严雪枫排除妨碍纠纷案》，案例来源：北大法律信息网，载http://vip.chinalawinfo.com/Case/displaycontent.asp? Gid=117544962。

内，侵犯了原告的合法权益，原告主张将该隔断墙拆除并恢复至原位置应予支持。遂判决：被告将天发科技园1－2－701号、702号房屋间的隔断墙上的设备自行移走，所需费用由被告负担；被告负责将该隔断墙拆除，并按原、被告双方商品房买卖合同中平面图标明的位置恢复原状，所需的费用原、被告双方各负担一半。

本案被告在原告与其存在从属关系期间，将两套房屋间的隔断墙拆除并移建在原告所有的房屋内，无疑侵害了原告对其房屋的正常使用权。现原告于从属关系结束后，主张排除妨碍有理有据，故得到了法院的支持，这其中首先要解决的，当然是房屋这一物质性要素的恢复原状问题，而无须首先考虑整个房屋的整体交换价值。

若非某一特定物体受损而是整体财产受损，则不适用该原则，此时，损害是否存在及其大小如何，都要依赔偿权利人的财产状况的差额是否存在及其大小如何来予以确定。

创立这种学说的目的完全是为了解决修补因果关系问题，即所谓“想象上的损害原因的问题”，这也就是该理论与其他学者立论的不同之处。

【案例3－2－17】准备白送人的东西并非就一文不值

——《为海外学者所津津乐道的物质性损害要素之“经典案例”》①

甲即将远行，因长途运送费用昂贵，就在其服务的机关内张贴便条，声明将其所有的笨重家具赠送给需要这些家具的同事。但乙因过失致失火而毁损了甲的这些笨重家具，问甲能否要求按市价予以赔偿。

此时，这些家具虽然具有客观价值，但其主观利益已降到了零。若乙因过失失火而毁损了这些笨重的家具，依“构成说”，则甲仍然可以请求某乙按照这些家具的客观价值进行赔偿。

---

① 参见曾世雄：《损害赔偿法原理》，中国政法大学出版社2001年版，第127页。

（三）“构成说”的缺陷

“构成说”虽然可以避免“利益说”所引起的弊病，但其本身也同样存在着不少缺陷。

1. 体系欠完整

“构成说”主张，所谓的“物质性损害”是构成损害观念中的一种最重要的要素。这种见解，在一般情形下的损害事故发生于某一特定物体时，当然可以自圆其说；而在损害事故不是发生于某一特定物体时，如在合同迟延履行时，就难以自圆其说了。

因为一旦发生履行迟延，其结果就可能使债权人受到损害，但此种损害并非是某一特定物体遭受到的毁损，而是债权人整体财产的积极减少或者消极不增加。在这种情况下，所谓的“物质性损害”并不存在，则损害的观念当然就不可能由物质性损害的要素及其他成分的要素共同构成。

【案例 3－2－18】卖珍贵的赝品能否要求惩罚性赔偿？

——《外国顾客诉徐悲鸿纪念馆卖假画未声明双倍赔偿案》[①]

原告德国人甲先生在徐悲鸿纪念馆的乙艺术中心花费 9 万元买下了名画家袁江、陈少梅、徐悲鸿、马晋和刘奎龄的五幅画，乙艺术中心开具发票。甲先生回国后经鉴定发现五幅画全是赝品，于是带着其中四幅画来到中国，要求乙艺术中心退款，该中心于是换了三幅其他的画给他，但经鉴定，这三幅画还是假的。经协商未果，甲先生将艺术中心告上法庭，提出双倍赔偿的请求。

乙艺术中心辩称：这些画虽然不是真迹，但也是比较珍贵的赝品，成画时间至少在50 年以上，价值10 万元没有问题；且甲在购

① 王阳 李杰琼：《徐悲鸿纪念馆卖假画案一审判决：销售商被责赔偿》，来源：京华时报，载“新浪网” http://news.sina.com.cn/s/2004－09－22/01273731765s.shtml,2004/09/22。

买时就明知这些画是赝品，因为如果是真迹，最便宜的一幅也要在45万元以上。

法院经审理认为：被告的理由没有证据支持，不予采纳。作为经营者，被告有义务在收款凭证上注明所出售的商品是仿制品，不加注明的行为属故意隐瞒真实情况，构成了以消极不作为的方式进行的欺诈，应该双倍返还购画款，并赔偿经济损失。据此，法院判决：乙艺术中心双倍返还9万元购画款，并承担甲因索赔发生的费用，共计19万余元。

我国侵权责任法原则上并不以过错的程度作为确定损害赔偿的标准；只有在例外的情况下，过失或故意的程度才被用来确定损害赔偿的标准。

我国《消费者权益保护法》第49条的规定就是以故意的程度作为确定损害赔偿的标准的，这种例外情形的存在主要是基于保护处于弱势地位的消费者利益的立法目的需要。

如果从损害的本质探讨本案，如依“利益说”来看原告的损失，本案这些比较珍贵的赝品，成画时间至少在50年以上，价值10万元没有问题，其当时的花费仅9万元，当然可以认为其并无损失；但如果依“构成说”来看，收藏首先在于藏品的珍稀性，赝品虽然也有某种经济价值，但业已不具备原来意义上的珍稀性，故就藏品的特定性而言，自然是一种损害。可见，本案是适用“构成说”而并非“差额说”予以判决的一个典型案例。

2. 损害观念的分裂

当人们依“构成说”来确定损害时，事实上就将损害的观念分成了所谓的“物质性损害”及“整体财产上的损害”这两种构成要素。

一般而言，对物质性损害的衡量，应摒除一切来自于赔偿权利人的主观因素，而完全以客观的物价为标准；当然，在计算物质性损害时，应以损害事故发生时的标准为依据。

相反，对整体财产上的损害的衡量，则应依主观标准进行，将与赔偿权利人有关的一切主观因素均考虑进去。虽然就损害的计算标准而言，无疑时间愈接近损害就愈与真实差额数相符，但事实上一般只能是以实际审判进行到最后言词辩论阶段作为判断的依据，这种结果显然导致了一种损害观念的分裂，因而往往难以使人信服。

3．自由选择权也有不恰当之处

“构成说”认为，损害的核心是物质性损害，超出物质性损害的整体财产上的损害并非不能获得赔偿，但其赔偿须以权利人选择主观利益的赔偿且明确主张为要件。当权利人明确主张时，即有自由选择的权利，既可选择要求赔偿客观损害，也可选择要求赔偿主观利益的损害。当主观利益小于客观损害时，则赔偿权利人自会选择客观损害的赔偿；而当主观利益大于客观损害时，赔偿权利人就会选择主观利益的赔偿，客观损害才可能表现为损害赔偿的最低额。

然而，自由选择权的存在显然是与损害赔偿的理论相悖的。损害赔偿旨在填补损害，从逻辑上说，所应被填补的损害应先有一定的范围，然后才谈得上填补。而客观损害与主观利益的时常不一致，就与损害应有一定范围的逻辑前提相矛盾。故此种“自由选择权”难以得到承认，“构成说”也就使人产生疑惑了。

三、损害学说的评价

可见，不论是“利益说”还是“构成说”，都各有其优点和缺点，均非完美无瑕，而是各有利弊。

（一）“构成说”在我国的判例与学说中并不多见

我国民法一直囿于德国民法的窠臼之中，而与奥地利民法有所不同。我国民法理念原则上并不以过错的程度作为确定损害赔偿的标准；只有在例外的情况下，过失或故意的程度才被用来确定损害赔偿的标准。故此种源于奥地利民法的理论，一直难以被贸然移植到我国民法中来，其在我国的司法判例与学说中并不多见。

【案例 3－2－19】虚夸的药品未能达到治疗效果怎么计算损害?

——《王某诉乙肾脏病医院邮购药品赔偿纠纷案》①

原告在报纸上看到被告登载的“乙医院根治尿毒症等肾脏病”的广告，随即向其咨询。被告用信件回复确认本医院能根治肾脏病。其后原告向被告邮购 20180 元的“生力散”、“肾病胶囊”和“系列全息治疗仪”。原告服用被告提供的药品和使用了治疗仪后，病情未得到改善。

原告遂提起诉讼，要求被告双倍返还医疗费用 40360 元。

一审法院经审理认为：被告刊登的广告内容和出具给原告的信件中隐含了能够根治肾病的承诺，误导了原告接受被告的治疗，使原告花费了不必要的医疗费，损害了原告的合法权益，应当承担民事责任。故原告要求被告双倍返还医疗费的主张合法，予以支持。

被告不服判决提起上诉，二审法院驳回上诉，维持原判。

如果从损害的本质来研讨本案的话，按照利益说看原告的身体损害，因生命和健康无价，当然很难评价其损失，只能从本案的欺诈是否加大了原告的治疗费用予以考察；而依构成说来看，医疗欺诈首先侵害了患者的生命健康权，损害这一观念是由身体健康中的物质性损害的要素以及其他整体财产上所受损害的要素构成的。这种身体健康的物质性的损害不但应予以客观地估定，而且在任何情形下均应予以填补。故就特定身体健康要素而言，自然医疗欺诈是一种损害，所以，即使本案适用“构成说”，最终也还得要从医疗费用的无端耗费或加大上来寻求其与正常费用之差额，来予以判决

① 《王泉诉东方肾脏病医院因违法药品广告诱使其邮购药品赔偿纠纷案》，载最高人民法院中国应用法研究所编：《人民法院案例选》，2008 年第 1 辑（总第 63 辑），人民法院出版社 2008 年版第 133 页。

应付之赔偿。

（二）“构成说”所强调的客观损害赔偿的最低额与事实不符

曾世雄先生举过一个例子以证其实。

【案例3-2-20】市场价格即为客观损害

——《主观估定的损害也可能低于客观损害》①

假设甲有辆汽车，由于要购买新车，以50000元的低廉价格卖给了好友乙，并约定一星期内交付，结果这辆汽车却在这一星期内因丙的过失被完全撞毁。现经专家估定该汽车的一般价值为60000元，客观损害即为汽车本身的价格，即60000元。

假如甲主张，因汽车被毁新车又未到手，该间隔期间因业务上的需要雇用出租车，而增加开支2000元，这2000元即为甲整体财产上的损害的一部分。甲主张该整体财产上的损害，就是主张主观利益的赔偿。其结果，损害即应主观估定，主观估定的损害包括汽车本身的价值所代表的损害在内。甲既然将该车以50000元的价值出卖，其对汽车所有的利益就仅为50000元。因而其主观利益所代表的损害就是50000元加上2000元，共52000元，该数目明显低于汽车客观价值60000元。

由此可见，“构成说”所主张的“客观损害为赔偿的最低额”并非永远都是正确的，这也是很多学者反对此种学说的最重要的理由。

（三）我国民法在历史上均以“利益说”为原则

“利益说”的精神与《侵权责任法》“赔偿全部损害”的最高原则相吻合，而且“利益说”所主张的损害观念也比较自然，不似“构成说”那样更像是一种人为的抽象而与一般社会观念相

① 参见曾世雄：《损害赔偿法原理》，中国政法大学出版社2001年版，第130页。

脱节。

不过，“利益说”虽为通说，但适用该理论时却不可过于机械，特别是在衡量利益大小的时候，尽管应以两种财产状况的差额为原则，但也不排除就客观损害直接计算的可能。这样既保存了“利益说”的精神所在，也避免了上述各种弊端。故就我国民法典制定而言，原则上应采以“利益说”来确定损害的观念，只有在例外的情形下，才应采以客观损害来确定损害的观念。

【案例3-2-21】利于保护当事人的客观损害赔偿
——《林某与乙经济特区丙达发展有限公司商品房预售合同纠纷上诉案》①

1995年11月10日，原告林某购买了石丁山旅游中心（以下简称“旅游中心”）、丙达发展有限公司（以下简称“丙运公司”）的一幢别墅。林某付清全款。1998年2月9日，林某委托余某（丙达公司法定代表人）代售该别墅，价格为人民币6500元/平方米。但该房未办理过户手续，一直登记在旅游中心名下。

2003年5月19日，旅游中心将该房售于潘某，房屋面积432.42平方米，总价款为人民币1862252元，并签署了《商品房买卖合同》。2005年4月14日，潘某向房地产登记管理口心办理了产权登记。

旅游中心、丙达公司将该房出售后，没有及时告知林某，也没有及时将购房款交付林某。遂双方争讼。

经林某申请，一审法院委托房地产估价公司对该别墅，按2005年4月（过户时间）无装修的毛坯房市场价格进行评估，房地产估价公司作出评估价为8242元/平方米，市场价值为

① 《林华东与珠海经济特区骏达发展有限公司商品房预售合同纠纷上诉案》，案例来源：北大法律信息网，载 http://vip. chinalawinfo. com/Case/displaycontent. asp? Gid = 117525482。

3564006 元。

庭审中，丙达公司称其实际按委托价格卖出（每平方米 6500 元），但为了减少交易税，故合同中注明是4675 元，潘某实际已支付房款 2810730 元。

一审法院认为，林某支付房款后，房屋依然登记在旅游中心名下，旅游中心、丙达公司实际控制了房屋，林某出具《委托书》书后，原别墅买卖合同的物权变动中止履行，旅游中心、丙达公司未将房屋过户到林某名下符合办理委托事务的目的，林某对此也是认可的。

鉴于余戊当时是丙达公司的法定代表人，委托行为与房屋买卖合同有联系，所以应认为受托人为丙达公司。丙达公司自有权根据委托合同继续销售别墅。别墅销售后，扣减林某少付的房款人民币 560.85 元，余额为 2810169.15 元。故判决：丙达公司向林某支付售房款人民币 2810169.15 元。

林某不服原审判决，提出上诉。

二审法院认为，首先，虽然林某委托销售价格为 6500 元，但当委托事务的情况发生变化时，丙达公司应尽善良管理人的注意义务，及时向林报告并妥善处理，故丙达公司销售行为存在过错。其次，根据《合同法》受托人处理委托事务取得的财产，应当转交委托人。在丙达公司与林某并未特别约定高于或低于销售款所得利益的归属的情况下，受托行为的利益应归属于委托人。

因此丙达公司未提供证据证明其实际销售价格，应按市场价予以定价，即使实际销售价格低于评估价格，基于其负有重大的过失，故应自行承担差价。

本案中，二审法院以评估价格认定丙达公司的实际销售价格为每平方米 8242 元，即是该房屋的客观价值，该客观价值显然超过了原告当时签订委托合同时的主观利益，即当时约定的每平方米 6500 元。对于本案而言，以客观损害来确定损害赔偿，对当事人权益的保护更为充分合理。

第三节 损害事实的构成

一、受到损害的须是合法民事权益

(一) 只有合法民事权益受损害时加害人才承担侵权责任

如果受到损害的不是受法律保护的合法利益，受害人就不能要求加害人承担侵权民事责任。

【案例3-3-1】迷信行为并非违法行为

——《风水先生在墓地撒雄黄时手被炸伤能否以属封建迷信行为不保护其抗辩权》①

邹某系当地有名的风水先生，并经常受人之托看墓地、测风水。一次，应薛某之请为其母主持丧葬仪式，期间被自己撒的雄黄炸伤右手。邹某遂诉至法院，要求薛某赔偿。

一审法院认为，因邹某从事的活动与我国法律保护的道德准则相违背，并为宪法所不许，不应受法律保护。故他在违法过程中所产生的损害后果应自行承担。判决驳回邹某的诉讼请求。

宣判后，邹某不服，提起上诉。二审法院认为：上诉人邹某的行为，在我国现行法律、法规中并无强行性规范予以明文禁止，属一种民间丧葬风俗。因邹某与薛某间已形成事实上的雇佣关系，薛某作为雇主，应对雇佣人的人身安全负责。对邹某在从事雇佣活动中所受到损害，理应给予一定的赔偿。但邹某经常从事上述活动，对其中的操作方式应有相当的熟悉程度，而其在操作时，未尽注意

---

① 《邹永三因主持被告之母丧葬仪式在墓地撒雄黄手被雄黄炸伤诉薛仕全赔偿被告以属封建迷信行为不应保护抗辩案》，最高人民法院中国应用法学研究所编：《人民法院案例选》2003年第1辑（总第43辑），人民法院出版社2003年版，第137页。

义务，对造成的损害后果应承担主要责任，薛某仅承担次要责任。

本案中，一审法院以邹某从事的活动与我国法律保护的道德准则相违背，不应受法律保护为由，未将邹某的行为归为民事法律行为，从而未适用关于雇佣合同的规定。二审法院则以民法上“法无明文禁止即可为”为由，承认邹某与薛某之间事实上的雇佣关系，将其认定为民事法律行为，支持了其部分诉讼请求。可见，只有合法的民事权益受到损害时，受害人才能要求加害人承担侵权民事责任；如果受到损害的并非受法律保护的合法利益，受害人就不能要求加害人承担侵权民事责任。

（二）损害的对象包括权利和法益

我国民法学界在《民法通则》颁布前，一般将损害的对象限定在权利上；《民法通则》颁布后，这种情况有所改变。《侵权责任法》则明确地将损害对象定位为“民事权益”。

然而与法国立法例并无二致的是，我国《侵权责任法》对权利与利益的保护未作类型区分，仍是适用同一标准，而未设其他特别限制条件。应当认为，这种不加区分、同一对待的做法是不妥当的。法益之所以不上升为权利，很多时候是因为需要进行更多的利益衡量才能确定哪一种利益更值得保护。而权利是法律定性化了的利益，只要受到了非法侵犯就应受到保护。二者的清晰化程度和重要程度是有差别的，作同一对待显然过于草率。

【案例3－3－2】挡着我做生意也属侵权

——《吕某诉蔺某在自己门面房前摆摊经营侵权案》[①]

原告吕某用自己所有的两间门面房，开设服装裁剪店。此前被

① 《吕华民诉蔺得胜在自己门面房前摆摊经营侵权案》，载最高人民法院中国应用法研究所编：《人民法院案例选》2004年民事专辑（总第48辑），人民法院出版社2004年版，第280页。

告蔺某在该两间门面房的前面仅设蔬菜摊点，后又增加了卖肉的摊点，由于摊点的扩大，对原告的门前经营造成了妨碍。被告在经营活动中未有办理经营许可证和占道许可证。原告多次向被告协商未果，起诉法院要求被告停止侵权，排除妨碍。

法院经审理认为：原告对市场大门西侧的两间门面房享有合法的所有权，依法应受保护。虽然对该门面房前面的土地不享有合法的使用权，但基于房屋所有权的延伸，其对门前的土地有优先使用的权利，也是对他人占有使用权的权利限制。

被告在原告优先使用的范围内搭设摊点，且未有任何证照，其非法经营活动，严重侵犯了原告的优先使用权，并且在经营过程中，对原告的门面营业亦构成了妨碍。据此判决被告停止侵害，排除妨碍，恢复原告对门面房前面土地的正常使用。

被告蔺某不服，提出上诉。二审法院驳回上诉，维持原判。

本案是因不动产所有权的延伸发生的纠纷，其类似于相邻权纠纷，但又有不同。所谓相邻权指不动产的相邻各方，应当按照有利生产、方便生活、公正合理的精神，正确处理通行等方面的相邻关系。本案纠纷性质不符合相邻权纠纷的特征，且与一般侵权纠纷也有不同，相邻权以及一般侵权行为在法律上均有明确具体的规定，至于就本案来说，吕某从事个体服装剪裁，按照日常经营习惯，必须保证其店铺视线良好，门前通行自由，这样才能吸引更多的顾客。而蔺某在吕某门前摆设肉、菜摊位对吕某的门面形成一定的遮挡，即影响到吕某客户的正常出入及通行，妨碍了其对门面房的正常使用。

原审及二审法院基于对原告门面房所有权的延伸保护，自然是对一种合法权益的保护，故判决蔺某为侵权行为，令其清除设立在吕某门面房之前的摊点无疑是有法律上的依据的。

二、损害须具有相当的“不利益”性

“不利益性”是指这种后果或状态被普遍认为是不可容忍的，不能接受的，或者至少是令人痛苦的。但是，并非所有的“不利益”都能受到侵权法的保护。

需要注意的是，非法利益仅仅是不受法律保护，绝非侵犯了非法利益就不构成违法行为，如抢赌场的行为仍可构成犯罪，当然那是另一个法律关系。

【案例3－3－3】“私了”协议不应一概无效
——《小偷偷车案发状告失主案》①

常某花5800元买的摩托车被盗。一天，常某在一摩托车修理铺发现了被偷的车，当即报案。经查该摩托车是史某放在店里的。民警传唤史某，史某即说出赵某卖车的经过。赵某闻风而逃。民警让常某先将摩托车领回，开始追捕赵某。靳某找到常某，承认他偷了摩托车卖给赵某。经协商，靳某给常某3000元，签订了“私了协议”。

事后靳某因涉嫌盗窃罪被逮捕，被判处徒刑，并处罚款1000元。靳某被提前释放回家，向常某索要那3000元钱未果。靳某遂一纸诉状将常某告上法庭。

法院经审理认为：依照我国《刑事诉讼法》的规定，任何发现有犯罪事实或者犯罪嫌疑人的单位和个人都有义务向司法机关报案或者举报。原告为逃避法律追究与被告签订的“私了协议”显然违反了法律的强制性规定，也违反了社会公共利益，且系双方故

---

① 《靳培然诉常迎昌收取了私了费后却不按私了协议撤回向公安机关的盗窃报案致其仍被追究刑事责任返还不当取得私了费案》，载最高人民法院中国应用法学研究所编：《人民法院案例选》2003年第1辑（总第43辑），人民法院出版社2003年版，第105页。

意行为，故无效。

不当得利中的给付必须合法，如果给付的原因违法，就不能认为构成不当得利，当然也就不能适用有关不当得利的规定。本案不是不当得利，而是不法给付。对不法给付排除不当得利的适用，已为各国民法所普遍采用。不过，不法原因必须同时存在于给付和接受双方时，才能排除不当得利的适用。如果不法原因仅存在于一方，就不能排除不当得利的适用。

本案中，由于存在被告常某的合法财产权利受到侵害且享有损害赔偿请求权的事实，若将“私了协议”主要部分认定为赔偿协议，则其并不具有违法性。至于原告靳某所追求的撤回报案的目的，也只能因其不为法律赞同而认定此种允诺无效。故对此“私了协议”不应全面否定，而只应部分地予以否定。因此，就被告而言，既然遭受不利益侵权，自然就可以要求损害赔偿；而就原告而言，既然侵害了对方的合法利益，自然就负有赔偿的法定义务。

三、损害须具有法律上的“可补救性”

（一）达到了需要法律进行补救的程度

【案例3－3－4】骚扰短信赔偿也得量变到质变

——《男子不堪售房短信骚扰起诉索赔万元》[①]

市民张先生表示，去年9月6日，他突然接到落款为一家房地产开发公司的售房短信息，内容为：重要信息：××国际生活小区！……众多浓郁学府气氛！现加推十余席……大豪宅。贵宾专线：2351××××。

“我并没有打算在那买房，也不知道房地产公司是从什么地方

① 《男子不堪售房短信骚扰起诉索赔万元》，新报讯【记者 李国惠 通讯员 徐德利】，2008年01月24日07：09，每日新报 http://www.sina.com.cn。

得知我的号码的。”张先生说，从2007年9月6日到9月27日，房地产公司每天不断给他发信息，共计20余条。此间，张先生多次找到房地产公司要求不要再发送信息，但是，在和房地产公司交涉过程中，他们的工作人员还将他手机内的短信删除。

张先生说，房地产公司的行为严重干扰了他的生活，使得他精神恍惚、神经衰弱，给他的身心造成了严重伤害，于是将房地产公司、提供电话号码的信息技术公司一并告上法庭。要求二被告公开赔礼道歉，并赔偿精神损失费1万元。

经法院审理查明，去年9月6日，信息公司接受房地产公司的委托，从互联网移动信息库获得了张先生的手机号码。随后，房地产公司利用手机短信息发布了售房广告。

法院认为，二被告向张先生发送手机短信，内容虽然纯属商业广告，没有不良内容，但是，由于没有征得张先生的同意，强行向他提供信息服务，给张先生的生活造成了一定影响，属于侵权行为，应当向张先生赔礼道歉。

张先生提出自己受到严重伤害，要求1万元精神损失费的请求，因证据不足法院不予支持。

（二）对损害采取的补救手段须是法律允许采取的措施

【案例3-3-5】索赔120万为啥只判了6万?

——《霸州枪杀案一审判决　杜某被判死刑》[①]

2000年6月4日，当时是霸州市公安局康仙庄派出所副所长的杜某与其妻、其子驾车外出，在112国道霸州市境内与该市供电局职工牛某等人所驾电力工程车发生剐蹭，恼羞成怒的杜某向司机牛某开枪，当场致牛死亡，引发了令人发指的血案。河北省廊坊市

① 《详讯：霸州枪杀案一审判决　杜书贵被判死刑》，http://www.sina.com.cn 2000年06月30日20:38

中级人民法院经审理，作出判决，认定被告杜某故意杀人罪名成立，其妻其子包庇罪名成立，据此依法作出一审判决：杜某犯故意杀人罪被判处死刑，剥夺政治权利终身；杜某之子判处有期徒刑7年；杜某之妻判处有期徒刑5年；被告方赔偿死者丧葬费、父母赡养费、儿子抚养费共计人民币60800元。

本案刑事责任部分以二审维持被告杜某死刑，其他二被告有期徒刑告终，而附带民事诉讼部分则是以被告方赔偿死者丧葬费、赡养费、抚养费的方式对受害人所受损害予以补救，其损害事实和补救手段都是法律所承认、允许的。

（三）立法者还根据社会政策和传统习惯将一些损害排除在侵权救济之外

例如，"青春损失"、"纯经济上的损害"、"对物的感情价值"等。

【案例3-3-6】一张旧照片能值多少钱？
——《摄影公司丢失顾客送扩的父母生前照片赔偿案》①

原告王某的父母在"1976年唐山大地震"中双亡。经过多年苦心寻找，王某找到其父母免冠照片各一张，便持该两张照片到被告某摄影公司加以翻版放大。王某按期前往取相时，却被告知因照片原版已经遗失。事后，摄影公司到王某父亲生前所在单位找到了其父生前的另一张照片。

王某将被告起诉到法院，要求其赔偿特定物损失及精神损失10万元。被告承认丢失原告的照片，表示愿以翻版放大费用的100倍赔偿原告，但对原告要求赔偿10万元的诉讼请求无法接受。

---

① 《王青云诉美洋达摄影有限公司丢失其父母生前照片赔偿案》，载最高人民法院中国应用法学研究所编：《人民法院案例选》1998年第4辑（总第26辑），时事出版社1999年版，第82页。

法院经审理认为：原告王某到被告摄影公司对其父母亲照片进行翻版放大，双方就形成了合法有效的加工制作合同法律关系。被告因工作上严重失误，致使照片丢失，给原告造成了部分无法挽回的经济损失和精神上的痛苦。被告理应赔偿原告的特定物损失和补偿原告的精神损害。但原告要求赔偿10万元的数额过高，被告应适当予以赔偿。

据此，法院判决：被告摄影公司赔偿原告王某特定物损失和精神损害补偿费8000元，退给原告王某加工放大费14.8元。

本案的焦点表面上在于被告承担赔偿责任的范围。

根据我国《合同法》的规定，承揽方由于保管不善，致使定作方提供的原材料丢失、毁损的，应当偿付定作方因此造成的损失。原告所受的损失包括翻版扩大费和两张样片的实际价值。但两张样片的价值实际上要体现在很多方面：除了拍摄成本、保管支出、原告因寻找照片付出的劳动外，还包括照片本身所具有的精神价值。物质性的损害无疑可以直接计算，精神性损害则显然不能简单地直接计算。这两张照片寄托着原告对父母的哀思，却因被告的过错行为而造成照片的遗失，无疑给原告造成了某种精神损害。对于客观存在的损害，被告主动采取措施寻找到了原告父亲生前的一张照片，即在一定程度上减轻了原告的精神痛苦。

最高人民法院《关于确定民事侵权精神损害赔偿责任若干问题的解释》第4条规定："具有人格象征意义的特定纪念物品，因侵权行为而永久性灭失或毁损，物品所有人以侵权为由，向人民法院起诉请求赔偿精神损害的，人民法院应当依法予以受理。"由此可见，特定物的感情价值现在已经可以有条件地受到《侵权责任法》的保护了。

四、损害须具有"客观真实性"和"确定性"

损害必须是客观真实的，而且具有确定性。不真实或不能确定的损害不能构成应当得到补偿的法律原因，自然也就不能据以要求损害赔偿。

损害的“客观真实性”和“确定性”要依据一般人的道德观念和社会公平的观念来客观地认定。至于何谓“确定”和“真实”，一般可以分为以下两个层次来加以理解：

（一）损害必须是已经发生的事实

损害是侵害合法民事权益的结果，具有客观真实性和确定性，而不是主观臆造或尚未发生的，如相邻防险权，在危险没有发生时只能要求消除危险状态，而不能要求损害赔偿。

【案例 3-3-7】“再次生育费”有无法律依据

——《非法拘禁学生造成学生自缢身亡损害赔偿案》[1]

被告张甲是某小学老师。1999 年 10 月 23 日，由于本班学生张乙未完成作业，放学后张甲就将其反锁在教室内补做作业，并将门钥匙交给班里的值日生刘某后回家。中午有学生发现张乙自缢，就将张乙送到了医院，抢救未果，法医鉴定结论为缢颈窒息死亡。

事后，张乙之父张丙与学校达成协议，由校方一次性给付赔偿金 8 万元，且已履行完毕。后张甲被检察院起诉犯有非法拘禁罪，被判处有期徒刑 10 年。其间，张丙及其妻提起附带民事诉讼，要求赔偿再次生育等费用。

法院驳回了张丙的附带民事诉讼，理由为：被告人张甲作为人民教师，因被害人未做完作业而采取非法手段剥夺其人身自由，造成被害人死亡的严重后果，其行为已经构成了非法拘禁罪。案发后，在当地司法所的主持下，张丙和学校就丧葬费等的赔偿问题已达成协议且履行完毕，其权益已经得到了保护。至于其要求赔偿

① 《张振雷非法拘禁学生造成学生自缢身亡案》，载最高人民法院中国应用法学研究所编：《人民法院案例选》2001 年第 4 辑（总第 38 辑），人民法院出版社 2002 年版，第 35 页。

“再次生育所需花费的费用”，因不属于法定的赔偿范围，故不能得到法院的支持。

对损害进行赔偿，必须在法律规定或依社会一般观念可以认定的范围内进行。根据我国相关法律的规定，致人死亡的损害赔偿范围包括丧葬费、死者生前扶养人的生活费、精神损害赔偿费等，而不包括所谓的“再次生育所需支出的费用”。由于此项开支明显属于尚未发生的损害，故原告的这种主张不能得到法院的支持。

（二）损害必须具有客观性

损害必须是客观真实的，而不能是主观臆断的。只要是能够依社会一般观念或公平意识加以衡量的法益的损害，就可以被认为是客观存在的损害。

【案例3－3－8】将来的治疗费用咋办?

——《燃放烟花爆竹致他人眼睛被严重损伤赔偿案》①

秦某（13岁）从姚某承租的牛奶亭购得鞭炮20枚，在燃放过程中，其中一枚鞭炮将一名10岁的小学生黎某的右眼炸伤。黎某即被送往医院治疗，右眼球被摘除并安装了义眼，共花去医药费4202.23元、安装义眼费736.20元、配眼镜费198元、交通费66.50元、营养费900元、黎某的父母为护理黎某造成的误工费3000元。

黎某向法院提起诉讼，要求秦某的法定代理人和姚某共同赔偿已花费的上述费用以及今后尚需更换义眼费、继续治疗费、生活补助费和精神补偿费等，共计181622.84元。

法院经审理认为：被告秦某燃放烟花爆竹的危险行为导致了原

① 《黎杰诉秦吉等赔偿案》，载中国高级法官培训中心、中国人民大学法学院编：《中国审判案例要览》（1997年民事审判案例卷），中国人民大学出版社1998年版，第185页。

告黎某的右眼被严重损伤，构成了对原告身体权和健康权的侵害，应承担损害赔偿的责任。对于原告主张的今后尚需的医疗費、护理误工费、义眼费、眼镜费、生活补助费，由于都有证据加以证实且可以确定数额，故应予支持。而对于原告主张的今后继续治疗费，因目前无法确定，可待实际发生之时再另行处理。

本案争议的焦点在赔偿范围的确定上，即应否赔偿受害人因所受损害而导致的“未实际发生的费用”。

虽然反对赔偿“未实际发生的费用”的理论有一定的道理，但在当今各国的侵权立法中，对于“未实际发生的费用”作出予以赔偿的规定却是现实存在的，因为这样可以提高诉讼效率和保护当事人损害赔偿利益的实现。

本案中，法院对于原告提出的“未实际发生的费用”的赔偿请求，支持了一部分，又驳回了一部分。具体而言，就是对原告主张的今后更换义眼费、生活补助费等予以支持，而对继续治疗费予以否定。法院对于“未实际发生的费用”所作的这种处理是合法、得当的，因为前者是可以依据客观标准予以确定的。

但需要指出的一点是，法院之所以没有支持原告精神损害赔偿的诉求，是因为当时的法律并没有对此作出明确的规定。根据后来颁布实施的最高人民法院《关于确定民事侵权精神损害赔偿责任若干问题的解释》的有关规定，受害人在类似情况下已经可以主张精神损害赔偿了。

第四节 损害的分类

我们可以根据不同的标准，对损害进行不同的分类。其中，比较重要的分类主要有以下几种：

一、依侵害的标的进行的划分

(一) 财产损害

财产损害，是指赔偿权利人在财产上所遭受的损害，反过来讲，就是指对财产权利的侵害。

(1) 一切财产上不利的变动都属于财产损害。

【案例3-4-1】“创作难”与“传播快”二者的利益如何平衡?
——《张某诉通讯公司侵犯著作权纠纷案》①

原告张某是《北方的河》、《黑骏马》的作者，对该作品享有著作权。被告通讯公司通过网友的电子邮件获得了张某的作品，未经许可，就在其网站上传播使用张某的作品。

原告认为，被告侵犯了其对上述两作品享有的著作权，故诉至法院，请求法院判决被告停止侵权，公开致歉，赔偿其经济损失和精神损失。原告提起诉讼后，被告及时从网站上删除了原告的作品。

法院经审理认为：被告的行为构成侵权，原告请求经济损失赔偿的理由成立。但被告在其网站传播原告作品的侵权行为并没有降低、贬损原告在社会公众心目中的人格地位，故对原告要求赔偿精神损失的请求不予支持。由于原告在诉讼中未能举证证明其遭受损失的具体事实，被告也未能提供有关用户浏览或下载作品次数的证据，故对本案的经济损失赔偿，应综合考虑被告侵权的主观过错、持续时间及程度等因素予以确定。据此，法院判决：被告在其网站的主页向原告公开致歉，赔偿原告经济损失13080元及因诉讼支出的合理费用166元，驳回原告要求被告赔偿其精神损失5000元的

---

① 《张承志诉世纪互联通讯技术有限公司侵犯著作权纠纷案》，载最高人民法院办公厅:《中华人民共和国最高人民法院公报（2000年卷)》，人民法院出版社2003年版，第201页。

诉讼请求。

著作权是一种集财产性权利和精神性权利于一体的权利，在理论上可分成著作财产权和著作人身权（包括署名权、发表权、保护作品完整权等）。因此，对著作权的侵犯可能同时造成著作权人的财产损害和精神损害。原告也正是基于此种原理，才提出了财产损害赔偿和精神损害赔偿的诉讼请求。本案中，被告既未经原告同意就在其网站上传播其作品，也未支付任何使用费，显然侵犯了原告对其作品依法享有的专有使用权和传播权，造成了原告的财产损害，依法应承担民事赔偿责任。精神损害赔偿的前提是受害人的精神受到伤害，即感受到了精神痛苦。而在本案中，被告既没有修改原告的作品，也没有恶意传播其作品的意图，且不存在署名问题，故被告没有侵犯作者的著作人身权。鉴于被告的侵权行为没有贬损原告的人格，没有给原告造成社会评价降低的后果，也没有直接给原告造成精神上的痛苦，故法院没有支持原告关于精神损害赔偿的诉讼请求。

（2）从广义上看，财产损害还包括侵害人身权的同时所造成的受害人在经济方面的损失。

【案例3-4-2】侵害人身权所造成的受害人在经济方面的损失
——《张某诉乙医院医疗损害赔偿纠纷案》[①]

2003年12月26日凌晨，原告张某发生胎膜早破，于3点20分被救护车送至被告乙医院急诊。4点10分左右，被告医师对张某进行查体，诊断为“晚期难免流产、胎膜早破”。被告医师将病情向原告及家属交代并要求原告实施催产素引产，遭到张某及家属

① 《张小卫诉徐州市第四人民医院医疗损害赔偿纠纷案》，载最高人民法院中国应用法研究所编：《人民法院案例选》，2005年第4辑（总第54辑），人民法院出版社2006年版，第134页。

的拒绝。当日，在得到原告丈夫签字认可的情况下，被告医师对张实施产素引产。12 月 28 日 1 点 20 务，原告娩出一女胎（存活 5 分钟后死亡）。

12 月 30 日，原告出院。期间原告支出医疗费 1342. 26 元。此外，原告张某住院期间，原被告已发生纠纷，但被告未封存病案。2004 年 1 月 18 日，原告以被告延误抢救时机，不积极采取保胎措施、错误作出引产决定，并且在事后编造病历、伪造检查记录，造成其精神和肉体上的严重伤害为由起诉到法院，要求被告赔偿各项损失共计 11702. 26 元。

法院经审理认为，被告因自身缘故不能完成举证责任，依法应承担举证不能的法律责任。所以判决：被告赔偿原告医疗费 1342. 26 元、误工费 50 元、护理费 69. 7 元、交通费（含急救车费）110 元、住院伙食补贴 40 元，以上款项合计 1611. 96 元；精神损害抚慰金 500 元。

上诉后，市中院经审理认为，由于医院对张某实施的终止妊娠的医疗措施，是在征得张某及其丈夫同意后进行的，张某并无证据证实其丈夫签署同意引产意见和署名的行为，违背了其丈夫的真实意思，故其要求精神抚慰金 10000 元的证据不足，不予支持。终审判决：驳回上诉，维持原判。

人作为社会存在，其存在的基本方式就是生产和生活，而物质财富又是生产和生活的第一大要素。不过从广义上讲，“财产损害”实际上还包括侵害人身权的同时所造成的受害人在经济方面的损失。这种经济方面的损失当然也属于侵权行为对财产权利的侵害。因此，在司法实践中，对于此种合法权益，自应谨慎、适当地予以承认和保护。

（二）非财产损害

非财产损害即指赔偿权利人在财产之外所遭受的损害，其是指与“财产损害”对应的是“非财产损害”。有关这一问题的探讨涉及财产的分类与界定。

【案例3－4－2】《国外一系列著名的非财产损害判例》①

1. 观赏漫游用的马因受伤而不能使用

有一匹供观赏和漫游用的马因受伤而不能使用，其所有人在马伤愈前自然无法使用该马，故其骑马观赏漫游的乐趣也就因此而被剥夺。

若依“差额说”，则所有人财产的状况似乎并不会因其嗜好暂时不能满足而有减少；但若依“构成说”，则就其生活上的享受而言，似乎又有某种物质性的东西缺失。

2. 暖气瑕疵影响别墅使用

某别墅所有人甲需安装暖气，但由于乙为其提供的暖气装置出现了瑕疵，致使该别墅因缺乏完善的暖气设备而无法享用。

若依“差额说”，则所有人某甲未能使用别墅，并不足以使其财产价值减少，顶多只是因此而欠缺了生活上的情调；但若依“构成说”，则此种使用权的被剥夺，同样是损害的一种构成要素。

3. 海上旅行享受案

一对夫妇计划假期在海上旅行，运送人因疏忽大意未将托运的衣服行李依约送达目的地，结果因天气寒冷而使该夫妇不能如约旅行。

就这对夫妇的财产状况而言，并未因此事故而有所减少；但就其海上旅行所获得的愉悦而言，衣服行李使用权的被剥夺似乎也构成了一种物质性损害。

德国联邦法院认为，此种损失也是财产上损害，故赔偿义务人应予赔偿。其理由是：若一种享受业已商业化（即取得该享受须为相当的财产上给付），则妨害或剥夺此种享受就构成了一种财产

---

① 曾世雄：《损害赔偿法原理》，中国政法大学出版社2001年版，第142～144页。

上的损害。

4. 汽车使用可能性的被剥夺问题

汽车相撞受损后，有过错的一方无疑应负有修复对方汽车所受损害的民事责任。但在修理期间，享有赔偿请求权的汽车所有人就无法使用自己的汽车了。

根据德国联邦法院的观点，赔偿权利人可以基于汽车使用可能性被剥夺而请求损害赔偿。

国外判例一般都援引德国联邦法院的见解，认为若一种其取得须为相当的财产上给付的使用的可能性被妨害或剥夺，那么此种使用可能的被剥夺无疑就可以构成财产上的损害，自应当予以赔偿。

使用可能性被剥夺问题与物权“从归属到利用”的发展趋势密切相关，使用可能性的被剥夺造成了所有人甚至占有人财产利益上的损害。就立法例而言，这已为多数国家判例所认同。就法理而言，使用可能性在当今社会中大都已被商业化。既然这种使用可能的取得须为相当财产上的对待给付，那么，在其被非法剥夺的情况下，无疑应视为一种财产上的损害。

二、依损害赔偿的标准进行的划分

(一) 客观损害

所谓“客观损害”，是指某一特定损害事故在一般情形下所造成的损害。

【案例3-4-3】未能决赛的入围者究竟有多大损害?

——《英国经典案例》①

一位戏院经理登广告举办选美活动，拟选出12名美女雇做演员，不料报名者高达6000余人。初选定为50人，一位业已入围者

① 曾世雄:《损害赔偿法原理》，中国政法大学出版社2001年版。

在决赛时因未接到通知而被剥夺了应有的参赛机会，故提起损害赔偿之诉。鉴于初选入围者只有50人，决赛要选出12人，每一初选入围者均有约1/4获胜的可能，故此1/4的可能性即被认为具有客观的价值。

此案中原告所遭受的客观损害，即该1/4可能性价值的丧失。假如损害事故不是发生在原告身上，而是发生在另一个初选入围者身上，此种客观损害也不会有什么不同。

(二) 主观损害

所谓“主观损害”，亦即对主观利益的损害，是指某一特定的侵权行为或损害事故对赔偿权利人的具体财产或人身造成的损害。

【案例3-4-4】诅咒的侵权后果如何计算?

——《薛某诉杨某侮辱诅咒其房屋侵害人格尊严精神损害赔偿案》①

原告薛某夫妇将其所属的华南新村住房一套，委托给房产中介所陆某出售，双方签订了委托合同。在该房出售过程中，被告杨某因房屋中介业务与陆某发生矛盾，便用红漆在原告房门、门边墙壁和楼下独用车库门上打叉并写上“此房不吉利，买去必死人，全家死光光”的大字，还将门锁灌进胶水。此事引起了周围住户的议论。

因杨某拒绝清理，薛某便请公证处照相，后自己更换门锁、清除字迹。原告遂向法院起诉要求被告赔礼道歉并赔偿清洗费、门锁修理费、公证费、精神损害抚慰金。

一审法院经审理认为：被告杨某因房屋中介业务纠纷与案外人陆某发生矛盾，本应采取协商或诉讼等妥善方式解决，但被告却用

---

① 《薛双林诉杨秀凤侮辱诅咒其房屋侵害人格尊严精神损害赔偿案》，载最高人民法院中国应用法研究所编：《人民法院案例选》2007年第2辑（总第60辑），人民法院出版社第131页。

红漆在原告房屋门上涂写侮辱诅咒内容的文字，并将门锁灌进胶水，其行为不仅侵犯了原告的财产，也严重侵犯了原告的人格尊严，损害了原告的名誉，在其居住的小区范围内造成了不良影响，给原告的精神带来了痛苦，被告应当承担侵权责任，赔偿原告的财产和精神损失。

被告不服提起上诉，二审法院驳回上诉，维持原判。

本案是否存在损害是一个值得研究的问题，被告只是诅咒原告的财物，其在客观价值上并未受到很大的实际损失。但是法院认为原告确有名誉被损害的事实，因为尽管被告辩称其行为是针对房屋而不是针对原告本人，但房产不同于一般财物，它与所有权人具有很强的人格关联意义，而且从标语内容来看诅咒所指向的主要是居住者。

原告作为该房屋的所有权人：在其中居住多年，与周围邻居熟悉，被告两次公开用红漆在原告房门上书写违反社会公德和公序良俗、明显具有侮辱、贬损、诅咒内容的文字，引起了周围住户对原告本人的议论和猜测。故被告的行为严重侵害了原告的人格利益，使其人格尊严受到了严重影响，造成了很大的心理压力和精神痛苦，原告人格被损害的事实清楚。但其因人而异，因地不同，故本案的这种情形属于典型的“主观损害”。

此外从物质财产方面看，原告的房屋正在出售之中，被告的上述行为必然会影响到房屋的销售，使房屋的客观交换价值贬损，其实这也正是被告想要达到的目的。故被告的行为对原告的财产权益也同样造成了损害，同样由于其因人而异，因地不同，所以其也属于“主观损害”。

（三）感情上的利益损害

所谓“感情上的利益损害”，是指特定损害事故依赔偿权利人个人的情感为转移而对特定财产造成的损害。在衡量感情上的利益时，不但要考虑赔偿权利人所处的特定环境，还要考虑其感情上的因素。

前述《摄影公司丢失顾客送扩的父母生前照片赔偿案》[1]中，原告为寻找其父母的这两张照片，历尽艰辛，付出了巨大的精力，故这两张照片的价值不仅包括拍摄成本和保管支出，还包括原告因寻找而付出的劳动。这三项均属物质性的费用支出范畴，自可直观计算。但更为重要的则是照片所具有的“感情上的利益”，这两张照片因是绝版且寄托着对父母的无限追思和永久怀念，故对王某具有特殊的纪念意义。被告因过错造成这两张照片的丢失，给原告造成了难以弥补的精神痛苦和终身遗憾。根据最高人民法院《关于民事侵权精神损害赔偿责任的若干解释》第4条的规定，被告须赔偿原告因照片丢失而遭受的“感情上的利益损害”。

三、依引发损害的原因进行的划分

（一）直接损害

直接损害，是指侵权行为直接引发的损害，一般是指现有财产的减少。

【案例3-4-5】一目了然的损害

——《陈某等以开设饭店产生噪声和排烟等侵害相邻权为由诉邸某相邻关系案》[2]

陈某等27位原告与被告邸某开设酒店的房屋同在“交通花园”小区。原告以被告的酒店灶间引风机的声音对周围的住户形

① 《王青云诉美洋达摄影有限公司丢失其父母生前照片赔偿案》，最高人民法院中国应用法学研究所编：《人民法院案例选》1998年第4辑（总第26辑），时事出版社1999年版，第82页。

② 《陈洪森等以开设饭店产生噪声和排烟等侵害相邻权为由诉邸哲明相临关系案》，载最高人民法院中国应用法研究所编：《人民法院案例选》2006年第2辑（总第56辑），人民法院出版社，第110页。

成噪声污染、在公用平台洗菜洗碗至小区污水污染，以及私开小区大门为由将被告诉至法院，请求被告立即封上通向小区的门、退出公用平台、消除引风机震动的噪音，治理污染、合理排烟，停止侵害，排除妨碍。

法院经审理认为，原、被告各方相邻，应以有利于生产、方便生活来处理相邻关系。被告邸某的行为干扰了27位原告正常的生活，其应承担民事责任。故原告的请求法院予以支持。

所谓直接损害，就是行为人的行为直接导致了他人的人身、财产权益在数量、质量上的减损。本案中，被告所造成的噪音引起了环境污染对原告身体健康造成了影响，油烟排放使居民有窗户不敢开、有衣服不敢晒，影响通风和生活质量，擅自设门侵犯了小区居民共同享有的建筑物部分，显然对小区居民的权益造成了直接损害。

（二）间接损害

间接损害，是指侵权行为间接引发的损害，也就是可得利益的丧失。

【案例3-4-6】难以认定的营业损失

——《销售者诉生产者因饮料中有异物影响其营业损害赔偿案》①

原告欧某是乙食杂店的店主，其在出售给顾客的一瓶瓶装某牌可乐饮料中发现有一支折叠的塑料吸管，就将该瓶饮料保存下来，并拍摄了照片，一直尚未开启瓶盖。该瓶饮料是欧某向第三人丙饮料经营部购买的整箱饮料中的一瓶。

事后，欧某因与该公司交涉未果，就向法院提起诉讼，称此次

① 《销售者欧阳绍新诉生产者广州百事可乐公司生产的饮料中有异物影响其营业赔偿损失案》，最高人民法院中国应用法学研究所编：《人民法院案例选》2000年第3辑（总第33辑），人民法院出版社2001年版，第139页。

事件发生时，顾客说他卖伪劣产品，造成销售额直线下降，故要求被告某公司赔偿损失。

法院经审理认为：第三人售给原告的一瓶可乐饮料中有一支塑料吸管，存在损害人身健康的危险，故该瓶饮料的生产者（即被告）应承担相应的民事责任。被告应当更换该瓶饮料，并赔偿原告因此支出的拍摄费用、交通费、电话费、误工费。但原告提出的其他费用（包括精神损失费、营业损失费等），则不予支持。

本案争议的焦点在于应否赔偿受害人的间接损害，即可得利益应否予以赔偿。法院并没有支持原告提出的营业损失费和精神损失费赔偿请求，而其中的营业损失费就属于间接损害。

法院之所以没有支持原告的间接损害赔偿请求，主要是因为该损害很难予以认定。若原告能够充分地举证证明营业损失费的大小，则被告应予赔偿，这才符合侵权责任法的填补损害原则。

（三）两者的划分标准

直接损害和间接损害的划分标准不一，基本上有两种：

1. 根据因果关系来划分

损害事故直接引起的损害，为直接损害；非由损害事故直接引起而是因其他媒介因素介入而引起的损害，为间接损害。

【案例 3－4－7】饭店受伤 输液过敏 何人负责?

——《朱某诉某美食城有限公司人身损害赔偿案》①

原告朱某与几位朋友到被告某美食城就餐。开始用餐不久，朱某右手中指被椅子铁腿与面之间的缝隙夹伤。直到晚上 9 时，某美食城的人才陪朱某去医院治伤。在治疗输液过程中朱某不停呕吐、全身颤抖，医院诊断为“肌注破伤风抗毒素后出现过敏反应，全

① 《朱继东诉北京海德美食城有限公司人身损害赔偿案》，案例来源：北大法律信息网，载 http://vip.chinalawinfo.com/Case/displaycontent.asp? Gid＝117446786。

身出现皮疹”。整个过程使朱某身心遭受巨大痛苦。

朱某系报社记者，平日用右手进行书写，其受伤后近一个月未到单位工作，单位扣其工资、奖金2700元。此后，朱某多次找某美食城寻求解决办法，未果。为此，朱某诉至法院，要求被告赔偿经济损失3096元、精神损失2000元。

法院经审理认为，经营者在提供服务过程中应当确保消费者的人身、财产安全，当消费者接受经营者提供的服务时受到人身、财产损害的，享有依法获得赔偿的权利。消费者朱某已经举证证明自己在接受经营者提供的餐饮服务过程中受伤的事实，某美食城没有履行提供安全服务的义务，致使消费者朱某受伤的损害结果发生，其理应承担相应民事赔偿责任，赔偿的范围包括支付医疗费、因误工减少的收入、为治疗支付的交通费。

朱某在医治过程中出现的过敏反应，系受伤直接引发的痛苦，以及朱某在一段时期内不能够进行正常的工作与生活，承受了伴随身体损害而带来的精神痛苦，其损害后果是严重的，被告应给予朱某精神损害抚慰金，使其获得必要的抚慰与补偿。

据此，法院判决：被告赔偿原告医疗费123.3元、误工费2700元、交通费103元及精神损失费人民币1000元。

本案中，由于某美食城疏于对椅子安全性的检查、维护不当导致原告手指受伤，由此而产生的医疗费、交通费为直接损害，因此误工而产生的损失即为间接损害。本案法院支持了原告对上述直接损害和间接损害所提出的赔偿要求，充分维护了原告的权益。

2. 根据损害的标的来划分

损害事故直接所损及的标的的损害是直接损害；其他的损害为间接损害。

【案例3-4-8】牛的实体为直接损失而其价值为间接损失
——《公牛发疯公路上狂奔600多米被警方击毙》[①]

一头待装车的公牛突然发疯，在公路上狂奔600多米后，冲进火车站四处乱窜。看到牛突然冲出院子，焦急的甲一边给朋友打电话求助，一边开车去追牛。在公路上甲追追停停近一个小时，才将公牛赶进火车北站公路集装箱公司院内，在朋友提醒下，他拨打了110报警。

值班民警说："当时火车北站公路集装箱公司院内，还有好多名装卸工人和一些群众，看到人群，公牛的情绪显得很躁动，不时乱跑，有时还原地乱打转，作出准备攻击动作，我们当时很难控制它，就向所长反映了现场的情况。领导批示当场击毙发疯公牛。"

民警将现场群众疏散后在附近隐藏起来，确保让发疯的公牛呆在一个空旷场地上，民警在距离公牛约30米处开枪，当场将牛击毙，未造成任何人员受伤。

本案为紧急避险，故具有法定的抗辩事由。但仅从损害的种类而分析，如依标的划分的话，牛的此种物质性的损失，自为直接损失（害），而该牛的交换价值的损失，又可被视为间接的损失（害）。

四、从损害或利益不同角度进行的划分

（一）所受损害

"所受损害"是指损害事故造成的赔偿权利人现有财产减少的数额。其通常表现为：人的受伤或死亡；物的毁损灭失；人的自由或物的占有被剥夺；污染或干扰；权利侵害，如商标被仿冒或专利

① 《公牛发疯公路上狂奔600多米被警方击毙》，2011年01月14日10：55，乌鲁木齐在线讯（记者刘青霞 通讯员苏成银）。

被侵害等。

虽然广义的利益还应包括人身利益，但“所受损害”与“所失利益”的分类仅适用于财产损害。一般认为，精神损害应为“所受损害”，而无所谓的“所受损害”和“所失利益”之分。

【案例3-4-9】当事人的其他损害也应获得赔偿
——《种鸡场诉兽药厂等因使用不合格兽药造成鸡群死亡损害赔偿纠纷案》①

甲种鸡场从乙公司购回丙兽药厂生产的兽药（散剂）400包，该药标签注明对家禽霍乱、白痢、血痢、腹泻等病均有疗效，并有抗菌治疗助长的作用。甲种鸡场为预防鸡群细菌感染，就采取逐级倍量的搅拌法将399包所购兽药拌在500公斤饲料中，供父母代、商品代共2059只鸡食用。不料，服药后3天即有3只鸡死亡，种鸡场于是停用该料，但随后仍有大批鸡相继成批死亡，共计2001只。经鉴定，种鸡死亡是食用兽药过量引起中毒所致。

甲种鸡场与乙公司和丙兽药厂协商赔偿未果，于是诉至法院，要求乙公司和丙兽药厂赔偿直接经济损失40959元及可得利润损失33960元。

法院经审理认为：甲种鸡场的兽药用量在使用说明的安全范围之内，并无不妥之处。种鸡大量死亡是因兽药不合格所致，应由丙兽药厂承担主要责任。乙公司作为销售者，应承担连带责任。原告请求赔偿直接经济损失应为40929元，加上因此而支付的鉴定费、差旅费1204.04元，共计42133.04元，应予支持。原告要求被告承担其可得利润损失33960元并无有效依据，不予支持。

---

① 《周至县科学协会示范种鸡场诉江苏省东台市广山兽药厂、西安市牧工商联合公司因使用不合格兽药造成鸡群死亡损害赔偿纠纷案》，最高人民法院中国应用法学研究所编：《人民法院案例选》1993年第3辑（总第5辑），人民法院出版社1993年版，第73页。

侵害财产权引起的损害可分为“所受损害”和“所失利益”。“所受损害”是指事故发生后，赔偿权利人现有财产的减少；“所失利益”则是指因损害事故的发生，赔偿权利人财产应增加而未增加的数额。

本案中，所谓的“直接经济损失”就是“所受损害”，具体而言就是买鸡苗的钱、买饲料的钱及买兽药的钱，再加上为此而支付的鉴定费和差旅费。至于本案中原告所主张的“利润损失”，其实是“所失利益”。法院以无有效依据为由，对原告主张的“利润损失”不予支持，值得商榷。种鸡场的鸡是用来经营的商品，原告甲种鸡场的利润损失是其确实存在的合理预期。根据我国《民法通则》第117条的规定，当事人有其他损害的，应该获得赔偿。故甲种鸡场的利润损失同样应该获得赔偿。

被毁损的财产的价值损失就是“所受损害”，因此而丧失的利润损失就是“所失利益”，前者是积极的减少，后者是消极的不增加。按照侵权法“全部赔偿原则”，所受损害和所失利益都应获得赔偿。

（二）所失利益

“所失利益”是指损害事故造成的赔偿权利人财产应增加而未增加的数额。

“所失利益”具体表现为：因劳动能力丧失或减少而带来的损害；工作机会被剥夺的损害；物的市价与交易价格差价的损害；交易机会受到侵害的损害。

【案例3-4-10】因交通事故车辆停运之损失也得赔——《李某诉南乙公司等在负全责的交通事故中应对其被损车辆修复期间的停运损失予以赔偿案》[①]

被告黄某在工作中驾驶被告南乙公司所有的大型牵引车，发生交通事故，碰上原告李某驾驶的“东风”4.5吨自卸车，造成了两车损坏以及原告受轻伤的交通事故。经市公安局交警大队认定：被告黄某负事故的全部责任，原告李某不负此事故责任。原、被告双方对此均无异议。

事故发生后，双方就车辆停运损失的赔偿等未能协商一致，原告遂诉至法院。

法院经审理认为：被告黄某因履行职务，有关赔偿责任应由被告南乙公司承担。原告李某的受损车辆在事故发生及修复期间正用于其所承包工程的土石方运输，因受损而不能继续营运，以致原告预期的可得利益未能获得，被告依法应对其造成的原告车辆停运损失作出相应的赔偿。

在事故发生至原告车辆修复的68天中，修复车辆的必须期间(含购零件时间及正式维修时间)、保险公司理赔取证时间以及车辆被扣留期间只有约36天，其余32天则因维修厂员工春节休假及原、被告双方协商而致延误，故被告对必须的36天的损失应负全部赔偿责任，而对其余32天的扩大部分的损失，则依据公平原则由双方各负50%的责任，即被告应赔偿给原告损失的天数应按52天计算。最终判决被告赔偿原告因自卸车停运而造成的损失23003元。

根据最高人民法院《关于交通事故中的财产损失是否包括被

① 《李锦潮诉南伟公司在负全责的交通事故中应对其被损车辆修复期间的停运损失予以赔偿案》，载最高人民法院中国应用法学研究所编：《人民法院案例选》2002年第1辑（总第39辑），人民法院出版社2002年版，第146页。

损车辆停运损失问题的批复》："在交通事故损害赔偿案件中，如果受害人的被损车辆正用于货物运输或者旅客运输经营活动，要求赔偿被损车辆修复期间的停运损失的，交通事故责任者应当予以赔偿。"因此，对于被损车辆正用于货物运输的，该被损车辆修复期间的停运损失，交通事故责任者应当予以赔偿。

本案中，被损车辆的本身的损害属于"所受损害"，而对其修复期间的停运损失则属于"所失利益"。对后一种损害应否予以赔偿，各国做法不一，我国的司法实践则是肯定这一损害的可赔偿性的。

五、依合同效力进行的划分

就"所失利益"而言，又可分为积极利益损害和消极利益损害。

（一）积极利益损害

所谓"积极利益损害"，是指债权人因债务人不履行债务而遭受的不利益。

【案例 3-4-11】对损害的赔偿应像合同已履行一样
——《以假身份证购买手机卡拨打国际声讯台侵害电信局积极利益案》①

1998 年 4 月，被告人刘某和高某共同商量从外省购买移动电话 GSM 卡在深圳设点拨打国际声讯台，以获取国际电话费回扣。1998 年 7 月至 9 月间，高某将伪造的身份证交给雇用人员李某等人，指使他们两次到贵州省用假身份证购得 GSM 卡 16 张后，又指使雇用人员谭某等人用其中 14 张卡昼夜拨打国际声讯台（电话号

① 《刘国芳、高登基诈骗案》，最高人民法院中国应用法研究所编：《人民法院案例选》2001 年第 2 辑（总第 36 辑），人民法院出版社 2001 年版，第 27 页。

码由刘某提供)，给国家造成490余万元的经济损失。

一审法院以诈骗罪分别判处被告人刘某无期徒刑，剥夺政治权利终身，并处罚金5万元；判处被告人高某有期徒刑8年，并处罚金3万元；刘某和高某共同赔偿附带民事诉讼原告人经济损失490万元；公安机关扣押的犯罪工具依法予以没收，属被告人个人所有的通行证等返还给被告人。二审法院维持原判。

本案中，受害人损失的利益就属于积极利益，对受害人进行赔偿的结果就应像合同已被履行一样，这是法院对附带民事诉讼作出判决的法理依据，目的就在于赔偿受害人的履行利益。

(二) 消极利益损害

所谓“消极利益损害”，是指法律行为无效或可撤销而相对人信赖其为有效或不能撤销时，因无效或撤销所遭受的不利益，如缔约过失中对信赖利益的损害。

【案例3－4－12】实际损失与实际赔偿

——《车主诉送变电公司赔偿交通事故车辆损失及停运损失案》①

1999年4月23日，刘某雇佣的司机何某驾驶其夏利汽车正常行驶时，与某送变电公司米某驾驶的大货车相撞。经交警部门认定，该公司应对事故负全部责任。交警部门会同保险公司和修理厂对损害的汽车进行了表面验损，刘某对验损结果有异议，经交警部门调解，未达成协议。

5月31日，刘某将该送变电公司告上法庭，请求法院判令被告将其夏利汽车送“天津夏利汽车驻石维修站”恢复原状，赔偿汽车停运期间的损失，赔偿司机工资和处理事故的费用。

---

① 《刘杏宽诉河北送变电实业总公司赔偿负全责的交通事故车辆损失及停运损失案》，最高人民法院中国应用法研究所编：《人民法院案例选》2001年第2辑（总第36辑），人民法院出版社2001年版，第153页。

6 月 16 日，原告申请对被损车辆重新验损。经原、被告协议，由光明修理厂对该车进行修理。修理厂在解体汽车后发现有价值 3775 元的部件受损且漏验，即对该损坏部件进行了更换、修理，保险公司拒绝对漏验部分进行验损。7 月 22 日，为防止扩大损失，法院根据原告的申请裁定被告先予执行修理汽车费用 13215 元。

法院经审理认为：被告驾驶员由于违章超速驾驶造成原告车辆损坏，理应赔偿。原告对验损结果有异议，要求认定解体验损是合理的，应根据车辆的实际损坏程度进行修复，修复的费用应由被告赔偿。原告的汽车是正用于旅客运输经营活动的出租车辆，却因交通事故停运 97 天，停运期间的损失应由被告赔偿。

据此，法院判决：被告赔偿原告车辆修理费用 13215 元（已执行），赔偿车辆停运期间的损失及处理事故的交通费用，驳回原告的其他诉讼请求。

根据当时的《道路交通事故处理办法》第 35 条和第 40 条的规定，交通事故责任者应当按照所负交通事故责任承担相应的损坏赔偿责任；因交通事故损坏的车辆应当修复，不能修复的应折价赔偿。该规定贯彻了“实际损失，实际赔偿”原则。

本案中，受害人的损失包括积极利益损失和消极利益损失两个方面：验损单上所列的费用及漏验部分就是积极利益损失，车辆停运期间的损失就是消极利益损失。

积极利益与消极利益的分类原则上仅适用于违约损害赔偿，而不适用于狭义的损害赔偿。而且应当注意的是，在采用全部赔偿原则时，一般只赔偿积极利益（即履行利益）的损害，只有在例外的情况下，才赔偿消极利益（即信赖利益）的损害。

六、反射损害与第三人的损害

（一）反射损害

“反射损害”是指第三人因合同当事人或侵权行为直接受害人

受损害的结果而间接牵连所遭受的损害。

“反射损害”具有以下两个基本法律特征：

（1）第一顺位受害人和第二顺位受害人均受有损害。这是其首要的特点。

（2）第二顺位受害人所受的损害是由第一顺位受害人所受的损害引起的，即第二顺位受害人的损害是经第一顺位受害人的损害“反射”而形成的。

此外，“反射损害”的范围并不止于第二顺位的受害人，还可能存在第三、第四、第五等顺位的受害人。至于前顺位受害人与后顺位受害人之间的关系，既可能是债权债务关系，也可能是商业上的法律关系，还可能是公法上的关系。

【案例 3-4-13】剧组由于演员死亡所引起的损害能索赔吗？
——《导演因女主角被摔死向无照驾驶的司机索赔案》[①]

2005 年 4 月 29 日，张某无照驾驶摩托车撞上了位于道路右侧的一根电杆，致使坐在后座的胡某坠河死亡。胡某是旅美电影导演伏某执导的新电影《青春故事》的一号女主角，该片原定于 5 月 8 日开机，但由于胡某的突然死亡，导致剧组工作陷入瘫痪，损失巨大。于是，伏某准备起诉无照驾驶摩托车的张某，要求赔偿剧组损失。

据伏某称，《青春故事》是他自编自导、由美国和国内两个公司投资拍摄。为了选好女主角娟子，他先后去了多个城市才“百里挑一”挑中胡某。该片是胡某的处女作，她特别重视，还利用父母在湖南的企业界关系，成功谈成了 100 万的赞助。协议书规

① 杜恩湖：《〈青春故事〉女主角胡菁被摔死 导演称要索赔》，来源：珠江晚报，载“珠江晚报网”〈http://www.zjwb.com.cn/zjwb/200505/zjwb20050505/14.htm#5〉，2005/05/05。

定：当《青春故事》正式开机前三天，100万资金全部到位。但现在胡某突然死亡，致使100万赞助泡汤。此外，剧组还遭受了停工损失，且重新挑选女主角还要耗费大量的精力和财力。

本案中，演员胡某是第一顺位受害人，剧组和导演是第二顺位受害人，他们均受到损害；剧组和导演所遭受的损害是由演员胡某所遭遇的死亡事故引起的。因此，本案剧组和导演所遭受的损害就是典型的“反射损害”。

（二）第三人的损害

“第三人的损害”与“反射损害”类似却不相同：在“第三人的损害”中，也存在第一顺位和第二顺位的受害人；但第一顺位受害人在大多数场合中并未遭受损害，损害只发生于第二顺位受害人身上。

例如，间接代理人与甲订约，若甲违约，则第一顺位的间接代理人并未遭受财产上的损害，而第二顺位的本人却因此遭受损害，因为该合同是为本人的利益订立的。在这个例子中，本人遭受的损害就是“第三人的损害”。①“第三人的损害”具有两个基本法律特征：

(1) 第一顺位受害人未受实际损害。在“第三人的损害”中，第一顺位受害人实际上并没有受到损害，损害只是发生在第二顺位的受害人身上。这是其首要的特点。

(2) 第二顺位受害人所受的损害是原损害事故所引发的损害。也就是说，第二顺位人所受的损害并非前顺位受害人所受损害的反射，而是损害潜移发生在后顺位的受害人身上的。

(3)“第三人的损害”的范围原则上仅止于第二顺位的受害人。其一般不存在第三顺位的受害人。在“第三人的损害”中，

① 曾世雄：《损害赔偿法原理》，中国政法大学出版社2001年版，第138～139页。

连接第一和二顺位受害人的，仅限于财产关系，身份亲属关系并不足以引起第三人的损害赔偿问题。

在第一章《发布虚假信息侵害债权案》①中，显然，被告晚报社的虚假报道行为虽然看起来指向的是毛阿敏，却构成了对“第三人”即原告演出公司债权的侵害。

七、象征性损害与微额损害

（一）象征性损害

所谓“象征性损害”，是指赔偿权利人主张其所遭受损害中极小部分的损害。

依实体法的规定，赔偿权利人本来可以主张赔偿全部损失额，却只主张其中极少的一部分，此即所谓的“象征性损害”。因“象征性损害”引起的诉讼（如保护消费者权益的“一元钱官司”）具有以下几个作用：

（1）因诉讼标的微小，法官比较容易准其所请。就审判心理而言，请求“象征性损害”赔偿当然比请求巨额损害赔偿更容易为法官支持。

（2）胜诉同样足以达到期待目的。就经济补偿外的其他效果而言，“象征性损害”赔偿的胜诉与巨额损害赔偿的胜诉并没有什么区别。

（3）赔偿代表着正义的归属。一旦胜诉，受害人往往就可以进一步据此向主管机关投诉，在诉讼外获得其他相应的赔偿。

---

①《发布虚假信息侵害债权案》，本案例选自杨立新：“专家评点自1989年以来民事侵权十大名案”，载《方圆》杂志2003年第7期。

【案例3－4－14】为权利而斗争！

——《网站被黑遭法律空白　黑客象征性判赔1元钱》①

2004年10月中旬到下旬，刘某通过成都某科技有限公司的联网电脑，利用旅游新闻网的漏洞，未经许可对网站首页进行修改，对数据库文件进行删除。该网站认为，由于网站三次被“黑”，点击率和访问率大幅下降，故要求该科技公司对此进行赔偿。但该科技公司称这是员工刘某的个人行为，与公司没有关系，不能赔偿。

2004年12月20日，该网站向法院起诉该科技公司和刘某，要求共同赔偿商业声誉及经济损失10000元。

被告科技公司辩称：由于其没有任何侵犯网站商业声誉的行为，也没有给网站造成损失，故请求驳回起诉。被告刘某辩称：攻击网站是事实，但是个人行为，与该科技公司无关；网站要求承担商业声誉和经济损失没有任何依据，也请求驳回起诉。

法院经审理认为：虽然刘某是该科技公司员工，但没有证据证明刘某是经公司授意或与公司共同侵权，故该科技公司不承担赔偿责任。

刘某的行为直接导致了网站停用的结果，符合侵权的构成要件，故应当赔偿。但关于网站的损失怎样去量化，网站也没有举出证据；且目前我国法律法规也没有关于黑客攻击网站造成损失的量化办法，暂时属于法律空白。

据此，法院判决：刘某象征性地赔偿旅游新闻网1元钱。

这是一起典型的“象征性损害”赔偿案件。虽然判决结果与旅游新闻网起诉的10000元标的相差很大，但就法院判决认定黑客攻击网站的行为构成侵权而言，原告起诉的目的就已经基本达到了，这也是“象征性损害”赔偿诉讼得以存在的重要原因。

---

① 载“生物谷网”〈http://www.bioon.com/industry/security/136263.shtml〉,2005/06/18。

（二）微额损害

“微额损害”是相对于“通常损害”而言的。所谓“通常损害”，是指依通常观念认定为显著而偶尔发生的损害；而所谓“微额损害”，则是指依通常观念认定为微小而频繁发生的损害，即赔偿权利人所遭受的甚为微小的损害。

与“通常损害”相比，“微额损害”具有如下法律特征：

(1)“微额损害”与“通常损害”在性质上完全相同。二者都具有损害的各种内涵，均表现为财产上或非财产上的不利益。

(2)“微额损害”与“通常损害”的差别仅在于损害的大小。此种损害大小的区分，须依社会通常观念的判断而定，具体的起算点应根据国家或某地区的经济发展水平和传统习惯综合决定。我国目前还没有关于最低额的具体规定，尚待完善。不过，在精神损害赔偿领域，根据最高人民法院《关于确定民事侵权精神损害赔偿责任若干问题的解释》的规定，精神损害只有达到了严重的程度，受害人才能获得赔偿。

(3)“微额损害”经常发生，频繁出现。社会性是人类的基本特征。人们在共同进行社会生活时，若一发生微额的纠纷，就诉诸法律，则势必会造成司法资源的极大浪费。故而在制度设计上，为减少不必要的麻烦，应将“微额损害”与“通常损害”加以区别对待，从损害赔偿体系中予以删除。①

【案例 3-4-15】频发讼累势必造成司法资源的极大浪费
——《起诉黄宏的北京“告状大王”杨某的告状故事》②

六年打了五十余场官司，平均 40 天打一场官司。这 3 个数字

① 曾世雄：《损害赔偿法原理》，中国政法大学出版社 2001 年版，第 140 页。

② 作者：贾珺，来源：中国消费者报，载“中国消费网”，2003/11/24。〈http://www.ccn.com.cn/news/readnews.php? newsid=7490〉

集中在同一个人身上，于是，成都铁路分局退休职工杨某被人们冠以“告状大王”之称。杨某因在北京状告小品明星黄宏签名售书迟到而引起广泛关注。

杨某从报上看到消息称，北京图书大厦将举办《记住黄宏的非常日记》一书的首发式，由黄宏签名售书。预定的签名售书时间已经到了，但直到10时55分，黄宏才来到签名售书现场。杨某说，他拿到黄宏的签名时已经是11时30分，现场的不少人都等得有些不耐烦了。杨某连夜写诉状，并很快递交到北京市西城区人民法院。

请求法院判处两被告在报纸上公开赔礼道歉，赔偿经济损失和精神损失费888.88元。但10月27日，西城区法院开庭审理此案。原定于当天上午9点开庭审案，却迟迟不见“告状大王”杨某的身影。合议庭依照《民事诉讼法》第129条的规定，决定该案按撤诉处理。原来，杨某因堵车未能准时到庭。

杨某第二天就来到中国消费者协会投诉北京公交，在听了消协人员的分析后，他决定还是状告北京市公交总公司。

他每月仅有700元的退休工资，除了吃饭和必要的交通费外，剩下的就是打官司用。因为常年打官司又总是输，所以杨某告状索赔额度都很小，尽量降低索赔额度。但就这样，花在诉讼上的费用也近2万元了。

“微额损害”与“象征性损害”不同。从本质上说，“微额损害”是实体法领域的问题，“象征性损害”则是程序法（尤其是诉讼法）领域的问题。“微额损害”依据实体法所决定的损害范围甚为微小，而“象征性损害”依据实体法所决定的损害范围本来并不微小，却基于主张损害赔偿的技术上原因，受害人仅主张其中的一小部分。因此，“微额损害”一般很难获得赔偿，“象征性损害”则比较容易获得赔偿。

第四章　违法行为

第一节　违法行为的概念与法律特征

一、违法行为的概念

违法行为，是指民事主体违反法律规定而实施的行为，其包括作为和不作为。可见，违法行为是由作为和不作为的“行为”与“违法性”这两个要素结合而成的。

【案例4－1－1】英雄撞伤施暴者无需承担侵权责任
——《张某见义勇为故意伤害案》[①]

2004年8月14日，胡某驾驶摩托车搭乘罗某，抢走一女子的金项链后驾车逃逸。张某等人闻讯后，乘车追赶，并多次打电话报警。张某驾驶的轿车与摩托车发生碰撞后，开摩托车的胡某当场死亡，坐在摩托车后座上的罗某受伤，此后左腿截肢。

2005年年初，有关部门授予张某等7人“见义勇为奖”。5月，罗某向法院提起自诉，控告张某军涉嫌故意伤害，并附带民事诉讼，要求被告人赔偿死亡补偿金、丧葬费、交通费、被扶养人生活费。法院予以受理。

---

① 《张德军故意伤害案［第400号］》，最高人民法院刑事审判一、二、三、四、五庭主编《刑事审判参考》2006年第4集（总第51集），法律出版社2006年版，第1页。

一审法院经审理认为，死者胡某和自诉人罗某实施抢夺行为以后，被告人张某等人驾车追赶二人，意图将逃跑的犯罪嫌疑人扭送公安机关，并在追赶过程中多次电话报警并责令对方停车的事实可以证明追赶者的这一主观心态。被告人张某驾车追赶胡某、罗某的行为符合法律规定，是合法、正当行为。

原告不服，提起上诉，二审法院驳回上诉，维持原判。

承担侵权责任的必要条件之一是，侵权人实施了违法行为。本案张某的行为表面上看，与交通肇事行为并没有很大区别，但是法院判决却认为其没有实施侵权行为。因为，违法行为除了行为，还要有“违法性”的要素。本案张某实施了追赶的行为，虽造成了交通事故，但本案的关键在于张某的行为不具有违法性，是自助行为，是依法行使法律赋予公民的扭送权利的行为，其行为正当、合法，故其既不构成刑事犯罪，亦不需要承担民事责任。

二、违法行为的法律特征

（一）违法行为是与民事主体有关的事实行为

作为侵权行为构成要件的“违法行为”在本质上是事实行为，而非法律行为，因其不以意思表示为要素。

【案例4-1-2】信息台违法传播黄色信息自要赔偿
——《14岁少年听黄色信息台手淫致生殖器红肿获赔5.6万》[①]

年仅14岁的中学生晓东（化名），由于在天津某信息台淫秽、色情内容电话的引诱下，长期接听信息台小姐“聊”的淫秽色情信息，手淫致生殖器出现红肿……不得不休学回家。天津警方随即依法查办了这家信息台，原告晓东及其母亲提出了索赔80万元的诉讼请求。

---

① 《14岁少年听黄信息台手淫致生殖器红肿获赔5．6万》，http://www.sina.com.cn2003年01月16日08：29新华网。

法院经审理认定，晓东患有心因性反应，属于“精神疾患”，是因信息台传播的黄色信息而起，故两个信息台必须承担责任。同时，因为晓东14岁，属限制行为能力人，其对自己的行为应有相应的辨别能力，多次拨打黄色信息电话也有过错，其监护人同时也有疏于监护的责任，所以其也应承担次要责任。

因此，法院最终没有全部支持晓东及其母亲所主张的损失赔偿，而只支持了80%。原告方承担部分案件受理费。

所谓事实行为应是“由意识所控制的、由意愿所引导的、可以掌握的人的行动”，所以“被强制而作出的身体的动作或者因外力影响而产生的不自觉的反应并不是这里所说的行为。”① 故不但可以排除一些无意识身体运动的可归责性；而且如果因醉酒、滥用麻醉药品或精神药品的行为丧失意识或者失去控制的，也不能以其为理由而摆脱责任。②

故《侵权责任法》第33条规定：“完全民事行为能力人对自己的行为暂时没有意识或者失去控制造成他人损害有过错的，应当承担侵权责任；没有过错的，根据行为人的经济状况对受害人适当补偿。完全民事行为能力人因醉酒、滥用麻醉药品或者精神药品对自己的行为暂时没有意识或者失去控制造成他人损害的，应当承担侵权责任。”

（二）违法行为是具有责任能力的民事主体的行为

1. 责任能力的定义

所谓“责任能力”，近年有学者认为应译为“过错能力”更为贴切，因为此时还没有涉及行为人的“责任”。不过这只是名称上

① ［德］马克西米利安·福克斯著《侵权行为法》（2004年第5版），齐晓琨译，法律出版社2006年版，第79页。

② ［德］克雷斯蒂安·冯·巴尔：《欧洲比较侵权行为法》（下卷），张新宝译，法律出版社2001年版，第245页。

的争议，其概念内涵并无不同，传统的"责任能力"亦称"侵权行为能力"，其实际上都是指行为人对于其民事行为的结果承担民法上的不利责任的能力。

（1）在大陆法系民法损害赔偿的理论中一直存在"责任能力"的说法。《日本民法》、《德国民法典》、《荷兰民法典》等均规定：不满一定年龄的儿童对不法行为可完全不负法律责任，而由其父母对他们的行为负责，且不问父母有无过错。但是，也有人认为"身体或精神上的缺陷不再能够阻断把不法行为归责于行为人"。①法理学家对当事人的责任能力问题也相当重视。②

【案例4-1-3】精神失常的雇员侵权谁负赔偿责任？

——《杨某等诉冯某在受雇期间发作精神病伤害致死人命赔偿案》③

冯某被潘某雇用浇水。一日劳动休息时，冯某突然狂怒，掏出随身携带的匕首刺向缪某的后脖颈，致缪某当场死亡。冯某被公安机关逮捕后，送入医院作司法精神病学鉴定，结论是冯某患有"偏执型精神病"，其伤害缪某时正值发病期，故认定冯某为无责任能力者。据此，将冯某予以释放。

原告杨某等人共同向法院提起诉讼，要求被告冯某及其监护人承担赔偿责任。

一审法院经审理认为：被告冯某在患精神病期间，将缪某伤害致死，其监护人应该承担民事责任。缪某在受雇期间受害，非属劳务活动中的劳动安全措施未得到保障所致，雇主潘某无法预见，系意外事件。被告代理人称潘某在此事件中有过错应承担民事责任，

---

① ［荷兰］亚瑟·S·哈特坎普："荷兰民法典的修订：1947－1992"，载《外国法评论》1998年第1期。

② 张文显：《二十一世纪西方哲学思潮研究》，法律出版社1996年版，第476页。

③ 《杨翠兰等诉冯兆忠在受雇期间发作精神病伤害致死人命赔偿案》，载最高人民法院中国应用法学研究所编：《人民法院案例选》1997年第4辑（总第22辑），人民法院出版社1998年版，第114页。

无法律依据，不能成立。

二审法院认为：因冯某致被害人缪某死亡的行为发生在吃饭、休息时间，并非是在为雇主潘某劳动时，故上诉人要求潘某承担被上诉人的经济损失的理由不能成立。

一审法院与二审法院尽管均判决雇主不应该承担民事赔偿责任，但是两者的判决理由并不一致。一审法院认为是意外事件，二审法院认为是侵权行为发生在非工作时间。但是这并不是说无责任能力者的侵权责任不能转承给雇主。

根据我国《侵权责任法》第35条的规定，如果不属于意外事件、不可抗力等违法阻却性事由，而是发生在雇佣劳动期间的劳务行为，雇主也是应当承当其雇佣的无责任能力者的侵权责任的。

（2）在侵权责任法领域所谓“责任能力”的基本含义。其主要是指未成年人或神智丧失人（处于无意识状态中或处于精神错乱而不能以自由意志决定的状态中的人）或聋哑人，若不具备识别其行为责任的知识和能力，即可以不对其行为负赔偿责任；对无行为能力或限制行为能力人负有监督义务的人应对无行为能力或限制行为能力人的侵权行为承担赔偿责任，但监督人未怠于行使其监督义务的，不在此限。

【案例4-1-4】孩子替母报仇而谩骂他人是谁之过？
——《卓某等诉徐某在人民币上书写谩骂、侮辱其的语言后支付出去在社会上流通侵犯名誉权案》①

原告卓某在一张贰角人民币上发现写有“市妇幼保健所的卓某、朱某，做鸡的，都不得好死，全家死光光”的字迹。经派出

① 《卓碧珍等诉徐颖珺在人民币上书写谩骂、侮辱其的语言后支付出去在社会上流通侵犯名誉权案》，载最高人民法院中国应用法研究所编：《人民法院案例选》2003年第1辑（总第43辑），人民法院出版社2003年版，第168页。

所调查，在贰角人民币上写该语言的人系被告徐某。二原告与被告叶某系同事，曾因评职称一事发生矛盾，相互不讲话。此事被其女儿徐某听到。被告徐某先后用5张壹角、贰角、伍角人民币写有谩骂二原告语言，写完后在小卖部支付出去，在社会上流通。

原告卓某、朱某向法院起诉两被告徐某和叶某的行为损害了原告的名誉，要求判令两被告登报三次，公开赔礼道歉，消除影响，并赔偿精神损失。

法院认为：被告徐某侵害了两原告的名誉权，事实清楚，证据确实充分，应予以认定。但被告徐某是未成年人，其实施的行为所产生的后果应由其法定代理人徐某和叶某承担相应的民事责任。两原告要求赔礼道歉，符合法律规定，应予以支持。但综合考虑考虑，被告徐某的法定代理人带着被告徐某口头向两原告赔礼道歉较适宜，同时被告徐某的法定代理人应加强对被告徐某的品德修养教育，告知其实施该行为的违法性。两原告关于赔偿精神损失的主张，证据不足，法院不予支持。

本案是限制民事行为能力人侵犯他人名誉权的案件，根据《民法通则》第133条的规定，徐某系限制民事行为能力人，其侵害了卓某、朱某的名誉权，应当由其监护人承担民事责任。而且本案中监护人亦未尽到监护责任，故不能减轻其民事责任。

（3）民法就监护人承担被监护人的侵权责任采过错推定方式。原则上推定监护人在对被监护人的管束方面存在过错，故应承担民事责任。但是，若监护人能够证明自己没有过错，则不承担民事责任。①

① 参照《意大利民法典》第2047条。

【案例4－1－5】让他人的孩子驾车出事故谁来赔偿？
——《张某诉黄某未征得其父母同意让其开车服务发生交通事故应分担赔偿责任案》[①]

被告黄某之夫张某骑摩托车不慎摔伤，被告闻讯后，在未征得原告张某父母同意的情况下，让原告开农用三轮车去事故现场。到现场后，被告之夫要求去接其姐夫，原告即开车去接。在公路上调头时，原告的车与王某驾驶的农用三轮车相撞，致使王某车上的4人受伤住院治疗。

经交警大队认定：本案原告张某应负70%的责任，王某应负30%的责任。原告在对受害人按责任书的认定赔偿后，以被告在未经其父母同意情况下指使未成年人开车，造成交通事故为理由，找被告协商要求被告负担部分损失，被告予以拒绝。遂诉至法院，要求被告对其经济损失予以赔偿。

法院认为：原告系限制民事行为能力人，被告在未征得原告父母同意的情况下，让原告开车为其服务，因此所发生的交通事故，由原告承担的赔偿责任，被告应负60%的责任；原告的法定代理人因对原告监护不严，应负40%的责任。

原告在行为时不满16周岁，是限制行为能力人。我国《民法通则》第133条的规定："限制行为能力人造成他人损害的，由监护人承担民事责任。"但该规定的适用条件，应是限制行为能力人不受他人制约的个人行为造成他人损害的，监护人才应负责。

而本案原告作为限制行为能力人，是在被告未征得其父母同意情况下，依被告的意思为被告开车服务中造成他人损害的。监护人以外的其他人雇用或指使限制行为能力人从事依其行为能力不能从

① 《张海博诉黄艳秋未征得其父母同意让其开车服务发生交通事故应分担赔偿责任案》，载最高人民法院中国应用法研究所编：《人民法院案例选》1999年第2辑（总第28辑），人民法院出版社1999年版，第127页。

事的行为，可以作为监护人证明自己无过错的抗辩事由。因此，在本案中，监护人承担的民事责任有所减轻。

（4）民事责任能力以意思能力为基础故无意思能力即无责任能力。无责任能力者对自己的行为的结果可不负责任。而侵权行为无疑又是应负民事赔偿责任的行为，所以行为人的责任能力自然就为其成立要件之一。但如此在逻辑上又似与无行为能力人与限制行为能力人能否构成侵权行为发生了矛盾，因此责任能力又被称之为侵权行为能力。

2. 传统民法理论否认责任能力的独立性

（1）传统民法理论是将民事主体资格视为人格而将其寄存于行为能力之中。在传统侵权责任法理论看来，无行为能力人和限制行为能力人不法侵害他人权利的，其损害赔偿民事责任的承担以行为时有识别能力为限。由于未成年人或神智丧失的人（甚至包括聋哑人）处于无意识状态或因精神错乱而不具有自由决定意志状态，不具备识别其行为责任的知识和能力，故而他们本人不必为自己实施的侵权行为承担责任。

（2）对有行为能力的人而言只要其行为当时处于无意识或精神错乱状态同样可以免于承担民事侵权责任。在此种情形下，虽然行为人自己可以免于承担侵权责任，但其他民事主体仍须依转承责任或严格责任等责任原则承担民事赔偿责任。

【案例4－1－6】监护人承担的是严格的转承责任

——《谭某等诉于某犯精神病脱离监护跑出造成人身损害赔偿案》①

某年5月19日晚，被告于甲精神病复发。20日上午10时许，

① 《谭吟雪等诉于涛犯精神病脱离监护跑出造成人身损害赔偿案》，载最高人民法院中国应用法研究所编：《人民法院案例选》2001年第1辑（总第35辑）人民法院出版社2001年版，第87页。

亲友共同对于甲进行了安抚和劝说，才使于甲的情绪稍有稳定。同日15时30分许，于甲到原告陈乙家，将其母亲邢丙和外孙女谭丁打伤。

被告经司法鉴定，结论是：于甲某年5月20日伤害他人，是由于其精神病复发，受妄想所支配，在无辨认能力的情况下实施的伤害行为。故原告起诉，要求于某及其家人赔偿损失。

一审法院经审理认为：被告于甲的监护人于戊平时虽对于甲的生活和学习给予了关心和爱护，但在于甲发病期间未认真履行监护责任，致使于甲对原告造成人身伤害，于甲的监护人应承担民事赔偿责任。二审法院认为一审法院对残疾者生活补助费的认定有误，应予改判，其余方面维持原判。

本案中于甲本来是具有行为能力的人，但是由于精神病复发，在无意识的情况下做出的行为造成他人损失，于甲本人可以免于承担民事责任。值得注意的是，虽然行为人自己可以免于承担侵权责任，但其他民事主体如其监护人仍须依转承责任或严格责任等责任原则承担民事赔偿责任。

（3）民事责任能力只是寄存于民事行为能力中的一种侵权责任能力。传统理论认为：民事主体的人格仅由民事权利能力和民事行为能力两种资格构成；若民事主体无意思能力，则其必然既无民事行为能力，也无民事责任能力。但这种传统理论不但在理论上难以自圆其说，而且在实践上也存在缺陷。①

① 参见田土城：《论民事责任能力》，来源：郑州大学学报（社科版），载“民商经济法网”〈http://www.zzu.edu.cn/lawc/Article_Show.asp?ArticleID=71〉，2004/03/05。

【案例4-1-7】没有钱赔什么?!

——《18岁青年撞伤老太无钱赔偿留遗书自杀身亡》①

廖某在房山一家饭店当服务生。2009年9月13日早，廖某骑电动自行车去上班的路上撞倒一位70多岁的老太太。交警队认定，廖某负事故全责。

伤者家属要3万

据但某说，当天中午11时许，廖某带着几名伤者的家属回家，哭着说："妈，你给我3万元钱。"但某对3万元的数额提出异议后，伤者的家属破口大骂，吓唬她不给钱就把廖某的腿锯断。随后，廖某带着伤者家属向老乡借钱，钱没借到，廖某被对方开车带走。

失踪39天被发现

随后，廖某失踪。在失踪的第39天，警方通知但某夫妇，他们的儿子廖某躺在铁路口西侧附近的桥洞内，尸体已高度腐烂。他的口袋里留有几份遗书，已被尸水浸透。警方确认廖某系自杀。记者看到，廖某的8份遗书的落款日期均是2009年9月15日，分别是留给其父母、兄长等亲人以及警察的。在给父母的遗书中，他说"我所欠的钱，我无能力还清，我在此了结我的生命，欠的钱，我只能用命来给清。"

3. 责任能力的独立价值

（1）民事权利能力、民事行为能力和民事责任能力相辅相成。民事权利能力、民事行为能力和民事责任能力是从不同角度对人格的考量，它们分别具有不同的价值：民事权利能力主要考察民事主体独立享有权利和承担义务的能力；民事行为能力主要考察民事主

---

① 《18岁青年撞伤老太无钱赔偿留遗书自杀身亡》时间：2010-09-15 13：39：36．0来源：京华时报。

体独立实施行为的能力；民事责任能力则主要考察民事主体独立承担责任的能力。

三者分别从不同方面决定着主体人格的程度，而不能互相替代或包容：权利能力决定主体人格的范围；行为能力决定主体人格的自由度；责任能力则决定主体人格的完整性。三者在目的、性质、效力上各有不同。①

（2）民事责任能力区别于权利能力且与行为能力也有别。民事行为能力实际上仅指民事主体从事合法行为（尤其是法律行为）的能力，民事责任能力则指民事主体能否独立承担实施违法行为后的民事法律后果的能力，故而其应区别于承担刑事责任对刑事法律后果的认识和判断能力。

（3）民事责任能力是法律对主体财产独立性考察的结果。只要民事主体具有独立或相对独立的财产，就应有相应的民事责任能力。民事责任能力应当主要以财产的独立性而非主观意思为判断标准，以损害得以填补为根本目的，而并非以是否应受惩罚为出发点。

故设置民事责任能力的目的，即在于追究主体违法行为的民事责任，尽量填补受害人的损害，保护受害人和社会的合法利益。因主体财产的独立性可能会存在差异，故民事责任能力也就会有程度上的差别。因此，民事责任能力就可以分为完全责任能力和不完全责任能力。

（4）民事责任能力应以主体财产的独立性为主要判断标准。财产独立者，为完全民事责任能力人；财产不独立者，为不完全民事责任能力人，而需由替代责任人承担补充责任。对民事权利能力的考察则与此不同，其主要依据的是主体的条件和性质：自然人与法人作为主体的条件和性质显然不同，故二者的权利能力也就

① 参见张新宝：《侵权责任法原理》，中国人民大学出版社2005年版，第110页～111页。

不同。

(三) 违法行为是具有“违法性”的否定性事实行为

违法行为是一种否定性的事实行为，其主要违反了法律的禁止性规定，因此，违法行为就是一种具有“违法性”本质特征的否定性的法律事实。

【案例4－1－8】没有违法的消极影响就不是侵权
——《某商品批发集散中心诉乙报社刊登评价“甲客隆”经营方式的文章侵害名誉权案》①

被告乙报社的记者针对当地商品交易市场经营管理中的种种弊端，在被告某年3月21日出版的《时报》上发表了一篇文章。该文以记者在一家新村附近的商品交易市场（未特指）接受一消费者的投诉为引子，展开评论。文章列举了该类交易市场的种种弊端。

原告某商品批发集散中心以此文章侵犯其名誉权为由起诉乙报社。

法院经审理认为：被告在其出版的《时报》上刊登“该文”，主观上并无侵害原告名誉的故意或过失，属于正当的舆论监督。“该文”并没有特指或隐性指向原告，虽然文中出现“甲客隆”一词，但它明确“甲客隆”是指一种经营形式、销售方式，这与原告的当地甲客隆商品批发集散中心的企业名称有质的区别，况且“甲客隆”一词早在原告成立前几年已见诸报端，并非原告专有。原告自行对号入座，认为被告侵犯其名誉权，其诉请没有根据，不予支持。为维护社会经济秩序，保护当事人的合法权益，法院对原告的诉讼请求不予支持。

---

① 《上海广客隆商品批发集散中心诉长宁时报社刊登评价“广客隆”经营方式的文章侵害名誉权案》，载最高人民法院中国应用法研究所编：《人民法院案例选》1999年第1辑（总第27辑），人民法院出版社1999年版，第105页。

一篇文章是否侵犯他人名誉权，关键的是要看该文章内容是否明确特指或隐性特指某个特定民事主体，这在某个民事主体以一种社会俗称（习惯用语）作为其字号或名称时，就显得更为重要。文章及其内容如不是针对某个特定民事主体的，而是用了某种社会俗称，所针对的就是一种社会现象，在行为人的主观上即是以不特定主体普遍存在的问题为评价对象。正是由于这种评价行为不具违法性，因而亦即不构成侵权行为。

第二节　违法行为的含义

一、违法行为是一般侵权行为的构成要件

损害事实是侵权责任请求权产生的前提，如果没有损害事实，行为人当然无需承担民事赔偿责任。但如果行为并不违法，即使产生了损害事实，行为人一般也不应承担损害赔偿责任。可见，违法行为是构成侵权损害赔偿民事责任的第二个必备要件。

【案例 4－2－1】转播天气预报也违法吗?

——《邮电局未经气象台允许传播天气预报侵权案》[①]

1995 年 8 月 21 日，邮电局在《某市日报》上刊登广告称该局 128 寻呼台正式向 BP 机用户提供天气预报服务。该局所属的寻呼台向 BP 机用户传播的天气预报是由该台工作人员每天从本市气象自动应答电话 168 中获得的。市气象台得知后，多次派人与邮电局交涉，要求按规定签订传播合同，邮电局不同意，随后即停止了传

① 《九江气象台诉九江市邮电局天气预报侵权案》，载中国高级法官培训中心、中国人民大学法学院编：《中国审判案例要览》（1997 年民事审判案例卷），中国人民大学出版社 1998 年版，第 384 页。

播天气预报，但邮电局下属的寻呼台后来又在其传播业务中继续播发当地的天气预报。

气象台遂向法院提起诉讼，要求邮电局停止侵害并支付相应的传播费。

法院经审理认为：被告市邮电局所属移动通讯公司寻呼台，违反了《气象条例》第 14 条和中国气象局《气象信息产品供应管理暂行规定》第 5 条等规定，侵犯了原告天气预报统一发布权及合法使用天气预报产品取得收益的权利，原告诉讼请求有理，应予支持。

国务院《关于气象部门开展有偿服务和综合经营的报告的通知》明确规定，其他组织（包括电信局）发布天气预报应该经过气象台的同意，并支付一定的费用。

本案中，信息台无偿传播信息的目的在于促进 BP 机的销售，系商业运作行为，而非公益行为。邮电局既有违反法律而造成气象台损害的事实，又有侵害气象台合法权益的主观过错，且又不具备“公益使用”这一阻却违法的事由，故邮电局应当为违反法律的行为承担侵权的民事责任。

二、在适用无过错责任原则时违法行为就不是承担民事责任之构成要件

需要注意的是，违法行为的概念是在当时人们认为“产生损害后果的行为当然都是违法的侵权行为”的情形下产生的。但随着无过错责任的兴起，开始出现大量对他人的人身或财产造成了损害却并不违法的情况，但依据法律的规定行为人仍须承担民事赔偿责任。

正如冯·巴尔教授所言，“过错责任以‘行为’为基础这句话的实践价值在于：受害人是否只能依据过错责任主张权利或者在过错责任被否认时还能依其他归责制度主张权利”。因为只要存在独

立于行为之外的严格责任以填补相应的漏洞，即使被告能够证明侵权行为发生时无意志支配力也不能得出更有利的结果。①

第三节　作为和不作为

一、作为和不作为的概念

（一）作为的概念

所谓作为，是指行为人负有不作为的义务却积极行为，故也称"积极的违法行为"。

行为人以积极的作为侵犯他人的合法权益，当然要为自己的行为后果承担损害赔偿的民事责任。简言之，只要行为人实施了法律所禁止的行为，就构成了一种以作为的形式表现出来的违法行为。

【案例4-3-1】医生对女子私自堕胎何责之有?
——《殷某诉袁某应其妻的请求为其妻行终止妊娠手术侵犯生育权赔偿案》②

被告为原告殷某的妻子行堕胎手术。事后，原告持结婚证、准生证找被告评理，要求赔偿损失，被告同意赔偿5000元，当时给了2000元，剩余3000元过几天付清。后被告拒付余款，还唆使他人围攻原告。原告认为被告违法堕胎，影响了其夫妻感情，其妻自堕胎后出走，至今下落不明。故原告起诉被告，请求依法判决被告赔偿损失。

法院认为：我国《母婴保健法》第19条规定："依照本法规

---

① ［德］克雷斯蒂安·冯·巴尔：《欧洲比较侵权行为法》（下卷），张新宝译，法律出版社2001年版，第246页。

② 《殷文辉诉袁叙轮应其妻的请求为其妻行终止妊娠手术侵犯生育权赔偿案》，最高人民法院中国应用法学研究所编：《人民法院案例选》2002年第1辑（总第39辑），人民法院出版社2002年版，第182页。

定施行终止妊娠或者结扎手术，应当经本人同意，并签署意见。本人无行为能力的，应当经其监护人同意，并签署意见。”张某系完全民事行为能力人，有权利决定自己是否中止妊娠。原告提出妻子引产须经丈夫同意之说法没有法律依据。

原、被告自愿达成的赔偿协议，不损害他人利益，且已履行完毕，予以准许。原告要求被告赔偿胎儿费、精神损失费、生活补助费，没有法律依据，不予支持。

本案是一件比较特殊的损害赔偿案。原告认为被告的行为侵害了他的生育权。一般认为，一个民事主体的权利的实现不能建立在对另一个民事主体的权利的侵害基础之上。在女性公民不愿意生育的情况下，保护她的不生育自由应当优先于保护男性公民的生育权的实现。

根据侵权责任理论，行为人只有实施了法律所禁止的行为才构成违法行为。在要求中止妊娠的妇女具有完全民事行为能力的条件下，医生应妊娠妇女的要求为其做中止妊娠的手术，虽为一种作为，但医生或医疗单位并不因此对该妇女的配偶承担侵犯生育权的责任。

（二）不作为的概念

1. 不作为也称“消极的违法行为”

不作为，是指行为人消极的静止状态，但这并不意味着行为人要为自己的一切消极的静止状态承担不作为的法律责任。不作为其实是指行为人负有作为的义务却没有作为。

2. 不作为侵权责任的承担是以作为义务的存在为前提的

“作为”侵害他人权利可构成侵权行为，而“不作为”原则上并不构成侵权行为。法律应当禁止积极侵害他人合法权益的行为，但原则上不能强行要求行为人承担道德义务，使危难之中互相救助的善行成为法律上的义务。

【案例4-3-2】违反合同附随义务的民事责任
——《乘客潘某诉承运人唐某晚上停车时未关好车门窗及叫醒正在睡觉的乘客致其自带提包被盗贼打开车门盗走赔偿案》①

原告潘某等五人与被告唐某约定，包租被告的汽车到广州调货。当晚被告搭乘原告等人驶向广州。凌晨3时到达广州一个加油站附近时，被告把车停在路旁进店去吃夜宵，离开时未叫醒已睡觉的原告等人，也未把驾驶室车门关牢、摇高车窗玻璃。随后，盗贼乘原告等熟睡之机，将原告提包盗走。

原告遂诉至法院，以被告对原告受到的经济损失有过错为理由，要求被告赔偿被盗的8000元损失。

一审法院认为：原告等人与被告口头约定形成的运输合同合法有效。原告等人随车同行也是该合同约定的内容之一，被告对原告等人的人身和财产安全负有责任。宣判后，被告不服提起上诉。

二审维持原判。

我国《合同法》第290条规定："承运人应当在约定期间或者合理期间内将旅客、货物安全运输到约定地点。"显然，本案中的被告违背了合同义务，理应承担违约责任。

从侵权责任的角度，被告负有保障原告人身财产安全的法定义务，其不作为的行为违反了该义务，亦当承担赔偿责任。

3．作为与不作为的分类其实是赔偿责任的原则与例外

如果一个人的行为导致了事件的发生，通常必须承担责任；相反，对于没有他的作用力而发生在别人身上的问题就无须承担责

① 《乘客潘大玉诉承运人唐小阶晚上停车时未关好车门窗及叫醒正在睡觉的乘客致其自带提包被盗贼打开车门盗走赔偿案》，载最高人民法院中国应用法研究所编：《人民法院案例选》2003年第1辑（总第43辑），人民法院出版社2003年版，第112页。

任，除非他和受害者之间有特别的紧密关系。①

4. 认定不作为的因果关系应采取独特的方法

只有行为人实施了作为即可防止损害结果的发生，因其不作为才导致他人合法权益的受侵害，那么此不作为与他人合法权益受侵害之间才被认为具有因果关系。由于不作为是一种消极、静止性的状态，而认定因果关系通常是从事物之间的积极和动态的联系予以考察的，故认定不作为的因果关系不能直接套用作为时的因果关系的认定方法。

二、不作为侵权行为的典型形态

（一）违反法律义务的不作为

即行为人违反法律规定的作为义务而不作为。这包括法律直接规定的应尽义务，和依职务当事人应承担的作为义务。

【案例 4－3－3】台风后不清理公路上的树木致人死亡案
——《死者家属诉园林管理局人身损害赔偿案》②

2002 年 8 月，因遭受台风袭击，市区的一些人行道上的树被刮倒，其树桩和树干横在路上。台风过后，该市园林管理局下属的公共绿化管理部门组织清理被刮倒的树木，但因刮倒的树木较多，对其中的一些树木未能及时予以清理，只是剔除了枝叶。同月底的一天凌晨 5 时许，陈某骑自行车途经该公路时，撞到横在路上的树干上，导致头部受伤，后经抢救无效死亡。陈某的家属诉至法院，要求市园林管理局赔偿损失。

法院经审理认为：园林管理部门对道路上的公共树木负有勤勉

① ［德］克雷斯蒂安·冯·巴尔：《欧洲比较侵权行为法》（下卷），张新宝译，法律出版社 2001 年版，第 261～262 页。

② 《吉彩英等诉海口市园林管理局人身损害赔偿案》，国家法官学院、中国人民大学法学院编：《中国审判案例要览（2003 年民事审判案例卷）》，中国人民大学出版社、人民法院出版社 2004 年版，第 197 页。

管理、清理的义务。在人行道上的树被台风刮倒而横在路上后，园林管理部门只是剔除枝叶，而未及时清理树桩和树干，也未设立危险警示标志，存在安全隐患，致使陈某骑车撞倒在公路上的树干而发生人身伤亡事故，显然违反了该义务，故园林管理局应对陈某的死亡承担损害赔偿责任。

违反法律义务的不作为主要是指行为人违反私法规定的作为义务，如施工人员在公共场所、道旁或者通道上挖坑、修缮安装地下设施时，未设置明显标志和采取安全措施而造成他人损害，就违反了《民法通则》第125条的规定，构成违反私法的不作为侵权。

本案中，园林管理部门未履行职责就是违反法定义务不作为侵权的典型形态。台风将树木刮倒是不可抗力，而真正造成陈某死亡的直接原因是园林管理部门未及时清理树木，故应由其承担民事赔偿责任。

1．法律须有明文规定

只要法律明文规定了作为义务，行为人能够作为而不作为，以致给他人的合法权益造成损害的，就应承担民事赔偿责任。

2．物件致人损害本质上还是行为人违反法定的作为义务

在违法行为中，人的行为占了很大部分。但除了人的行为外，引起侵权责任的原因还包括悬挂物、搁置物等引起的特殊侵权行为。这些由“所有或管理不当之物”造成的损害（即“物件致人损害”）之所以构成侵权，本质上还是因为行为人违反了法定的作为义务而不作为。

（二）违反合同义务的不作为

1．行为人违反合同约定的作为义务而没有作为

“法律规定外，合同也是导致作为义务的源泉”这一表述，在欧洲的判决书或学术著作中被广泛接受，也经常出现在法律文本中。但是，冯·巴尔教授对这种观点持谨慎态度，因为只有当原告

同时也是合同中作为义务之债权人或者至少在合同保护义务范围之内时，上述论断才能得出令人信服的结论。债务人此时自愿承担相关义务（并非合同本身）才是问题关键。[①]

【案例4-3-4】酒店依法负有的保障客人人身财产安全责任
——《谢某因住宿被打无人制止诉所住酒店不履行保障顾客人身安全义务损害赔偿案》[②]

原告谢某在被告某酒店登记住宿。当晚11时许，谢某从外面返回某酒店，在四楼走廊里遭到4名不明身份男子的殴打，在此的过程中，有数人进行围观，其中有该店的保安人员及服务人员。尽管谢某大声呼救，却无人出来制止。谢某被医院诊断为：头部外伤综合征，腹部及四肢多处软组织挫伤。谢某因向该酒店索赔无效，遂向法院起诉。

法院经审理认为：依照《民法通则》和《消费者权益保护法》的有关规定，被告某酒店对住店顾客依法负有保障其人身和财产安全的责任。被告没有履行其法定义务，致使原告谢某人身受到损害，应承担赔偿责任。原告要求被告赔偿其人身损害的经济损失，应予支持。

首先，被告某酒店作为服务经营者，对住店顾客负有保障其人身和财产安全的责任。原告作为消费者依法享有在被告处的人身和财产安全不受损害的权利，被告作为经营者即负有依法保障顾客人身和财产安全的义务。

其次，《民法通则》第106第1款规定："公民、法人违反合同或者不履行其他义务的，应当承担民事责任。"在本案中，被告

① ［德］克雷斯蒂安·冯·巴尔：《欧洲比较侵权行为法》（下卷），张新宝译，法律出版社2001年版，第261~269页。

② 《谢雪芬因住宿被打无人制止诉晋江万通大酒店不履行保障顾客人身安全义务损害赔偿案》，载最高人民法院中国应用法学研究所编：《人民法院案例选》1997年民事·知识产权专辑（总第21辑），人民法院出版社1997年版，第112页。

的保安人员在原告遭到他人殴打时，在一旁围观，其不作为的行为违反了法律要求其作为的规定，致使原告合法权益受到不应有的损害，被告应对此承担民事赔偿责任。

2. 合同当事人所负有的附随义务也是作为义务的源泉

对潜在危险有控制力的当事人，受害人有合理理由相信其将保护他的利益，这种信任关系基于诚实信用原则，自应得到法律的保护。

【案例4-3-5】对潜在危险有控制力的合同当事人之信赖义务
——《杨某、王甲诉县供电公司触电人身损害赔偿纠纷案》[①]

2000年，村电工为原告家鸡舍安装了用电设施，但未配置防触、漏电的剩余电流动作保护器。农电改革后，农电网产权由乡村移交供电公司。2004年6月供电公司与本案受害人王乙（杨某之夫、王甲之父）签订“居民供用电合同”一份，约定用电人必须安装合格的保护器，并做好运行维护工作，若因不安装保护器而造成的一切后果由用电人承担，供电人也不承担电力设施运行维护管理责任分界点负荷侧的安全责任。另查明，保护器应安装在用户产权范围内。

2006年5月25日，王乙用水枪冲洗鸡舍内时遭电击死亡。杨某、王甲诉至法院，要求判令供电公司承担部分赔偿责任。

一审法院经审理认为：根据《农村安全用电规程》的规定：电力使用者必须安装保护器，并做好运行维护工作；用电设施安装应符合规定的要求，验收合格方可接电。王乙违反用电管理规定及供电合同的约定，在未安装保护器的情况下用电，自身存在过错。

---

① 《杨秀芳、王东华诉海安县供电公司触电人身损害赔偿纠纷案》，载最高人民法院中国应用法学研究所编：《人民法院案例选》2007年第1辑（总第59辑），人民法院出版社2007年版，第177页。

供电公司在王乙未安装保护器的情况下，提供用电服务，形成了一定的安全隐患，其行为亦有过错，该过错行为与王乙触电死亡存在着因果关系，故供电公司应对王乙死亡承担相应的责任。

据此判决：王乙触电所致损失 165998.50 元，由供电公司赔偿 49799.55 元。

本案中“居民供用电合同”约定：“若因不安装保护器而造成的一切后果由用电人承担”，该约定属格式条款，其加重对方责任、排除对方主要权利，依法应属无效，因此，供电公司不能根据合同约定予以免责。而且供电公司作为对潜在危险有控制力的当事人，受害人有合理理由相信其将保护他的利益，这种信任关系也应得到法律保护。

（三）违反先前行为所衍生的作为义务的不作为

行为人的先前行为给他人的人身和财产带来了某种危险，就当然负有避免危险发生的作为义务，如果行为人不作为而导致损害结果发生，就构成了“违反先前行为所衍生的作为义务的不作为”侵权。

违反先前行为所衍生的作为义务的不作为的构成要件为：

行为人原本无作为义务而作为；行为人的作为给他人的人身和财产带来了某种危险；行为人未履行因先前作为衍生的消除危险的作为义务。

【案例 4－3－6】做好事就必须做到底

——《收留儿童不负责任送走致其走失案》[①]

杨某（系理智不健全的未成年人）于 1993 年的一天离家出

① 《丛子芬诉凌海市娘娘宫乡人民政府收留其子后不负责任送走致其失踪应承担民事责任纠纷案》，最高人民法院中国应用法学研究所编：《人民法院案例选》1996 年第 2 辑（总第 16 辑），人民法院出版社 1996 年版，第 102 页。

走，当晚迷路时，被某乡政府交通助理发现。由于杨某口齿不清，交通助理就将其带回乡政府交值班员并收留住下。次日，杨某在听到要将其送走的提议后，就向北比画，然后钻进停在政府门口的一辆个体出租车内，政府助理员于是给了司机两元钱将杨某拉走，杨某随即下落不明。

事后，杨某的母亲丛某将该乡政府告上法庭，要求赔偿其寻子经济损失、子女抚养费与精神补偿费。

法院经审理认为：失踪人杨某系理智不健全的未成年人，乡政府在其走失后予以收留的行为值得称颂，但在收留后，理应将其送家或送民政部门收容抚养，却仅用两元钱让出租车将其拉走，对其安危与后果采取了放任态度，故对杨某的失踪负有一定的法律责任。据此，法院判决：被告乡政府赔偿原告丛某寻子经济损失3632元。

我国《未成年人保护法》第29条规定："对流浪乞讨或者离家出走的未成年人，民政部门或者有关部门应当负责送交其父母或者其他监护人；暂时无法查明其父母或者其他监护人的，由民政部门设立的儿童福利机构收容抚养。"本案中，乡政府不是民政部门，并无收容理智不健全的未成年人的法定义务，但乡政府的工作人员在实施了收留杨某的行为后，就负有将杨某送家或送民政部门收容抚养的衍生义务，这是由其先前的收留行为而产生的作为义务。《未成年人保护法》第47条规定："侵害未成年人的合法权益，对其造成财产损害或者其他损失、损害的，应当依法赔偿或者承担其他民事责任。"

（四）违反生存共同体成员相互扶助义务的不作为

1．概念与意义

所谓"违反生存共同体成员相互扶助义务的不作为"，也称"同舟无害扶助"理论，是指在处于同一闭锁空间而无获得其他救助可能的成员人身遭受危险时，行为人能够实施却不实施无害于自己根本利益的救助行为。

【案例4－3－7】同舟共济之无害救助义务
——《明知丈夫服农药自杀不予救助案》[①]

1996年，李某与娄某结婚。后李某与高某通奸被娄某发现，夫妻间就经常发生争吵。1997年5月17日，两人再次发生争吵，李某带儿子要走，娄某见状说："我喝农药了。"李某说："喝药怎么不上医院?"，随后即带儿子出走，娄某在后跟随。当娄某跟至一废炸药库时，李某甩掉他，即返回家中取衣物，发现屋内地上放的农药瓶，但仍置之不理，并与高某一起离家出走。18日上午，有人发现娄某死在炸药库里。

法院经审理，判决李某犯故意杀人罪，判处其有期徒刑4年。

本案中，李某与娄某系夫妻关系，彼此有法定的互相扶助义务。娄某因李某要与情夫出走而一气之下喝了剧毒农药，李某在明知娄某已服毒的情况下，作为生存共同体成员就负有了特定的救助义务，其有能力履行该义务却不履行，对娄某的死亡放任不管，就是一种以消极的不作为形式表现出来的非法剥夺他人生命的行为，故李某应承担故意杀人的刑事责任。需要注意的是，即使在产生利益冲突的情况下，李某也还应承担相应的民事责任。

（1）就生存共同体而言，其既可以基于法律规定，也可以基于事实状态而形成。诸如，在上述的案例中，夫妻是依法律规定形成的生活共同体，夫妻同室，夫妻之中有一人半夜突发重病，不论妻或夫均应全力救助。另外，同一矿坑工作的矿工即因事实状态而形成了生活共同体。

---

① 《李淑杰明知其丈夫服农药自杀不予救助故意杀人案》，最高人民法院中国应用法学研究所编：《人民法院案例选》1999年第2辑（总第28辑），时事出版社1999年版，第9页。

（2）生存共同体成员最有可能及时了解其他成员的生命、身体、健康等非财产性生活资源的重大变动。生存共同体成员相互扶助义务之所以能够确立，是出于人性关怀以及节省社会成本的需要。因此，生存共同体成员之间的相互扶助就成了社会生活规范的基本要求。

（3）生存共同体成员相互扶助义务是从道德规范向法律规范的转化。违反生存共同体成员相互扶助义务的不作为更多的还是侧重于道德规范，而未必都能成为一种法律规范上的义务。从法理上看，这种转化一方面可以避免法律规范孤立于社会规范之外，而另一方面又可以提升法律规范价值的社会功能。

2. 构成要件

（1）成员同处于闭锁而无其他救助的空间。例如，夫妻同室、矿工同矿、互助攀登高峰雪山、下潜海底同处深水等。

（2）扶助的行为无害于行为人的生活资源。在行为人的扶助行为对自己并无根本性的损害的前提下，诸如，夫或妻半夜患病，配偶为其呼叫救护车；矿山出事，同一矿坑的矿工伸手救助一把；登山之际或潜水之时遇有危险，共同登山之人或同时潜水之伴，顺手拉推一把。可能结果就大不相同。

（3）关系他人人身非财产权利的重大利益。如果行为人不提供扶助，他人将蒙受重大的人身伤害，甚至丧命。这即意味着其义务是否履行，关系着生存共同体成员的生命、身体、健康等非生活资源的重大变化。因而其不仅仅是道德问题，进而产生了法律义务。

第四节　违法性的界定及其法律意义

一、违法性的概念

(一) 用规范引致界定违法

譬如引用《民法通则》第6条“民事活动必须遵守法律，法律没有规定的，应当遵守国家政策”和第7条“民事活动应当遵守社会公德，不得损害社会公共利益……”的规定予以判决，就是将“违法性”解释为违反了法律的强制性规定或违背了公序良俗。

【案例4-4-1】四川泸州包二奶遗赠纠纷案
——《张某英依与其同居人所立遗嘱诉遗嘱人之妻蒋某芳给付受遗赠的财产案》①

黄某与妻子蒋某感情不和，长期分居。后黄某与张某公开以“夫妻”名义同居，并生有一子。2001年2月，黄某查出自己癌症已到晚期，即订立公证遗嘱，将自己的全部财产遗赠给张某。

张某一直照顾黄某到死亡，后持遗嘱向占有遗产的蒋某请求给付，遭到拒绝，于是诉至法院。

法院经审理认为：尽管《继承法》中有明确的法律条文，而且本案中的遗赠也是真实的，但是黄某将遗产赠送给“第三者”的这种民事行为违反了《民法通则》第7条规定的“民事活动应当尊重社会公德”这一基本原则，当属无效，故判决驳回了原告

① 《张学英依与其同居人所立遗嘱诉遗嘱人之妻蒋伦芳给付受遗赠的财产案》，载中国应用法学研究所编：《人民法院案例选》2002年第2辑（总第40辑），人民法院出版社2002年10月版，第77页。

的诉讼请求。①

本案即所谓“中国公序良俗第一案”，亦称“泸州包二奶遗赠纠纷案”，这个曾在国内引起广泛而激烈的争议。显然，黄某所订立的遗嘱符合《继承法》关于遗嘱成立和生效要件的规定，应当认定为合法。至于能否以违反民法的基本原则为由而认定该遗嘱无效，尚存争议，仍有进一步探讨的必要。

1. 引致可以将道德标准纳入法律规范的范畴

(1) 法律领域内的“善良风俗”其实本来是一种价值判断，但通过“引致”的办法就将道德标准纳入了法律规范的范畴。

任何侵权行为都必然违反道德的原则，正如德国法学家耶律内克所言：“法律例外地不是基于自身权威的最低的道德要求，而是道德的执行者。”② 但违背道德（即违背善良风俗）的行为仅仅是不当，还不能都被认为非法。不过，从法律的精神看，一旦这种行为与故意相结合时，其就具有违法性。

【案例 4-4-2】不讲诚信滥用合同权利同样构成侵权
——《某招待所诉蔡某多次入住恶意利用客房电话频繁拨打信息咨询台致其损失赔偿案》③

被告蔡某到原告某招待所登记住宿，先后共住宿 14 天。后原

---

① 该法院副院长在接受记者采访时阐明了这样判决的理由：“继承法、婚姻法这些特别法的规定都不能离开民法通则的指导思想。执法机关、审判机关不能机械地引用法律，而应该在充分领会立法本意的前提下用法律。在判决本案时，我们直接引用《民法通则》的基本原则，而没有机械地引用继承法的规定，是合情合理的。如果我们按照继承法的规定，支持了原告张某的诉讼主张，那么也就滋长了‘第三者’、‘包二奶’等不良社会风气，而违背了法律要体现的公平、公正的精神。”

② 黄立：《民法债篇总论》，中国政法大学出版社 2002 年版，第 278 页。

③ 《南平市第一干部招待所诉蔡向勇多次入住恶意利用客房电话频繁拨打信息咨询台致其损失赔偿案》，载最高人民法院中国应用法研究所编：《人民法院案例选》1999 年第 2 辑（总第 28 辑），人民法院出版社，第 70 页。

告在与邮电局结算电话费时，发现被告在上述住宿期间，通过房内话频繁地拨打信息咨询声讯台，通话时间计 6010 分钟，邮电局向原告收取了信息咨询服务费 5822.7 元。原告向法院提起诉讼，认为被告利用客房电话频繁拨打信息咨询台，在于恶意取得不正当利益，要求被告赔偿其所支出的该笔费用。

被告蔡某答辩称：入所住宿时，原告未告诉不准使用客房电话拨打信息台。

法院经审理认为：被告使用客房电话长时间地拨打该专家热线咨询信息声讯台，超出住宿合同关系权利义务范围，违反了民事活动应当遵循的公平、等价有偿原则，被告对由此给原告造成的信与息费支出，应承担赔偿责任。原告在旅客入住时，未告知不得使用客房电话拨打信息服务台，也有一定责任。

本案可以依据《民法通则》第 4 条关于"民事活动应当遵循自愿、公平、等价有偿、诚实信用的原则"的规定来处理。从旅客与旅店之间形成的住宿服务合同法律关系入手，认定被告使用客房电话获取专家热线咨询信息的行为，属于超出住宿服务合同权利义务内容的范围，滥用了权利，因此，被告对原告已支付的信息费应承担赔偿责任。

(2) 法律是对人们社会行为的最低要求，而道德则是对人们社会行为的最高要求。违反法律规定的行为一般是违背善良风俗的行为，但并非违背善良风俗的行为都是违反法律的行为。

(3) 要界定善良风俗的外延其关键在于明确道德的内涵。人的道德观是千差万别的，但善良风俗中所涉及的道德内容是不考虑个人道德观上的差异的，而是以一般人的道德观来加以认定。

【案例4-4-3】道德一旦附加了法律的强制力就成了法律
——《四川省首例悼念权侵权案审结》①

2001年8月31日上午，家住永兴镇的张乙电话告诉张甲86岁的母亲生病的消息。9月1日中午1点，当张甲赶到张乙家时，得知母亲于8月31日晚上死亡，当晚就被张乙抬到野外将亡母遗体焚烧了。张甲称，其兄不通知她就擅自焚烧亡母遗体，其行为剥夺了她对母亲的悼念权，给她造成了巨大的精神创伤。原告张甲提请法院依法判令被告赔偿其精神损失，并在公开场合讲清母亲死亡原因，向各位亲戚赔礼道歉，承担案件诉讼费等请求。

盐边县永兴人民法庭依法公开审理了这起悼念权侵权案件。合议庭认为，被告张乙在原告不知晓的情况下，一手操办母亲后事，使原告无法瞻仰其母的遗容，造成无法弥补的遗憾，给原告造成了一定的精神损害。原告要求被告公开说明其母死亡原因与本案无关，依法不予支持。法庭最后依法判决被告张乙在永兴镇街道范围内以书面形式公开向原告张甲赔礼道歉。案件诉讼费共300元，由原告负担100元，被告负担200元。

2．赋予违背善良风俗的行为以“违法性”，将受司法保护的客体扩大到权利以外的法益

这种做法无疑可以进一步完善和发展法律。特别就法院而言，这项功能又可分为三项：法院应当适用那些业已得到全社会共同承认，但尚未成为法律规范的行为准则；当社会道德发生变化时，法院应当以变化了的道德标准作为判决的基础；法院可以通过解释善良风俗来创设新的行为规范，以促进法律的进步。

---

① 《我省首例悼念权侵权案审结》，2002年04月04日，四川日报报业集团版权所有（记者 鲜荣）。

3．违背善良风俗的行为通常可以作为证明行为人存在主观故意的依据

违背善良风俗的侵权行为构成要件与一般侵权行为的构成要件相同。但“故意”与“违背善良风俗”应予区别认定。故意的成立不以明确知道因果关系或损害范围为必要，而只需对损害的过程和可能的损害有所认识即可。

【案例4－4－4】有严重过失即可构成故意加害亦违背善良风俗
——《北京部分医院受利益驱使诱导产妇剖腹产》①

有报讯北京妇产医院剖腹产率为45%，海淀妇幼保健医院为38%，有的医院高达60%……市卫生局日前透露，本市剖腹产率近5年来呈逐年上升趋势，而世界卫生组织规定剖腹产率须控制在15%以内。海淀妇幼保健医院妇产科专家潘某日前表示，实行剖腹产必须有明确的医学指征，否则不能实行。

据调查，一般情况下，剖腹产费用比自然分娩的费用高2000元至3000元不等。部分医院为追求利益，个别医务人员受利益驱使，诱导产妇进行剖腹产。

史尚宽先生认为：“行为人并无须出于诈害的态度，苟行为人有严重过失的行为，可认为不诚实之表现，虽非诈伪之意，亦不妨为违背善良风俗。…如此时知其鉴定可生损害于他人，而敢轻易为之，则为故意之加害，可构成侵权行为。”② 一般认为，类似的“具有严重过失的行为”可以构成“故意加害”，可以作为违背善良风俗行为予以认定。

---

① 《北京部分医院受利益驱使诱导产妇剖腹产》http://www.sina.com.cn 2006年07月31日09：56 北京日报（记者刘欢）。

② 王泽鉴：《侵权行为法》（第一册），中国政法大学出版社2001年版，第288页。

4. 违背善良风俗的侵权行为：

欺诈；侵害他人权利地位和人格自由发展；滥用权利；营业上的不正当竞争；侵害婚姻关系等。

(二) 从权利本质解释违法

权利本质上是一种受到法律强制力保护的利益。权利是法律制度的产物，自然应受到法律的保护，即权利具有不可侵性，任何侵害他人权利而没有违法阻却事由的行为都具有“违法性”。

> **违法应包括两种情形：**
>
> **于民法有禁止侵害之规定时，即为违反民法之该等规定；于民法并无禁止侵害之规定时，本于民法创造权利保障权利并赋予权利防卫侵害之特性，即为违反权利之不可侵权。**
>
> ——曾世雄①

【案例4-4-5】受法律保护的承包权不容侵犯

——《村民诉村民小组侵犯土地承包经营权案》②

1993年，符某和刘某结婚。结婚时，符某有一女，刘某有一子。在1994年土地承包期限延期时，符某母女与刘某父子共同承包了刘某所在村组的池塘、水田和旱地。1995年，符某与刘某离婚。离婚时，双方协议：水田由符某母女负责耕种，池塘和旱地由刘某父子负责承包经营。符某因外出做生意，就将水田交由其妹夫代耕。1997年，村民小组长以收回外出人员的田地为由，召集本组人员将符某妹夫已经插好的禾苗拔掉，造成稻谷减产。

---

① 曾世雄：《损害赔偿法原理》，中国政法大学出版社2001年版，第86页。

② 《符运金等诉新田县骥村镇李家山村十一组侵犯土地承包经营权案》，国家法官学院、中国人民大学法学院编：《中国审判案例要览》（1998年民事审判案例卷），中国人民大学出版社1999年版，第165页。

符某母女向法院提起诉讼，要求村民小组赔偿损失。

法院经审理认为：原告符某母女在1994年9月的延长耕地承包期限中，作为被告村民小组的合法人口承包耕地。按符某与刘某离婚时双方的协议，水田由符某母女负责耕种，其承包经营权受法律保护，被告不能收回。被告将原告的秧苗毁损，侵犯了原告的承包经营权，依法应承担民事赔偿责任。

土地承包经营权是农村集体经济组织成员根据承包经营合同，通过承包的方式，对农村集体经济组织所有的或国家所有而由农村集体经济组织依法使用的土地享有的经营性使用和收益的权利。我国《民法通则》第28条规定："个体工商户、农村承包经营户的合法权益，受法律保护。"《物权法》更是明确将其确定为用益物权的一种。村民小组无权擅自发包和调整土地承包经营权。本案中，根据承包经营合同和离婚协议，符某享有水田的承包经营权。而村民小组擅自收回并拔掉已插好的禾苗，已经严重侵害了符某合法享有的土地承包经营权，应承担侵权的民事责任。

（三）从形式和实质两个方面来理解"违法性"的定义

一般认为，对"违法性"的以上两种解释都存在一定的合理性，但也都存在不足之处：第一种解释失之明确，尤其是公序良俗的内涵和外延带有很大的不确定性；第二种解释又失之周延，因其没有涵盖侵害法益的情形。我们可以从形式和实质两个方面来理解违法性的定义：（1）形式意义上的"违法性"是指行为人实施的行为违反了法律的禁止性或强制性的规定。当行为人实施的行为侵犯了法律所保护的权利时，显然构成了违法。（2）实质意义上的"违法性"则指行为人实施的行为侵犯了他人的合法权利或利益。当行为人实施的行为侵犯了法律所保护的利益，即所谓的"法益"时，同样也可以构成违法。我国目前的法律并没有就侵犯"法益"的行为是否构成违法作出明文规定，但理论上对此多持肯定态度，司法实践中也承认侵犯"法益"的行为同样是违法行为。

【案例4-4-6】法无明文规定的独家放映权受保护吗？
——《甲省电影发行放映公司诉乙剧院等侵害其买断的影片在该省内的发行放映权纠纷案》①

1993年，原告甲省电影发行放映公司先后买下《功夫皇帝方世玉》、《六指琴魔》、《青蛇》、《决战天门》等影片在该省内的有期限发行放映权，期限为首映之日起三年内。原告还多次在省内电视台、几个大报纸严正声明。

但在1994年2月15日，被告乙剧院放映电影录像《功夫皇帝方世玉》；1994年3月7日，丙剧院录像厅播放《青蛇》、《功夫皇帝方世玉》、《六指琴魔》三个影片的录像；1994年3月9日，丁电影院镭射厅、戊电影院镭射厅播放《决战天门》；戊剧场录像厅播放《青蛇》。为此，原告以本公司已买断这4部影片在本省内的有期限发行放映权，起诉至法院，要求五被告停止侵害，赔偿其损失。

法院经公开开庭审理认为：被告乙、丙剧院等五家影剧院播放已被原告甲省电影发行放映公司买断发行放映权的影片录像，均构成了对原告发行放映权的侵害，给原告造成了一定的经济损失。原告的诉讼请求应予支持。

甲省电影发行放映公司可以作为独立主体进行诉讼，其虽然是通过合同取得电影发行放映权的，但根据行政法规的有关规定，享有这种电影发行放映专有使用权的人，在一定地域和一定期限内有权排除第三人在此地域和期限内擅自行使这种使用权。专有使用权人应当有独立诉讼主体地位，在自己的权利受到侵犯时，当然有资格要求侵权人停止侵害并赔偿损失。

---

① 《山西省电影发行放映公司诉并州剧院等侵害其买断的影片在山西省内的发行放映权纠纷案》，载最高人民法院中国应用法研究所编：《人民法院案例选》1995年第3辑（总第13辑），人民法院出版社1996年版，第98页。

二、违法性在构成要件中的法律意义

（一）行为的违法性是侵权损害赔偿民事责任的本质性要件

在侵权行为构成要件中，如果缺少了行为违法性这一必要条件，行为人就不必承担损害赔偿责任。但也有学者认为，违法即有过错，行为的违法性可以归入过错中，故违法性不应成为侵权的独立要件。

（二）关于违法性的不同学说

对于违法性的认定，存在两种基本学说，即“结果违法说”和“行为违法说”。

1．结果违法说

该说认为，导致损害结果的侵害行为自然构成违法。换句话说，对权利的侵害是判断违法的唯一标准。只要有损害事实存在，行为人的行为就构成违法，除非存在阻却违法的事由。

2．行为违法说

该说认为，并非所有产生损害结果的行为都是违法行为，应根据案件的具体情况来认定是否构成违法行为：若行为人存在主观故意，自应推定为违法，因为法律禁止故意侵害他人权利的行为；而对于过失造成对他人损害的行为，则应综合考虑行为时的相关情况才能确定其违法性，其中最重要的一点就是要从客观角度出发，观察行为人行为是否负有避免损害结果发生的一般注意义务。

【案例 4－4－7】温泉泡死人违法吗?

——《袁某等诉某温泉度假村人身损害赔偿纠纷案》[①]

2007 年 3 月 7 日下午，原告袁某的丈夫吕某在被告某温泉度假村处泡温泉，当其在一药物池浸泡时，突然心脏骤停，经抢救仍

① 《袁雪燕等诉珠海御温泉度假村人身损害赔偿纠纷案》，案例来源：北大法律信息网，载 http://vip. chinalawinfo. com/Case/displaycontent. asp？Gid＝117532518。

死亡。

经医师诊断，吕某死亡原因是心脏骤停。原告认为，被告没有提醒顾客注意身体是否适合泡温泉，温泉的水温过高，药物成分有可能损害人的身体健康。所以起诉，要求法院判令被告赔偿丧葬费、生活费、死亡赔偿金等。

法院经审理认为：泡温泉不属于高度危险的事项，故此本案的人身损害赔偿不属于特殊的侵权，而属于一般的侵权，适用过错责任原则。

本案中，被告从事温泉服务行业，没有违法，原告主张被告的温泉水温过高，药物成分对人体有害，均无证据予以证实，故既不能证明被告有违法行为，也不能证明被告主观上有过错。而公安机关的证据证明死者死亡的原因是心脏骤停，因原告不同意尸体解剖，不能证明死者是溺水身亡，或是温泉药物中毒死亡，因而原告不能证明死亡事实与被告的行为有无因果关系。

综上所述，本案中被告对死者的死亡没有过错。根据公平原则，被告可给予原告适当的补偿，以体现社会的公平合理。最后，判决被告补偿原告人民币10000元。

本案中，被告在提供温泉服务的过程中，并没有违法行为，已经尽到危险告知义务，也并不属于从事高度危险的行业，因而不能仅根据损害结果的发生就认为被告的行为具有违法性，本案判决显然采用的是“行为违法说”。法院最后依据公平原则判决被告给予原告适当补偿也是符合情理的。

3. 侵权行为体系及思考方法的差异

若依“结果违法说”，在特定的损害发生后，则应首先直接认定损害行为的违法性，再结合具体案件的具体情况判断加害人有无过错，最后结合侵权行为的其他构成要件来判断是否构成侵权行为。

反之，若依“行为违法说”，在特定的损害发生后，不直接认定加害人行为的违法性，而应根据具体案件的具体情况考察行为人是否违反了应尽的注意义务来判断行为的违法性，再结合侵权行为的其他构成要件来判断是否构成侵权行为。

4. 在实务中，“行为违法说”和“结果违法说”的结果一致

即使按“结果违法说”也要讨论行为人是否具有主观过错要件。“行为违法说”虽为德国学界通说，但德国法院仍采“结果违法说”，在解释和适用上也未出现过疑义和困难。①

由于我国民事立法囿于德国理论框架，故我国民法采取的也是“结果违法说”。例如，《民法通则》第106条第2款是将违法性（侵害国家的、集体的财产，侵害他人财产、人身）与过错区别开来的，即对违法性作非价值的判断。违法仅仅是对事实的陈述，而过错则充满了对行为人的责难。《侵权责任法》第2条规定：“侵害民事权益，应当依照本法承担侵权责任。”此处少了“由于过错”，多了“依照本法”，则体现了对“行为违法说”的吸收。

（三）违法性在构成要件中的独立化

违法性有其自身的意义和功能。在侵权行为体系构造中，将违法性予以独立化而与过失相区别，层次分明，有助于司法解释适用。

就“结果违法说”而言，尚须强调：

1. 违法性评价的对象是人的行为而非损害结果本身

违法性是对侵害行为的非价值性判断，而与行为人是否存在主观过失无涉。

① 王泽鉴：《侵权行为法（第一册）》，中国政法大学出版社2001年版，第231页。

【案例4－4－8】承担民事责任的前提是其行为的违法性——《公安局警员追截车辆行为违法案》[①]

2000年2月14日下午，市公安局交巡警警员田某等人发现三辆面包车停在某桥头附近，即下车检查。朱某发现警员检查，即驾驶其中一辆车驶离现场。警员见状即驾车紧跟其后，并打开警灯、拉响警报器，在农村非公路道路上追车达40多分钟。当追到一路段时，朱某的母亲从被追车上跳下来，因车未完全停稳，朱母跌倒，不慎受伤，经抢救无效死亡。

朱某于是向法院提起诉讼，认为市公安局警员在交通管理过程中，违法追截车辆并导致了其母死亡的后果，要求公安局赔偿损失。

法院经审理认为：被告在原告只是违章停车的情况下，先后使用警灯和警报器，在非公路道路上尾追长达40多分钟，直至发生人员伤亡的事故，而警员只能在追捕犯罪嫌疑人时实施上述行为。虽朱母之死与被告尾追车辆的行为之间不存在直接的因果关系，但朱母确是在被告违法追截的过程中不慎跌伤致死的，朱母之死与被告的行为之间具有一定的关联性。

从公平执法和公正处事的原则出发，被告对朱母之死负有一定的责任，应承担相应的经济赔偿。据此，法院判决：被告追截车辆的行为违法，并赔偿原告损失52320元。

本案中，被告承担民事责任的前提是其行为的违法性。而要判断被告的行政管理行为是否违法，就须从违法行为的四要件（即违法行为主体、违法行为客体、违法行为客观方面和违法行为主观方面）予以考察。本案最有争议的是违法行为的客观方面。

---

① 《朱新一等诉启东市公安局警员追截车辆行为违法并申请行政赔偿案》，最高人民法院中国应用法学研究所编：《人民法院案例选》2002年第1辑（总第39辑），人民法院出版社2002年版，第427页。

被告警员是依照省公安厅制定的《交通巡逻警察道路治安管理暂行办法》对违章停靠的车辆进行检查和处理的，该规范性文件仅规定“交通巡逻警察履行道路治安管理职责时”，只有“对犯罪嫌疑人堵截不受管辖区域限制”。所以被告警员在非公路道路上对已离开违禁区域的车辆即予以追截，既不属于被告的管辖范围，又不属于被告应当追截的对象，故被告的行为与规范性文件明确规定的内容不符，属行为与规范性文件要求不一致的违法行为。

2. 侵害权利的行为原则上为违法行为且一般以权利的内容法律有明确界定为前提

所有权、姓名权等均有法律明文规定，若权利的内容没有明确的法律界定，则应根据法理来判断行为的违法性。

3. 只要有损害结果发生就直接推定行为人的行为具有违法性

在司法实践过程中，不管采取“结果违法说”还是“行为违法说”，大多数情况下，违法性的判断并不是什么疑难的问题。因为原则上，行为符合侵权的事实要件即指示出其非法性，也就是说，只要没有特殊的排除违法性的理由，对法益的损害总是违法的。①

三、违法性的构成

（一）违反法律的禁止性规定

1. 这里的“法律”指广义的法律

从制定主体上看，既包括立法机关制定的法律，也包括有行政机关制定的行政法规；从法律性质上看，既包括公法，也包括私法。

① ［德］马克西米利安·福克斯：《侵权行为法》（2004年第5版），齐晓琨译，法律出版社2006年版，第85页。

2. 违法行为的本质就是违反了法律的禁止性规范

法律作为人们的行为规范之一，体现着对社会行为的导向，事实上表达着对人的行为的一种客观评价。法律持肯定态度的行为即合法行为，法律持否定态度的行为即违法行为。

【案例4－4－9】法律持否定态度的行为即违法行为
——《张某诉王某违法使用农药致其鹅被毒死和其本人中毒损害赔偿案》①

被告王某系种马场农二队的护青人员。该队农民所养的鹅常进入农田啄食小麦，被告王某经多次驱赶无效，遂于2000年8月23日将拌有剧毒农药“3911”的小麦拱在农田的周围。此后，原告张某放养的鹅吃了被告拌有“3911”农药的小麦，先后有20只中毒死亡。原告张某在捡拾这些死鹅后，出现心慌、乏力、气短的症状，经送医院治疗，诊断为有机磷农药中毒，住院治疗4天。遂诉至法院。

一审法院经审理认为，原告张某间接接触农药引起中毒事实清楚。被告王某在护青工作中违规使用农药，造成原告身体伤害及财产损失，应对其行为所造成的损害后果承担主要责任；原告张某系限制民事行为能力人，其监护人未尽监护责任，对事故的发生有过错，应承担次要责任；被告种马场对剧毒农药未加严格管理，对造成的损害应承担连带赔偿责任。原告不服，提起上诉。二审法院判决驳回上诉，维持原判。

农药是用来杀灭虫害的，无论什么农药，都带有不同程度的毒性，使用它时往往会对周围人的生命健康和家禽、家畜构成威胁。因此，国家非常重视加强对农药使用的监督管理。国务院1997年

① 《张峻诉王宝华违法使用农药致其鹅被毒死和其本人中毒损害赔偿案》，载最高人民法院中国应用法学研究所编：《人民法院案例选》2004年民事专辑，人民法院出版社2005年版，第74页。

5月8日发布的《农药管理条例》，不仅在第2条第2款中以列举的形式规定了农药使用的目的和场所，其中排除了出于保护庄稼之目的而在农田周围喷洒农药的做法，而且还在第28条中明确规定“使用农药应当注意保护环境、有益生物和珍稀物种。严禁用农药毒鱼、虾、鸟、兽等”。

本案被告将麦粒拌上“3911”剧毒农药，然后将带毒的麦粒撒在农田周围，其使用农药的场所和目的清楚地表明是为了毒害他人饲养的家禽即鹅，其使用农药显然违反了《农药管理条例》中的禁止性规定，是违法行为。

3．法律规范是损害赔偿请求权的基础

一旦法律明确规定加以保护的民事权利受到不法侵害，受害人就可以基于法律规范请求加害人停止侵害行为并承担相应的民事责任。

（二）违反法定义务

（1）判断行为人的作为是否违法是以行为人在法律上是否负有不作为的义务为依据的。从客观上看，只要行为人负有不得侵害他人合法权益的法定义务，那么其违反该义务而实施的作为就是违法的行为。（2）只要此种违反法定义务的行为造成损害结果，并同时具备了其他侵权构成要件，就必须承担损害赔偿的民事责任。受害人也就因此对行为人产生了损害赔偿请求权。

【案例4-4-10】违反法定义务即构成侵权

——《孕妇从失修房屋楼上跌倒诉出租人案》①

2004年5月，原告杨某与其丈夫向被告顾某租住一间二层木质结构楼房。该房已多年失修，经原告提醒要求维修，而被告仅作了翻瓦，对其他结构未作维修。

2004年12月29日中午，已怀孕8个月左右的原告在租赁房屋的二楼打扫卫生时，由于楼板突然断裂，致原告跌落至一楼地面。原告受伤后，被送至医院治疗，并做了引产手术。原告起诉至法院，要求被告赔偿医疗费、误工费、陪护费等经济损失。

法院经审理认为：因生命、健康、身体遭受侵害，赔偿权利人有权要求赔偿义务人承担赔偿责任。受害人对损害的发生有过错的，可以减轻赔偿义务人的赔偿责任。本案原告受损害的原因有两个：一是被告出租的房屋存在着安全隐患，二是原告自身未尽到足够的安全注意义务。被告作为房屋出租人，在当事人之间无特别约定的情况下，应当对出租给原告方租住的房屋做好各方面尤其是对一些隐蔽瑕疵的修缮、维护工作，以确保出租房屋保持良好的状态。被告在将房屋出租给他人的同时，还伴随着保护承租人人身安全的附随义务。同时，原告作为妊娠的孕妇，本人及其亲属更应注意自身安全。因此，应认定原告对损害的发生也存在着较大的过错，酌定由原告自负40%的责任。

本案可认定为被告违反法定义务，构成侵权之债。被告作为房屋出租人，房屋租赁合同成立即伴随着保护房客安全的附随义务。这种义务是依据租赁合同的性质决定的，虽然双方当事人在合同中没有这样的约定，但根据诚实信用原则，作为出租人的被告也应该

---

① 《杨芳芳诉顾生川其他人身损害赔偿纠纷案》，载国家法官学院、中国人民大学法学院编：《中国审判案例要览（2006年民事审判案例卷）》，中国人民大学出版社2007年版，第612页。

履行该项义务，它是依法产生的，属法定义务。而被告违反该项法定义务，应认定为存在着违法行为。故被告应承担侵权损害赔偿责任。

（三）违背善良风俗之违法

1. 凡违背公序良俗的民事行为都可被认定为无效

成文法典不论制定得如何庞大，也不可能做到将一切可能出现的侵害民事主体合法权益的情形都予以明文规定的地步。为了弥补成文法典的这一先天缺陷，大陆法系国家民法一般都规定了所谓的“公序良俗”原则。依此原则，尤其是在法律无明文规定的情况下，那些违背社会公共生活规则的行为更应被视为违法行为。

【案例4-4-11】俗之不许 法亦不容

——《因未被刻名将别人在墓碑上的名字凿除赔偿案》[①]

2001年初，孟甲与孟乙两人之母去世后，孟甲与其兄弟姐妹商议在其母墓前立石碑一块，要求各人平均出资，孟乙未同意。孟甲便与其他亲属共同出资立碑，并在碑上署名，但未将孟乙和彭某（二人系夫妻）的名字署上。二人得知后，将石碑上的名字（孟甲及其他二人）凿除。为此，三原告于2001年11月29日诉至法院，要求判令两被告赔偿墓碑损失2000元及精神损失费1万元。

法院经审理认为：两被告将原告及他人所立墓碑损坏，侵犯了他人的财产权，依法应予赔偿。因墓碑被损坏，造成原告的精神损害，亦应抚慰。

在法院开庭审理前，双方当事人自愿达成协议，原告撤诉。

两被告将本归原告等人所有的墓碑上的原告名字凿去，即属于

① 《孟宪元等诉孟宪传等因未被刻名将其在墓碑上的名字凿除赔偿案》，载最高人民法院中国应用法学研究所编：《人民法院案例选》2002年第3辑（总第41辑），人民法院出版社2003年版，第158页。

一种违背公序良俗的行为，构成了侵权，同时也是一种侵害墓碑所有权的行为，被告应承担停止侵害、恢复原状、赔偿损失等民事责任。

2. 任何行为规范只要附加了法律上的强制力就成了法律

特别是在法律尚不完备的情况下，为了规范人们的行为，就有必要依据社会公共生活规则否定那些虽在法律上未作禁止性规定却违背“公序良俗”的行为的效力，认定其具有违法性。

国外立法例

《法国民法典》第6条规定：

个人不得以特别约定违反有关公共秩序和善良风俗的法律。

第五节　违法阻却

一、违法阻却概说

（一）违法性阻却之内涵

1.“违法阻却”的定义

违法阻却，是指行为人的行为虽然侵害了他人的合法民事权益，但由于该行为具有某种合法理由或其他事由而使其并不具备侵权行为构成要件的违法性。

2. 违法阻却为法定的免责抗辩事由

行为人的行为虽然在客观上造成了他人的人身或财产权益损害，但这些行为在法律上却具有正当性和合法性，行为人可以据此进行免责抗辩。

3. 违法要件与正当理由抗辩是一个问题的两个方面

基于正当理由的抗辩是侵权行为构成中“行为违法性”这一要件理论的延伸。行为不具有违法性就被认为是合法的，一般就不构成侵权行为，行为人也就能够以此为正当理由进行抗辩。

【案例 4－5－1】阻却违法的“伤害”

——《邓玉娇案一审判决免除处罚 恢复自由身》①

6 月 16 日上午 11 时，备受瞩目的“邓玉娇刺死官员案”在湖北巴东县法院一审结束。合议庭当庭宣判，邓玉娇的行为构成故意伤害罪，但属于防卫过当，且邓玉娇属于限制刑事责任能力人，又有自首情节，所以对其免除处罚。

据悉，2009 年 5 月 10 日晚，某镇招商办主任邓某、副主任黄某等人，酒后到“雄风宾馆梦幻城”玩乐。黄某发现 VIP5 包房内正在洗衣的邓玉娇后，向邓玉娇提出陪其洗浴的要求。邓玉娇拒绝。随后，邓某、黄某对其进行辱骂，拿出一沓钱炫耀并朝邓玉娇面部、肩部搧击。邓玉娇称有钱也不陪浴。经服务员罗某劝解，邓玉娇欲再次离开，邓某又将其拉回并推倒在沙发上。邓玉娇站起来从随身斜挎的包中掏出一把水果刀藏于背后。邓某再次用力将邓玉娇推倒在沙发上。邓玉娇双脚朝邓贵大乱蹬，把邓某蹬开，并站起来。邓某再次扑向邓玉娇，邓玉娇持水果刀朝邓某刺击，致邓某的左颈部、左小臂、右胸部、右肩部四处受伤。黄某上前阻拦，亦被邓玉娇刺伤右臂。邓某因伤势严重，经抢救无效死亡。

本案中，邓玉娇将邓某刺死的行为显然侵害了邓某的人身权益，但是她却没有承担责任，原因就是其行为有阻却违法的事由，因而具有合法性，所以也就不再具备侵权行为所要求的违法性要件。

（二）违法性阻却的抗辩事由分类

违法阻却的抗辩事由依据不同的标准可以做不同的分类，比如

① 《邓玉娇案一审判决免除处罚 恢复自由身》，2009－06－16，11：42　35，来源：大河网（郑州）

正当理由与外来原因、一般免责事由与特殊免责事由等。

正当理由是指损害虽然事由被告的行为所致，但是其行为具有合法性，因此可以依法免除责任。外来原因是指损害不是由于被告的行为所致，而是由外在于其行为的独立原因造成，因此被告的行为与损害结果之间不具有因果关系。[①]

二、正当理由

（一）正当理由抗辩的构成要件

行为人实施了某种在客观上致人损害的行为；这种行为与损害结果之间存在因果联系；行为人所实施的行为应为法律所鼓励，至少不为法律所禁止；正当理由一般有法律的明确规定，至少可以从立法精神及对法律条文的解释中揭示出来。

通说认为，可以作为阻却违法的法定正当理由包括：依法执行公务、正当防卫、紧急避险、自助行为、受害人同意、自甘冒险等。

（二）依法执行公务

1. 依法执行公务的概念与意义

（1）为了保护社会公共利益和公民的合法权益，法律允许公务人员在执行公务时给特定的他人人身或财产造成必要的损害。

公务人员在依法行使权力与执行公务的过程中，只要其行为符合法律所要求的正义性和合法性，即便给他人造成了损害，也可以不承担民事赔偿责任。

（2）若公务人员行使权力和职务授权行为符合法律规定，则其当然无需对此造成的损害承担损害赔偿的民事责任。

在依法执行公务的情况下，法律的尊严和法定的权力不仅可以决定利益的归属，还可以决定行为的性质及法律后果的承担。不论是公安人员依法开枪打伤逃犯，还是消防人员为了防止火灾蔓延而

① 张新宝：《侵权责任法原理》，中国人民大学出版社2005年版，第112页。

将邻近的房屋拆除，都因其具有合法性和正当性而阻却违法。

【案例4－5－2】依法设卡路稽而追查执行公务
——《王某因丈夫驾驶无牌照机动车行驶被追击中撞倒电线杆被砸死诉路检者交通征稽所赔偿案》①

被告甲征稽所同丙派出所签订了联合进行路检路查偷漏养路费的协议。1996年6月24日，被告征稽所人员会同丙派出所民警在一路段设路卡进行路检路查工作。原告丈夫李某无证驾驶无牌照农用后三轮车驶入设卡路段。发现前路口有路检，就调车头向乡路行驶。参加路检的两名派出所的人员发现后，立即驾车追查。李某由于车速快失控撞断路边水泥电线杆，电线杆倒下时砸碎李某头颅致其当即死亡。死者之妻王某诉至法院，要求征稽所赔偿。

法院审理认为：被告征稽所根据省政府的有关规定，在路口设卡路检查稽偷漏养路费情况，其行为系正常执行公务。其工作人员发现原告之夫李某无牌照驾车，即驱车尾追查明情况，其行为并非违法。原告之夫李某无证驾驶无牌照农用三轮车，理应主动停车接受路检，而其为规避被告征稽所检查驾车而逃，导致车毁人亡的后果，责任理应自行承担。遂判决：驳回原告王某的诉讼请求。

被告征稽所在有关路口设卡路检，是根据省政府有关规定进行的。原告之夫李某驾驶无牌照农用三轮车在道路上行驶，路检工作人员发现理应追查，若不去追查就失去了路口设卡路检路稽的意义。另外，从省政府稽查工作有关文件内容上看，没有无牌照车辆规避路检时稽查人员可不去追查的规定。因此，对李某的追查正体现了稽查工作的要求，追查应当是执行公务。被告征稽所可以此为抗辩事由不承担民事赔偿责任。

---

① 《王云叶因其夫驾驶无牌照机动车行驶被追击中撞倒电线杆被砸死诉路检者旅顺口交通征稽所赔偿案》，载最高人民法院中国应用法研究所编：《人民法院案例选》1999年第3辑（总第29辑），人民法院出版社2000年版，第123页。

2. 依法执行公务的构成要件

依法执行公务要成为阻却违法的事由，须满足如下几个条件：

（1）须有合法的授权。依法执行公务行为之所以能成为抗辩事由，是因为此种行为系基于合法的授权，目的则是为了保护社会公共利益和公民的合法权益。

（2）执行公务的行为须合法。公务人员只有在法律规定的范围内履行职责，才能对损害后果不承担赔偿责任。若公务人员的行为超越法定的授权范围，或行为所依据的法律和法规已经失效或被撤销，或行为本身不符合法律的要求，则不得视为依法执行职务。

执行公务的行为合法不仅包括执行公务的实体行为合法，还包括执行公务的程序和方式必须合法。如果因执行公务的程序或方式不合法而导致他人损害时，就仍有可能构成侵权行为。

（3）执行公务造成的损害须为必要。执行公务的行为并不一定都会造成他人人身或财产权益的损害，损害后果的发生须为保证执行公务活动所必需。只有在不造成损害就不能执行公务的情况下，执行公务行为才能阻却违法。只有明确执行公务行为造成损害的必要性，才能充分保障公民和法人的合法利益。

（三）正当防卫

1. 正当防卫的概念与意义

（1）民法正当防卫之定义。民法上的“正当防卫”，是指行为人为防止公共利益、他人或本人的人身或财产利益遭受不法侵害，在必要限度内对正在进行的不法侵害所采取的保护性措施。

（2）民法上的正当防卫与刑法上的正当防卫基本相同。正当防卫在各国的刑法中几乎都有规定，并影响私法，而因其重要性大多数国家又在民法典中再次加以了明确的规定。民法与刑法上的正当防卫都是为了保护社会公共利益、本人或者他人的合法权益，而对正在进行的非法侵害给予适度的还击，以排除或减轻违法行为可能造成的损害。

本人或他人的人身或财产权利是原权，当其受到侵害时就产生了正当防卫的权利，故正当防卫被视为一种救济权。①

(3) 既然正当防卫是一种合法行为，防卫人自然无须对此造成的损害承担赔偿责任。几乎所有的大陆法系国家都在民法中规定了正当防卫，我国《侵权责任法》第30条对此也有明确规定："因正当防卫造成损害的，不承担责任。正当防卫超过必要的限度，造成不应有的损害的，应当承担适当的责任。"

2. 正当防卫的构成要件

正当防卫须具备如下构成要件：

(1) 防卫须以侵害行为的存在为前提。只有在不法侵害实际发生的情况下，才能实行正当防卫。侵害必须是实际存在的，而不是尚未发生或者已经完成的。不法侵害已经完成后实行的行为属于报复行为，也会构成侵权行为。

【案例4-5-3】抓贼打错人怎么办？
——《谢某假想防卫过失致人重伤案》②

被告谢某误以为送奶工史某（男，16岁）是窃贼，用铁杈向史头部打去，击中史某的嘴部，致史某7颗牙齿脱落。经法医鉴定，史某的损伤已构成重伤。

史某将被告谢某起诉至法院，请求谢某赔偿损失。

法院认为：被告人谢某基于臆断，将事实上并不存在的不法侵害误认为存在，出于防卫的目的致人重伤，被告人谢某对此应当预见而未预见，属疏忽大意的过失，已构成过失致人重伤罪。宣判后，检察院以原审判决认定罪名不正确，提起抗诉。

二审法院认为：鉴于被告人谢某出于正当动机，过失造成他人重伤，且在案发后已赔偿被害人的经济损失，根据其犯罪情节对其

① 陈兴良：《正当防卫论》，中国人民大学出版社1987年版，第36页。

② 《谢立强假想防卫过失致人重伤案》，载最高人民法院中国应用法学研究所编：《人民法院案例选》2002年第3辑（总第41辑），人民法院出版社2003年版，第35页。

适用缓刑确实不致再危害社会，故依法可以宣告缓刑。

本案被告人谢某的行为是一种典型的假想防卫。被告人在持铁杈打击被害人头部时，对其行为会造成的后果是明知且积极追求的，且此时被害人已经推车欲离开现场，被告人臆想中的不法侵害不仅不是正在进行，而且根本就不存在。

（2）防卫须具有必要性和紧迫性。防卫须是针对非进行防卫而不能排除非法侵害的行为实施的。如果行为人有条件和有能力通过非防卫的合法方式制止侵害行为，就不得实施防卫。

【案例4-5-4】防卫行为明显超过必要限度造成重大伤害
——《胡某防卫过当故意伤害案》①

2002年3月19日下午3时许，被告人胡某与同事张某（在逃）因搬材料问题发生口角，张某扬言下班后要找人殴打胡某。当天下午5时许，张某纠集邱甲（在逃）、邱乙在某公司门口殴打胡某。胡某即掏出一根钢筋条朝邱乙的左胸部刺去，并转身逃跑。被害人邱乙受伤后被"120"救护车送往医院救治。经法医鉴定，被害人邱乙左胸部被刺后导致休克，心包填塞、心脏破裂，损伤程度为重伤。

法院经审理认为：被告人胡某在下班的路上遭到被害人邱乙不法侵害时，即掏出钢筋条刺中邱乙，其行为属于防卫性质。被害人邱乙在殴打被告人胡某时并未使用凶器，其侵害行为尚未达到对被告人胡某性命构成威胁的程度，被告人胡某却使用凶器进行还击，致使被害人重伤，其防卫行为明显超过必要限度造成重大损害，属于防卫过当，虽构成故意伤害罪，但依法应当减轻处罚。

民法上的正当防卫与刑法上的正当防卫其实是一个概念。只是

① 《胡咏平防卫过当故意伤害案》，载最高人民法院中国应用法研究所编：《人民法院案例选》2004年刑事专辑（总第47辑），人民法院出版社2005年版，第225页。

民法是从民事损害赔偿的角度看问题，而刑法则是从刑事处罚角度看问题。本案中，被告人的行为明显超过必要限度，属于防卫过当，应当承担相应的民事责任及刑事责任。

(3) 防卫须针对不法侵害者本人实行。正当防卫的目的在于排除和制止不法侵害，故防卫只能针对不法行为人本人，而不能针对第三人实行。不过，防卫人对不法侵害者本人实行反击时，有时也会损害到第三人利益，防卫人应对第三人遭受的损害负责。

【案例4-5-5】“纯爷们”温州“抢车男”走红网络

——《见义勇为男子用自行车砸翻飞车抢匪》①

2009年12月19日清晨6点左右，温州女青年小陈走到市区东游路新南亚大酒店附近时遭遇飞车抢劫。路过此地的骑自行车男子，将自行车砸向飞驰而来的摩托车，两名歹徒应声落地，一名歹徒被保安及周围群众合力擒下。事后，砸车勇士将包递给受害者后，提着变形的自行车默默离去，酒店监控拍下了全过程。之后，该视频在网络上公布后，这位男子也迅速走红网络。

(4) 防卫须具有保护合法权益的目的性。这意味着防卫人不仅应意识到不法侵害的现实存在，而且应意识到其防卫行为是为了保护社会利益、本人或他人的合法利益。防卫的目的性是正当防卫作为民法上免责事由的根据，也是正当防卫权利存在的基础。

(5) 防卫须不得超过必要限度。“必要限度”是指为避免遭受不法侵害而足以有效制止侵害行为的必需强度。只要行为是为制止侵害所必需，就不能认为是超越了正当防卫的必要限度。但是，如果行为人采取的措施强度明显大于侵害的强度，就会构成防卫

① 《见义勇为男子用自行车砸翻飞车抢匪》，2009-12-25，05：21：35，来源：四川新闻网-成都日报（成都）。

不当。

除了行为的强度，我们还可以从合法权益的大小上来判断防卫的“必要限度”：如果行为人为防卫一个很小的合法财产权益而给对方造成非常严重的人身损害，此种防卫显然就超出了防卫的必要限度。

如果防卫行为不能满足正当防卫的所有要件，就构成了不当防卫行为，行为人须承担相应的赔偿责任。不当防卫行为主要包括假想防卫、防卫过当、防卫行为误伤第三人等。

（三）紧急避险

1. 紧急避险的概念与意义

（1）紧急避险之定义。紧急避险，是指行为人为了使公共利益、他人或本人的人身或财产利益免受现实和紧急的损害危险，不得已而被迫采取的损害他人人身或财产的合法行为。

（2）紧急避险是合法行为。行为人在两种合法利益无法同时得以保全的情况下，不得已而采取牺牲较小利益以保全较大利益的措施，其行为具有正当性，故可以阻却违法。

【案例4-5-6】开闸泄洪冲走饲养的鳗鱼谁来赔？

——《水电站避险不当致养殖公司损害赔偿案》①

甲县养殖公司专业从事欧洲鳗的养殖。乙水力发电站是丙水库的管理人，利用水库的水力发电。养殖公司的养殖场位于水库的行洪道前约100米。

某夜，台风影响甲县，因降雨量较大，水电站于是直接打开三闸泄洪而没有通知下游。因泄洪水量过大过急，冲走了养殖场价值3442388.20元的鳗苗。养殖场于是向法院起诉，要求水电站赔偿

① 《天龙养殖公司诉龙溪水力发电站迟迟不按规范泄洪、泄洪时措施又不当紧急避险损害赔偿案》，载最高人民法院中国应用法学研究所编：《人民法院案例选》2002年第2辑（总第40辑），人民法院出版社2002年版，第111页。

损失。

法院经审理认为：水电站开闸泄洪的行为属紧急避险。但是，水电站在未通知下游的情况下，先开一闸后直接开三闸，致使洪水过大而淹没养殖场，属于避险措施明显不当。

据此，法院判决：水电站赔偿养殖公司所遭受的损失。

本案属于紧急避险但避险过当的情形。由于受台风的影响，水库的水位急剧上升，不进行泄洪就会威胁到水库的安全。为了保证水库的安全，水电站实施的开闸行为符合紧急避险关于险情的构成要件，且开闸损害的养殖公司的利益要远远小于水电站所要保护的利益。

然而，水电站没有及时打开第一闸，在水位急剧上涨时未开第二闸就直接打开了三个闸，这才导致洪水太急太大，以致冲走了养殖场的欧洲鳗。水电站的行为显然存在过错，属于紧急避险不当，故应承担相应的赔偿责任。

2. 紧急避险的构成要件

紧急避险须具备如下构成要件：

（1）须正在发生威胁着公共利益、本人或他人利益的危险。如果危险已经消除或者尚未发生，行为人就不得采取紧急避险的措施。基于对危险状况的误解、臆想或者错误判断而采取避险措施并致他人损害的，属于假想的紧急避险，行为人应向他人承担赔偿责任。

（2）须是在不得已的情况下采取避险措施。所谓“不得已”，是指非采取紧急避险措施不能保全更大的利益。如果行为人可以通过其他合法途径保全更大的利益，就不得采取紧急避险措施。

（3）避险行为不得超过必要的限度。所谓“不超过必要的限度”，是指行为人应采取适当的措施，以尽可能小的利益损害保全较大的利益。也就是说，紧急避险行为所引起的损害应轻于所避免的损害。若避险行为不仅没有减少损害，反而使造成的损害大于或等于可能发生的损害，则该避险行为就超过了必要的限度。

【案例4-5-7】紧急避险由引起险情发生的人承担民事责任
——《紧急避险导致的车损如何理赔案例分析》[①]

1998年12月2日17时左右，湖北省某市个体驾驶员刘某（系车损险及第三者责任险被保险人）驾驶小客车在行驶途中，因天冷路滑，在急弯道内侧（占道）处与相对而行的个体驾驶员张某驾驶的三轮车交会。为避免相撞，三轮车急转弯，倾覆于公路边沟内。三轮车受损、两名乘客及驾驶员受伤。

该市交警大队调解后认定：刘某负此次事故的全部责任，应赔偿张某损失6000余元。事故处理结案后，刘某向保险公司索赔，而保险公司在审理此案时则以“两车未发生碰撞”及“紧急避险超过必要限度”为由予以拒赔。双方遂引起纠纷。

本案是一起因紧急避险问题而引发的案件。三轮车驾驶员张某的行为属紧急避险行为。所以，张某因紧急避险所造成的车倾人伤损失应由引起险情的被保险人刘某承担责任。另外，在这次事故中，张某应视为第三方。根据《机动车辆险条款》有关规定，被保险人在使用保险车辆过程中发生意外事故，致使第三者遭受人身伤亡或财产直接损毁，依法应由被保险人支付的赔偿金额，保险人应依照保险合同给予赔偿。

故刘某依据依据第三者责任险条款索赔是合理的，保险公司依法应予赔付。

3. 紧急避险损害责任承担原则

我国《侵权责任法》第31条规定：“因紧急避险造成损害的，由引起险情发生的人承担责任。如果危险是由自然原因引起的，紧

① 《紧急避险导致的车损如何理赔案例分析》，www.jnhyw.com，“济宁货运网”，2011年5月17日。

急避险人不承担责任或者给予适当补偿。因紧急避险采取措施不当或者超过必要的限度，造成不应有的损害的，紧急避险人应当承担适当的责任。”

（1）紧急避险的本质是“丢车马，保将帅”。由于面对紧急危险，行为人没有别的途径可以解脱，只有遵循“两利相权取其重，两害相权取其轻”的原则，被迫实施紧急避险行为，因此，只要避险行为没有超过必要的限度，行为人就不应承担责任。然而，就无辜的受害者而言，其没有任何过错却要承担损失，显然有失公平。

（2）紧急避险的损害后果，应区分情形确定民事责任。一是由引起险情发生的人承担。在一般情况下，应由引起险情发生的人（包括紧急避险人、受害人、第三人等）承担民事责任，其承担过错责任的范围应以紧急避险的必要限度或避险措施得当所造成的损失为标准。

二是由紧急避险人承担的公平责任。如果危险是由自然原因引起的，即没有引起险情发生的人时，民事责任的承担就存在两种情况：在一般情况下，紧急避险人可以不承担民事责任，即对由此造成的损失可不予赔偿；而在特殊情况下，也可以要求紧急避险人承担适当的民事责任，此即《侵权责任法》第31条规定的“公平原则”的具体体现，也就是说，在当事人双方都没有过错的情况下，可以根据实际情况让他们分担民事责任。

三是紧急避险人适当的过错责任。紧急避险人因采取措施不当或者超过必要限度而造成不应有的损害的，就应承担适当的民事责任。

这里所谓的“适当”，首先是指不应免除紧急避险人的民事赔偿责任；其次是指可以减轻紧急避险人应负的民事赔偿责任，当然也可以要求紧急避险人就过当部分承担全部的民事赔偿责任。

四是受益人的适当补偿责任。如果不存在第三人的过错，也不存在紧急避险人的过错，而受害人与受益人又不是同一人，那么受益人就应适当补偿受害人的损失，因为受益人的利益保全或损失减少是通过牺牲受害人的利益来实现的。

（四）自助行为

1. 自助行为的概念

(1) 自助行为之定义。自助行为，是指权利人在情况紧急而不能取得公力救济的情况下，为保护自身的合法权利而对他人的人身或财产所采取的必要措施。

(2) 自助行为属于私力救济的范畴。虽然我国《民法通则》和《侵权责任法》都未明文规定“自助行为”，但从法律性质上看，自助行为与正当防卫、紧急避险类似，因此，除了一些自助行为的特殊规则，自助行为一般可以适用正当防卫、紧急避险的规则。

(3) 自助行为与正当防卫、紧急避险的区别。自助行为所保护的是行为人自己的权益，而正当防卫和紧急避险所保护的利益还包括他人的权益；特别是在自助行为实施前，当事人间业已存在某种债的关系，而在正当防卫和紧急避险实施前，当事人间并不存在此种关系。①

【案例4-5-8】只要行为不超过保护合法权益的必要限度
——《小偷状告失主案》②

杨某骑自行车到税务局办公大楼，将自行车锁在大楼门口的大树下后，即进楼办理业务。突然发现自己的自行车不见了。追出门后，杨某发现一年轻妇女方某正骑着自己的自行车飞快地向郊外逃去，就雇了辆摩托车追赶。杨某提前赶到下一个路口准备拦截，方某为了躲避就上了机动车道，却连人带车撞上一辆同向行驶的大货

---

① 杨立新：《侵权法论》，人民法院出版社2004年版，215页。

② 《央视〈社会记录〉：小偷状告失主》，载“新浪网”〈http://news.sina.com.cn/s/2005-04-20/05506436158.shtml〉,2005/04/20。

车，被大货车的碾压致伤。事后，方某起诉到法院，要求失主杨某和肇事司机及车主翁某赔偿自己因人身伤害导致的经济损失。

一审法院认为：失主杨某发现自己的自行车被盗后实施的追赶拦截行为是自助行为，但是，在发现方某冒险行驶在机动车道上后，应当预见到继续追赶可能会给原告造成危险，对造成方某的人身伤害也存在主观上的过错，应承担一定的赔偿责任。据此，法院判决：由被告杨某承担原告损失的10%，被告车主翁某承担原告损失的35%，原告方某自行承担其余55%的损失。

被告杨某不服判决，提起上诉。二审法院经审理认为：杨某采取自助行为并无不当。遂判决：驳回原审方某对杨某的诉讼请求，方某自行承担65%的责任，车主翁某承担35%的责任。

“行为不得超过保护合法权益的必要限度”是构成自助行为的必要要件，也是阻却行为违法性的必要条件。本案中，杨某实施的自助行为造成了方某的人身重大伤害。显然，从结果上看，杨某的行为已经超出了保护其合法权益的必要限度，但杨某对该损害结果是很难预见的。从行为上看，杨某的行为是保护其合法权益所必需的，并无不当。

2. 自助行为的意义。现代法治社会倡导民事纠纷的协商解决方式，当事人协商不成即应寻求公力救济，法律在原则上并不鼓励私人采取带有强制力的纠纷解决方式。不过，自助行为虽然并未解决当事人之间的纠纷，却可以为保障权利人的合法利益及时地提供某种担保，从而为纠纷的最终解决创造基本条件，故自助行为得到了有条件的肯定。

3. 自助行为的构成要件

自助行为须具备如下构成要件：

（1）行为完全是为保护自己的合法权益而实施；

（2）情况紧迫而来不及请求有关国家机关的公力救济；

（3）自助方法须为保障自己的请求权所必需；

（4）行为须为法律及公共道德所允许；

（5）行为不得超过保护合法权益的必要限度；

（6）行为人在实施自助行为后，应立即请求公力救济。

若行为人无正当理由而迟延请求公力救济，则应承担由此造成的损失。当自助行为没有得到有关国家机关事后认可时，行为人应立即停止侵害，并承担损害赔偿责任。

（五）受害人同意

1. 狭义的“受害人同意”概念

从狭义上看，“受害人同意”（也称“受害人承诺”）是指受害人自愿承担他人侵害其权利的法律后果的单方意思表示。

2. 广义的“受害人同意”概念

从广义上看，“受害人同意”不但包括受害人在损害发生前与行为人约定免除行为人的损害赔偿责任情形，还包括受害人在损害发生后明确表示免除行为人的损害赔偿责任情形。但一般认为，对于后一种情形，受害人其实放弃的是损害赔偿请求权。

在阻却违法的正当理由中，存在于受害人的因素还可分为“免责约定”和“受害人同意”两种情形。二者的区别在于：“免责约定”侧重于双方免责的意思表示一致，“受害人同意”则侧重受害人单方作出的免责意思表示。

3. 受害人同意的意义

（1）自愿者无损害可言。侵权行为虽为事实行为，但损害赔偿却是民事法律关系。民法以“意思自治”为基本原则，既然受害人无意要求损害赔偿，法律制度也就无须强行介入。

（2）受害人同意应以承诺不违反法律的强行规定为原则。这是免责约定及受害人同意理论的一个重要基础。任何事先免责的约定效力应不及于故意或重大过失情形。

（3）受害人同意仅在加害行为故意时有意义。受害人同意主要涉及的就是有意图的加害行为：即欧洲大陆法律语言中倘若无原告的同意就构成“故意”的情形。[①] 因为在过失侵权的情况下，受害人无法预知未来可能发生的侵权行为，“同意”就无从谈起。但是受害人可能会预知未来的风险，如果受害人接受了风险，其心理仍是不希望该危险的发生，这种情况可以归到“自甘冒险”的情况中。

4. 受害人同意的构成要件

（1）受害人须具备权利处分能力。允许他人侵害权利须以受害人对该项权利有处分能力与权限为前提，否则，就不能阻却违法。而且，行为也不得超过受害人同意的范围和限度。

（2）须具备意思表示的生效要件。受害人承诺的意思表示须具备一般意思表示的生效要件，当然也就应受到对一般意思表示所作的限制，故一般认为，行为人在主观上应是善意的，且受害人同意不得违反法律与社会公德。

（3）受害人须事先放弃损害赔偿请求权。受害人事先须作出放弃损害赔偿请求权的明确而真实的意思表示。若受害人明示其不放弃该请求权，则不能构成阻却违法的事由。

（4）狭义的“受害人同意”要由受害人通过明示的方式进行。只有在符合法律的特别规定或民事习惯的特殊情形下，才可以由受害人用默示的方式作出。这种理论就演化为我们接下来所要探讨的“自甘冒险”。

【案例 4-5-9】家属可因身份关系获得了加入权
——《陈某诉某医院医疗服务合同纠纷案》[②]

2003 年 2 月，陈某之父向公安机关报案，要求公安机关协助

① ［德］克雷斯蒂安·冯·巴尔：《欧洲比较侵权行为法》（下卷），张新宝译，法律出版社 2001 年版，第 631 页。

② 《陈某诉北京市某医院医疗服务合同纠纷案》，载最高人民法院中国应用法学研究所编：《人民法院案例选》2008 年第 2 辑（总第 64 辑），人民法院出版社 2009 年版，第 191 页。

其送陈某至精神病院治疗，公安机关同意予以协助。当日，陈某之父与该医院签订入院协议书一份，并被告知因治疗和用药可能产生的各种风险。强制收治入院后，医院给陈某服用氟哌啶醇药物。2003年3月6日，陈某诉口齿不清、舌头发硬，医院逐渐减少氟哌啶醇用量。3月27日，陈某家属接陈某出院。

陈某认为，某医院未经同意擅自将其收治入院，对于可能产生的医疗风险没有告知，导致出院后产生口齿不清、舌部僵硬等不良后果，要求某医院赔偿后续治疗费及因被强行收治而产生的精神抚慰金。

法院经审理认为，在收治住院方面，陈某入院时，医院履行审查义务，且经陈某近亲属同意后将陈某收治，收治过程合法。在诊断方面，医院在听取陈某之父的主诉病情并对陈某进行精神方面的检查后，做出“偏执型人格障碍”的诊断结论正确。在治疗方面，陈某服用的氟哌啶醇是治疗陈某疾病的药品，服用剂量亦符合用药常规。医院在陈某入院时，已经通过协议形式将用药可能产生的风险进行告知。据此，判决驳回陈某的诉讼请求。

在社会实践中，医疗机构将精神疾病患者收治住院主要通过以下两种主要途径：其一，公安机关对违反治安管理行为的精神病人可以根据《治安管理处罚法》的有关规定予以强制住院进行治疗；其二，根据患者家属提出的申请，经医院诊断后决定收治入院治疗。

以上两种方式，都是在精神疾病患者拒绝治疗的情形下将其收治入院，并非我们所讲的“受害人”本人同意。不过，由当事人的家属自愿提出申请，这里家属因身份关系获得了加入权，等于是其代患者“同意”，但是这会对患者的人身自由造成损害。因此，家属行使介入权应该从家属的主观心态和客观上权衡患者所受损失与社会所受损失比较，才能对患者的意思表示进行限制，由家属同意对患者的人身自由进行限制。

（六）自甘冒险

1. 自甘冒险的概念与意义

所谓“自甘冒险”是指行为人即受害人，本可预见某种行为可能造成损害，但为了追求某种特殊利益而甘冒发生损害的危险而实施此种行为。

（1）理论上“自甘冒险”是一种单独的阻却违法事由。

（2）属于“受害人同意”中的“受害人在损害事故发生前的单方同意”。其意味着受害人在损害事故发生前，单方以明示或默示的方式表示自愿承担损害发生的后果。

2. 自甘冒险的构成要件

（1）行为须有基础法律关系。自甘冒险的行为人与相对人之间存在的某种基础法律关系既可以是单独行为关系，也可以是契约关系；既可以是无偿的，也可以是有偿的。正是基于这种基础法律关系，行为人才得以从事自甘冒险行为。

（2）基础法律关系与行为人的“自甘冒险”是两个不同的法律关系。前者是后者的基础，即后一个法律关系是建立在前一个法律关系基础之上的。

例如，在登山活动中，组织者应尽到培训和适当的安全保护义务，在此基础上发生的登山遇难即属自甘冒险；在体育比赛中，双方应约定遵守共同的比赛规则，此次基础上发生的意外即属自甘冒险；在F1大赛中，组织者应为必要的安全保护措施，赛车手也应遵守比赛规则，这些都是自甘冒险的基础法律关系。

（3）冒险行为活动须具有危险性。行为人所从事的活动须存在可以预见的危险性，行为人也已预见到该危险性并明示或默示自行承担这种风险。

（4）须损害的结果本可避免。虽然风险有较高的概率，但其依然只是一种可能性，而不是一种必然，这也是那些基础风险活动得以存在的原因。若参加某种活动必然会造成人身伤亡，则该活动必然会被法律禁止。如篮球比赛虽然有较高的危险性，但只要遵守比赛规则并采取必要的保护措施，一般就不会发生人身伤亡的结果。

(5) 主观须非故意且无重大过失。只有在行为人与相对人遵守基础法律关系的各项要求的情况下，行为人的行为才能构成自甘冒险。也就是说，故意或重大过失均不得预先免除行为责任。

(6) 行为目的须为获取"非常规报偿"，且行为非为履行法律上或道德上的义务。所谓"非常规报偿"，是指通过一般行为所不能获得的报偿，一般包括"无偿"、"重赏"和"特殊期待"三种情形。

"无偿"是指希望不付出代价而获得利益，典型的例子就是搭便车，却因发生车祸而造成伤亡；"重赏"是指希望通过参加高风险性的活动而获取巨大收益，典型的例子就是职业 F1 车手在比赛中受伤；"特殊期待"是指希望得到通过常规手段所不能得到的利益，如身患绝症的人接受尚处于试验阶段的治疗方法以期得到现有医疗手段所不能得到的效果，又如通过参加体育比赛以期获得比赛本身所带来的快感以及赢得比赛后所带来的荣耀和喜悦。

"自甘冒险"要求行为人的行为不是尽法律或道德上的义务。例如，士兵在战争中伤亡，消防队员在抢救火灾的过程中负伤，堤防管理人抢修濒于决口的大堤而被洪水卷走，均属尽法律上的义务，而不属于自甘冒险。至于类似抢救落水者而身亡的行为，因属尽道德上的义务，故也不构成自甘冒险。

【案例 4-5-10】默示同意承担比赛所带来的风险

——《篮球比赛中被人撞伤索赔案》①

市公路段和市器材厂各自从本单位抽调部分职工为篮球赛进行

① 《刘洪亮因在篮球比赛中被撞伤诉对方所在单位吉林省九台市公路管理段赔偿纠纷案》，最高人民法院中国应用法研究所编：《人民法院案例选》1995 年第 3 辑（总第 13 辑），人民法院出版社 1995 年版，第 82 页。

训练，刘某、吕某分别是各自单位抽调的队员。

1992 年 8 月 16 日，两单位的球队进行练习比赛中，吕某肘部撞击了刘某的左胸，判员当即鸣笛，判吕某犯规，刘某因伤痛下场。经医院诊断，刘某为“左胸外伤、肋骨骨折、继发血气胸”，花去医药费 4000 多元。

刘某向法院提起诉讼，要求公路段赔偿其经济损失 9000 元。

一审法院经审理认为：刘某是在代表本单位与公路段球队进行练习比赛的过程中被公路段队员吕某意外伤害的，二者均无过错，公路段和器材厂应依法分担责任。

公路段不服该判决，以篮球赛非其举办为由，提起上诉。二审法院经审理认为：刘某和吕某参加球赛是一项正当的体育活动，吕某在比赛中无意撞伤刘某，不应承担责任。刘某是器材厂的职工，受单位指派参加球赛受伤，单位应按工伤事故处理，故原审法院判决公路段承担赔偿责任显然不当。遂判决：撤销一审判决，刘某住院医疗费由其所在的器材厂解决处理。

一些对抗性很强的体育竞技项目（如拳击、足球、篮球等）存在着较大的危险性。行为人在参加这些项目时，不论是否与举办者签订了协议，也不论是否明示自愿承担因正常竞技风险而导致的伤害甚至死亡后果，只要发生了意外事故，就应自行承担责任，这些都属于“自甘冒险”的范畴。

本案中，刘某作为一个成年人，在代表本单位和公路段球队进行篮球练习赛前，应当知道比赛中会出现什么样的危险。刘某基于这一明知的事实而仍然参加到比赛中来，就应推定其对这种参赛行为默示同意并愿意承担比赛所带来的风险和可能发生的不利益。吕某的动作并非出于伤害的故意，而且这是篮球赛中普遍存在的行为。如果因此就要求其承担赔偿责任，则高危险的体育竞技活动势必会失去发展的空间。刘某代表器材厂参加篮球比赛，并不负有任何法律或道德上的义务，而是为了获得参赛的非常规利益。刘某的行为符合所有自甘冒险的构成要件，故不能要求对方承担侵权责任。

三、外来原因

所谓“外来原因”，是指外在于行为人行为的独立原因。也就是说，损害并不是由行为人的行为，而是由行为人行为之外的独立原因造成的，如不可抗力、意外事件、受害人过错、第三人过错等。

(一) 不可抗力

1. 不可抗力的概念

根据我国《民法通则》第153条的规定，不可抗力是指不能预见、不能避免且不能克服的客观情况。

不可抗力既包括自然现象，如地震、洪水、台风、火山爆发等；也包括某些社会现象，如战争、暴乱等。

【案例4-5-11】要看是不是一般人无法抵抗的损害后果
——《围墙突然倒塌致人伤害赔偿案》①

某日，茹某与两位同事下班后一起骑车回家，突然下起暴雨和冰雹，并伴有大风，天气十分恶劣。于是茹某在被告乙公司的围墙下躲雨，不料围墙突然倒塌，将茹某砸伤，后经抢救无效死亡。事后，茹某的近亲属宓某等诉至法院，要求乙公司赔偿医疗费等相关费用。

经审理，法院最终判决：被告乙公司对原告的损失承担一定的赔偿责任。

不可抗力一般包括自然原因、社会原因和国家原因等，但并非一切自然力因素都可构成不可抗力。作为不可抗力的自然现象应具

① 《宓安春等诉嵊州市浦东织造有限公司人身损害赔偿案》，国家法官学院、中国人民大学法学院编：《中国审判案例要览》(2003年民事审判案例卷)，中国人民大学出版社、人民法院出版社2004年版，第191页。

有强大的破坏力，足以产生一般人无法抵抗的损害后果，即使当事人尽到了一般善意之人乃至专业人员（于对当事人注意义务有特别要求之情形）应尽的各种努力，仍不能免于损害。①

本案中，除非有证据证明当天发生的狂风暴雨和冰雹天气所达到的程度已超出通常围墙的抗御值范围，否则就不得以不可抗力进行抗辩。只要当天的天气状况还没有恶劣到发生大规模围墙倒塌的地步，就说明致害的主要原因是被告的围墙质量存在一定的瑕疵。既然该事故并不是不可避免和不可克服的，那么被告就不得以不可抗力进行抗辩。因此，法院最后判决被告应承担损害赔偿责任是完全正确的。

2. 不可抗力的认定

(1) 对不可抗力的诠释主要有“主观说”、“客观说”和“折中说”等几种观点。

首先是主观说。即以行为人主观应注意的程度为判断标准。该说认为，只要行为人尽到了应尽的注意义务并使用了尽可能使用的手段，仍不能防止损害的发生，就构成不可抗力。

这主要是苏联民法理论中的观点。该观点的缺陷在于弹性过大，缺乏一个客观的判断标准，因此在实践中往往很难把握。

其次是客观说。即以事件的客观性质和状况为判断标准，强调其无法抗拒性，而不关注行为人是否尽到了合理注意义务这一主观要素。该说认为，不可抗力与行为人的主观意志无关，只与事件本身的客观性质和状况有关。

该说为英美法理论所采用，其缺陷在于完全排除了行为人的主观因素。只有特别重大的自然灾害和社会事件才能被认定为不可抗力，这样就将不可抗力限制在一个过于狭小的范围内。

---

① 张新宝：《中国侵权行为法》，中国社会科学出版社 1998 年 8 月修订第 2 版，第 599 页。

最后是折中说，亦称“二元说”。由于“主观说”与“客观说”都存在各自的缺陷，因此，融合这两种理论的“折中说”就应运而生。“折中说”一方面认为不可抗力具有客观性，即发生于行为人外部的事件；另一方面也强调行为人应尽到其主观注意义务，即须判断行为人是否存在主观过错。

“从法院判案的实际操作来看，折中说给予更多的参照物（即标准），似更易适用。”① 相比单纯的“主观说”或“客观说”，“折中说”更为合理，因此为许多大陆法系国家所采用。一般认为，我国《民法通则》采纳的也是“折中说”理论。

（2）根据《民法通则》第153条的规定，不可抗力是指不能预见、不能避免且不能克服的客观情况。

首先，不可抗力是不可预见的。关于不可预见，一般应以善良第三人的通常认识标准来判断，但对于负有特殊义务和责任的人，则应以具有专业知识和能力的人的认识标准来判断。需要注意的是，不可准确预见的事件（如台风、地震、已有预兆的战争等）也可以构成“不可预见”。

其次，不可抗力是不能避免和克服的。所谓“不能避免和克服”，是指行为人已经尽到最大努力和采取一切可以采取的措施仍不能避免某种损害事实的发生。“不能避免和克服”表明事件的发生和事件造成的损害具有必然性，能否避免和克服应取决于当时当地的客观条件。

最后，对于行为人来说其主观上并无过错。不可抗力已经超出了其所能预见和防范的限度，如果行为人可以采取措施避免或减轻自然灾害造成的损害的话，就不能主张不可抗力免责。例如，台风等自然现象非人力所能控制，但保管人应当预见到置于海港内的货物可能会被台风吹到海里，若保管人在台风登陆时未转移货物而导

① 张新宝：《中国侵权行为法》，中国社会科学出版社1998年8月修订第2版，第596页。

致损害发生，则其不得主张不可抗力免责。

【案例 4－5－12】可以预见和避免即可克服

——《工棚被强热带风暴刮倒致人截瘫赔偿案》①

彭某的丈夫在被告采石场打工。彭某随丈夫居住在该采石场的工人宿舍内，该宿舍是用水泥空心砖和水泥混合砌成的。当地是强热带风暴多发区。1996 年 9 月 10 日（18 号台风前夕）下午，一股旋状大风经过采石场，将厂房和宿舍刮倒，彭某被倒塌的建筑物压中腹部致截瘫。彭某于是以该采石场为被告，提起诉讼。

一审法院经审理认为：原告居住的工棚因遭受旋状大凤袭击倒塌，将原告压伤属于不可抗力的自然灾害引起，双方对发生损害均没有过错，被告不应承担过错民事责任。

双方当事人不服，提起上诉。二审法院经审理认为：采石场对其所有简易工棚遭受强热带风暴袭击倒塌，工棚顶上压着的石头砸中彭某致其瘫痪的损害结果的发生有过错，即其应该预见到这种结构的简易工棚不足以抗住强热带风暴的影响，而麻痹大意自以为能够避免，因此造成的损害结果，采石场应承担过错赔偿责任。

本案的发生地是强热带风暴多发区，且中央及省气象台都作了预报，故原告致残的后果是可以预见和避免的。因此，本案不构成不可抗力，被告应当承担赔偿责任。而且应优先适用《民法通则》第 106 第 2 款的规定，而不应适用第 132 条关于公平责任的规定。

（二）意外事件

1. 意外事件的概念

意外事件，是指当事人不能预见的偶然发生的事件。

---

① 《彭衍凤诉长荣采石场的工棚被强热带风暴刮倒压伤其肢截瘫赔偿案》，载最高人民法院中国应用法研究所编：《人民法院案例选》1999 年第 3 辑（总第 29 辑），时事出版社 2000 年版，第 98 页。

2. 意外事件的意义

我国《民法通则》和《侵权责任法》对意外事件均未作出明确的规定。关于意外事件能否成为侵权责任的免责事由，一直存有争议。

(1) 反对意外事件构成免责事由的意见认为，意外事件与不可抗力具有包含关系，并不能将二者明确地区分开来。

反对的学者认为，只有具备了不可抗力构成条件的意外事件，才能成为侵权责任的免责事由。以意外事件作为免责事由的事例，都是值得推敲的。①

(2) 肯定意外事件构成免责事由的意见认为，意外事件与不可抗力不同，因此可以独立成为侵权责任的免责事由。

意外事件作为一种抗辩事由，其根据同样在于不可预见性。与不可抗力一样，意外事件也具有不可预见性。由于行为人依通常的注意程度不能预料损害结果的发生，故其对于损害的发生不存在过错。因此，在过错责任原则体系下，行为人就不必承担损害赔偿责任。意外事件是一般人注意的极限，如果要求当事人对此承担责任，无异于要求当事人为非自己意思自治的行为承担责任，这有悖于民法的意思自治和过错责任精神。

同时，意外事件与不可抗力并不相同，不可抗力是与债务人的行为全然无关的外来力量，而意外事件是与债务人的行为有因果关系的事件，意外事件也是免责事由。②

(3) 意外事件构成免责事由的前提应是在过错责任范围内。

事实上，在意外事件同时构成不可抗力的情况下，行为人当然可以主张意外事件免责；在意外事件不构成不可抗力的情况下，行为人主张意外事件实际上是要排除自己的过错，在过错责任案件中，没有过错就不构成侵权，行为人自然就可以免责。

---

① 张新宝：《侵权责任法原理》，中国人民大学出版社2005年版，第132页。
② 史尚宽：《债权法论》，中国政法大学出版社2000年版，第354页。

在无过错责任案件中，意外事件当然不能成为抗辩事由。意外事件是外在于行为人意志和行为的事件，行为人对于损害结果的发生并无过错。且在无过错责任案件中，本来就不对行为人的过错进行考查，行为人的过错有无均不影响其责任的成立。因此，意外事件不能成为无过错责任案件的免责事由。

【案例 4－5－13】过错归责原则适用场合下的免责事由
——《武警某部在打靶训练中致人受枪伤赔偿案》①

王某与家人在山上扫墓。当时，武警某部和某校在距王某及家人 400 余米处设置了靶场，进行实弹射击训练。在打靶的过程中，该校学生发射的子弹将王某击伤，经鉴定为九级伤残。

王某诉至法院，要求该部队和学校赔偿其医疗费等相关费用。

法院经审理认为：被告部队在其范围内设置打靶场，并在禁区内采取了警戒措施，其从事的打靶训练符合有关军事法规规定。其在和被告学校进行的打靶过程中，将距离禁区 400 多米外的原告王某击伤，主观上无过错。但王某中弹受伤是事实，依据法律规定，两被告应负无过错责任。被告学校的学生在学校安排的打靶训练中造成王某受伤，被告学校是直接行为人，对王某的伤害应负赔偿责任，被告部队负连带责任。

本案被告按照有关军事法规的规定设置了禁区和警戒标志，已尽到合理的注意义务，原告在 400 米外被击伤确是意外事件。

但是意外事件强调的是与当事人主观过错相比较，行为人既无故意又无过失，是过错归责原则适用场合下的免责事由，而无过错归责适用的场合没有过错要件的考虑，意外事件的发生就不应成为无过错归责损害赔偿责任人的免责事由。鉴于我国现行立法没有关

---

① 《王贞宸诉中国人民武装警察 8721 部队等在打靶训练中造成其受枪伤赔偿案》，最高人民法院中国应用法学研究所编：《人民法院案例选》2001 年第 3 辑（总第 37 辑），人民法院出版社 2002 年版，第 130 页。

于意外事件免责的规定，本案又属无过错责任案件，故法院判决两被告承担民事赔偿责任也是正确的。

3. 意外事件的构成要件

意外事件要成为免责事由，一般应具备三个条件：

(1) 发生须具有不可预见性；

(2) 须归因于行为人自身之外的原因；

(3) 须为偶发事件，且不包括第三人行为造成的损害。①

(三) 受害人过错

1. 受害人过错的概念与意义

(1) 受害人过错之定义。受害人过错又称“对自己的过失”，是指受害人违反了对自己财产和人身安全的注意义务，即受害人对损害结果的发生或扩大存在过错，包括受害人的故意和重大过失。

(2) 只有在受害人对损害结果的发生或扩大存在故意或重大过失的情况下，才可以作为免除或者减轻侵权人民事责任的条件。当受害人仅存在一般过失时，不得据此免除侵权人的责任。

(3) 受害人是为自己的过错来承担损害责任。就受害人过错而言，受害人应当能够预见并采取措施避免损害的发生，却因疏忽大意等原因而没有预见并采取措施，以致发生损害，当然应承担与自己过错相当的损害责任。

2. 受害人过错的形式

受害人过错有两种形式：

(1) 受害人对损害发生有过错。受害人对最初损害的发生具有过错，受害人过错的此种形式又包括两种情况：

受害人的过错与加害人的过错偶然结合造成了受害人的损失，双方的行为都是损害发生的直接原因；

① 王利明主编：《民法·侵权行为法》，中国人民大学出版社 1993 年版，第 208 ~ 209 页。

受害人的损害虽然不是由受害人和加害人的行为相结合直接造成的，但受害人在损害事件的产生过程中存在过错，如受害人挑起事端而遭加害人的伤害。

（2）受害人对损害扩大有过错。受害人对加害人过错造成的损害的扩大具有过错。

3. 受害人过错情形下的加害人免责

在受害人存在过错的情况下，加害人可否因此免责应分别情形具体分析：

（1）混合过错中的部分免责。若加害人与受害人都存在过错，即存在混合过错，则加害人与受害人应根据各自的过错程度承担相应的责任。我国《侵权责任法》第26条就明确规定："被侵权人对于损害的发生也有过错的，可以减轻侵害人的民事责任。"

（2）受害人全部过错时的全部免责。若受害人的过错是损害后果发生的全部原因，加害人的行为并不构成损害后果发生的原因，则应免除加害人的责任。

（3）加害人无过错亦可免责。若受害人的过错与第三人的过错共同构成损害后果发生的原因，而加害人不存在过错，则加害人可因此免责。

【案例4－5－14】自愿服食且对自己未能予以足够注意
——《食用有毒物草乌致死案》①

杨某在家宴请朋友，最后一道菜是草乌炖猪肉。饭后席散，杨某和夏某送客人出来，遇到叶某。杨某去厕所，夏某就对叶某说他们在杨某家吃草乌，问叶某是否敢去吃，叶某说"要得"，二人即一同到杨某家。杨某回家后，问叶某是否敢吃，叶某说敢吃，杨、叶二人即入厨房。叶某在食用一小碗后，当即中毒。后经医院诊断

① 《叶继荣诉杨开运等案》，国家法官学院、中国人民大学法学院编：《中国审判案例要览》（2001年民事审判案例卷），中国人民大学出版社2002年版，第477页。

为急性草乌中毒，叶某成植物人状态，已构成重伤。

法院经审理认为：杨某、夏某与叶某的对话足以说明三人对下面几个事实是明知的——草乌有毒，也有药用价值；可食用，但食用不当或因食用人身体状况差异会导致中毒。叶某对自己的身体状况注意不够，不顾杨某的询问提醒，轻信自己能避免中毒的危害结果，自行服食草乌炖肉而中毒，对该损害后果的发生存在过错，应负主要责任。杨某作为导致叶某草乌中毒的烹制者，夏某作为约请叶某吃草乌炖肉的人，对叶某服食草乌炖肉可能产生中毒的说明、劝阻不够，也存在一定的过错，应负次要责任。

本案中，叶某对损害的发生显然存在过错。鉴于叶某是自愿服食草乌的，其对自己的身体状况未能给予足够的注意，具有重大过失，自应对损害承担主要责任。

（四）第三人过错

1. 第三人过错的概念与意义

（1）第三人过错之定义。第三人过错是指第三人对损害的发生或扩大具有过错。根据《侵权责任法》第 28 条规定，“损害是因第三人造成的，第三人应当承担侵权责任。”

（2）允许被告在侵权案件中以“第三人过错”作为抗辩事由，体现了民法上的“自己责任”原则。

从被告的角度出发，就产生了第三人过错问题，即除原告和被告外的第三人对原告损害的发生或扩大具有过错。当第三人的过错行为是构成原告损害发生或扩大的原因时，被告人就可以据此主张免除或减轻自己的责任。

在过错责任领域，当事人只对自己过错造成的损害承担赔偿责任，而对他人过错造成的损害没有赔偿义务，故被告当然能够以“第三人过错”为由提出抗辩：若第三人过错是损害发生或扩大的全部原因，则被告可以免除全部责任；若第三人过错是损害发生或扩大的部分原因，则被告可以相应免除部分责任。

（3）在特殊侵权领域，只有在法律有明确规定的情况下，被告才能以“第三人过错”作为抗辩事由。

《侵权责任法》第83条规定：“因第三人的过错致使动物造成他人损害的，被侵权人可以向动物饲养人或者管理人请求赔偿，也可以向第三人请求赔偿。动物饲养人或者管理人赔偿后，有权向第三人追偿。”

（4）在第三人过错中，第三人的过错应是孤立的、介入性的。

需要注意将第三人过错与共同侵权区别开来。共同侵权是数个侵害人之间存在意思联络，存在共同的过错；或者虽无意思联络，但其过错的具体内容是相同或相似的。在共同侵权的情况下，数个侵权人应承担连带责任，而不能以“第三人过错”为由提出抗辩。

2. 第三人过错的构成要件

（1）第三人须具有过错。第三人的过错包括故意和过失。

（2）第三人的行为须具有违法性。以第三人过错抗辩即主张损害的发生或扩大是第三人的行为造成的，实际上就是说第三人的行为构成了侵权，故第三人的行为须满足侵权行为“行为违法性”这一构成要件。

（3）第三人的行为与损害的发生或扩大之间须具有因果联系。因果联系也是侵权行为的构成要件之一。如果不能证明损害的发生或扩大是由第三人的行为引起的，第三人就不应对此负责，被告自然也就不能据此提出抗辩。

（4）在诉讼过程中提出“第三人过错”抗辩的是被告。按照“谁主张谁举证”的原则，其应对上述三个构成要件承担举证责任。

【案例4－5－15】违约但并未构成共同侵权
——《在宾馆住宿时被第三人所害损害赔偿案》①

1998年8月23日下午2时40分左右，王某入住被告宾馆。当日下午4点40分左右，王某被仝某杀害于客房内。仝某抢走了王某的人民币和港币若干、手表一块。经调查，仝某于当日下午2点左右进入宾馆，4点52分离开；其间，宾馆未对仝某进行访客登记，也未注意其行迹。

被害人王某的父母诉至法院，要求宾馆赔偿相关损失，并承担违约责任、侵权责任和消费者权益保护法上的责任。

法院经审理认为：被告宾馆的行为不构成侵权，也不应承担消费者权益保护法上的责任，但构成了违约。据此，法院判决：被告宾馆赔偿原告损失8万元。

本案中，王某与宾馆之间形成了住宿合同法律关系。在这个合同法律关系中，宾馆负有保护住客人身和财产安全的义务。在两个多小时的时间内，宾馆未对仝某进行访客登记，宾馆的监控、保安措施也形同虚设，显然违反了其应尽的安全保护义务，已构成违约，故应对王某的死亡承担赔偿责任。

不过，从相当因果关系理论出发，很难认定宾馆未尽安全保护义务的行为与王某的生命权遭到侵害之间达到了因果关系对于"相当性"的要求。由于宾馆与仝某不存在事先的意思联络，其行为之间也不存在客观上的牵连，故不构成共同侵权。王某的死亡是由仝某的侵权行为造成的，故被告宾馆在侵权责任上享有"第三人过错"的抗辩。

---

① 《王利毅等诉上海银河宾馆其子住宿时被第三人所害损害赔偿案》，最高人民法院中国应用法学研究所编：《人民法院案例选》2002年第2辑（总第40辑），人民法院出版社2002年版，第154页。

第五章　因果关系

第一节　因果关系的含义及功能

一、因果关系的含义

（一）因果关系之内涵

作为侵权行为构成要件中非常重要的内容，因果关系指侵权人的违法行为或者其所有或占有物的肇事事实，与损害结果之间存在的引起与被引起的客观联系。

学者们对因果关系从不同角度给出了自己的定义。有学者认为："因果关系者，乃加害行为与损害之间，有前因后果之牵连是也。"① 也有认为，"因果关系，指原因与结果间之关系。从原因言，乃某一原因引起某一结果之关系；从结果言，乃某一结果因某一原因所造成之关系。"② 还有认为：因果关系"系指现象之间在先现象引起后现象的稳定和可重复的联系"。③

① 转引自王泽鉴：《侵权行为法》（第一册），中国政法大学出版社2001年版，第187页。

② 曾世雄：《损害赔偿法原理》，中国政法大学出版社2001年版，第95页。

③ 张俊浩主编：《民法学原理》，中国政法大学出版社2000年版，第909页。

【案例5-1-1】民事主体只为自己行为的损害结果负责任

——《病人诉医院用药错误损害赔偿案》①

某年3月中旬，潘某在乙医院被诊断为“萎缩性胃炎”、“胃溃疡”，医院以24万单位庆大霉素等药物对其进行了保守治疗。同年7月医院对其进行了胃癌手术。9月出院后，潘某在继续治疗的过程中出现了听力下降、肾功能衰竭等症状。随后，进行了医疗事故鉴定。

区、市两级医疗事故鉴定委员会均认为：医院存在用药错误是事实，但庆大霉素等药物的使用与潘某出现肾功能衰竭等症状并没有必然的因果关系，不构成“医疗事故”。潘某不服，诉至法院，要求医院对其进行赔偿。

法院经审理认为：院方没有足够的证据证明潘某出现肾功能衰竭等症状与其错误用药行为无关，对潘某的诉讼请求应予支持。

本案中，两级医疗鉴定都认定医院用药有错误，故对乙中心医院存在过错并无疑义；潘某在接受医院治疗后出现了肾功能衰竭等症状，损害事实也易于证明；至于侵权行为的违法要件，在出现损害结果的情况下，医院只要不能证明存在阻却违法事由就应认定其行为违法。既然这些要件都已经齐备，那么为什么医疗事故鉴定委员会还认为不构成“医疗事故”呢？这就涉及因果关系的认识问题了。

可见，侵权行为中的因果关系所要解决的问题是特定的损害事实是否是行为人的行为引起的必然结果。民事主体只能为自己实施行为的损害结果承担责任，没有因果关系的侵权责任是不成立的。因此，只有当加害行为与损害事实二者之间存在因果关系时，行为

① 《潘树云诉上海市长宁区中心医院案》，国家法官学院、中国人民大学法学院编：《中国审判案例要览（2002年民事审判案例卷）》，中国人民大学出版社2003年版，第335页。

人才承担相应的民事责任。因果关系自是侵权责任的必备环节。

（二）对因果关系给以明确定义几乎是难以用文字完成的工作

1. 任何一部成文法典都无法将因果关系表达成文字规范

无论是大陆法系的“三要件说”、“四要件说”、“七要件说”，还是在英美法系没有成文的侵权行为法中，都将因果关系作为侵权行为的构成要件，但在立法上却都找不到对其含义的文字表述。“任何国家之法学领域中，均不能避免因果关系之问题，却未见到任何一成文法典对之作成具体规范！”①

【案例 5-1-2】有无因果关系只能依学说和判例来具体考察——《沈甲诉乙江市电信局将收到的其子出交通事故的电报按普挂邮件交乙江市邮政局邮寄在乡邮中稽延致其不能在其于火化前见上一面赔偿案》②

某年7月4日，因沈甲之子沈丙乘大客车时突然从车右窗口跳下受重伤，经抢救无效死亡。7月5日，该车司机给沈某家属发出“沈丙在某市发生交通事故，速来人到某市交警支队”的电报一封。经由乙江市电信局和邮政局，沈甲于7月16日才收到此邮件。待家人赶到时，沈丙已于7月11日死于救治医院，并已被火化。故沈丙的家人没有见上死者最后一面。遂起诉电信局与邮政局。

法院审理认为：沈丙发生交通事故，该车司机发出电报后，乙江市电信局和邮政局均是按正常程序进行收发、分拣、投递，没有违反格式合同有关条款的行为，故不承担违约责任和侵权责任。该

① 曾世雄：《损害赔偿法原理》，中国政法大学出版社2001年版，第95页。

② 《沈先有诉洪江市电信局将收到的其子出交通事故的电报按普挂邮件交洪江市邮政局邮寄在乡邮中稽延致其不能在其于火化前见上一面赔偿案》，载最高人民法院中国应用法学研究所编：《人民法院案例选》2002年第4辑（总第42辑），人民法院出版社2003年版，第165页。

电报不管稽延与否都没有给沈甲造成直接经济损失和精神痛苦。沈甲要求乙江市电信局和邮政局赔偿的直接经济损失和精神损失，均是其子因交通事故造成的，与电信局和邮政局的业务行为没有法律上的因果关系，故对沈甲要求赔偿直接经济损失和精神损失的诉讼请求，依法不予支持。遂判决驳回原告沈甲的诉讼请求。

按民事侵权和民事赔偿的构成要件来看，结果和行为应有法律上的因果关系。本案欠缺因果联系着已构成要件，自然难以获得赔偿。

2．法官只能以学说和判例来考察具体案件中的因果关系

作为在法学领域很少有的现象，人们事实上均是将因果关系的具体内容留给了判例及学说，法院只能是以既判的案件来判断其他特定案件中的因果关系，依学说和法理来考察具体社会现象间究竟有无因果关系。

【案例 5-1-3】因果关系认定的理论不同其结果就不同

——《关某等诉省人民医院医疗损害赔偿纠纷案》①

省人民医院使用“非那根”和“丁胺卡那”等药物对丘某进行治疗。值班护士错将“铃兰欣”当作“新福欣”加入其补液中，约 20 分钟后被家属发现，予以撤换。几日后，患者死亡。丘某的家人故向法院提起诉讼。

案件审理中本案的病例经两级医学会鉴定均认为不属于医疗事故。

一审法院认为，两级医学会经鉴定做出的《鉴定书》的委托鉴定程序合法，结论依法有效，故对该鉴定结论法院予以采信。而

① 《关邦仲等诉广东省人民医院医疗损害赔偿纠纷案》，载最高人民法院中国应用法研究所编：《人民法院案例选》2008 年第 1 辑（总第 63 辑），人民法院出版社 2008 年版，第 77 页。

被告在错将“铃兰欣”当作“新福欣”加入病人的补液中存在过失，虽然病人的死亡与该过失无因果关系，但被告存在过错，因此应承担相应责任。

二审法院认为：医院对丘某使用药物有过失，虽然医疗事故技术鉴定意见认为与丘某的死没有直接因果关系，但客观上可能加重其肾功能的损害及加速病情的恶化，以致相对减少了丘某延长生命的可能性，与最终发生的死亡结果，存在法律上的相当因果关系。

本案涉及对医疗行为和损害结果之间因果关系的查明与认定。医疗事故技术鉴定中，作为鉴定人的医学专家单纯从医学的角度围绕医疗事故的构成要件对整个医疗过程进行考量和严格的验证，往往要求医疗过失行为与人身损害结果之间存在必然的直接的因果关系。正因如此，两级医学会在本案中作出的医疗事故技术鉴定结论均认为，不构成医疗事故。但是医院用药上的过失行为与最终发生的丘某的死亡之结果存在相当因果关系。所以，由于鉴定机构与法院在认定医疗行为与损害结果之间是否存在因果关系时所依据的因果关系理论不同，所以得出的结论往往也就不同，这正是问题的关键原因之一。

3. 侵权责任法中的因果联系本质上就是哲学上的因果联系

因果关系是各种自然现象和社会现象之间的一种内在的必然的联系。引起其他现象发生的就是原因，而被其他现象引起的就是结果。二者之间的这种联系就被称为“因果联系”。①

现实世界中的任何现象的出现总是由另一现象引起的，侵权行为自然也不例外。所以，作为侵权行为的构成要件的因果关系，其实就是指加害行为与损害结果之间客观的哲学上的因果联系。但是对因果关系进行精确的定义是非常困难的，也并非必要。实际上，

① 李秀林主编：《辩证唯物主义和历史唯物主义原理》，中国人民大学出版社1992年版，第155～159页。

我们更多的是通过描述和分析确定因果关系的技术方法来代替因果关系的定义。[①]

【案例5-1-4】判断依据在于确定因果关系的技术方法——《周某因丁医院的医疗行为致使其出现肠瘘导致的损害赔偿纠纷案》[②]

某年7月22日，周某因病到丁市医院求治。值班医生检查后诊断为：慢性阑尾炎急性发作，给周某行阑尾切除手术。31日21时，手术切口全层裂开，并有多量肠液溢出。丁市医院会诊后考虑医院条件所限，经周某同意后，23时转至该市戊己医院住院治疗。8月2日，再转入庚辛大学附属第一医院住院至10月19日治愈出院。遂争讼。

经原告的申请，市、省医学会鉴定为，被告的医疗行为不构成医疗事故，但被告的“医疗行为存在不足，手术宜先解决患者阑尾炎主要矛盾，憩室暂缓切除，因为手术若同时解决多种问题会增加出现并发症的几率。”

一审法院认为本案中，市医学会和省医学会的鉴定，均认定被告的诊疗没有违反医疗卫生管理法律、行政法规、部门规章和医疗护理常规、规范。可见，被告主观上不存在过错。被告无需承担赔偿责任。二审法院认为，丁市医院虽然在手术时将周某的病情、医疗措施、医疗风险等告知其家属，但根据《医疗事故处理条例》第11条的规定仍负有“避免对患者产生不利后果”的义务。两级医学会的医疗事故鉴定结论的分析意见表明了丁市医院的医疗行为本身就存在过错，并且明显地就是由于医生主观上的判断错误而决

① ［德］克雷斯蒂安·冯·巴尔：《欧洲比较侵权行为法》（下卷），张新宝译，法律出版社2001年版，第525页。

② 《周征文因东莞市长安医院的医疗行为致使其出现肠瘘导致的损害赔偿纠纷案》，最高人民法院中国应用法研究所编：《人民法院案例选》2008年第1辑（总第63辑），人民法院出版社2008年版，第96页。

定同时施多种手术，才致出现并发症的损害后果。遂判决丁市医院承担40%的赔偿责任，并向原告支付精神损害抚慰金.

为什么鉴定结论认为医院的医疗行为与周某的损害后果之间不存在因果关系，而法院判决却令医院承担40%的责任呢？首先需要说明的一点是，医疗事故鉴定结论是医疗行政主管部门对医疗机构进行行政处罚的主要依据，而对于法院来说，其只是法院审查认定案件事实的证据之一。

对于本案中周某所遭受的损害与医院之间是否具有因果关系，由于我国法律中并没有对因果关系的定义，因此，我们判断因果关系的依据就是描述和分析确定因果关系的技术方法。

本案中，由于医学是一门在探索中不断发展的学科，任何一种手术的施行都需医生根据个案的实际情况作出决定，但作出的决定又必须考虑手术的风险及后果。丁市医院的医生由于手术风险的判断失误而手术过度，医生主观上存在判断错误，其导致了周某出现并发症，显然这二者之间是存在因果关系的。

二、因果关系的功能

（一）因果关系是侵权责任中的重要构成要素之一

正是由于行为与损害之间具有因果关系，侵权行为的民事责任才得以构成，故不具备因果关系就无需承担侵权行为的民事责任。因果关系是侵权责任不可或缺的一个构成要件，无论是在过错责任中还是在无过错责任中，因果关系都是归责中的一项重要的构成要件。

【案例5-1-5】医疗专家责任负有正确判断之义务
——《李某诉土城卫生院等医疗服务合同纠纷案》①

某年，6月12日李某因早孕到甲卫生院就诊，该医院依据李某之前在乙医院进行的B超确诊，得出“宫内早孕”，直接对李某实施药流后出现药物流产失败，李某被送往丙医院就诊，经丙医院诊断李某为宫外孕，后经丙医院抢救，住院9天后出院。李某要求甲卫生院承担民事赔偿责任。

甲卫生院辩称：李某到该院就诊时，该院依据市卫生局文件明确提出的“检查结果医院间相互认可”的规定，认可了乙医院的检查结果，才对李某进行的药流。故本院未误诊，且患者身体损害的原因是因原发病所致，本院不应该承担责任。后李某申请追加丙医院为本案第二被告。

在法院主持下，本案双方达成了调解协议，两被告共同给付李某赔偿金5000元。

本案虽以调解方式结案，但是两医院的诊疗行为与李某受到的人身伤害间的因果关系颇有研究价值。

对李某实施的药流手术是由甲卫生院实施的，故甲卫生院与李某由此受到的伤害自然有直接的因果关系，不过存在因果关系并不必然意味着甲卫生院应为此负赔偿责任，法律上还要求医院存在过失等要素。但是乙医院仅做过B超确诊，并没有实际实施药流手术，那么其与李某的损害之间存在因果关系吗?

《最高人民法院关于民事诉讼证据的若干规定》第4条第1款第（八）项规定：“因医疗行为引起的侵权诉讼，由医疗机构就医疗行为与损害结果之间不存在因果关系及不存在医疗过错承担举证

① 《李某诉宜昌市点军区土城卫生院医疗服务合同纠纷案》，最高人民法院中国应用法研究所编：《人民法院案例选》2008年第1辑（总第63辑），人民法院出版社2008年版第125页。

责任。”具体到本案，应由乙医院就其出具的检查结果虽然错误，但是不属于误诊承担举证责任。本案中乙医院所负的医疗专家责任，要求其在进行执业活动时应负有正确判断患者李某是“宫外孕”，还是“宫内孕”义务。若是乙医院没有举证证明自己没有过错，那么他提供了错误的诊断结果，这一错误的诊断结果就与李某损害之间存在间接的因果关系，因此也就应该承担相应的法律责任。

因果关系与侵权责任的其他构成要件之间有着相互渗透的密切联系，各个构成要件是相互吻合的。

1. 因果关系和违法行为

民法中的因果关系是指行为人的行为或其物件与损害事实之间的因果关系，而非违法行为与损害事实间直接的因果关系。因果关系只是确定责任的一个条件，查找因果关系的目的不在于考虑行为人的行为是否违法，而在于确定行为人的行为与结果之间的联系。①

受害人需对侵权人的行为与损害事实间的因果关系承担举证责任，当然在特殊侵权中法律有特殊规定而实行举证责任倒置的除外。

【案例 5－1－6】判断因果关系无需确定行为是否违法
——《吴某诉乙医院、丙贸易有限公司因医疗器械存在缺陷致人损害案》②

原告吴某因骨折，被送入乙医院治疗。医院在为吴某植入了被

① 王利明：《侵权行为法研究》（上卷），中国人民大学出版社 2004 年版，第 399 页。

② 《吴进兴诉无锡市第四人民医院、无锡市三爱斯贸易有限公司因医疗器械存在缺陷致人损害案》，最高人民法院中国应用法研究所编：《人民法院案例选》2007 年第 2 辑（总第 60 辑），人民法院出版社，第 145 页。

告丙公司经销的股骨髁支持钢板。第三年6月吴某至该市丁医院门诊，发现左股骨远端骨折内固定有螺丝钉断裂，钢板内固定断裂。2004年7月吴某在乙医院进行了更换钢板手术，手术中证实第一次手术中植入的金属夹板及螺栓均已断裂，由此导致原告左腿比右腿短近10厘米且左腿功能丧失。

原告认为乙医院理应对手术中所用材料的适用性和安全性承担责任。丙公司提供不合格的产品，亦应当承担赔偿责任。请求判令丙公司赔偿，乙医院承担连带责任。

法院认为：根据《产品质量法》的规定，产品生产者承担的是无过错责任，产品生产者主张免责的，应由其对免责事由承担证明责任。检验部门的检验报告并不能证明断裂钢板质量全部符合国家强制标准。应当推定产品提供方未能就产品不存在缺陷尽到证明责任。

在产品质量诉讼中，因产品存在缺陷造成人身、他人财产损害的，受害人可以向产品的生产者要求赔偿，也可以向产品的销售者要求赔偿。故乙医院、丙公司应当就因产品存在缺陷造成的人身、财产损害代替生产者先行共同承担赔偿责任。

综上所述，乙医院、丙公司应当赔偿吴某第二次手术的全部费用，其他费用的诉讼请求，法院不予支持。

判断行为人的行为是否与损害结果有因果关系，并不需要确定行为是否违法。在缺陷产品致人损害的侵权诉讼中，受害人只应承担证明使用缺陷产品是损害发生原因的举证责任，而不需要证明行为人的违法性。并且面对科技含量高的专业领域的受害人，其往往难以对违法性进行举证，而在认定损害后果与缺陷产品的使用之间的因果关系时，对于科技含量较高、制造工艺特殊复杂及因果关系复杂的产品，应当有条件地适用因果关系推定的理论，即受害人只要证明使用了某产品后即发生某种损害，且这种缺陷产品有造成这种损害的可能，即可以推定因果关系成立。

2. 因果关系和过错

因果关系与过错也有紧密的联系，因果关系要确定的是谁的行为或物件造成了损害，以确定可能要负责的民事主体是否存在必须对损害后果负责的法律依据。而过错则是要在确定了因果关系的基础上才加以认定的。一般来说，对于责任范围的分配既要根据当事人的过错程度大小，也要根据因果关系的紧密程度来共同予以判断。法官在司法实践过程中，一般都会将二者综合予以考虑。

虽然因果关系和过错有密切的联系，但是，因果关系与过错之间也存在很大不同。在过错责任下，因果关系中的原因就不能再包括过错，所以不同的过失类型中，判断因果关系也应采取不同的标准：对过错责任应采取相当因果关系说；而在严格责任中，则只能采取直接因果关系说。

【案例 5－1－7】因果关系与过错有着密切的联系

——《甲市自来水总公司诉陈某等供水合同纠纷案》①

陈某等六被告所居住的 7 号楼 1 单元是六被告通过购买公有住宅取得的，2004 年 2 月，原告的水表至六被告住房外墙之间水管破裂漏水，原告于 2004 年 2 月 16 日正常抄表时，发现被告所用单元水表指数为 4030 吨，减去 1 月用水指数 855 吨，实际用水为 3175 吨。随后在送达水费通知单时提醒被告注意，水费通知单同时注明交费日期、交费地点和单价每吨 1.90 元。

六被告则以不承担漏水损失为由，没有在规定的 3 月 3 日之前交纳水费，后经原告多次催交，但一直未付。原告遂诉至法院，请求法院依法判令六被告连带偿还拖欠原告水费，滞纳金，并负担诉讼费。

---

① 《徐州市自来水总公司诉陈庆健等供水合同纠纷案》，最高人民法院中国应用法研究所编：《人民法院案例选》2007 年第 2 辑（总第 60 辑），人民法院出版社第 209 页。

法院经审理认为：根据《城市供水条例》第28条规定①、建设部《公有住宅售后维修养护管理暂行办法》第6条规定②，本案争议涉及的漏水位置在原告的水表至被告住房外墙之间，该位置的水管属于住宅的共用设施设备。根据上述法规和部门规章的规定，本案漏水位置的水管的维修义务不应由六被告承担。因此，原告要求六被告承担漏水水费及滞纳金的诉讼请求不能成立，依法不予支持。

自来水公司对供水管道的管理，理应包括定期检查、及时排除故障，使之能正常供水。因此，本案中的六被告无维修该部分水管的责任。自来水公司未认真履行自己应负的管理、维护职责，而导致损害结果的发生，自来水公司是存在主观过错的，且两者之间形成了因果关系，自应为自己的管理不当来承担民事责任。

（二）侵权行为民事责任的范围须借助因果关系予以解答

国内学者一般是将因果关系置于损害赔偿构成要件中加以论述，却忽略了其在决定侵权行为民事责任的范围上所具有的功能。

（1）侵权行为民事责任的范围只有借助因果关系理论才能得到最终的解答。不论在法国、德国，还是在英国，其侵权责任法事实上都是同时综合运用各种学说来确定损害赔偿的范围的，并非单纯依靠民法规定其应包括的所受损害及所失利益即可确定。

---

① 《城市供水条例》第28条规定："用水单位自行建设的与城市公共供水管道连接的户外管道及其附属设施，必须经城市自来水供水企业验收合格并交其统一管理后，方可合作使用。"

② 建设部《公有住宅售后维修养护管理暂行办法》第6条规定："公用住宅出售后，住宅共用部位和共用设施设备的维修养护由售房单位承担维修养护责任，也可以由售房单位在售房时委托房地产经营管理单位承担维修养护责任。"

【案例 5-1-8】服务合同侵权之因果关系仅限于民事责任
——《吴某诉甲公园管理处因歹徒抢劫致财产损害赔偿案》①

吴某与侄女及朋友刘某到甲公园游玩，当行至公园竹林处时，被一歹徒抢走手机一部、现金200元以及化妆品。抢劫后歹徒逃跑。事发时吴某高声呼救时也无公园管理人员能到达现场，且在吴某到公园保卫处报案时，该处负责人还称其没有权力，态度消极。

吴某起诉到法院请求法院判决甲公园赔偿自己手机及财物损失、医疗费，并赔偿精神损失费。

法院审理认为，由于吴某称其到甲公园游园时被抢劫一案系刑事案件，而该案尚未破获。因此，对于事件发生经过、致害人以及原告被抢劫的具体财物，法院不能对其进行确认。从而导致本案缺乏民事赔偿之要件，因此，法院对原告的申请不予支持。

公园作为供公众游园休闲的场所，游人或购票、或无偿进入公园，即与公园建立了服务合同关系，公园便负有了保障游人人身和财产安全的责任。但这种责任应仅是民事范围内的，而不能因此承担因刑事侵害造成的人身和财产损害。

因此，公园不应当承担因刑事犯罪给游人造成的人身和财产损失的赔偿责任。

（2）决定损害赔偿范围的功能是因果关系衍生出来的功能。因果关系决定着损害赔偿的范围。只有与行为具有因果关系的损害，才是赔偿范围内的损害。作为构成要件的功能，是因旲关系理论原本所具有的功能。

---

① 《吴小燕诉成都市塔子山公园管理处因歹徒抢劫致财产损害赔偿案》，载最高人民法院中国应用法研究所编：《人民法院案例选》2004年民事专辑（总第48辑），人民法院出版社2004年版，第250页。

【案例5-1-9】只有与侵权行为具有因果关系的损害才须赔偿

——《王某诉甲医院、乙医院医疗损害赔偿纠纷案中原告主张的高额后续医疗费不应一次性赔偿》①

原告王某一日晨6时腹部疼痛，9时许到被告乙医院就诊，经诊断为卵巢囊肿蒂扭转，于10时40分行剖腹探查术和病灶切除术。术后诊断腹腔可见血性渗出液，小肠呈暗紫色，急请市医院肿瘤科主任侯某台上会诊，认为患者可能有肠系膜静脉血栓。考虑条件有限，未做其他处置，征得患者家属同意，关闭腹腔，于13时零5分转诊于被告甲医院。甲医院接诊后，经观察于17时30分对原告王某再次行剖腹探查术，术后确认小肠广泛坏死，行小肠切除术。

此次事故经市医学会、省医学会两次鉴定，结论为“王某医疗事故争议构成二级甲等医疗事故，甲医院负完全责任。”

原告王某向法院提起诉讼，请求判令被告甲医院赔偿原告医疗费等费用，并保留小肠移植术费用的诉权。

法院受理后，经被告甲医院申请，法院通知该乙医院作为本案共同被告参加诉讼。

法院经审理认为，被告乙医院对王某接诊后，初诊为卵巢囊肿蒂扭转，拟行剖腹探查术和病灶切除术，具备手术指征。但对术后发现意外的情况，转院时，未向甲医院详细介绍“血性液渗出，小肠呈暗紫色”的重要病情，也未向甲医院转交病历摘要。《医院工作制度》第30条1款3点规定：“较重病人转院时应派医务人员护送。病人转院时，应将病历摘要随员转去……”被告乙医院违

① 《王某诉白城市中心医院、白城市中西医结合医院医疗损害赔偿纠纷案中原告主张的高额后续医疗费不应一次性赔偿》，最高人民法院中国应用法研究所编：《人民法院案例选》2008年第1辑（总第63辑），人民法院出版社，2008年版第130页。

反上述规定，具有过错责任。

原告转入甲医院后，被告甲医院未尽到谨慎、合理的注意义务，违反常规，贻误了最佳治疗时机，增加了原告小肠坏死的客观可能性，故被告甲医院具有医疗过失行为，其过失行为与损害的发生具有相当的因果关系，故其应负主要责任。

鉴于医疗事故鉴定书在医疗纠纷诉讼过程中，仅具有证据的性质。鉴定书不具有最终结论的性质。法院认定被告甲医院负有主要责任，乙医院负有次要责任。具体应划分为甲医院负90%的责任，乙医院负10%的责任。但是原告王某只起诉甲医院医疗事故损害赔偿，而未起诉乙医院，故判决被告甲医院赔偿原告医疗费、误工费、交通费、住院伙食补助费、残疾生活补助费、精神损害抚慰金、鉴定费等。

本案中争议的主要焦点就在于两被告作为医疗机构，其医疗行为与医疗事故损害后果有无因果关系；两被告应否承担医疗事故损害赔偿责任，责任如何划分。

被告甲医院具有医疗过失行为，其过失行为与损害的发生具有相当的因果关系，故其应负主要责任；被告乙医院在转诊时既不向甲医院转交病历摘要，又不详细介绍患者病情，其对损害结果的发生也有一定的因果关系。

第二节 因果关系的样态

一、因果关系表面看似简单其实却比较复杂

（一）因果关系具有复杂性

现实中标准的“一因一果”虽然也很常见，但更多的是“一因多果”、“多因一果”和“多因多果”。在具体的案件中，往往需要认真判断，才能辨明因果关系。

（二）损害结果的出现往往是由多个原因引起的

其中，既可能有主要原因，也可能有次要原因；既可能包括直接原因，也可能包括间接原因。凡此种种，不胜枚举。

（三）因果关系是复杂多变的

作为侵权行为构成要件必要环节的因果关系理论，一定要把“原因”和“条件”这些基本概念搞清楚。同时，由于原因不同导致所要承担的责任也不同，我们还要把“主要原因”和“次要原因”、“直接原因”和“间接原因”等概念都搞清楚。

【案例5-2-1】“偶然”一击却“必然”死亡

——《张某过失致人死亡案》①

甲的女婿乙因强奸张某的外甥女而批捕在逃。张某等人为追查乙的去向找到了甲家，为此双方发生冲突，张某用拳头照甲头部及身上击打，随后甲身感不适，在送往医院的途中死亡。经法医鉴定，甲系轻微外伤，情绪激动诱发冠心病心肌梗塞而死亡。公诉机关指控张某构成过失致人死亡罪。

法院经审理认为：被告人张某故意伤害他人身体，致他人轻微伤，并诱发他人疾病发作而致死，系因过失行为导致他人死亡的后果，其行为已构成过失致人死亡罪。检察院指控罪名成立，予以支持。

双方当事人均上诉，市中级人民法院终审裁定：驳回上诉，维持原判。

本案中由于被告人张某持拳头击打以及冠心病心肌梗塞的发生致使被害人甲死亡。就被害人甲之死与被告人张某持拳头击打之间是否存在因果关系，自涉及刑法因果关系的认识问题。

应当认为，本案中张某的犯罪行为与危害结果之间存在刑法上

---

① 《张栓成过失致人死亡案》，载最高人民法院中国应用法学研究所编：《人民法院案例选》2007年第4辑（总第62辑），人民法院出版社2008年8月版，第48页。

的因果关系。

在刑法因果关系的“必然发展趋势”中，危害行为本身已包含危害结果必然发生的本质因素，危害行为与危害结果之间具有本质的、内在的联系，一旦实施了这一种危害行为，就会合乎规律地必然引起某种危害结果的发生，这一危害结果的发生是不以人的意志为转移的，它具有确定性。

而在“偶然发展趋势”中，行为人实施的危害行为本身仅仅潜藏着可能发生某种危害结果的因素，这些因素不是引起危害结果发生的本质性的因素，就像本案中的因果关系这样，也就是说，本案被害人甲之死与被告人张某持拳头击打之间，仅存在偶然因果关系。

二、主要原因与次要原因

这主要是依据原因对后果作用的大小程度而进行的分类，由此决定了不同原因所应承担责任的具体范围。

（一）主要原因

所谓“主要原因”，是指造成结果的本质的和必然的客观现象。在侵权责任法上，主要原因指的是对损害的发生起主要的、关键作用的原因。

（二）次要原因

所谓“次要原因”，是指造成结果的非本质的和偶然的客观现象。在侵权责任法上，次要原因是对损害的发生不起关键作用的一个条件而已。在确定责任承担时，加害人一般只对次要原因造成的损害承担较轻微的民事责任。

【案例5-2-2】区分主要和次要原因从而依此确定责任大小——《陈某诉某大学附属医院人身损害赔偿纠纷案》[①]

陈某与林某系被告广州市丙小学的学生，在放学途中，陈某与林某发生争执，林某用手中串烧烤的竹签将陈某刺伤。被告林某为此支付给原告方200元。当天陈某被其叔送往某大学第一附属医院治疗，门诊医生李某根据患者主诉及未见异常的X线检查报告书，诊断为左胸部外伤，并开出防破伤风、抗感染等药物进行处理。

几天后陈某在上学期间死亡。经法医学尸检鉴定，陈某残存体内的竹签长10cm，因竹签插入胸腔，刺破肺、主动脉弓并与气管相通，导致主动脉出血从气管排出，造成失血性休克死亡。陈某的父亲向法院提起诉讼，要求林某、广州市丙小学、广州戊己大学附属医院承担赔偿责任。

法院经审理认为：医方未履行作为专家的注意义务，对患者死亡具有过错，其医疗行为与患者死亡之间具有显而易见的因果关系。原告方未及时将陈某送医院检查治疗，直到第二天陈某呕血时才打电话求医，延误了治疗时间，对陈某的死亡亦有一定责任。比较责任大小，医院、致害方（林某）、原告方应各自承担陈某死亡损失50%、45%、5%的责任。林某因未成年，其赔偿责任依法由其监护人承担。

本案属于典型的多因一果，林某刺伤陈某、医院误诊、陈某的父母未及时送至医院治疗等，这些都是最后造成陈某死亡的原因。然而，在这一系列原因中，我们需要区分主要原因和次要原因，从而依此确定责任的大小。

在本案中，虽然林某的刺伤行为是导致陈某死亡的最终原因，

---

① 《陈某诉广州某大学附属医院人身损害赔偿纠纷案》最高人民法院中国应用法研究所编：《人民法院案例选》2008年第1辑（总第64辑），人民法院出版社2009年版，第118页。

但是因为医院的医生未尽到专家注意义务，使伤者未得到及时救治，否则该结果完全可以避免，医院的行为与陈某死亡有显而易见的责任，而且应该认定为主要原因；而陈某父母未及时将陈某送到医院治疗，也是导致陈某死亡的原因，但是并非是起主要、关键作用的，只能是次要原因。

至于陈某作为一个孩子，本人对病情的不准确描述并不会必然导致损害结果的发生，故可以认为，陈某的错误主诉行为与损害结果并无直接因果关系。

三、直接原因与间接原因

这是根据原因行为是否与损害结果之间存在必然联系所进行的分类。

（一）直接原因

所谓“直接原因”，是指直接产生损害结果、与结果存在必然联系的原因。一般来说，行为人应为作为直接原因的加害行为承担相应的侵权责任。

【案例5-2-3】“一错再错”的赔偿案

——《预防接种异常反应后医疗错误损害赔偿案》①

镇卫生院招聘的医生刁某为严某接种疫苗。接种时消毒措施不严格。两个月后，严某父亲发现严某被注射处的臀部部位有一个茶杯大小的红肿硬块，于是马上到刁某处治疗，刁某认为是一般反应，用膏药贴敷治疗。后严某开始出现间隙性发热，严某父亲将其带到当地医学院附属医院诊治及到县医院住院治疗，县医院诊断为

① 《严彬诉得胜镇卫生院等预防接种异常反应后医疗错误损害赔偿案》，最高人民法院中国应用法学研究所编：《人民法院案例选》1999年第4辑（总第30辑），时事出版社2000年版，第104页。

右髂窝及盆腔 TB（结核）性脓肿。

出院后，严某向法院提起诉讼，要求刁某及镇卫生院予以赔偿。

法院经审理认为：严某的父亲按计划的免疫要求，带严某到刁某处接受注射疫苗的行为不为过，其右髂窝及盆腔 TB 结核性脓肿造成的人身损害与严某自身带有结核菌以及严某的法定监护人未及时采取治疗措施有关；但是刁某违反医院感染管理有关规定，消毒不严，引起注射部分感染，继发严某的结核发展变化；治疗阶段采取错误措施，致使严某病情恶化，是为过错，应承担一定的医疗损害赔偿责任。镇卫生院在未查清病因的情况下即行切脓引流手术，属错误诊治，继发结核产生恶变，也应承担责任。同时，镇卫生院招聘刁某为乡村卫生防疫医生，应对刁某的预防接种和医疗损害行为后果承担相应的法律责任。

法院宣判后，镇卫生院不服，提起上诉。后来，在严某、刁某、镇卫生院及其他曾经参加过严某诊断及治疗的医院之间达成了医疗损害赔偿协议，卫生院撤回了上诉。

正如本案中所呈现出来的一连串侵权行为一样，案件涉及的医疗单位较多，患者与各医疗单位的关系是在不同时期和不同原因下发生的，各医疗单位的医疗差错都对患者的最终结果起了一定作用，表现为“多因一果”的因果关系。

本案中引起损害结果的直接原因：（1）刁某在为严某进行预防接种注射时，未执行“一人一针一管”的防止感染的制度要求，使注射部分感染。这也是医学上承认的直接原因和引起损害发生的起因。（2）在严某预防接种异常反应后前来求治时，刁某未按应执行的制度和程序处理，造成感染后病情进一步恶化的原因。

严某自带结核病菌，应当认为是引起预防接种异常反应及后病变发展的医学上的原因，与严某自身带有结核菌以及严某的法定监护人未及时采取治疗措施有关，这可以说是间接原因。

(二) 间接原因

所谓“间接原因”，是指那些作为损害结果发生的偶然性条件的客观事实，其并不必然产生损害结果。

对于作为间接原因的侵权行为，需要根据其在损害结果产生过程中的作用来确定行为人所应承担责任的范围，而并非要其承担全部的民事责任。

【案例 5-2-4】灌酒与酒精中毒而死亡明显并非直接因果关系

——《杨某寻衅滋事、强索钱物并强制他人饮酒致人死亡案》①

被告人杨某等人将汪某等四人一同饮酒后，杨某责令四人次日兑出 140 元让其去酒店吃饭。汪某为躲避杨某的纠缠躲到张甲家。杨某等人追到张家将汪某等人叫出，并对汪某进行殴打，张甲的堂兄张乙见状，即将汪某、杨某等人叫到自己家中一块喝酒。

汪某在席间饮酒过量，但杨某仍让汪某继续喝，汪某被迫喝下后即呕吐，随后昏睡不醒。次日汪某死亡。经尸体检验确认：汪某的死因属酒精中毒。

法院经审理认为，被告人杨某无事生非，随意殴打他人，情节恶劣，且强拿硬要，强行索要他人钱财，情节严重，其行为已构成寻衅滋事罪；被告人杨某应当预见饮酒过量会导致酒精中毒而死亡，却疏忽大意，强迫他人过量饮酒，致使被害人酒精中毒而死亡，其行为又构成过失致人死亡罪。被告人杨某身犯数罪，应数罪并罚。判决：杨某犯寻衅滋事罪，判处有期徒刑 2 年；犯过失致人死亡罪，判处有期徒刑 3 年，数罪并罚，决定执行有期徒刑 4 年。

本案涉及的因果关系问题可以被认为：

---

① 《杨熙寻衅滋事、强索钱物并强制他人饮酒致人死亡案》，载最高人民法院中国应用法研究所编：《人民法院案例选》2005 年第 1 辑（总第 51 辑），人民法院出版社 2005 年版，第 27 页。

本案被告人杨某等人实施了随意殴打他人、强行索要他人钱财等行为，其行为业已构成寻衅滋事罪。杨某的行为与被害人受到的财产与人身伤害具有直接的因果关系。

综观全案还可以看出，被告人杨某在寻衅滋事行为的前提下，让汪某等多喝酒，其目的充其量是让汪某出出洋相而已。但结果却是汪因酒精中毒抢救无效而死亡，大大出乎杨某意料，死亡的结果与被告人本意相距甚远，只能被认为是由于过失而致他人死亡的行为。因此，杨某让汪某多喝酒与汪某因酒精中毒抢救无效而死亡之间的确存在因果关系，但是很明显其不是直接的因果关系，而只能是间接因果关系。

四、"责任成立的因果关系"和"责任范围的因果关系"

这是关于侵权行为因果关系分类的又一种学说。按照德国法上的通说，因果关系被区分为两类：一类是"责任成立的因果关系"，另一类是"责任范围的因果关系"。

（一）责任成立的因果关系

责任成立的因果关系，是指加害行为和权利受到侵害之间的因果关系，通过其可以判定行为是否侵犯了权利以及是否构成了侵权行为。

【案例5－2－5】证据有假就不能认定有因果联系
——《崔某涉嫌故意伤害被宣告无罪案》①

某年9月，被告人崔某与村公安员张某发生口角，互相撕拽抓挠。当日下午张某到丙卫生院就诊。一个月后，张某到丁县心脑血

① 《崔连合涉嫌故意伤害被宣告无罪案》，载最高人民法院中国应用法学研究所编：《人民法院案例选》2002年第4辑（总第42辑），人民法院出版社2003年版，第24页。

管病医院、戊市中心医院就诊并经CT检查，诊断其患有右额颞顶部慢性硬膜下血肿。

同年10月丙卫生院应张某家属的要求，借用丁县医院的住院病历纸，根据同年9月的诊断和院长王某的口述，由医生刘某整理成住院病历。次年9月该省法医门诊根据丙卫生院所写的戊县医院病历及王某、刘某的证言对张某的损伤鉴定为重伤。第三年11月，省高级人民法院法医作出审查意见认为，张某的慢性硬膜下血肿系本次外伤所致，属重伤。

法院审理认为，被告人崔某与附带民事诉讼原告人张某打架有证人证实，并有省法医门诊鉴定及省高院法医审查意见认定，因此认定被告人崔某犯故意伤害罪，判处有期徒刑5年，并赔偿被害人张某医疗费用4308.99元。

之后，附带民事诉讼原、被告均提出上诉。市中级人民法院认为原判事实不清，证据不足，裁定撤销原判，发回重审。

县法院重审认为，省法医门诊认定的鉴定结论和省高院法医审查意见认定的结论，均是依据丙卫生院冒用丁县医院名义补写的住院病历作出的，该病历既非原始病历，且记载的张某的入院时间与张某本人的陈述不符，有失客观性、真实性，故认定被告人崔某致张某重伤证据不足。据此，认定被告人崔某无罪。

判决后，县检察院提出抗诉，附带民事诉讼原告人张某提出上诉。在市中院审理本案的过程中，市检察院以“抗诉不当”为由撤回抗诉决定书。市中级人民法院经审理裁定：准予市检察院撤回抗诉；驳回原审附带民事诉讼原告人张某的上诉，维持原判。

本案审理中有一个关键性的重要证据，即省法医门诊的法医鉴定和省高级法院法医的审查意见。该证据的采信与否直接关系到被告人的有罪与无罪。县法院对本案所进行的两次审理，面对同样的事实和证据，却做出了截然相反的判决。其主要原因就是第一次审理采用了该证据，而第二次审理却否定了该证据。

具体说第一次审理采用该证据，就是由于认定被告人崔某的行为与被害人张某的重伤之间存在因果关系，进而即构成故意伤害罪；而第二次审理否定该证据，从而认定被告人崔某的行为与被害人张某的重伤间不存在因果关系，进而才使被告人崔某无罪。故此，这里采信该证据的因果关系无疑就是责任成立的因果关系了。

（二）责任范围的因果关系

责任范围的因果关系是指受侵害的权利与损害之间的因果关系，通过其可以判定侵权人应该负责赔偿哪些因权利受侵害而造成的损害问题。

【案例5-2-6】“宪法司法化第一案”涉及民事责任范围
——《中学同学冒名顶替上中专侵犯姓名权和受教育权案》①

在当年的中考中，齐某通过了委培分数线，省某商业学校向其发出了录取通知书。但这份通知书却被陈某领走，以齐某的名义完成了在某商校的学习，被分配到中国银行在邻县的支行。而真正的齐某成了一名普通的工人。

齐某在得知陈某假冒她的姓名上学的情况后，即以侵犯其姓名权、受教育权为由，提起诉讼，要求陈某等相关人员和单位赔偿其经济损失，（包括陈某以“齐某”的名义领取的助学金、工资、住房福利；她本人支出的复读费用、农转非交纳的城市增容费、上技校交纳的学费等）和精神损失以及律师费4000元。

经法院两级审判后，省高级人民法院以侵犯姓名权和受教育权为由，判决：陈某赔礼道歉并赔偿齐某精神损失费、律师费、直接经济损失，以及间接损失41045元（按陈某以齐某的名义冒领的工资减去当地最低生活保障费计算），驳回了齐某的其他诉讼请求。

① 《齐玉苓诉陈晓琪冒名顶替到录取其的中专学校就读侵犯姓名权、受教育的权利损害赔偿案》，最高人民法院中国应用法学研究所编：《人民法院案例选》2001年第4辑（总第38辑），人民法院出版社2002年版，第97页。

本案非法姓名使用人为了谋取非法利益，完全以姓名权人的名义活动，是一个典型的以“冒名顶替”的方式侵害姓名权的案件。

就本案的侵权责任法律关系之构成而言，对于陈某的冒名顶替行为是否构成了对齐某的民事权利的侵害，这是第一个层次，即“责任成立因果关系”的问题；而对于齐某因此而支出的复读费用、上技校交纳的学费等与姓名权、受教育权受侵害之间究竟有没有因果关系，应不应由陈某等负责赔偿，则是第二个层次，即“责任范围的因果关系”的问题。

五、按原因与结果的数量的多少而作的划分

（一）一因一果

即一个原因仅仅导致一个损害结果的发生。原因和结果都是一个，联系相对简单。

【案例 5－2－7】单一行为导致了被害人的单一结果
——《温某燃放爆竹致人死亡案》①

村民张某去世，死者家人购买了 490 支“二踢脚”大红爆竹按照当地习俗在办理丧事期间燃放。温某在此期间先后放了 4 支。最后一支爆竹的第二响落在了正在围观看“鼓匠”的赵某头顶爆炸，致赵当场倒地，后在送往医院途中死亡。经法医鉴定，赵某系被爆竹爆炸震破脑内血管出血而死亡。

县检察院以温某犯过失以危险方法危害公共安全罪向法院提起公诉。被告人及其辩护人辩称，温某在燃放爆竹时，不知爆竹有质量问题，对炸死人这一后果是不能预见的，应宣告其无罪。

法院认为，本案的损害结果是一种意外的巧合，即爆竹的第二

① 《温俊海燃放爆竹致人死亡案》，载最高人民法院中国应用法学研究所编：《人民法院案例选》2002 年第 2 辑（总第 40 辑），人民法院出版社 2002 年版，第 5 页。

响正好落在了被害人赵某的头顶爆炸，致其死亡，纯属意外事件。根据刑法第16条的规定，应宣告被告人温某无罪。

本案涉及的因果关系是典型的“一因一果”，温某燃放的爆竹的第二响正好落在了被害人赵某的头顶爆炸，致其死亡。也就是说温某燃放爆竹的单一行为导致了被害人赵某死亡的单一结果。

当然，只存在因果关系并不能使行为人必然承担相应的责任，如本案中温某燃放爆竹的行为虽与赵某死亡之间有因果关系，但是由于温某不存在主观过错，故仍然不承担刑事责任，或仅仅承担相应的民事责任。

（二）一因多果

即一个原因导致了数个损害结果的发生。原因虽然单一，却造成了多个结果。例如，环境污染侵权中：一个工厂的排污造成了几个部门的损失，无疑是一个侵权的原因而导致了数个损害结果的发生。①

【案例5-2-8】一个行为却引发了多种法律关系

——《陈某等诉大辛洋黑白摄影厅返还人像艺术照底片案》②

原告陈某、王某与王庚（案外人，王某的姐姐）到大辛洋照相馆拍摄艺术照。在拍摄完毕后，即付给照相馆150元“押金”（实为价款）。次日，当原告陈某、王某到被告处取照片，并索取

---

① 中华人民共和国最高人民法院典型案例。例如，在中华人民共和国最高人民法院网站的典型案例中有一个案例：山西省运城市人民检察院以被告人杨某犯重大环境污染事故罪，向山西省运城市人民法院提起公诉。山西省运城地区尊村引黄灌溉管理局、山西省运城市安邑水库管理委员会和山西省运城市北城供水公司，同时提起附带民事诉讼。法院判决被告人杨某犯重大环境污染事故罪，并赔偿各附带民事诉讼原告人相关经济损失。引自 http://www.court.gov.cn/popular/200304010035.htm。

② 《陈莹珍等诉大西洋黑白摄影厅返还人像艺术照底片案》，载最高人民法院中国应用法研究所编：《人民法院案例选》1998年第3辑（总第25辑），人民法院出版社1998年版，第107页。

全部底片时，被告的员工告知若能放大两张即可取回全部底片。原告为能取回全部底片，便各拿出100元付给被告。同月9日，原告再次到被告处取照片，被告却只同意给放大的2张，其余7张底片拒不交还。原告无奈，遂向市消费者协会投诉。经消费者协会派员交涉，被告提出只要原告每张愿付15元即可取回全部底片，但原告对此没有接受。

被告摆放在门口的《黑白照须知》注明："凡在本摄影厅放大到24寸以上的给回此底片一张，其余不放大者，底片按每张150元计价（要底片者按此计算）。"

法院经审理认为：被告制订的《黑白照须知》内容违法，其实质上是法律明确禁止的格式合同。根据我国《消费者权益保护法》第24条的规定，该内容无效，没有法律拘束力。原告到被告处拍艺术照，双方形成一种服务合同关系。被告收取原告"押金"后，合同即告成立，被告便负有为原告提供拍照服务，并按时、完整地将照片（包括底片）交还给原告的义务。原告为处理此事而遭受的误工损失，被告应予赔偿。

本案中顾客在摄影厅（照相馆）拍摄个人、家庭或集体照片，虽为日常生活常见，但从法律上如何认识这种关系，则不那么简单。本案的处理，虽然只有被告不给付原告底片这一行为，却引发了多种法律关系，其一为消费服务法律关系，其二为著作权法律关系，其三为物权法律关系，其四还有肖像权法律关系；并且还引发了多种损失，如造成的原告的误工费、交通费等。故可知本案中涉及的因果关系应为典型的"一因多果"情况。

（三）多因一果

即一个损害结果的发生是由多个原因造成的。即存在侵权行为人的多个加害行为，而结果为受害人单一的损害后果。

【案例5-2-9】“多因一果”包括很多类型
——《燃放烟花侵权损害纠纷案》①

1993年某日，李某手持一枝40发魔术弹在住宅楼下的草坪上燃放，梁某上前帮忙。因魔术弹没有引线，梁某向叶某要了个小烟花插进魔术弹筒里，引火后即警告马某（9岁）走开，但马某没有走开，反而侧头用眼朝魔术弹筒内窥视。魔术弹喷出击中马某的右眼，最后烟花在李某手中爆炸。马某右眼受重伤，视力仅能看到眼前手动，花去各种治疗费用若干。

两审法院经审理均认为：李某的行为是造成损害的主要原因，应承担主要责任，梁某承担一定责任。二者为共同侵权，应承担连带责任。因二人均为无民事行为能力人，其责任由监护人承担。马某经警告仍侧头用眼朝魔术弹筒内窥视，具有一定的过错，被告李某、梁某可因此而减轻相应责任。马某年仅9岁右眼受损，必将对今后的生活，学习，工作造成困难，为弥补损失，被告方除应赔偿医疗费、交通费、住宿费，还应适当补偿原告马某今后生活费用。叶某给梁某提供火种，不是致伤马某的直接原因，该行为与损害结果的发生没有必然的联系，故叶某不承担责任。

本案属于典型的“多因一果”案件。李某燃放魔术弹，梁某上前帮忙，叶某提供小烟花，与马某经警告仍侧头用眼朝魔术弹筒内窥视这一系列原因最终造成了马某右眼受重伤的结果。

本案中的另一个导致悲剧发生的原因就是受害人未听警告侧头用眼朝魔术弹筒内窥视。从这一点上看，受害人对损害结果的发生也是存在过错的。根据《民法通则》第131条规定，对损害的发生受害人也有过失的应减轻侵害人民事责任，故法院判决被告李某和梁某可因此减轻相应责任。

---

① 《马旭诉李颖、梁淦侵权损害纠纷案》，最高人民法院公报编辑部编审：《最高人民法院案例全集（1985-2001年）》，中国民主法制出版社2001年版，第467页。

1. 叠加因果关系

即每个原因都足以导致损害结果的发生，而在共同作用下导致了损害结果的发生。

【案例5－2－10】几个原因聚合抑或叠加在了一起
——《公路管理站未设公路桥梁限载标志超限车通行时桥断致车毁人亡赔偿案》①

驾驶员刘某驾驶货车驶上一水泥桥时，桥板突然断裂，车辆翻入河中，致车上另一名驾驶员赵某落水溺死，车辆严重损坏。事故发生时，车上装有黄沙7—8吨（车辆限载额为5.5吨），这座桥上没有任何限载标志。

经查明，此桥系交通局拨款由乡政府委托水利站建造并经该县水利局验收合格，验收时的荷载标准是5吨。赵某的近亲属作为原告将县交通局、公路管理站、乡政府和乡水利站作为共同被告告上法庭，要求四被告赔偿死者损失及被抚养人生活费和精神抚慰金。

法院经审理认为：此公路虽已下放为乡道，但在事故发生时，公路产权并未发生转移，事实上仍由公路站负责养护和管理，公路站没有尽到管理职责，也没有在桥上设置必要的限载标志等安全设施，是事故发生的主要原因，故公路站应承担主要的民事责任。被告交通局、乡政府和乡水利站不是本案的直接责任人。

原告车辆严重超载，主观上有过错，对事故的发生也要承担一定责任。

本案属于“多因一果”的类型。一般来讲，超限载货是追究驾驶人员在道路交通事故中承担责任的直接的、主要的事由，但本

① 《赵展鹏等诉淮阴县公路管理站等公路桥梁未设限载标志超限车通过时桥断致车毁人亡案》，最高人民法院中国应用法研究所编：《人民法院案例选》2001年第2辑（总第36辑），人民法院出版社2001年版，第158页。

案不是交通事故。虽然车辆超重通行是直接原因，桥栏上是否设置限重通行标志只是一个外在的、间接的原因，但在本案中，间接原因者所负的责任却大于直接责任者。管理人未尽自己的义务成为主要的原因。在桥梁上未设限重通行标志，对所有超过桥梁负荷标准的通行物来说都是一种危险。驾驶员所驾驶的车辆超过车辆限载标准的违法因素在这种关系中就不是主要因素，而只是一个适当的条件。

故而，每个原因都足以导致损害结果的发生，而在共同作用下导致了损害结果的发生，即所谓“聚合因果关系”，似乎称之为“叠加”更为恰当。

2. 共同因果关系

多个原因共同结合而导致了损害结果的发生。

【案例5-2-11】数个原因共同结合才导致了损害结果发生
——《非法行医致人死亡案》①

被告郭某未获得行医资格和执业许可证，在本村开设个体诊所。该村妇女刘某因患风湿病到被告处就医，被告给刘某配制了一服中药，嘱刘某用半斤白糖和一斤白酒兑泡七日服用。刘某将中药带回后当晚兑泡，第二天上午即服用，导致“乌头碱”中毒，经被告抢救无效死亡。

检察院以非法行医罪对郭某提起公诉，被害人刘某的丈夫和父亲提起附带民事诉讼，要求被告人赔偿丧葬费等经济损失及精神损失费等共计22504元。

法院经审理判决：被告郭某犯非法行医罪，判处有期徒刑10年，并处罚金；赔偿附带民事诉讼原告人经济损失。

① 《郭跃满非法行医致人死亡案》，最高人民法院中国应用法研究所编：《人民法院案例选》2001年第2辑（总第36辑），人民法院出版社2001年版，第36页。

本案的侵权行为与损害结果之间属于“多因一果”的类型，即损害结果并不是由单一原因造成，而是由两个或两个以上的原因造成的。显然，数个原因共同结合才导致了损害结果的发生，缺一不可，故其构成了所谓的“共同因果关系”。

3．择一因果关系

如“共同危险行为”中的因果联系，即每一个原因均可能造成损害结果的发生，但无法证明是哪个原因造成的。共同危险行为的案例都是典型的择一因果关系。

【案例 5－2－12】结果由非共同行为人全体所致却不能判明加害人

——《陈某诉朱某等案》[①]

朱某等五名被告（小学生）玩游戏相互追逐，原告陈某拄拐杖回家路过时，被一名玩游戏人绊住拐杖跌倒，随后几名玩游戏的被告去搀扶原告，未能扶起。原告入住医院治疗。出院后原告诉至法院，要求五被告赔偿原告医疗费、护理费、营养费、住院伙食补助费等，并互负连带责任。

法院认为，原告不能明确指明是谁将其碰倒，五人的说法又不一致，无法查明是谁将原告碰倒。但该五人玩游戏相互追逐，有追有躲，分工不同，不论是谁碰倒原告，应推定为五人的共同行为造成，因此该五名被告对原告被碰倒所受的经济损失，应当共同承担赔偿责任。

本案的因果关系即属于择一因果关系。本案中五被告行为与损害后果之间具有因果关系，可是原告的伤害结果不是共同行为全体人员所致，但又不能判明其中谁是加害人，因此构成共同危险行为

① 《陈绍先诉朱金欢等案》，国家法官学院、中国人民大学法学院编：《中国审判案例要览（2002 年民事审判案例卷）》，中国人民大学出版社 2003 年版，第 389 页。

的侵权责任。最高人民法院《关于审理人身损害赔偿案件适用法律若干问题的解释第》第4条规定："二人以上共同实施危及他人人身安全的行为并造成后果，不能确定实际侵害行为人的，应当依照民法通则第一百三十条规定承担连带责任。"

（四）多因多果

原因和结果均为多数，有时还可能形成所谓的"因果链"，即一连串的原因导致了多个损害结果的发生。

【案例5－2－13】因果链导致了多个损害结果聚合
——《在校学生出走下落不明被宣告死亡诉大学严重失职赔偿损失案》①

汤某系被告大学的学生。某日下午，汤某独自离开学校。当晚10时许，在公园江边悬崖处意欲轻生，被公园工作人员发现劝阻并送至派出所。12时左右，公园工作人员打电话给学校校卫队值班人员。11日凌晨1时至6时，学校核实情况与派出所联系，随即派车去接汤某，却被告知其已从居住的旅社出走，不知去向。

1996年2月，汤某被依法宣告死亡。5月，汤某的父亲诉至法院，认为学校未及时接走汤某是严重失职行为，对其被宣告死亡负有责任，要求学校赔偿抚育费、教育费及精神损失80万元。

法院经审理认为：汤某在事发时已年满18周岁，具有完全民事行为能力，应独立承担民事责任。汤某在获救处于安全状态后，再次出走，后果应由本人负责。被告大学核实情况后，即派人去接汤某，因不知下落而未能接回，已尽责任。故被告与汤某被宣告死亡没有直接的因果关系，不应承担民事责任。原告的诉讼请求无事

① 《汤子忠因其女在校期间出走下落不明被宣告死亡诉南京医科大学严重失职赔偿损失案》，最高人民法院中国应用法研究所编：《人民法院案例选》1998年第1辑（总第23辑），时事出版社1998年版，第103页。

实和法律依据，不予支持。

女生因厌学产生自杀念头出走，在被他人劝阻及公安民警进行思想疏导并安排好住宿后，又再次出走而下落不明。其间，就学校保卫部门去接她时本人再次出走的原因而言，形成了一系列的因果链：若家长及时了解孩子厌学情况，采取必要措施，也许就不会发生此结果；若公园工作人员直接打电话给保卫处，学校就有可能及时处理，将她早一点接回；若学校当时即与公园或镇政府联系上，也许就能在女生再次出走前赶到。但即使将女生接回了学校，谁又能保证其不再出走呢？

故因果关系肯定是有的，但是否有法律上的因果关系，就仁者见仁，智者见智了。

第三节　因果关系的主要学说

一、条件说

（一）条件说的概念

“条件说”的基本观点是：任何能够作为造成损害结果的条件，都是损害发生的原因；且任何能够引起损害结果发生的条件，都具有同等的重要地位，都是法律上的原因。

【案例5－3－1】任何能引起出结果的条件都是法律上的原因
——《帮工被野蜂蜇伤中毒死亡损害赔偿案》[①]

成年人杨某应被告周某的请求，帮周某修理承包地边的树枝。

① 《杨时富因其子在帮工中被野蜂蜇伤中毒死亡诉被帮工人周荣廉赔偿案》，最高人民法院中国应用法学研究所编：《人民法院案例选》1997年第3辑（总第21辑），人民法院出版社1997年版，第124页。

由于杨某修理树枝时触动了有野蜂窝的树，被群蜂蜇伤。周某请来乡村医生为杨某治疗后，即送杨某回家。后杨某全身浮肿，病情恶化，其家人6天后才将其送往医院，经抢救无效死亡。

后杨某的父亲对周某提起诉讼，要求周某承担医疗费、安葬费及抚恤金等费用。

法院认为：周某作为受益人，对杨某之死所造成的损失应予补偿，于是判决周某补偿原告2163.50元及生活费5000元。

帮工杨某的死亡，直接原因是被野蜂蜇伤这一意外事件，但从本案的纵向发展过程来看，则是基于以下几个条件：首先是杨某应周某的要求才去帮工；其次是杨某疏于防范，才被野蜂蜇伤；再次是杨某家人耽误治疗，如若及时治疗，就不会导致杨某的死亡。可以看出，法院在判断这类多因一果案件的因果联系时其实是以“条件说”为依据的。《侵权责任法》第24条规定：“受害人和行为人对损害的发生都没有过错的，可以根据实际情况，由双方分担损失”，规定的公平责任原则，在因果关系方面实际上采取的仍是“条件说”。需要注意的是，因果关系“条件说”在实践中适用业很少见，只存在一些特殊场合。

（二）条件说的缺点

1. 直接套用哲学上因果关系来认定法律上的因果关系

从哲学上看，每一个事物的发生原因事实上都可以推至其所涉及的一切事物，如受害人受伤住院，因医院着火逃避不及而死亡。又如受害人因遭窃盗而报案，报案途中又遭扒手偷窃。

可见，在这些情形下，若依“条件说”来确定有无因果关系，必然就会肯定因果关系的存在。这样，使受害人受伤住院的行为人就必须对受害人因失火而死亡的损害负赔偿责任，而原先窃盗的行为人对于扒手偷窃造成的损害也应承担损害赔偿责任。

2. 条件说往往容易将法律上的因果关系界定得过于宽泛

其不加区分的做法很容易导致不应承担责任的人受到制裁，还会导致责任分摊上的不公平。故反对“条件说”的人认为，“条件说”的最大缺憾就在于把法律上的因果关系搞得宽泛无边，因而此种学说必须加以扬弃。

【案例 5－3－2】法律上的因果关系不能搞得宽泛无边
——《武某诉贝亲株式会社等产品责任纠纷案》①

原告的母亲张某从被告丽婴房公司设在被告第一八佰伴公司的柜台购买了一个由被告贝亲株式会生产的微波炉奶瓶消毒盒。警示说明中日文文字为“勿让儿童靠近”，但该表述在中文说明中未出现。原告伸手抓奶瓶消毒盒，盒内覆出的热水将原告多处烫伤。原告诉贝亲株式会社作为生产商应当承担侵权赔偿责任。经销商存在未履行告知义务的过错，亦应承担侵权赔偿责任。因此，请求判令三被告连带赔偿原告各项损失、公开召回缺陷产品并承担本案诉讼费。

法院经审理认为生产者承担产品责任的前提是产品存在缺陷，同时该缺陷与损害具有因果关系。本案所涉奶瓶消毒盒，其工作原理为通过微波炉加热盒内给水盘的水，使之产生高温水蒸气，以达到消毒的效果。经过加热的消毒盒在一段时间内尚处于高温状态，此时该消毒盒无疑存在一定的危险，但该危险是消毒盒达到其功能的必然结果，故属于合理的危险。

本案所涉产品并无生产设计上的缺陷。所涉消毒盒的中文产品说明书，已经通过文字结合图示的方法，对产品的结构、使用步骤、注意事项作了明确的说明。故法院最终驳回原告的诉讼请求。

本案涉及的是产品责任，产品责任作为一种适用无过错归责原则的特殊的侵权责任，缺陷与损害是否存在因果关系是认定产品责

① 《武某诉贝亲株式会社等产品责任纠纷案》，最高人民法院中国应用法研究所编：《人民法院案例选》2008 年第 2 辑（总第 64 辑），人民法院出版社 2009 年版，第 100 页。

任的重要条件。产品责任的因果关系若采取“条件说”，那么像本案这种情况下，原告将装有热水的消毒盒弄翻而被烫伤，就可以起诉生产者要求承担赔偿责任。但是，如果这种请求也被法院支持，就会使生产者承担过于苛刻的责任，对生产者显然不公平。由此可见，因果关系“条件说”存在很大缺陷。

二、必然因果联系说

（一）必然因果联系说之内涵

“必然因果联系说”的基本观点是：只有行为人的行为与损害的结果之间具有内在的、本质的、必然的联系时，才具有法律上的因果联系，行为人才应该承担民事损害赔偿责任。

1. “必然因果联系说”也被称为“充分原因说”或“原因说”

按照必然因果联系说，加害人必须对那些作为“充分原因”的不法行为所造成的损害承担赔偿责任，对超出这一范围的损害就可以不负损害赔偿责任。所谓“充分原因”，须是损害结果发生的必要条件具有极大地增加损害结果发生的可能性。

【案例5－3－3】充分原因须为客观造成或增加损害危险的条件
——《王丁等诉丙河宾馆其子住宿时被第三人所害损害赔偿案》①

王丁之子王甲入住丙河宾馆被罪犯仝某杀害于客房内，并抢走王甲的财物。案发当时，仝某在丙河宾馆内电梯七次上下，宾馆未对仝某乙进行访客登记。王甲所住的房间门上配有“窥视孔”、安全链及自动闭门器，门后张贴有安全告示，内有诸如“看清门外

① 《王利毅等诉上海银河宾馆其子住宿时被第三人所害损害赔偿案》，载最高人民法院中国应用法学研究所编：《人民法院案例选》2002年第2辑（总第40辑），人民法院出版社2002年版，第154页。

访客再开门”等内容。

被害人王甲的父母王丁、张某诉至法院，请求判令丙河宾馆赔偿其经济损失，并要求赔偿其精神损失费，向其承认错误、赔礼道歉。起诉时，王丁、张某同时要求宾馆承担违约责任、侵权责任及消费者权益保护法上的责任。

法院审理后认为：王甲之死与财物被劫系罪犯仝某所为，被告在管理工作中的过失与王甲之死及财物被劫无法律上的因果关系，并非共同加害行为人，故王丁、张某要求丙河宾馆承担侵权赔偿责任无法律依据。王甲与宾馆之间构成合同关系，双方权利义务关系应由合同法调整，而不能由消费者权益保护法来调整。丙河宾馆未兑现其关于服务质量的承诺，应承担违约责任，违约赔偿数额按照本案的实际情况酌定。遂判决：丙河宾馆赔偿王丁、张某人民币8万元，驳回其他诉讼请求。二审法院驳回上诉，维持原判。

本案的重点是判断行为与损害结果之间有无因果联系。对于这一判断，在本案中法院即采用了必然因果联系说。

从本案可以看出，在侵权损害案件中运用必然因果关系来确定侵权行为的成立，对行为人比较有利，对受害人不利。

2.“必然因果联系说”主张严格区别“原因”和“条件”

其否认“条件”与“结果”之间的因果联系。必要条件规则在英美法上称为“若非公式”，即如果没有A情况的出现，就不会有B情况的产生，则A为B的必要条件。

【案例5-3-4】过失行为并不必然引起受害人的损失——《冯某诉某宾馆未登记入住其宾馆因其他住客失火蔓延被烧伤赔偿案》①

冯某等四人入住某宾馆。该房为标准双人间，登记人为肖乙，登记的同住人为其兄弟肖丙。原告冯某及另外一人亦同住此室，但未办加铺登记手续。次日凌晨三时许，该宾馆因其他房间住客失火，火势迅速蔓延，冯某等人为逃生而破窗跳楼，身上有多处被火烧伤，另有跌伤等其他损伤，随身所带物品也付之一炬。因索赔不成，冯某遂诉至法院。

法院经审理认为：冯某未经登记入住某宾馆，且未办加铺登记手续，故冯某行为违法，冯某与某宾馆之间不构成消费合同关系。冯某所受损失系因失火者造成，属侵权损害赔偿，应按民法通则的规定，向责任者请求赔偿。

某宾馆对旅客入住情况有管理的权利和义务，故其有注意防火安全的义务，冯某又确在某宾馆内受到损害，故可按《民法通则》第132条之规定适用公平原则，根据冯某的实际损害合理分担损失。最终双方达成调解协议。

虽然本案以调解结案，但法院在分析认定该案的因果关系时很明显采取的是必然的因果关系，认为冯某所受损失因失火者造成，属侵权损害赔偿，应按《民法通则》规定，向责任者请求赔偿，也就是认为失火者与冯某所受损失之间是必然的因果关系，故失火者应对冯某负赔偿责任；而认为某宾馆管理中的过失行为并不必然引起冯某的损失，即两者之间不是必然的因果关系，仅仅是构成了损害造成的条件，故某宾馆对冯某所受损失不负赔偿责任。

---

① 《冯海斌诉大象副食品批发部未登记入住其宾馆因其他住客失火蔓延被烧伤赔偿案》，载最高人民法院中国应用法学研究所编：《人民法院案例选》2002年第2辑（总第40辑），人民法院出版社2002年版，第149页。

至于法院适用公平原则认为某宾馆可以根据冯某的实际损害合理分担损失，并不是因为两者之间存在必然的因果关系。

3. 在我国传统上适用的是苏联的“必然因果关系说”

依照该种学说：（1）要分清必然因果关系和偶然因果关系。偶然原因只为结果发生提供了可能性，而必然原因则为结果发生提供了现实性。

【案例5－3－5】偶然的因果关系说很少追究行为人的法律责任
——《蒋某诉彭甲、邱某、朱某以雇主的遗产补偿其医疗费及伤残补助费纠纷案》[①]

原告蒋某被彭甲、邱某夫妇雇为保姆，凶犯王甲报复行凶，持刀闯入彭、邱家，将彭、邱夫妇先后杀死，又持刀将其女彭乙和蒋某重伤。王甲跳楼身亡。彭乙和蒋某被送往医院抢救，彭乙因伤势过重，抢救无效死亡。蒋某伤愈出院后，因左足跟肌腱及左上肢肌腱损伤，留有残疾，生活自理能力差。

被害人彭、邱夫妇死后，彭某之父和邱某之父母清理遗物，计有遗产约2.6万元。

蒋某向法院起诉，要求雇主的继承人从所继承遗产中补偿其医疗费和伤残补助费。

法院经审理认为：蒋某在彭、邱夫妇家当保姆期间，被罪犯王甲重伤致残，彭、邱夫妇在与王某搏斗中被杀死亡，其女彭乙亦被杀害。从案件事实看，蒋某受伤，并非属于劳务活动中的劳动安全未得到保障所致，也不是为保护雇主一家的生命财产安全或其他利益而被重伤，故要求从雇主的遗产中补偿医疗、伤残补助等费用，

---

① 《蒋秀蓉诉彭润明、邱家乐、朱翠莲以雇主的遗产补偿其医疗费及伤残补助费纠纷案》，载最高人民法院中国应用法学研究所编《人民法院案例选》1992年第1辑（总第1辑），人民法院出版社1992年4月第1版，第55页。

无法律依据。

但鉴于蒋某是在受雇期间受伤致残，其家庭经济较困难，彭邱夫妇留有一定数额遗产的实际情况，经多次召集双方当事人说明情况，被告自愿从所继承遗产中给予原告一定补偿，原告也放弃对被告过高的补偿要求，并自愿申请撤回诉讼请求。

本案中的因果关系是必然的因果关系和偶然的因果关系的复合。

蒋某在彭、邱夫妇家当保姆期间，两者之间是雇佣关系，根据《合同法》规定雇主对所雇人员在从事劳务活动中由于劳动安全未得到保障而受到的人身伤害负责。而本案中，蒋某受伤是凶犯造成的，其医疗费、伤残补助费应由凶犯的遗产中解决，且蒋某是在工余休息过程中被杀伤，要雇主对此承担民事责任，无法律依据。也就是说蒋某在彭、邱夫妇家当保姆与蒋受到凶犯伤害之间是偶然的因果关系，即只为结果发生提供了可能性；而蒋某的受伤与凶犯王甲犯罪之间才有必然的因果关系，为结果发生提供了现实性。

值得注意的是偶然的因果关系很少追究行为人的法律责任，如本案就认定原告的诉讼请求无法律依据。

（2）要辨明主要原因和次要原因。主要原因是对结果产生原因力较强的原因，而次要原因则是对结果产生原因力较弱的原因。

【案例5-3-6】探究哪个原因力实质上更强

——《陈某诉某小学存在管理过失造成其离校出走赔偿案》①

原告小学生陈某上学迟到。在早操后，班主任张己老师将陈某叫到办公室谈话，表示将要去家访。此后，陈某在上午第三节课前

① 《陈子刚诉北京市海淀区厂西门小学存在管理过失造成其离校出走赔偿案》，载最高人民法院中国应用法研究所编：《人民法院案例选》2004年民事专辑（总第48辑），人民法院出版社2004年版第59页。

的时间内离开学校。当日中午，张老师到陈某家中，将陈某离开学校一事告诉陈父。在外流浪的陈某经人帮助与家人联系。随后，陈某将该小学诉诸法院，要求赔偿陈某离校出走的各项损失。

原审法院经审理后作出判决，某小学补偿陈某经济损失人民币3000元。判决后，原告不服，提起上诉。

二审法院认为，陈某在小学上学期间，不满10周岁，系无行为能力人，学校对其在校期间，应有必要的管理、监督、教育的责任。陈某因上学迟到，班主任老师找其谈话，就谈话的内容、方式，虽属于教育范畴，不属法院主管范围，只有超出教育范畴，具有打骂、体罚、恐吓等违法方式，侵害未成年人人身权利的，才应承担相应的民事责任。具体到本案来说，班主任张老师在与其谈话中，因涉及请其家长了解情况的内容，从而促使发生陈某离校的事实。就学校的管理而言，由于该小学在出入校门管理上存在疏忽，造成陈某的离校，对此学校应承担疏于管理之责。根据对陈某出走原因的分析认定及学校应负的管理责任和对于事发后采取的补救措施，同时，也考虑到该事件给陈某的家人带来的精神痛苦及经济损失的实际情况，原审判定庚小学给付陈某一定的经济补偿，并无不当。判决驳回上诉，维持原判。

本案的关键在于判断庚小学对在校学生负有善良管理人的管理义务学校管理过失与陈某离家出走之间有无因果联系。对于这一判断，两审法院显然没有采用了“必然因果联系说”，因为该说主张严格区别“原因”和“条件”。主张如果没有A情况的出现，就不会有B情况的产生，即A为B的必要条件。

对于本案显然不是如果没有某小学对在校学生负有善良管理人的管理义务学校管理过失行为，陈某就不会离家出走的，而只能说学校的过失行为只是造成小学生出走的一个条件而非原因。可见“必然因果关系”并非适用所有的侵权案件。

(3) 要区分直接原因和间接原因。直接原因是指与损害结果在时间或空间上直接相关联的原因；间接原因是指与损害结果在时间或空间上没有直接的连续关系，而是通过其他媒介因素对损害结果加以作用的原因。

【案例5-3-7】时间或空间上的直接关联
——《常某等因其亲属在就餐时误将硫酸当做白酒饮下致死诉饭店业主吴某等损害赔偿案》①

受害人郭某与司机许某一同到被告吴某的饭店就餐，两人只要了饭和菜。在未经店主吴某同意的情况下，许某擅自到柜台内为郭某倒酒，将柜台酒桶旁一塑料桶的液体（硫酸）当白酒倒入了郭某的酒杯内。郭某饮后，致死亡。

死者郭某的亲属常某起诉到法院，要求店主吴某、司机许某和硫酸寄存人薛某对郭某的死承担民事赔偿责任。

法院经审理认定：店主未将他人存放的硫酸与食品隔离存放，应负疏于管理之责，故要对郭某之死负主要责任；许某擅自到柜台内倒酒，实属欠妥，对损害结果的发生应承担相应责任。

尽管对法院没有认定硫酸寄存人负有高度危险责任，在此案的处理中尚有争议，不过即使依必然因果联系说的理论来观察，虽不能说任何一个特定的损害行为与其所引起的一切损害之间均应肯定存在着某种因果关系，但显然，许某擅自到柜台内为郭某倒酒行为构成了直接损害的原因，此行为与损害之间即具有所谓法律上的因果关系；而店主未将他人存放的硫酸与食品隔离存放，自然是造成损害的间接原因，也具有所谓法律上的因果关系。

---

① 《常秀云等因其亲属在就餐时误将硫酸当做白酒饮下致死诉饭店业主吴占国等损害赔偿案》，最高人民法院中国应用法学研究所编：《人民法院案例选》2002年第四辑（总第42辑），人民法院出版社2003年版，第161页。

必然因果联系说认为，只有当行为人的行为与损害后果之间存在必然的、主要的、直接的联系时，才具有法律上的因果关系。这一学说在我国法院的审判实践中仍时有运用。

（二）“必然因果联系说”的缺点

这种严格的因果关系学说有其弊端。

1. 其使损害赔偿的原因限制在过于狭小的范围之内

“必然因果联系说”恰好与“条件说”相反，其非常容易使得一些应该承担民事赔偿责任的侵权行为人逃脱其应当承担的责任，以致受害人难以获得赔偿，因而有悖于侵权责任法的基本功能。

前述《在电视台播放内容恐怖广告使孩子受惊吓精神损害赔偿案》① 原告称广告内容恐怖、违法，观看该则广告受到惊吓，使身心健康造成较大伤害，要求被告在全国范围内赔礼道歉，支付精神损害赔偿费3万元。法院认为，目前法律对此界定尚不明确，且原告所称的伤害后果与被告播放该则广告行为之间不存在必然的因果关系，故判决驳回原告起诉。

可见法院采用“必然因果联系说”对行为人比较有利，对受害人则不利，而且往往导致脱离案件事实本身去思考问题，去追究一般规律，不利于对受害人的及时救济。

2. 其难以操作且无法普遍适用

这种将必然原因和偶然原因、主要原因和次要原因、直接原因和间接原因截然对立起来的主张，在实践中难以操作且不符合辩证法原理。因此，“必然因果联系说”也很难成为一种可以普遍适用的学说。

---

① 《杨觉诉LG电子（中国）有限公司在中央电视台上播放内容恐怖的广告使其受惊吓精神损害赔偿案》，最高人民法院中国应用法研究所编：《人民法院案例选》2000年第4辑（总第34辑），人民法院出版社2001年版，第138页。

前述《保姆在雇主家遭歹徒伤害案》[①] 原告蒋某被彭某、邱某夫妇雇为保姆，歹徒持刀闯入主人家报复行凶，将彭、邱二人及其一岁的孩子杀死。原告也受重伤，住院花费七千余元，并留有残疾，生活难以自理。凶犯当时即已自杀，家庭困难，无赔偿能力。

原告起诉到法院，要求雇主的继承人从遗产中补偿其医疗费及残疾补偿金。法院经审理认为：原告在雇主家做保姆期间被罪犯伤害致残，但并非劳务活动中劳动安全未获保障所致，也无证据证明其是为保护雇主一家的利益而受伤，故其诉讼请求于法无据，也就是说，与雇主的雇佣行为之间并无必然的因果联系。

最后经法院调解，由被告依公平原则从遗产中给予原告一定的补偿。由判决结果可以看出，虽然法院认为原告受伤与雇主的雇佣行为之间并无必然的因果联系，不构成侵权，但法院最后还是主持调解，由被告给予原告一定的赔偿。可见，法院也意识到采“必然因果关系说”虽然简明易行，却不利于对受害人的及时救济，容易造成结果上的不公平，这一点恰恰是“相当因果关系说”应予以弥补的地方。

三、相当因果关系说

（一）相当因果关系说之内涵

1.“相当因果关系说”是德国法学家就刑法中的因果关系而提出的理论

相当因果关系说是德国学者冯·克里斯在19世纪末所提出来的。冯·克里斯认为，被告必须对以他的不法行为为“充分原因”的损害负责赔偿，但是对超出这一范围的损害不负责任。后来才被

① 《蒋秀蓉诉彭润明、邱家乐、朱翠莲以雇主的遗产补偿其医疗费及伤残补助费纠纷案》，最高人民法院中国应用法学研究所编：《人民法院案例选》1992年第1辑（总第1辑），人民法院出版社1992年版，第55页。

民法学者运用到侵权法的领域中来的，逐步成为认定因果关系的一种权威学说，但并没有成为我国学界的通说。[①]

前述《郭某非法行医致人死亡案》[②]，被害人刘某之死与郭某的非法行医行为之间有因果关系是显而易见的。但是被害人刘某之死也并非只由郭某这一非法行医行为所致，被害人自己提前服用药物不当也与其死亡有一定的原因。而法院最终认定郭某满的行为构成非法行医罪，无疑是采用了相当的因果关系说。

2. “相当因果关系说”也称为“盖然因果关系说”

“相当因果关系说”认为：侵权行为的受害人只要证明了侵权行为与损害结果之间存在相当程度的因果联系的可能性，就达到了其证明责任的要求，然后由被告对此进行反证。只要被告不能证明不存在因果关系，就认定其存在因果关系；反之，如果被告能够证明不存在因果关系，就认定其不存在因果关系。[③]

【案例5-3-8】认定相当因果关系所采取的举证责任之分配

——《陈某诉甲分理处违章点款致其交付的现金短少要求赔偿案》[④]

陈某到甲分理处存款。陈某填写了存款金额为人民币94320元的存款凭证，连同100张（50元或100元票）一扎的万位整数现金和未扎把的4320元现金交给了甲分理处临柜经办人。该经办人

---

① 王利明：《侵权行为法研究》，中国人民大学出版社2005年版，第417～418页。

② 《郭跃满非法行医致人死亡案》，载最高人民法院中国应用法研究所编：《人民法院案例选》2001年第2辑（总第36辑），人民法院出版社2001年版，第36页。

③ 刘士国：《论侵权行为责任中的因果关系》，载《法学研究》1992年第2期。

④ 《陈宇诉建行厦门分行金尚路分理处违章点款致其交付的现金短少要求赔偿案》，载最高人民法院中国应用法研究所编：《人民法院案例选》2001年第2辑（总第36辑），人民法院出版社2001年版，第107页。

接过存款凭证和现金后，未清点扎数即将现金移至与其工作台相连的另一张桌上，由甲分理处的另两位工作人员拆扎用点钞机清点张数。在清点过程中发现两张100元假币和一张50元残币，陈某即时给予了更换。清点完毕汇总后，经办人告诉陈某所交现金总额为84320元，陈某当即要求查看监控录像。看完录像后，陈某应经办人要求另填了一份金额为84320元的存款凭证，办理了84320元的存款手续。整个过程为被告的监控设备录像。随后，陈某诉至法院要求银行补偿1万元。

法院审理认为，本案应按照“当面点清”原则分配证明责任，由陈某对甲分理处没有按照“当面点清”原则进行举证，而由甲分理处对自己按照了“当面点清”原则提供证据。法院认为陈某的诉讼请求依据不足，不予支持。判决驳回原告的诉讼请求。

二审法院经审理后，对本案中收、存款不一的责任应由谁承担主要采用了过错推定的方法，主要由银行负举证责任。由于其未能举出充分证据，法院认定其在收储时，违反银行有关现金存储的管理制度，是造成双方当事人对存储款额发生争执的主要原因，故银行应承担存款人交存现金的大数与存款凭证所填交存金额不相符的责任。故终审判决：撤销法院一审民事判决。银行分理处应赔偿存款人陈某人民币1万元。

本案争议的焦点关键是对于收、存款不一的责任应由谁承担，而对此一、二审法院作出了不同的判决。这主要是因为一、二审法院在认定相当的因果关系时采取的举证责任的分配不同。一审法院采用由陈某对银行分理处没有按照“当面点清”原则进行举证，而由银行分理处对自己按照了“当面点清”原则提供证据。即需由陈某自己证明侵权行为与损害结果之间存在相当程度的因果联系的可能性，但是陈某未能举证，而银行分理处则凭借自己的柜台高度以及点钞机均在正常人可俯视的范围内，完成了举证责任，故一审未支持陈某的诉讼请求。

当然，一审以银行分理处柜台的高度及点钞机在正常人可俯视的范围内，推论“整个过程原告都能看清楚”，这种认识实际上是忽略了原告作为消费者在这种场合的注意能力。二审法院对此主要采用了过错推定的方法，即陈某只需举证证明收、存款不一的事实发生在银行分理处，就证明了两者之间存在相当的因果关系，而需由银行分理处对于两者之间不存在相当的因果关系负举证责任，只要银行分理处不能证明不存在因果关系，就推定其存在因果关系。

3. 在理论上和实践中“必然因果关系”理论已经逐步为“相当因果关系”理论所取代

虽然“相当因果关系说”还未成为通说，但是在我国理论和司法实践中，其已经被越来越多的人所承认。由于这种理论更注重案件具体事实本身和行为与已发生的损害结果之间的客观联系，视其为“个别”而作特殊考察。在受害人证明了这种客观联系后，往往就可以认定侵权行为成立，这对受害人是很有利的。

【案例5－3－9】视其为“个别”而作特殊考察
——《公路防护墙在暴雨中倒塌造成车毁人亡赔偿案》①

魏某为原告总工会的司机。天降暴雨，魏某驾车行至东花坛立交桥时，因机动车道积水不能通行，遂驾车沿非机动车道行使。此时，由被告市公路总段负责养护维修的公路防护墙因雨水浸泡，突然倒塌，将该车砸毁，造成魏某当场死亡。

原告总工会及魏某的父母和妻子因赔偿问题将郊区公路段、市公路总段告上法庭。

一审法院根据过错责任原则认为：市公路总段对公路的防护具有维修义务，对由此造成的损失承担主要责任；魏某违章行入非机

① 《偃师市总工会等诉洛阳市公路总段等管理的公路防护墙在暴雨中倒塌造成车毁人亡赔偿案》，最高人民法院中国应用法研究所编：《人民法院案例选》2000年第2辑（总第32辑），人民法院出版社2000年版，第132页。

动车道，应承担次要责任。

二审法院则认为：本案属特殊侵权民事案件，适用过错推定原则。该防护墙的倒塌是因管理人员养护不善所致，市公路总段应承担主要赔偿责任；魏某违章沿非机动车道行使，与公路防护墙倒塌之间没有因果关系，不应承担民事责任。

以上一、二审法院适用不同的归责原则，实质上反映了对侵权法上因果关系的不同理解。

本案中，二审法院之所以认定魏某行为与事故结果无因果联系，而不应承担责任，就是基于相当因果联系理论作出的判断。而一审法院认定魏某承担次要责任，则是基于“条件说”，即任何能够作为造成损害结果的条件，都是损害发生的原因。魏某违章驶入非机动车道，从某种意义上说就成为事故发生的条件，故其应承担次要责任。但是，假设魏某并没有违章，而是骑自行车在非机动车道上行驶，恰逢防护墙倒塌而遇害，那么再要求魏某也承担部分责任，显然就不合常理了。

“条件说”因失之宽泛而极易造成结果的不公平，而“相当因果关系说”则相对地可以弥补该不足。因此，本案二审法院的审理结果是相对合理的。

（二）相当因果关系说的适用

确定“相当因果关系说”的内涵，依然离不开认定损害赔偿责任的归责原则。

1. 过错责任中无过错自没有必要再研究因果联系

依过错责任原则，只有在行为人对其实施的行为所产生的损害有过错时，才承担民事损害赔偿责任。故有过错时才有必要研究因果联系。

【案例5-3-10】没有过错就没有必要再研究因果联系
——《周某诉乙俱乐部因保管不善致其存放的“三无”车辆被他人凭伪造的证件开出盗走赔偿案》①

周某向乙俱乐部交纳400元办理了车辆月保管手续。后某日晚，周某将一小汽车存放在乙俱乐部的停车场保管，次日发现该车丢失。后经公安机关破获，是周某雇请的司机串通他人伪造月保卡(与原件较为相似)、偷配钥匙盗走该车，但车辆下落不明。事情发生后，周某直接要求乙俱乐部赔偿未果，于是向法院起诉

一审法院认为：原、被告间的保管关系未能成立。故驳回原告要求被告乙俱乐部赔偿损失的诉讼请求。

二审法院经审理认为：周某将车辆交付乙俱乐部保管，双方形成了保管关系，该保管关系有效。保管期间，因保管人乙俱乐部未尽注意义务，没有认真核对车辆停车证致寄存车辆被犯罪分子盗窃，乙俱乐部对此应承担一定的民事责任。此外，造成寄存车辆丢失的另一个主要原因是周某雇请的司机参与盗窃，雇主周某由于疏于监督、用人不当，而使被雇佣人利用工作便利伙同他人作案，周某自身应承担主要责任。故判决撤销一审民事判决。乙俱乐部赔偿周某114000元。

本案的两审的判决非常清晰的展现了因果关系与行为人有无过错之间的关系。

本案中，由于周某的车是在乙俱乐部被盗的，两者之间自存在因果关系，但是两审法院却做出不同的判决。而乙俱乐部是否应对于周某的车辆被盗负责，其关键在于双方之间是否存在有效的保管合同。一审法院认为保管合同不成立，故就谈不上乙俱乐部在保管

① 《周苑尧诉广州军区军人俱乐部因保管不善致其存放的“三无”车辆被他人凭伪造的证件开出盗走赔偿案》，载最高人民法院中国应用法研究所编：《人民法院案例选》2000年第4辑（总第34辑）人民法院出版社2001年版，第118页。

中存在过错，显然，只要无过错即便存在因果关系，行为人也无须承担法律责任，除非行为人承担的是无过错责任，那才另当别论。

故一审法院认定乙俱乐部无责任；而二审法院则认为存在有效的保管合同，且乙俱乐部在履行保管合同时存在过错，再加上两者之间存在因果关系，所以二审法院据此认定乙俱乐部对此要负一定的责任。

2. 在危险责任中损害结果与肇事事实之间必然有因果联系

依危险责任原则，行为人对于其行为所造成的损害，虽无过失，也应负责。

【案例 5-3-11】危险责任中有违法事实即推定因果关系的存在

——《因食用喷有禁用农药的水果中毒诉用药人赔偿案》①

第三人在农田干农活时，因口渴到被告林某的龙眼树上偷摘了龙眼，除自己吃外，还分给在附近干农活的包括原告汤某在内的其他 9 人食用。该 10 人吃后均觉身体不适，被送往医院抢救，被诊断为甲胺磷中毒。

经查：被告为了杀虫，违反《市农药使用管理规定》，在龙眼树上喷洒了甲胺磷高毒农药，但未设置防护栏和出示告示。原告于是诉至法院，请求赔偿医药费。

法院经审理认为：被告违反规定在龙眼树上喷洒甲胺磷农药，本意虽只为杀虫，并无损害他人的故意，但现已造成原告等 10 人中毒事件，其应对此负次要赔偿责任，应向原告赔偿医药费的 20%。第三人违法偷摘被告果实，并将果实分给他人享用，是造成

① 《汤毅青因食用喷有禁用农药的水果中毒诉用药人林活新赔偿案》，最高人民法院中国应用法研究所编：《人民法院案例选》1998 年第 2 辑（总第 24 辑），时事出版社 1998 年版，第 72 页。

原告等10人中毒的主要责任者，故应对此负主要赔偿责任，应向原告赔偿医药费的60%。原告汤某明知第三人的果实是违法所得而仍食用，以致造成本人的身体损害，也应承担一定的责任，应自行承担医药费的20%。

本案中，造成损害结果的因素有三个方面：被告违规喷洒农药、第三人偷摘他人树上的龙眼、原告食用偷来的龙眼，这三种行为与损害结果都有因果关系，缺一不可，故属于"多因一果"。显然，本案承担的是无过错责任，故而只要被告违反规定在龙眼树上喷洒了剧毒农药，这本身就潜藏着危险，不管其本意有无损害他人的故意，现已造成原告等10人中毒事件，自应对损害负赔偿责任。

3. 损害扩大后还有无因果关系只有通过赔偿范围予以限制

不论是在过失责任中，还是在危险责任中，被害人所受的损害均有扩大的可能。对于因原始损害的发生而引起的损害，作为侵权行为人是否还要继续承担民事赔偿责任呢？这无疑就产生了一个抉择标准问题。

【案例5－3－12】只有可预见的违约损害才被认为有因果关系
——《甲国际有限公司诉铁路对外服务乙公司等货运代理合同违约损害赔偿案》①

1998年5月30日，原告甲公司与案外人美乌公司签订购销书包合同，约定原告应在1998年7月25日前将货物运至乌干市，逾期将承担赔偿金。1998年6月15日，原告与被告外服乙公司签署了出口货运运输合同，明确收货人为美乌公司。

1998年6月26日，被告向铁路上海丁站办理了货物托运手

---

① 《宜基国际有限公司诉中国铁路对外服务上海公司等货运代理合同违约损害赔偿案》，载最高人民法院中国应用法研究所编：《〈人民法院案例选〉2004年商事·知识产权专辑》（总第49辑），人民法院出版社2005年版，第180页。

续，其填写国际联运运单收货人为索驰运输公司。1998 年 7 月 19 日，该批货物到达目的地，承运人通知收货人索驰运输公司领取货物，但遭拒领。1998 年 7 月 23 日，被告通过发站变更收货人为美乌公司，并与 8 月 13 日将货物交付给美乌公司。

1998 年 10 月 18 日，原告赔偿美乌公司在当地采购书包、合同违约金、美乌公司支付给教育部的违约金，三项总计 79124.89 美元。

随后原告起诉被告，乙公司擅自变更收货人，应承担赔偿责任。

铁路运输法院审理认为，原告与被告签订的委托书中明确收货人为美乌公司，而被告在办理货物运输的托运手续时，按其与第三人的协议另行确定索驰运输公司为运单中的收货人，且被告没有证据证明联运提单已交付给原告，故被告在联运提单中增设索驰运输公司为收货代理人的行为并未得到原告的认可。被告擅自在运单中变更收货人的行为属不按委托人意思擅自变更的行为，应确认为违约行为。被告擅自另行指定收货代理人的违约行为及收货代理人拒收的行为，导致原告向美乌公司支付了逾期两周的违约金。原告向美乌公司支付违约金而产生的实际损失与被告的违约行为有直接因果关系。原告因延期两周向美乌公司交货而予以赔偿所产生的直接损失与被告的过错有直接因果关系，故该项诉讼请求应予支持。

对原告向案外人美乌公司支付的其他赔偿金，因其双方在订购单上并未约定，系原告自愿向美乌公司作出的赔偿，也是被告所无法预见到的，与本案无直接因果关系，原告对此两笔费用提出的诉讼请求无法律依据，应不予支持。

法院判决：被告铁路对外服务乙公司赔偿原告甲国际有限公司损失 37935.2 美元；原告的其他诉讼请求不予支持。

《合同法》第 113 条规定："当事人一方不履行合同义务或者履行合同义务不符合约定，给对方造成损失的，损失赔偿额应当相当于因违约所造成的损失，包括合同履行后可以获得的利益，但不得超过违反合同一方订立合同时预见到或者应当预见到的因违反合同可能造成的损失。"这是对因违约所造成的损失赔偿额确定的可预见性原则。

本案中当事人双方在货运代理合同中对违约责任没有约定，故对损失赔偿的范围也应适用可预见性原则进行限定。只有当违约所造成的损害是可以预见的情况下，才能认为损害结果与违约之间具有因果关系，违约当事人才能予以赔偿。原告在本案中因被告违约而产生的损失额有几个部分，既有其与美乌公司之间的合同约定的违约金，也有美乌公司的其他损失。原告在与被告签订合同时并未向被告作出明示，但被告作为从事货运代理的专门企业，通常情况下通过其专业判断，在接受原告委托时即应当可以预见到如己方违约，则可能使原告向另一方承担逾期交付的责任，故可以认为原告向美乌公司支付的违约金损失与被告的违约有因果关系。而原告的其他损失则是不确定的，也是被告所无法预见的，故与被告的违约不具有因果关系，不应予以赔偿。

（三）相当因果关系的界定

在"相当因果关系说"中，对于因果关系相当性的判断是一个很重要的问题。

判断"相当性"的标准主要有三种学说：

1. 主观说

该说主张以行为人行为时所认识或所应当认识的事实为标准，来确定行为与结果之间是否存在因果关系。

【案例5-3-13】判断损害须置于合同正常履行时的同样状态
——《王某诉乙证券公司丙证券营业部证券交易代理合同案》①

王某在丙证券营业部开设资金账户，委托其买卖证券。王某持有原在戊系统交易的己庚5300股。戊系统关闭后，己股票改由“三板”市场上市交易（实行特别转让），王某在丙证券营业部处对该股票进行了登记，8月8日为首个交易日。当日，王某在丙证券营业部处的电脑上想卖出该股票时发现自己账户上没有己庚股票，即找到丙证券营业部工作人员要求解决。

丙证券营业部工作人员进行了检查，但并未能在当日将己庚股票解冻到王某账户上。该股首日成交16.52元高开，后来连续跌。王某此后一直没有卖出己庚股票，而是要求丙证券营业部处理己庚股票，按己庚首个交易日的价格返还资金。但双方商量未果。

之后王某又多次要求丙证券营业部以首个交易日卖出己庚股票的钱模拟买入或卖出不同的股票。

一审法院经审理认为：王某是丙证券营业部的客户，委托其买卖证券。由于丙证券营业部的过错使得王某不能在首个交易日委托卖出己庚股票，王某因此遭受的损失应该由丙证券营业部赔偿。判断损害赔偿的评估方法是将受害方置于如果合同正常履行所能达到的同样状态。

但是至于王某要求几次模拟操作的获利以及返还股票的诉讼请求，法院不能支持。其理由为合同法保护的违约损害赔偿，不得超过违约方订立合同时可预见到的因违约可能造成的损失。王某不服一审判决，提起上诉。二审法院驳回上诉，维持原判。

王某在本案中的诉讼请求可分为两部分，一是由于某证券营业

① 《王云龙诉国泰君安证券公司上海福山路证券营业部证券交易代理合同案》，载最高人民法院中国应用法研究所编，《〈人民法院案例选〉2004年商事·知识产权专辑》（总第49辑），人民法院出版社2005年版，第383页。

部的过错使得王不能在首个交易日委托卖出甲股票，王某而因此遭受的损失；二是几次模拟操作的获利以及返还股票的诉讼请求。

两审法院在判断应否支持王某的这两部分诉讼请求，均以可预见规则（客观说）作为标准。对于第一部分损失，由于该股票交易持续进行且某证券营业部具有相应的专业知识，故丙证券营业部能预见到由于自己的过错使得王某不能在首个交易日委托卖出甲股票，有可能使王某由此受到的损失。所以两审法院均支持这一诉讼请求。

而对于第二部分，模拟操作本身是一种虚拟的买卖，并不能产生实际的财产损失，并且由于虚拟性导致该部分损失不具有预见性，故两审法院根据此损失不符合可预见性规则驳回了该诉讼请求。显而易见，采用不同的判断“相当性”标准的学说，就可能会导致不同的诉讼结果。

2. 客观说

该说主张以社会一般人对行为时及行为后可能造成的损害结果是否可预见为标准，对行为与结果之间是否存在因果关系作出客观的判断。

前述《赵某等诉某县公路管理站等公路桥梁未设限载标志超限车通行时桥断致车毁人亡赔偿案》① 法院审理认为：该公路的管理者某公路管理站没有尽到养护和管理职责，亦没有在该桥上设置必要的限载标志等安全设施，这是事故发生的主要原因，故公路站应当承担主要民事责任。受害人车辆严重超载，主观上有明显的过错，对于该事故的发生也有一定责任，也应当承担一部分民事

① 《赵展鹏等诉淮阴县公路管理站等公路桥梁未设限载标志超限车通行时桥断致车毁人亡赔偿案》，载最高人民法院中国应用法研究所编：《人民法院案例选》2001年第2辑（总第36辑），人民法院出版社2001年版，第158页。

责任。

在判断了两行为均与损害事实有因果关系，那么接下来在认定应负责任时就涉及有该行为导致的该损失是否具有可预见性。管理人未在限通行桥梁上设置限重通行标志，对此当超载货车在此桥上通行时可能引起该桥的坍塌其管理人以一般标准是可以预见到的。同样受害人如果明知超载而仍然通行，则对引起桥梁坍塌依一般标准也是有可预见性的，但是若受害人不知道并且基于当时一般情景也不可能知道超载，则对引起桥梁坍塌就没有可预见性。

3. 折中说

该说主张以行为时一般人预见或应当预见的事实，或者行为人因其特殊技能或环境所认识或所应当认识的特别事实为标准，来判断是否存在因果关系。

【案例5－3－14】“数理统计”或“社会流行病学”的统计证明其可能性

——《顾客诉快餐公司烫伤赔偿纠纷案》[①]

谢甲携其女儿到肯德基有限公司丙分店就餐。热果珍倾翻，因店内桌椅固定难以躲闪，倒在其大腿上。经医院治疗，花去住院费、医疗费若干。

遂诉至法院，要求肯德基公司承担其医疗、误工等费用。

法官在对因果关系相当性作出判断时认为：肯德基公司作为一家经营快餐的企业，面对的是千千万万的消费者。热饮温度过高，无疑就在客观上存在着烫伤顾客的危险，且这种危险业已转化为了现实的损害结果，故肯德基公司不能否认二者之间存在的因果联

① 《谢文萍诉杭州肯德基有限公司案》，国家法官学院、中国人民大学法学院编：《中国审判案例要览（2002年民事审判案例卷）》，中国人民大学出版社2003年版，第351页。

系，须对损害的结果负责。

法院经审理认为：热饮存在安全隐患是造成本案事故发生的主要原因，最后支持了谢甲的诉讼请求。

本案中，造成谢甲双腿被烫伤之损害结果的条件有二：首先是果珍的温度偏高，存在着安全隐患；其次是原告谢甲自身存在疏忽大意的过失。这两个条件缺一不可，共同导致了损害后果。但就被告方热饮温度偏高和原告的损害而言，二者之间究竟有没有因果关系呢?

如果按照“条件说”的观点，结论当然是肯定的。但如果是在“相当因果关系说”的理论框架下，就涉及一个因果关系相当性的判断问题。“相当因果关系说”在认定因果关系时，既不像“条件说”那样，将可能引起损害结果的每一个条件都看作法律上的原因；也不像“必然因果联系说”那样，只把最终的原因看作法律上的原因。其在认定因果关系时，在原因结果锁链的某个环节停下来，从而确定行为与损害之间的因果关系。问题是，其究竟在因果关系链条的哪一个环节上停下来呢?

在司法实践中，许多国家的法院多采用数理统计或社会流行病学的统计方法来证明损害发生的可能性。

4. 在现行立法和实际操作过程中，相当因果关系理论实际上存在诸多学派

比较典型的就是合同法中关于可得利益损失的赔偿：仅在“订立合同的时候能够预见”的那个范围内承担责任，这实际上体现的也是一种相当因果关系理论。

事实上，“相当因果关系说”就是在“条件说”的基础上引入“相当性”的理论来对其进行必要的限制，以修正其过于宽泛以致显失公平的缺陷。可见，相当因果关系是由“条件关系”和“相当性”这两个要素共同组成的。

【案例 5－3－15】公说公有理 婆说婆有理
——《夏甲诉乙市泸丙中学人身损害赔偿案》①

夏甲系乙市泸丙中学学生。被上诉人刘丁时任该校物理教师。1997 年～1998 年初期间，曾对夏进行了体罚。1998 年春，夏甲弃学在家。1999 年 4 月起，到乙市市精神病医院诊断治疗。2000 年 9 月到武汉精神病院门诊治疗。

夏甲的家长要求解决夏甲被老师体罚的赔偿问题，未能如愿，故向法院提起诉讼。

诉讼前，鉴定："夏甲是在被刘丁老师殴打后诱发精神分裂症，病情长期未愈，目前仍处于精神病态中，属四级伤残。"诉讼中，乙市泸丙中学申请重新鉴定，原审法院按双方当事人选择的华西医科大学法医学技术鉴定中心对夏甲的精神病诱发原因进行鉴定。鉴定结论为：原告患有精神分裂症，病情长期未愈，其所患疾病与被打事件缺乏必然的因果关系。

一审法院审理认为，原告所患精神分裂症起病缓慢，临床表现未反映出与被打事件有任何联系，其所患精神分裂症与被打事件缺乏必然的因果关系。判决：驳回原告夏甲的诉讼请求。

二审认为，被上诉人泸丙中学教师刘丁在上课时间体罚学生，是教育方法不当产生的行为，侵犯了夏甲的人身权利。夏甲被体罚到患精神分裂症，有一个缓慢的发病过程，市联立司法鉴定中心排除其他因素对夏甲的影响不够客观，其鉴定为夏甲的疾病由老师体罚诱发的结论不予采信。

华西医科大学法医学技术鉴定中心以"必然因果关系说"认为夏甲患病与被打事件之间无因果关系，不能揭示体罚行为与患病结果之间的客观联系，也不予采信。民事侵权因果关系的判断，不

① 《夏畔诉泸州泸南中学人身损害赔偿案》，载最高人民法院中国应用法研究所编：《人民法院案例选》2006 年第 2 辑（总第 56 辑），人民法院出版社，第 141 页。

应只限于行为与结果之间的必然联系，而应当以相当因果关系说进行分析，审查当事人行为是否属产生之结果的原因力，是否有相当的联系。

夏甲被体罚，当时并未对其身体健康造成直接损害，但对其心理造成了伤害，体罚是致其患病的原因之一，两者之间，具有因果关系，侵权人应当承担一定的民事责任。

一审判决对因果关系不予认定不当，应予纠正。判决乙市泸丙中学赔偿夏甲医疗费、住院伙食补助费、交通费、误工费、残疾赔偿金、精神抚慰金的40%。

对民事侵权因果关系的判断，不应当只限于侵权行为与损害结果之间的必然联系，而应以相当因果关系进行分析，审查行为人的行为是否与损害结果之间具有相当的联系。

民事行为与结果之间因果关系的判断，是采必然因果关系说还是采相当因果关系说，双方当事人各持自己的观点。法律理论界与司法实务基本上持相当因果关系说。本案两个鉴定中心得出了不同的鉴定结论。市联立司法鉴定中心以教师体罚学生是唯一的引起精神分裂症的原因，排除了其他因素对夏甲心理的影响。华西医科大学鉴定中心以“必然因果关系说”，否定了教师体罚学生的行为与夏甲患精神病之间的联系。一审法院采信了华西医科大学鉴定中心的鉴定结论，而二审法院对两份鉴定结论，结合病历资料和一般社会通常的认识和见解进行具体分析后，以相当因果关系说得出客观的评价。

(四) 对“相当因果关系说”的批评

1. “相当因果关系说”实际上是“业已发生，只好肯定”

确定侵权行为与损害结果之间有无相当因果关系，关键在于能否确定“有此行为是否必有此结果”。在司法实践中，面对业已发生的损害事实，要想否定这一点，是一件很困难的事情；而要对此作出肯定的判断，则是一件顺理成章的事情。

故这种利用已经发生的事实来说明结果存在的办法，被认为是一种“倒因为果”的推论过程。

【案例5-3-16】利用已发生的事实来说明结果存在的推论过程

——《甲自来水公司诉乙渔油运输公司船舶损坏水下敷设设施赔偿案》①

1984年底，甲自来水公司敷设了甲区至乙区的过港水管。甲区至乙区两岸有水线牌设立。但因年久失修，牌面缺损较多，字样模糊。

乙渔油公司的一轮船，正码头西端与甲自来水公司敷设的过港水管横距20米，抛左开锚。该轮船离码头绞锚时，正值涨潮，在潮水作用下，船锚从水线标志的连线，距乙区水线标志50米左右处离水，钩起某自来水公司敷设的一水管节头，后又掉入水中。

甲自来水公司在该轮船驶离后即接到丙集团加工厂的停水电话。经20余天的水下探摸和修理，该路供水得以恢复。事故造成自来水公司经济损失97392.46元。

海事法院经审理认为：从事故发生时间与乙渔油公司的轮船到达事发地点时间的一致性，乙渔油公司的轮离开码头时间与丙自来水厂接到停水电话时间的一致性，乙渔油公司钩起水管的直径与甲自来水管敷设的水管直径一致性三个方面，应认定乙渔油公司的轮船为损坏甲自来水厂敷设水管的肇事船舶。

乙渔油公司的轮船明知所在区域有过港水管敷设，仍在油库码头正中偏西位置抛锚，造成起锚时将丙自来水厂的过港水管钩断，对所造成的经济损失应负主要责任，承担65%的损失；甲自来水

---

① 《舟山市自来水公司诉舟山市普陀渔油运输公司船舶损坏水下敷设设施赔偿案》，载最高人民法院中国应用法研究所编：《人民法院案例选》1996年第4辑（总第18辑），人民法院出版社1997年版，第206页。

公司虽设立了水线标志，但水线标志设置不规范，且长年失修有破损，致使水线标志不够醒目完整，加之水管敷设深度不够，留下事故隐患，对该起事故亦负有一定责任，自行承担35%的损失。

本案中，即体现了“有此行为是否必有此结果”的思维判断方式。这种利用已经发生的事实来说明结果存在的办法，就是“倒因为果”的推论过程。

2. 司法实践中往往会由于同情受害人而对因果关系加以肯定

民法中日益兴盛的保护弱者利益原则，导致一旦出现了损害赔偿问题，存在损害事实，法官在确定加害行为与损害结果之间是否有相当因果关系时，出于同情受害人的心理因素，只要能够认定存在损害的结果，一般就会肯定因果关系的存在。

【案例5-3-17】只要能认定有损害结果自会肯定有因果关系
——《武某诉工商银行乙分行牡丹卡办事处提供信息不实致其在消费时不能凭信用卡结账而由客户结账侵犯名誉权案》①

原告在福甲大酒店请客户就餐，结账餐费为260元。原告用其牡丹金卡与福甲大酒店结算，福甲大酒店服务员向丁牡丹卡办事处核实说该卡上无款，酒店服务员拒绝原告用卡结算。原告解释无效，停留达两个小时，后由原告所请的客人支付了费用。事情发生后，原告认为自己的名誉、信誉受到损害，向法院提起诉讼，请求法院维护其合法权益。

法院经审理查明，原告一直按信用卡章程使用信用卡，卡上存款余额为1530.08元。经法院主持调解，原、被告双方自愿达成调

① 《武跃贵诉工商银行临汾分行牡丹卡办事处提供信息不实致其在消费时不能凭信用卡结账而由客户结账侵犯名誉权案》，载最高人民法院中国应用法学研究所编：《人民法院案例选》1999年第4辑（总第30辑），人民法院出版社2000年版第134页。

解协议：丁牡丹卡办事处赔偿原告武某520元，并赔礼道歉（当庭执行）。案件受理费，其他诉讼费用，由丁牡丹卡办事处负担。

在维护消费者合法权益工作实践中遇到的法律疑点难点，无疑也对消费者保护法律法规的完善提出了新的要求。在贯彻落实《消费者权益保护法》的司法、行政执法和调解实践中，大家已经感到，由于《消费者权益保护法》一些条款写得不具体，在执行中理解不同，形成维权中的一些法律疑点、难点，如《消法》写入了消费者的人格尊严权，但精神赔偿如何裁定，难以有统一的标准或界定。处理起来自十分棘手，主要是还没有明确的可依据的法律条文。这些问题要求我们或者通过司法解释，或者完善相关的法律法规，明确作出规定，使消费者权益保护工作能全面依法顺利地开展。这当然就与执法者的价值取向紧密相连。

3．相当因果关系的推论容易脱离损害赔偿的构成要件

在相当因果关系理论中，第一层次的问题是依据构成要件理论来确定侵权行为与其直接触发的损害之间是否具有相当因果关系；第二层次的问题则是依据损害赔偿范围理论来确定侵权行为与其直接触发的损害以外的损害是否具有相当因果关系。

【案例5－3－18】双重标准会造成审理中形成不同的结果
——《戊己市粮油贸易公司诉庚辛粮油转运站等在货运代理中将货物交给伪造证书非法营运的船舶承运导致货被骗赔偿损失案》①

戊己粮贸公司通过电话委托庚辛转运站，要求其办理一批稻谷

① 《余姚市粮油贸易公司诉华粮粮油转运站等在货运代理中将货物交给伪造证书非法营运的船舶承运导致货被骗赔偿损失案》，载最高人民法院中国应用法研究所编：《人民法院案例选》2001年第1辑（总第35辑），人民法院出版社2001年版，第282页。

从甲地运抵乙地码头的有关手续。庚辛转运站接受委托。戊己粮贸公司向庚辛转运站提供了一套一式六联的发货明细表，戊己粮贸公司作为发货方盖章，承运船舶在承运方一栏中加盖了午未海运公司“幸福号”的船章。因稻谷迟迟未到目的港，经戊己粮贸公司与庚辛转运站调查，午未海运公司并无“幸福号”船，该船所有船舶证书均系伪造，该航次也未申报进出港签证。

因在索赔无果，戊己粮贸公司起诉到法院。

海事法院认为：原告戊己粮贸公司委托被告庚辛转运站代为办理稻谷装船运输的合同成立。实际履行中，被告辰巳船务代理公司虽然为本次稻谷运输开具了派船单，但事后为被告庚辛转运站撇开而没有进一步参与以后的各项业务。被告庚辛转运站虽有双重代理、代开发票等违章行为，但其过错行为与犯罪分子实施诈骗行为导致货物无法追回没有必然的因果关系，故两被告不应对原告稻谷被骗的损害结果承担责任。判决：驳回原告戊己粮贸公司对被告庚辛转运站和辰巳船务代理公司的诉讼请求。

最高人民法院二审认为：戊己粮贸公司与庚辛转运站之间的水路货运代理合同成立。庚辛转运站在接受戊己粮贸公司的委托后，违规操作，未按戊己粮贸公司的委托履行职责，致使戊己粮贸公司的货物受损，故应承担赔偿责任；辰巳船务代理公司在接受转运站调派船舶的委托后，指派了承运船舶，但未对所派船舶的经营资格和船舶证书进行审验，对戊己粮贸公司的货损也应承担相应的赔偿责任。只是由于诉讼时效的原因而致使辰巳船务代理公司免除了向戊己粮贸公司承担的赔偿责任，庚辛转运站也减轻了向戊己粮贸公司的赔偿责任。

依据“相当因果关系说”，在讨论第一层次的相当因果关系时，不可能不考虑违法和过失要件，而在讨论第二层次的相当因果关系时，则不提及违法和过失要件，事实上就脱离了侵权行为的具体责任构成要件。这样的双重标准，自然会造成类似于本案审理中所形成的不同结果，因而招致非议。

4. 相当因果关系说使受害人所受损害的扩大难以控制

当一个因车祸而受伤的人不堪忍受痛苦或厌世而自杀时，有过失的驾车人对受害人的自杀结果是否应承担民事赔偿责任呢?

(1) 有车祸伤害即有可能产生自杀。法国的法院判决似已趋向肯定说，即确认受害人因车祸受伤与自杀之间存在因果关系，驾驶人对于自杀部分同样应负民事损害赔偿责任。德国法院对此类案件的判决，其情形也相差不多。

受害人因受伤而自杀，原因当然很复杂：有的是由于不堪忍受痛苦；有的是由于原有疾病又遭车祸，两者结合才产生自杀的念头；还有的是因为其他原因。但因车祸而受伤的事实，无疑是其中的一个重要因素。

故德国和法国的法院认为肇事行为与自杀的损害之间有因果联系，驾驶员应承担民事损害赔偿责任。

(2) 对原则上不应承担民事责任的自杀部分也得予以赔偿。因车祸遭受伤害而自杀，似不应该由驾驶员来承担自杀部分的损害赔偿责任，这并不是因为两者间不存在因果关系，而是因为保护人体不受侵害的法律法规保护的限度，在原则上达不到生命权的范围之内。故即使在特殊情形下，法律让驾驶员承担这种民事损害赔偿责任，也不该是全部，而只应是其中的一部分而已。①

---

① 法国马赛初级民事法院 1964 年 3 月 12 日判决——嗣最高法院 1965 年 11 月 24 日判决确认可为借镜——该判决认车祸事故所造成的伤害为自杀的部分原因，驾驶人就自杀所生的损害，应负 20% 的责任。参见曾世雄：《损害赔偿法原理》，中国政法大学出版社 2001 年版，第 107 页。

【案例5-3-19】保护权益的法律原则上尚达不到权利的限度
——《新甲工程部诉德乙公司返还借款并由丙方会计师事务所承担出具虚假验资证明赔偿案》①

德乙公司系何戊、刘己两个股东投资设立的有限责任公司，其中何戊应投资金人民币260万元、刘己应投资金300万元，新甲公司注册资金合计560万元。但实际分文未到位。

1995年2月15日，丙方会计师事务所凭案外人庚物资公司出具的一张1000万元银行汇票复印件和一张证明庚物资公司和何戊、刘己共同投资进口白糖2.5万吨，总投资额为1000万元，其中560万元为何戊、刘己私人股资的证明，为德乙公司出具了注册资金为560万元人民币的验资证明。同年2月20日，德乙公司成立。

1996年2月26日，德乙公司向丁工程部借款人民币3万元，德乙公司言明同年8月份归还借款，到期后，德乙公司未还款。丁工程部遂起诉要求德乙公司归还借款3万元并赔偿利息，丙方会计师事务所出具虚假验资证明应承担连带责任。

一审法院经审理认为：丙方会计师事务所为德乙公司注册出具虚假验资证明，应承担赔偿责任。丙方会计师乙事务所不服此判决，提出上诉。

二审法院审理认为：上诉人丙方会计师事务所是德乙公司注册资金验资证明人，应根据事实出具验资报告。现丙方会计师事务所未能提供甲公司投资到位的事实依据，一审认定乙事务所出具虚假验资报告并据此作出的判决正确。故驳回上诉，维持原判。

根据《注册会计师法》第42条，会计师事务所违反法律规定，给委托人、其他利害关系人造成损失的，应当依法承担赔偿责

① 《新艺工程部诉德立公司返还借款并由东方会计师事务所承担出具虚假验资证明赔偿案》，载最高人民法院中国应用法研究所编：《人民法院案例选》1999年第3辑（总第29辑），人民法院出版社第179页。

任，可知丙方会计师事务所应承担赔偿责任。但是依据可预见性规则，我们知道，丙方会计师事务所虽然有过错，但是其并不能预见到此行为给丁工程部带来的损失。当然我们也不能根据其不符合预见性规则就否认乙事务所过错行为与工程部损失之间的相当因果关系，因为可预见性规则毕竟只是判断有无相当因果关系的多种标准中的一种。但是应注意的仅仅是，一般情况下不具有可预见性时，行为人即可不负赔偿责任。

所以，理解丙方会计师事务所所承担的赔偿责任的性质，关键在于，在适用相当因果关系时，须注意那些类似于"对原则上不应承担民事责任的自杀部分也得予以赔偿"的情况。

5.“违法牵连”问题难以适用相当因果关系说来解决

(1)“违法视为过失”是过失客观化的产物。所谓“违法视为过失”，也称“违法牵连过失”，是指就民事责任原理而言，虽然名义上仍然维持着过失责任主义的外表，但是在判断原理上，则将其标准与违法性的判断在实质上加以混合，由违法性的存在即可认定过失的成立。

如果侵权行为人的加害行为违反了法律，基于此种违法行为才使他人受到损害，而行为人对于他人所受的损害却并无过错可言的话，那么，这二者之间究竟有没有因果联系呢?

(2) 依“相当因果关系说”“违法”必有责任。行为人在行为之时虽然违反了法律法令，但就对他人所造成的损害而言，其原本不应承担损害赔偿的民事责任，但如果依据“相当因果关系说”来推导的话，却会得出相反的结论。

首先，如果行为人不违反法律法令，在本应休息的星期日不去狩猎，不去超载，不去砍伐树木，不去无照驾驶，就不可能使受害人遭受损害。显然，“无此行为即无此结果”。

其次，只要行为人实施了此种违反法律法令的行为，受害人的损害当然就有发生的可能。显然，“有此行为即有此结果”。

【案例5－3－20】既存损害事实易肯定相当因果关系之存在

——《林某诉漳州市供销合作社电梯事故致伤赔偿纠纷案》[①]

某市供销合作社大楼共有7层，配有电梯7站7门。8层天台设有对外营业的露天舞厅，由市供销总公司的下属经理部经营。外单位的人经常乘供销合作社大楼内的电梯上8楼露天舞厅学跳舞。某年4月25日晚，原告林某梁夫妇跳舞后欲乘7楼电梯离开，原告林某用手扳开电梯前厅门，随即一脚向前迈进踩空，跌入井道，坠落至停在三楼的电梯轿厢顶部。随同的朋友将原告救出送到医院抢救治疗。

原告林某梁诉至法院，请求判令被告赔偿其医疗费，护理费，误工费，营养费，继续治疗费，财产损失

法院审理认为：原告林某梁与被告市供销合作社均有过错。被告未在电梯轿厢内外张贴“乘客乘梯注意事项”的说明，未能及时发现、排除故障，使机械锁不能起到可靠的保护作用，导致原告能从七楼厅门施加外力扳开层门，踏空坠落致伤，被告有过错。

原告林某梁已成年，系有行为能力的人，应当预见到电梯轿厢不在同层时从前厅门扳开电梯层门会跌入井道的危险，而未预见，却用手从前厅门扳开层门，跌入井道，导致损害后果发生，本人也有过错。因此，原、被告对该电梯事故造成的人身损害后果均应承担责任。被告应承担原告受伤住院的住院费、医疗费、手术费等若干。原告住院期间的护理费、误工费应自负。

首先，被告电梯存在故障是该电梯事故发生的原因之一。电梯机械锁的作用是当电梯轿厢不在某一层楼停靠时，这一楼的层门被机械锁锁闭而不能开启。由于被告电梯7层层门机械锁锁钩磨损，

① 《林启梁诉漳州市供销合作社电梯事故致伤赔偿纠纷案》，载最高人民法院中国应用法研究所编：《人民法院案例选》1996年第3辑（总第17辑），人民法院出版社1996年版，第101页。

机械锁不能起到可靠的保护作用，以至原告能从7楼厅门施加外力扳开层门，致使踏空坠落。其次，被告存在过错，且过错与本案发生后果有联系。被告未执行劳动部《起重机械安全监督规定》中有关电梯安全使用、安全管理、检查、检验的规定，自足以证明其有违法行为，且疏忽大意未及时排除故障，未在电梯前厅门内外张贴"乘客须知"说明，致使乘客从电梯前厅门扳开电梯层门，跌入井道致伤。显然，被告违法足以证明，其过错行为与本案人身损害后果发生存在因果关系。

既然损害业已发生，人们就极易受到既存损害事实的影响而倾向于肯定相当因果关系的存在，这就导致行为人在很多案件中无法推卸自己无须承担的民事损害赔偿责任。这类案例都表明，若依"相当因果关系说"来确定损害赔偿的范围，将会使许多不该视为填补的损害因此而被纳入赔偿的范围之中，这也是本案被告应承担主要民事责任的法律原因。

所以有学者说，关于相当因果关系的认定，本来就没有绝对准确的标准。

6. 适用相当因果关系来确定，诸如，"反射损害"的赔偿范围也存在缺陷

（1）"反射损害"之概念。反射损害，是指受害人所受到的损害牵连到他人蒙受损害的情形。例如，因工程施工损害电线或变压设备而造成医院停电的结果，从而使正在手术的病人遭受难以预见的损害。[①] 对于这类停电损害引起的反射损害究竟可不可以纳入赔偿的范围，一直都存有争议。

（2）若依"相当因果关系说"来判断和确定损害赔偿的范围，

① 如西安交通大学第二医院的停电事件，参见《西安交大第二医院秉烛手术16小时后患者死亡》，来源：燕赵晚报，载"搜狐网"〈http://news. sohu. com/20040810/n221449755. shtml〉,2004/08/10。

反射损害肯定有因果联系。因为没有电线或变压设备等的损害，就没有病人死亡等反射损害可言；反之，有了这些损害，各种反射损害就必然发生或很可能发生。

(3) 但在司法实践中反射损害原则上是不能获得赔偿的，只有在例外的情况下才能获得赔偿。

(五) 预见说也是一种相当因果关系说

1. 起源于法国民法典的"预见说"

《法国民法典》第1150条规定：在债务不履行并非由于债务人有欺诈行为时，债务人仅对订立合同时所预见或可预见之数额损害与利益负赔偿责任。即使在契约不履行是由于债务人欺诈引起的情况下，依《法国民法典》第1151条之规定：对债务人受到的损失及丧失的可得利益应给予的损害赔偿，仅以因契约不履行而立即发生的直接结果为限。

【5-3-21 法国经典案例】

承租人租赁房屋18年，于订约之时善意相信房屋为出租人所有。10年后，承租人因真正所有权人要求搬迁，则其可请求因迁居所生的费用，以及租约18年期满前新旧租金的差额（如新租金较高）。

但如果承租人于原租赁后于租房经营商业，则该因迁移所失的顾客，或于迁移中一些贵重家具受损的损害，均不得请求原出租人赔偿。因该损害不可预见。①

2. "预见说"的特点

(1) 预见的程度原则上取决于赔偿义务人。因果关系这一要素不但是损害赔偿的构成要件，而且决定着损害赔偿的范围，故作

① 转引自曾世雄：《损害赔偿法原理》，中国政法大学出版社2001年版，第100页。

为“相当因果关系说”重要流派的“预见说”在决定赔偿范围时起着不容忽视的重要作用。

根据“预见说”，损害赔偿的范围应以损害赔偿义务人预见的范围为准，而原则上与赔偿权利人的预见无关。

（2）预见的程度原则上取决于订约之时。根据“预见说”，预见的程度原则上与实际违约时的预见程度没有关系，而是取决于订立合同之时。

前述《宜甲国际有限公司诉铁路对外服务乙公司等货运代理合同违约损害赔偿案》① 原告与被告签订的委托书中明确收货人为美乌公司，而被告在办理货物运输的托运手续时，按其与第三人的协议另行确定索驰运输公司为运单中的收货人。被告作为专业的货运代理公司对其擅自另行指定收货代理人的行为，有可能增加货物的交接环节、收货代理人有可能拒收，从而延误原告指定的收货人及时提货，并造成委托人的经济损失是可以预见的。

被告擅自另行指定收货代理人的违约行为及收货代理人拒收的行为，导致货物于7月19日到达目的站后原告指定的收货人美乌公司不能及时领取货物，后虽然变更了收货人，仍致使货物实际在目的站滞留了25天，美乌公司领到货物时已超过了其与原告约定的交货日期19天，原告据此向美乌公司支付了逾期两周的违约金。

故而原告向美乌公司支付违约金而产生的实际损失与被告的违约行为有直接因果关系。原告因延期两周向美乌公司交货而予以赔偿所产生的直接损失与被告的过错有直接因果关系，故该项诉讼请求应予支持。

但原告指定的收货人美乌公司提货时书包是完好无损的，原告

---

① 《宜基国际有限公司诉中国铁路对外服务上海公司等货运代理合同违约损害赔偿案》，载最高人民法院中国应用法研究所编：《〈人民法院案例选〉2004年商事·知识产权专辑》（总第49辑），人民法院出版社2005年版，第180页。

应当妥善、及时地处理货物，采取适当措施防止损失的扩大，原告没有履行此义务，不得就扩大的损失要求违约方赔偿。对原告向案外人美乌公司支付的其他赔偿金，因其双方在订购单上并未约定，系原告自愿向美乌公司作出的赔偿，也是被告所无法预见到的，与本案无直接因果关系，原告对此两笔费用提出的诉讼请求无法律依据，应不予支持。

当事人一方不履行合同义务或者履行合同义务不符合约定，给对方造成损失的，损失赔偿额应当相当于因违约所造成的损失，包括合同履行后可以获得的利益，但不得超过违反合同一方订立合同时预见到或者应当预见到的因违反合同可能造成的损失。这就是对因违约所造成的损失赔偿额确定的可预见性原则。

3. 对“预见说”的争议

（1）在转而适用“相当因果关系说”的情况下，实际上争论的就已经不再是因果关系，而是过错问题了。一般认为，对于违约案件，“预见说”仅在非故意违约的情况下，才有适用的余地；对于侵权案件，“预见说”仅在采取直接结果原则的情形下，才有准用的可能。

（2）法律上预见程度的大小，实际上是随着判例与学说所采取的态度变化而发生变化的。尽管两大法系的侵权行为理论中都有“预见说”，但由于该说所确定的标准过于宽松，即使同样适用“预见说”，在具体审判实务中也可能得出完全不同的结论。在法国，不论判例还是学说，预见范围都比较大。有人说，法国人的预见能力大于英国人，就是因为法国判例与学说对于“预见”总是从宽解释。

四、从"法律规范目的说"看因果关系

(一)"法律规范目的说"的概念

1. "法律规范目的说"亦称"规则范围说"

此种学说认为:行为人对其行为造成的损害应否承担责任,应以相关的法规(或契约)的目的和意义为标准来作出判断。如果损害超出了行为人违反的规则所保护的目的范围,行为人就不负民事赔偿责任。

2. "法律规范目的说"是针对"相当因果关系说"所存在的过于抽象等缺陷而提出的

按照这种学说,对行为和损害之间因果关系的认定,应满足两个条件:一是行为违反了相关的法律法规;二是该行为所侵犯的权益正是该法律法规的意旨和目的所在。只有同时满足了这两个条件,才能认定因果关系已经成立。

3. "法律规范目的说"不再将因果关系作为侵权行为的构成要件

虽然"法律规范目的说"是因果关系判定的学说之一,但实际上其已对因果关系进行了虚化,而径直以行为人是否违反法规及其目的来加以认定。该说似乎有替代"相当因果关系说"的趋势。

【案例5-3-22】径直以行为人是否违反法规及其目的予以认定

——《家属因其子登山遇难诉领队未适当救助赔偿案》①

2000年5月,甲登山队攀登青海境内的玉珠峰下撤过程中其成员任乙与刘丙担任领队的丁登山队相遇,交纳了费用500元后即

① 《王俊香等因其子在登山时突遇恶劣天气遇难诉登山队领队刘雪鹏未采取适当措施救助赔偿案》,最高人民法院中国应用法学研究所编:《人民法院案例选》2002年第3辑(总第41辑),人民法院出版社2003年版,第168页。

加入了丁登山队，再次攀登玉珠峰。10日，在登顶过程中，任乙不幸遇难，被掩埋于玉珠峰南坡。

2001年5月，任乙的母亲王戊、父亲任己诉至法院，称其子加入登山队时交纳了费用，刘丙组织登山队有商业目的，且在任乙遇险时没有采取适当的救助措施，其活动已经违反了我国《国内登山管理办法》中的相关规定，且该违法行为直接导致了任乙的不幸遇难。故要求被告承担丧葬费、精神损害赔偿等损失。

鉴于原告不能证明登山队的活动具有商业目的，法院最后认定任乙之死是不可抗力所致，不能以被告违反《国内登山管理办法》而认定任乙的死亡与其行为之间有因果关系，据此驳回了原告的诉讼请求。

根据《国内登山管理办法》第5条的规定，登山团队须由具有独立法人资格的单位予以组织指导。根据第6条、第8条和第9条规定，登山队必须符合一定的条件并办理相关的批准备案手续。本案中刘丙组织的丁登山队都没有做到这些，故其行为确已违法。

从法院没有认定刘丙的行为与任乙的死亡之间具有因果关系来看，其实际上运用了"法律规范目的说"。因为从这条规定来看，违反相关的批准备案规定所要承担的是体育竞技成绩确认方面的后果，也就是说，生命健康权并不是该规章所欲保护的权益范围。而且该规章第18条规定："不经申报、擅自进山活动，成绩不予承认，其组织者取消申报资格三年。"因此，法院不能认定刘丙组织登山队的行为与任乙的生命权受到侵害之间具有法律上的因果关系。

（二）"法律规范目的说"的优缺点

1. "法律规范目的说"的长处

（1）"法律规范目的说"提供了一种相对简便的判断模式。在侵权法律关系乃至契约关系中，加害人是否应对损害负赔偿责任是一个法律问题，更多涉及的是价值判断。因此，应该按照相关法律和契约的规定来对此作出判断，而无需再求助于各种繁杂的因果关系学说。

(2)"法律规范目的说"提供了一个全新的视角和思维模式。王泽鉴先生指出："损害应否赔偿，首先须认定其有无相当因果关系，其次再探究其是否符合规定目的。"[①] 也就是说，我们可以将"法律规范目的说"作为一种排除性的规定来处理，即若某行为与损害之间符合了"相当因果关系说"所规定的认定标准，但不符合"法律规范目的说"的规定，则仍认为不成立因果关系，不成立侵权责任。这种见解，无疑是可取的。

2. 适用简易且合理，化解了"相当因果关系说"之弊端

(1)关于受害人所受损害扩大类型案件，要确定损害赔偿的责任，关键就在于认定被违反的法规所保护的范围究竟是什么。法律保护人身不受侵犯，在因车祸伤人的情况下，驾驶人对于受害人受伤部分就应承担民事损害赔偿责任；至于受害人因致残而自杀，则应分别依据具体情形加以判断。原则上，驾车人对于自杀部分的损害并不应承担民事损害赔偿责任，因为法律的目的旨在保护人身不受他人违法伤害，并不在于保护当事人的自我残害。但若因车祸受伤情形严重而使受害人产生自杀的自然趋势，则自杀部分的全部或一部就成为伤害部分的必然结果，驾驶人仍应就自杀损害负全部或一部的责任。

(2)在解决车祸受害人自杀案件的赔偿问题时，适用"法律规范目的说"与适用"相当因果关系说"所得出的结论有所不同。若依"相当因果关系说"，原则上就要求驾车肇事人对受害人的自杀承担民事损害赔偿责任，并且只能肯定或否定自杀部分之"全部"责任。但此种只能肯定全部责任或否定全部责任的逻辑推理结果，显然是不妥当的。

---

① 王泽鉴：《侵权行为法》(第一册)，中国政法大学出版社 2001 年版，第 221 页。

而依“法律规范目的说”可以避免“相当因果关系说”的缺陷。按照“法律规范目的说”，驾车肇事人对于自杀部分的损害赔偿仅以其伤害的必然结果为限：若仅一部分是其必然结果，则驾驶人只承担一部分的民事损害赔偿责任；若全部是其必然结果，则驾驶人就应承担全部民事损害赔偿责任。这样就可以避免适用“相当因果关系说”的弊病。

(3)“违法牵连”只能依“法律规范目的说”得以解释。法律规范目的说的解释是：当违反法律而牵连引发其他损害时，行为人对于违反法律部分当然负有不可推卸的民事损害赔偿责任，而对于因此而牵连引发的其他损害，其所应承担的民事损害赔偿责任仍须以行为人对该部分损害的引发有过失为限。

【案例5-3-23】未严格按照交易规则操作审核和验证之责任
——《华某诉巳午银行信托公司未亥证券部等将其股东代码公开致其股票被盗卖赔偿案》①

某年1月28日，原告华某在被告未亥证券部开设了股票账户，建立了股东代码。次日，原告华某即委托该证券部购入某股票8200股，总计支付价款69340.92元。1月31日，原告华某委托被告未亥证券部将其上述股票卖出时，被告之其账户上该股票只有200股而未能成交。原告即向某省证券登记公司查询，得知1月30日在乙证券部，一名自称“刘卯”的人盗用其股东代码，以伪造股东账户卡开设资金账户的形式，将其8000股某股票卖出，并于1月31日将卖股所得资金66800元全部提走。原告多次与被告交涉未果，遂诉至法院，要求二被告赔偿其经济损失。

---

① 《华芳诉江西省上饶地区工商银行信托公司证券部等将其股东代码公开致其股票被盗卖赔偿案》，载最高人民法院中国应用法学研究所编：《人民法院案例选》1997年民事·知识产权专辑（总第21辑），人民法院出版社1997年版，第181页。

法院查明：被告未亥证券部在接受“刘卯”开户时，未将其身份证和股东账户卡复印留底，在“刘卯”提款时，也未认真审核其股东账户卡的真实性，致使该“刘卯”将原告股票盗走。

另经查，1月29日，在原告华某购买股票成交后，被告庚辛证券部以公布成交情况的方式将华某和其他股民的股东代码与交易结果一并形成文字张贴在其交易大厅公示。

法院审理认为：被告未亥证券部在办理证券交易过程中，未严格按照交易规则操作，在接受股票卖出委托时，未认真审核和验证委托人所持证件的真实性对原告股票被盗卖应承担主要责任。被告甲、庚辛证券部以公示股民股东代码作为成交汇报的方式客观上泄露了股民的交易秘密，使他人盗卖原告股票有机可乘，对本案负有一定责任。原告要求两被告赔偿损失的理由成立。

庚辛证券部承担责任是因为该证券部以公示股民股东代码作为成交汇报的方式客观上泄露了股民的交易秘密，使他人盗卖原告股票有机可乘；而未亥证券部承担责任则是因为该证券部在办理证券交易过程中，未严格按照交易规则操作，在接受股票卖出委托时，未认真审核和验证委托人所持证件的真实性，导致原告的股票被盗走。

不过应当认为，两被告的行为都仅仅是有导致原告股票被盗的可能性，而并不是必然导致原告股票被盗，而法院根据相当因果关系判决两被告为原告所受到的经济损失负责。可得知，相当因果关系在判定行为人是否应对某种损害负责时是具有模糊性的。

故只有结合法律法规以及交易规则之所以保护股民的交易秘密之规定的立法目的，自可以解释，当违法而牵连引发其他损害时，行为人理所当然应对于违反法律部分，负有不可推卸的民事损害赔偿责任。

（4）反射损害案件也只能依“法律规范目的说”确定责任。在侵权案件中，依“法律规范目的说”，行为人的责任仅以直接受害人所受的损害为限，反射损害原则上不属于损害赔偿责任范围。而依“相当因果关系说”，则不应存在此种限制，反射损害就并不当然地不能获得补偿。故拘泥于“相当因果关系说”，不但会使问题的解决变得复杂，而且还会因此陷入误区，导致不合理的结果。

【案例 5－3－24】惩罚性赔偿的界限究竟在哪里？
——《海口市江海贸易公司诉张某购销假酒被查处造成货款损失要求赔偿纠纷案》①

某年 9 月，原告在未见到产品合格证书等质量证明文书情况下从被告处购进茅台酒 720 瓶，共 80400 元。随后，原告将这批酒卖给甲，共 86400 元。甲将该批酒中的 120 瓶卖给乙，每瓶 150 元。同年 11 月，乙运输该酒被丙市工行局以伪劣产品为由查扣。次年 1 月，丁市工商局没收被告卖假酒给原告的货款 74792 元。同年年底，法院判决原告退回货款并赔偿甲、乙。原告遂向戊法院提出起诉，要求被告退还货款 80400 元及利息等。

二审法院经审理，驳回上诉，维持原判。

本案被告在受到工商行政处罚后，并不免除其应承担的民事责任。由于被告出售的是伪劣假冒商品，其行为是违法行为，导致双方的合同无效，被告对此应承担主要的民事责任，赔偿原告因假酒被工商局罚没造成的货款损失；而原告明知该产品没有合格证书等有关证明，仍积极购销假货，也有一定的过错，应承担一定的民事责任，故法院对该案的判决是合理的。

① 《海口市江海贸易公司诉张炳潮购销假酒被查处造成货款损失要求赔偿纠纷案》《人民法院案例选》（1992－1999 年合订本）民事卷（上），中国法制出版社 2000 年版，第 937 页。

3. “法律规范目的说”也并非尽善尽美，同样存在着许多缺点

(1) 对“法律规范目的”的判断缺乏统一的标准。在司法实践中，“法律规范目的”依然要依赖法官对法律法规的理解，并未解决“相当因果关系说”中被认为是重大缺陷的“给法官以太大的自由裁量权”的问题。

(2) 对法益的保护难以周延。侵权责任法保护的利益，不仅包括权利，也包括了法益。所谓“法益”，一般是指超出权利范围的合法利益，对其加以保护的根据可能不是明确的法律法规，而是法理和公平正义的最高民法理念。故“法律规范目的说”在对法益的保护问题上，显然存在着保护不周延的问题，即存在盲区。

(3) “法律规范目的说”在理论上有着强烈的“目的论”色彩。此种学说将“法律的目的”作为唯一的决定性因素，而无视因果关系所包含的客观的内在联系，使因果关系成了一个纯粹的“法律上的因果关系”，而不再包括“事实上的因果关系”，这与实际生活和人们的通常观念存在着矛盾。

第四节 因果关系的认定

一、因果关系认定的目的就是为了找到责任人

(一) 因果联系的作用就是依据损害结果通过逻辑推理寻找责任人

在侵权行为中研究和考察因果联系，就是要通过损害的结果去找寻肇事的原因，确定加害行为的作用，最终达到确定民事责任的承担者及其责任范围的目的。

(二) 因果关系的研究事实上是逆向进行的主观判断

因为法律上的因果关系是从已经发生的损害结果出发，来逆向寻找损害发生的原因，故其判断过程显然是一个倒推的过程。再加

上因果关系的复杂性，在判断有无因果关系的过程中，难免会受到法官主观判断的影响。因而，确定法律上的因果关系既是一个事实判断的过程，也是一个价值判断的过程。

【案例5－4－1】病情隐私的扩散究竟为何人所造成？
——《患者诉医院对其病症无根据地诊断为怀疑艾滋病病毒感染侵犯名誉权案》①

杨某从1994年3月25日因发烧，被主治医师樊某诊断分析结论为：怀疑艾滋病病毒感染。几次复查，结论仍不一致。1995年5月14日，杨某出院，结论是不能排除艾滋病感染。杨某出院后前往上海市卫生防疫站进行检查，检验结果否认杨某为艾滋病感染。1994年6月10日，医大附属医院向区卫生防疫站报送传染病报告修正卡，注明杨某的病名应订正为“发热待查”。

由于杨某所在单位的有关领导在职工会上通报了杨某的病情，引起单位职工的恐慌。杨某认为，该院毫无根据地诊断其为艾滋病病毒携带者，严重影响了自己的正常生活，于是起诉到法院。

法院受理案件后，于1994年9月依法委托卫生部对杨某进行检测，经指定的艾滋病检测中心检测，排除了杨某为艾滋病病毒感染者的嫌疑。

一审法院经审理认为：医大附属医院主治医生樊某在没有任何法律依据的情况下通报原告病情，造成泄密，使杨某的生活受到重大影响，侵犯了杨某的隐私权。故原告要求消除影响、赔礼道歉的理由成立，依法应予支持。

医院不服，提起上诉。二审法院经审理认为：医大附属医院对杨某的疾病的检查、诊断、治疗和按规定逐级上报，是履行正常医

---

① 《杨某诉第四军医大学第一附属医院对其病症无根据地诊断为怀疑艾滋病病毒感染侵犯名誉权案》，最高人民法院中国应用法学研究所编：《人民法院案例选》1997年第2辑（总第20辑），人民法院出版社1997年版，第136页。

疗职责的行为，也是对患者和社会负责的需要。医生樊某在杨某病危的情况下，向其单位及领导、亲属通报初诊病情，并未向其他人散布，故樊某的行为不构成对杨某隐私权的侵害。

本案患者病情隐私的扩散是其所在单位领导造成的，而与接诊单位的正常通报行为之间没有因果联系。

个人病史属于个人信息的范围，但并非任何个人信息都要被绝对地保密，尤其是当保密的结果将构成对他人合法权益或者社会公共利益的严重威胁时，合法的披露行为就不构成侵权。对隐私权的保护同样不能违背公序良俗，更不能损害国家与社会的公共利益。

艾滋病是国家重点防范的一种传染性疾病，为了防止该病的传播，国家制定了严格的监控制度。本案中，医院在发现病例后逐级上报和通知单位的做法是履行法定职责的行为。此外，艾滋病在当时还属于疑难病症，医院作出怀疑的结论并不能算误诊。医院的依法通报行为与杨某隐私权被侵犯之间并无法律上的因果关系，杨某所在单位领导将杨某的病情隐私在职工中予以扩散才是导致其隐私权被侵犯的原因。

二、因果关系认定的方法

（一）时间上的顺序性

原因和结果之间存在一种顺序性，即原因在前，结果在后。但先后发生的事件之间并不必然具有因果关系，原因和结果之间应是一种引起与被引起的关系。

客观上看，在任何一个具体的因果联系中，作为原因的现象总是发生在作为结果的现象之前的。不过，从主观认识的角度看，往往是人们先看到结果，然后才去探询其原因的。

【案例 5－4－2】先前的过激原因引起了自缢身亡之结果
——《杨某等诉赵某侵权纠纷案》①

原告杨某、王某之女杨小某与被告赵某于1995年结婚。婚后，被告赵某经常打骂杨小某。2005年大年三十，被告再次打骂杨小某至次日凌晨，杨小某表露出轻生念头，随后自缢身亡。原告诉讼要求被告赔偿两原告死亡赔偿金、丧葬费、被扶养人生活费、精神抚慰金等各项损失。

法院经审理认为，被告赵某殴打了杨小某，其行为无疑在杨小某的精神上造成了较大的刺伤，引发了杨小某轻生的念头。在杨小某对被告赵某流露出轻生念头后，被告并未停止争吵，而是继续争吵至次日凌晨，期间没有劝慰，也没有采取防范措施，在争吵完毕后又与杨小某分房而睡，致使杨小某采取了过激的行为自缢身亡。被告赵某主观上存在一定的过错，其与杨小某争吵并殴打她的行为是造成杨小某自杀的间接原因，与杨小某的自缢身亡存在相当的因果关系，被告赵某应当承担相应的民事责任。杨小某自己采取了盲目的行为，造成自缢身亡的严重后果，应对其自杀死亡自担主要责任。

本案被告对杨小某的打骂行为在前，造成了她的重大精神伤害，从而产生自杀的念头，并最终造成了自杀的后果。该打骂行为与杨小某之死是引进与被引起的关系，即原因引起结果的关系。故法院认定具有因果关系是正确的。

（二）原因现象的客观性

作为原因的现象应当是一种客观现象，也就是说，只有外化的加害人的具体行为，才能构成侵权责任法上的原因。

---

① 《杨义等诉赵军侵权纠纷案》，案例来源：北大法律信息网，载 http://vip.chinalawinfo.com/Case/displaycontent.asp?Gid=117511776。

【案例5－4－3】主观认识和客观评价相结合的判断标准
——《陈某诉超市强制存包侵犯人格权纠纷案》[①]

原告陈某携带一背包、两个方便袋到被告超市购物，行至一楼电梯处，被被告店员伸手拦住，限制原告进入购物区域。虽然原告向该店员解释为赶火车，购物后就走，但该店员向原告言明必须存包方可进入购物区。后原告在存包处存包后，才入超市购物。陈某向法院提起诉讼，诉称：被告强制原告存包，导致原告精神不振、失眠、精神受到损害。被告的行为侵犯了原告的人格尊严。因此，要求被告在本市范围内通过媒体向原告赔礼道歉并赔偿精神损失10元。

法院经审理认为，人格尊严是否受到侵犯，应以人的主观认识和客观评价相结合作为判断的标准，而不能以原告的主观认知为准，被告强制原告存包，虽有原告主观感知人格自尊受到侵犯，但社会和他人并没有因原告存包购物而不尊重原告，被告强制原告存包没有侵犯原告的人格权。故判决：驳回原告对被告的诉讼请求。

原告陈某不服一审判决，提起上诉。二审维持原判。

本案原告在被告处存包购物，客观上，存包是面向全体消费者，而非原告一人，公众不会因此认为原告是小偷，虽然原告主观上感知人格自尊受到侵犯，但社会和他人并没有因原告存包购物而不尊重原告，因此，被告强制原告存包没有侵犯原告的人格权。

故本案所谓人格权的损害，完全是由受害人主观臆断的，即不具有客观真实性。被告并没有侵犯原告人格权的客观行为。故可见，有此原因，就有此结果；无此原因，必无此结果。这才是所谓的“客观必然的联系”。

---

① 《陈燃诉徐州市新佳商业有限公司强制存包侵犯人格权纠纷案》最高人民法院中国应用法学研究所编：《人民法院案例选》1997年第2辑（总第20辑），人民法院出版社1997年版，第136页。

（三）逻辑检验的必要性

从逻辑关系上看，作为原因的现象应当是作为结果的现象的必要条件。具体考察的方法可分为反证检验法、剔除法和替代法三种。

1. 反证检验法

“假如没有（but for）被告的过错行为，原告的损害就不会发生的话，那么被告的过错行为就是损害发生的一个原因。当然这并不排除还存在其他相关的原因。”①

下面这个案例是英美侵权法上的一个非常经典的案例，其对因果关系的认定就是采取的反证检验法。

【5-4-4 美国经典案例】假设未超速车祸结果即可避免吗？
——《仓库遮断火车视线案》②

1959年9月，在路易斯安那州发生了一件火车与汽车相撞的事故，车上的两名乘客当场死亡。当时，有一辆载有131节货车的火车由四台机车曳引，以时速37英里的速度自西向东通过铁路与公路的一处平交道。而被害人的小客车，恰巧自北向南通过该平交道。火车在撞上汽车后，将小客车拖行1250英尺才完全停住。根据火车上人员的证词，平交道的西北角有一间仓库，该栋建筑长约五英尺左右，恰巧遮挡住了自西向东的火车和自北向南的汽车的视线。而案发时，平交道的警示灯一切正常，火车亦有鸣笛。火车上的操作员发现小客车后立即操作紧急制刹系统，但为时已晚。根据铁路公司规定，火车在城内行驶时，不得高于25英里的时速，而该火车案发时时速达到37英里，被害人的妻子遂据此向法院控告

---

① Michael A. Jones: Textbook on Torts, Blackstone Press Limited, third edition, 1991, p. 126.

② 本案选自潘维大：《英美侵权行为法案例解析》（上），瑞兴图书股份有限公司（台湾）民国八十六年（1998年）版，第192页。

被告操作火车不当，负赔偿责任。

本案事实审，及上诉审法院，皆判决原告胜诉，被告因此上诉至美国最高法院。

最高法院在研究本案案情后，指出本案的主要争点有二：一是火车驾驶员超速12英里的过失和结果之发生是否有因果关系；而是或火车不超速时，原告是否有充分时间进行回避。

关于第一个争点，依据证人的可靠证词指出，一列长达1英里的火车，纵使以25英里的时速行进，亦不可能于短短60英尺内即完全停止。换言之，依据本案事实，纵使被告未超速，火车依然不可能与到达平交道前完全停止。因此，法院认为被告的过失与损害结果之间并无因果关系存在。当然，这样的结论势必引起第二个争点，即如果被告以合法的速度前进，小轿车是否有较充足的时间进避难。

依据不同证词，原告汽车的时速自3~4英里至20~15英里不等。由于缺乏正确的证词指出原告的时速究竟为何，因此法院无从判断原告是否有充裕的时间逃生。虽然原告指出，被害人与火车不超速的情况下能有较多的逃生时间，但是纵观全案，原告无法举出强有力的证据证明其论点。因此法院不能推断火车如不超速，原告即能生还。

最高法院最后判定，下级法院推论过失行为及结果间有因果关系，而责令被告负责，乃属判决不当，应予以撤销。

从美国最高法院的判决理由可以看出，法院判定过失与损害结果之间是否存在因果关系时，所采取的方法是假设被告并未超速，车祸结果仍不可避免。因此，认定行为和结果之间并不存在相当因果关系。由此可见，反证检验法在判断因果关系时有广泛的应用。

2. 剔除法

所谓“剔除法”，就是在思维上重建一个拟制的模式，排列各种可能的原因现象，然后一个接一个地剔除这些现象，观察结果是否还会发生。如果某一拟制的现象被剔除以后结果现象依然发生，那么被剔除的那个现象就不是原因。

在下面的案子中，公诉人认定被告促进了患者死亡，而对“夏某病程及死亡经过”的鉴定结论为：夏某的主要死因为肝性脑病，严重感染也不能排除。既然不给病人注射冬眠灵病人也会死亡，那就说明，注射冬眠灵并非引起死亡的真正原因。

【案例5-4-5】我国首例“安乐死”案件[①]

被告人王某之母夏某长期患病，1984年10月曾经被医院诊断为“肝硬变腹水”。住院治疗期间，原告要求被告人蒲某给夏某注射“复方冬眠灵”，让其母早点咽气，免受痛苦。蒲某经原告再三请求予以同意。夏某于6月29日凌晨5时死亡。

经省高级法院法医鉴定：夏某的主要死因为肝性脑病，夏某两次接受复方冬眠灵的总量为175毫克，用量在正常范围，并且患者在第二次用药后14小时死亡，临终表现又无血压骤降或呼吸中枢抑制。所以，冬眠灵仅仅加深了患者的昏迷程度，促进了死亡，并非其死亡的直接原因。

法院经审理认为：被告人王某虽属故意剥夺其母生命权的行为，但情节显著轻微，危害不大，不构成犯罪。被告人蒲某其行为也属故意剥夺他人的生命权，但其用量属正常范围，不是造成夏某死亡的直接原因，情节显著轻微，危害不大，不构成犯罪。

本案中，蒲某在夏某病入膏肓、痛苦难忍的情况下，同意其子王某的要求，对夏某实施了“安乐死”。鉴于公诉人认定被告是促

① 《蒲连升应垂危病人家属王明成的要求为病人注射药物促进其死亡案》，最高人民法院中国应用法研究所编：《人民法院案例选》1992年第2辑（总第2辑），人民法院出版社1993年版，第7页。详见“赛博风中华生命伦理学网”〈http://www.chinaethics.org/bioethics〉,2002/12/01。

进了患者死亡，而对“夏某病程及死亡经过”的鉴定结论又为：夏某的主要死因为肝性脑病，严重感染也不能排除。既然不给病人注射“冬眠灵”病人也会死亡，那就说明，注射“冬眠灵”并非引起死亡的真正原因。再结合由于二人的动机是为了减轻病人的痛苦，故不应认定为犯罪。

3．替代法

所谓“替代法”，就是在思维模式上将加害行为用一合法的行为加以取代，如果在取代后，损害依然发生，则被告的行为就不是引起损害的原因；反之，被告的行为就是引起损害的原因。

在上面的案子中，辩护律师认为，死者接受的“冬眠灵”总量实际为87.5毫克，药量仍在正常允许的范围。按照我国刑法的个人责任原则，一个人只能对自己的危害行为所造成的危害结果负刑事责任。既然使用“冬眠灵”是合法行为，那么蒲某和王某就不构成犯罪，自不应负刑事责任。

（四）实质要素的补充检验

如果加害行为实际上足以引起损害结果的发生，那么它就是引起损害结果的原因。在具体适用的过程中，人们总是优先适用必要条件的几种检验方法，而只有在必要时才适用这种实质要素的检验方法。

【案例5-4-6】诱发精神病复发可以认定存在因果关系
——《汪某诉丙水村村民委员会没收其办理了采伐加工手续但由其父运送准备交售的竹筷胚引起精神病复发赔偿案》①

汪某曾患有精神分裂症，但已治愈。汪某经申请取得楠竹采伐

① 《汪安荣诉分水村村民委员会没收其办理了采伐加工手续但由其父运送准备交售的竹筷胚引起精神病复发赔偿案》，载最高人民法院中国应用法研究所编：《人民法院案例选》2003年第2辑（总第44辑），人民法院出版社2003年版，第126页。

加工手续后，到丙水村村民委员会所辖的第三农业社采伐楠竹加工竹筷胚。护林人员王某等人认为汪某是非法采伐，并没收了32排竹筷胚。汪某精神病复发，被其亲属送到精神病医院住院治疗。后汪某向法院起诉，要求赔偿其医疗等费用6700元。

被告丙水村村民委员会答辩称：虽然汪某采伐楠竹加工竹筷胚的手续齐全，但护林人员并未侵犯原告的人身权利，不同意赔偿。

法院认为：汪某在取得楠竹采伐手续后，到丙水村村民委员会所辖农业社采伐楠竹加工竹筷的行为合法。被告雇请的护林人员在未查清事实情况下，对原告所有的竹筷胚予以没收，属违法行为。被告违法没收公民财产的行为，是造成原告精神分裂症复发的诱因。被告对其雇请的护林人员有管理不当的过错，应对其违法行为产生的后果承担民事责任。原告精神病复发主要是其自身机能的变化所致，而被告违法侵犯其财产的行为只是引起精神病复发的原因之一，被告应适当承担赔偿责任。据此，判决：被告丙水村村民委员会给付原告医疗等费用1560元。

本案从逻辑关系上看，作为原因的现象应当是作为结果的现象的必要条件。具体考察的方法可依反证检验法、剔除法和替代法予以检验。

1. 反证检验法

假如没有被告的过错没收行为，原告的精神病损害就不会发生的话，那么被告的过错没收行为就是其发病损害发生的一个原因。当然这并不排除还存在其他相关的原因。

2. 剔除法

在我们在思维上重建一个拟制原告发病的模式，原告原患有精神分裂症，治疗好后从事合法的生产劳动，鉴于排列各种可能的原因现象，然后一个接一个地剔除这些现象，观察的结果均是不会发生。

而劳动产品却被被告违法没收，精神上受到强烈的刺激；在向本村干部反映情况后，因受刺激精神上处于严重压抑的状态，既然违法没收原告合法财产的违法现象被剔除后，发病结果现象即不会发生，那么被剔除的违法没收现象就是原因，其继而引起精神分裂症复发，造成健康权受到损害，这一结果是因其合法财产受违法侵害所导致的，其精神病复发与被告违法侵犯财产的行为有密切的联系，两者之间有偶然的因果关系。故而违法行为人对此偶然联系产生的结果，亦应承担民事责任。

本案偶然联系产生的结果，还有受害人自身的条件促成。本案原告如果是正常健康的人，一般不会产生健康权被损害的结果。正是原告原患有精神分裂症这一特殊情形，当某一事件对其精神产生强烈刺激时，才引起精神病复发。

当然这一损害结果全部由行为人承担责任，也是不合理、不公正的。因此，违法行为与损害事实之间有偶然因果关系，且受害人又有自身原因与结果有联系的，行为人只应承担适当的赔偿责任，这才符合侵权损害赔偿理论和民法的公平原则。

3. 替代法

如果在思维模式上将被告的非法没收的加害行为用一合法的行为加以取代，如果在取代后，损害依然发生，则被告的行为就不是引起损害的原因；反之，被告的行为就是引起损害的原因。

在本案情况下，被告对归村集体所有的财产有自己的管理权，其委派的护林人员有权要求原告出具采伐手续，如果在原告不能出示合法的竹木采伐、加工、运输手续时，被告将他们携带的竹筷胚截获没收，不能说有什么违法性。所以，原告方在当时是否出示了有关合法手续（在运送途中必须携带，这是森林法的必然要求），在本案中应是必须查明的一个情节，它与最终认定被告是否要对原告的精神病复发承担一定的责任，有着决定性的作用。

第六章 过 错

第一节 过错概述

一、主观过错的概念和意义

过错在侵权行为的构成要件理论中，始终都被看做是一个最重要的要件。过错作为侵权行为构成要件的主观因素，反映着行为人实施侵权行为的心理状态，包括故意和过失两部分内容。

【案例 6-1-1】易碎商场玻璃柜台伤顾客谁之过?

——《两岁女童按碎柜台划伤食指 顾客商家互索赔》①

王先生带两岁的女儿王某到某工艺品柜台购物，当他拿起一个八音盒来看时，身高 1 米的王某也好奇地踮起脚，一手搭在 1 米多高的玻璃柜台上，伸出另一只手去够八音盒。突然玻璃柜台顿时裂为两半，王某的右手食指划伤，与此同时，柜台里的八音盒也被摔碎了。

王先生认为，柜台显然存在问题，商家应承担赔偿责任。但商家送孩子到医院处理伤口后，让家长赔偿损坏八音盒的损失。

① 记者林靖：《北京两岁女童按碎柜台划伤食指 顾客商家互索赔》，NEWS. SOHU. COM，2003 年 02 月 08 日 16：24，京报网－北京晚报。

（一）自成一体的过错概念本源于刑法上的概念

不论是故意还是过失，在民法中对其概念一般均无明文规定。事实上民法有关过错的学说，应当说都是从刑法中移植而来的。当然，这些源自于刑法法定解释的词句，在其演化的过程中已逐渐自成一体，有了自己新的内涵。

（二）责任意思即过错

一般侵权行为的成立，均以行为人的过错为构成要件，故《侵权责任法》第6条第1款规定："行为人因过错侵害他人民事权益，应当承担侵权责任。"

过错无非是指行为人决定其造成损害结果的行为时的心理状态，故而也被称为"责任意思"。

故意和过失，在承担民事赔偿责任时一般没有什么差异，但民法中确有仅在故意或重大过失时才构成侵权行为的情形。

故意或过失的存在，作为侵权行为的成立要件，原则上应由主张侵权行为成立的人即受害人负举证之责。违反保护他人的法律的，依我国民法的有关规定，推定行为人有过错，此时受害人即可免除对"过错"的举证责任。

【案例6-1-2】必要注意义务是判断过错的客观标准
——《建房帮工中因拖拉机撞塌大门斗框被砸伤赔偿纠纷案》[①]

李一将建房工程承包给了李二，并请邱三做帮工，雇请邱四用拖拉机运土垫地基。在土地尚未平整完结时，李一让李二先安装了石条结构大门斗框，但没有任何加固措施。邱四在倒车过程中，因地基土质疏松致车右轮下陷、车身倾斜，撞倒大门斗框，砸伤了在场平整土地的邱三。经抢救，邱三右腿截肢至根部。为此，邱三起

① 《邱宝田诉李淑正对其帮工中被砸伤赔偿纠纷案》，最高人民法院中国应用法学研究所编：《人民法院案例选（民事卷）》（1992—1999年合订本），中国法制出版社2000年版，第1236页。

诉，要求李一、邱四赔偿医药费、生活费及接假肢的费用。

法院经审理认为：李一建筑房屋，雇用邱三做帮工，在帮工期间出事故，致邱三受伤，邱三要求赔偿医药费、生活费及接假肢一切费用是合理的，应给予支持。李一在地基未全面平整的情况下，要李二竖起大门斗框，是发生事故的主要原因，且其系建筑物的所有人，应负主要责任。邱四是肇事者，但事出有因，应负次要责任。李二是建筑师傅，应知道建筑一般常识，却丧失原则，对事故的发生也有一定责任。

本案中李一在地基未完成且土地未平整完结的情况下，就让李二先安装石条大门斗框，并且没有采取安全措施，其应预见到有可能会发生门框倒塌的后果，却轻信能够避免，致使事故的发生。因此，李一在事故中是有过错的。邱四作为拖拉机驾驶员，在倒车过程中，应注意拖拉机与建筑物的距离，却疏于注意，致使倒车不能与建筑物保持安全距离，而撞倒了该建筑物，造成事故的发生，也存在明显的过失。李二作为建筑师傅，在明知地基未砌完的情况下，仍按李一的要求竖起石条大门斗框，且不按建筑常规采取加固措施，轻信不会发生事故，所以，李二在此事故中也是有过失的。由于李一、李二与邱四均不同程度地存在过错，故应当根据各自过错的程度承担相应的责任。

本案涉及对过错的认识问题，一般认为，过错的认定是以一般人就具体事件，在尽必要注意义务的情况下，是否可预见和避免损害的发生，来作为判断的客观标准的。过错的真谛即在于应当注意、能够注意而没有注意。

（三）过错的意义

承认过错责任原则意味着：只要行为人在实施加害行为时主观上具有故意或过失，基于“过错”这一为法律所确认的“可归责事由”，加害人就必须为其所实施的加害行为承担民事损害赔偿的法律责任。

1. 对一般侵权行为，过错是行为人承担侵权责任的必备前提

在判断一般侵权时，在损害事实、违法行为、因果关系、主观过错这四个要件中，首先要有损害事实，没有损害事实就没有诉权；其次是看行为是否违法，有损害事实，但行为不违法，也不能令其赔偿；再次，要看因果关系，由损害事实之果查违法行为之因，看损害事实是不是由违法行为造成的。这三点都齐备了，最后才看主观过错，确定赔偿责任的有无。这种排列顺序反映了损害赔偿责任的构成。主观过错排列在最后的位置并不是任意所为，而是反映了它对民事责任的最终决定作用。

【案例 6-1-3】赔偿责任之关键看对沉船损害有无过错
——《陈某诉林某渔轮被擦碰后于出海捕鱼期间沉没损害赔偿案》①

林某驾驶加油船缓速驶靠李某的渔轮时，因操纵失误，与陈某的木质渔轮船艉舱面发生擦碰。当时经双方查验，陈某渔轮艉部木质押夹横板破裂，钢质镀锌管滚筒有轻微擦痕，无其他问题。林某当场许诺买一棵木麻黄树替换破损的横板，双方无争议。

事故发生后，双方船舶续泊于港内，未见异常。次日，陈某驾船出海作业，后因风浪大，第三日 19 时返航。返航途中发现船后舱进水，经排水抢险无效，便发出求救信号，船上 6 名渔民为邻近作业渔船所救。终因船舱内大量进水而导致该渔轮沉于海中。

原告陈某将林某起诉至法院要求赔偿沉船损失。

法院审理认为：原、被告的船舶发生擦碰，致原告木质渔轮艉部横板破损以及镀锌滚筒有轻微擦痕，双方均已共同确认，并无异议。被告未谨慎驾驶以致发生碰撞事故，造成原告船艉部损坏，被告负有修复义务。因原告船已沉没，无法恢复原状，故依法应由被

① 《陈阿春诉林金荣渔轮被擦碰后于出海捕鱼期间沉没损害赔偿案》，载最高人民法院中国应用法研究所编：《人民法院案例选》1998 年第 1 辑（总第 23 辑），人民法院出版社，第 261 页。

告承担折价赔偿的责任。

原告未能举证证明碰撞导致船舱底灰缝松动脱落至舱底进水沉船的事实，故对原告的该项请求不予支持。但考虑到原告船沉没的事实，依据公平原则，被告应酌情给予原告经济补偿。

在本案中，原告不能举证证明灰缝油灰因擦碰而脱落的事实，按照过错归责所要求的因果关系及原告所负的举证责任的要求，不能认定沉船进水是因为擦碰造成船体灰缝油灰脱落所致，且即使因此沉船进水，原告明知船体可能有危险，依然未采取必要防范措施，也同样具有重大过失。因而被告对原告沉船的损害没有过错，故无须承担赔偿责任。

2. 在混合过错中过错大小对责任范围的决定性作用

主观过错程度虽然在一般情况下，对责任范围的大小不起决定作用，但在特定情况下，如在混合过错中，却起着决定性的作用。

前述《陈某诉广州某大学附属医院人身损害赔偿纠纷案》[①] 12周岁的小学生陈某与林某在放学途中，发生争执，林某用手中串烧的签子将陈某刺伤。随后，医院用X线没有检查出插在陈某体内的竹签，导致陈某治疗不当死亡。

法院审理认为：医方未履行作为专家的注意义务，对患者死亡具有过错，其医疗行为与患者死亡之间具有因果关系。

原告方已知道陈某受伤，但在陈某因呕吐被送回家后未及时将陈某送医院检查治疗，延误了治疗时间，对陈某的死亡亦有一定责任。致害人林某因未成年，其赔偿责任依法由其监护人承担。法院判定医院、致害方、原告应各自承担陈某死亡损失50%、45%、

① 《陈某诉广州某大学附属医院人身损害赔偿纠纷案》，载最高人民法院中国应用法研究所编：《人民法院案例选》2008年第1辑（总第63辑），人民法院出版社2008年版，第118页。

5%的责任。

医疗者对其执业活动，负有高度注意义务。本案表面上看造成患者死亡的后果主要是由于患者主诉陈述不清，误导医生诊断所致。但探究医方基本的注意义务，医生在同意对患者进行治疗后，其应对患者履行全面详细询问、全面检查的诊断义务。本案中治疗者显然未尽到上述基本的注意义务，具有过错，而此过错与患者死亡具有显而易见的直接的客观的因果关系，故而医院的过错大，理应承担较大的赔偿责任。

二、关于过错属性的学说

关于过错的属性，学说上主要有两种主张，即主观过错说和客观过错说。

（一）主观过错说

主观过错说认为：过错是行为人的主观方面，即一种故意或过失的心理状况，故应把过错与行为的不法性区别开来。

除了多数大陆法系国家，我国的大多数学者也才赞成此说。

过错与人有关，不法则是对行为的描述。

——梅吉尔思①

（二）客观过错说

客观过错说认为：过错和不法是不可分离的，故而将二者合并为一个损害赔偿的构成要件。因此，损害赔偿的构成要件是三个，即过错、损害和因果关系，过错包含了行为的违法性。这里的“过错”是客观的，即过错不仅是或者主要不是损害人的主观心理

① 转引自王家福主编：《中国民法学·民法债编》，法律出版社1991年版，第461页。

状态，而是加害人的行为的违法性质。[1]

客观过错说除了法国法系国家，英美法的过错概念接近于此说，近年来，我国也有学者主张这种学说。

【案例6-1-4】尽到了合理的注意义务就没错

——《吕乙诉起重公司和殡仪馆遗体处分权赔偿纠纷案》[2]

吕甲系原告吕乙的胞姐，原系被告起重公司职工，于2004年4月8日病故，9日被送到市殡仪馆暂存。起重公司于5月21日向吕乙发出通知，就吕甲的遗体处置事宜等事项做了说明。该通知送达吕乙，吕乙拒收，起重公司发布了布告。

2004年6月1日，殡仪馆向市殡葬办请示火化吕甲遗体，并向辖区派出所备案；6月3日，市殡葬办批复同意火化。6月14日，吕甲的遗体被火化，骨灰存放殡仪馆。2005年1月6日，吕乙以其作为吕甲唯一的亲属，对吕甲的尸体享有处分权，两被告将尸体火化侵犯了其合法权益为由，向法院提起诉讼。请求判令两被告赔礼道歉，返还骨灰，并赔偿原告精神损害抚慰金5万元。

两级法院经审理认为，在吕甲因病去世后的遗体处理过程中，殡仪馆和起重公司作为法定火化机构和死者生前所在单位，均尽到了合理义务。两被上诉人在遗体处理方面没有侵权的故意，且在该遗体长时间的存放过程中不间断地做各方面的工作，体现了应有的人文关怀和对死者及死者家属的尊重，故两被上诉人的行为没有对死者家属构成侵权，不应当承担法律责任。判决：驳回上诉，维持原判。

判断行为是否构成侵权，要从侵权的构成要件，即损害事实、

① 张新宝：《侵权责任法原理》，中国人民大学出版社2005年版，第68页。

② 《吕绍俊诉焦作起重运输机械有限责任公司和焦作市殡仪馆遗体处分权赔偿纠纷案》，载最高人民法院中国应用法研究所编：《人民法院案例选》2005年第3辑（总第53辑），人民法院出版社2006年版，第147页。

违法行为、因果关系以及主观过错方面进行审查，关键要看该行为是否有过错。《侵权责任法》第6条第1款规定："行为人因过错侵害他人民事权益，应当承担侵权责任。"本案中，在吕甲因病去世后的遗体处理过程中，起重公司和殡仪馆均尽到了必要的注意义务，自无过错，二者的行为没有违反法律的规定而构成侵权，故被告不应当承担赔偿责任，两级法院因此都没有支持原告的诉讼请求。

（三）对主观过错说和客观过错说的评价

主观过错说的产生对侵权法有着巨大的意义，该说确立了"自己责任"的原则基础，维护了个人意志自由和行为自由。根据主观过错说，如果一个人没有认识和控制能力，其在致使他人损害的行为中没有过错，就不应该承担责任。①

但是，主观过错说也存在着一些缺陷，比如加重了受害人的举证责任，使一些危险事故中，受害人的权益难以得到保护。

客观过错说则使现代工业社会中受害人得到救济的可能大大增加，但是由于该说将主观上的过错与客观上的违法行为混同，割裂了意志与行为的关系，以不同的人适用同一客观标准来判断其过错，不适当地扩大了责任的范围。

三、过错的本质属性

根据以上对主观过错责任和客观过错责任理论的介绍分析，我们可以看出，二者各有合理之处，也各有一定缺陷，应该充分吸收二者的合理之处，不应片面。我们认为：

（一）过错在本质上是主观的东西

民法上的过错是违法行为的心理基础，加害人的行为就本质而

① 王利明：《侵权行为法研究》（上卷），中国人民大学出版社2004年版，第460页。

言，是受加害人思想控制的，即损害结果是可以通过适当注意而避免的。正是由于加害人主观上的过错，才导致了损害结果的发生。

侵权责任法的功能除了恢复原状外，还有预防、惩罚等，因此判断人的主观心理是十分重要的，否则侵权责任法将失去其应有的价值。

【案例6-1-5】“隐形公摊”违反告知义务自有主观过错
——《谢某等135户购房户诉某房地产开发有限责任公司隐瞒公摊面积欺诈消费者案》①

谢某等135户购房户分别与某房地产公司签订《房屋购销合同》，购买该公司开发的商品房，由房地产公司提供自制格式合同文本。合同中未注明套内建筑面积和公摊面积。

交房之后，购房户得知房地产公司将3223.41平方米的地下室作为公摊面积分摊给了各购房户，遂起诉要求返还公摊面积的房款。

法院审理认为：商品房销售是以建筑面积为计算单位，建筑面积应当包括套内建筑面积和应合理分摊的公用建筑面积。原告购买的“商品房的公用楼梯间、公共门厅和过道等属于应分摊的合理公用建筑面积”。但被告作为开发商，在由其提供的自制格式合同文本中，未按规定在合同中明确载明原告所购买房屋的公摊面积，在其销售广告及宣传材料中，也没有相关内容，庭审中，被告也未举出相关证据来证明其履行了告知的义务。对此，被告某房地产公司具有一定过错，应当承担相应的民事赔偿责任。

结合本案的审理，引起原、被告双方讼争的根本问题是作为开发商的被告在销售房屋时是否告知了所售房屋的真实情况。依据我

① 《谢祖源等135户购房户诉四川富临房地产开发有限责任公司隐瞒公摊面积欺诈消费者案》，载最高人民法院中国应用法研究所编：《人民法院案例选》2004年民事专辑（总第48辑），人民法院出版社2004年版，第275页。

国《消费者权益保护法》规定，消费者享有知情权。针对商品房买卖，应当在合同中注明房屋建筑面积，并分别标明套内建筑面积（实得面积）和应合理分摊的公用建筑面积，其意义在于让购房者在购房时能对所购房屋的基本情况作充分了解。本案被告房地产公司的行为已侵犯了购房者的知情权，其隐瞒公摊情况的行为具有主观故意，当然应承担相应的民事责任。

（二）加害行为是过错的外化表现形式

过错兼具法律问题与事实问题两个方面，行为人的过错都是通过具体的行为反映出来的，也就是说，行为人的过错只有外化为违法行为，才具有法律上的意义。

因此行为人的过错既然是通过违法行为表现出来的，判断其是否具有过错就有了客观标准。检验过错标准的客观化，是民法理论发展的必然。

【案例6-1-6】学校与动物园未尽到安全保障义务即有明显过错

——《陈某诉甲小学、丙公园动物致人损害赔偿纠纷案》[①]

甲小学组织学生去丙公园。陈某和几位同学来到公园内的动物园入口处，工作人员收取一元钱后入园。陈某翻越熊舍前1.2米的防护栏杆，将左手伸进熊舍，瞬间被一只狗熊咬住了左臂，挣扎中右手又遭另一只狗熊抓咬。经诊断，陈某双上肢被咬伤后出现多发性骨折，出血性休克。其后，陈某提起诉讼，要求甲小学、丙公园二被告共同赔偿各项损失以及精神损害费。

法院经审理认为，原告自身的过错是导致事故发生的直接原

---

① 《陈星星诉如皋市如城镇邓元小学、如皋市人民公园动物致人损害赔偿纠纷案》，载最高人民法院中国应用法学研究所编：《人民法院案例选》2005年第4辑（总第54辑），人民法院出版社，第124页。

因，其监护人应承担相应责任。被告甲小学组织学生校外活动中，放任学生自由活动，未尽到安全保障义务，存在明显过错，应承担与其过错程度相适应的责任。

被告丙公园虽履行了应尽的警示义务，但工作人员为招揽游人，以低于儿童票价的特殊收费让原告等学生进入动物园，并未对这些特殊游人予以特殊关注，应当认定丙公园尚未完全尽到合理限度范围内的安全保障义务，应承担一定责任。

对原告伤害事故的责任承担比例确定为：原告法定监护人、被告甲小学各承担40%的责任，被告丙公园承担20%的责任。

本案中，原告自身肯定存在过错，但法院之所以判令动物园和学校承担责任，均在于两被告通过违法行为也表现出来其客观存在着主观过错。

对于学校而言，其在组织学生校外活动中，放任学生自由活动，对由此可能出现的安全隐患，未能采取相应的安全防范措施，故甲小学存在明显过失。

对于动物园而言，首先，防护设施不足以保护未成年人。防护栏杆仅高1.2米，对于10周岁以上的未成人来说，翻越十分轻易。其次，对未成年人的安全保护未尽注意义务。动物园有猛兽区，这是工作人员明知的，而未成年人好奇心强、自制力差，工作人员应当预见到几个未成年学生进入动物后可能会无视警示语而逗引动物，因为疏忽大意而没有派人在猛兽区巡视，以致发生了损害，其主观过失是存在的。

由此可见，首先侵权案件不论其过错归责原则如何，即使是无过错原则，也并不是说该侵权行为人主观上就没有过错，而是当事人无需就过错进行举证而已。其次，对过错的判断，必须要借助客观标准，对于过失的判断而言，相应的“注意义务”就是客观的判断标准。

四、过错的判断标准

所谓“过错的判断标准”，是指判断加害人在实施加害行为时是否存在过错的标准。

在司法实务中确定行为人是否有过错，通常首先，应区分行为的性质，行为性质不同，应当注意和能够注意的程度就各有不同。其次，应区分实施某种行为时的具体的客观情况。由于时间、地点、条件的不同，客观环境不断发展变化，所以应当注意和能够注意的标准，也应当以当时的具体客观情况来确定。最后，还要区分加害人的个人的注意能力。加害人的年龄、教育程度、专业知识、工作经验、技术水平等情况，就当事人而言虽然是主观因素，但无疑是客观存在的。这些情形不同，个人的注意能力即不同，因此要求他们应当注意和能够注意的标准也不同，故也须认真加以区分。可见，判断加害人是否有过错，其标准是客观的而并非主观的，而且是多元的。

过错的认定标准由主观标准向客观标准的演变对于侵权行为的构成要件影响是很大的。对多数大陆法系国家来说，就是过错要件为违法性要件所吸收，出现了所谓“违法即推定有过失”。随着过错内涵的变化，传统的归责原则的含义也相应地发生了变化。

第二节　过错的类型

一、故意

大陆法系国家，过错类型区分为故意和过失两种。

（一）故意的内涵

侵权行为中的“故意”，是指行为人预见到了自己的行为可能产生的损害结果，仍希望或放任其发生的心理状态。故意是过错类型中最重的一种。就故意而言，成立只需就法律所规定的事实有认识，而无须认识到该事实的违法性。

侵权法上认定有无故意时，通说认为故意应包括两个方面：一是在观念上的认识或预见，二是在意思上的希望或放任。

（二）故意的类型

1. 故意有直接故意和间接故意两种形态

（1）直接故意。是指行为人预见到自己的行为可能导致损害后果的发生，仍然追求该损害结果发生的主观心理状况。

（2）间接故意。是指行为人预见到损害结果的发生，但是放任这种结果发生的主观心理状况。

2. 民事责任并不因主观恶性的大小来区别侵权责任

侵权责任法中的故意是否包括了直接故意和间接故意两种形式，多数学者认为是包括的。[①] 与刑事责任不同的是，直接故意和间接故意的区分，在司法实践中只需认识到这两种形态都属于侵权法中的故意即可，至于其区分一般无需深入探讨。

【案例 6-2-1】抢劫犯无疑具有直接主观故意

——《贤某携带斧头在银行营业大厅抢夺储户巨额现金案》[②]

某日下午，贤某行至某市工行支行营业厅内，见某市房产开发公司罗某拿出现金放在柜台准备办理存款业务时，便将其现金27600元全部抢走，在逃匿时被群众当场抓获并被搜出随身携带的斧头一把。

法院审理认为，被告人贤某携带凶器抢夺他人财物，数额巨大，其行为已构成抢劫罪。公诉机关指控抢劫罪罪名成立，应予确认。

本案中，贤某主观上预见了自己的抢夺行为会造成他人的财产

---

① 张新宝：《侵权责任法原理》，中国人民大学出版社 2005 年版，第 70 页；杨立新：《侵权法论》（第二版），人民法院出版社 2004 年版，第 185 页。

② 《贤勇携带斧头在银行营业大厅抢夺储户巨额现金案》，载最高人民法院中国应用法学研究所编：《人民法院案例选》2002 年第 4 辑（总第 42 辑），人民法院出版社 2003 年版，第 36 页。

损害并积极追求这一结果的发生，因此其主观具有直接故意，实施了抢夺行为，造成了他人财产权的损害。其行为不但是刑事犯罪，同时符合民法上侵权行为的全部要件，因此贤某也应当承担民事赔偿责任。

二、过失

（一）过失的定义

侵权行为中的“过失”，是指行为人对其行为结果应当预见或能够预见而因疏忽未预见，或虽已预见，但因轻信能够避免，以致造成损害后果的心理状态。

其中，应当预见或者能够预见而没有预见，即所谓“疏忽”；虽然预见了却轻信可以避免，即所谓“懈怠”。疏忽和懈怠，都是过失，在法律上都违反了对受害人应负的注意义务。行为人对于其行为，应注意能注意而不注意，即属于有过失。

过失存在着多种类阶，包括轻微过失、一般过失、重大过失等，这种区分在司法实务中确认责任承担十分重要，比如有的情况下，必须要求加害人达到重大过失，才能承担责任。

【案例6-2-2】记账后才发现款数有误银行必有疏忽与懈怠

——《徐某诉银行丙分行办理存款差错赔偿案》①

某日，原告徐某委托弟妹李甲前往被告银行丙分行办理存款。李甲填好存款凭条后，连同人民币4755元和存折递给记账员李乙。李乙已经认定李甲交付的存款现金为4755元，当即填写了存折、存款凭条，并加盖了名章。记账员李乙在向复核员马某移交时，将其中部分现金交给了实习生金某练习点钞。其余现款，李乙移交给

① 《徐贵兴诉中国银行沈阳分行办理存款差错赔偿案》，载最高人民法院中国应用法研究所编：《人民法院案例选》1993年第2辑（总第4辑），人民法院出版社，第100页。

了马某。约10分钟后，马某提出，全部款额为4355元。遂引起纠纷。

法院审理认为：储户与银行双方所实施的行为应是一种信用行为。银行为储户办理储蓄业务，应做到迅速准确，尽量减少不必要的中间环节。本案被告工作人员在办理该项储蓄业务时，在记账员与复核员之间又安排实习生练习点钞的做法欠妥。记账员确认储户填写的存款凭条金额与自己所点现金数额相符，并经记账填写存折，记账员收款记账后，与储户形成权利义务关系。故被告对所出现的差错，应承担赔偿责任。

究其根本，本案核心主要针对银行是否有过错。

原告与被告系储户与银行储蓄的关系。原告的钱经记账员李乙清点，与存款数额相符，在李乙交给复核员复核的过程中，又经过实习生练习点钞以及复核员马某的接触，没有任何证据能证明此期间不会出现差错。记账员李乙数款的数额与原告交款的数额相符，据此可以认为，银行记账员李乙无论数款对错，均是形成此案的主要原因。如果对，差错必定在银行内部；如果不对，也是银行工作人员过错所致，银行有无法推卸的责任。

过失的确定标准：

行为人之过失，易言之，就特定事件能注意不注意，其程度因具体事件之不同而有轻重之别。通常以善良管理人之注意程度为中心，或加重或减轻之。①

——曾世雄

① 曾世雄：《损害赔偿法原理》，中国政法大学出版社2001年版，第82页。

过失是一种疏忽大意的心理状态，这种心理状态没有履行法律和道德对行为人所提出的注意义务，从而造成了对他人的损害结果。“过失的核心不是在于行为人出于疏忽或懈怠而使其对行为后果未能预见或未加注意，关键在于行为人违反对他人的注意义务并造成对他人的损害。”① 既然行为人违反注意义务是过失责任的基础，那么确定过失的标准，就是注意义务。判断行为人是否违反注意义务，应从以下几个方面确定：

1. 应当注意

注意义务的标准，也应当是客观的，即在客观上对实施这种行为要求什么样的注意，行为人在行为时没有尽到这种注意义务，即为有过失。

【案例 6－2－3】承运人负有对乘客安全的注意义务
——《出租车与公共汽车相撞乘客受伤索赔案》②

蔡某乘坐某出租车公司的出租车返回其住宿的宾馆时，与一辆无轨电车相撞。蔡某与出租车司机当场受伤。经现场勘察后认定无轨电车应负事故的主要责任，载客出租车应负事故的次要责任。事后，蔡某向出租汽车公司提出索赔，双方未能达成一致意见。于是，蔡某诉至法院。

法院经审理认为：本案系当事人间的客运合同，按该合同，乘运人的义务是负责将乘客安全送达目的地。在载客过程中，承运人负有对乘客安全的注意义务。蔡某系在某出租公司履行运送合同义务中受到伤害的，故某公司应承担违反合同的全部责任。

本案中，承运人违反了依客运合同产生的对乘客安全的注意义

① 王利明：《侵权行为法研究》（上卷），中国人民大学出版社 2004 年版，第 483 页。

② 《蒋志良乘坐的出租车与他人车辆相撞受上诉出租车所有人上海大众出租汽车股份有限公司赔偿纠纷案》，最高人民法院中国应用法学研究所编：《人民法院案例选》1996 年第 1 辑（总第 15 辑），人民法院出版社 1996 年版，第 87 页。

务，故应承担违约责任。此外，依通行的“客观过错说”，注意义务是确定过失的客观标准，对注意义务的违反即构成过失，承运人违反了依客运合同产生的对乘客安全的注意义务，自应认定为有过错，故乘客也可以身体健康受到侵害为由主张损害赔偿。

民法上的注意义务，又可分为一般注意义务和特殊注意义务。

（1）一般注意义务。指凡是有识别能力的人在行为时都应尽到的注意义务，一般注意义务是法律对一般人在通常情况下的要求。

（2）特殊注意义务。行为人在为特定行为时应尽到的特定的注意义务，或者特定行为人在行为时应尽到的特定注意义务，特殊注意义务是法律对有特定义务或职责的人在特别情况下的要求。

2. 能够注意

行为人有注意义务亦即其应当注意，并不表示行为人当然可以注意，也就是能够注意。所以依通说，判断是否能够注意是以行为人是否可以预见行为的发生，以及是否可以避免损害的发生，来作为能否注意之标准的，要求这两个要素必须同时具备。

【案例6-2-4】不可能预见事故的发生就不存在过错
——《铁路道口无人看守造成火车撞毁汽车损害赔偿案》①

张某委托汽车司机杨某驾车去街上喷漆。杨某见前方新城仓库专用线道口栏杆开放，便驾车通过道口。当距离道口6至7米时，突然发现南端火车接近，便急忙刹车。但由于距离太近，汽车保险杆挂在吊车上，致使汽车破损。张某诉至铁路法院，要求新城仓库和火车站赔偿。

① 《张林惠诉太原粮食局新城仓库、太原铁路分局太原北站因铁路道口无人看守造成火车撞毁汽车损害赔偿纠纷案》，最高人民法院中国应用法学研究所编：《人民法院案例选》1994年第1辑（总第7辑），人民法院出版社1994年版，第86页。

法院审理认为：被告新城仓库应当派人看守专用线道口，却未派人看守，且将栏杆耸起，容易给过往车辆、行人造成可以通过的错觉，应对事故负主要责任。原告汽车在通过铁路道口时，警惕性不高，行驶速度过快，亦应负一定责任。站方对新城仓库道口应派人看守问题进行了督促，并有送车确报，对此次事故没有责任。

本案的关键，主要是合理解决各方的注意义务问题。注意义务的存在是过失产生的必要条件，却不是充分条件。要充分过错要件，尚须具备"能够注意"条件。本案中原告雇佣的司机虽负有通过铁路专用线道口时的谨慎驾驶义务，但基于栏杆开放的事实，有理由相信可以通过，其不可能预见事故的发生，故在通过道口时不存在过错。

3. 没有注意

没有注意可以分为应当注意而没有注意和能够注意却没有注意。两种情况均构成过失，都应承担责任。曾世雄是这样来表述"没有注意"的："不注意在界定过失之含义上，仅止于表示可避免但未避免损害发生之情节而已"。①

【案例6-2-5】对自己报装使用的电话机自负有管理的义务
——《盗用他人电话密码在单位的电话上打国际长途单位有无过错》②

原告甲厂通过电信局的电脑记录发现在1990年9月到11月期间，有人通过乙印刷社报装使用的电话机，使用其长途电话密码，先后打出国际长途22次，造成经济损失3650.10元，于是诉至法院，请求该社赔偿经济损失。

① 曾世雄：《损害赔偿法原理》，中国政法大学出版社2001年版，第81页。

② 《广州敬修堂药厂诉广州市东山区黄花印刷社擅用其电话密码打国际长途造成电话费损失赔偿纠纷案》，最高人民法院中国应用法学研究所编：《人民法院案例选》1994年第3辑（总第9辑），人民法院出版社1994年版，第96页。

法院经审理认为：由于被告乙印刷社对其报装使用的电话机管理不善，以致他人利用其电话机，窃用原告甲厂的电话密码拨打国际长途，给原告造成经济损失，被告对此有过错，当然应承担民事损害赔偿责任。

本案的关键在于认定被告有无过错，是否尽到了必要注意义务。过错的真谛在于“应当注意，能够注意，而没有注意”。就本案而言，被告对其报装使用的电话机负有管理义务，却“没有注意”，故应认定其有过错，承担赔偿原告经济损失的责任。

(二) 过失的真谛

总之，侵权责任法中的过失有其自己的特色，通说是“能够注意而没有注意”；而民法中惯用的表达是“未尽能够注意的注意义务”或“未尽事件之必要注意义务”。其实即过错之客观标准。

三、司法实务中对过错界限的掌握

(一) 区分过错与非过错的界限

这主要是要把行为人的故意、过失与出于行为人意志以外的原因而造成的损害区分开来。行为人的故意与过失，在主观上都是有过错的；而意外事件则是行为人或者是因为不可抗力的原因，或者是因为不能预见的原因，因而在主观上是没有过错的。区分这一界限，与确定归责原则有关。

【案例6-2-6】设路卡查偷漏费系正常执行公务之行为
——《因逃避公路检查而导致事故损害赔偿纠纷案》①

甲征稽所同该市乙派出所签订了联合进行检查偷漏养路费的协

① 《王云叶因其夫驾驶无牌照机动车行驶被追击中撞倒电线杆被砸死诉路检者旅顺口交通征稽所赔偿案》，最高人民法院中国应用法学研究所编：《人民法院案例选》1999年第3辑（总第29辑），时事出版社2000年版，第123页。

议。1996 年 6 月 24 日，甲征稽所与派出所的人员共同在丙镇设路卡进行检查工作。下午 4 时左右，李某无证无牌照驾驶农用三轮车驶入设卡路段，发现前方路口有路检，就调转车头向戊村方向乡路驶去。参加路检的民警发现后，立即驾车前往追查。李某驾驶的农用三轮车行至一拐弯处，由于车速过快失控而撞断路边的水泥电线杆，砸中其头部致死。

李某之妻于是向法院提起诉讼，要求甲征稽所赔偿因此而造成的人身与财产损失。

法院经审理认为：甲征稽所根据省政府的有关规定，设路卡检查偷漏养路费情况，属正常公务行为。其工作人员发现李某无牌照驾车，即驱车尾追查明情况的行为并不违法。因此，甲征稽所不应承担赔偿责任。李某无证驾驶无牌照农用三轮车，理应主动停车接受路检，而其为规避检查驾车而逃，导致车毁人亡，责任理应自行承担。因此，李某之妻诉请甲征稽所承担民事赔偿责任于法无据，不予支持。

在本案中，甲征稽所的行为属正常执行公务，其工作人员发现李某无牌照驾车，即驱车尾追查明情况，其行为并不违法，在这种情况下，甲征稽所并不存在过错，即在法律上或道德上不具有应受非难性。受害人李某无证驾驶无牌照农用三轮车，理应主动停车接受路检，而其为规避检查驾车而逃，主观上具有重大过失，并且其驾车逃逸，慌不择路是导致事故的唯一原因，最终造成了车毁人亡的后果，责任应自行承担。因此，法院判决李某之妻诉请甲征稽所承担民事赔偿责任，没有法律依据，不予支持，是正确的。

（二）区分故意与过失的界限

在纯粹的侵权损害赔偿案件中，区分故意和过失是没有太大意义的。区分故意与过失的界限，主要是有助于划清刑事责任与民事责任的界限，防止混淆罪与非罪的界限。

此外，有的侵权责任，当事人仅在故意时才承担责任。例如，小说作品侵犯名誉权的案件中，审查稿件的出版者，仅在其有故意时，才能构成侵权责任。

【案例6-2-7】疏于查验证明文件核实广告内容报社有过失
——《三甲公司诉视听导报社发布不能提供广告主真实名称和地址的虚假广告致其前往签合同买回三无产品赔偿案》①

被告报社在其发行的《视听导报》上发布广告主港乙公司合资办厂广告。广告称："本公司是集工贸为一体的股份企业，经济技术力量雄厚，卫生巾产品行销海内外，选择有条件的单位联合办厂。"并附办厂办法简介。原告三甲公司看到广告后，与港乙公司签订了联营合同。此后，原告三甲公司将256310元交与港乙公司，购置了一台卫生巾生产机械。原告三甲公司还购置了37511.1元的生产材料。此后，港乙公司下落不明。另查，被告发布此则广告所依据的港乙公司提供的法人营业执照传真件是伪造的，公章是私刻的，港乙公司根本不存在。原告三甲公司所购设备为"三无"产品。

法院审理认为：广告发布者报社不能提供广告主的真实名称和地址，根据《广告法》的规定，报社应承担赔偿责任。但三甲公司前去与港乙公司洽谈，考察后签订了联营协议，又按联营协议购买了该机械设备，现因该机械设备系"三无"产品，造成三甲公司损失，此损失的主要原因是该公司考察不当所致。因而，对三甲公司的损失，报社应承担次要责任，三甲公司应承担主要责任。

本案中广告经营者、发布者发布虚假广告适用何种归责原则。《广告法》的规定，广告经营者、发布者明知或者应知广告虚假仍设计、制作、发布的，应当依法承担连带责任。从这里的"明知"、"应知"可见广告经营者、发布者承担责任的归责原则是过

① 《三谊公司诉视听导报社发布不能提供广告主真实名称和地址的虚假广告致其前往签合同买回三无产品赔偿案》，载最高人民法院中国应用法研究所编：《人民法院案例选》2003年第1辑（总第43辑），人民法院出版社2003年版，第149页。

错责任原则。

本案中报社主观上有过错。报社未严格审查广告主的主体资格，港乙公司根本未经工商部门登记成立，其营业执照系伪造，公章也系私刻。由于报社疏于查验证明文件、核实广告内容，应当发现所要发布的广告虚假而未发现，对造成原告利益受损有主观上过失的过错。

（三）区分一般过失和重大过失的界限

1．一般过失

如果法律在某种情况下对特定行为人应当注意和能够注意的程度有较高的要求时，行为人没有遵守这种较高的要求，但未违背一般人应当注意并能注意的一般规则，就是一般过失。

2．重大过失

如果行为人不但没有遵守较高的要求，甚至连人们都应当注意并能注意的一般标准也未达到，就是重大过失。

这种区分，尽管在一般情况下无显著的意义，但在特殊情况下，如在混合过错、共同过错等场合中，对于决定行为人的赔偿责任有重要意义。

前述《储户要求银行赔偿因违章点款导致的现金损失案》[①] 原告陈某到被告建行分理处存款94320元，柜员清点操作有误少了1万元，遂争讼。

法院经审理认为：根据中国人民银行《全国银行出纳管理制度》和《现金出纳柜员制管理办法》，被告在进行收储操作时，未按规定操作，点款操作违反了银行管理制度，故原告交存现金与存

① 《陈宇诉建行厦门分行金尚路分理处违章点款致其交付的现金短少要求赔偿案》，最高人民法院中国应用法学研究所编：《人民法院案例选》2001年第2辑（总第36辑），人民法院出版社2001年版，第107页。

款凭证所填交存金额不符的风险应由被告承担。据此，法院判决：银行赔偿陈某10000元。

本案中，原被告间欲成立的是储蓄合同法律关系，具有消费法律关系的性质。按照《消费者权益保护法》的要求，对经营者实行的是严格责任，严格责任所适用的归责原则应当说即为过错推定规则。因而原告只需证明其所填的存款凭证上的数额与被告告知的数额不符的事实即可；而被告应当证明自己正当操作来证明自己所说的金额正确。

换言之，在本案中，要客户来证明银行的操作问题是非常困难的，不能要求消费者具有经营者那样的注意能力和交涉能力。反之，被告在进行收储操作时，未按规定操作，点款操作违反了银行管理制度，有重大过失。

第三节 过失的类阶

判断当事人过失的标准，前已论述，其实就是当事人行为是否达到了“应当注意的程度”。如果加害人在实施加害行为时，已经达到了其所应当具备的注意程度，行为人就没有过错；反之，如果没有达到其所应达到的注意程度，就有过错。

在侵权责任法中，过错的程度如以下列表，根据能够注意的程度分为五个类阶：

能注意之程度	不注意之结果
一般人所不能注意	不可抗力
一般人所能注意之极限	意外事件
善良管理人之注意	抽象轻过失
自己处理事务同一之注意	具体轻过失
一般人所能注意之起点	重大过失

一、不可抗力

若一般人不能注意，就是不可抗力的事件，是免责事由之一，显然此时无过错。

在此种情况下，仅在《侵权责任法》和其他相关法律中，明确规定的无过失责任中，方可要求当事人承担责任。即便有不可抗力，也不构成免责事由，这是对当事人所施加的最重的责任。

【案例6-3-1】急救通道阻塞并非不能预见与不能避免或克服——《谭某等诉某县人民医院接急救电话后未及时出诊致延误抢救心脏病患者死亡赔偿案》[①]

1998年12月14日零时，吕某之父心脏病突发，吕某便拨打了被告县医院“医疗急救中心”的电话，值班员答复“就来”。因医院门口被一运煤车堵住出路，急救人员便步行前去。期间吕某两次电话催促。吕某见状，遂打县中医院的“120”急救电话。中医院随即派车前往急救。零时40分，患者因心脏病猝发时间过长，经抢救无效死亡。随后死者之妻谭某及其子吕某将被告诉至法院。

法院审理认为：患者拨打“急救中心”的急救电话，“急救中心”答应治疗，便在医患双方产生了一种事实上的医疗服务合同关系。医院在整个医疗服务过程中的过失行为造成患者人身及财产损害的，均应承担民事赔偿责任。被告延误了患者的抢救时机，致抢救无效而死亡。

虽然被告方的过失行为并非致使患者死亡的唯一原因，但由于患者的死亡给原告一家带来了不应有的经济损失与精神损害，故被告应对患者的死亡承担民事赔偿责任。被告辩称，医院出路被汽车

---

① 《谭爱云等诉新田县人民医院接急救电话后未及时出诊致延误抢救心脏病患者死亡赔偿案》，载最高人民法院中国应用法学研究所编：《人民法院案例选》2001年第1辑（总第35辑），人民法院出版社2001年版，第103页。

堵塞的理由并非不可抗力，不能成为被告免责的法定条件，不予支持。

虽然本案医护人员在接到求救信号后，由于唯一通道被堵塞，救护车无法开出，这是事实，但这并非不可抗力，不能成为医院的免责条件。虽然医院过失行为不是导致患者死亡的唯一直接原因，但医院的不作为延误了抢救时机，对造成患者死亡这一后果，依法应承担与其过错相适应的民事赔偿责任。

二、意外事故

若一般人尽到了不能再注意的程度，那么，应当属于意外事故，是一般人所始料不及的。此时当事人显然也无过错。

此种情况下，当事人也只有在无过错责任中，若无不可抗力或其他免责事由，才应承担责任。

前述《燃放爆竹致人死亡案》[①] 被告温某按照当地习俗在办理丧事期间燃放“二踢脚”大红爆竹，致使点燃后爆竹的第二响落在了正在围观的赵某头顶爆炸，致其当场倒地，后在送往医院的途中死亡。经法医鉴定，赵某系被爆竹爆炸震破脑内血管出血而死亡。

法院经审理认为：燃放烟花在当时当地国家还没有法律明文禁止，只是在一些特定的环境下加以禁止，而被告燃放的环境是在农村，并且采取了正确的燃放方法，因此，被告的行为并不违法。被告作为爆竹这种产品的消费者对造成的损失结果是无法预见的，不能因产品质量不合格造成了损害而归罪于消费者。正确地燃放烟花爆竹本身是没有危险性的，而本案的损害结果是一种巧合，即爆竹

① 《温俊海燃放爆竹致人死亡案》，最高人民法院中国应用法学研究所编：《人民法院案例选》2002 年第 2 辑（总第 40 辑），人民法院出版社 2002 年版，第 6 页。

的第二响正好落在了被害人的头顶爆炸，致其死亡，属意外事件。

本案的关键在于认定被告的行为性质是否为意外事件。“所谓意外事件，是指行为人的行为在客观上虽然造成了损害结果，但不是出于故意或者过失，而是由于不能抗拒或者不能预见的原因所引起的情形。”本案，被告的行为虽然在客观上造成了被害人死亡，但主观上并无过错，而是由于不能预见的原因引起的，故应认定为意外事件。

三、轻微过失（抽象轻过失）

善良管理人的注意义务要以交易的一般观念，认定具有相当知识经验的人，对于一定时间的所有注意作为标准，客观地加以认定，其所承担的注意义务的程度，比普通人的注意和处理自己事务的同一之注意，要求更高。①

如果违反了善良管理人的注意义务，那么当事人就有了抽象轻过失，也即轻微过失。此时，应具体问题具体分析，一般来讲都可以减轻责任。例如，《侵权责任法》第32条的规定，监护人对未成年人侵权所负替代责任，若监护人尽到监护责任的，可以减轻其侵权责任。

前述《陈某诉某小学存在管理过失造成其离校出走赔偿案》②小学生陈某因迟到，班主任张某将陈某叫到办公室谈话至第一节课结束，此后，陈某在上午第三节课前的时间内离校。2年后陈某最终在太原经人帮助与家人取得联系。

---

① 杨立新：《侵权法论》（第二版），人民法院出版社2004年版，第187页。

② 《陈某诉北京市海淀区厂西门小学存在管理过失造成其离校出走赔偿案》，载最高人民法院中国应用法研究所编：《人民法院案例选》2004年民事专辑（总第48辑），人民法院出版社2004年版，第59页。

一审法院经审理认为，陈某陈述学校老师体罚他及有不当的管理教育行为之内容因无证据证明，法院无法认定。陈某因学校老师要请家长而擅自离校。对于陈某的擅自离校，学校存在对出入校门管理不善之过错，但该过错与陈某出走流浪之事实无必然的因果关系，学校仅应承担与其过错相应的责任，法院酌情判定小学给予陈某一定的经济补偿。

学校与学生之间的民事法律关系主要体现于学校对在校学生负有教育、管理的义务。学校对无民事行为能力的学生应进行特殊的教育管理，具体体现在小学负有与其相适应的善良管理人的注意义务。本案中陈某能够轻易地从小学校门走出，系小学对在校期间需要特别管理和保护的无民事行为能力人未尽到善良管理人的注意义务所致，故学校对陈某能够轻易离校的行为负有一定的过错。

四、一般过失（具体轻过失）

所谓自己事务，包括法律上、经济上、身份上一切属于自己利益范围内的事务。与处理自己事务为同一注意，应以行为人平日处理自己事务所用的注意为标准。为自己处理事物同一之注意的注意程度低于善良管理人的注意程度，也就是讲对行为人的要求并不高。此时，行为人的行为违法属于一般人在通常情况下的过失，也即一般过失。

【案例6－3－2】医院在处理专业问题上必须尽到专业注意
——《病人在治疗时猝死医院未封存现场实物和未在规定时间内做尸检致丧失鉴定条件医疗损害赔偿案》①

晁某的妻子因患感冒到其职工医院就诊，在输液及用药治疗中

① 《晁长保诉洛玻集团的医院在其妻子治疗时猝死后未封存现场实物和未在规定时间做尸检致丧失鉴定条件医疗损害赔偿案》，最高人民法院中国应用法学研究所编：《人民法院案例选》1999年第4辑（总第30辑），时事出版社2000年版，第99页。

猝死。其门诊病历显示曾有多种药物的过敏史。当晚，晁某将妻子的尸体运至殡仪馆。晁某申请医疗事故鉴定，职工医院的鉴定结论是：不属于医疗事故，高热及猝死的原因待查。晁某提出异议，要求重新鉴定。医疗事故鉴定委员会以治疗的药品、残液、器械未作封存，且48小时内未做尸检，丧失了鉴定条件为由拒绝。晁某将妻子的尸体火化，并提起诉讼。

法院经审理认为：晁某的妻子到职工医院就诊，双方形成了医患关系。职工医院在为其妻子输液、用药治疗过程中，妻子出现异常并导致猝死。在死因不明的情况下，职工医院应当预见可能发生医疗事故或事件，本应妥善封存治疗所用药品、残液及器械，并在晁某对死因提出质疑时，及时进行尸检，但其却未采取相关措施，导致丧失鉴定条件，且在庭审时仍拒绝提交相关原始材料，因此，职工医院对本案纠纷负有主要责任。晁某在其妻子死因不明并有疑问的情况下，也应当在48小时内提出尸检要求，但是其并未提出，负有次要责任。

本案涉及当事人的注意义务问题，如果未尽到注意义务，则应承担相应的赔偿责任。

在本案中，职工医院对患者在医疗中发生猝死，有封存保管现场实物的义务和及时申请尸检的义务，但其不作为，即应推定有过错。医院是专业单位，在处理专业问题上必须尽到专业人员的注意，但患者及其家属则无此注意义务，因此，不能要求本案中的晁某也尽相同的注意义务而科以责任。根据本案事实，应当说晁某已经尽到了一个普通人的注意义务，即不存在一般过失。注意义务的不同，是确认责任有无和大小的一个根据。

五、重大过失

一般人所能注意，是指一般人在通常情况下，只要用轻微的注意，就能预见的情形。行为人若没有尽到起码的注意义务，就是重大过失，当然要承担责任。

【案例 6－3－3】承运人不能违反其应负的最低注意义务
——《铁路局明知货物包装有缺陷仍承运货损赔偿案》①

甲造纸厂从乙铁道公司所属的丙站发运一批凸版印刷卷筒纸。因该批货物包装不符合运输规定，丙站与甲造纸厂签订运输合同约定：在运输过程中因货物包装原因新发生的货物损坏及造成第三者的货物损失时，均由发货人承担全部责任。合同规定：发站为丙站，到站为丁站；托运人甲造纸厂，收货人第一外包公司。货物运到丁站。丁站发现货物损坏，将货物存放车站仓库，同时清丙站速查装车情况并复处理意见。

由于丁站与收货人第一外包公司未达成赔偿协议，故第一外包公司诉至法院。

法院经审理认为：国家主管部门对凸版印刷卷筒纸有明确的包装标准，丙站明知甲造纸厂托运货物包装不符合标准，却与其签订货物运输包装临时协议书，其行为违反了法律、法规的相关规定，丙站在装车时又违反《铁路装卸作业安全技术管理规则》，违章使用叉车造成卷筒纸严重裂口破损。丙站明知承运的货物包装不符合标准，又违反操作规定，导致货物严重破损的行为，属于重大过失，故乙铁道公司应按货物实际损失承担赔偿责任。

本案主要涉及承运人注意义务的认定。行为人若没有尽到起码的注意义务，则构成重大过失。“起码的注意义务”即行为人应负担的最低限度的注意义务，其认定应视行为人身份和具体情境而定

本案中，丙站作为铁路运输企业，应当知道装卸标准，其明知凸版印刷卷筒纸包装不符合标准而予以承运，又违反规定操作，导

①《石家庄市第一外贸包装公司诉石家庄铁路分局等明知货物包装有缺陷仍承运货损赔偿案》，最高人民法院中国应用法学研究所编：《人民法院案例选》1999 年第 1 辑（总第 27 辑），时事出版社 1999 年版，第 246 页。

致货物严重破损，其行为没有尽到起码的注意义务，已构成重大过失，应当对损失承担赔偿责任。

在侵权责任法中，一般而言，对过错程度的划分并不影响民事责任的成立与否，也不会影响赔偿责任的大小，因为只要行为人主观上有过错，无论其是故意还是过失，是一般过失还是重大过失，都应承担赔偿责任，其赔偿的范围由损害的结果决定，不会因过错程度较轻而减轻其赔偿责任。

第四节　受害人过错与混合过错

一、受害人过错

(一) 概念与性质

受害人过错有广义与狭义之分。

1. 狭义的“受害人过错”

其是指受害人一方未能尽其合理注意或采取适当的措施来保护自己的人身及其他利益作为唯一的原因而致使受自己损害。此时，受害人当然应对自己的损害承担“自己责任”。

【案例 6－4－1】酒家未获银行授权擅自结账要负自己责任
——《甲市工商行诉乙大酒家未经授权为信用卡持卡人结账造成的损失自行承担案》①

工行甲市支行与该市乙大酒家签订了一份工行信用卡特约消费协议书。协议书约定：持卡人持有效牡丹卡在该酒家消费购物每天

① 《常熟市工商行诉天涯海角大酒家未经授权为信用卡持卡人结账造成的损失自行承担案》，载最高人民法院中国应用法研究所编：《人民法院案例选》1998 年第 1 辑（总第 23 辑），人民法院出版社 1998 年版，第 94 页。

一次，每次消费最高限额个人卡为1000元；超过限额，酒家应向支行征询授权，并将授权号码填入签购单中，酒家如违反上述原则，支行有权拒绝付款。

某日有4人在酒家消费后，其中一人拿出卡名为“沈少武”的个人牡丹卡及同名身份证进行结账，结算消费总金额为39400元。酒家当即向支行牡丹卡部征询授权，未获准，酒家却为持卡人结了账。次日，酒家将填好的无授权号码的签购单、进账单送至其开户支行某办事处办理进帐。该办事处将此款记入了酒家账户，并收取了手续费591元。此后，该办事处向牡丹卡部办理付款时，被拒绝付款。支行因向酒家要求退回此款不成，遂诉至法院。

法院经审理认为：双方均应按协议约定履行义务。被告在发现持卡人超额消费时，应按协议向原告征询授权。被告在未获授权情况下，擅自为持卡人结账，由此造成的损失应自行承担。原告下属办事处在未核对清楚的情况下，将此款记入了被告账户，原告也有一定责任。现原告表示愿意承担4000元的损失，予以准许。原告为此笔款项向被告收取的1.5%的手续费，应退还。

本案中，酒家在未得到银行授权的情况下，擅自为持卡者结账，严重违反了双方所签订的消费协议，并正是酒家的此种违约行为导致了信用卡骗购损失的发生。因此，在骗购人无法查清的情况下，酒家对该笔损失应承担全部民事责任。银行未对签购单、进账单进行认真核对确有过错，但问题在于银行的此种过错行为与损害事实之间并无因果关系。事实上，本案的损害事实在酒家刷卡结账这一刻起即已发生。所以，我们认为银行的过错行为既未导致损害的发生，亦未导致损害的扩大，因此银行无需承担本案中的民事责任，只需将手续费返还酒家即可。

2. 广义“受害人过错”

指受害人一方未能尽其合理注意或采取适当的措施来保护自己的人身及其他利益，与加害人可归责的行为竞合而致使受害人损害，即混合过错。而一般所谓的“受害人过错”仅指狭义上的“受害人过错”。

为保护自己和他人的利益，受害人就负有避免损害的发生或扩大的注意义务，故受害人过错的性质可表述为：受害人过错是受害人对其自身注意义务的违反，并且在客观上促成或扩大了加害人造成的损害，理应承担损害的部分责任。受害人过错给加害人带来了造成损害、承担责任的危险。正是在这层含义上，使受害人过错具有法律上的效果。

【案例6－4－2】法律所谓受害人自身原因应是指受害人的故意

——《无民事行为能力人杨某进入未设防护的火车站停留的列车尾下玩耍在列车启动时被轧伤诉巳午铁路分局人身损害赔偿案》①

某日，货物列车停留于巳铁路分局所属万安站。此后，杨某与同学（均未成年人）来到该货物列车尾部最后一节车辆下玩耍。半小时后，该列车从万安站开出时杨某被火车轧伤。原告经治疗，其左前臂、左下肢小腿部分被截肢，鉴定构成二级伤残。事故现场东侧为杨某所在的村，西侧为万安站，站区无封闭。杨某诉至法院要求巳铁路分局承担侵权责任。

法院审理认为：根据我国《民法通则》及《侵权责任法》关于从事高速运输工具作业造成他人损害应当承担民事责任的规定，本案侵权行为应适用无过错原则，侵害人主张免责必须具备法定事由。在本案中，就被告而言，其所属的万安站界内有村庄，村庄与铁道之间未设任何防护，铁路作业时亦未派人看护，万安车站应当

---

① 《无民事行为能力人杨斌因进入未设防护的火车站停留的列车尾下玩耍在列车启动时被轧伤诉太原铁路分局人身损害赔偿案》，载最高人民法院中国应用法研究所编：《人民法院案例选》2003年第4辑（总第46辑），人民法院出版社2003年版，第131页。

预见到村内的小孩可能会来玩耍，而没有采取安全措施即启动火车，显然存在过错。

本案原告系无民事行为能力的儿童，所在村庄位于铁路车站站界内，其监护人未采取有效的保护措施，对原告钻到停于站内的货车尾部玩耍，致被轧伤致残，存在明显的过错，可依法减轻侵害人的民事责任。

为了正确适用无过错责任原则，保护受害人的正当权益，我国法律对适用无过错责任时的免责条件是有严格规定的，免责情形除法律一般规定的不可抗力外，还有受害人的故意。《铁路法》规定的免责条件是受害人自身的原因造成的人身伤亡。《铁路法》所规定的“受害人自身的原因”具体含义不清。一般认为，“受害人自身的原因”，应是指受害人的故意，这与《民法通则》及《侵权责任法》规定的精神是一致的。

（二）受害人过错的表现形式

1. 受害人对损害发生的过错

指在最初损害的产生过程中，受害人具有过错。受害人和加害人对损害的发生有过错，最常见的混合过错中受害人的过错的形式，一般又包括两种情况：

（1）受害人的间接过错。受害人的损害虽然不是受害人和加害人的行为结合所直接造成的，但受害人在损害事件的过程中具有过错。

如果没有受害人的过错行为，就很难发生加害人的致害行为，因而受害人的过错构成加害人责任减轻的一个条件。尽管从因果关系的角度来讲，受害人过错行为只是损害发生的一个条件，但仍然是损害发生的原因。

【案例6-4-3】受害人麻痹大意轻信危险能够避免自有过失
——《郑某等因其女晚上在公司安装有燃气热水器的办公房卫生间内洗澡中毒死亡诉向阳实业有限公司赔偿案》①

郑某在向阳公司上班，该公司因租用的办公房有空闲房间，便给郑某住了一间。同年7月中旬，向阳公司办公房的公用卫生间(约8平方米)内安装了一台燃气热水器，用于洗澡。郑某之女在该卫生间内洗澡时，因门窗关闭，燃烧液化气的热水器又未安装排烟管道，致郑某中毒。医院确诊：其因一氧化碳中毒致死。经法医检验，确认其系一氧化碳中毒死亡。郑某以向阳公司为被告诉至法院。

法院审理认为：向阳公司办公房的卫生间内安装燃烧液化气的热水器，未按照安装规范装接热水器的排烟管道。对这一行为，向阳公司应当预见到热水器没有排烟管道，使用时将产生大量的一氧化碳，必然会危及人的生命安全。然而，向阳公司未在意，导致了受害人郑某之女在洗澡中，因一氧化碳中毒死亡的严重后果，向阳公司应当承担主要责任。

郑某受过中等教育，有一定的知识，其多次使用该热水器，麻痹大意轻信危险能够避免，在洗澡时，又因关闭卫生间门窗不能通风，致一氧化碳不能排除，导致身亡的事故，应当承担一定责任。

本案是混合过错的情形。

本案中如果没有郑某的麻痹大意，就很难发生向阳公司的致害行为，因而郑某的过错构成向阳公司责任减轻的一个条件。尽管从因果关系的角度来讲，郑某的麻痹大意只是损害发生的一个条件，但仍然是损害发生的原因。

---

① 《郑永和等因其女晚上在公司安装有燃气热水器的办公房卫生间内洗澡中毒死亡诉向阳实业有限公司赔偿案》，载最高人民法院中国应用法研究所编：《人民法院案例选》2003年第4辑（总第46辑），人民法院出版社2003年版，第144页。

（2）受害人的直接过错。受害人的过错与加害人的过错偶然结合，造成了受害人的损失，双方的行为都是损害发生的直接原因。

【案例6-4-4】学校和家长要根据自己的过错分别承担责任
——《学生出走家长诉学校赔偿纠纷案》①

9月21日，乙镇中心小学学生罗某、王某、宁某与张某打架，共同将张致伤。校长得知此事踢了王某一脚，并在开学典礼上进行批评。一周后，学校要求王某等转告家长来学校。

王某因怕被父母知道，次日从家中拿了300元出走。11月6日晚，王某的父母发现钱被盗，怀疑系其子所为，因路途远当晚未到小学核实。次日王某的父母到校查寻时方知王某已出走。其父母将中心小学起诉至法院。

经县市两级法院审理认为：乙中心小学对王某在校期间致伤他人的行为应该进行批评教育，但采取体罚的方式不当。学校的体罚与王某出走因间隔时间较长，王某出走有惧怕父母知道的因素，故学校的体罚行为虽有过错，但并不是该生出走的唯一原因，中心小学应承担与过错相应的赔偿责任。

判决中心小学负担60%的责任，由王某的父母自负40%的责任；中心小学支付王某的父母精神损失费3000元。

此案中，学校有关领导对于王某伤人一事处理不当是致使王某出走的重要原因，校领导具有过错，应对王某的出走行为负责；王某作为限制行为能力人有一定责任，其家长也具有监护不力的过错，也应对王某的出走行为负一定责任。因此，应当适用过错责任原则中的混合过错规则，学校与王某的父母根据自己的过错分别承担责任。②

① 《学生出走三年之后》，2000年05月09日，gmdaily@ public. bta. net. cn。
② 本案例选自《人民法院报》第745期。

2. 受害人对损害扩大的过错

指受害人因加害人的过错遭受损害以后，因未及时采取措施，使其损害扩大。判断受害人对损害的扩大是否有过错时，主要看受害人是否及时、合理地采取了措施防止损失的扩大。需要注意的是，受害人对损害的扩大有过错，仅构成加害人对扩大部分损害责任的免责条件，而非全部损害。

【案例6-4-5】受害人自己延误治疗扩大的损失要自己承担
——《帮工中被野蜂蜇伤中毒死亡损害赔偿案》①

杨某应被告周某之请求，帮周某剃承包地边的树枝。由于杨某剃树枝时触动了树上的野蜂窝，群蜂将杨某蜇伤，杨某忍痛回到被告周某家，周某请来乡村医生治疗后，送杨某回到自己家。后因全身浮肿，病情恶化，同月16日由家人送医院治疗，经抢救无效死亡。医院指出死因：蜂毒中毒后治疗耽误。

法院审理认为：杨某为被告周某剃树枝被群蜂蜇伤中毒因未及时入院治疗，致病情恶化后送医院抢救无效死亡，被告周某作为受益人，对杨某之死所造成的损失应予补偿。

本案杨某在帮被告剃树枝时被野蜂蜇伤，属意外事件。因被告是受益人，从帮工者意外受到伤害角度来说，受益人应给予帮工一方一定的经济补偿，是符合公平原则的。

被告在杨某被蜇伤后，请来了乡村医生为其治疗，应当说尽了当时所能尽之义务。受害人因加害人的过错遭受损害以后，因未及时采取措施，致使自己遭受的损害扩大，在这一点上受害人是有过错的。应对扩大部分的损害自己承担责任。

① 《杨时富因其子在帮工中被蜇伤中毒死亡诉被帮工人周荣廉赔偿案》，最高人民法院中国应用法学研究所编：《人民法院案例选》1997年第3辑（总第21辑），人民法院出版社1997年版，第124页。

（三）受害人责任的承担

受害人应对“受害人过错”承担全部损失，加害人不承担任何民事赔偿责任，即所谓“受害人自己责任”。

“受害人自己责任”的构成要件是：

1. 受害人具有故意或者重大过失

在实践中，受害人基于一般过失也会造成自身的损害。但是，在受害人自己承担责任的情况下，通常都会涉及加害人的行为，因而只有在受害人具有故意或者重大过失的时候，才能够要求受害人自己负责。

2. 受害人的行为是损害发生的唯一原因

从因果关系的角度看，受害人的行为是导致损害发生的唯一原因，加害人的行为与损害结果之间无因果关系。此种唯一原因即意味着，即使没有加害人的行为，损害结果同样会发生。或者加害人虽实施了一定的过失行为，但因受害人基于故意实施了造成自己损害的行为，从而使因果关系发生中断。

【案例6-4-6】孩子的错不能免除高危作业人的赔偿责任
——《吕某因触电致残诉市电力总公司人身损害赔偿案》①

吕某（12岁）与同伴到电线杆下玩耍，吕某发现该电线杆顶停着一只鸟，认为电线杆顶必有鸟窝，遂欲掏鸟窝，在攀爬致临近线杆顶时手被电触着后掉到地上，后被送往医院，经诊断为双上肢电击伤和左小腿挫裂伤，评定为五级伤残。吕某、与电力总公司发生纠纷。吕某诉至法院。

法院认为：本案应为高度危险作业致人损害而引起人身损害赔偿纠纷案件，应由电力设施产权人依无过错责任承担民事责任。

---

① 《吕世辉因触电致残诉南安市电力总公司人身损害赔偿案》，载最高人民法院中国应用法研究所编：《人民法院案例选》2004年民事专辑（总第48辑），人民法院出版社2004年版，第170页。

吕某攀爬线杆并非为了破坏电力设施，被告无法举证证实原告的损害后果是由自己的故意造成的，且被告在移走变压器后，既未拆除装变压器的平台及电线杆上的横担，也未设置安全警示标志，违反了操作规程，故被告电力总公司应全额赔偿原告吕某因该事故造成的经济损失。

从免责条件来看，《侵权责任法》大大丰富了免责的内容，规定了六大免责事由，需借助分则来理解。电力总公司要免除其责任，就应举证证明损害是由受害人吕某故意造成的。而电力总公司在诉讼中无法举证证实损害后果是由受害人吕某故意造成的。受害人吕某触电时年仅12岁，系限制行为能力人，其擅自攀爬高压线杆掏鸟窝的行为仅仅是一种过失行为而非追求损害结果发生的故意行为，而对于因为过失而违反电力法律、行政法规并造成触电伤亡的，电力设施产权人是否承担民事责任，从法理上分析，故意与过失是两种不同的心理状态，是不能等同的。在法无明文规定过失应当承担法律责任的情况下，应当推定电力总公司不具备法定免责条件。

3．加害人无过错

加害人的行为在法律上或者道德上不具有应受非难性。若加害人的行为有过失，则构成混合过错。

前述《因逃避公路检查而导致事故损害赔偿纠纷案》① 李某无证驾驶一辆无牌照的农用三轮车驶入设卡路段，发现前方有路检，就调头离开。民警发现后，立即驾车追查。李某由于车速过快失控而撞断路边的水泥电线杆，砸中其头部致死。李妻向法院提起诉

① 《王云叶因其夫驾驶无牌照机动车行驶被追击中撞倒电线杆被砸死诉路检者旅顺口交通征稽所赔偿案》，最高人民法院中国应用法学研究所编：《人民法院案例选》1999年第3辑（总第29辑），时事出版社2000年版，第123页。

讼，要求征稽所赔偿因此而造成的人身与财产损失。

法院经审理认为：征稽所根据省政府的有关规定，设路卡检查偷漏养路费情况，系正常公务行为。其工作人员发现李某无牌照驾车，即驱车尾追查明情况的行为并不违法。因此，征稽所不应承担赔偿责任。李某无证驾驶无牌照农用三轮车，理应主动停车接受路检，而其为规避检查驾车而逃，导致车毁人亡的后果，责任理应自行承担。因此，李妻诉请征稽所承担民事赔偿责任于法无据，不予支持。

在本案中，征稽所的行为系正常执行公务，在这种情况下，征稽所并不存在过错。受害人李某为规避检查驾车而逃，主观上具有重大过失，并且其驾车逃逸，慌不择路是导致事故的唯一原因，责任理应自行承担。因此，法院判决不予支持李妻诉请征稽所承担民事赔偿责任，是有法律依据的。

二、混合过错

（一）混合过错的概念与特征

1．混合过错之概念

混合过错是指对侵权行为所造成的损害结果的发生或扩大，不仅加害人有过错，受害人也有过错。

【案例6-4-7】原被告均有过错应按各自的原因力承担责任
——《器材公司诉市图书馆对出租房屋未尽安全保护义务致火灾财产损失赔偿案》①

器材公司与市图书馆签订了租赁合同。合同规定若有不安全事

① 《新疆电子器材公司伊犁分公司诉伊宁市图书馆对出租房屋未尽安全保护义务致火灾财产损失赔偿案》，载最高人民法院中国应用法研究所编：《人民法院案例选》1998年第1辑（总第23辑），人民法院出版社1998年版，第72页。

故造成火灾等损失，由肇事者一方负责。器材公司在出租房内安装了配电盘。此后，图书馆把与其中一间房租给陈某开餐馆用，并不顾器材公司的反对，分装一电表，供陈某用电所用。某日该库房起火。经认定火灾的原因是："陈某用电时间长，致使保险丝爆断，高温火花掉落引燃纸箱酿成火灾。"为赔偿损失问题，器材公司起诉至法院要求图书馆承担损失。

法院审理认为：被告作为出租方，对承租方负有保证居住、使用安全的义务。其在将房屋租给陈某安装用电时，让陈某自己安装，违反电器安装规程和消防安全规定，并疏忽检查和管理，未尽到出租方的义务，对火灾的发生有不可推卸的责任。原告未按消防管理的有关规定，在配电盘下堆放货物时没有留出一定的间距，对火灾的发生亦应负一定的责任。法院根据双方的过错程度判决被告承担70%的责任，原告承担30%的责任。

本案中，原被告均有过错，属于侵权法上的混合过错情形。

在房屋租赁法律关系中，出租人负有对出租房屋进行维修和保证承租人居住安全和正常使用的义务，此种义务包括依有关法律规定依附于不动产并属房屋所有人（包括出租人）负管理职责的附属设备等。

在本案中，出租房屋内用电设施的安装及管理，显然属出租人的责任范围。承租人对承租的房屋负有正当合理地使用及在租赁期间注意保护房屋安全的义务。承租人存放物品的行为不符合消防管理的要求，是有碍其保护房屋安全义务的履行的。基于上述事实和特征，本案中的被告与原告均存在过错，属于典型的混合过错情形，应当按照各自对造成损害的原因力大小承担责任。

2. 混合过错的法律特征

（1）损害的特定性。双方当事人的不当行为是导致任何一方当事人遭受特定损害之原因，而不论对方当事人是否具有损害，特定的一方当事人之损害是由于当事人之间的特定的混合过错而造成的。

【案例6-4-8】各方的过错行为导致食用河豚后的严重后果
——《张甲诉乙通线缆附件厂、商某食用河豚中毒致残赔偿案》①

张甲受单位指派，驾驶汽车送慕某、林某等去上海，中午应乙通线缆厂之邀，在商某所开的迎春饭店用餐，乙通线缆厂支付1000元预定并派车由商某购买了8条河豚，在迎春饭店内烹饪。张某在用餐时食用了一条河豚。下午3时左右，张甲驾车去上海途中自感双脚发麻，随后呼吸心跳停止。慕某等人送至医院，诊断为河豚中毒。法院作出鉴定，伤情为一级伤残。张甲遂向法院提起诉讼，要求乙通线缆厂及商某承担连带赔偿责任。

法院审理认为：商某违反我国卫生部的规定，擅自烹饪河豚供他人食用，严重危及并侵害了张甲的健康权，造成张甲食用后中毒，并造成严重后果。商某对张甲所遭受的人身伤害，应承担主要过错责任。

乙通线缆厂负责人明知食用河豚有风险，却轻信商腊丙有长期烹饪河豚的经验而预定要求其供应河豚给张甲等人食用，对造成张的人身伤害也应负次要过错责任；张甲明知食用河豚有风险，其主观上存在侥幸心理，行为上未予拒绝，导致损害发生，主观上亦有过错，故应承担部分责任。

因商某和乙通线缆厂间没有侵权的共同故意，应按照其作用情况各自承担相应责任。法院认定具体赔偿范围后，判决商腊丙承担60%的责任，乙通线缆厂承担20%的责任，张甲承担20%的责任。

本案是典型的混合过错的案件。本案中特定损害是张甲食用河豚后中毒，并构成一级伤残的严重后果。混合过错是双方当事人过

① 《张爱萍诉武进市宝通线缆附件厂、商腊敏食用河豚中毒致残赔偿案》，载最高人民法院中国应用法研究所编：《人民法院案例选》2004年民事专辑（总第48辑），人民法院出版社2004年版，第95页。

错的不当行为导致一方当事人受损害，而不是双方受损害。本案中，各方的过错行为导致了张甲食用河豚后伤残的严重后果，各方均应当对该特定损失承担与其过错相适应的责任。

（2）加害人与受害人过错的并存性。这是混合过错的本质特征。双方过错是双方行为的偶然结合，双方行为既具有独立性又具有关联性。双方基于自身的意志造成的损害，各自对自己行为负责；尽管双方的过错行为在程度上不同，但离开任何一方的行为都不会发生混合过错的结果。

【案例6-4-9】损害欠缺任何一方的过错都是不会发生的
——《顾客从反向车门下车时列车启动致其摔伤损害赔偿案》①

张某从甲站乘坐乙市铁道公司列车，在丙村下车回家。停车后，列车员打开面向站台的车厢正向车门让旅客下车，反向车门在此时也被铁道职工打开。张某认为从反向车门下车距家较近，欲从反向下车。当列车发出开车信号时，张某才匆忙挤到了反向车门下车。因列车启动，张某下车摔倒受伤。

张某诉至法院，要求被告乙市铁道公司赔偿损失。

法院经审理认为：原告与被告成立有合法有效的旅客运输合同。被告作为承运人，负有保证旅客乘车安全的义务。依照规定，列车乘务员要加强车门管理，严禁旅客反向下车。被告乘务员未执行此项规定，致使原告也从该门下车，因列车启动而摔伤，被告负有过错责任。

原告应遵守乘车的有关规定，按列车乘务员的指引下车。原告擅自从反向车门下车，使列车长不能观察到而发出开车指令，致使

① 《张寿松从反向车门下车时列车启动致其摔伤诉大连铁道有限公司赔偿案》，最高人民法院应用法学研究所编：《人民法院案例选》1999年第3辑（总第29辑），时事出版社2000年版，第258页。

原告在列车启动中下车被摔伤，原告也负责任。

本案中，由于此事故是由旅客和铁路企业的共同过错所致，属于“混合过错”，即加害人和受害人双方对损害的形成均有过错，而且损害的发生缺少了任何一方的过错都是不会发生的，故其是一种比较复杂的主观过错状态。依《侵权责任法》第26条规定，本案中的旅客和铁路企业应各自根据过错程度分别承担民事责任。

（二）混合过错的法律后果是“过错相抵”

1. 过错相抵的概念

“过错相抵”是指在确定损害赔偿责任的具体数额时，受害人对损害的发生也有过错的，应按照过错的程度相应地减少赔偿义务人的所应赔偿的数额。[①] 因为受害人负有使自己权利免受损害的不真正义务，不能将因为自己的过错所导致的损害转嫁给他人。

【案例6－4－10】不能忽视受害人过错对损害后果的作用
——《交通肇事受害人不配合治疗而死亡赔偿纠纷案》[②]

卿甲骑自行车与龚乙驾驶的摩托车相撞，卿甲感觉没有受伤，即回家。次日8时许，因感不适被送到医院，经诊断为颅内出血，并于次日晚转入县医院。县医院要求卿甲住院手术，但卿甲在医院向其表明可能有生命危险时，仍执意出院，并称后果自负。出院后卿甲死亡。原告等人向交警队报案，经查，被告系无证驾驶。交通事故责任认定书认定，事故由龚乙负全部责任。后卿甲的家人向法院提起诉讼。

法院经审理认为：被告应对卿甲的死亡负全部责任。据此，法

① 曾世雄：《损害赔偿法原理》，中国政法大学出版社2001年版，第259页。

② 《张绍珍等诉龚明元交通肇事致人伤害后受害人不配合治疗而死亡赔偿纠纷案》，最高人民法院中国应用法学研究所编：《人民法院案例选（民事卷）》（1992—1999年合订本），中国法制出版社2000年版，第1370页。

院判决：由龚乙付给原告各项赔偿费用。

本案的判决没有正确使用“过错相抵”原则。

本案中，交通事故责任认定书认定被告龚乙对交通事故负全部责任，应认为交通事故的发生完全是由被告的过错造成的。而对于卿甲的死亡，受害人方也是有过错的，其家属使其错过了最佳的治疗时机。当然，受害人死亡的起因是由于被告的侵权行为，被告对原告的死亡显然存在过错。

法院忽视了受害人的过错对于死亡的作用，将被告对于受害人受伤应负全部的过错等同于被告对于受害人死亡应负全部的过错，显然是不正确的。就本案而言，被告应承担民事责任；受害人对于自己的死亡也有过错。根据《侵权责任法》第26条，在计算出全部损害之后，应依“过错相抵”的规则相应地减少被告赔偿的数额。

2. 过错相抵的适用

“过错相抵”主要适用于过错责任，但在危险责任和无过错责任中也有适用的可能。因为危险责任和无过错责任是保护那些没有过错的受害人，因自己过错受到的损害仍应自己负责，无转嫁他人的理由。比如，《侵权责任法》第71条的规定，“民用航空器造成他人损害的，民用航空器的经营者应当承担侵权责任，但能够证明损害是因受害人故意造成的，不承担责任。”就是在无过错责任中规定的过错相抵的情形。

【案例6-4-11】高压线下施工触电身亡能否获得“全赔”?
——《史某等诉京西水电段等案》①

被告戊村委会安排十家村民在火车站西侧盖房安居，后被告己

---

① 《史桂金等诉北京铁路分局北京西水电段等案》，案例来源：北大法律信息网，载 http://vip.chinalawinfo.com/Case/displaycontent.asp? gid = 117522184。

西水电段穿越十余家村民住宅上空架设的1万伏高压线，且无安全标志，也无任何防范措施。胡丙在为史丁在高压线底下翻建房屋的施工中不幸触电身亡。原告胡丙之妻请求法院判令二被告赔偿原告各项损失。

法院经审理认为：此案中史丁的房屋在翻建前导线与地面的垂直距离、导线与建筑物的水平距离符合铁路电力设备安装规范的要求。受害人胡丙是在进入电力设施保护区帮助修建房屋时触电身亡的，其行为违反了电力法律、法规不得在电力设施保护区内兴建建筑物、构筑物的禁止性规定，因此对造成的损害后果己西水电段不承担赔偿责任。

但设立安全标志，是从保护电力设施的目的出发，对电力管理部门提出的要求，而不是承担民事责任的依据；原告方在翻建房屋前，电力设施符合各项法定安全标准，本案中损害结果与设立安全标志无必然因果关系。原告据此请求被告己西水电段承担民事赔偿责任的理由不能成立，不予支持。被告戊村委会既不是电力设施的产权人，又不是电力设施的管理人，在本案中没有过错，不承担任何赔偿责任。

本案中被告己西水电段从事的是高度危险作业，争议的焦点就是作为从事的电力设施产权人是否免责。我国《侵权责任法》第73条明确规定："从事高空、高压、地下挖掘活动或者使用高速轨道运输工具造成他人损害的，经营者应当承担侵权责任，但能够证明损害是因受害人故意或者不可抗力造成的，不承担责任。被侵权人对损害的发生有过失的，可以减轻经营者的责任。"

关于受害人故意的认定，《侵权责任法》的规定较为笼统，最高人民法院关于《审理触电人身损害赔偿案件若干问题的解释》对此有明确的规定。按该解释第3条的规定，高压电致人损害的情形中，这里所谓的"受害人故意"，其中有一项为受害人在电力设施保护区从事法律、行政法规禁止的行为。对于受害人在电力设计保护区内故意从事法律、行政法规所禁止的行为，这实际上是一种间接故意。由于行为人在电力设施保护区故意从事法律、行政法规所禁止的行为，由此而造成人身伤害的，只能由行为人自负责任。本案体现了在无过错责任原则中“过错相抵”原则的运用。

3. 过错相抵的功能及运作

“过错相抵”的功能是减轻加害人的责任，以实现责任的公平合理分配。减免的标准主要有三种学说：

（1）以比较原因力的强弱而定；

（2）以比较过错程度的轻重而定；

（3）以原因力的强弱及过错轻重而定。①

这里所谓“原因力”，指行为人的行为与损害的因果关系的密切程度。

曾世雄先生则认为，损害是由加害人的过错和被害人的过错共同造成的，各人应自负担其过错所造成损害的部分，非如此不足以符合过错相抵的理论根据——公平原则。决定所造成的损害大小者，乃损害原因力的强弱，非过错程度的轻重。因而，过错的轻重仅为供判断原因力强弱的参考。②

应当认为，此种观点符合损害赔偿法的本质和责任自负的原则。

【案例6-4-12】过错的轻重仅仅是供判断原因力强弱的参考
——《幼童因自动扶梯有质量问题致使自己被绞伤诉家电城损害赔偿案》③

4周岁的张某随其外祖母韩某到某家电城选购商品。在乘自动

① 曾世雄：《损害赔偿法原理》，中国政法大学出版社2001年版，第269页。

② 曾世雄：《损害赔偿法原理》，中国政法大学出版社2001年版，第269页。

③ 《幼童张林因自动扶梯有质量问题致使自己被绞伤诉淮阴供销大厦股份有限公司损害赔偿案》，载最高人民法院中国应用法研究所编：《人民法院案例选》2004年民事专辑（总第48辑），人民法院出版社2004年版，第193页。

扶梯时，其凉鞋被自动扶梯卡住，导致左足被绞伤，当即被送到医院治疗。诊断为：左足损伤、左足第三跖趾关节脱位。原告张某诉至法院要求被告某家电城赔偿损失。

法院审理认为：本案被告作为经营者，在其经营场所设置自动扶梯，应当保证消费者安全通行。造成原告被损伤的主要原因是该自动扶梯有安全隐患。因此，被告应对本案损害负主要责任。

原告系无民事行为能力人，其监护人应当预见到乘用自动扶梯将存在一定危险。原告的监护人没有履行这一注意义务，帮助原告及时上下自动扶梯，对发生的损害亦应负有过错责任。

无行为能力人的法定监护人负有法定监护义务，但对此不能理解为法定监护人对被监护人所受的任何不能预见的伤害都要承担责任。被监护人受到伤害，不能仅以脱管就认定监护人未尽到监护职责，而应以监护人当时的监护职责是否能够实际行使而实际上怠于行使来认定。

服务场所所提供的自动扶梯是为消费者服务，其安全性能应该是可靠的，不应对消费者人身、财产构成危险。被告应对其所设的自动扶梯负有安全保障责任。因此，不能把被告未尽的义务解释为监护人未尽到注意义务，让监护人自负一定的责任，从而减轻被告的责任。

这也就是说，在原、被告这种消费法律关系中，并不发生被告和原告的监护人的混合责任的问题，被告应在消费法律关系中承担起应负全部的损害赔偿责任和原告的监护人无关。

4. “比较过错”是混合过错适用标准的客观化

在赔偿责任中，对于混合过错的衡量应采用“比较过错”的标准，即根据双方过错的程度将“混合过错”的适用标准客观化、定量化。

比较过错的构成要件有以下四个：

(1) 加害人应依法承担民事赔偿责任。没有加害人的责任，也就谈不上比较过错。

（2）受害人必须有过错。与受害人有密切利害关系的第三人有过错时，在某些情况下，可视为受害人有过错。

（3）受害人有过错的行为促使了损害的发生或扩大。“促成”这一行为不以违法为前提，但依一般观念看，是一种不当行为。

（4）受害人的过错与损害之间应当有相关因果关系。如果受害人虽然存在过错，但这种过失与损害结果的关系很遥远，即对损害产生的影响力很弱时，则不具有相关因果关系，也就不能适用比较过错了。

【案例6-4-13】雇主对雇员丢钱损失的扩大具有因果关系
——《雇主张某诉雇员冯某在从事携款提货的雇佣活动时发生重大过失致所携款丢失赔偿案》①

张某聘用被告冯某为业务员。张某交给冯某现金23000元到青州提货。冯某到达青州后，便将装钱的皮包放在驾驶室内座前的挡风玻璃处后，下车帮青州老板的女儿卸车，卸完后发现钱包不见了。冯某便通知张某钱丢失了，要求报警，张某不同意。

随后，张某诉至法院，要求冯某赔偿损失。

法院审理认为：原被告双方之间系雇佣劳动关系。被告作为原告的业务人员，在从原告处领取现金后，对之负有妥善保管的义务。但被告在提货过程中疏于看管，致使钱款丢失或被盗，既非不可抗力，又不属其他免责事由，被告对此负有过错，应承担赔偿责任。事件发生后，原告未及时报警，导致该款被追回的可能性丧失，亦有一定过错，应承担部分责任。两者责任比例被告为80%，原告为20%为宜。

---

① 《雇主张慎忠诉雇员冯国林在从事携款提货的雇佣活动时发生重大过失致所携款丢失赔偿案》，载最高人民法院中国应用法研究所编：《人民法院案例选》2003年第2辑（总第44辑），人民法院出版社2003年版，第165页。

本案中，被告在携带巨额现金的情况下，由于保管不慎致使被盗，应当讲他是有重大过错的；而在事发后，原告不主张报警，导致被盗财物被追回可能性减少，一定程度上对损失的扩大具有因果关系。法院在审理时正是据此，按照混合过错的原则进行了处理。

5．比较过错的效力表现在三个方面

（1）损害赔偿请求权全部或一部之消灭。在诉讼中，受害人一方作为原告，负有证明损害赔偿范围的责任，如果受害人主张加害人承担全部责任，而加害人抗辩受害人也有过错，如法庭审查后认为，受害人过错的事实存在，则意味着受害人诉讼请求的全部或一部分将得不到支持。

（2）责任的减轻或免除。这是对于加害人而言，其表现为责任的减轻和免除。

（3）依特定的标准公平确定责任、分配损害。对于法院而言，比较过错的效力表现为法官应当依特定的标准来公平确定责任并分配损害。

前述《电梯管理不当损害赔偿案》① 林某夫妇在乙供销社8层跳完舞，乘楼内电梯时，但电梯一直停在3层，林某使用手扳开电梯前厅门，一脚踩空受伤。林某受伤为脑震荡，左手掌骨骨折。经鉴定：乙供销社7楼电梯层门机械锁产生机械故障，以致可以用外力扳开层门。林某将乙供销社诉至法院。

法院审理认为：原告林某与被告乙供销社均有过错。被告未严格执行有关电梯安全使用的规定，未在电梯轿厢内外张贴“乘客乘梯注意事项”的说明，未能及时发现、排除故障，使机械锁不

---

① 《林启梁诉漳州市供销合作社电梯事故致伤赔偿纠纷案》，最高人民法院中国应用法学研究所编：《人民法院案例选》1996 年第 3 辑（总第 17 辑），人民法院出版社 1996 年版，第 101 页。

能起到可靠的保护作用，导致原告致伤，被告有过错。原告林某系有行为能力的人，应当预见到电梯轿厢不在同层时从前厅门扳开电梯层门会跌入井道而未预见，却用手从前厅门扳开层门，跌入井道，本人也有过错。

本案中，供销社存在严重过错。本案的事故原因主要是供销社电梯7层机械门锁失去可靠的保护作用，导致电梯违章运行所致。依照《侵权责任法》第6条规定："行为人因过错侵害他人民事权益，应当承担侵权责任"的规定，供销社应承担本案的主要民事责任。林某由于没有尽到谨慎注意的义务，在明知有危险的情况下，仍扳开电梯层门，导致人身伤害，也存在过错，并且其过错行为是损害发生的直接原因，故也应承担相应的责任。故可以认为，这是一起混合过错案例，应适用"比较过错"的规则确定当事人间的责任分配。

综上所述，混合过错的适用标准应采比较双方过错为主，以比较双方行为的原因力为辅，兼顾公平正义的原则，最终使相应责任的确定客观化、定量化。

第五节　违法牵连问题

一、违法牵连

（一）违法牵连之概念

所谓"违法牵连"，是指行为违法并造成损害的事实，可以成为认定过错的表见证据。

事实上，实践中对行为违法性的判断很难与过错相区别，而过错概念的客观化，使得这种区分更为困难，实际上二者经常是重合的。因此，我们在认定过错的时候，也可以依行为是否违法来判断。

【案例6－5－1】违规采血就是严重失职自须负赔偿责任

——《医院违规输血致患者感染丙肝损害赔偿案》①

医院对李甲做手术时，输血1000毫升，该血源系丁某所献。丁某献血时，乙县医院未按照卫生部规定的献血操作规程对其进行各项健康项目检查。丁某献血后下落不明。李甲出院后发现身体不适，经诊断查明系输血导致感染丙肝。

李甲诉至法院，要求乙县医院支付其为治疗丙肝所支付的各项费用。

法院经审理认为：乙县医院在为李甲做胃切除手术输血时，违反了卫生部关于医院在献血者献血前须作各项目（包括丙肝）的血液检查的规定，未对供血者进行健康项目的检查，造成李甲输血后感染丙肝，依法应承担民事赔偿责任，应支付李甲因治疗丙肝所花的医药费以及误工费。

血液本身带有某种病毒造成输血后患者感染该病毒，是采集血液过程中的过失所造成的。采集合格的血液是医院的职责，如果医务人员在采集血液时，违反卫生部规定的检查程序，随便采集，就是严重的失职行为，医院则须对其医务人员失职行为所造成的损害承担赔偿责任。

像本案这样，仅根据医务人员违反卫生部规定的检查程序以致造成患者感染病毒的事实，就可以初步认定其存有过错，即所谓“违法牵连”。

---

① 《李红安诉武昌县人民医院输血感染丙肝赔偿案》，最高人民法院中国应用法学研究所编：《人民法院案例选》1997年第1辑（总第19辑），人民法院出版社1997年版，第110页。

（二）违法牵连之法律特征

1. 行为违法

违法牵连的首要条件是行为违法性没有争议。若行为的违法性遭受质疑，则无违法牵连可言。

2. 造成损害

行为的结果要发生损害，不过严格说来，这并非是违法牵连的构成要件，而是损害赔偿的构成要件。

行为违法，且造成了损害，才有损害赔偿的问题，才谈得上违法牵连的关联问题。正因为如此，造成损害在违法牵连的概念中虽非构成要件，但却是同时存在的。

3. 牵连过错

违法一旦出现，牵连论及过错。就人们的心理状态而言，一个人的行为违法而且又造成了他人的损害，其他人必然先入为主地产生否定性的心理状态，而此种心理状态很容易误导造成对存在过错的肯定。

就法律规定的要件来看，损害赔偿的构成要件包括损害、行为、违法、因果关系及过错等诸要件；行为违法而造成损害的事实，至少已符合三个要件，甚至包括因果关系在内而符合四个要件。即使在五要件理论中，业已符合其中四个要件，再加上对过错的认定在本质上其实是个带有相当主观色彩的事情，自然很容易造成对具有过错的肯定。

而就证据法则来看，被害人如主张并能证明加害人行为违法及被害人受损的事实，就过错的事实仅须陈述一般的人不会有此行为，就足以迫使加害人举证证明其无过错以免责，这即产生了对过错的举证责任转换的效果。

4. 表见过失

此种违法牵连的微妙作用，无疑容易错误地认定过失的存在。其实，违法并非一定牵连出对过失的认定；确切地说，违法牵连仅可发生认定过失的表见证据的效果。

【案例6-5-2】违规解付致误信汇票真实自然牵连过失的认定
——《农行诉麻纺厂退回其已全额解付的变造银行汇票差额款案》[1]

自称叫王某（下落不明）的人持市农行源汇区支行签发的银行汇票，到甲麻纺厂购买麻袋，经审查该汇票无误后，王某提走货物。甲麻纺厂在正阳农行办理手续后，农行按票面金额将7万元转入甲麻纺厂账户。

随后汇票签发行电话告知正阳农行：你行解付的汇票金额7万元与原签发的汇票金额不符，签发的汇票金额为700元。正阳农行向甲麻纺厂要求返还69300元。被甲麻纺厂拒绝，正阳农行向法院提起诉讼。

法院认为：甲麻纺厂收到王某的银行汇票后，未按《银行结算办法》的规定辨别是否变造，就将价值7万元的麻袋交给了王某，被骗造成损失的事实已经发生，甲麻纺厂应自己负责损失。

甲麻纺厂到正阳农行解付，正阳农行也未辨别出是否变造，就将票款划入麻纺厂账户。虽然正阳农行解付票款的行为未给麻纺厂造成损失，但因正阳农行未能及时发现汇票属于变造，可能对麻纺厂及时追回被骗货物造成影响。甲麻纺厂不能取得票款，对取得的票款应退还给正阳农行。正阳农行错误解付，应对麻纺厂的损失给予适当补偿。

甲麻纺厂在收到王某的银行汇票后，未辨别真伪，就将价值7万元的货物交给了王某，被骗造成损失的事实已经发生，无论该汇票事后被正阳农行鉴别出真假与否，都不影响被骗事实的存在，故对该损失麻纺厂应承担主要责任。但这是一般过错责任。

正阳农行因违反操作规程，未能审查出汇票的真伪，就将7万

---

① 《正阳农行诉正阳麻纺厂退回其已全额解付的变造银行汇票差额款案》，载最高人民法院中国应用法研究所编：《人民法院案例选》1998年第1辑（总第23辑），人民法院出版社1998年版，第188页。

元解付划入甲麻纺厂账户，使甲麻纺厂误信该汇票应为真实，其违法的行为既已造成了损害，在法律规定的要件以及证据法则的运用上，显然就会发生一种微妙的作用，所以对本案损失也应承担一部分责任。

（三）意义

违法牵连之所以要重视，原因是多方面的。

1. 违法与过错是否各自独立并非当然但混而为一也未尝不可

从比较法的观点来看，违法与过错在各国侵权行为理论中均各自独立地成为损害赔偿的要件。有的学说仅以过错作为损害赔偿的构成要件，但也有在过错之中包含违法因素的。由此表明：违法与过错并非当然是各自独立的，混而为一也未尝不可，此即研究该问题的首要意义。

即使是把违法行为作为独立的责任要件的国家，其法律也常常规定，在某些情况下，违反法律本身即为有过错。德国通说认为，违反保护他人的法律，即可推定为过失，至于被告是否与监督违反该法律会造成损害，可不予考虑。①

2. 过错的认定本质上属于主观事项

对属于主观问题的过错即使深入探讨，也是费时费力不切实际的；反之，如果走捷径从违法滑过而认定过失，虽非正当，但事常有之，这是其第二个意义。

3. 违法与过错经常如影随形

在实际生活中，违法而不具有过错的事情，不能说没有，但终究是极罕见的。

因此，适用违法性牵连来认定过错，简化了责任构成要件的判断，给司法工作人员带来了很大便利。

① 转引自王利明：《侵权行为法研究》（上卷），中国人民大学出版社2004年版，第544页。

【案例6-5-3】“再版邮票”的销售显然违反法定之告知义务
——《中国集邮总公司被指作假 顾客高价购珍邮却为再版》①

姜某称，2009年6月，他根据中国集邮总公司在报纸上刊登广告下方“专售”指引，以5980元的价格购买了其发行的《共和国珍邮》。当他索要发票时，被告知将根据登记地址寄送到其单位。但随后姜某收到的发票却是由北京中美时代收藏品中心所出具。

经鉴定，中国集邮总公司与北京中美时代收藏品中心所销售的《共和国珍邮》并非原票，而是没有收藏价值的再版票。

姜某故诉至法院，要求两被告在媒体上刊登致歉公开信，双倍赔偿损失11960元。

在民法中，违反保护他人的法律，推定具有过失。在这里“违法牵连”无疑是证据法则的运用，就侵害权利的各种情形而言，其法律效力即为过错的表见证据。

既然我国《消费者权益保护法》第8条明文规定：“消费者享有知悉其购买、使用的商品或者接受的服务的真实情况的权利。消费者有权根据商品或者服务的不同情况，要求经营者提供商品的价格、产地、生产者、用途、性能、规格、等级、主要成份、生产日期、有效期限、检验合格证明、使用方法说明书、售后服务，或者服务的内容、规格、费用等有关情况。”

可见告知义务是合同附随义务的一种，其要求债务人在履行给付义务的同时，应及时告知有关债权人利益的重要事项。告知义务是诚实信用原则在合同履行过程中一种具体体现，根本目的在于让消费者一方能够最大限度地发挥产品的有效价值。违反了这一义务，自可认定该行为具有主观过失。

---

①《中国集邮总公司被指作假 顾客高价购珍邮却为再版》，2011年02月15日08：49：19来源：北京晨报（记者 颜斐 通讯员 赵萌）。

二、与推定过失的关系

在将侵权行为分为“侵害权利的侵权行为”和“故意违背善良风俗而施加损害的侵权行为”的学说中，侵权行为中违反保护他人法律而推定有过失的规定，被认为是举证责任的倒置。

在将侵权行为分为三种的学说中，除了“侵害权利的侵权行为”和“故意违背善良风俗而加损害的侵权行为”外，还包括“违反保护他人的法律的侵权行为”，即所谓“侵害法益”。

【案例6-5-4】混合过失中的过错的大小是责任分配的依据

——《关某诉交通银行庚阳市支行因管理物致人身伤害赔偿案》①

原告关某系未成年人，在其父的带领下到某市交行存款（该行系24小时无人值守自助银行）。当关某之父存款时，关某的左手被放置在存款机旁的碎纸机切伤，当即被送往医院，其伤情被诊断为左手食、中、环指外伤性缺损，评定为七级伤残。关某诉至法院要求交行该支行承担赔偿责任。

法院审理认为：自助银行内设置的碎纸机，具有不安全因素，作为自助银行的管理者，从被告提供的借记卡章程及客户须知来看，均未明示不允许未成年人入内，该支行负有监管不力之责，对造成原告关某的损伤负有赔偿责任。

原告关某的监护人对原告监护不力，对造成原告的损伤亦负有一定责任。本院判决被告承担60%的赔偿责任，原告自行承担40%的责任。

本案中，原、被告双方对损害的发生均存在过错。依据混合过

---

① 《关志彬诉交通银行洛阳分行凯西支行因管理物致人身伤害赔偿案》，载最高人民法院中国应用法研究所编：《人民法院案例选》2004年民事专辑（总第48辑），人民法院出版社2004年版，第116页。

错理论，双方过错的大小决定着责任范围的大小，因此，问题就在于谁的过错程度大，谁的过错程度小。

我国《消费者权益保护法》第18条规定："经营者……对可能危及人身、财产安全的商品和服务，应当向消费者作出真实的说明和明确的警示，并说明和标明正确使用商品或者接受服务的方法以及防止危害发生的方法。"被告作为一个服务性的碎纸机的管理者，理应对其放置在公共场所的可能危及人身安全的物品向消费者作出说明和明确警示。但在事故发生时，被告对碎纸机未作出警示和安全防范措施，其行为已违反了《消费者权益保护法》的有关规定。法院认为，被告并没有明示不允许未成年人入内的禁止性规定，且没有以醒目的标志提醒原告的监护人注意危险的存在，其过错是损害发生的主要原因；而原告的监护人未完全履行监护职责是损害发生的次要原因。

应当认为，这样通过较为合理的责任分担方式来保护当事人的合法利益，其认定的基础自是"过错"举证责任倒置之法律效力。

由于侵害权利的行为，不问故意或过失，在法律上均有获得救济的途径；而侵害法益的行为，当其为过失所造成时，基于法律逻辑推理三段论的要求，据以作为民事判决的明文规定，就只能援引违反保护他人法律的规定，除此以外，别无其他救济途径。

所以，侵权行为违反了保护他人的法律，一方面此种行为必须具有违法性，而另一方面在相关的法律条款中尚须有推定过失的明文规定。如果从违法性的角度来予以考察，这就产生了违法牵连的问题；而从相关条款的角度看，必须有推定过失的规定。

这两种情况都可以产生举证责任倒置的结果，但二者并非一回事，"违法牵连"是证据法则的运用，其主要适用于侵害权利的各种情形，而其法律效力是成为过错的表见证据；"推定过失"的法律依据是法律规定，主要适用于侵害"法益"的情况，而其法律效力则是"过错"举证责任的倒置。

第七章 侵权责任归责原则

第一节 侵权责任法归责原则概述

一、侵权责任法归责原则的内涵

(一) 侵权行为的归责原则的定义

侵权行为的归责原则是指在行为人的行为和物件致人损害时，根据什么样的标准和以什么作依据，来确定行为人是否应承担侵权行为的民事责任。①

我国侵权责任法的归责原则主要包括过错责任原则、过错推定责任原则、无过错责任原则、公平责任原则以及混合归责原则。

① 因民事权利或利益受到侵害而形成的损害应当由谁来承担的问题，是侵权责任法必须要回答的问题。而侵权法所规定的确定侵权责任的有无或归属的准则或标准，理论上称之为“归责原则”。在我国，关于侵权责任法的归责原则，理论上争论的问题很多。

相关问题可以参考王利明：《侵权行为法归责原则研究》，中国政法大学出版社1992年版；王卫国：《过错责任原则：第三次勃兴》，中国法制出版社2000年版；王泽鉴：《侵权行为法（第一册）》，中国政法大学出版社2001年版；邱聪智：《民法研究(一)》，中国人民大学出版社2002年版；张新宝：《中国侵权行为法》，中国社会科学出版社1995年版；刘士国：《现代侵权损害赔偿研究》，法律出版社1998年版；张民安：《过错侵权责任制度研究》，中国政法大学出版社2002年版。

【案例7－1－1】归责原则须依法律规定来严格予以适用
——《钟某诉海滨浴场游泳时受海浪冲击致伤人身损害赔偿案》①

钟某与朋友购票去海滨浴场游泳，在上岸跑动过程中，被一股海浪冲到，左腿胫骨及腓骨粉碎性骨折，鉴定伤残等级为八级。钟某遂起诉该海滨浴场，请求判令被告赔偿其医疗费、陪护费、误工费、交通费、残疾者生活补助费及残疾赔偿金。

法院认为：海浪是一种非人力所能控制的自然现象，非劳动产品，不属商品。游泳时因受海浪冲击造成游客伤害的，法律并未规定海滨游泳场的经营者应承担无过错民事责任，因此本案应适用过错责任原则。

事故当天被告依据市气象台的天气预报出售门票并无不当，并且被告提供的场地、设施和服务亦属正常，并通过设立告示牌、广播等方式尽到了提醒、告知的义务。故被告对原告损害结果的发生没有过错，是原告自己未尽到应尽和能尽的注意义务造成，原告应自担民事责任。遂判决，驳回原告的诉讼请求。

上诉后，市中院判决驳回上诉，维持原判。

本案这起因海浪冲击而致人身损害的民事责任如何承担，其重点在如何适用归责原则。

在司法实践中，对不同的归责原则均须依法律之规定来严格适用和掌握。既要保护受害人的利益，又要保护和鼓励为经济发展和提高科学技术而合法经营的行为。在适用归责原则的时候，应体现归责原则所应具有的对行为人予以制裁和教育的功能，以达到对事故加强预防、减少损害的发生。

就本案确定归责原则而言，首先，应遵循法律的明文规定；其

① 《钟银遐诉小梅沙度假村在其海滨游泳场游泳时受海浪冲击致伤人身损害赔偿案》，载最高人民法院中国应用法学研究所编：《人民法院案例选》2002年第4辑（总第42辑），人民法院出版社2003年版，第154页。

次，在法律没有明确规定的情况下，要考虑归责原则体系所具有的制裁和教育行为人、以预防损害发生的功能。海浪冲击造成人身损害，我国现行法律没有明确规定可以适用无过错责任原则，因此本案可以排除无过错原则的适用。至于公平责任原则则是在当事人均无过错的情况下，为弥补当事人的损害才予适用，而本案损害结果的发生即是因原告的粗心大意、疏于防范所致，故本案不应适用公平责任原则。所以，本案只能适用过错责任原则。

（二）归责原则是民法基本原则之具体体现

侵权法的各项归责原则都是民法的平等、自愿、等价、有偿、公平、保护民事主体的合法权利等原则的具体体现。①

（1）以法典化为特征的大陆法系国家对归责原则有深入的探讨。大陆法系的归责原则是一种确定责任归属的标准。虽然也被称之为“原则”，但仅被认为是确定行为人的侵权民事责任的根据和标准。

（2）英美法系国家一般并不认为存在普遍适用的“归责原则”。英美侵权法以“责任的标准”来表达“归责原则”，并使用“过错责任”或“无过错责任”来表述。

【案例7－1－2】有过错者自有责任
——《常某因其亲属在就餐时误将硫酸当做白酒饮下致死诉饭店业主吴乙等损害赔偿案》②

郭丁与司机许甲到吴乙开的饭馆用餐，许甲擅自将柜台酒桶旁的一塑料桶内的硫酸当成散白酒倒给郭丁喝。郭丁一饮而尽，经抢

① 王利明：《侵权行为法研究》，中国人民大学出版社2004年版，第195页。

② 《常秀云等因其亲属在就餐时误将硫酸当做白酒饮下致死诉饭店业主吴占国等损害赔偿案》，最高人民法院中国应用法学研究所编：《人民法院案例选》2002年第4辑（总第42辑），人民法院出版社2003年版，第161页。

救无效而死亡。其亲属常某等诉许甲、吴乙、岳丙，请求判令三被告对郭丁之死负赔偿责任。

法院经审理判决，被告吴乙、许甲承担赔偿责任。

此案事实较为清楚，但审理中一个重要问题是如何适用归责原则。判决对责任人实行的是过错归责，认为被告吴乙存在明显过错，由于麻痹大意未将硫酸与饭店食品严格隔离存放，以致发生了顾客误饮致人死亡的严重后果。故吴乙应承担主要责任。

同时，法院认为造成受害人死亡还有一个原因，就是被告许甲及受害人未经吴乙允许而擅自倒酒一事。许甲与郭某到饭店就餐，只订了菜和饭，并未要酒，许甲擅自倒酒（郭丁对此是默认的），已超出餐饮服务合同的范围，明显存在不妥，所以法院判令其承担相应责任。

最后，鉴于郭丁自己也存在一定的过错，依法可减轻侵害人的赔偿责任。

（三）归责原则是随着社会生活的发展而不断变化的

不同的历史时期曾有过不同的归责原则，包括结果责任、过错责任、严格责任、无过错责任等。当代形成了责任的多轨制，基本的格局是‘以过失要件为原则，以弱化过失要件为例外’。①

【案例 7－1－3】大学录取通知迟到怪谁?
——《张甲诉乙电大误填信封信息、丙邮政局等错误投递致其逾期报到被作自动放弃入学处理侵权赔偿案》②

张甲经参加全国高考，被乙电大录取。因乙电大工作人员误填

① 张俊浩主编：《民法学原理》，中国政法大学出版社 2000 年版，第 906 页。

② 《张素霞诉淮阴电大误填信封信息、淮阴邮政局等错误投递致其逾期报到被作自动放弃入学处理侵权赔偿案》，载最高人民法院中国应用法学研究所编：《人民法院案例选》2000 年第 2 辑（总第 32 辑），人民法院出版社 2000 年版，第 95 页。

收信人的地址，加之，当地丙邮政局送递不及时，几经辗转，送至张甲处时，错过了学校报到的时间。而后，乙电大以张甲未按期报到为由拒绝录取。张甲向法院起诉，请求判令被告赔偿精神损失费、医疗费、生活补助费、学习培养费等费用12万元。

法院经审理认为：由于乙电大有重大过失，应当承担过错赔偿责任。因此，判决被告乙电大承担主要的赔偿责任，丙邮政局只承担一小部分责任。

本案乙电大、丙邮政局的行为均侵犯了原告的合法民事权益。依据过错责任原则，乙电大将如此重要的文件以平常信件发出，并且混填邮编与收件人地址，导致丙邮政局误投该信，是造成该信件延误的主要原因，按过错责任原则，应当承担赔偿责任。其次，丙邮政局按码分拣该信时，工作人员未认真审查，误投该信，延长了信件的在途时间，使原告失去了上大学的机会，应当承担次要赔偿责任。

（四）归责是一个复杂的责任判断过程其含义与责任不同

侵权责任指行为人侵害他人权益或违反民事义务而依法应承担的法律后果，它是归责的结果。但归责只是为责任是否成立寻求依据，并不以责任的成立为最终目的，也并不必然导致责任的产生。

【案例7－1－4】适用的归责原则不同负的责任也不同
——《疏于照顾义务而致幼儿落井身亡案》①

董甲携自己的孩子与叶乙的儿子到邻居董丙家去串门，让他俩和其他小朋友一起玩捉迷藏游戏。后发现叶乙之子不在，结果在董丙家新挖的水井中找到了孩子的尸体。后叶乙和其夫张某向法院提

① 《张建松等诉董群英带其子去邻居家串门时其子在玩耍中跌入邻居在自家院落内新开挖的水井中死亡赔偿案》，最高人民法院中国应用法学研究所编：《人民法院案例选》2002年第3辑（总第41辑），人民法院出版社2003年版，第147页。

起诉讼，要求董甲和董丙共同赔偿其相关的损失。

经查：董丙在其院中新挖水井一口，未砌防护围栏，也未加固封盖，仅以杂物遮掩井口。

一审法院经审理认为：董甲携带叶乙之子去她家，由此就产生了看管和保护叶乙之子人身安全的法律义务，而董甲任由其与他人玩耍，致使其在捉迷藏的游戏中落入新开挖的水井中死亡，应承担一定的责任。

而董丙开挖水井，未砌垒防护栏杆，未设置明显标志，也未采取有效的安全措施，致使叶乙之子跌落井中死亡，依《民法通则》第125条规定的特定的侵权场所的侵权损害赔偿责任，应承担主要责任。

原告叶乙在同意董甲携带其子时，未明确告知监护职责的转移，事后未严格履行起法定监护人的责任，致其子长时间脱离其监护之下，对事件的发生也应承担一定的责任。一审判决后，董甲提起上诉。

二审法院经审理认为，《民法通则》第125条规定的是特定的侵权场所的侵权损害赔偿责任，而董丙家中院内，并非“在公共场所、道旁或者通道上”，故一审适用法律不当。董丙未在井旁设置一定的标志或防护措施，未尽注意义务，其行为与叶乙之子的死亡结果之间有一定的因果关系，故只应承担相应的民事赔偿责任。

董甲未尽看管和保护叶乙之子人身安全的义务致使幼儿跌入水井中死亡，存在明显的主观过错，应承担主要的民事赔偿责任。被上诉人叶乙未尽监护职责，同意将年幼儿子交由他人，未明确告知监护职责的转移，致其子长时间脱离其监护，对其子的死亡也有一定的责任。

应当认为，二审法院的分析意见更为妥当。本案审理时，《侵权责任法》尚未出台，本案的分歧主要在是否适用《民法通则》第125条，现在已换为《侵权责任法》第91条。即本案中对董丙究竟是应适用普通侵权行为的过错责任原则，还是应适用特殊侵权行为的过错推定归责原则来让其承担责任。

依据《侵权责任法》第91条的规定，仅在“公共场所、道旁或者通道上”进行施工的才适用。董丙在自家半封闭式的院落里开挖水井，并不符合“在公共场所、道旁或者通道上”的规定，因此不能适用这一条文。

当然，这并不意味着董丙没有任何的注意义务，其不但应当注意到对水井不采取适当的防护措施所可能导致的危险，而且应对自家人和进入其半封闭式院落的其他人的人身安全进行适当的保护。但正是由于董丙没有尽到这一注意义务才使他人遭受了不应有的损害，其主观上存在过错，应依一般侵权行为的过错归责原则承担赔偿责任。

由本案可知，一定的归责原则决定着侵权行为的具体分类、构成要件以及举证责任的分担。毋庸置疑，采用不同的归责原则对当事人责任的认定以及最后的责任承担都具有非常重大的影响。

二、侵权责任法归责原则的功能与意义

（一）归责原则的功能

1. 归责原则是确定侵权民事责任的根据和标准

就侵权责任法而言，归责即损害赔偿责任应该由何人承担的问题。归责原则，就是在当事人之间进行损害分配时所要遵循的准则。①

① 王利明：《违约责任伦》，中国政法大学出版社1996年版，第45页。

【案例 7－1－5】责任依过错为转移
——《吴乙诉甲兽医站财产损害赔偿纠纷案》①

吴乙的爱犬乐乐因病被送至兽医站甲分站（不具备法人资格）进行治疗。因兽医站甲分站不具备检查犬细小病毒的设备，工作人员建议饲养者到兽医站作进一步化验次日复诊，并对症治疗。但吴乙未到兽医站进行化验诊断。

第三天，工作人员建议吴乙作 CPV 化验次日复诊，并对症治疗。第五天，因该犬出现不吃食物等症状再到甲分站治疗。工作人员建议及时到兽医站化验给予输液治疗，并对症治疗。第七天，该犬死亡。经查，该犬因患有犬细小病毒死亡。经查，该病毒未经检验很难诊断。

吴甲将兽医站诉至法院，请求判令兽医站赔偿损失。

法院认为，兽医站对该犬死亡不应承担责任，故判决驳回原告吴乙的诉讼请求。

对动物的诊疗行为侵权并不适用过错推定原则，而应适用过错责任原则。过错责任原则中，过错是归责的核心要件，无过错即无责任。

2. 归责原则决定着侵权行为的分类、影响着侵权责任的构成要件以及举证责任的负担、免责事由等一系列重要的问题

① 《吴凯诉张家湾畜牧兽医站财产损害赔偿纠纷案》，载最高人民法院中国应用法学研究所编：《人民法院案例选》2007 年第 4 辑（总第 62 辑），人民法院出版社 2008 年 8 月版，第 147 页。

【案例7－1－6】过错是归责的核心要件

——《李某诉张某的墙倒塌砸死其依墙外所建牛棚内的耕牛赔偿案》[①]

李某和张某系东西邻居，李某依张某的墙外侧建牛棚养耕牛。2000年7月8日晚至次日凌晨7时，当地下了一场大雨，导致张某家墙体倒塌将李某的耕牛砸死。事后，二人共同对现场进行了清理。李某将牛变卖后，得款1800元。

2000年8月31日，李某诉至法院，称其耕牛价值三千多元，要求张某赔偿其损失不得低于二千元。

法院经审理认为：张某作为倒塌墙体的所有者和管理者，对墙体未作维护保养，也未对李某搭建牛棚表示过异议，在下雨过程中也未采取应急措施，本身存在过错。同时，张某不能提供墙体倒塌是由李某的牛造成的相应证据，张某应对耕牛的损失负主要赔偿责任。张某提出的反诉请求证据不足，不予支持。而李某在明知张某的墙体状况不佳的情况下，依然利用其墙体东侧搭建牛棚，且在长时间下大雨的情况下，未对耕牛采取转移措施，故也应对耕牛实际受损承担管理不善的责任。

据此，法院判决：耕牛1020元的损失由张某赔偿700元，剩余320元由李某自行负担；张某的反诉不成立。

《侵权责任法》第85条规定："建筑物、构筑物或者其他设施及其搁置物、悬挂物发生脱落、坠落造成他人损害，所有人、管理人或者使用人不能证明自己没有过错的，应当承担侵权责任。"即采用过错归责原则，所有人、管理人若无法证明自己没有过错，即应承担侵权责任。

本案中，张某未尽到对墙体的维护保养义务，李某已提供的证

---

① 《李温枝诉张金营的墙倒塌砸死其在依该墙外侧所建牛棚内的耕牛赔偿案》，载最高人民法院中国应用法学研究所编：《人民法院案例选》2002年第3辑（总第41辑），人民法院出版社2003年版，第153页。

据证明，其明知墙体有危险却不予修整，最终导致李某的牛被砸死，主观上具有过错，应承担损害赔偿责任。同时，李某也未尽到对自己的耕牛的看护义务，明知张某的墙体危险且长时间下雨，却未对耕牛采取转移措施，主观上同样存在过错，也应承担管理不善的责任。因而应根据民法的公平原则，双方要视过错大小来分担责任。

3. 归责原则是将侵权责任法与其所依赖的社会经济、伦理联系起来的桥梁

（二）归责原则的意义

1. 归责原则是侵权责任法的中心问题

侵权责任法的主要任务是确定损失的最终承担。而归责原则的问题是将损失归责于他人的原因和标准的中心问题。

【案例 7-1-7】归责原则对社会法律秩序的重要作用和意义
——《南京“彭某案”》①

2006 年 11 月 20 日早晨，一位老太在南京市一公交站台等车。人来人往中，老太被撞倒摔伤。小伙彭某陪同老太的儿子将其送至医院后，老太一口咬定撞人者是刚下车后将她送医院的小伙彭某，并告到法院索赔十三万多元。

法院一审宣判。法院认为，本案主要存在两个争议焦点。其一，是否相撞；其二，损失数额问题。法院认为，本次事故双方均无过错。按照公平的原则，被告对受害人的损失应当给予适当补偿。因此，判决彭某给付受害人损失的 40%，共 45876.6 元。

彭某不服此判决，遂上诉。二审期间，双方当事人达成和解协议。

---

① 《彭宇案》，载新浪网，新浪河南 http://henan.sina.com.cn/news/2010-03-05/095217102.html，2010 年 03 月 05 日 09:52　来源：中新网。

“彭某案”一经媒体报道，就引起了社会的极大关注和讨论。本案中所涉及的侵权法律关系问题属于一般侵权行为，适用过错责任原则，应由受害人对行为人的违法行为、与损害结果的因果关系，以及行为人的过错承担举证责任。

本案原告未能对被告的过错进行举证，而从一审判决的判决理由可以看出，法院在确定被告侵权责任时，居然还称“如果不是彭宇撞的老太太，他完全不用送她去医院，而可以‘自行离去’”，“但彭宇未作此等选择，他的行为显然与情理相悖”等言论，明显采取的是过错推定原则。虽然一审法院最终在判决时所依据的是“公平原则”，但此判决依然普遍被认为明显缺乏法律上甚至法理上的依据。

从本案可见，侵权责任法归责原则对社会法律秩序，乃至道德秩序也有着非常重要的作用和意义。

2. 归责原则是归究法律责任的根本标准

归责事由基于具体个人与法律秩序之间的关系，将违法、违法的效果及违法的行为与发动该事由的具体人加以结合，是法律责任构成要件中最重要的要件。

三、侵权责任法归责原则的演进

罗马法以来侵权责任法的归责原则演进的基本脉络为“加害责任原则——过失责任原则——无过错责任和过错责任原则”。①

(一) 近代以前侵权责任法的归责原则

1. 从“自由报复”到“同态复仇”

在人类社会的早期，对侵权行为及其造成的损害并没有专门的法律予以调整，而是采取自力救济即自由报复的方式。最早的自由

① 米健：“论侵权行为归责原则的两元制定式”，载《月旦民商法》2005 年第 9 期。

报复方式是没有限制的，后来逐渐采用同类型主义。

【案例7-1-8】体现报复主义的严刑峻法
——《伊朗圣城：朝圣期间斩手惩盗贼》[①]

伊朗圣城当局近日宣称，在即将到来的朝圣活动期间，当局将依据伊斯兰的法规对犯罪加倍严惩。

据中国日报网站报道，在即将开始的伊斯兰教朝圣活动中，将有成千上万的朝圣信徒涌入伊朗东北部圣城马什哈德。当地一位高级司法官员8日说，在朝圣期间，该城法官们将拥有更大的权力来惩治城里日益猖獗的偷盗和其他犯罪活动。他说：“根据紧急状态法，法官可以运用更严厉的刑罚对付罪犯，包括斩掉盗贼的手。”

依照伊朗现行的伊斯兰法律，盗窃惯犯将被判斩断右手的4个指头。据称，两年来伊朗圣城当局已斩断了20名窃贼的手。

2. 从直接复仇到“赎罪金”赔偿

随着私有财产的形成，人们日益重视经济利益，于是，直接复仇逐渐被类似于今天的侵权损害赔偿的“赎罪金”所替代。

【案例7-1-9】父母替杀人儿子赔偿受害人
——《蔡某故意杀人案》[②]

被害人陈某提出与蔡某终止恋爱关系。某日蔡某将陈某骗至家中刺伤，并自伤。后蔡某打电话叫朋友们去家里救自己，蔡某父母赶回家后，将陈某、蔡某送往医院经抢救脱险。

经法医鉴定，陈某腹部、胸部损伤构成重伤。陈某的胸腹腔贯

---

① 《伊朗圣城：朝圣期间斩手惩盗贼》，东方网3月9日消息：（作者 许晴 编辑 李丹枫）。

② 一审：安康市中级人民法院（2006）安中刑初字第45号（2006年12月21日）；二审：陕西省高级人民法院（2007）陕刑一终字第127号（2007年9月6日）。

通伤所致多器官损伤构成八级伤残。

二审另查明：蔡某的行为给被害人陈某造成经济损失人民币295135.3元。其中，医疗费212599.7元；交通费1980元。

法院审理认为：被告人蔡某与他人谈恋爱遭拒绝后，采取报复手段，故意非法剥夺他人生命，其行为已构成故意杀人罪（未遂），且其犯罪手段特别残忍，后果特别严重，依法应予严惩。被告人蔡某的犯罪行为给附带民事诉讼原告人陈某造成的经济损失，依法应予赔偿，但鉴于蔡某无赔偿能力，可免于赔偿。判处被告人蔡某死刑，剥夺政治权利终身；免除被告人蔡某赔偿附带民事诉讼原告人陈某各项经济损失。

二审审理期间，经法院主持调解，被告人父母与附带民事诉讼原告人达成了民事赔偿协议。主要内容为：由蔡某的父母代为赔偿陈某经济损失12万元，陈某对蔡某的故意杀人行为表示一定谅解。

对本应判处死刑立即执行的被告人，能否因为真诚悔罪、积极赔偿被害人经济损失并取得被害方谅解而判处死缓？

本案被告人故意杀人手段特别残忍，后果特别严重，本应判处死刑立即执行。但被告人在二审过程中真诚悔罪，其亲属积极代为赔偿被害人的经济损失，由此获取了被害人及其亲属的谅解并达成了调解协议，二审改判死缓。

至于被告人蔡某的故意杀人犯罪行为给被害人陈某造成的巨额经济损失，依法自应予赔偿。对陈某所主张的经济损失当中的医疗费、交通费、住宿费、材料打印费、伤残鉴定费赔偿请求，依据其举证并经质证后确认的相关票据予以支持；对于误工费、护理费、住院伙食补助费、营养费、残疾赔偿金赔偿请求，依据相关法律、司法解释并结合本案的实际情况计算予以支持；对于后续治疗费的赔偿请求，该项费用可待实际发生后另行起诉；对于精神抚慰金的赔偿请求，因不属于刑事附带民事诉讼范围，对该项请求不予支持；对于被害人与被告人父母达成的民事赔偿协议，法院可予以确认。

3. “自力救济”向“公力救济”的转化——客观归责的加害责任

国家产生后，开始逐渐出现成文法，对侵权行为的自力救济方式也逐渐为法律规定的公力救济方式所取代。但早期古代侵权法实行的是“有加害就有责任”的客观归责原则。

4. 罗马法业已规定“须有过错才承担责任”

《十二铜表法》、《阿奎利亚法》均对侵权行为人的过错责任作了明确规定，使得过错责任成了在罗马社会普遍适用的唯一归责原则。

（二）近代过错责任原则的勃兴

1. 犯罪与侵权行为之分离对严苛的结果责任进行了批判

12、13 世纪，资本主义经济在欧洲萌芽并广泛发展，反对封建束缚、强调个人权利的精神得到了弘扬，犯罪与侵权行为逐渐区分开来。罗马法复兴运动开始后，在侵权法领域，法学家们批判严苛的结果责任原则，并力主确立过错责任为侵权责任的归责原则。

【案例 7－1－10】“又打又罚”惩戒犯罪

——《邵某诱发并帮助其妻自杀案》[①]

1990 年 4 月 30 日晚，邵某与其妻王某在家中发生争吵。其妻表示不想活了。邵把自己佩带的“五四”式手枪从枪套里取出，并上了膛，表示要与王一起自杀。王某见此情景，便从邵手中夺枪。在谁也不肯松手的情况下，邵某把枪放在地上用脚踩住。此时，王某提出和邵一起上床躺一会，邵表示同意，但没有把地上的枪拣起。大约晚 10 时许，王起身说要下床做饭。邵某坐起来双手扳住王某的双肩，不让王拣枪。王说把枪拣起来交给邵，邵便放开

① 《邵建国诱发并帮助其妻自杀案》，载最高人民法院中国应用法研究所编：《人民法院案例选》1993 年第 2 辑（总第 4 辑），人民法院出版社 1993 年版，第 8 页。

双手让王去拣枪。王某拣起枪后，即对准自己的胸部击发，后被送到医院，经检查已经死亡。经法医尸检王某属于自己持枪击发而死。

检察院以邵某犯故意杀人罪向法院提起公诉，王某之父提起附带民事诉讼，要求邵某赔偿其为王某办理丧葬等费用共计1100元。

一审法院审理认为，邵某的行为已构成故意杀人罪，应负刑事责任。由邵某犯罪行为所造成的经济损失，邵某确无赔偿能力，故作出刑事附带民事判决，以故意杀人罪判处邵某有期徒刑七年。

邵某和王某之父均不服，提出上诉。二审审理过程中，对附带民事诉讼部分，经该院主持调解，邵某赔偿王某之父1100元。

本案中邵某的行为侵犯了王某的生命权，构成民事上的侵权。

对于其民事侵权责任的认定则应以民法、侵权责任法的相关规定为依据。《侵权责任法》未对侵害生命权的行为规定特殊的无过错、过错推定等归责原则，故应按照一般侵权行为进行认定，即以主观过错作为承担责任的前提。本案中邵某的诱使其妻自杀，对其不救助反而帮助、放任，应认为对损害后果的发生是有过错的。因而符合侵权行为法要求的过错，构成对其妻生命权的侵害，应承担民事侵权责任。

2. 罗马法的过失责任原则对法国法产生了重大影响

17世纪，法国的法学家让·多马提出应将“过失”作为赔偿责任的标准，对《法国民法典》规定过错责任原则起了重大作用。

3. 抽象的过错责任原则成为私法的三大理论基石之一

18、19世纪，过错责任被奉为资本主义私法的三大基本原则之一，形成了具有普遍意义的抽象的过错责任原则。

4. 英美法系侵权行为法的归责原则也经历了一个渐次演变的发展过程

从12世纪开始，犯罪与侵权行为逐渐区分开来：在刑法方面以行为人的主观犯意作为刑事责任的基础；在侵权行为法方面则仍然遵循绝对责任原则。从15世纪开始，判例确认：旅店主、马车运输者等对他人造成损害时，可通过证明损害不是自己故意或过失造成的而免除赔偿责任。英国的过错责任原则形成于16世纪，而盛行于19世纪资本主义上升时期。

（三）现代侵权法中归责原则的多元化

1. 独统天下的过错责任原则面临全新的挑战

19世纪后期，工业革命的发展把人们带进了一个全新的时代，新环境对人们的人身、财产权利造成了极大的威胁，侵权责任法也面临着全新的挑战。加强对受害人的保护以实现实质上的平等，就成为法律追求的目标。“过错责任原则”在实践中有诸多不足之处，特别表现在举证责任问题上。原告需证明被告有主观上的故意和过失，但过错的认定要受受害人举证能力和司法机关认定证据能力的限制。在某些情况下，若坚持过错责任原则，反而不利于保护受害人的利益。仅以过错责任原则为唯一责任承担标准的侵权责任法陷入了困境。

【案例7-1-11】“过错责任”捉襟见肘

——《法国再次发生核辐射事件》[1]

法国电力公司23日说，法国南部特里卡斯坦当天发生一起核辐射事件，100名公司员工遭到“轻微辐射”。这是法国几周来发生的第四起核电站事故，也是5天来发生的第二起事故。法国电力公司发言人卡罗琳·米勒说，特里卡斯坦一座核电站内的4号核反应堆管道发生泄漏，流出的放射性物质致使100名员工遭受辐射。当时，这座反应堆已被关闭，正被重新注入燃料。米勒说，员工遭受辐射的程度只有规定限度的1/40，眼下已经回家，但还会接受进一步检测。“让我们担心的不是辐射的程度，而是遭受辐射员工

① 《法国再次发生核辐射事件》2008年07月25日09：07，来源：新华网（新华社电）。

的人数”，米勒说，专家正在对事故原因展开调查。本月18日，法国另一处核电站的15名工人在实施日常维护工作时遭到放射性辐射污染。法国是核能利用大国，现有59座核电站，所产电力占法国电力总产能的近80%。不过，接连发生的核电站事故也引起社会对核安全的质疑。

2. 时代的发展要求对侵权行为的归责原则予以调整

侵权法所规范的对象呈现出了多层次性，这就要求必须对侵权责任法的归责原则作出相应的调整：过错归责中，客观过错理论逐渐取代了主观过错理论；采取过错推定方式减轻受害人的举证责任；在特定领域确立无过错责任归责原则。现代侵权责任法已由单一归责原则向多元归责原则发展，呈现出归责原则多元化的趋势。

【案例7－1－12】社会生活呼唤多元归责原则

——《高空抛物致人损害，加害人不明时全楼或俱赔引关注》①

昨天，晨报报道了市高院民一庭庭长汪彤对7月1日起即将实施的《侵权责任法》进行解读的情况，报道引起了广大市民的热议。高空抛物现象曾被称为“悬在城市上空的痛”。在上海“陋习排行榜”中，它与“乱扔垃圾”齐名，排名第二。高空抛物，是一种不文明的行为，而且会带来很大的社会危害。

对《侵权责任法》第87条的规定，读者对此尤其关心的是：一人受害，全楼都可能一起赔偿，居民是否是被“株连”？此规定与“谁主张谁举证”的原则是否相违背？

上海大邦律师事务所张黔林律师认为，此规定重点强调了社会公共安全及对受害人的保护。新闵律师事务所贺强律师表示，随着法律条文在具体案件中的运用，将会有更具体的指导性意见出台，

① 《高空抛物致人损害，加害人不明时全楼或俱赔引关注》（2010－06－30）来源：《新闻晨报》（联合早报网讯）。

市民无需过虑。

3. 我国民法学界在侵权法的归责原则体系上的认识

我国民法学界对侵权法的归责原则有如下不同看法：

（1）坚持唯一的过错责任原则，否认其他归责原则的存在，主张通过扩大过错责任的适用范围来适应侵权法领域出现的新问题。

（2）两分说：主张归责原则包括过错责任和无过错责任原则。

（3）三分说：认为归责原则包括过错责任、无过错责任和公平责任原则。

（4）四分说：认为除了上述三项原则外，还包括过错推定责任原则。

但多数学者认为，我国侵权法的归责原则包括过错责任原则、无过错责任原则和公平责任原则。

《侵权责任法》第 6 条规定："行为人因过错侵害他人民事权益，应当承担侵权责任。根据法律规定推定行为人有过错，行为人不能证明自己没有过错的，应当承担侵权责任。"第 7 条规定："行为人损害他人民事权益，不论行为人有无过错，法律规定应当承担侵权责任的，依照其规定。"根据这两条规定，我国《侵权责任法》采取了过错责任和无过错责任两种归责原则。

对于公平责任原则，多数学者认为应该保留公平责任的地位，但是不应将其作为一项归责原则。因此《侵权责任法》第 24 条规定："受害人和行为人对损害的发生都没有过错的，可以根据实际情况，由双方分担损失"，将《民法通则》中的"分担民事责任"改为了"分担损失"。

第二节 过错责任原则

一、过错责任原则的概念

所谓“过错责任”，是指以过错作为归责的构成要件和归责的最终要件，同时也以过错作为确定行为人责任范围的重要依据。《侵权责任法》第6条规定：“行为人因过错侵害他人民事权益，应当承担侵权责任。”本条规定确立了我国过错责任原则的法律依据。

过错是不法行为人对其行为造成他人损害的一种心理状态，包括故意状态和过失状态，故过错责任原则在性质上属于主观归责原则。习惯上有人称之为“过失责任”，但所谓“过失”，其实是包括了“故意”和与故意相对应的“过失”的。“故意”是指行为人对其行为所致的损害后果所持的一种希望或放任的态度。“过失”是指行为人对自己行为的损害结果应当预见而没有预见、或者虽然预见了但轻信能够避免的态度。我国民法并没有对过失的形式作出规定。①

【案例7－2－1】学校只在学生受伤有过错时才承担相应的责任

——《小学未尽安全关照义务致学生在校遭犯罪行为伤害赔偿案》②

1998年9月14日，蓄意杀人报复社会的罪犯林某携带菜刀趁学生进校高峰期，以常人表象跟随家长进入某小学，该校兼职门卫

① 王利明：《侵权行为法归责原则研究》，中国政法大学出版社2004年版，第306页、第311页。

② 《税华君等诉合江县人民小学未尽安全关照义务致其在校时遭犯罪行为伤害赔偿案》，最高人民法院中国应用法学研究所编：《人民法院案例选》2000年第2辑（总第32辑），人民法院出版社2000年版，第20页。

没有对其进行盘查和登记。林某趁学校师生集中精力于升国旗之机，冲入学生队伍，持刀肆意砍杀，砍伤23名学生。

罪犯林某被法院终审判决危害公共安全罪并处死刑，其被处决前没有财产。四名受伤小学生将该小学起诉至法院，请求学校赔偿损失。

法院经审理认为：在原告四人上学期间，学校应当履行监护和管理职责，保护学生的人身安全。由于没有法律规定学校的进出门制度和门卫制度，所以被告小学只设置门卫的方式并无不当。9月14日发生的事件具有隐蔽性，故不能认为门卫失职。

罪犯持刀砍人具有突发性，学校主观上没有过错，学校对未成年人的监护，与法定监护人的监护不同，是一种在特殊环境下的管理职责。学校只有在学生受到伤害且对损害发生有过错时，才应承担相应的赔偿责任。本案中学校没有过错，故应当免责。

根据《侵权行为法》第39条规定的对学校等教育机构所要承担责任，采取的是过错责任原则。

侵权损害赔偿适用过错归责原则时，是以行为人对其造成的损害有过错作为价值判断标准的。一般的损害赔偿案件，应当由主观上有过错的一方承担赔偿责任。显然，未成年学生在校遭受意外伤害，学校承担责任的归责原则，既不能以已经发生的损害结果为价值判断标准，也不能以公平考虑作为价值判断标准，而只能以过错作为价值判断标准。如果以已经发生的损害结果为价值判断标准，势必导致只要出现未成年学生在校受到意外伤害情形，学校就要承担赔偿责任，而不必分清是非，也无须查明责任。这无疑会对学校的生存和发展，乃至我国教育事业的发展带来不利的影响。以过错作为价值判断标准，符合法律赋予学校保护未成年学生的义务和未成年学生的监护人委托学校对被监护的未成年人教育、管理和保护责任规定，有利于增强学校的责任感，切实履行其职责。

二、过错责任的构成

（一）有过错即有责任而无过错即无责任

1. 过错责任是在法律没有特别规定时适用的一种归责标准

【案例7-2-2】“同舟无害救助义务”

——《湖南女教师裸死案终审被告获判无罪》[①]

2002年5月，姜某与黄某相识并确立了恋爱关系。此后两人并多次同宿一室。2003年2月23日，两人一起回到黄某的宿舍同宿。姜某提出与黄某发生性关系，黄某不依表示等结婚时再行其事，姜某便改用较特殊方式骑跨在黄的胸部进行了体外性活动，其后两人入睡。熟睡中黄某吐气、喷唾沫、四肢抽搐，姜某惊醒后问黄某“哪里不舒服”，黄某未作答，姜某便又睡下。第二天黄某裸死在床上。

经最高人民法院司法鉴定中心法医学鉴定，黄某系在潜在病理改变的基础下，因姜某采用较特殊方式进行的性活动促发死亡。

此案发生后，姜某曾于2003年7月8日被逮捕，罪名是涉嫌强奸（中止）。2006年6月30日，湘潭市雨湖区人民法院一审判决姜某无罪，但要为黄某的死承担一半的民事责任，赔偿原告黄某的父母经济损失59399元。宣判后双方均不服，分别提起了上诉。日前由湘潭市中级人民法院作出终审裁定：驳回原审原告黄某的父母，及原审被告姜某关于民事责任方面的上诉请求，维持原判。

法院认为，姜某与黄某系恋人关系，其主观上没有强奸的故意，客观上没有违背妇女的意志强行与之性交的行为，不符合强奸罪构成要件，不构成强奸罪。但姜某的行为与黄某潜在病理改变是造成黄某死亡的共同原因，姜某应对黄某的死亡后果承担50%的

① 《湖南女教师裸死案终审被告获判无罪》http://www.sina.com.cn2007年12月08日02：14长沙晚报（记者 刘炬 通讯员 陈卫平）。

民事责任。

本案的关键在：依据传统的“同舟无害救助”理论，当事人姜某，违反生存共同体成员相互扶助义务，未及时对女友予以救助，自有过错。除非其证明，即使当时他把女友送至医院，仍避免不了其死亡的后果，才能够使法院免于判决其承担相应的民事责任。

2．以过错为责任构成要件

只有在行为人主观上存有过错的情况下，才能让其承担民事责任。受害人的过错不是归责原则上的内容，但在赔偿时对侵权行为人责任的承担有法律意义。此外，若损害完全是由受害人本身的过错造成的，则行为人可能被免除责任。①

“使人负损害赔偿的，不是因为有损害，而是因为有过错，其道理就如同化学上的原理，使蜡烛燃烧的，不是光，而是氧气一般的浅显明白。”

——耶林

3．无过错即无责任

过错归责原则的另一方面的含义是，若行为人对损害后果没有主观过错，则不能将损害的后果归咎于行为人。

① 王利明：《侵权行为法归责原则研究》，中国政法大学出版社2004年版，第306页、第49页。

> **“资本主义商品生产的社会性，是通过竞争的压力，通过各种偏离的相互抵消来维系的，这就要求法律承认致人损害在一定范围内的合理性和可容性，因此，至少在资本主义发展时期，过错责任原则的精神不是‘有过错即有责任’，而是‘无过错即无责任’。”**
>
> ——王卫国

同时，现代侵权法理论认为，即便是在过错责任条件下，行为人对受害人负有某种法律上的注意义务时才要对其所实施的不谨慎（有过失）行为承担责任。

【案例 7－2－3】司机遇到跳车乘客防不胜防

——《乘客离奇跳下公交车　卷入轮下轧断右腿》[①]

2010 年 11 月 13 日下午 2 时许，福州金山大桥上，308 路公交车的乘客从车厢跳出被碾断腿。记者看见，车厢的后半截比前半截高一个台阶，而窗户仅比后半截车厢高出一二十厘米。下午 4 时许，记者来到福州总院第 476 医院，找到了受伤男子。他只是躺在病床上喊“好痛”，不愿回答记者的问题。虽然该男子不愿说自己是怎么受伤的，但昨晚 7 时，金山派出所民警找到了确切答案：男子的确是跳车后滚到车轮下的。

（二）在适用过程中受害人负有举证责任

在过错责任原则中，受害人在要求行为人承担赔偿责任时，负有证明行为人在实施该行为时主观上具有过错的举证责任。

---

① 《乘客离奇跳下公交车　卷入轮下轧断右腿》，2010 年 11 月 13 日 10：42：39 东南网（记者 潇璇 孔瑜 见习记者 朱敏敏）。

【案例 7-2-4】过错责任中要“谁主张谁举证”
——《不实诉讼损害赔偿案》[①]

1993 年 10 月 3 日，姚甲与姚乙相遇。因琐事相互扭打，均受轻微伤。姚甲向法院起诉，要求姚乙及其女婿杨某赔偿损失。法院认定，无证据证实杨某参与扭打，故对姚甲诉杨某的赔偿请求不予支持。

1994 年 1 月 6 日，杨某向法院起诉称：姚甲无中生有，将不在现场的他并列为共同被告诉至法院，使其在审理期间损失了工资和车费等，诉请法院判令姚甲赔偿上述损失。

法院经审理认为：因被告姚甲在诉姚乙人身损害赔偿一案中，无根据地将杨某也列为被告，使杨某因涉讼而两次到庭参与诉讼，造成了杨某两天的误工与车费损失。对此，被告姚甲应负赔偿责任，但对原告杨某要求赔偿两天的正常经济损失以外的请求不予支持。

在一般侵权行为案件中，行为人存在主观过错是其承担责任的必要条件，受害人对此负有举证责任。本案中，原告在证明了其未参加打斗而被被告告上法庭后，即同时完成了证明被告存在主观过错的举证责任。

（三）“过错大责任就大”而“过错小责任就小”

即以过错作为确定责任大小的依据，这意味着过错程度与责任程度存在一致性。

(1) 在侵权人和受害人都有过错的情况下，双方均须依各自的过错程度分别承担民事责任。

① 《杨敏诉姚正祥不实诉讼损害赔偿案》，最高人民法院中国应用法学研究所编：《人民法院案例选》1994 年第 4 辑（总第 10 辑），人民法院出版社 1995 年版，第 92 页。

【案例7-2-5】过错程度决定着责任的大小
——《共同玩耍中翻墙进入无线电厂内寻得易燃品后点燃取乐烧伤他人损害赔偿案》①

杨某、王某和徐某三人均为十二三岁的未成年人，从缺口处翻墙跳入到大华无线电厂区内，找到一个装有液体三氯乙烷的白色塑料桶后，王某划火柴将液体点燃后，又提桶将桶内液体全部倒在火上，致火势突然增大并发出巨响，大火随即扑到一旁的杨某身上。随后，杨某被送往医院。经鉴定，杨某伤残等级为六级。

杨某向法院起诉，请求判令大华无线电厂、徐某和王某赔偿损失。

法院经审理认为：杨某、徐某和王某三人的玩火行为系共同实施，后果系共同造成，三人均有过错。王某和徐某应按其过错程度对杨某承担相应的赔偿责任。对于事故的发生，杨某本人也有过错，其监护人也应自行承担相应的责任。大华无线电厂安全管理薄弱，对造成的损害后果理应承担过失责任。故对杨某要求大华无线电厂、徐某和王某赔偿损失的诉讼请求的合理部分，予以支持。

在特定情形下，过错程度可以作为认定侵权责任大小的依据。本案中，被告无线电厂管理上的过失是造成事故发生的主要原因，自应承担主要的损害赔偿责任。

（2）在共同侵权行为中，各当事人的责任范围应该以其过错程度为依据。过错的大小即成为决定行为人民事责任大小的一个法律依据。

---

① 《杨劼诉王磊等在共同玩耍中翻墙进入大华无线电厂内寻得易燃品后占燃取乐被烧伤人身损害赔偿案》，最高人民法院中国应用法学研究所编：《人民法院案例选》2003年第2辑（总第32辑），人民法院出版社2003年版，第130页。

【案例7-2-6】共同侵权中的责任分配标准
——《大连爆炸承包商难觅踪迹 据称中石油负次要责任》①

尽管此前安监总局和交通运输部已通报认定，“7·16大连管道火灾爆炸事故”直接责任方为中石油两家承包商，但对于中石油应负何种责任，并未给予认定。中石油方面也已按“承包商事故”的口径进行内部通报。

北京盈科律师事务所律师王某在火灾发生后，也一直关注着该事故的进展。他认为尽管脱硫剂加注工作由承包商操作，但中石油是业主和委托方，“就责任认定方面，我认为中石油可能将承担共同责任。”

事实上，BP钻井平台爆炸事故发生时，BP公司时任CEO的海沃德也曾表示，钻井平台是BP公司向瑞士越洋钻探公司租赁来的，BP不应该承担全部责任。但此后无论是美国政府、有关受害者都依然认定BP有不可推卸的重大责任。

另一位不愿透露姓名的律师也表示，施工方案应是中石油认可或者参与制定的。“常理来说，中石油有不可推卸的责任。”

然而，即使认定了中石油的责任，受害方索赔的难度依然很大。律师告诉记者，中国目前的公益诉讼还不成熟，渔民、过往船只、旅游业等受害方的单独诉讼很难获得成功。

中国可以参考国外的一些做法。BP公司的钻井平台在美国墨西哥湾发生爆炸后，美国政府就要求BP出资200亿美元建立赔偿基金。这其实就是政府代表群众利益而作出的努力。

① 《大连爆炸承包商难觅踪迹 据称中石油负次要责任》，2010-08-03 02：35：22 来源：第一财经日报（上海）。

三、过错责任原则的功能

（一）确定侵权责任的承担者

过错归责原则的基本功能在于将侵权责任归属于有过错的主体。

（二）确定人们的行为标准

“过错责任”是“意思自治”原则在民事责任领域的具体化，可以引导人们实施合乎理性的行为。

首先，作为一种主观责任，过错责任原则会对人们产生警示作用，具有引导人们进行正常活动的作用。

其次，过错责任原则将预防损害发生的注意义务分配给可以以较低成本预防损害的人，鼓励行为人将行为给他人带来的风险降至最低。

【案例 7－2－7】该注意的必须得注意

——《徐甲诉乙港务管理局港口作业事故人身伤害赔偿纠纷案》①

1993 年 3 月 31 日，乙油运公司所属“油 63057”驳船由丙京港务管理局所属“丙拖 1008 号”拖轮拖带离码头作业。当“丙拖 1008 号”接近“油 63057”驳船左舷 3 号与 4 号系缆桩之间时，拖轮驾驶员指挥“油 63057”驳船船员带缆作业，徐甲等人共同接过拖轮船员递交的包头缆一根，拖轮未明确指挥系结第几号缆桩，徐甲便将包头缆套在 3 号系缆桩上。钢缆套好后，“丙拖 1008 号”拖轮驾驶员指挥将钢缆由 3 号桩换至 4 号桩，徐甲便将钢缆由桩底往上拿，这时拖轮随水流后退，钢缆绷紧，徐甲的双手被轧伤，经鉴定为四级伤残。徐甲向法院起诉，要求丙京港港务管理局赔偿

① 《徐明诉南京港务管理局港口作业事故人身伤害赔偿纠纷案》，载最高人民法院中国应用法学研究所编：《人民法院案例选》1995 年第 1 辑（总第 11 辑），人民法院出版社 1995 年版，第 149 页。

损失。

法院审理认为：在拖驳港航作业中，拖轮是指挥船，具有指挥的主动权，驳船是被指挥船，处在被指挥的地位。“丙拖1008号”船驾驶员指令不明确；在所递交的钢缆尾端已打死的情况下，指挥徐甲换桩，没有用前进车稳住船位，使拖轮随水后退，钢缆绷紧。这两项过失，是事故发生的主要原因，丙京港务管理局应承担事故的主要责任。

原告徐甲在未得到明确指令的情况下，盲目将钢缆套在3号桩上，使套桩操作重新进行，延误了套桩时间，是事故发生的另一原因，应承担事故的次要责任。

徐甲是长江油运公司船员，因丙京港务局港作船在港口作业中的过失受伤害，在原、被告之间业已形成人身伤害侵权法律关系，被告应直接向原告承担其法律后果。后经法院主持调解，原、被告自愿达成协议：由丙京港务管理局一次性赔偿原告人徐甲47000元。

本案为港口作业人身伤害事故引起的侵权纠纷。在法律未作特殊规定的情况下，应为一般侵权责任，适用过错责任的归责原则。在拖驳港航作业过程中，拖轮是指挥船，具有指挥的主动权，驳船是被指挥船，处在被指挥的地位，故拖轮更容易注意到事故风险，从而预防避免风险的发生，但由于拖轮驾驶员指挥和操作不当而发生事故，故拖轮有明显的过错，应承担主要责任。

同时，原告作为驳船操作者在操作过程中也有不当行为，具有一定的过错，也应承担一定的责任。

（三）从损害转移到损害分散

过错责任原则的确立实现了侵权法从损害转移到损害分散理念的转变，损失的分散不是对某个人的惩罚，而在于对受害人进行补偿。

【案例7-2-8】对毒奶粉案件的反思

——《温家宝："三鹿"奶粉教训是整个民族应该汲取的》①

【媒体报道】

中共中央政治局常委、国务院总理温家宝2010年2月27日下午3时接受中国政府网、新华网联合专访，与广大网友在线交流。在回答网友提出的"毒奶粉"等假冒伪劣产品时，温家宝说，对于整个社会来讲，道德问题十分重要，"我以为诚信和道德是现代社会应该解决的紧迫问题。"

什么是道德？其实最重要的：第一是爱人。仁者人也，仁者爱人。每个企业家或者社会的每个成员都要知道热爱群众、热爱国家。第二，要有同情心。己所不欲，勿施于人。同情是道德的基础，这在儒家哲学里头很明确地讲过。孟子说过，人无恻隐之心非人也。他把恻隐之心作为人之端。我们的企业如果只考虑自己的利益，甚至见利忘义，把自己挣的钱建立在别人的痛苦甚至生命上，那是可悲的，也是法律不允许的。

一个"三鹿"奶粉，我们付出了很大的代价，网民们大概不知道。我们普查了受到奶粉影响的儿童达到3000万，国家花了20亿。同时，给受到奶粉影响的儿童上了保险，为期20年。这个教训应该说是很深刻的，不是一个企业，也不是一个地方，是我们整个民族应该汲取的。现在如果再出现假冒伪劣产品，我们一定严惩不贷。这是从维护民族大义出发，绝不能手软。

（四）体现道德的要求

1. 道德要求人们就自己的过失行为造成的损害承担赔偿责任

将过错视为不法加害行为的主观要素。在本质上显然就是将其

① 《温家宝：三鹿奶粉教训是整个民族应该汲取的》，2010-02-27 16：50：00 来源：新华网。

看做是社会对个人行为的非道德性、反社会性的价值评断。

过错是行为人决定其行动的一种故意或过失的心理状态，在主观上具有可非难性或应受谴责性。基于主观性过错的理念，加害人行为是否是过错行为的重要方面在于其道德性。

【案例7－2－9】彭宇案件的直接影响

——《老汉跌倒无人敢搭救　大喊“是我自己跌的”》①

2009年2月22日上午9时，公交车站一名白发苍苍的老翁在下车时滑了一跤，半天也爬不起来。众乘客都不敢上前扶他，老汉似乎知道乘客们的心思，大喊了起来：“是我自己跌的，你们不用担心，跟你们没有关系。”很快老汉就昏迷在地，有乘客喊了一声：“老人家昏倒了，赶快救人啊，先扶起来，然后报警。”老汉苏醒了过来，表示自己身体并无大碍，只是因为患有低血糖症，所以摔倒后才导致昏迷。刘老汉告诉民警，他跌倒以后，周围的乘客都不敢上前扶他，他能够理解，所以才撇清关系，先承认是自己跌倒的，这样乘客们都排除了顾虑，自然会上前帮忙。

2. 侵权责任是以道义责任为其前提的

行为人应为其在实施行为时对社会利益和他人利益的轻慢以及对义务和公共行为准则的漠视而受到谴责和惩罚。对加害人的过错行为课以强制责任，实际上是对行为人道德过错的惩罚。

3. 调整一定社会关系的道德标准与相关的法律标准应当一致

大凡被法律认为应当承担责任的过错行为，都是社会道德所谴责的行为。同时，社会道德观念也会对法官判案产生一定的影响。

（五）鼓励创新以促进社会发展

（1）过错责任最能平衡“个人自由”与“社会秩序”之制度

① 《老汉跌倒无人敢搭救　大喊“是我自己跌的”》，2009－02－23 09：50：11 来源：新华报业网（南京）（本文来源：新华报业网－南京晨报 作者：朱宏俊）。

设计。法律必须调和“个人自由”与“社会秩序”这两个基本价值，而过错责任是最能达成此项任务的制度设计。“意思自治”在侵权责任法中的体现就是在保护公民权利的同时，充分尊重行为人的行动自由。[1] 个人如果已经尽到了注意义务，就应当免负侵权责任，这样才能保障个人的自由，同时避免损害，则整个社会秩序也就得到了维护。

【案例7－2－10】尽到了注意义务就应当免负侵权责任——《矿泉壶生产厂家诉消费者名誉侵权纠纷案》[2]

韩某于1993年10月至1994年9月间，先后在三家报纸上发表了关于矿泉壶有副作用的文章，还在文章中对矿泉壶企业所作的一些广告提出了批评，并引用了百一公司、富二公司的广告词。随后，中国日用玻璃协会人工矿泉水器具专业委员会、百龙公司等矿泉壶企业曾致函并派人与韩某联系，表示欢迎对矿泉壶的生产提出改正意见，并要求韩某“停止不符合实际并且有害于矿泉壶行业发展的文章继续发表”。韩某则先后回复拒绝。几家矿泉壶厂家遂将韩某诉至法院。

一审法院经审理认为：原告生产的矿泉壶符合国家轻工业部颁布的有关规定，且有卫生防疫站的检测报告。韩某仅凭报纸杂志上的资料就认定矿泉壶有害，证据不足，且超出了舆论监督的范围，构成了对原告名誉权的侵犯。

二审法院经审理认为：原告生产的矿泉壶符合国家的有关标准，并经过卫生防疫站的检验，矿泉壶的生产、制造都是合法的，矿泉壶生产厂家有权通过诉讼方式维护自己的权益。但韩某从维护

---

① 王利明：《侵权行为法归责原则研究》，中国政法大学出版社2004年版，第54页、第306页。

② 《北京百龙绿色科技企业总公司等诉韩成刚侵害名誉权纠纷案》，最高人民法院中国应用法学研究所编：《人民法院案例选》1996年第3辑（总第17辑），人民法院出版社1996年版，第77页。

消费者权益的角度出发，以撰文发表的形式，对矿泉壶的各方面进行了探讨和质疑，并对使用矿泉壶的后果提出了警示，是引述了有关资料和专家的研究结果，其主观上并没有侵害他人名誉权的故意。其文章主旨是对矿泉壶的作用、功能进行分析，属于公民行使舆论监督权的一种方式。其在文章中虽然有某些结论和用语不当，对矿泉壶的声誉可能造成一些不良的影响，但不足以构成对白一公司等法人名誉权的侵害。

本案实际反映了舆论自由和名誉权的价值冲突。如果过度强调当事人的名誉权利，就会挫伤公民舆论监督的积极性。通过确立过错责任原则，在传播者没有过错的前提下，允许一定的出入，就可以有效保护舆论自由，促进社会的发展，这体现了过错责任的制度价值。

实践中，应注意区分正确行使舆论监督权和利用报纸杂志滥用该权利以侵害他人名誉权的界限问题。这就涉及对行为人究竟有无侵权过错的认定，我们需要从主观和客观两个方面考察：主观方面，就是要看报道者主观上是否有侵害的过错，有无损害他人权益的目的；客观方面，就是要看所传播的内容与事实是否相符。

(2）过错责任尊重和强调个人意志和行为自由。“无过错即无责任”的这种观念在客观上体现了“意思自治”的理念，保护了人们的创造精神。行为人只要在法律规定的范围内进行活动，主观上没有过错，就不必为自己的行为后果承担责任，这在客观上保护了自由竞争。

四、过错责任原则的意义与未来

（一）过错责任是意思自治的边界

民法最重要的精神是要在身份平等的基础上体现自治和自由，但每个人在进行意思自治时必须照顾到他人的利益，理性且谨慎地行事，如果在行事的过程中不慎给他人造成了损害，当然就应承担法律上的责任。

【案例7-2-11】银行须理性且谨慎地行事
——《万余元存款被盗　法院判银行承担全责》①

东莞市民张先生今年4月10日晚8时持银行卡到某银行东莞市新基支行附近的ATM柜员机存了一笔钱。3天后，张先生却发现银行卡中的存款竟然少了74400元，而张先生并没有取过钱。4月11日晚7时，张先生向东莞市公安局东城分局樟村派出所报案。

公安机关侦查了解到，张先生在ATM柜员机上存款3小时后，有两名不明身份男子利用张先生银行卡密码信息对存款进行了转账和提现。4月11日晚上，张先生的存款再次被这两名男子盗取。张先生认为，银行没有尽到保全义务，于是一纸诉状将银行告上东莞市第一法院。

法院审理认为，张先生案发后及时向公安机关报案，可以认定案涉存款被他人取走或转账是他人伪造储蓄卡盗取了存款的事实。

法院表示，银行未能识别伪造的储蓄卡，对ATM柜员机疏于管理和维护，未能及时检查、发现、拆除犯罪分子安装的不明设备，致使ATM柜员机成了隐藏犯罪分子作案工具的场所，给储户造成安全隐患及财产损失，应承担全部违约责任。近日，法院作出一审判决，判处银行支付张先生存款74400元及利息。双方均未上诉。

广东汉章律师事务所律师叶某说，他赞同法院对此案的判决结果，“银行方面没有及时消除安全隐患，没有尽到安全保障义务”。叶某说，目前很多牵涉到ATM柜员机的案件，有的是判储户败诉，有的是双方都承担一定责任，此案判决银行负全部责任“具有指引性的象征意义”。

---

① 《万余元存款被盗　法院判银行承担全责》http://finance.QQ.com 2009年08月26日06:17大洋网-广州日报 唐红杰。

（二）以行为人的主观过错作为判断侵权责任的标准可增强社会成员的责任心从而有利于社会正义的实现

民事主体在追求自己的合法权益时，只要没有损害他人合法权益的主观过错，即使造成了损害也不必承担民事责任。这样，民事主体就可以大胆地追求自己的合法利益，也会促进整个社会共同利益的实现。

（三）过错责任的作用有所减弱

随着人类文明的发展和无过错责任原则适用范围的逐渐扩大，在很多领域责任的承担并不注重行为人的主观状态，更关注受害人能否获得救济。且随着责任保险和社会保障制度的发展，过错责任原则也受到了前所未有的冲击。

（四）过错责任不会消亡

现代各国侵权法对过错责任的认定标准大都采用客观化的标准，且无过失责任和责任保险以及社会保障制度也得到了充分的发展。但过错责任所具有的一定意义上的预防功能并不会因无过错责任的出现而完全丧失：过错责任作为一般侵权行为的归责原则，不同于仅适用于特殊侵权行为的无过错责任。同时，从社会功能角度看，无过错责任不但在原则上不赔偿非财产上损失，而且对财产上的损害赔偿数额也有一定的限制，因而过错责任对于非财产上的损害赔偿以及财产上的损害赔偿数额具有特别的意义。而在有保险的情况下，即便利用保险分散损害，为防止道德风险并将损害正确分散到其所应归属者，保险人在对受害人理赔后，原则上可以对存有主观故意或重大过失的加害人行使代位求偿权。

第三节　过错推定责任原则

过错推定责任原则仍然是以过错作为承担责任的基础，其与过错责任原则并无本质区别，只是过错责任原则的一种特殊例外形式，故不能成为与过错归责原则相并列的独立归责原则。但鉴于该原则的重要性，本章特将其独列为一节而予以专门阐述。

一、事实自证原则与过错的推定

（一）英美法中的事实自证

在英美法过失侵权行为的认定归责中，有一个“事实本身证明”或“让事实说话”原则，其内容与“过错推定”相当。根据该规则，在被告较容易接触到构成过失的事实的情况下，有时就将本由原告承担的举证责任转移给被告。只要原告没有过失，就可以推断被告有过失并使其承担责任。

需要说明的是，在适用“事实本身证明”原则时，原告仍需要证明三点：一是若无过失，则这种事故一般不可能发生；二是过失很可能是被告的；三是原告本身没有过错。

【案例 7-3-1】事实本身自证过错而减轻免除被害人的举证责任

——《湖北仙桃又发“左右不分”医疗事故》①

就在湖北通城县发生“右腿骨折，左腿手术”医疗事故后不久，湖北仙桃市又出现了一起荒唐的“左右不分”事件。当地第一人民医院对一左侧腹股沟疝气患者在右侧腹股沟做了手术。

目前，主刀医生胡某已被停职检查，仙桃市第一人民医院承诺承担全部责任。

《侵权责任法》第58条规定：“患者有损害，因下列情形之一的，推定医疗机构有过错：（一）违反法律、行政法规、规章以及其他有关诊疗规范的规定；（二）隐匿或者拒绝提供与纠纷有关的病历资料；（三）伪造、篡改或者销毁病历资料”。

---

① 《湖北仙桃又发“左右不分”医疗事故》，2009年12月01日12：42（新闻晚报）据新华社电。

本条规定的就是过错推定原则，所谓过错推定，是指损害发生时，因某种客观事实或条件的存在，即推定行为人有过错，从而减轻或免除被害人对于过错的举证责任，并转化为由加害人负责无过错的证明责任，在法理学上被称为举证责任倒置。

近现代民事侵权归责的基本原则是过错责任原则。过错责任原则适用于大多的侵权案件，本来也适用医疗损害案件，但是2002年《最高人民法院关于民事诉讼证据的若干规定》第4条第1款第8项规定："因医疗行为引起的侵权诉讼，由医疗机构就医疗行为与损害结果之间不存在因果关系及不存在医疗过错承担举证责任。"此当然就是所谓的举证责任倒置。

举证责任倒置导致医生在医疗行为中为了保护自己，避免在医患纠纷中输官司，进行大量检查，悉心保留好各种证据，为提高安全系数而不积极施治，把风险留给病人等诸多问题，最明显的就是过度检查。医学本身是一门实践科学，存在诸多需要探索的领域，实行过错推定限制了医务人员主观能动性的发挥，限制了医疗事业的发展。这和医学的价值取向相背离，一定情况下也加重了患者负担，还导致了医患之间信任感的削弱。

本次立法，全国人大没有采用医疗侵权举证责任倒置的责任分配方式，这种做法符合国际通行的规则。但考虑到医患双方医疗信息不对称这一事实及为强调依法行医，《侵权责任法》规定了3种例外情形，出现这3种情形时，仍推定医疗机构有过错。

（二）大陆法系过错推定原则的提出

1. 过错推定责任是在过错责任的基础上发展起来的

"过错"的认定具有相当的复杂性，所谓推定，就是利用已知的事实对未知的事实所进行的推断和确定。既为"推定"，则此推定的事实就具有表见性、权宜性和假设性，与真正之事实、终局之认定未必相符，假设倘若不实则认定将随之更改。

2.“过错推定”之定义

过错推定就是利用已知的事实对行为人的主观心理状态进行推断，如果受害人能够证明其所受的损害是由行为人或行为人的物件所致，而行为人不能证明自己主观上不存在过错的话，那么就推定该行为人主观上有过错，应承担相应的民事责任。

3. 过错推定是过错责任原则的一种特殊适用形式

其仍然以行为人有过错为承担责任的基础，完全符合“有过错有责任、无过错即无责任”的过错责任原则，其特殊性仅在于受害人不必举证证明加害人有过错。

二、过错推定责任原则的意义

进入19世纪末期后，大工业迅速发展，工业事故和交通事故、医疗事故大幅度增加，受害人的举证难度也大大增加。在很多案件中，由于现有技术水平和知识水平的限制，很难确定行为人是否存在过错，于是产生了适用于这类特殊侵权案件的过错推定责任原则。

【案例7-3-2】具有共同过错却难以确定致害人——《共同乱丢石子致人伤害赔偿案》①

谢某、李某、侯某和阳某均为未成年小孩。谢某在一屋前玩耍时，李某、侯某和阳某三人恰在这家人的二楼屋面上抛石子玩。突然，一块石子从楼上飞下，正好击中谢某的右眼并出血。事后，3个小孩均以谢某的伤不是自己所抛的石头所致为由而相互推卸责任，谢某于是以3人为被告诉至法院，要求3人予以赔偿。

法院经审理认为：公民的人身权利受法律保护。谢某在屋前玩

① 《谢德坤诉李平等人身损害赔偿案》，国家法官学院、中国人民大学法学院编：《中国审判案例要览（1998年民事审判案例卷）》，中国人民大学出版社1999年版，第355页。

耍没有什么过错，其他3人在二楼屋面上抛石子致伤谢某右眼是客观存在的事实，其造成了谢某右眼视力丧失的损害后果，两者之间存在因果关系。经庭审质证，均有证据证明3人均有往楼下抛石子的事实，但证据之间存在矛盾，难以得出一致结论，因此不能确认究竟是3人之中哪一个人造成了谢某受伤，故只能让3人承担连带赔偿责任。

本案涉及的是侵权行为中的过错推定原则以及“共同危险行为”。

本案中，原告对于损害的发生是没有任何过错的，损害的发生是由3个被告所抛的石子击中所致。李某等3人的危险行为都有可能对谢某造成损害，但不知是他们中的哪一个造成了实际的损害，这就是“共同危险行为”。

由于共同危险行为人具有共同过错，为了保护受害人的利益，预防和减少危险行为的发生，世界上大多数国家或地区的民事立法都将这种“共同危险行为”视为“共同侵权行为”，使共同危险行为人如同共同加害行为人一样，对受害人承担连带赔偿责任。显然，这里的所谓“共同过错”只是一种推定的过错，其实际意味着：虽然不能证明是行为人中的哪一个人的危险行为最终导致了损害的发生，但是如果不存在危险行为，就不可能实际引发这一具体的损害，故此种危险的存在本身就表明行为人具有过错。因此，在实际损害发生后，若不能证明加害人是谁，则应由行为人共同承担连带赔偿责任。

三、过错推定责任的特点

（一）过错推定责任原则以行为人不存在过错为抗辩事由

过错推定只是对行为人主观上存在过错的一种推定，而这一推定结果具有或然性，即可能存在也可能不存在。若不存在主观过错，则行为人就无需承担民事责任。

（二）过错推定采取法定的举证责任倒置的方式

过错推定由被告举证证明自己没有过错，这种方式旨在加强被告的责任，增加被告免责的困难和受害人获得赔偿的可能性。

（三）过错推定责任原则不区分过错的程度

在过错推定责任原则中，行为人的主观过错本身是被推定出来的，既然这一过错具有或然性，当然也就很难确定其大小。

（四）过错推定责任原则适用的范围比较窄

过错推定责任原则主要适用于建筑物致人损害责任以及共同危险行为致人损害的责任承担和医疗事故责任等。我国《民法通则》只在第126条对此作出了规定，但有学者主张国家机关工作人员的侵权责任、用人者的责任、法定代理人的责任、专家责任以及违反安全保障义务的责任、物件致人损害、事故责任等都适用推定过错制度。[①]

【案例7－3－3】责任之分担并非即公平责任的适用
——《存放的锅炉倾倒致人死亡损害赔偿案》[②]

原告陆某之子朱某（12岁）、柳某（14岁）和刘某（11岁）3人进入被告食品厂厂区玩耍。在该厂篮球场一侧篮球架旁，存放有经该厂领导同意存放的被告徐某为他人代销的立式锅炉。3人即在篮球架与锅炉之间玩吊床游戏，朱某拴锅炉一边，柳某拴篮球架那边，刘某坐在旁边。吊床拴好后，朱某即上去乘坐，由于吊床的拉力，锅炉倾倒过来砸中其头部，后经抢救无效死亡。

原告陆某将徐某、食品厂诉至法院，要求赔偿。

法院经审理认为：第一被告徐某经食品厂同意后，将其为他人

① 杨立新：《侵权法论》，人民法院出版社2004年版，第283页。

② 《陆爱丽诉徐文成在桓仁食品厂存放的锅炉被其子栓住玩吊床游戏时倾倒砸伤其子致死赔偿案》，最高人民法院中国应用法学研究所编：《人民法院案例选（民事卷）》（1992－1999年合订本），中国法制出版社2000年版，第1537页。

代销的锅炉存放在食品厂院内的墙角处，已尽管理之责，主观上并无过错。第二被告食品厂同意徐某存放锅炉，并告知“出现一切后果，概不负责”，其行为也无不当之处。

受害人朱某在厂区活动，原告陆某作为监护人也不存在未尽监护责任的过错。根据《民法通则》第 132 条的规定，三方应依“公平责任原则”分担损失。

据此，法院判决：被告徐某赔偿原告经济损失的 40%，被告食品厂赔偿原告经济损失的 10%，其余损失由原告自行承担。

本案受理法院认定当事人都没有过错，而依“公平责任原则”来判定各方分担责任的做法，值得商榷。实际上，本案应首先适用《侵权责任法》第 88 条规定的“过错推定原则”，而非“公平责任原则”。

《侵权责任法》第 88 条规定：“堆放物倒塌造成他人损害，堆放人不能证明自己没有过错的，应当承担侵权责任。”该条规定的就是一种特殊侵权责任，即物件致人损害责任。说它特殊，是因为它采取了与一般侵权损害过错归责不同的推定过错归责原则。依此原则，凡物件致人损害的，首先推定物件的所有人或管理人有过错而应承担致损的民事责任，但允许物件所有人或管理人举证证明其对损害发生没有过错以免除民事责任，若证明不了就应承担民事责任。

因此，本案须先依《侵权责任法》第 88 条的规定来确定两被告是否有责任。只有在两被告没有责任的情况下，才会发生进一步适用第 24 条规定的问题，即是否应依公平原则实现对原告的救济。

四、过错推定与举证责任的转换

（一）行为人被推定为有过错

实施了侵害合法权益行为的事实本身就说明行为人有过错，这种过错不仅是就行为本身的出现而言，还是对损害后果的发生而言的。

（二）形成侵害就应承担侵权责任

有鉴于此，按照侵害形成者应该承担侵权责任的原则，行为人就应当对其侵权行为负责。

（三）侵权法规范功能的要求

侵权法要发挥规范的引导功能，让行为人承担责任体现了法律对其行为的否定态度，可以引导人们谨慎、合理地行为。

（四）证明责任转换的反映

实行举证责任倒置，又允许行为人通过证明某种事实的存在而推翻对其过错的推定，反映了法律在“无辜的受害者”与“‘无辜’的被告”之间优先保护受害者利益的立场。

前述《甲公司诉乙公司擅用其电话密码打国际长途造成电话费损失赔偿纠纷案》① 有人用甲的电话密码利用乙印刷社的电话机先后打出22次国际长途电话，造成甲公司电话费损失3650.10元。对盗用电话密码的人，查无结果。甲公司遂向法院起诉，要求乙印刷社赔偿电话费损失。

法院审理认为乙的电话机始终在其实际占有、控制下，被他人用甲公司的电话密码打国际长途电话，给甲造成了经济损失。损害结果的发生，是被告对其电话机管理不善造成的，应由被告承担责任。如果是第三人利用被告实际控制的电话机给原告造成损害，亦应由被告先赔偿原告的损失，再向第三人追偿。故判决支持原告诉讼请求。

有学者认为，本案法院运用的即为过错推定的归责原则。该原则实际上是在过错责任原则的基础上实行了原被告的举证责任倒

① 《广东敬修堂药厂苏广州市东山区黄花印刷社擅用其电话密码达国际长途造成电话费损失赔偿纠纷案》，载最高人民法院中国应用法学研究所编，《人民法院案例选》1994年第3辑（总第9辑），人民法院出版社1994年版，第96页。

置，即出现了损害事实即推定被告是有过错的，如被告主张无过错则由其举证证明。故可见，本案其实是举证责任的转换，而并非过错推定原则的适用。

第四节　无过错责任原则

一、无过错责任原则的概念

无过错责任，是指无论行为人有无过错，法律规定应当承担民事责任的，行为人应当对其行为或物件所造成的损害承担民事责任。

《侵权责任法》第7条规定："行为人损害他人民事权益，不论行为人有无过错，法律规定应当承担侵权责任的，依照其规定。"本条规定是对我国侵权法无过错责任原则的规定。

【案例7－4－1】造成污染就没有理！
——《梅林公司诉稀土公司鱼塘二次污染赔偿纠纷案》①

原告梅林公司所属鱼塘与被告某稀土公司的围墙相邻。被告的废水曾造成鱼塘污染。1992年，该稀土公司废水排放改道后，被告委托环境监测站调查，结果表明：鱼塘周围土壤为酸性红壤，在正常值范围。据此，被告拒绝了原告1992年的赔偿要求。于是，原告起诉至法院。

审理期间，环境专家论证：环境有一个动态变化的过程，一次测试结果不能说明整个环境现状。经重新鉴定，多数鱼塘的水都不

① 《梅林供销服务公司诉赣加稀土有限公司鱼塘二次污染赔偿纠纷案》，最高人民法院中国应用法学研究所编：《人民法院案例选（民事卷）》（1992年－1996年合订本），人民法院出版社1997年版，第737页。

符合渔业标准。

经法院主持调解，由被告承担对原告的损失赔偿责任。

为什么稀土公司在对鱼塘污染没有过错的情况下还要承担对梅林公司的损失赔偿责任呢？

本案是一起环境污染损害赔偿案件，法院的处理是正确的。环境污染致害责任作为一种特殊侵权责任，是指民事主体的造成自然因素不良变化的作为或者不作为导致他人人身或者财产损害，而应承担的民事责任。根据《侵权责任法》第65条的规定："因污染环境造成损害的，污染者应当承担侵权责任。"本条规定确定了环境污染致害案件在我国适用无过错责任的归责原则。适用无过错责任的归责原则，首先加重了环境污染致害者的法律责任，有利于促进其履行保护环境的法律义务，从而有利于保护环境；其次减轻了受害人的举证责任，从而有利于更好地保护其合法权益。

二、无过错责任原则的产生和意义

（一）过错责任原则在一些领域面临着严峻的挑战

历史上侵权责任的归责原则普遍采用过错责任原则，但随着社会的进步及工业生产的发展，需要一种比传统过错责任原则更为严格的法律原则以对受害人提供更为充分的救济。

（二）无过错责任原则反映高度社会化大生产条件下的公平正义观

它通过整个社会利益的均衡、不同社会群体力量的强弱对比，以及通过补偿以息事宁人体现了民法的公平原则。

（三）无过错责任原则还有程序法上的意义

法庭不必对有关加害人的过错进行听证审理，减轻了原告方的举证责任，也简化了诉讼程序，有利于保护处于弱者地位的受害人。

（四）无过错责任原则也有其局限性

其局限性之一就在于它本身未能完全说明这样一个问题：假如行为人能证明自己没有过错，为什么不让其加以证明，而是判决由其承担民事责任呢?

无过错责任原则对于个别案件的适用可能有失公允，但它体现了整体的公平和正义。为弥补其局限性，法律通常设有一些补救措施，包括适用范围的限制、最高赔偿限额、受害人不得主张惩罚性赔偿等。

【案例7-4-2】火车撞死人从来就不赔偿吗?
——《农妇被火车头拖行致死　铁路部门称最多赔500元》[①]

2007年10月16日上午10时许，杨某和邻居袁某一起穿越货场回家，被一辆正在作业的火车头撞倒。当时列车头要去货场进行清洗保养。据袁某介绍，火车头行驶速度并不快，从北向南开来，北边是一个弯道。记者在出事现场看到，站在当时杨某所处的位置，列车头未到弯道时，看不到行驶而来的列车头。“平常都有人吹号子、摆旗，喊‘车来了，快快!’那天没有一点动静。杨某左腿在车底下，从火车头下来一个人，将杨某从车底拉出来，接着火车就开走了。”亲眼目睹惨状的袁某忍住不发抖。杨某左腿被碾住，被带出几十米远，一路都是血，杨广英不停惨叫。“我天天都做噩梦，实在是太惨了!”

冲突：死者家属指责铁路见死不救

根据袁某所说，杨某的家人认为火车司机见死不救。负责管理火车司机的是阜阳机务段，该段党办工作人员王某称，发生事故后，司机需要停车。“至于抢救，司机用无线电通知当地铁道派出

① 《农妇被火车头拖行致死　铁路部门称最多赔500元》2009-01-08 04：49：17来源：中安在线-安徽商报（合肥）（本文来源：中安在线-安徽商报 作者：武长鹏、傅义）。

所，由铁道派出所处理。司机不需拨打‘120’急救电话”。

但杨家人认为，“一定是哪个环节出了错。”事发后，袁某赶回村通知杨某的丈夫张某。张某立刻赶到，他说，妻子在地上痛苦地打滚，周围站着几个穿制服的人，“反怪我们添乱!”张某立刻拨打“120”，随即与周围人员发生了言语冲突。当天16时许，杨某在铁二处医院死亡，原因是失血过多。事发地离铁路医院只不过两公里左右，但杨某被送往医院已是2个多小时以后的事。

赔偿：铁路表示最多赔500元丧葬费

事发后，杨某的亲属找到铁路部门。铁路部门认为，根据铁路方面的法律法规，他们没有责任，最多只愿赔偿300元丧葬费。最后，铁路部门称出于人道考虑，愿将金额提高到500元。杨某的女婿张某说，原本只要对方赔礼道歉，赔偿有个差不多就行了，没有想到铁路部门态度如此蛮横，一家人被逼迫才走上法庭。

阜阳机务段党办工作人员王某称：“俗话说铁路撞死人不赔偿的。”另据阜阳车务段党办主任王某称，赔几百元有依据。据其称，历年来，火车撞死人都是赔偿300元。但王某同时表示，自己不清楚规定300元的那个暂行条例是否还存在。

困局：铁道围村农民出行难

杨某家住颍东区向阳办事处六里村，离火车站不到一百米。“这是一座被铁道困死的村庄。”村民们介绍，几条铁道像臂弯一样将六里村环住，村民出行要么穿越火车站货场，要么绕行十余里。无论此案判决结果如何，都有一个难题摆在车务段和地方政府面前：如何保证六里村数百村民的出行安全?

据了解，出事前，村子与车站之间并没有栏杆。杨家认为，铁路部门没有尽到责任。阜阳车务段党办主任王某则称，死者有一定责任。事发后，铁路部门在村庄与车站之间安装了围栏。王某说，有了围栏，村民也能跨越，谁都没办法。

三、无过错责任原则的归责理由

法律之所以规定那些对周围环境有高度危险性的行业适用无过错责任原则，主要是出于以下几点考虑：

（一）行业的潜在危险性

某些行业、行为或物件即使尚未对他人造成损害，也包含着产生损害的极大危险，如各类高度危险责任。而且在某种程度上，也只有该所有人或持有人能够控制这些危险。

（二）一方的优势地位

无论从对该行业的了解程度，还是从经济条件下比较，加害人都处于优势地位，并且受害人也很难就加害人的主观过错予以举证。

（三）获得利益者应负担责任系正义的要求

根据“谁获取利益谁就承担风险”的原则，法律规定对这些特殊行业适用无过错责任原则，有利于加害人增强责任心和提高注意程度。

【案例 7－4－3】获得了利益能不承担风险吗？

——《齐二药假药案开庭　10 名受害者索赔 2000 万》[①]

2006 年 4 月 19 日，中山三院感染科按广东省医疗机构药品集中招标中心的规定，开始改用齐齐哈尔第二制药有限公司生产的某品规唯一中标药品———亮菌甲素注射液。

4 月 24 日和 26 日，感染科三区先后出现 2 例急性肾衰病人（无尿、血肌酐等明显升高）。4 月 30 日下午，感染科二区也出现 6 例相同表现。病人 4 月 19 日至 5 月 2 日全院停用该药，共 64 名患者使用过该药，13 人死亡。

---

① 《齐二药假药案开庭　10 名受害者索赔 2000 万》，http://www.sina.com.cn2007 年 08 月 02 日 14：39 金羊网－羊城晚报，（记者廖怀凌 通讯员徐平鸽）。

5月27日，国务院办公厅指派由卫生部、国家食品药品监督管理局组成的联合专家调查组，赴中山三院调查。调查组经过2天的调查，认定这是一起由于注射齐齐哈尔第二制药厂生产的“亮菌甲素注射液”中所含的二甘醇中毒导致死亡事件。

四、无过错责任原则的适用

（一）无过错责任原则的适用范围由法律专门规定

这里所指的“法律”既包括《侵权责任法》的明文规定，也包括某些单行法规。具体而言，无过错责任原则的适用范围包括国家机关及其工作人员职务侵权、产品责任、高度危险作业致人损害、环境污染致人损害、饲养动物致人损害等。此外，法人对其法定代表人和其他工作人员的经营活动包括执行职务给他人造成的损害，应依无过错责任原则承担责任。

（二）适用方法

就适用方法而言，无过错责任原则主要是免除原告对加害人过错的举证责任。但是，原告仍需证明违法行为、损害后果以及因果关系。

【案例7-4-4】买方过错并非负无过错责任之卖方免责的理由

——《产品缺陷与不正当使用行为竞合造成损害分担责任案》①

1995年1月10，董某从被告某专用汽车厂物资经销公司购买了一辆该厂装配的半拖挂汽车。同年1月21日，董某用该车装载汽车底盘（共12.9吨，超重2.9吨），运往外省某城市。行驶途

---

① 《董景春诉四平专用汽车厂物资经销公司产品缺陷与不正当使用行为竞合双方分担责任案》，最高人民法院中国应用法学研究所编：《人民法院案例选（民事卷）》（1992年-1996年合订本），人民法院出版社1997年版，第694页。

中，挂车后右外侧轮钢圈突然破碎，致使该车向右侧翻车。经交警认定：造成该车翻车的主要原因系由于钢圈破碎所致。于是，董某向法院起诉，要求被告赔偿经济损失。

经法院委托鉴定：该钢圈为不合格产品。

一审法院经审理认为：被告应承担赔偿责任。二审法院经审理认为：作为卖方的经销公司，应当无条件地承担因其所销售的车辆质量不合格给买方造成的损害的赔偿责任。买方的过错不能作为卖方免责的理由。但董某超重行驶也是钢圈破碎的原因之一，也应承担一定责任。

产品责任是我国民法中的一类特殊侵权责任，是指产品的制造者、销售者对缺陷产品造成的他人财产、人身损害所承担的责任。产品责任是无过错责任。受害人无需证明加害人有过错，而只需证明产品的缺陷、造成的损害、缺陷产品的使用与损害之间存在因果关系即可。由于生产者、销售者处于主动和积极的地位，能及时认识到产品存在的缺陷并能设法避免，而大多数消费者因缺乏专业知识，不可能及时发现产品的缺陷并通过自己的行为防止其危险，故法律将产品责任定为无过错责任。

（三）免责条件

法律规定的免责条件一般包括：不可抗力、受害人故意或重大过失、第三人的过错等。

【案例 7－4－5】十年前的致命停电

——《医院开颅手术时停电　病人手术后成“准植物人”》①

十多年前，大庆油田总医院进行过一次开颅手术，手术中突然停电，又无应急电源，所以手术中断近半个小时，病人头颅大出

① 《医院开颅手术时停电　病人手术后成“准植物人”》，2008－12－08 15：48：13 来源：中新网（生活报）。

血。结果，病人陈某手术后左侧肢体瘫痪、右眼失明、面神经麻痹，成为“准植物人”。可是医院却把这个手术意外隐瞒了10年。

2003年7月7日，张某到大庆市中级法院代妻子陈某起诉大庆油田总医院，索赔医疗费、护理费、精神损失费等各项费用达120余万元。

2004年5月，陈某告大庆油田总医院医疗损害赔偿一案，大庆市法院一审判决，被告大庆油田总医院赔偿原告陈某各项损失58万余元。原告和被告接到判决后先后上诉。大庆市中级法院判决大庆油田总医院败诉，赔偿原告38万余元，原告自己承担30%的责任。

无过错责任原则与绝对责任原则不同，为其设置某些免责条件，对于弥补该原则的不足是必要的。但是，无过错责任产生的目的是为弥补过错责任的不足，进而对受害人进行充分的救济。如果免责理由过于宽泛，无过错责任原则也就失去了其存在的意义。因此，有必要对无过错责任原则的免责条件（抗辩事由）予以严格的限制。

第五节　关于“公平责任原则”

一、公平责任原则的产生和特点

（一）公平责任原则的产生

1. 公平责任理论最初是受自然法的影响产生的

17至18世纪的古典自然法从平等的观念出发，基于人性上普遍应尽的义务，认为任何人若致人损害，即应予以赔偿。

但从根本上说，公平责任之所以能够作为一项独立的归责原则产生，则是由于随着现代社会商品经济和科学技术的发展，民法所调整的商品经济关系等社会关系的内容日益复杂，“过错责任原则”和“无过错责任原则”都不能很好地适应社会发展的要求。

2. 寻求新的平衡双方利益的解决方式使公平责任应运而生

社会生活是复杂多样的，当事人双方均无过错但又不宜适用过错或无过错责任的情况要求人们必须调和只能适用过错责任或无过错责任原则的矛盾。

3. 以侵权责任法作为救助不幸者的工具自要给予不幸者以更宽容的待遇

对于遭受不幸、经济状况恶化的不幸者予以救助，是现代人类社会应当追求的价值。

【案例7－5－1】当事人对意外损失的公平合理分担
——《帮工中意外受到身体伤害赔偿案》①

韩某与闫某是好友。1989年9月20日，闫某求韩某帮自己赶马车去拉柴。装车时，因驾辕骡子绊腿，韩某在摘套时被前套骡子踢伤头部。闫某当即雇车将韩某送往县医院住院治疗。后经鉴定：韩某肢体残废症状已经稳定，但丧失大部分劳动能力。1990年7月17日，韩某诉至法院，要求闫某承担其今后的生活费用和继续治疗费用。

法院经审理认为：韩某之伤虽是在给闫某帮工的过程中造成的，但不是闫某侵权行为所致，属意外事件。韩某为闫某帮工，闫某是该民事行为的受益人，故其理应承担一定的民事责任。

《侵权责任法》出台之前，本案适用的是《民法通则》第132条规定：“当事人对造成损害都没有过错的，可以根据实际情况，由当事人分担民事责任。”有学者认为，该条规定了特殊的“公平归责原则”。

---

① 《韩荣诉闫吉因其在帮工中的意外事件受到身体伤害请求赔偿案》，最高人民法院中国应用法学研究所编：《人民法院案例选（民事卷）》（1992－1999合订本），中国法制出版社2000年版，第1590页。

公平责任原则与民法基本原则中的公平原则含义不同：民法基本原则中的公平原则强调民事活动应公平合理；侵权法中的“公平责任原则”则指的是这样一种归责原则，即当事人双方对损害的发生均没有过错，法律也未特别规定可适用“无过错责任原则”或“过错推定原则”，如依一般的过错归责原则又会导致受害人的损害无法得到救济，故法院根据公平的理念，在考虑当事人双方的财产状况和其他情况的基础上，判令行为人对受害人的损失给予适当的补偿，从而由双方当事人公平合理地分担损失。

（二）公平责任原则的特点

（1）公平责任是以公平观念为判断标准的法律责任。公平责任要求法院根据当事人双方的具体情况、受损害的程度等来确定双方具体责任的分担。

（2）公平责任主要适用于当事人没有过错的情形。

（3）公平责任原则主要适用于侵害财产权案件。

（4）须依“无过错即无责任”显失公平时才适用公平责任原则。

只有在法律没有特别规定适用无过错责任原则，而按照“无过错即无责任”的过错责任归责原则又显失公平的情况下，才能适用公平责任原则。

【案例7－5－2】天降乌龟可起诉整幢楼住户索赔吗？
——《女孩被天降乌龟砸中后出现短暂失忆》①

一只大乌龟从天而降砸中女孩

天降乌龟砸破女孩倩倩（化名）的头部，倩倩当即血流满面被送往医院。这一不幸的事件昨日上午9：20左右发生在江北区帝

① 《女孩被天降乌龟砸中后出现短暂失忆》，2009－07－21 02：16：18 来源：华龙网－重庆商报（重庆）（本文来源：重庆商报 作者：杨野 何薇）。

豪怡庭小区门外的人行道上。截至记者昨日傍晚7点发稿时，乌龟的主人仍未现身，物业管理排查无果。花园村派出所已介入调查。

律师说可起诉整幢楼住户索赔

重庆渝北龙塔律师事务所朱某说，在这次事件中，乌龟有可能是自己爬出来掉落的，但乌龟的主人依然要负连带赔偿责任。如果最后没有人出来承担责任，伤者可以起诉整幢楼的住户索赔，依法维护自己的合法权益。

（三）公平责任原则与无过错责任原则的区别

1. 适用的前提不同

从适用的前提条件上看，无过错责任原则只有在法律有特别规定的情况下才能适用。公平责任适用的前提则是当事人没有过错，且无法定的承担无过错责任的情形存在。

2. 赔偿的范围不同

无过错责任原则是一种强制赔偿制度，而且一般都有最高补偿额的限制。公平原则完全是法官自由裁量权的正确应用，由法官根据个案的具体情况包括损害的事实与各方当事人的经济能力来综合衡量。

3. 赔偿的基础不同

就赔偿的方式而言，无过错责任原则最终是通过社会保险或其他保险来解决赔偿的。而公平责任原则适用的关键在于原被告双方的经济条件。

【案例7-5-3】一整幢楼的业主都成了被告

——《高空抛物砸死人　深圳73业主“连坐”成被告》①

2006年5月31日傍晚，小学生小宇，放学途经海德二道时，突然被一块从南侧人行道的上空坠下的平板玻璃砸中头部，后经抢

① 《高空抛物砸死人　深圳73业主“连坐”成被告》图 http://news.QQ.com，2007年12月21日09：18大洋网。

救不治身亡。

由于无法得知玻璃从何而来，更不知道是有人故意抛下，还是玻璃从附近建筑物自行坠下，公安等多部门介入调查，但至今没有一个具体说法。小宇的家属为了给儿子一个说法，开始了漫长的寻求法律之路。他们决定将与海德二道南侧最近的“好来居”73 个业主及“好来居”物业管理处告上法庭。

二、公平责任理念的合理性

《侵权责任法》对公平责任的规定，主要体现在第 23 条、第 24 条、第 33 条第 1 款、第 87 条中，第 24 条规定：“受害人和行为人对损害的发生都没有过错的，可以根据实际情况，由双方分担损失。”

1. 公平观的不同是争议产生的原因

对公平责任产生分歧的根源在于双方公平观的不同，以及侵权法或者进一步说民法应该贯穿哪一种公平观的不同。

（1）公平是在初次分配领域的公平

这一意义上的公平强调贡献与收益的正比例关系，即所谓“按劳分配”。这种意义上的公平，是效率意义上的公平，所谓“过失责任即体现着公平”，就是这种意义上的公平。

（2）再分配领域的公平

这一意义上的公平是结果意义上的公平。依据这种公平观念，社会财富的差距不能过大，不幸者理应得到怜悯，强者应该救助弱者。这种意义上的公平应该通过国家干预，通过财富的再分配来实现。肯定公平责任原则的学者所指的“公平”，显然是第二种意义上的公平。

2. 公平责任与侵权法所追求的效率价值之冲突

从法经济学分析的角度看，公平责任有不符合侵权法所追求的效率价值之嫌。

(1) 公平责任是在过失责任原则的适用领域排除过失责任的适用，削弱了过失责任在实现侵权法效率价值上所发挥的作用。

如果认为公平责任并非一种单独的归责原则，则仅能适用于过失责任领域。过失责任是一种富有效率的损害分配机制，在该领域排斥过失责任的适用，无疑将会影响其效率功能的发挥。

(2) 在双方均无过错的情况下，基于“公平”的考虑在当事人之间进行损害分配，是与风险自担原则相悖的。

同样，既然认为风险自负原则也是符合侵权法的效率价值的，在双方均无过错的情况下，对风险自担原则的否定自然也就不符合侵权法所追求的效率价值。

【案例 7-5-4】按公平原则分担民事责任抑或予以补偿
——《替人作守门员扑球时被撞伤诉参赛双方等赔偿案》①

1998 年 11 月 28 日，经双方单位同意，花园酒店职足球队与美食城职工足球队进行比赛。刘某得知后前来观看。比赛下半场美食城球队守门员换人时，刘某要求上场，该球队并未反对，刘某即担任该队守门员。当花园酒店球队球员郑某带球攻门时，刘某上前扑球，双方发生碰撞，致使刘某腿部受伤，经医院诊断为粉碎性骨折。

1999 年 7 月，刘某向法院提起诉讼，要求花园酒店、美食城及郑某进行赔偿。

一审法院经审理认为：刘某身体的损伤是在足球比赛中造成的。足球运动具有一定的危险性，比赛中双方球员发生合理碰撞是允许的，由此造成的损伤，行为人的行为就不具有违法性。刘某虽不是双方球队的正式球员，但自愿参加到比赛中，对足球运动中可

① 《刘涛因替他人球队作守门员扑球时被撞伤诉参赛双方及碰撞人丁山花园酒店等赔偿案》，最高人民法院中国应用法学研究所编：《人民法院案例选》2000 年第 3 辑（总第 33 辑），人民法院出版社 2001 年版，第 119 页。

能存在的危险是明知的。因此，对于刘某在足球比赛中的损伤，花园酒店、美食城及郑某均无侵权的过错。

但是，当事人对损害的发生虽无过错，刘某却是在共同的体育活动中受到伤害，由当事人按公平原则分担民事责任也是合理的。据此，法院判决：花园酒店及美食城各支付一定数额的经济补偿费。

后刘某不服，提起上诉。二审法院基本维持一审法院的判决，驳回了刘某的诉讼请求，只是对花园酒店及美食城的经济补偿数额作了一定调整。

法院依公平责任原则判决花园酒店及美食城对刘某所受的伤害进行经济补偿是否妥当呢？

本案涉及公平责任原则的适用问题。在本案中，刘某参加足球比赛，属于自甘冒险行为，因此对其在比赛中因合理碰撞所受的伤害，比赛的组织方及球队没有侵权的责任。但法院还是根据本案的实际情况，依公平责任原则判决花园酒店及美食城进行经济补偿。

然而，若依公平责任处理本案，则与自甘冒险的性质是相冲突的。因为无论是侵权责任还是公平责任的成立，都必将导致比赛双方因顾虑承担责任而不敢充分发挥勇敢拼搏的体育竞技精神，这有悖于体育竞赛的初衷。

正确的解决方式应是通过受益人补偿义务的履行来予以救济。球队双方作为比赛的受益人，应为刘某所受的伤害进行的适当补偿。法律依据的不是公平责任原则，而是《最高人民法院关于贯彻执行〈中华人民共和国民法通则〉若干问题的意见（试行）》第157条的规定的“给予一定的经济补偿”，这与《侵权责任法》第24条规定的“分担损失”的精神是一致的。

三、“公平责任”原则的适用

我国《侵权责任法》中规定有“公平责任”的内容，但是其并不是作为一种归责原则，而是对根据公平原则，出于道义上的考虑，对损失的分担。

（一）“公平责任”的适用条件

“公平责任”的适用须具备下列条件：

（1）损害的发生必须属于侵权责任法调整的范围。即损害须因绝对权受侵害造成的；

（2）损害的发生必须属于法律既没有特别规定适用无过错责任，也没有规定行为人没有过错可以不承担民事责任的场合。

（3）损害须是比较严重的。

（4）对于损害的发生须是当事人双方都没有过错。

（二）“公平责任”原则的适用范围

对于在什么情况下适用“公平责任”，我国《民法通则》明文规定的有以下几种情况（当然公平原则并不要求有法律的明文规定）：

1. “公平责任”的一般性规定情形

《民法通则》第132条规定：“当事人对造成损害都没有过错的，可以根据实际情况，由当事人分担民事责任。”《侵权责任法》公布以后，应适用第24条规定：“受害人和行为人对损害的发生都没有过错的，可以根据实际情况，由双方分担损失。”本条规定应该成为今后法院审理案件时，涉及“公平责任”时应适用的法条。需要注意的是这里是“分担损失”，司法实践中应注意用语。

【案例7－5－5】孩子被蚊子叮咬患重病照管人是否要赔偿？
——《黄某诉汪某人身损害赔偿案》[①]

原告黄某的父母与被告汪某口头约定，被告负责照料黄某食

① 《黄志莹诉汪桂英人身损害赔偿案》，案例来源：北大法律信息网，载 http://vip.chinalawinfo.com/Case/displaycontent.asp? gid＝117488141。

宿，每月支付300元。2002年2月24日原告被送到被告家看护。2002年3月31日早上7时许，原告口吐白沫、四肢抽搐，被告将原告送至县医院就诊，当天中午转到市医院住院治疗。2002年4月4日，原告被诊断为乙型脑炎，同年4月29日出院。

原告起诉被告，认为被告没做好防蚊、灭蚊工作，导致黄某患上乙型脑炎，被告承担赔偿责任。

据病理分析，流行性乙型脑炎疾病，其病原体是乙脑病毒，经蚊虫叮咬，病毒进入人体，临床表现：潜伏期一般为10日～14日。

县法院经审理认为：原告发病系感染乙脑病毒所致，人感染上乙脑病毒是否发病主要取决于自身的免疫力，自身免疫力来自先天和后天，后天免疫力与接种乙脑疫苗有直接的关系。若原告父母能严格按《传染病防治法》的规定让原告参加计划免疫，可能会增强原告的免疫力。

被告汪某在原告黄某发病时，及时将原告送到医院就医，已尽到看护人的管理、照料义务，原告无法举证证明被告在看护过程中存在过错。因此，原告要求被告支付医疗费、护理费等不予支持。

但考虑到原告系在被告看护期间感染到乙脑病毒，且被告的看护行为是有偿行为。因此，按公平原则，被告应给予原告一些经济补偿。

原告不服，提起上诉。后上诉人未在批准的期限内预交二审案件受理费，按撤诉处理。

本案属于一般的侵权案件，应当适用过错责任。从查明的事实来看，原告发病系蚊虫叮咬感染乙脑病毒所致。被蚊虫叮咬是一种不可抗力，任何人的一生都不可能保证不被蚊虫叮咬，作为被告不可能有致原告感染乙脑病毒的主观故意。被告在发现原告发病时，及时将原告送到医院就医，已尽到看护人的管理、照料义务，也不存在主观过错。在此过程中，原告也没有过错，那如何救济原告所造成的损害呢？根据《侵权责任法》第24条的规定，由被告分担损失，是一个合适的选择。

2. 无行为能力人、限制行为能力人致人损害的情形

对于无行为能力人和限制行为能力人，监护人有监护的义务。但若规定只要监护人已经尽到了注意义务，就可以完全免除损害赔偿责任的话，则对无辜的受害人是极不公平的。《侵权责任法》第32条规定：“无民事行为能力人、限制民事行为能力人造成他人损害的，由监护人承担侵权责任。监护人尽到监护责任的，可以减轻其侵权责任。”即在监护人尽了监护责任的情况下，也不是免除责任，而只是减轻责任，应当说这也是基于公平考虑。

【案例7-5-6】尽力监护的精神病人还是伤人
——《谭某等诉于某犯精神病脱离监护跑出造成人身损害赔偿案》[1]

1999年，5月20日于某到原告陈某家，将其母亲邢某（出院一个月后因车祸死亡）和女儿谭某打伤。后经司法鉴定，于某1999年5月20日伤害他人，是由于其精神病复发，受妄想所支配，在无辨认能力的情况下实施的伤害行为。县公安局对于某作出不负刑事责任的处理。于某的监护人为于甲，当时在邻居家。

原告向法院起诉被告于某，要求赔偿医疗费、误工费、住院期间伙食补助费、法医鉴定费、精神损害赔偿金等。

一审法院经审理认为：被告于某的监护人于甲平时虽对于某的生活和学习给予了关心和爱护，但在于某发病期间未认真履行监护责任，致使于某对原告造成人身伤害，于某的监护人应承担民事赔偿责任。原告主张被告赔偿医疗费、误工费等费用的诉讼请求，因原告向法庭提供了相应的证据证明，本院依法予以支持。另外，因于某的伤害行为确实给原告造成了巨大的精神痛苦，故应给予精神

① 《谭吟雪等诉于涛犯精神病脱离监护跑出造成人身损害赔偿案》，案例来源：北大法律信息网，载 http://vip.chinalawinfo.com/Case/displaycontent.asp? Gid=117463496。

抚慰，对其要求给予精神损害赔偿的请求予以适当支持。

于某的监护人于甲不服一审判决，提起上诉。法院基本维持了一审判决，只是认为对残疾者生活补助费的认定有误，予以了改判。

本案被告的答辩，实质在主张监护人对被监护人尽了监护责任，可以适当减轻监护人的民事责任。《侵权责任法》第 32 条规定："无民事行为能力人、限制民事行为能力人造成他人损害的，由监护人承担侵权责任。监护人尽到监护责任的，可以减轻其侵权责任。"对本规定的正确理解，首先要了解对无行为能力人、限制行为能力人造成他人损害的民事责任采取的是客观归责的原则，即只要造成他人损害就产生侵权的民事责任，该客观归责只涉及责任的有无，与责任的大小程度没有关系。其次，监护人尽了监护责任，可以适当减轻监护人的民事责任，对于减轻责任采取的是过失标准，尽了监护责任即在监护上没有过失，有过失就是未以全力尽监护责任。

在本案中，监护人轻信其去王某家休息不会出事，致使被监护人获得跑出去的机会而造成原告方的人身伤害，监护人的这种轻信疏忽过失说明其未以全力尽监护责任，因而不能减轻责任。而认为只要被监护人造成了他人损害，就表明监护人疏于监护，没有尽到监护的责任的观点，是将民事责任有无上的客观归责原则运用到了责任的减免上，是不符合立法本意的。

是否尽了监护责任，与监护人过去如何尽心尽力没有关系，法律上只考虑在被监护人造成他人损害行为发生时监护人是否尽了监护责任。所以，被告方以平时的尽心尽力主张尽了监护责任，是对法律的误解。

3．紧急避险人承担适当民事责任的情形

《侵权责任法》第 31 条规定："因紧急避险造成损害的，由引起险情发生的人承担责任。如果危险是由自然原因引起的，紧急避险人不承担责任或者给予适当补偿。紧急避险采取措施不当或者超过必要的限度，造成不应有的损害的，紧急避险人应当承担适当的责任。”

【案例7-5-7】受害人可以要求紧急避险之受益人适当补偿
——《田某诉青龙公司紧急避险损害赔偿案》①

田某承包的四个鱼池位于青龙公司的墙外。2003年1月6日夜，青龙公司发生火灾，消防队因救火从相邻的田某承包的一鱼池中破冰取水，取水量约25立方米。2003年3月份，天气转暖，冰层融化，田某在该鱼池中饲养的鲤鱼苗全部死亡，而未抽水的其他三个鱼池没有大量死鱼现象。田某向法院起诉青龙公司，要求被告赔偿经济损失60000元。

法院经审理认为：被告公司因电路短路失火，消防队采取紧急避险行为为被告救火，从原告田某的鱼池中破冰取水，造成原告鱼池中饲养的鲤鱼苗死亡。被告作为受益人应对给原告造成的经济损失承担赔偿责任。依据《民法通则》第129条的规定，判决：被告青龙公司赔偿原告田某经济损失45000元。

被告不服，提起上诉。二审法院经审理认为：紧急避险是为了公共利益、本人或者他人合法权益免受正在发生的危险，不得已而采取的损害他人一定利益的救险行为。因紧急避险造成损害的，由引起险情的人承担民事责任。青龙公司失火，消防部门在情急之下，为保全更大利益，采取紧急避险行为，从田某承包的鱼池中破冰取水，是不争的事实。

在本案中，根据日常生活经验，田某很难甚至根本不可能及时发现鱼死亡，只能待春暖冰融之时。田某发现鱼死亡后，曾多次找有关部门和青龙公司协调交涉，青龙公司消极处理，贻误并错过了对鱼死因进行鉴定的时间。在诉讼中，青龙公司却以此抗辩，称破冰取水灭火与鱼死亡无因果关系。对此，青龙公司要对其抗辩承担

① 《田宝志诉北京青龙缝纫制品有限公司紧急避险损害赔偿案》，案例来源：北大法律信息网，载 http://vip.chinalawinfo.com/Case/displaycontent.asp? gid=117489782。

相应的举证责任，但其未能举证。事实上，在田某承包的鱼池中仅有破冰取水鱼池中的鱼全部死亡，其他三个鱼池无此现象。故田某承包的鱼池中的鱼死亡与破冰取水灭火具有一定的关联性。法院判决：驳回上诉，维持原判。

这是一起由于紧急避险引起的损害赔偿纠纷，符合紧急避险的构成要件（紧急避险的紧迫性、避险措施的必要性、避险行为的合理性）。田某是紧急避险行为的受害人，青龙公司是受益人，消防队是紧急避险行为人。因紧急避险行为造成损害的，由引起险情的人承担民事责任。如果险情是由自然原因引起的，行为人采取的措施又无不当，则行为人不承担责任。受害人要求补偿的，可以责令受益人适当补偿。如果被告是引起险情的人，则应当承担民事赔偿责任，如果其不是引起险情的人，则只承担适当的补偿责任（作为受益人，按照公平原则），二者的赔偿理由和赔偿的数额将是不同的。

从一、二审法院的判决中可以看出，一、二审法院都认定青龙公司为引起险情的人。故无需适用公平责任原则判决被告承担适当的补偿责任，一、二审法院按照当地在一般饲养条件下的鲤鱼的产量和销售价格确定被告赔偿原告的全部经济损失因而是正确的。

4. 为对方利益或共同利益进行活动致人损害的情形

《最高人民法院关于贯彻执行〈中华人民共和国民法通则〉若干问题的意见（试行）》第157条规定："当事人对造成损害均无过错，但一方是在为对方的利益或者共同的利益进行活动的过程中受到损害的，可以责令对方或者受益人给予一定的经济补偿。"

【案例 7－5－8】令人纠结的劳动或雇佣法律关系
——《杨某诉方某人身损害赔偿纠纷案》①

1999 年 8 月，杨某开始为方某的防撬门经销部（未经工商注册登记）的客户安装防撬门，双方口头约定方某在有客户购买防撬门时，安排杨某安装，按件计酬，每月结算一次。2001 年 8 月 17 日，杨某按方某的安排，给一房安装防撬门时，防撬门滑落砸伤杨某的右腿，方某预付了治疗费 1000 元。后经劳动争议仲裁委员会调解，方某又支付医疗费人民币 1000 元。2001 年 11 月 16 日，杨某再次向劳动争议仲裁委申请仲裁，要求方某支付其余医疗费用及其他费用。仲裁委以双方未签订劳动合同为由不予受理。杨某于是向法院起诉。

一审法院认为，原告为被告提供劳务且接受报酬，双方形成雇佣关系。但双方的雇佣关系是不特定的，只是在有客户购买防盗门时，被告才通知原告上门安装，双方未形成事实劳动关系。原告为被告的客户安装防盗门时右脚被砸伤，对于这一后果，双方均无过错，但原告是在为被告提供劳务的过程中受到损害，对此，被告应给予一定的经济补偿。

杨某不服，提起上诉。二审法院经审理维持原判。

本案被告以劳动争议为由主张赔偿的诉讼请求虽没有得到法院的支持，但法院依据公平责任原则，即依照“当事人对造成损害均无过错，但一方是在为对方的利益或者共同的利益进行活动的过程中受到损害的，可以责令对方或者受益人给予一定的经济补偿”的规定判决被告对原告造成的损害进行了适当的补偿，也算是对原告的损害进行了一定程度上的救济，符合公平正义的要求。

① 《杨勇章诉方亮人身损害赔偿纠纷案》，案例来源：北大法律信息网，载 http://vip.chinalawinfo.com/Case/displaycontent.asp? Gid=117447560。

5. 见义勇为受益人承担适当责任的情形

《侵权责任法》第23条规定："因防止、制止他人民事权益被侵害而使自己受到损害的，由侵权人承担责任。侵权人逃逸或者无力承担责任，被侵权人请求补偿的，受益人应当给予适当补偿。"

【案例7-5-9】不要让见义勇为之人流血还流泪！
——《朱父因其子制止他人财产遭受侵害被刺身亡致家庭生活困难诉受益人补偿案》①

朱某的儿子甲曾受雇于和兴饭店做厨工，该饭店是由吴某与廖某合伙经营的。甲1991年9月16日辞工，但是仍住宿在该饭店。10月3日凌晨，一伙歹徒抢劫和兴饭店，甲在与歹徒的搏斗中被刺中胸部。甲因伤势过重，抢救无效死亡。廖某为甲支付了医疗费和丧葬费约2000元，吴某付给朱某990元。

事后，朱某向法院提起诉讼，要求吴某与廖某赔偿2万元。

公安机关对此案进行立案侦查，但在朱某向法院提起诉讼并审结时，尚未侦破。

一审法院经审理认为：朱某的儿子甲在自动辞工后暂住在和兴饭店，与饭店不再存在劳务关系。且案发后吴某和廖某已经妥善处理了后事，并给了朱某适当的经济补助，已尽到适当补偿的责任。朱某儿子的死亡应由歹徒承担赔偿责任。因案件尚未侦破，不能处理。

朱某不服，提起上诉。二审法院经审理认为：在和兴饭店遭歹徒抢劫时，朱某的儿子为制止歹徒对饭店财产的侵害挺身而出，遇刺身亡，这种见义勇为、敢于同违法犯罪行为作斗争的精神是值得提倡的。作为受益人，吴某和廖某事后虽对朱某的善后处理在经济

---

① 《朱木杨因其子制止他人财产遭受侵害被刺身亡致家庭生活困难诉受益人吴春秀等补偿案》，最高人民法院中国应用法学研究所编：《人民法院案例选》1996年第3辑（总第17辑），人民法院出版社1996年版，第90页

上给予了一定的补偿，但现在朱某家庭因儿子的死亡而造成了生活困难，吴某和廖某仍应给予一定的生活困难补助。据此，法院判决：撤销一审判决，要求吴某及廖某共同支付4990元（含之前已支付的2990元）给朱某。

《侵权责任法》第23条规定的是对见义勇为时的侵权责任和补偿责任，该条与《民法通则》第109条规定不同的是将“可以”给予适当补偿，改为“应当”给予适当补偿。《侵权责任法》的本条规定确立了受益人对见义勇为者的补偿责任属于“公平责任”的一种。这样规定有利于鼓励见义勇为，弘扬社会正气。

第六节　严格责任、危险责任与混合归责原则

在世界范围内，侵权责任法的归责原则还包括所谓的“严格责任”、“危险责任”等。这些概念在其所属的法律体系中都具有特定的含义，我们有必要将其与我们熟悉的过错责任、无过错责任和公平责任等概念之间的联系和区别加以厘清。

同时，在司法实践中，一些比较复杂的案件往往不只涉及一个归责原则的适用，这里就涉及了归责原则混合适用的问题。

一、严格责任

（一）严格责任（strict liability）是英美法系国家侵权行为法上产生、发展并使用的概念

在大陆法系国家以及我国侵权责任法中并不直接使用“严格责任”这一表述。

1. 严格责任之内涵

严格责任是指一种比没有尽到合理的注意而应承担的一般责任标准更加严格的一种责任标准。即使行为人尽了任何其他人可能尽到的一切努力避免事故的发生，也应对其行为所引起的事故损失承

担责任。行为人只能通过证明存在受害人的过错、第三人的行为以及不可抗力等法律规定的条件主张免责。

（1）严格责任是比过错责任更为严格的一种责任。

（2）严格责任不同于英美法中的绝对责任。绝对责任，是指由法律特别规定的，只要行为人的行为造成他人损失就须承担民事责任的责任形式。绝对责任比严格责任更严格，行为人不能行使任何抗辩理由。

（3）严格责任加大了被告提出抗辩以免于承担责任的难度。其严格性来自于多个方面：原告不必证明被告具有过错，也不必证明构成特定的侵权形式；被告能够证明自己没有过错也不能免除责任等。

2．严格责任之适用范围

根据《美国侵权法重述（第二次）》的规定，严格责任主要适用于以下四个方面：

（1）动物占有人及提供动物栖息处所之人的责任；

（2）非正常危险活动责任；

（3）产品责任；

（4）支撑物的撤离对土地及土地之上人为建筑物损害的责任。

【案例7－6－1】中国要怎样严格规制才可治银行卡之痛

——《短信欺诈频发　折射出银行管理漏洞和信用危机》①

打着“对银行卡进行加密保护”幌子的诈骗短信在全国呈大面积蔓延之势。北京、上海、厦门、广州、江西、宁夏等地相继发生了不同程度的短信诈骗案件。一些专家认为除了百姓防范意识薄弱、短信监管缺失外，银行卡短信诈骗也折射出银行的管理漏洞和信用危机。

① 《短信欺诈频发　折射出银行管理漏洞和信用危机》http://finance.sina.com.cn 2005年10月31日21:52新华网（记者 罗博 刘元旭）。

让储户对存款放心银行需从七个方面加强监管

人们对存款安全的强烈关注形成了这一信息市场的潜在需求。在这种背景下，当有“风吹草动”而事情尚未明朗之前，人们更加愿意相信诈骗短信所说的是真的。银行业没有给用户彻底的安全感，让骗子有机可乘，是问题的关键。针对银行卡短信欺诈的大面积爆发，专家建议银行业以及有关部门从七个方面加强银行监管，采取措施加以防范。

其一，银行真正执行实名制。

其二，银行有责任对客户进行安全提示和指导。对于银行客户尤其个人客户，银行应安排专门人员在客户开户时进行安全使用提示，让客户在信用卡安全及面临的风险等方面享有充分的知情权。

其三，为客户及时提供非正常交易信息。客户在银行开户时，针对客户的需求，银行应该限定客户每日通过 ATM 机取款、转账，或通过 POS 机交易转出最高的限额。

其四，银行应该由客户自由选择设置密码或签字认证信用卡消费。我国银行业应充分尊重客户的使用习惯，推出境内刷卡消费密码可选功能，把是否设置密码供客户自主选择。

其五，提供即时挂失零风险的保障。一旦发现信用卡丢失、密码也被窃取的情况，持卡人只要拨打 24 小时客户服务热线及时挂失，就能即时生效第一时间锁定风险。

其六，银行应当承担客户损失的部分责任。客户承担全部损失是不公平的。在市场经济发达、社会信用体系健全的国家和地区，如果持卡人对小额的、不足以立案的某项交易提出异议，而银行方面又无法查清原因时，银行为了其商业信誉，一般会根据客户的信用记录，采取信任客户、自己承担损失的方式解决争议。

其七，银行应该加强基础管理，确保客户终端使用安全。对于银行提示，应该在 ATM 机系统内部进行，其中直接有效的方法就是在交易时通过屏幕提示，而不应该在外部粘贴告示等进行提示。

（二）我国学者对严格责任的认识

应当认为，严格责任是英美法系国家侵权行为法的特有概念，在大陆法系国家侵权责任法中并没有准确的可以与之相对应的概念，在我国的归责原则体系中是否有必要采用此概念是值得商榷的。

二、危险责任

（一）危险责任之概念

依据采用此概念的德国法上的规定，危险责任作为归责原则应是指“持有或经营某特定具有危险的物品、设施或活动之人，于该物品、设施或活动所具危险的实现，致损害他人利益时，应就所生损害负赔偿责任，赔偿义务人对该事故的发生是否具有故意或过失，在所不问。”

【案例7-6-2】机动车到底属不属于危险品?
——《人身损害赔偿案件　超过九成是车祸》[1]

根据浙江省高级人民法院的统计，浙江全省法院2008年受理交通事故赔偿案件51012件，2009年受理57109件，2010年1月~11月受理63423件，占同期全部人身损害赔偿纠纷案件的92.06%，同比增长20.14%，年均增长率均在15%以上。

浙江省高级人民法院民一庭庭长许惠春在发布会上说，现在跟机动车相关的交通事故人身损害赔偿纠纷，往往事关当事人的重大人身、财产利益，法律关系较为复杂。例如，交强险和商业险的保险公司，是否应当作为共同被告，与侵权行为人一起承担责任，有的地方法院列为共同被告，有的地方法院另案作为商事合同纠纷处理。还有代客泊车、陪驾、驾校学车、拼车等，发生车祸，谁应承

① 《人身损害赔偿案件　超过九成是车祸》2010年12月15日01：56现代金报（记者 徐超）。

担何种责任，目前也没有十分明确的规定，判决也各不相同。还有"无名氏"遭车祸死亡，到底是检察机关作为原告起诉呢，还是民政部门作为原告起诉？社会上也是莫衷一是。

机动车越来越多，交通事故的处理判决上，意见不一。

（二）危险责任是大陆法系部分国家主要是德国法采用的概念

应该认为，危险责任概念并非必须采用的概念，虽然危险责任能"凸显"无过失责任的归责原因，但无过失责任包括的范围是过错责任之外应承担的损害赔偿责任，危险责任并不能"凸显"非危险性活动也得适用该责任的归责原因。故危险责任是无过错责任的一种。[1] 此外，严格责任与危险责任也并不完全一致。

三、归责原则的混合适用

关于侵权责任的归责理论，可分为"统一说"和"混合说"两大类，而"统一说"又可分为"过错责任说"和"危险责任说"两种。

（一）过错责任说

该说认为，任何人对自己人身或财产的衰老或损害，原则上必须由自己来承受；只有在他人有可非难之处时，才可能自他人之处获得补偿。而这里所谓"可非难"，无非是指行为人对损害的发生存在主观上的故意或过失。

> **违反合理人的注意义务并造成损害是确定各种责任包括严格责任的基础，从而塑造一元归责体系即过错责任体系。**
>
> ——【英】温菲尔德

① ［德］卡尔 拉伦茨："德国法上损害赔偿之归责原则"，载王泽鉴：《民法学说与判例研究（第五册）》，台北1987年版。

（二）危险责任说

侵权责任的基础并不在于过错，而在于其造成了某种危险。“危险责任说”的兴盛，很大程度上是因为：现代工业革命以来，机器逐渐代替人力，许多高度危险作业在给人类社会带来文明和进步的同时，也对周围环境造成了相当的威胁。

> **危险责任说在机器、团体与保险三者互动中，始自1897年方脱颖而出。**
>
> ——曾世雄①

（三）混合说

“过错责任说”与“危险责任说”的观点因其坚持侵权责任基础的单一性而被称为“统一说”。随着社会的变迁，又衍生出了“混合说”。该说认为：随着现代社会安全及保险制度的不断发展，必须将“过错责任说”和“危险责任说”予以综合地考虑。侵权责任的基础不是单一的，而应是综合的。在综合性的侵权责任基础上，仍以过失责任为原则。只有在例外的情形下，才承担建立在危险基础上的责任。

【案例7-6-3】一个案件中能否适用多个归责原则？

——《宋某、杨某诉陈某、辛某见义勇为损害赔偿纠纷案》②

原告陈某、宋某之子宋小某与辛某同属一所小学三年级学生。某日，三人相约去游泳，当他们来到被告陈某经营的砂石厂内，看见有一水坑，辛某便下水游泳。当辛某游到水坑中央时，发现水坑

① 曾世雄：《损害赔偿法原理》，中国政法大学出版社2001年版，第6页。

② 《宋祖明、杨泽香诉陈邦建、辛明轩见义勇为损害赔偿纠纷案》，载最高人民法院中国应用法研究所编：《人民法院案例选》2004年民事专辑（总第48辑），人民法院出版社2004年版，第145页。

里的水较深，便喊宋小某来拉他，宋小某听见后，便下水将辛某拉起，但自己却滑到深水处，被水淹死。经协商，被告陈某赔偿原告陈某12000元。

原告向法院起诉，要求被告砂石厂和被告辛某赔偿死亡补偿费、丧葬费、误工费、交通费、精神损失费。

法院经审理认为：原告之子宋小某为挽救他人生命而死亡，其行为已经被相关部门确定为见义勇为行为，应当获得一定赔偿。被告陈某作为砂石厂业主，对其经营的场所负有管理和防范安全事故发生的义务，对采砂形成的水坑应当及时回填或采取相应警示标志以防止事故的发生，由于陈某的过错，导致本案损害事实的发生，故陈某应承担主要民事责任。原告作为监护人，在被监护人脱离监护的情况下，导致事故的发生，其本身存在一定过错，也应承担民事责任。被告辛某作为限制民事行为能力人，本身不具有过错，但其作为受益人可以给予一定补偿。

关于归责原则问题，应当认为，在一个案件中，可以针对不同的主体，适用不同的责任。本案中，被告陈某作为砂石厂的业主，没有尽到注意和防范义务，应当承担过错责任。同时原告宋某、杨某作为监护人存在一定管理的过错，其子在学校正常放学后到河边游泳，是造成其死亡的一个原因。因此宋某、杨某也应为其过错承担一定的责任。辛某虽无过错，但作为见义勇为的受益人，也应按照公平责任对宋某承担一定的补偿责任。因而，本案对归责原则进行了混合适用，实现了公平和正义。

第八章 多数人侵权的民事责任

第一节 共同侵权行为

一、共同侵权行为的概念

（一）广义的共同侵权行为

广义的共同侵权行为，也即多数人之侵权行为，是指两个以上加害人共同或者分别实施侵权行为，造成他人同一损害的情况。

因为多数人侵权时加害人有一人以上，侵权行为的因果关系也错综复杂，在举证责任、责任分担等方面，都比单个人侵权的情况要复杂得多。因此，各国侵权法上都规定了共同侵权的相关制度。

我国在《侵权责任法》出台之前，《民法通则》第130条和《最高人民法院关于贯彻执行〈中华人民共和国民法通则〉若干问题的意见》、《最高人民法院关于审理人身损害赔偿案件适用法律若干问题的解释》等司法解释的相关规定，初步建立起了包括狭义上的共同侵权行为、共同危险行为和教唆帮助行为在内的共同侵权行为制度。

《侵权责任法》在对《民法通则》以及相关司法解释的基础上，进一步完善了我国民法中的多人侵权责任体系。《侵权责任法》第8条规定了共同侵权行为，第9条规定了教唆帮助行为，第10条规定了共同危险行为，第11条和第12条还规定了无意思联络的数人分别侵权行为的责任。

【案例8－1－1】手术中停电病人死亡谁来赔偿?
——《医院连续断电8次病人死亡》①

夏天，城市都处于缺电状态。赵先生的老伴，因肺心病入住该医院的重症监护室，用呼吸机的辅助治疗。某日，因停电呼吸机突然停了。紧急情况下，医务人员拔下了患者呼吸机，进行人工气囊辅助呼吸。两分钟后电来了，医务人员又重新为患者插上呼吸机，但是没多久电又停了。在40分钟的时间内，呼吸机连续8次断电，病人的脉搏与血压也跟着起伏变化，最终身亡。事后，院方解释停电的原因是供电部门正在检修电路。但面对为何没有应急电力设备的提问时，院方拒绝回答。

（二）狭义上的共同侵权行为

狭义的共同侵权行为，也即我们通常所说的“共同侵权行为”，是指两个或两个以上的侵权人在致人损害时，主观上具有共同的故意或过失，应承担连带赔偿责任的行为。《侵权责任法》第8条规定：“二人以上共同实施侵权行为，造成他人损害的，应当承担连带责任。”

【案例8－1－2】俩人放烟花　伤人共同赔
——《马某诉李某、梁某侵权损害赔偿纠纷案》②

被告李某手持一枝魔术弹在住宅楼下燃放，被告梁某见状即前去帮忙。梁某引火后即警告原告马某走开，但马某没有走开，反而侧头用眼朝魔术弹筒内窥看，魔术弹喷出击中马某右眼。马某右眼

---

① 《北京医院连续断电8次 病人死亡》，http://www.sina.com.cn 2004年07月22日23：22，经济信息联播。

② 《马旭诉李颖、梁淦侵权损害赔偿纠纷案》，载《中华人民共和国最高人民法院公报》（1996年第1期）。

受伤后，由其法定代理人先后带到多家医疗单位诊治，均无疗效。

后经法院法医检验鉴定：马某的右眼外伤性白内障，视力仅能看到眼前手动，已构成重伤。原告马某将两被告诉至法院请求赔偿。

一审法院认为，被告李某提供并手执烟花让被告梁某燃放，造成原告马某右眼伤残，李某、梁某应当承担侵害他人身体造成损害的民事责任。李某的行为是造成损害的主要原因，应当承担主要责任，梁某承担一定责任。鉴于二被告是共同侵权，还应当承担连带责任。李某、梁某分别为无民事行为能力人与限制民事行为能力人，他们的民事责任应当由其监护人承担。二审法院维持原判，只是对赔偿数额进行了部分调整。

本案中，李某和梁某的行为共同造成了马某的受伤，二者有共同的过失，由于二人是未成年人，由其监护人承担责任。由于本案属于共同侵权，被告还应承担连带责任。

二、共同侵权行为的特征

（一）主体为多数人

共同侵权行为的主体，即共同加害人，须由二人或二人以上构成，共同加害人可以是自然人，也可以是法人。同样，共同侵权人就是指加害的主体为两人或两人以上。这些多数人均为独立承担民事责任的主体，而不存在雇主与雇员之间的关系或者其他替代责任关系。

（二）结果的同一性亦即统一性

结果的同一性亦即统一性，是指共同侵权行为所导致的损害后果是一个同一（统一）的不可分割的整体。也就是说，受害人为同一主体，受到侵害的民事权益是同一类别或者相似类别的，损害后果在事实上或法理上不具有独立性。

（三）数个共同加害人的行为与损害结果之间具有因果关系

在共同侵权行为中，尽管各个行为人的行为对共同的损害结果发生的原因力有所不同，但皆须与损害结果之间存在因果关系。共同侵权行为与作为一个整体的损害后果之间也具有因果关系。

【案例 8－1－3】拉长的因果关系链条

——《张某、李某诉某市农业综合开发领导小组办公室、某镇中心学校等人身损害赔偿纠纷案》①

某市农业综合开发领导小组办公室将其管辖下的某村村民委员会的低改项目中的农田机耕路建设通过招标方式发包给乙公司。乙公司在施工期间，为方便挖取砂石，在村乡道路林带边用机械挖土取砂石，形成了一个约 1.7 米深的土坑。正值浇灌农田时，溢水灌满了沙坑。两原告之子在某镇中心学校补课完后与其他同学回家途中路经此已灌满水的沙坑，即与同学入水坑玩耍，结果溺水身亡。

于是两原告将乙公司、该村村委会、农业综合开发办公室、学校告上了法庭，要求其承担赔偿责任。

一审法院经过审理认为：乙公司未将取砂石中所形成的坑填土恢复原状，致使原告之子在水坑中玩耍溺水身亡，对此作为承包方的乙公司负有过错，应承担相应的民事责任。该村村委会作为机耕田路的所有人及受益人，未尽到相应的管理注意义务，对此亦应承担相应的民事责任。原告张某、李某作为死者的法定监护人，对李某负有监护责任，其未尽到监护责任，对事故发生亦应承担相应的民事责任。但未判决农业综合开发领导小组办公室、某镇中心学校承担责任。

二审法院通过审理，认为一审法院适用法律不当，在追究乙公

① 《张春芳、李新华诉新疆昌吉市农业综合开发领导小组办公室、新疆昌吉市三工镇中心学校等人身损害赔偿纠纷案》，载最高人民法院中国应用法研究所编：《人民法院案例选》2008 年第 1 辑（总第 63 辑），人民法院出版社 2008 年版，第 140 页。

司和村委会责任的基础上，认为农业综合开发办公室作为该项工程的建设方，在发包该项工程时未要求施工单位对挖沙形成的深坑进行填埋，而镇中心学校作为教育机构，还应考虑未成年学生生性活泼、自我约束能力差的特点，应采取必要的教育、管理措施，而镇中心学校未做到这一点，因此也应判令这两个主体承担相应的赔偿责任。

本案是比较典型的数个行为引起损害结果的例子。

在学理上，有多种确定因果关系的学说，实践中则多以相当因果关系理论来进行判断具体案件中的行为与结果之间的因果关系。应当认为，如果判定综合开发办公室的发包行为以及镇中心学校的组织补课行为与原告之子溺水死亡结果之间存在因果关系，有将因果关系链条拉得太长之嫌。

（四）过错的共同性是其最大的特征

共同侵权行为的最大特征就在于过错的共同性。所谓“行为人之间有共同的过错”，就是指行为人之间在主观上具有共同过错。这种存在于行为人之间的共同致人损害的故意或者过失，使数个行为人的行为连结为共同行为，即过错内容的共同性，也就是通常所说的意思联络。所谓意思上的联络是指数个行为人对加害行为存在“必要的共谋”，如事先策划、分工等。

三、共同侵权行为的法律后果

《侵权责任法》第8条的规定，“二人以上共同实施侵权行为，造成他人损害的，应当承担连带责任。”本条规定了共同侵权的加害人之间应承担连带责任。

【案例8－1－4】不实广告引发的连带责任

——《王某诉乙医院因违法药品广告诱使其邮购药品赔偿纠纷案》[①]

被告在报纸上登载了自己的药品、理疗仪器的广告。原告看到了这则广告后，向被告邮购20180元的“东方生力散”、“东方肾病胶囊”和“GS系列全息治疗仪”。原告服用被告提供的药品和使用了治疗仪后，病情未得到改善。后市工商行政管理局认定被告发布违法广告，原告即提起诉讼，要求被告双倍返还医疗费用。

一审法院认为：被告刊登的广告内容和出具给原告的信件中隐含了能够根治肾病的保证，误导了原告接受被告的治疗，使原告花费了不必要的医疗费。这种误导行为，损害了原告的合法权益，应当承担民事责任。故对原告诉讼要求被告双倍返还医疗费的主张合法，予以支持。二审人民法院维持原判。

《药品管理法》对药品经营作了明确规定，对药品广告也进行了严格规范，它要求广告的内容必须真实、合法，以国务院药品监督管理部门批准的说明书为准，不得含有虚假的内容。药品广告不得含有不科学的表示功效的断言或者保证。但医院无视该法律规定，仍做虚假广告，误导消费者，其存在欺诈行为是明显的，所以，要求乙医院需承担责任的理由充分。

至于刊登广告的报社，如果其明知或者应当知道广告虚假仍发布的，显然即属于二人以上共同实施侵权行为而造成了他人的损害，所以依法应当承担连带责任。

（1）共同侵权的连带责任属于法定责任

共同的加害行为是造成损害结果的共同原因，故行为人应就损

① 《王泉诉东方肾脏病医院因违法药品广告诱使其邮购药品赔偿纠纷案》，最高人民法院中国应用法研究所编：《人民法院案例选》2008年第1辑（总第63辑），人民法院出版社2008年版第133页。

害结果对受害人承担连带责任。

《侵权责任法》第8条规定了共同过错的加害人之间应承担连带责任。共同过错的连带责任是对受害人的整体责任，各加害人都有义务向受害人负全部赔偿责任，但加害人内部仍然是存在责任份额的。需要说明的是，共同过错的连带责任属于法定责任，并不因共同加害人内部责任份额或内部约定而改变。

（2）共同侵权以连带责任为原则

共同侵权人的连带责任，是指共同加害人作为一个整体对损害共同承担责任。

基于这样的制度安排，受害人的损害更容易得到赔偿。法院判决数个加害人承担连带责任时，原则上不得在判决书中分割各加害人的赔偿份额。在执行判决时，可以全部执行一个或者部分加害人的财产，而在其财产不足时也可以执行其他加害人的财产，直到判决确定的赔偿义务强制执行完毕为止。

（3）加害人之间的追偿

在一个或者数个加害人清偿了全部赔偿债务后，有权向其他加害人进行追偿。至于共同加害人之间应如何进行追偿，一般认为应当遵循以下原则：

首先是比较原因力原则，即对数个共同加害人在实施共同侵权行为时各自所起的作用进行比较，所起作用重要的分担较大的赔偿额，所起作用较小的分担较少的赔偿额，如果每个加害人的作用不相上下原则上平均分担。

其次是比较过错原则，即对数个共同加害人在实施共同侵权行为时的过错进行比较，由过错较大的分担较大份额的赔偿金额，过错较小的分担较小份额的赔偿金额，过错不相上下难以比较大小的，原则上平均分担。

最后是衡平考量原则，该原则也称为公平考量原则或者司法政策考量原则，是指在共同加害人之间最终分担赔偿份额时适当考虑各加害人的经济状况和其他相关因素。

需要指出的是，加害人之间的追偿在程序上不能与共同加害人对受害人承担连带责任相混淆。共同加害人对受害人承担连带责任不以共同加害人之间进行追偿是否有困难作为考虑的前提。就实务而言，在涉及连带责任的案件中，法院只需判决共同侵权行为人或者共同危险行为人承担连带责任即可。是否追偿以及如何追偿，则在所不问。只有在后来追偿过程中发生纠纷，相关人员诉诸法院，法院才有必要作出裁判。

【案例 8-1-5】为何员工侵权要公司赔偿？
——《乙工程分公司代为赔偿后向责任人甲公司追偿案》①

甲公司的员工权某操作的推土机不能启动，便邀乙分公司的施工员何某协助启动。权某请求何某进入停在离悬崖边不足2米远的推土机驾驶室内，并教何某如何操作后，自己上了停在旁边的推土机，启动该车。何某在推土机上按其要求强行启动推土机，当推土机突然发动后，因何某不会操作，致推土机后退后翻下200米高的悬崖，造成何某死亡。事故发生后，权某被该县检察院以重大责任事故罪逮捕。

随后，乙分公司电邀甲公司前来处理事故，双方协商达成协议，甲公司承诺次日汇款3万元作为赔偿费。但事后甲公司反悔。乙分公司迫于死者亲属的压力，赔偿其经济损失109785.19元后，将何某的后事处理完毕。

事故发生后，甲公司拒绝对死者何某进行赔偿，于是乙分公司向该县法院起诉，要求被告甲公司分担其已支付的费用。

法院经审理后认为：权某作为被告单位的无推土机操作资格的推土机操作员，被派往乙公司工地，违章操作，盲目蛮干，造成原

---

① 《秭归建设工程分公司代为赔偿后向责任人宏达公司追偿案》，载最高人民法院中国应用法研究所编：《人民法院案例选》1998 年第 2 辑（总第 24 辑），人民法院出版社 1998 年版，第 90 页。

告单位职工死亡的重大事故，其民事责任应由甲公司承担。何某作为原告单位职工，在施工中死亡，原告先予赔偿后有权向侵害人索赔，但原告单位因管理较混乱也负有一定责任。在法律和政策规定的范围内，何某死亡的经济损失应为52529.05元。原告向死者家属所付的超过此数额的部分，根据劳动法律关系原告应自行承担的抚恤和补助。

替代责任通常表现为单位承担赔偿责任、雇主转承替代责任等形式。《民法通则》第43条规定的内容是指，企业法人的法定代表人和其他工作人员以法人名义从事的经营活动，给他人造成经济损失的，企业法人应承担民事责任。

权某作为甲公司的职工，在其行使职务时造成了乙公司何某的死亡，因此这个责任是由甲公司来承担的，这就是我们所说的"替代责任"。

四、教唆、帮助他人实施的侵权行为

《侵权责任法》第9条规定："教唆、帮助他人实施侵权行为的，应当与行为人承担连带责任。教唆、帮助无民事行为能力人、限制民事行为能力人实施侵权行为的，应当承担侵权责任；该无民事行为能力人、限制民事行为能力人的监护人未尽到监护责任的，应当承担相应的责任。"

虽然共同加害人承担连带责任是共同侵权的基本原则，但是在有特别需要时，尽管数人的行为构成共同侵权，法律也不规定连带责任，而是规定分别责任或者规定不同当事人承担不相等的赔偿份额。

最高人民法院《关于贯彻执行〈中华人民共和国民法通则〉若干问题的意见（试行）》第148条第3款就是这样一条规范："……教唆、帮助限制民事行为能力人实施侵权行为的人，为共同侵权人，应当承担主要民事责任。"此规定一方面认定教唆、帮助限制民事行为能力人实施加害行为的人为共同侵权行为人，另一方面又突破共同侵权行为人承担连带责任的原则，规定教唆者、帮助者承担主要责任即承担大部分赔偿额。依据这一规定，法院在对相应的侵权行为案件作出判决时必须确定教唆者、帮助者以及被教唆、帮助的限制民事行为能力的共同加害人的具体赔偿份额。

【案例 8-1-6】多人共同侵权应由共同侵权人承担连带责任——《邱某故意伤害刑事附带民事案中的共同致害人应当追加为共同被告》①

1999 年 6 月 15 日 23 时许，被告人邱某因对被害人陈某的同伴调戏其妻不满，即邀约聂某、唐某、姚某、黄某、杨某等人进行报复，并吩咐唐某、姚某准备工具。后邱某指使同伙在乙市某镇二职中附近，对陈某等人实施暴力，将陈某砍伤后乘车逃离，并资助金钱授意同伙逃跑。陈某因被锐器类工具砍伤多处，大失血致全身循环衰竭，经抢救无效死亡。2004 年 8 月 13 日，邱某被抓获归案。

一审法院审理认为，被告人邱某犯故意伤害罪，判处无期徒刑，剥夺政治权利终身；被告人邱某赔偿附带民事诉讼原告人 85000 元。

针对民事部分，二审法院审理认为，被告人邱某故意伤害案系共同犯罪，被害人的死亡系多人共同侵权造成，应由共同侵权人承担连带责任。于是对民事部分做出终审裁定：撤销该市中级人民法院刑事附带民事判决的第二项；发回该市中级人民法院重新审判。

此案附带民事部分的处理，主要涉及共同致害人是否应当被追加为共同被告的问题。

---

① 《邱书勇故意伤害刑事附带民事案中的共同致害人应当追加为共同被告》，载最高人民法院中国应用法研究所编：《人民法院案例选》2006 年第 2 辑（总第 56 辑），人民法院出版社 2006 年版，第 19 页。

《民法通则》第130条、《侵权责任法》第8条都规定共同实施侵权行为，造成他人损害的，应当承担连带责任。可见共同致害人应当承担连带责任，但如果附带民事诉讼原告由于法律知识的欠缺等原因仅起诉部分共同致害人的，人民法院应该如何处理呢？

关于这个问题，我国的《刑事诉讼法》目前还没有明确的规定。笔者认为，人民法院应当追加其他共同致害人为共同被告。因为增加更多的被告有利于给被害人适当的和足额的赔偿。在目前我国对刑事案件的被害人还没有建立完备的国家和民间救济制度的情况下，这样的判决不失为一种明智的选择。

最高人民法院的司法解释无疑是要加重有民事行为能力的教唆者、帮助者的赔偿责任而适当减轻限制民事行为能力的被教唆者、被帮助者的赔偿责任。在一般的情况下，这样的规定是公平的，但是如果出现有民事行为能力的教唆者、帮助者无赔偿能力而被教唆、被帮助的限制民事行为能力人有赔偿能力的情况时，受害人则处于较不利的地位，很可能得不到完全赔偿。

因此，我们认为，在适用这一规则时也应当遵循上述衡平考量原则。未来似乎可以考虑以适当的方式对这一款司法解释作出补充："教唆、帮助限制民事行为能力人实施侵权行为的人，为共同侵权人，应当承担主要责任。但是教唆、帮助限制民事行为能力人缺乏赔偿能力的除外。"

第二节　共同危险行为

一、共同危险行为的概念

共同危险行为，又称为"准共同侵权行为"，是指数人的危险行为有可能造成对他人的损害，但不知数人中何人的行为造成了实际损害，法律推定数人均实施了造成损害的加害行为，准用共同侵权行为的规定。

共同危险行为制度起源于德国民法，后来被各国立法所承认。《德国民法典》第830条第1款规定："二人以上共同实施的侵权行为引起损害的，每一个人就损害负责任。不能查明两个以上参与人中孰以其行为引起损害的，亦同。"① 日本、荷兰、我国台湾地区等民法典都有类似的规定。英美法中虽无共同危险行为的概念，但是根据判例，数个行为人协同行动的情况下，具体加害人不明的共同侵权行为，受害人只需证明侵权行为存在，数个侵权人就应承担连带责任。

我国《侵权责任法》第10条规定："二人以上实施危及他人人身、财产安全的行为，其中一人或者数人的行为造成他人损害，能够确定具体侵权人的，由侵权人承担责任；不能确定具体侵权人的，行为人承担连带责任。"本条规定明确了我国法律中共同危险行为的规定，确定了在实际造成了损害，又无法查明是危险行为中何人所为的情况下由谁来承担责任，更好地保护了被侵权人的利益。

【案例8-2-1】三个孩子打伤人是均等责任还是连带责任？——《小孩用向日葵秆打闹致他人损害案》②

1994年3月10日中午，尚某和涛涛（7岁）二人在本村玩打纸三角游戏，同时龙龙、张某，刘某三人在附近拿着向日葵秆互相乱打，两伙玩耍儿童相距约3米左右。当尚某扭身看龙龙等三人拼打时，被迎面飞来的向日葵秆碎刺刺入右眼，此时，龙龙手中的向

① 陈卫佐译注：《德国民法典》（第2版），法律出版社2006年版，第308页。

② 《尚景伟诉刘龙龙等三人玩耍中突然发生的损害共同侵权赔偿纠纷案》，最高人民法院中国应用法学研究所编：《人民法院案例选（民事卷）》（1992—1999年合订本），中国法制出版社2000年版，第1561页。

日葵秆半截掉在地上，半截握在手中。之后，尚某被确诊为右眼角膜穿通伤，伴事物不见，为外伤性白内障。

尚某及其监护人于是向法院提起诉讼，要求龙龙等三被告承担致伤尚某的民事责任。

法院经审理认为：现场五个孩子的陈述基本一致，原告右眼被刺伤，是因三被告拿向日葵秆乱打所致，其损害结果与行为人的行为有直接因果关系，应承担民事责任。双方当事人均为未成年人，其监护人都应承担未尽到监护责任的相应责任，且责任均等。

在本案的责任认定问题上，法院的审理结果并不完全合适。

本案中，龙龙等三被告是无民事行为能力人，应由其各自的监护人承担民事责任，当然是没有问题的。但是，尚某的受伤，并不能明确是三人中的哪一个人的行为造成的损害，三个小孩的家长都否认是自己家小孩造成的，而又无证据证明，这正符合共同危险行为的构成要件。根据《侵权责任法》第 10 条规定，尚某眼睛受伤是因为龙龙等三被告用向日葵秆相互乱打，造成向日葵秆断裂飞出碎刺刺入眼内所致，但无法确定具体侵权人，则应判令三被告承担连带赔偿责任。

二、共同危险行为的构成要件

1. 共同危险行为是由数人实施的

这是共同危险行为的数量特征，也是共同危险行为成立的前提。行为人一般由自然人构成，但在某些情况下，行为人也可以由法人或者其他组织构成。加害人一方为二人以上，这一特征与共同侵权行为相同。

2. 共同危险行为的性质具有危险性

这是共同危险行为的质量特征。这种危险性指侵害他人合法权利的可能性。这种危险性主要表现为：“虽无意，有可能，无定向”。

首先，从主观上看，行为人应没有致人损害的共同故意，只存在疏于注意义务的共同过失。共同危险行为人中的非致害人与致害人一样具有过错（但主要是过失），致害人与非致害人之间没有意思联络；在客观方面，共同危险行为不注重行为的一体性，而注重致害人的不能确定。

其次，从客观上看，数人实施的行为有致人损害的可能性。对这种可能性的分析，可以从行为本身、周围环境以及行为人对致害可能性的控制条件上加以判断。

最后，从行为的动机看，其没有特定的指向，即没有人为的侵害方向。这一特征与构成共同侵权行为所要求的行为具有共同性相区别。

3. 具有危险性的共同行为是致人损害的原因

就具有危险性的共同行为本身看，它的危险性虽然是一种可能性，但就共同危险行为的构成看，这种危险性已经转化为现实的、客观的损害，具有危险性的共同行为与损害事实之间具有相当的因果关系。

4. 损害结果虽非全体行为人所致但不能判明谁是加害人

在共同危险行为中，损害结果的发生，不是全体共同危险行为人的行为所致，如果是全体共同危险行为人所致，即为共同侵权行为人；但是在全体共同危险行为人之中，又不能判明谁是真正的加害人，如果已经判明谁是加害人，即应由已经判明的加害人来承担责任。这一特征与共同侵权行为所要求的共同加害人必须具体明确有明显的区别。

5. 损害结果具有统一性

与共同侵权行为一样，共同危险行为的损害后果具有统一性，它是一个不可分割的整体，这一后果是共同危险行为作为一个整体原因而产生的结果，而不考虑其中某一加害人的个别行为对损害后果有无因果关系，即只有一个侵权主体，一个侵权责任。

【案例8-2-2】无法证明谁是直接致害者就可以不赔偿吗？
——《张某诉乙商业职工中等专业学校等人身伤害赔偿案》[①]

原告张某原系被告乙商业职工中等专业学校学生。4月21日下晚自习宿舍熄灯后，原告张某在学生宿舍楼内楼梯口处，大喊楼上某女生名字，405室内已上床休息的被告鲁某对其喊叫进行多次制止无效，便出门搂着原告张某的脖子将他拖进405室进行踢打，后原告张某自行走回宿舍休息。第二天（4月22日）早自习前，原告张某的同学纪某因故把张某叫到操场处，对其进行了踢打，后张某回教室上课。随后，张某到医院被确诊为轻度颅脑外伤、脑震荡，且有头外伤。

张某遂对鲁某、纪某三人提起诉讼。

法院经审理认为：原告被伤害且造成脑震荡的损害后果事实清楚。但在本案中，原告提交的证据只能证明侵权行为已经为其造成损害后果，而对被告鲁某是该损害后果的唯一侵权行为人没有充分证明即不能确认被告鲁某是导致原告脑震荡的直接责任人。

本案中原告张某在短时间内身体先后受到过两次踢打，但不能证明是哪一次踢打伤及的头部或是导致脑震荡的直接原因。一方面，两侵权人因没有共同故意而不能连接为共同侵权行为，不能以共同侵权行为规则处理；另一方面，造成原告伤害的侵权人在数侵权人中无法明确，又不能以一般侵权规则来处理。因此，案件审理人员在当时《侵权行为法》还未出台的情况下，因为无法适用相关规定而无奈地驳回了原告的诉讼请求。

应当认为，根据《侵权责任法》第10条的规定，本案的被告

---

① 《张晓刚诉青岛商业职工中等专业学校等人身伤害赔偿案》，最高人民法院中国应用法研究所编：《人民法院案例选》2007年第三辑（总第61辑），人民法院出版社2008年版，第138页。

鲁某及纪某踢打原告的行为，都具有危险性，且其中一人或数人的危险行为造成了鲁某的损害结果，但不能确定具体的加害行为人，这属于典型的共同危险行为，二人应承担连带赔偿责任。

（三）共同危险行为的免责事由

对于行为人能否通过证明其不可能是加害人或者其行为与损害结果之间不存在因果关系来免除责任，学术界历来存在两种学说：即否定说和肯定说，这两种学说都有一定的合理之处。《侵权责任法》第10条规定："二人以上实施危及他人人身、财产安全的行为，其中一人或者数人的行为造成他人损害，能够确定具体侵权人的，由侵权人承担责任；不能确定具体侵权人的，行为人承担连带责任。"所以，根据本条法律的明文规定，只有在明确了具体加害人的情形下，其他的行为人才能予以免责。

（四）共同危险行为中最终责任之承担

在共同危险行为中，要求各危险行为人承担连带责任，其原因在于受害人无法掌握各个行为人的行为动机、行为方式等证据，无法准确判断哪个行为才是真正的加害行为，为了保护受害人的合法权益，减低受害人的举证难度。①

而在共同危险行为的数个加害人作为一个整体对损害结果承担连带的民事责任后，共同危险行为人之间的责任应如何分担，主要有两种学说，即"过错程度说"和"平均分担说"。

共同危险行为的责任基础是过错责任，但要将行为人的过错程度区别开来却是困难的，因为共同危险行为人参与共同危险行为，其过失基本是相同的，所以，"平均分担说"更为合理。

① 全国人民代表大会常务委员会法制工作委员会编：《中华人民共和国侵权责任法释义》，法律出版社2010年版，第66页。

【案例8－2－3】科学地运用举证规则可证明石头的功能都一样

——《共同危险行为致人伤害案》[①]

被告刘某、薛某、卞某三人在回家途中行至石桥镇营业所办公楼后河边，看见原告马某在对面河边洗鞋子，刘某即提议三人用石子砸原告的鞋子。于是三人纷纷用石子砸向原告，不料一粒石子砸中了其左眼。原告在市人民医院治疗，诊断为左眼球破裂伤，花去医疗费、交通费、住宿费等若干。

于是，原告诉至法院，要求三被告承担损害赔偿责任。

法院经审理认为：三被告有共同加害原告的行为，并有损害原告的事实存在。三被告构成对原告的共同侵权。鉴于三被告均系限制民事行为能力人，依法应由三被告的监护人承担连带赔偿责任。被告刘某、薛某主张原告左眼损伤系卞某所致，因查无事实依据，不予采纳。

在《侵权责任法》未出台之前，发生了案例中这种情况，法院如果以原告很难证明究竟谁是真正的侵害人而判决原告败诉，是不公平的。故法院根据共同危险行为的民法理论，科学地运用举证规则，从而认定三被告构成了共同侵权行为，并判令其承担连带责任。

本案中三被告均是限制行为能力人，他们玩耍砸石子在主观上没有共同致伤原告的故意，也没有单独的故意。但三被告扔石子、砸别人的鞋是一种可能危及他人权利的危险行为，主观上虽然没有共同加害他人的故意，但存在疏于注意义务的共同过失，且已经给他人造成实际上的损害。对这种共同危险行为，可认定其属于

---

① 《马敏诉刘伟等玩耍中的共同危险行为致其人身损害赔偿纠纷案》，载最高人民法院中国应用法学研究所编：《人民法院案例选》1996年第3辑（总第17辑），人民法院出版社1996年版，第96页。

《侵权责任法》第 10 条规定的共同侵权，应由三被告承担连带责任。在本案中三被告的共同危险行为存在致害概率相等，过失相同的情况，故确定三被告内部的责任分担应平均赔偿。

第三节　无意思联络共同侵权

一、无意思联络的共同侵权的概念和特征

（一）“无意思联络的共同侵权”概念

所谓“无意思联络的共同侵权”，是指数人在行为前并无共同的意思联络，而其行为偶然结合，共同导致了同一受害人受到损害。

无意思联络的共同侵权因各行为人之间并无意思联络，既无共同故意，也无共同的过失，因此不是一般的共同侵权，但由于是数人的行为致同一受害人某种损害，涉及数人的责任问题，又与共同侵权行为相类似。

【案例 8－3－1】两者只要有一个负责任就不会有损害的结果
——《亓某因陷入路面上的自来水水井坑中诉乙市自来水公司、乙市丙区市政工程管理养护处人身损害赔偿案》①

2001 年 6 月 1 日晚，原告乘坐其丈夫司某驾驶摩托车沿经二路由东向西行驶，当行至路口时，摩托车猛然陷入自来水水井坑中，致使原告摔伤，医院诊断为：左颞叶血肿，蛛网膜下腔出血，右顶部头皮血肿，多发性软组织挫伤。因此，原告诉求法院依法判令市自来水公司、市政工程管理养护处两被告支付医疗费、护理

① 《亓玉珍因陷入路面上的自来水水井坑中诉济南市自来水公司、济南市槐荫区市政工程管理养护处人身损害赔偿案》，载最高人民法院中国应用法学研究所编：《人民法院案例选》（2004 年民事专辑），人民法院出版社 2005 年版，第 131 页。

费、误工费等费用。

法院认为，两被告长期疏于管理造成路面不平、井盖处积水的状况，两被告又互不履行通知对方进行维修的义务，造成他人损失，两被告负有不可推卸的责任。从原告受伤地点看，被告该市自来水公司的井盖是主要因素，故该被告应承担主要责任。

无意思联络的数人侵权是易与共同加害行为、共同危险行为混淆的一个概念。它是指数个行为人事先并无共同的意思联络，而致同一受害人损害，其特征在于：一是须有两个以上的侵权行为人存在；二是数个行为人之间无意思联络。

本案所涉侵权行为是自来水公司和市政工程管理养护处疏于管理，致使原告摔伤。自来水公司对自来水井盖负有管理责任，市政工程管理养护处对路面负有管理责任，两者只要有一个尽了管理义务，就不会产生损害的结果，而且两者之间没有意思联络，所以应认定为无意思联络的数人侵权。

（二）无意思联络的共同侵权的一般构成要件

1. 各行为人的行为偶然结合造成对受害人的同一损害

由于数人在主观上无意思联络，只是因为偶然因素致使无意思联络人的各行为偶然结合而造成同一损害后果。使各行为人的行为结合在一起的因素，不是主观因素，而是行为人所不能遇见和认识的客观的、外来的、偶然的情况。

2. 各行为人无意思联络

无意思联络的数人侵权与一般共同侵权行为的区别在于主观方面，即无意思联络的共同侵权行为之间，主观上无意思联络。所谓意思联络是指事先通谋，即各行为人事先具有统一的致他人损害的共同故意。

在无意思联络的共同侵权中，行为人不仅没有共同故意，也没有共同过失。所谓共同过失是指各行为人对自己和他人的行为和后果应该或者能够有预见和认识，但因为疏忽大意或懈怠而没有认识。无意思联络的共同行为人通常并没有任何身份关系和其他联系，彼此之间甚至根本不认识，因而不可能认识到他人的行为性质和后果，尤其是各行为人不能预见到自己的行为会与他人的行为结合，并造成对受害人的损害。若各行为人能够预见和认识到自己的行为必然会与他人的行为结合，并造成对受害人的同一损害，则构成一般共同侵权。

【案例 8-3-2】无法认定过错的情形怎么处理？

——《非道路的撞车事故中受伤诉撞车双方共同赔偿案》①

连某在身孕 7 个月时，带着自己的小女儿，乘坐黄某的出租摩托车行至一上坡时，与杨某驾驶的摩托车相撞。连某骨折受伤并引起流产。黄某与杨某各自已赔偿连某 2000 元，连某认为不足以补偿自己的损害，起诉到人民法院。

案件受理后，经对事故现场进行勘察，因时过境迁，路段情况特殊，又无目击人证实，无法认定事故是由谁引起的。两被告在庭审中未能举出证据证明自己在该事故中已尽了充分注意的义务，或证明对方对撞车事故的发生有过错行为。

法院认定：基于运输合同法律关系，原告当然可以向承运人请求违约赔偿；但连某的人身损害，系黄杨二人撞车的直接后果。在二人无法证明自己对损害的发生没有过错或是尽了相当注意义务的情况下，根据撞车事故的发生，可以推定二人均有过错。

后来，在法院主持下，原、被告双方自愿达成调解协议。

本案虽已调解结案，但是法院在审理过程中对责任的程度存在着较大争议，本案中的侵权法律关系，值得我们深入研究。

本案发生于 1996 年，当时《侵权责任法》、《最高人民法院关

① 《连白菜因在非道路的撞车事故中受伤诉撞车双方杨达、黄成发共同赔偿案》，载最高人民法院中国应用法学研究所编：《人民法院案例选》1998 年第 1 辑（总第 23 辑），时事出版社 1998 年版，第 109 页。

于审理人身损害赔偿案件适用法律若干问题的解释》都没有出台，法院的意见认为，他们的行为构成共同危险行为，准用共同侵权行为的规定，即《民法通则》第130条关于共同侵权行为人对于被害人承担连带责任的规定。

在本案当时的情况下，由于起诉后两被告无法证明各自无过错，因时过境迁法院也无法查明在该撞车事故中两被告谁无过错，故只能推定两被告都有过错，受案法院以此作为处理本案的基调，是符合案件当时的实际情况的。

本案中，虽然无法认定该机动车交通事故的责任，但法院已推定杨某与黄某都有过失，且二者的过失并无意思联络。因此我们认为，在《侵权责任法》实施之后，本案例中的侵权行为人应该依照《侵权责任法》第12条的规定平均承担赔偿责任。

二、无意思联络的共同侵权的责任

（一）承担连带责任

很多人都认为，只有共同侵权才应承担连带责任。而《侵权责任法》第11条规定："二人以上分别实施侵权行为造成同一损害，每个人的侵权行为都足以造成全部损害的，行为人承担连带责任。"本条规定表明，法定的连带责任不等同于共同侵权行为，除共同侵权外，还存在其他承担法定连带责任的情形。

【案例8-3-3】虽然分别侵权但都足以造成最终结果
——《水产公司等诉甲公司、乙公司等分别生产的污染物因暴雨冲击汇集污染水质致养殖的鱼死亡赔偿案》①

甲公司、乙公司等在没有按照环境保护法律规范的要求的情况

① 《镇平水产公司等诉华荣公司等分别生产的污染物因暴雨冲击汇集污染水质致养殖的鱼死亡赔偿案》，载最高人民法院中国应用法研究所编：《人民法院案例选》，1999年第2辑（总第28辑），人民法院出版社，第88页。

下，在无污染防治设施或污染防治设施不健全的情况下进行生产，导致油类及其他有害废水和尾矿砂在暴雨季节形成径流后带入水库，造成水产公司等库内所养的鱼急性中毒而死。

于是，水产公司等要求甲公司、乙公司等主体赔偿其损失。

法院经审理，认为根据《水污染防治法实施细则》第 30 条规定，判决甲公司、乙公司承担连带赔偿责任。

本案例就是一个十分典型的环境污染侵权案例。环境污染侵权适用无过错责任的归责原则，即被告不能以自身是否有过错成为其抗辩理由。另外，在本案中，法院判决被告承担连带责任，应当认为是合理的。如此把甲公司、乙公司等的行为认定为无意思联络的数人共同侵权：如果分别实施侵权行为造成同一损害，每个人的侵权行为都足以造成全部损害的，行为人承担连带责任。如果只是分别实施侵权行为造成同一损害，能够确定责任大小的，各自承担相应的责任；难以确定责任大小的，平均承担赔偿责任。

承担连带责任的情形，除了要满足上述一般构成要件外，还需要每个侵权行为人的行为都足以造成全部损害。这里指存在聚合的因果关系，也称“累积的因果关系”，其实应当称“叠加”更为确切。

依据原因类型不同，叠加的因果关系可以分为并存的积极原因与并存的消极原因。

并存的积极原因，是指两个或两个以上的行为人的作为造成了损害结果的发生。并存的消极原因，是指两个或两个以上行为人的过失不作为，造成了损害结果，而必须各主体都尽到注意义务，损害结果才不能发生。[①] 如甲、乙两个人分别从不同方向向同一房屋放火，将该房屋烧毁，根据两个方向的火势判断，如果不存在另一把火，每把火都可能将整栋房屋烧毁，但事实上两把火共同作用烧

---

① 王利明主编：《中华人民共和国侵权责任法释义》，中国法制出版社 2010 年版，第 58 页。

毁了该房屋，此时就可以说每把火都足以烧毁整栋房屋，他们也就要承担连带责任。①

【案例8－3－4】恶作剧叠加意外通电致人死亡案
——《顽童落水先遭铁桥电线击毙案》②

原告乃14岁男孩之遗产管理人，该男孩平日常与伙伴在铁桥跳水嬉戏，并无意外。案发当日，该男孩因在桥旁被同伙从背后作弄惊吓而失去平衡，不慎自桥架上摔落，情急之下伸手抓住眼前被告电力公司所架设在桥边的电线，不料却遭高压电电击而死。原告主张平时白天该电线并不通电，但是案发当日，电线却意外通电，才导致该男孩情急误触被电击而死，因此要求电力公司承担赔偿责任。

经事实举证，该电线连接之灯泡因天亮而派人关闭电源，但事发当日，电线却仍通电。被告抗辩，男孩死亡的损害结果是几个加害行为共同造成的，但各个行为发生损害结果的时间不同，故损害赔偿责任可以析作出划分。

法院基于人类生命法益最高原则，认为与原告落水之前即使只有一秒钟存活的可能，也受法律保护其生命法益。即使男孩最后仍难逃一死，加害人仍应对其侵害行为所生损害结果负责。男孩被电死或被摔死的痛苦样态不同，所以损害结果也不同，不能混为一谈。

在本案例的情况下，捉弄男孩的同伴和电力公司都存在过失，二者都有侵权的行为，最终造成了男孩死亡的结果。但是各侵权人之间显然无意思联络，并且他们的行为都有可能造成男孩死亡的结

---

① 全国人民代表大会常务委员会法制工作委员会编：《中华人民共和国侵权责任法释义》，法律出版社2010年版，第68页。

② 选自潘维大编：《英美侵权行为法案例解析》（上），台湾瑞兴图书股份有限公司1997年版，第280页。

果，男孩即使不是被电死，也很可能是被摔死或是淹死。依照我国《侵权责任法》，各侵权人的行为都足以造成受害人死亡的损害结果，应承担连带责任。

正如美国著名法官哈特·奥诺尔所言："不能允许任何一个侵权人从逻辑网眼中逃掉。他是一个干坏事的人，应当让他来破解由于他的错误而引起的难题。"[①] 所以，每一个被告都应当对受害人的损害承担全部赔偿责任。

（二）承担按份责任

根据《侵权责任法》第12条规定，"二人以上分别实施侵权行为造成同一损害，能够确定责任大小的，各自承担相应的责任；难以确定责任大小的，平均承担赔偿责任。"本条规定与第11条的不同在于虽然数人分别实施的侵权行为都给受害人造成了同一损害，但是并非每一个加害人的行为都足以造成全部损害，而只是造成了部分损害。每个行为人的行为相结合，共同造成了受害人的损害结果。

前述《非道路的撞车事故中受伤诉撞车双方共同赔偿案》[②]中，连某在身孕7个月时，乘坐黄某的出租摩托车行至一上坡时，与杨某驾驶的摩托车相撞。连某骨折受伤并引起流产。黄某与杨某各自已赔偿连某2000元，连某认为不足以补偿自己的损害，诉至法院。事故现场勘察，因时过境迁，路段情况特殊，又无目击人证实，无法认定事故是由谁引起的。

① ［美］哈特、奥诺尔：《法律中的因果关系》，张绍谦、孙战国译，中国政法大学出版社2006年版，第213页。转引自王利明主编：《中华人民共和国侵权责任法释义》，中国法制出版社2010年版，第59页。

② 《连白菜因在非道路的撞车事故中受伤诉撞车双方杨达、黄成发共同赔偿案》，载最高人民法院中国应用法学研究所编：《人民法院案例选》1998年第1辑（总第23辑），时事出版社1998年版，第109页。

根据《侵权责任法》第12条的规定，本案中，虽然无法认定该机动车交通事故的责任，但法院已推定杨某与黄某都有过失，且二者的过失并无意思联络。因此应当认为，本案例中的侵权行为人应该平均承担赔偿责任。

在这种情形下，又可分两种情况：

一是能够确定各行为人责任大小的，根据各侵权行为人的过错程度、因果关系的紧密承担等，能够判断出每个人责任大小的，应根据各行为人的责任大小各自承担责任。

二是难以确定各行为人责任大小的，由于很难分清楚各行为人对损害结果的作用有多大，可以让各行为人平均分配责任。

三、无意思联络的共同侵权与相关制度的区别

（一）与共同危险行为的区别

1. 行为本身有无共同的危险性不同

在共同危险行为中，几个侵权人实施了共同危险行为，换言之，数人的行为具有共同危险性。这种危险性必须是现实存在的，但谁为加害人无法查清。行为的危险性与损害事实之间具有因果联系，也就是说危险行为从致害的可能性变成了现实性，行为是致害的原因，损害事实的发生是行为的结果。

而在无意思联络的数人侵权中，各侵权人分别独立实施了侵权行为，其行为本身并不具有共同的危险性，而是分别独立行为的偶然结合所造成的损害结果。

2. 加害人的确定性不同

在共同危险行为中，加害人具有不确定性，即共同危险行为实质上只是行为人中的一个或一部分真正是加害人，而不是每个人的行为都对损害结果具有因果关系。尽管损害的发生不是全体行为人所致，但行为人自己不承认其为加害人亦无足够有力的证据判明谁是加害人。

而在无意思联络的数人侵权中，加害人是确定的，每一个人的行为结合在一起导致了损害结果的发生。

3．责任承担不同

在共同危险行为中，由于加害人具有不确定性，所以，如果加害人中有人能举证证明自己没有实施加害行为，他将被免除责任。

在无意思联络的数人侵权中，每个人都实施了独立的侵权行为，不存在免责的问题，而只存在依各自在侵权事实中的过错程度来分担责任的问题。

前述《杨某诉王某等在共同玩耍中翻墙进入乙无线电厂内寻得易燃品后点燃取乐被烧伤人身损害赔偿案》[①] 中，杨某、王某和徐某三名未成年人，翻墙跳入无线电厂区内，找到一个装有液体的白色塑料桶后，点燃取乐，王某划火柴将液体点燃后，又提桶将桶内液体全部倒在火上，致火势突然增大并发出巨响，大火随即扑到一旁的杨某身上。随后，杨某被送往医院。经鉴定，杨某伤残等级为六级。杨某向法院起诉，请求判令无线电厂、徐某和王某赔偿损失。

法院认为：杨某、徐某、王某三人玩火行为系共同实施，后果系共同造成，三人均有过错。王某、徐某应按其过错程度对杨某承担相应赔偿责任。对于事故的发生，杨某本人亦有过错，杨某监护人亦应自行承担相应的责任。无线电厂安全管理薄弱，对造成的损害后果理应承担其过失责任。

对于杨某与王某、徐某这点火取乐的行为，无疑应认定为共同危险行为。因为三人各自从家中携带火柴、爆竹等，一起翻墙进入无线电厂内，自然不但对三人本人具有有共同危险，对周边环境也

① 《杨劼诉王磊等在共同玩耍中翻墙进入大华无线电厂内寻得易燃品后占燃取乐被烧伤人身损害赔偿案》，载最高人民法院中国应用法研究所编：《人民法院案例选》2003 年第 2 辑（总第 44 辑），人民法院出版社 2003 年版，第 130 页。

有共同危险，结果确实造成了杨某的被烧伤，三个人作为共同危险行为的实施人故均难能逃脱干系。

而对于无线电厂，其应有严格的规章制度和管理措施，其厂区外围墙存有豁口而未及时修葺，以致本案中三个未成年人能够轻易翻越围墙进入厂区，乙无线电厂显然存在管理上疏漏之处。因而对杨某构成侵权。

但无线电厂与该两被告事先并无意思联络，只是在偶然的情况下，使各方无意思联络人的行为结合而导致同一损害结果，各人的行为共同构成了损害产生的条件，这是一种既不同于共同侵权、又不同于共同危险行为的无意思联络的数人侵权行为。

（二）与共同侵权行为的区别

1. 有无共同过错不同

共同侵权行为要求数个侵权行为人共同实施侵权行为，各行为人能预见自己的行为必然会与他人的行为结合，并造成对受害人的同一损害。而无意思联络的数人侵权责任要求数个行为人分别实施侵权行为，各行为人主观上没有意思联络，也没有共同过失。

2. 行为结合的必然性不同

共同侵权中，各行为人的行为结合在一起是数个行为人故意为之的，是必然结合的。而无意思联系的数人侵权中，各行为人的行为结合在一起是偶然的，当事人并未预见到。

3. 责任承担不同

共同侵权中，各加害人承担连带责任，而在无意思联络数人侵权的情况下，行为人的责任要依不同情况而定。

分别实施侵权行为造成同一损害，每个人的侵权行为都足以造成全部损害的，行为人承担连带责任。

如果只是分别实施侵权行为造成同一损害，能够确定责任大小的，各自承担相应的责任；难以确定责任大小的，平均承担赔偿责任。

【案例8-3-5】当事人注意义务成本越低其承担责任越大
——《曹某因在结冰的路面上摔倒诉洗车场经营者张某、乙县市政管理处人身损害赔偿案》①

2000年2月15日，原告曹某骑自行车路经被告张某经营的洗车场时，因洗车场前的污水结冰，路面湿滑，原告曹某未加注意而摔倒受伤。后经乙县法院法医鉴定为右胫骨粉碎性骨折。张某经营的洗车场按时向乙县市政管理处交纳排水设施有偿使用费。因此，曹某要求张某和市政管理处共同承担赔偿责任。

法院认为，被告张某在县城内主要交通路段经营洗车场，因排放的污水流至路面结冰导致路过的行人摔伤，有目击证人、医生的诊断证明等相互印证，足以认定。被告乙县市政管理处作为县城市容环境卫生行政主管部门，对被告张某经营的洗车场负有监督管理责任。另外，原告曹某在上下班时间路面较滑的地段骑车疏忽大意造成伤害，自己也应负有一定的责任。另外判令张某与乙县市政管理处对彼此的债务承担连带清偿责任。

根据当事人注意义务的成本越低其承担责任越大的理论，张某对此次事故应该承担主要责任，市政管理处承担次要责任，而曹某本人自己承担的责任最少。但对于法院判决“张某和市政管理处承担连带清偿责任”的做法，我们觉得并不妥。很明显，由于张某洗车场的排污和市政管理处没有尽到其应尽的管理责任而造成损害后果是一种偶然性的结合，他们之间的侵权应该属于无意思联络的共同侵权行为，其应只对自己的侵权行为承担责任，而不是连带清偿责任。

① 《曹新莲因在结冰的路面上摔倒诉洗车场经营者张玉刚、博兴县市政管理处人身损害赔偿案》，载最高人民法院中国应用法研究所编：《人民法院案例选》2004年民事专辑（总第48辑），人民法院出版社2004年版，第178页。

且市政管理处作为县城市容环境卫生行政主管部门其承担的应是行政法律责任，由于行政不作为而承担民事赔偿责任，并且要与民事赔偿主体负连带赔偿义务，也欠缺法律规范依据。

第九章　损害赔偿的范围

第一节　损害赔偿范围概述

一、损害赔偿范围的含义

在依据归责原则确定了侵权责任归属于何人后，就该考虑究竟哪些人有权向责任人主张损害赔偿、可以就哪些方面的损害向责任人主张损害赔偿的权利，这就涉及损害赔偿的范围问题。

损害赔偿责任范围与本书第三章讨论的损害事实的范围是不同的。一般认为，损害范围的概念要大于责任范围的概念。损害事实是从受害人的角度说的，根据“利益说”，是受害人原有权益与现有权益的差额。而赔偿责任则是从加害人的角度说的，其是指在受害人的损害中，何种损害须由加害人负责予以赔偿。损害赔偿诉讼中，原告往往列举诸多损害事实，要求被告加以赔偿，而法院之责任就在于确定原告损害的事实范围并进而确定被告的赔偿责任范围。①

① 《人民法院案例与评注》编写组编：《人民法院案例与评注　损害赔偿（上）》（民事七卷），中国法制出版社2006年版，第434页。

【案例9-1-1】要在侵权损害之范围内承担恢复原状的责任
——《陈某等以开设饭店产生噪声和排烟等侵害相邻权为由诉邸某相邻关系案》①

陈某等27位原告与被告邸某开设酒店（未办理工商登记）的房屋同在一小区，位置毗连。被告开设的酒店的灶间的烟囱、引风机、洗碗间对邻居们造成影响，并且被告在临小区的东墙上开出一门，装上防盗门，为自己所用。27位原告以被告开设的饭店产生的噪声、排烟等侵害他们的相邻权为由，诉至法院。

法院经审理认为，原、被告各方相邻，应以有利于生产、方便生活来处理相邻关系。被告邸某在没有取得工商营业执照的情况下，开设酒店，产生的噪声和排放的油烟造成周围环境污染，干扰了27位原告正常的生活，其应承担民事责任，故原告要求被告停止侵害、排除妨碍的请求，于法相符，法院予以支持。

被告擅自占用公用平台并在此排放洗物之污水，污染了小区环境应当退出平台。被告在不归自己所有的房屋的墙上擅自开门，侵害了原告的相邻权，被告应将该处开通的门砌上，恢复原状。

一审宣判后，邸某不服提出上诉，二审法院经审理，维持原判。

本案是一起典型的环境侵害案。被告对其产生的噪声、排污、擅自拆墙开门都是侵权行为。被告应在这些侵权行为造成的损害范围内承担停止侵害、恢复原状的责任。

（一）狭义的损害赔偿范围

狭义的损害赔偿范围研究的仅仅是损害赔偿标的之范围，即享

① 《陈洪森等以开设饭店产生噪声和排烟等侵害相邻权为由诉邸哲明相邻关系案》，载最高人民法院中国应用法研究所编：《人民法院案例选》2006年第2辑（总第56辑），人民法院出版社2006年版，第110页。

有赔偿请求权的民事主体可以就自己的哪些损害来向损害赔偿的义务主体提出损害赔偿的请求。

损害赔偿的标的范围只是广义的损害赔偿的标的范围中的一个层面，只研究当损害发生后，权利人可以就自己所遭受的损害行使损害赔偿请求权标的的范围。

损害就是受害人因加害人的加害行为所遭受的财产上或者其他法益上的某种不利益，这种不利益的形式是多种多样的。故损害赔偿的范围问题所要解决的无非就是确定受害人究竟可以对这其中的哪一些损害，向加害人主张损害赔偿请求权的问题。

【案例9-1-2】一块电池为造假　整部手机来赔偿
——《左某诉某移动通讯分公司等用非卖品手机电池以次充好买卖合同纠纷案》①

2006年1月6日原告左某与被告某移动通讯公司签订充值送购机补贴优惠活动协议一份。原告预存话费300元，并支付580元后从被告中移鼎讯公司处购买了一部手机（含一块电池和一个充电器，电池上标有“非卖品”字样），被告出具了金额为580元的发票。后原告发现手机所配电池非原装电池，遂与两被告交涉，均未果，争讼。

法院经审理认为：被告在向原告销售手机时，以非原厂原装电池充当原厂原装电池，以假充真，其行为已构成欺诈。手机必须与电池结合在一起才能正常使用，两者在发挥手机的通话等基本功能上是一个整体。且原告并非单独购买手机电池，被告也并无就手机与电池分别标价销售，故被告应当退还原告整部手机，而非退还一块电池并加倍赔偿。

① 《左海同诉中移鼎迅江苏分公司等用非卖品手机电池以次充好买卖合同纠纷案》，载最高人民法院中国应用法学研究所编：《人民法院案例选》2007年第1辑（总第59辑），人民法院出版社2007年版，第216页。

本案特殊性主要在经营者对于销售手机所配电池系以假充真构成欺诈时，是退还手机并按手机价值赔偿，还是应当仅退还电池并按电池的价值赔偿。

根据《中华人民共和国消费者权益保护法》第49条规定："经营者提供商品或者服务有欺诈行为的，应当按照消费者的要求增加赔偿其受到的损失，增加赔偿的金额为消费者购买商品的价款或者接受服务的费用的一倍。"电池是关系到手机主要功能的核心部件，整体销售的商品中不可或缺的关键部件为假冒伪劣，赔偿的数额应为该商品的整体价格。因此经营者应当按整部手机的价值予以赔偿。

（二）广义的损害赔偿范围还包括权利主体的范围

从广义上理解，损害赔偿范围包括两个层面，损害赔偿标的之范围以及损害赔偿权利主体的范围。

狭义的损害赔偿范围研究的仅是一个层面的问题，而广义的损害赔偿范围还包括另一个层面的问题——损害赔偿权利主体的范围，即损害发生以后，究竟哪些主体才有权利请求损害赔偿的问题。

在侵权责任法中，原则上只有直接受害人才享有损害赔偿的请求权，而不及于第三人。但如果把这个原则绝对化，就可能导致非常不公正的结果，因为侵权行为引发出的一个损害常常延伸出其他的损害。

因此，各国都在特定情况下承认直接被害人之外的第三人的损害赔偿请求权。

如《法国民法典》第1382条规定：凡因过失加损害于人者，应负赔偿责任。依此规定，在法国，凡因他人之过失行为而遭受损害者，均可直接向加害人请求赔偿，而不问其与加害人之间的关系如何，即第三人享有直接诉权。德国民法则采取另一种解决办法，根据《德国民法典》第281条的规定，有赔偿请求权的直接受害人可以将他的赔偿请求权让与原本无赔偿请求权的第三人，从而使第三人能够就自己的损害向加害人主张赔偿。

我国《侵权责任法》第18条规定："被侵权人死亡的，其近亲属有权请求侵权人承担侵权责任。被侵权人为单位，该单位分立、合并的，承继权利的单位有权请求侵权人承担侵权责任。被侵权人死亡的，支付被侵权人医疗费、丧葬费等合理费用的人有权请求侵权人赔偿费用，但侵权人已支付该费用的除外。"

实际上，有时很难区分直接受害人和第三人。通说认为，应该根据损害结果和侵权行为之间有无因果关系来认定，有因果关系的就是直接受害人，反之则为第三人。

【案例9-1-3】转租是否影响汽车保险合同索赔？
——《段某、冯某诉某保险公司支公司及第三人丁某保险合同案》①

2003年7月18日，原告段某将其自购挂靠于某出租汽车公司的出租车出租给原告冯某驾驶跑营运。双方签订了承包合同。2003年8月6日，原告段某、冯某以共同被保险人向某保险公司投了车辆损失险、第三者责任险、车上人员责任险等四个险种，并拿到了《机动车辆保险证》。

2003年11月23日，冯某在未告知段某的情况下，将出租车转租给第三人丁某跑营运，双方签订了"租车协议"。2003年12月9日凌晨，丁某驾车与郎某的二轮摩托车相撞。2004年11月26日，被保险人段某向某保险公司提出索赔申请，某保险公司拒绝赔偿。原告段某、冯某向法院提起诉讼，要求某保险公司承担赔偿责任。

法院经审理认为：原告段某、冯某作为共同被保险人，向某保

① 《段有林、冯林枫诉中国人民财产保险股份有限公司河口支公司及第三人丁代熊保险合同（财保）案》，载最高人民法院中国应用法学研究所编：《人民法院案例选》2007年第1辑（总第59辑），人民法院出版社2007年版，第371页。

险公司提交投保单申请保险，保险公司经审核后签发了保险单，发放了保险证，约定车辆使用性质为“出租营运”。且原告段某按约定交纳了保险费。该保险合同已成立时生效。

原告冯某虽在未取得原告段某同意的情况下将该车转租给第三人丁某，但因该车是在保险期限内发生的事故，并未违反“非被保险人允许的驾驶人员使用保险车辆”责任免除的规定，故保险公司不能免除其应承担的保险赔偿责任。

本案双方争议的焦点是承租人对承租车辆是否有保险利益，是否有资格成为被保险人。

车主段某与承租人冯某以共同被保险人的身份投保时，保险公司也予以认可。冯某未披露自己作为承租人的身份并不违背最大诚信原则，保险合同合法有效。这就是说，段某与冯某都享有被保险人的权利和义务。

根据《中华人民共和国合同法》第224条第2款的规定：“承租人未经出租人同意转租的，出租人可以解除合同”，段某同冯某之间的车辆出租，在冯某转租后，段某并未解除合同，据此情况可视为段某对冯某转租自己车辆的行为予以了默认。在冯某转租给第三人丁某且发生肇事时，段某、冯某与保险公司签订的保险合同并未过期和失效，某保险公司以“冯某非法律意义上的被保险人”、以第三人丁某“非被保险人允许的驾驶人员使用保险车辆”来免除自己理赔责任，其理由是难以成立的。

二、损害赔偿范围的类型

（一）财产权损害赔偿范围与非财产权损害赔偿范围

根据损害事实所侵犯的权利客体类型的不同，可以将损害赔偿分为财产权和非财产权损害赔偿，这两种损害赔偿的范围有所不同。

1. 财产权损害赔偿范围

(1) 约定损害赔偿范围。就是根据当事人意思自治原则，由当事人对损害赔偿范围的大小作出约定。

(2) 法定损害赔偿范围。就是由法律对损害赔偿范围的大小作出了较为明确的规定。

【案例9-1-4】出境旅游丢失的行李谁来赔?

——《郭某、齐某诉某国际旅行社因过错而致行李丢失应承担赔偿责任案》①

原告郭某、齐某与被告某国际旅行社签订了一份出境旅游合同，二原告在机场领行李箱时发现自己的行李箱丢失。2000年3月2日，被告通知原告到机场接行李箱。原告在接行李箱时，发现其行李箱被撬，箱内部分物品丢失，要求被告合理解决赔偿问题遭拒绝，以致引起诉讼。

法院经审理认为，原告虽提供了相应证据，但这些证据均不能证明被告对此损害发生有过错，被告在得知原告行李箱丢失后协助原告寻找，并办理了相关事宜，尽到了被告应尽的职责，判决驳回二原告的诉讼请求。

二审法院经审理认为，根据国务院发布的《旅行社管理条例》和国家旅游局颁布的《旅行社办理旅游意外保险暂行规定》的规定，旅游意外保险是强制保险，是国家规定旅行社必须为旅游者代办的事项。但被告与原告签订的旅游合同，未按规定代原告办理包含旅游者所携带的行李物品丢失、损坏等情形所需赔偿的旅游意外保险，使原告行李丢失后无法向保险公司索赔，对此国际旅行社应当承担赔偿责任。

---

① 《郭向禄、齐锡环诉新疆中国国际旅行社因过错而致行李丢失应承担赔偿责任案》，载最高人民法院中国应用法研究所编：《人民法院案例选》2004年民事专辑（总第48辑），人民法院出版社2004年版，第254页。

根据国务院发布的《旅行社管理条例》第22条规定："旅行社组织旅游，应当为旅游者办理意外保险，并保证所提供的服务符合保障旅游者人身、财产安全的要求……"；国家旅游局发布的《旅行社办理旅游意外保险暂行规定》第4条规定："旅行社组织团队旅游，必须为旅游者办理意外保险"；第5条第1款第（4）项规定："旅行社办理的旅游意外保险的赔偿范围应包括旅游者在旅游期间发生意外事故而引起的下列赔偿：……（四）旅游者所携带的行李物品丢失、损坏或者被盗所需的赔偿"。

被告旅行社仅为郭某、齐某二人购买旅游意外伤害保险，而没有为郭某、齐某二人办理行李物品丢失意外保险，显然违反了上述行政法规、规章的规定，致使原告与保险公司未能就行李物品丢失赔偿事项建立保险合同关系，可见二原告的财产损失，是由被告旅行社过错造成的，依据《民法通则》关于过错责任的规定，其应向原告承担赔偿损失的责任。

2. 非财产权损害赔偿范围

通说认为，"非财产权"是指与权利主体之人格、身份不可分离的权利，其可再分为人格权与身份权。[①] 因此，对非财产权的损害也就是对人身权的损害。一般而言，非财产权损害赔偿范围都是法定的。

【案例9-1-5】无法直接衡量也无法明确定价的权益咋赔?

——《被人冒名顶替上学工作5年　愤起索赔12万》[②]

自己考上了中专，却被别人冒名顶替，顶替者毕业参加工作两年后，旬阳县吉某才发现别人冒自己的名字学习就业5年了。一怒

---

① 梁慧星：《民法总论》，法律出版社2001年版，第78页。

② 《被人冒名顶替上学工作5年　愤起索赔12万》，来源：［华商网－华商报］（作者：华明），2003年10月20日11：08。

之下她将顶替者起诉到法院，以自己的姓名权、受教育权和劳动就业权受到侵犯为由向对方索赔12万元。

（二）违约损害赔偿范围与狭义侵权损害赔偿范围

根据导致损害赔偿事实产生的原因不同，可以将损害赔偿分为狭义的侵权损害赔偿和违约损害赔偿。

1. 违约损害赔偿范围

合同是交易双方事先对未来所作的安排。在期望合同内容实现的愿望下，交易者往往会对违约损害赔偿作出详细的规定，这既有利于督促双方守约又有利于解决不时之需。对此，法律显然是持肯定态度的。例如，我国《合同法》第114条规定：“当事人可以约定一方违约时应当根据违约情况向对方支付一定数额的违约金，也可以约定因违约产生的损害赔偿额的计算方法。”

因此，法律只在当事人无法自行约定解决违约损害赔偿的范围时才给予救济。违约损害赔偿范围既可以是约定的，也可以是法定的。

【案例9-1-6】不能倚靠的门致害　凭啥客人找酒店赔偿？

——《祝某因其妻在某酒家就餐后走出走廊时倚靠酒家虚掩的门时摔伤致死诉某酒家人身损害赔偿案》①

2000年10月23日，王某与其高中同学在某酒家包房聚会，结束后，王某在二楼门口阳台处依靠在左侧的门（开向朝里）上时，摔倒在通往厨房的楼梯上。王某摔倒后即被该饭店服务员发现，送往医院抢救，于2000年11月8日死亡。王某的丈夫祝某向法院提出诉讼，要求某酒家赔偿王某医药费、误工费等各种费用。

---

① 《祝利东因其妻在野力酒家就餐后走出走廊时倚靠酒家虚掩的门时摔伤致死诉野力酒家人身损害赔偿案》，载最高人民法院中国应用法研究所编：《人民法院案例选》2004年民事专辑（总第48辑），人民法院出版社2004年版，第199页。

法院经审理认为，被告某酒家作为餐饮业的经营者，在为王某提供服务时，对其在公共场所自行改建，供内部职工使用的通道门存在着的可能危及人身安全的隐患，并没有向王某做出真实的说明和标有明确的危险警示，该门上贴有的“顾客止步”的警示，起不到告知可能出现危及人身安全的警示作用。因此，被告没有保证其提供的服务符合保障人身安全的要求，故对王某的死亡负有全部赔偿责任。

该酒家违反对服务场所的安全保障的附随义务，应承担违反义务的民事责任。这里所谓的附随义务是与合同约定义务相对应的概念，其指即使法律无明文规定，当事人也无明确约定，但为维护对方当事人的合法权益，并依社会的一般交易观念，当事人也应承担的义务。

2. 侵权损害赔偿范围

我国《侵权责任法》对财产损害赔偿的计算方法、人身损害赔偿的范围、精神损害赔偿、不承担责任和减轻责任的情形等问题进行了系统的规定，并进一步确立了“同命同价”的原则。这些都为在司法实践中确定损害赔偿的范围提供了明确的法律依据。

此外，其他的一些法律法规中也有涉及损害赔偿范围的特别规定，如《国家赔偿法》、《消费者权益保护法》、《反不正当竞争法》和《道路交通事故处理办法》等。

【案例9－1－7】二元户籍如何决定侵权赔偿之命价？
——《人大代表称“同命不同价”有违公平原则》①

“不幸被撞死，能赔多少钱？如果你是深圳城市人，赔偿金为

① 《广东人大代表称同命不同价有违公平原则 陈铁军接受本报记者采访》，文/记者 陈翔、曾卫康、刘旦、任珊珊、李妍、黄楚慧，2007年02月07日08：26，来源：大洋网－广州日报，http://www.sina.com.cn。

573305 元；如果你是广东任何地方的农村人，赔偿金仅为 93810 元，相差 6 倍多！这不合理！”全国劳动模范、广东省人大代表、吴川市人大常委会副主任陈某等 13 位代表提交《关于广东省交通事故死亡赔偿金实行统一标准的建议》，建议省人大牵头，会同公安、法院等有关部门对广东省交通事故死亡赔偿作出一个统一的标准。

他举例说：2005 年在广东恩平地区发生的“1·23”特大交通事故案件中，同一辆客车死亡的城市人获得赔偿金为 247608 元，而农村人获得的赔偿金仅为 91091 元，两者相差 156516 元，有将近 3 倍之多的差额。

省人大代表陈甲就此问题接受采访时说，从根源上讲，这是二元户籍制造成的。城市和农村是两个体系，城市人人均收入高，农村人人均收入低，赔付时城市按城市赔，农村按农村赔，这不合理。陈甲认为，这个问题没办法一步解决，但是可以先从司法的途径上来统一死亡事故赔偿的标准。

陈某也说，交通事故死亡赔偿标准一直是司法实践中存在争议很大的焦点问题，城市人与农村人“同命不同价”的死亡赔偿标准意见甚大，普遍认为这有违于公平原则。

（三）直接损失与间接损失之赔偿

通常情况下，要确定损害发生时的赔偿范围，就需要对损害赔偿范围作进一步细化研究。

根据全部赔偿原则，损害赔偿的范围应该包括受害人的直接损失和间接损失。直接损失和间接损失在财产损害赔偿和人身损害赔偿中都是存在的。即使是精神损害赔偿，也存在着精神利益中财产因素的直接损害和间接损害问题。

1．直接损失

直接损失，是指加害人的加害行为直接造成的受害人的财产的减少。直接损失是一种积极的损害。对于直接损失，加害人自应予以赔偿。

一般认为，直接损失主要包括以下几种常见的类型：一是人的死亡和受伤；二是物的丧失和毁损；三是污染或者干扰造成的损害；四是权利的被侵害。

在计算直接损失的时候，应该单独地就该损失进行衡量，而不必衡量该财产在受到侵害前和受到侵害后的两种状态差异。

【案例9-1-8】花了多少就必须先赔多少！
——《王甲诉某商场管理不善致使自己人身损害赔偿案》①

2001年3月28日上午，王甲携其子王乙（坐在婴儿车内）在某商场选购过程中，服装货架上掉下的暖瓶落在婴儿车内将王乙烫伤，经法医评定伤残程度属九级。王甲作为王乙的法定代理人，请求法院判令该商场赔偿损失。

一审法院经审理认为，某商场对其设立的儿童用品区域的安全问题未采取积极有效的预防措施，未尽到谨慎的注意义务，因此，该商场应承担由于其过错造成王乙人身损害的民事责任。

王乙受伤时未满一岁，经鉴定王乙现已构成九级伤残，考虑到王乙的伤情及实际情况，依据《最高人民法院关于贯彻执行〈中华人民共和国民法通则〉若干问题的意见（试行）》第144条、第145条、《最高人民法院关于确定民事侵权精神损害赔偿责任若干问题的解释》第8条、第10条的规定，该商场需赔偿王乙合理的医药费、营养费、住院期间护理费、家属误工费、交通费、伤残补助费及精神抚慰金。

2. 间接损失

间接损失，是指受害人本来可以得到的，但是因为加害人的加

---

① 《王沛辰诉北京双安商场有限责任公司管理不善致使自己人身损害赔偿案》，载最高人民法院中国应用法研究所编：《人民法院案例选》2004年民事专辑（总第48辑），人民法院出版社2004年版，第189页。

害行为而丧失的利益。间接损失是一种消极的损害。对于间接损失，一般也应予以赔偿。因为在正常情况下，若没有加害人的加害行为，受害人是可以得到这种利益的，却由于加害人的侵权行为，没能得到这种利益。

间接损失对受害人来说，与直接的财产损失只存在形式上的不同，而没有什么实质上的区别。如果法律不保护这种利益，对受害人的保护就是不充分的，侵权法的补偿目的就不能完全达到，对加害人的惩罚功能更是实现不了。

【案例9-1-9】怎么赔偿优惠卡的"可得优惠"利益?
——《质押期间丢失质押的购机票优惠卡损害赔偿案》[①]

原告刘某到被告韩某经营的音像店租影碟，用其所购乘坐飞机使用的优惠卡"白山卡"作租碟押金，抵押在韩某处。刘某并叮嘱韩某不要弄丢此卡，韩某也作出了保证。到了第三天，刘某去退碟时，却被告知因音像店昨天被盗而导致了"白山卡"的丢失。

刘某要求韩某赔偿其损失4000元，韩某则只同意赔偿其办卡时的费用400元。双方协商不成，刘某诉至法院。

法院经审理认为：原告为租影碟而抵押"白山卡"，被告接受后应妥善保管。因被告保管不善而造成此卡丢失，给原告造成了一定的经济损失，被告对此应负全部责任，应予合理赔偿。但原告要求赔偿"白山卡"丢失后的全部经济损失是不合理的，对于尚未发生的损失部分，不予支持。

法院判决被告无需赔偿购机票优惠卡丢失后尚未发生的损失部分是否合理呢?

本案中，被告对于应予赔偿这一点并无异议，但对是赔偿办卡

---

① 《刘健诉韩艳于质押期间丢失其质押的购机票优惠卡赔偿案》，载最高人民法院中国应用法学研究所编：《人民法院案例选》1998年第1辑（总第23辑），时事出版社1998年版，第78页。

的费用还是赔偿卡本身所带来的间接经济利益（即优惠价格），则持有异议。这就涉及间接损失是否要赔的问题。

而查明“白山卡”的作用是这起赔偿案的关键所在。“白山卡”的特殊性表现为：因有本人身份证号码、姓名，而只能由本人使用，且只能乘坐发卡航空公司飞机，才能带来一定的优惠价格。显然，这种优惠价格（即间接经济损失）是与“白山卡”密不可分的，而且“白山卡”丢失后就不能再补办。既然原、被告之间的民事行为有效，那么这种间接损失就必须予以考虑。

优惠卡的价值与一般商品的价值不同，其无法直接衡量，也无法明确定价。因为持卡人得到优惠的机票（不以增加收入，而以减少本应支出的费用为表现形式）须以实践性行为（即购买机票）为前提，购买的次数越多，持卡人得到的优惠价值就越大；在购卡后至有效期满不使用，则无任何实惠价值，反倒贴进400元购卡费。

因此，在确定赔偿数额时，应考虑持卡人的用卡频率：使用频率越高，得到的赔偿数额就越高，反之亦然。这样，才能体现公平原则。本案中，除了要按持卡人丢卡后乘坐飞机的次数给予优惠价赔偿外，还应合理补偿持卡人从结案到有效期满这段时间失去的优惠机遇。

间接损失的常见类型有以下几种：一是劳动能力的丧失或者减损；二是工作机会的被剥夺；三是物的市价与交易价格的差异；四是交易机会受侵害。

间接损失的计算一般是根据损害事故发生前后受害人的财产状况的变动来予以衡量的。特殊情况是，对于人身伤害和精神损害赔偿，或者是法律明确规定了赔偿的项目或用酌量方法一并予以计算的，就无须再区分直接损失和间接损失，只需按项目计算赔偿额，就已经包含了对间接损失的保护。

但是，间接损失须具有合理预见性，而不能无限制地扩大。这是为了防止对加害人课责过重而有失公允，而对受害人的损害赔偿请求权范围予以的必要限制。

第二节　损害赔偿范围的类型化研究

一、财产损害赔偿范围

（一）确定财产损害赔偿范围应当严格遵循全部赔偿原则

侵权损害赔偿制度设计的主要目标是补偿受害人的损失，而所谓“补偿”就是要以实际损失的大小为依据。同时，确定财产损害赔偿范围还应遵守损益相抵原则，从损失中扣除因同一原因所生的新的利益。

【案例 9－2－1】为制止侵权的支出可以作为赔偿的标准

——《某制片公司诉某音像有限公司、曾某侵犯著作权案》①

2002 年 2 月，原告某制片公司代理人在某市“某音像公平店”购得盗版 DVD 影碟共 14 部。“某音像公平店”房屋的产权人为曾某。2001 年 12 月，曾某向工商局申请个体工商户营业执照，经营范围为烟、酒等。

2002 年 10 月，原告某制片公司以 DVD 影视作品的著作权人之身份，向法院提起诉讼，请求法院判决二被告提供盗版音像制品生产厂家的名称、停止销售盗版音像制品，在当地《晚报》上公开赔礼道歉，赔偿原告经济损失。

法院经审理认为，被告曾某系该房屋的产权人及经营者，应当掌握发生在该房屋内的经营情况，并有义务证明是何人实施了销售

① 《环球城市制片公司诉上海沪声音像有限公司、曾扣亮侵犯著作权案》，载最高人民法院中国应用法研究所编：《人民法院案例选》2005 年第 1 辑（总第 51 辑），人民法院出版社 2005 年版，第 348 页。

涉案盗版影碟的行为，但曾某未充分履行其在案件中应承担的举证责任，未能证明发生在公平店内销售盗版影碟的行为并不是其所为，故其对销售盗版影碟的行为应承担民事责任，曾某销售盗版DVD影碟，且未能提供证据证明其合法来源，侵犯了原告享有的涉案作品的著作权，应当承担赔偿责任。

本案中，法院推定曾某实施了在该房屋内销售盗版DVD影碟的行为，曾某作为销售商只要不能提供其发行的复制品具有合法来源，就应当承担相应的民事责任。

由于原告的经济损失及被告的违法所得均难以确定，故依据涉案作品的内容、被告的主观过错、侵权手段、规模、情节，以及原告为制止侵权行为所支付的合理费用等因素，来确定其赔偿金额。

（二）确定财产损害赔偿范围的大小一般只以实际损失为依据

确定财产损害赔偿的范围，与确定刑事责任的方法自有不同，故加害人的过错程度、侵权行为的损害程度、加害人认错态度的好坏等因素对认定刑事责任的轻重可能起非常大的作用，而在认定财产赔偿范围的大小时，则一般不予考虑。

《侵权责任法》第19条规定："侵害他人财产的，财产损失按照损失发生时的市场价格或者其他方式计算。"这即对财产损害的赔偿范围作出了规定。

【案例9-2-2】财产损害之定额赔偿仅仅是实际损害简化模式
——《佘甲诉翁某等侵犯雕塑作品复制权案》①

原告佘甲诉称，1995年8月原告完成雕塑作品《琴女》，1997年10月省版权局根据原告申请予以登记并向原告颁发了《作品登

① 《佘国富诉翁金山等侵犯雕塑作品复制权案》，载最高人民法院中国应用法研究所编：《人民法院案例选》（2004年商事·知识产权专辑总第49辑），人民法院出版社2005年版，第552页。

记证》。2002年元月，被告佘乙未经原告许可，将原告的一套黄杨木雕《琴女》作品以4万元价格出售给被告翁某，供翁某仿造。后翁某根据该作品自行开模，以石膏、树脂为原料进行大量翻版生产。2003年1月，原告将一批《琴女》作品送到一油漆厂进行油漆时，发现了仿冒的《琴女》。原告以侵犯著作权向法院起诉请求判令二被告赔偿其损失。

法院经审理认为，被告翁某向被告佘乙购买原告享有著作权的雕塑作品《琴女》后，未经原告许可，自行开模复制生产，其行为侵犯了原告的著作权，应依法承担民事责任。被告佘乙明知被告翁某山从事雕塑翻模工艺却擅自将原告享有著作权的《琴女》木雕高价出售给翁某，并表示可供其仿造，构成共同侵权，应承担连带赔偿责任。赔偿数额确定为5万元。

省版权局向原告颁发了《作品登记证》，明确载明木雕作品《琴女》著作权人为佘甲。被告翁某在向被告佘乙购得《琴女》作品后，未经著作权人许可，自行开模进行复制，其行为符合著作权法第47条关于侵权行为的规定，应承担相应的民事责任。

被告佘乙已知《琴女》雕塑作品著作权人系原告佘甲，在未经原告许可的情况下明知被告翁某从事雕塑翻模工艺而将该作品卖给翁某供其仿造，并约定待复制品售出赚钱后付清余款，被告佘乙的教唆行为与被告翁某对《琴女》作品进行翻版复制具有直接的因果关系。根据《最高人民法院关于贯彻执行（中华人民共和国民法通则）若干问题的意见》第148条第1款规定："教唆、帮助他人实施侵权行为的人，为共同侵权人，应当承担连带民事责任。"二被告的行为构成共同侵权，应承担连带责任。

在赔偿数额的计算上，本案适用了《著作权法》第48条第2款规定的定额赔偿。在具体数额的确定上，首先考虑了被告翁某实施侵权行为的持续时间。鉴于侵权行为持续时间不长，尚未造成严重后果，而《琴女》木雕原作价值较大，复制品价值又不高，同时原告为保护其著作权已为本案支付调查取证费及律师费26000

元，赔偿数额确定为5万元是合适的。

二、人身损害赔偿范围

人身损害，是指受害人的生命权、健康权、身体权等人身权利受到不法侵害，造成伤残、死亡的后果以及其他损害。

确定人身损害赔偿范围，既要保证受害人的损害得到妥善的救济，又要保证不法侵害人的正当利益，从而使赔偿范围合理，符合公平正义和诚实信用的原则。

《侵权责任法》第16条规定："侵害他人造成人身损害的，应当赔偿医疗费、护理费、交通费等为治疗和康复支出的合理费用，以及因误工减少的收入。造成残疾的，还应当赔偿残疾生活辅助具费和残疾赔偿金。造成死亡的，还应当赔偿丧葬费和死亡赔偿金。"

根据本条的规定，人身损害赔偿范围根据不同程度的人身损害，确立了不同的赔偿范围。

【案例9-2-3】数学逻辑和法律逻辑不能混同
——《高某因医疗过失丧失肾功能诉卫生院医疗事故损害赔偿纠纷案》①

高某因腹部疼痛到卫生院诊治，诊断为：右肾多发结石，左输尿管中段结石，双肾重度积水。次日，卫生院为高某做取石、右肾探查术。因手术中违反诊疗常规，切除右肾，导致术后16小时高某无尿，经转入省人民医院抢救脱离生命危险。后经法医学鉴定中心鉴定：高某属二级伤残，劳动能力完全丧失，需要长期透析治疗

① 《高晓慧因医疗过失丧失肾功能诉双流县籍田中心卫生院医疗事故损害赔偿纠纷案》，载最高人民法院中国应用法研究所编：《人民法院案例选》2006年第2辑（总第56辑），人民法院出版社，第154页。

维持生命。

经医学会鉴定：卫生院为高某实施右肾切除术，导致高某术后肾功能衰竭、尿毒症的后果，卫生院应负主要责任。

随后，高某提起诉讼，请求判令卫生院赔偿各项损失共计391万余元。

一审法院认为，卫生院的医疗过失行为，是医疗事故的主要原因，承担70%的赔偿责任，高某存在双侧肾损害疾病承担30%的次要责任。除续医费外，赔偿金额共计259979.57元，其中，住院期间的误工费3609元（90天×14638元/年÷365天）、陪护费3609元（90天×14638元/年÷365天）。续医费每年60000元，按同样比例承担责任。遂判决：卫生院承担医疗事故赔偿费用35985.69元（已扣除支付的146000元）；从2006年起每年6月上旬之内，卫生院向高某支付下一年度（每年6月10日至第二年6月10日为一个支付年度）的续医费42000元，2005年度的续医费42000元在判决生效之日起十日内向高某支付。

高某不服判决，提起上诉。请求：判令卫生院按上一年度职工日平均工资支付误工费和陪护费；判令卫生院按人均寿命70岁的剩余年限计算并一次性支付高某的续医费用。

二审法院认为，原审判决以上一年度职工年平均工资14638元除以365天计算“误工费”和“陪护费”，缺乏法律依据。高某主张按上一年度职工日平均工资支付误工费和陪护费的理由充分。鉴于高某完全丧失肾功能，必须依赖长期血液透析治疗才能维持生命，原审判决由卫生院按年度支付续医费用，没有限定年限，有利于保障高某的生命权利。高某要求按人均寿命70岁的剩余年限计算一次性支付续医费，不利于保障其自身权益。据此于2005年12月2日作出判决，支持了高某主张按上一年度职工日平均工资支付误工费和陪护费的上诉请求，驳回了高某要求按人均寿命70岁的剩余年限计算并一次性支付续医费用的上诉请求。

本案是典型的人身侵权损害，如何计算损害赔偿数额，特别是误工费、护理费（即“陪护费”）的确定，是本案争议的主要焦点。

《医疗事故处理条例》第 50 条规定了医疗事故赔偿的项目和计算标准，其中对“误工费”、“陪护费”的计算标准，涉及“按医疗事故发生地上一年度职工平均工资计算”。实践中，“误工费”、“陪护费”的计算往往以日为基数，即以“日平均工资”作为计算单元。在适用“医疗事故发生地上一年度职工平均工资”计算误工费、陪护费时，简单地用“上一年度职工平均工资”除以 365 天进行计算，表面看来在数字逻辑上是严谨的，但在法律逻辑上却是错误的，既没有法律依据，又损害了赔偿权利人的合法权益。

“工资”是作为劳动报酬按期付给劳动者的货币或实物。“日平均工资”即劳动者平均每工作一天应得的报酬。劳动和社会保障部 2000 年 3 月 17 日发布并实施的《关于职工全年月平均工作时间和工资折算问题的通知》规定：“根据《全国年节及纪念日放假办法》（国务院令第 270 号）规定，全体公民的节日假期由原来的 7 天改为 10 天。据此，职工全年月平均工作天数和工作时间分别调整为 20.92 天和 167.4 小时，职工的日工资和小时工资按此进行折算”。因此，在适用“医疗事故发生地上一年度职工平均工资”计算“日平均工资”时，除数依法是 251.04 天（20.92 天/月 ×12 月）。正确的计算方法是：上一年度职工平均工资（元/年）÷20.92（天/月）÷12（月）。以 365 天作除数，扩大了年度法定工作时间 113.96 天，在上一年度职工平均工资不变的情况下，扩大实际工作时间，就降低了日平均劳动报酬，直接损害劳动者的合法权益。

法律具有社会属性，是群体意识的体现，是权利义务的规则。权利义务的救济保护适用法律思维和法律逻辑。数学逻辑和法律逻辑不能混同，否则就会背离法律的群体意识和社会属性。采用 365 天对“上一年度职工平均工资”进行计算，在理论上侵害了劳动者节假日休息的法定权利，对受害人一方有失公平。本案二审判决对此进行了改判，以法定工作日为计算基数，法律依据充分，法律逻辑清楚。

（一）一般人身伤害的常规赔偿

这是指侵害他人的生命健康权，造成人身损害时，都应赔偿的项目，包括医疗费、护理费、交通费等为治疗和康复支出的合理费用，以及因误工减少的收入。

【案例9-2-4】“赌酒”丧命　照样赔偿

——《沈甲诉雷某、唐某赌酒致生父沈乙死亡人身损害赔偿案》[①]

唐某因原告之父沈乙、被告雷某为自己无偿帮忙盖瓦房，设酒席款待。伙食由被告唐某提供。席间，被告雷某与他人相互赌酒未成后，沈乙向被告雷某提议，被告雷某喝10杯酒，自己喝15杯酒。此后，二人均醉，在唐某家同床睡觉。次日清晨沈乙死亡。经鉴定，沈乙系急性酒精中毒。原告诉至法院，要求雷某和唐某承担赔偿责任。

法院审理认为：沈乙与被告唐某间已形成了帮工关系。被告唐某对被款待的帮工，均有避免因此造成其人身损害的义务，被告唐某明知帮工之间赌酒可能造成醉酒甚至死亡的后果，对沈乙与雷某的赌酒行为采取了放任的做法，以致造成沈乙急性酒精中毒死亡的后果，对此应承担相应的责任。

沈乙与被告雷某均系具有完全民事行为能力人，在喝酒时，应当明知过量饮酒会造成酒精中毒甚至死亡的后果，但二人仍相互赌酒，最后造成沈乙因急性酒精中毒而死亡的结果。对此，沈乙、被

① 《沈小丽诉雷万金、唐朝如赌酒致生父沈洪全死亡人身损害赔偿案》，载最高人民法院中国应用法研究所编：《人民法院案例选》2004年民事专辑（总第48辑），人民法院出版社2004年版，第99页。

告雷某均有过错，双方均应承担相应的民事责任。

本案核心在于混合过错及混合过错下民事责任的承担。

此案中，帮工人沈乙在帮助受益人唐某盖瓦房过程中，并未受到伤害，其死亡结果是出现在了受益人款待的过程中，因而可以不作为帮工风险责任纠纷处理，应按照一般民事侵权案件处理。

沈乙主动与雷某赌酒，应当承担主要责任，雷某与沈乙赌酒，应当承担一定的责任，唐某提供伙食，对两名帮工间的赌酒行为未予劝解、制止，放任其赌酒，亦应承担一定责任。

（二）劳动能力丧失的赔偿

即在常规赔偿的基础上，对导致受害人残废的，除了赔偿医疗费、护理费、交通费等为治疗和康复支出的合理费用，以及因误工减少的收入之外，还应赔偿残疾生活辅助具费和残疾赔偿金。

残疾生活辅助具费，主要是指因受害人因残疾而造成身体功能全部或部分丧失后，需要配置补偿功能的残疾生活辅助具的费用。

残疾赔偿金是受害人残疾后特有的一个赔偿项目，对其性质、赔偿标准理论上有较大争议。主要有三种学说，收入所得丧失说、劳动能力丧失说和生活来源丧失说。

收入所得丧失说，指在计算残疾赔偿金时，以受害人受到伤害之前的收入与受到伤害之后的收入之间的差额作为赔偿额。

劳动能力丧失说，是指受害人因残疾导致部分或者全部劳动能力丧失本身就是一种损害，无论受害人残疾后其实际收入是否减少，行为人都应对劳动能力的丧失进行赔偿。

生活来源丧失说，是指受害人残疾必然会导致其生活来源丧失或者减少，行为人应当赔偿受害人的生活费，以期生活来源能够重新恢复。

上述学说中，生活来源丧失说所确定的赔偿金较少，显然不合理。收入所得丧失说虽然操作性较强，但是因为家庭主妇、儿童、失业者等人员在残疾前并无收入，有可能得不到赔偿，显然也不合理。劳动能力丧失说比较合理，该说被英美侵权法所普遍采用，日本、我国台湾地区等的通说便是此说。①

【案例9-2-5】犯人劳改中受伤谁赔偿?

——《黄某在服刑劳动中受伤致残诉某监狱给予相应补偿案》②

原告黄某因犯盗窃罪被判处有期徒刑8年6个月，被送至被告某监狱服刑。服刑中，某监狱安排原告在被告某水泥厂水泥磨这一岗位进行劳动改造。原告在岗位上操作时，因违反操作规程致使左腿被机器绞断，随即被送往医院抢救治疗，诊断伤情为左小腿下段完全性离断伤。该住院医疗费等已由被告方支付。

释放后，原告因与两被告协商赔偿事宜未果，遂向法院起诉，要求被告某水泥厂赔偿其因工伤所造成的损失71004元，被告某监狱对此承担连带责任。

法院认为：监狱虽是刑罚的执行机关，不是社会企业，但仍有责任保障罪犯在生产劳动中的人身安全，对在劳动中伤亡的罪犯应予以必要的补偿。被告某监狱对原告劳动安全疏于管理，对原告的伤残应承担主要的民事责任。原告在服刑劳动中违反操作规程，应自行承担40%的次要民事责任。被告某水泥厂是罪犯强制劳动的场所，非刑罚执行机关，不是承担民事责任的主体。原告主张参照《道路交通事故处理办法》的规定，补偿其残疾者生活补助费的请求合理，予以支持。

被告某监狱不服判决，提起上诉称：本案应适用《监狱法》和《企业职工工伤保险试行办法》的规定处理，原审适用《道路交通事故处理办法》处理是适用法律不当。

---

① 王利明：《中华人民共和国侵权责任法释义》，中国法制出版社2010年版，第79页。

② 《黄建忠在服刑劳动中受伤致残诉龙岩监狱给予相应补偿案》，载最高人民法院中国应用法学研究所编，《人民法院案例选》2002年第1辑（总第39辑），人民法院出版社2002年版，第191页。

二审法院认为：监狱是刑罚执行机关，有责任保障罪犯在生产劳动中的人身安全，对在劳动中伤亡的罪犯应予以必要的补偿。但由于监狱与罪犯之间是强制与被强制关系，双方之间不存在劳动关系，罪犯在劳动中致残，不属劳动法调整范围。因此，罪犯在劳动中伤残的生活补助费应适用《监狱法》，不能适用《劳动法》，亦不能参照《道路交通事故处理办法》的规定处理，原判适用法律错误。

本案是一件非常特殊的人身损害赔偿案件。

罪犯虽因犯罪而被判处徒刑并收监执行和予以强制劳动，但其仍然享有人格权和身体健康权，在劳动过程中也享有得到劳动安全保护的劳动权利。基于此，罪犯在劳动中致伤、致残或者死亡的，应当享有相应的劳动保险待遇，也是其应有的权利。

被告监狱是原告服刑期间的刑罚执行机关，理应对罪犯在劳动改造中的劳动安全加强管理和监督，但由于疏于管理和监督，则应对原告的伤残承担主要的民事责任。原告监狱应依照《监狱法》第 73 条的规定和司法部关于《罪犯工伤补偿办法》的补偿标准直接进行处理。

（三）致人死亡的赔偿

当受害人受到人身侵害而死亡时，侵权人除了承担医疗费、护理费、交通费等为治疗和康复支出的合理费用，以及因误工减少的收入外，还应赔偿丧葬费用和死亡赔偿金。其中，丧葬费用的确定比较简单，而对死亡赔偿金的确定，争议则较大。

死亡赔偿金的范围，在理论和实务界主要有两中观点，“扶养丧失说”与“继承丧失说”。

扶养丧失说，是指受害人死亡后，其被扶养人因此失去了生活的来源，侵害人应对此赔偿被扶养人的生活费。这就是死亡赔偿金的赔偿范围，对于受害人死亡，而导致的受害人所能继承的财产的减少，不予赔偿。

继承丧失说，是指若受害人没有死亡，其在未来可获得预期的收入，这些收入是可以被受害人的继承人所继承的，因加害人的侵权行为，而使继承人所能够继承的财产减少了。因此，死亡赔偿金的范围应是受害人死亡说导致的预期收入的减少。

这两种学说各有利弊，理论上仍未有定论，各国法律中采这两种学说的都有，而我国《侵权责任法》，对此并无定论，该问题仍有待研究。

同时，《侵权责任法》确立了“同命同价”的原则。《侵权责任法》第17条规定：“因同一侵权行为造成多人死亡的，可以以相同数额确定死亡赔偿金”。

【案例9-2-6】只有死亡赔偿金的遗产

——《王某等诉许甲未明确具体项目的死亡赔偿金应按遗产继承案》①

1994年5月，被告许甲与冯某再婚，当时许甲之子许乙24岁。1997年5月，原告王某与许乙结婚，婚后王某夫妇与许甲夫妇分居生活。1999年元月26日晚，许乙在一金矿工作时因事故死亡，矿主一次性赔偿了22000元，但未说明赔偿项目。为办丧事从该款中用去1000元，剩余21000元由许甲保管。

许乙死亡时，王某已有约7个月的身孕。1999年4月，王某生一女孩，取名许丙，为本案另一原告。两原告向法院起诉称：被继承人许乙的死亡补偿余款21000元由被告许甲保管，要求各继承7000元。

法院经审理认为：被继承人许乙生前未立遗嘱，其遗产继承应按法定继承办理。许乙死亡后矿主支付的21000元赔偿金，由于是一次支付的，没有明确赔偿项目，故应作为遗产分配。

① 《王新芳等诉许庄未明确具体项目的死亡赔偿金应按遗产继承案》，载最高人民法院中国应用法研究所编：《人民法院案例选》2001年第1辑（总第35辑）人民法院出版社2001年版，第53页。

死亡赔偿金的性质界定问题，也即死亡赔偿金是否属于遗产范围问题。对这个问题如何界定，是正确处理本案的关键。目前，我国法律对死亡赔偿金是否属遗产也无明文规定。

依据民法通则及有关司法解释，死亡赔偿金的项目无非包括医疗费、误工费、护理费、生活补助费、营养费、交通费、丧葬费、死亡补偿费、被抚养人生活费等。医疗费、误工费、护理费、生活补助费、交通费、丧葬费如果用家庭共同财产或夫妻共同财产支付了，责任人赔偿后应作为家庭共同财产或夫妻共同财产，属于死者的一部分才可以作为遗产。死亡补偿费则是对死者亲属精神痛苦的一种抚慰，应由死者的有关亲属享有，不是遗产。因此，死亡赔偿金如果有明确的赔偿项目，应按赔偿项目的性质去界定是否属于遗产，而不能一概认定是否属遗产。

本案中死者的死亡赔偿金没有明确赔偿项目，只是一次性地赔偿死者22000元，自然无法按赔偿项目去界定其性质。那么，在这种情况下如何去认定死亡赔偿金是否属遗产呢？死亡赔偿金顾名思义是对死者的赔偿，如果其中未列明具体赔偿项目，只能理解为是死者死亡时的债权，即侵权之债。我国继承法第3条规定："遗产是公民死亡时遗留的个人合法财产"。最高人民法院《关于贯彻执行〈中华人民共和国继承法〉若干问题的意见》第3条规定："公民可继承的其他合法财产包括有价证券和履行标的为财物的债权等。"人身侵权赔偿之债的履行标的是财物，因此死亡赔偿金应视为遗产。本案判决将被继承人死亡赔偿金确定为遗产，也是正确的。

三、精神损害赔偿范围

私法中精神损害赔偿制度的出现，是法律文化进步的象征。我国《侵权责任法》第22条规定："侵害他人人身权益，造成他人严重精神损害的，被侵权人可以请求精神损害赔偿。"

围绕精神损害赔偿范围问题，形成了不同的学说，如“精神痛苦说”、“一定范围人格权说”、“人身权说”、“人身伤害基础说”、“财产损失说”和“重大过错犯罪说”。从损害利益的角度看，精神损害赔偿范围包括精神利益损害赔偿和精神痛苦损害赔偿。

（一）精神利益损害赔偿

精神利益损害赔偿主要是对精神性人格权损害的民事救济手段，保护的对象是名誉权、人身自由权、肖像权、姓名权、隐私权、贞操权以及一般人格权等人格权。[①] 既包括对精神利益损害所引起的直接财产损失的赔偿，也包括对精神利益中财产利益因素损失的赔偿，还包括对纯粹的精神利益损害的赔偿。

【案例9-2-7】挖祖坟导致的精神损害

——《擅挖村民祖坟　房产公司赔偿精神损失18万》[②]

2003年8月20日，被告某房地产公司征用了包括原告等33户村民已故亲人坟墓的71个墓穴的土地。2004年10月28日，被告在原告未将坟墓迁移、也未经原告同意的情况下，擅自将坟墓挖开，导致棺木、墓碑损坏，并将挖出的尸骨交由市殡葬管理处加以收集、转运、火化和毁灭。33户村民将该房地产公司告上法庭。

法院经审理认为：坟墓作为埋葬死者遗体的特定场所，是人们寄托感情、悼念死者的客观载体，属于人们的特殊财产。如果遭到人为的破坏，将给死者的后人造成严重的精神损害。鉴于此，原告已故亲人坟墓作为其特殊财产，任何人都不得非法侵犯。被告在原告还未迁移坟墓、没有征得原告同意、也未通知原告的情况下，挖

---

① 杨立新、朱呈义、蔡颖雯、张国宏：《人身损害赔偿》，人民法院出版社2004年版，第405页。

② 作者：施余芳，来源：中国法院网，载“湖北律师网-楚天律师网”〈http://www.wuhan148.com/show.asp? id=769〉,2006/04/20。

掘原告已故亲人的坟墓，其行为既是对死者人格利益的侵害，也是对死者近亲属祭祀权的侵害，其行为已构成侵权。被告的侵权行为不仅损害了原告的特殊财产，而且直接伤害了原告对已故亲人的情感，给原告造成了精神伤害，同时违背了社会公德和社会的公序良俗。

据此，法院判决：被告某房地产公司构成侵权，赔偿33户村民精神损害抚慰金17.75万元。

本案涉及精神损害赔偿范围的确定。法院的判决及其所依据的事实和理由都是值得肯定的。从损害利益的角度看，精神损害赔偿范围包括精神利益损害赔偿和精神痛苦损害赔偿，显然法院判决房地产公司赔偿的17.75万元是对33户村民精神痛苦的损害赔偿。

（二）精神痛苦损害赔偿

精神痛苦损害赔偿既包括对侵害受害人的生理所产生的精神痛苦的损害赔偿，也包括对侵害受害人的心理所造成的精神痛苦的损害赔偿。

【案例9-2-8】艾滋就业歧视第一案
——《艾滋就业歧视案原告败诉　专家吁尊重权益》①

吴某参加了某市教育局组织的某市直学校教师招聘考试，先后通过了笔试和面试。此后，吴某在体检中被确认“HIV-1抗体阳性”。某教育局对小吴作出了“体检不合格，不予录用”的决定。为此，吴某将某市教育局及某市人力资源和社会保障局告上法庭。

法院审理认为：被告某市教育局及某市人力资源和社会保障局作出不予录取的决定事实依据充分，同时招聘程序合法，所以判决原告人吴某败诉。

---

① 《艾滋就业歧视案原告败诉 专家吁尊重权益》，时间：2010-11-16，17：50：38，来源：中国新闻网，本报记者 仲崇山 实习生 葛灵丹。

第三节　界定损害赔偿范围的原则

一、赔偿原则与归责原则的区别

在研究损害赔偿责任范围时，要使用赔偿原则这一概念。归责原则与赔偿原则是侵权责任法的两种不同的原则，赔偿原则是指在确定责任后，确定赔偿数额和方式时应遵循的规则。二者区别如下：

1．作用不同

归责原则的作用是为了确定侵权行为人应否负赔偿责任，解决侵权责任由谁承担的问题，如依据过错责任原则，有过错的侵权行为人就要承担损害赔偿责任；如果行为人没有过错，对造成的损失就不承担赔偿责任。

赔偿原则解决的是“怎么赔”以及“赔多少”的问题，如全部赔偿、限定赔偿、惩罚性赔偿、过失相抵，以及考虑当地生活水平和当事人经济状况进行赔偿等。

2．内容不同

归责原则包括过错责任原则、过错推定原则和无过错责任原则等。赔偿原则包括全部赔偿原则、财产赔偿原则、损益相抵原则、过失相抵原则和衡平原则等。

【案例 9－3－1】赔偿原则不同使“8:2”变成了“6:4”
——《某公司诉某休养所保管汽车损害赔偿纠纷案》①

1989 年 11 月至 12 月间，原告某公司与张某分别与被告庚辛

① 《中国华侨旅游侨汇服务总公司黑龙江公司诉黑龙江省国营农场总局哈尔滨老干部休养所保管汽车损害赔偿纠纷案》，载最高人民法院中国应用法研究所编：《人民法院案例选》1993 年第 1 辑（总第 3 辑），人民法院出版社 1993 年版，第 138 页。

老干部休养所口头协商，将公司的丰田海狮面包车及张某的天津大发面包车存放在休养所院内，由休养所负责保管，休养所每月向其各收取保管费4元（到汽车失火止，休养所共收取保管费308元整）。1990年1月6日凌晨两点十分，张某的汽车起火，殃及到某公司的汽车，使两车均被烧毁。为此，原告诉至法院，请求依法裁决被告按市场价格赔偿车被烧的损失。

法院经审理认为：被告某休养所违反公安部门的有关规定，擅自在居民院内设停车场，其保管汽车的行为无效。在保管期间，休养所既不设专人看管，又不购置消防设备，造成经济损失，休养所应负主要责任。第三人张某未正确使用加温器引起明火，对纠纷的产生也负有一定的责任。原告对被告是否具备保管汽车的能力和条件审查不细，盲目委托被告为其保管汽车，亦应承担一定的责任。

二审法院经审理认为：张某未能按规定使用加温器，是造成火灾的直接原因，应承担主要责任。某休养所违反公安部门的有关规定，擅自为他人保管汽车，对造成的损失亦负有责任，收取的保管费应予收缴。某公司应当知道休养所不具备保管汽车的能力，与其发生保管关系，对造成的损失亦应承担一定责任。

这是一起损害赔偿案件。虽然案情简单，事实清楚，但涉及损害赔偿责任分配的问题。一审判决认定本案的被告为主要责任方，第三人为次要责任方。在确认某公司（它亦有责任）承担全部损失20%的前提下，其余80%的损失由被告和第三人按8:2的比例承担。

而二审判决认定本案第三人张某为主要责任方，被告某休养所为次要责任方。在确定某公司同样承担20%损失的前提下，张某与某休养所的责任比为6:4。

这两种责任比形成两个截然相反的责任确认。一审法院将该案认定为保管纠纷，判决的根据是休养所违反法律规定，未履行保管义务，才造成两辆车的损失，保管不当是引起此次纠纷的主要原因，故应负主要责任。而二审法院将本案认定为侵权损害赔偿纠纷，判决的根据是张某的行为是引起失火的直接原因，没有张某的行为，就不会有失火的结果，故张某应承担主要责任。而某休养所的保管行为不是引起火灾的根本原因，故只能承担次要责任。

3. 地位不同

归责原则在侵权责任法中居于核心地位，赔偿原则是侵权责任法归责原则的具体落实。归责原则在实践中对损害赔偿案件的解决起着决定性的作用，没有归责原则，侵权责任法就失去了灵魂。而赔偿原则是在确定了赔偿责任的基础上来确定赔偿范围的，因此，赔偿原则是受归责原则制约、决定的原则。

【案例 9－3－2】先定赔偿责任才依赔偿原则定赔偿范围——《某公司诉某电影学院签订借用人员劳务合同后约定的借用人员逾期不报到违约赔偿案》①

1999 年 3 月 17 日，某公司与某电影学院签订了《外借人员劳务合同书》，合同约定，该公司《财神到》摄制组根据拍摄需要，借用电影学院学生赵某担任演员。合同签订后，某公司向电影学院交纳了 1.5 万元合同手续费。此后，赵某未到剧组报到，某公司亦未与赵某本人另行签订聘用合同。某公司多次与电影学院联系均未果，故诉至法院，要求判令电影学院对其违约行为公开赔礼道歉及返还劳务费 1.5 万元，并赔偿经济损失 113.34 万余元。

法院审理认为：某公司与某电影学院订立《外借人员劳务合同书》的行为，系平等法人之间为借用电影学院学生赵某出演《财神到》电视剧而自愿实施的民事法律行为，双方意思表示真实一致，约定的合同内容不违反国家法律规定，该合同依法成立，并

① 《亚环公司诉北京电影学院签订借用人员劳务合同后约定的借用人员逾期不报到违约赔偿案》，载最高人民法院中国应用法研究所编：《人民法院案例选》2001 年第 3 辑（总第 37 辑），人民法院出版社 2002 年版，第 162 页。

对双方具有法律约束力，合同双方均应当按照约定全面履行自己的义务；电影学院未能依约履行合同构成违约，应依法承担相应的民事责任。

而电影学院在赵某本人无申请，又与赵某无约定的情况下，与该公司订立由赵某履行义务的合同，造成了该合同从订立时就存在不能实际履行的可能。据此，电影学院应当对赵某拒不出演所造成的法律后果承担违约责任。同时，甲公司为了保证合同实际履行，在与电影学院签订由第三人赵某履行义务的合同后，应当即时同借用电影学院其他学生拍片一样，与赵某订立劳务合同，以约束其履行合同并防范风险；但该公司在与电影学院订立借用人员合同后，未与赵某订立劳务合同，对双方所签合同不能实际履行，亦负有一定责任。

依照合同违约责任原则，当事人双方在合同中约定违约金的，违约方应支付违约金，未约定的，违约方应赔偿因其违约而给对方造成的损失；因电影学院未实际履行合同，故其应将所收取的劳务费退还某公司。

本案发生了合同成立后合同不履行的问题，对守约的原告来说，首先受到的是信赖利益的损失，即其因信赖被告将履行合同而支付的代价和费用，包括向被告支付的1.5万元合同手续费和准备合同履行所支出的其他必要费用，应为被告赔偿责任的范围，其中，被告必须将已收取的费用退还给原告。

对原告所支出的其他费用，如租用场地、车辆、器材的费用，订制服装的费用等，一方面并不是专为借用人员所作出的必要花费，而是为拍摄《财神到》电视剧的花费，另一方面也已实际用于另请人员后拍摄所用，故不应被认定为是原告为准备合同履行所支出的其他必要费用，不属原告信赖利益损失的范围。

二、全部赔偿原则

（一）全部赔偿原则的含义

全部赔偿就是指侵权行为加害人在承担赔偿责任时，应当以行为所造成的实际财产损失的大小为依据，对受害人予以全部的赔偿。只有采用全部赔偿原则，受害人的损失才能够得到充分的补偿，侵权法的填补功能也才能够得以实现。

全部赔偿不同于全额赔偿：前者包括了赔偿范围和赔偿数额两方面的内容，后者仅指赔偿数额；前者包括了人身伤害、财产损失和精神损害的赔偿范围及数额，后者只包括财产损失的赔偿数额。显然，全额赔偿包含于全部赔偿之中。[①]

为使受害人能够得到充分的救济，现代民法在侵权损害赔偿范围的界定上莫不以全部赔偿为原则。侵权行为造成的实际损失，不管是直接损失还是间接损失，也不管是物质损失还是精神损失，加害人都要予以赔偿，力求使受害人恢复到侵害行为没有发生时的境况。对于受害人为恢复权利、减少损害而支出的必要费用，加害人也应予以赔偿。诉讼费用也是受害人为恢复权利而不得不支出的必要费用，故我国法律规定诉讼费用由败诉一方承担，是完全符合全部赔偿原则的。只是在计算的时候，法院把诉讼费用单列，而不计入损害赔偿的范围，但这只是形式上的问题而已。

在本书第一章第四节“侵权责任法”的《病人吃药后不良反应诉制药厂损害赔偿案》[②] 中，胡某因病服用某制药厂生产的卡马西平片，出现皮疹，且在继续服药之后，病情加重，于是住院治

---

① 杨立新：《侵权法论（下）》，吉林人民出版社2000年版，第596页。

② 《胡爱苗诉上海黄海制药厂损害赔偿案》，载中国高级法官培训中心、中国人民大学法学院编：《中国审判案例要览（1997年民事审判案例卷）》，中国人民大学出版社1998年版，第170页。

疗。经鉴定为："因服用卡马西平过敏致全身泛发性黄豆大小水肿型红斑。……有轻度复视。根据被鉴定人的病情，一般可酌情予以休息4至5个月，营养2个月，护理2个月。"于是，胡某诉至法院，要求某制药厂赔偿各种损失共15万元。一审法院判决：被告赔偿原告医疗费、误工费、营养费、护理费和鉴定费共计13000余元，并补偿原告5000元。

二审法院改判：某制药厂赔偿医疗费、误工费、营养费、交通费和鉴定费共计近15000元；另外补偿原告55000元。

为什么一、二审法院在损害赔偿额的确定上会存在那么大的差异呢？应该说两审法院所作的判决均不同程度地体现了"全部赔偿原则"，但二审法院的判决则更好地体现了这个原则。

一审法院确认的由丙制药厂负赔偿责任，赔偿原告的医疗费、误工费、营养费、交通费及鉴定费等损失，并无不当；但赔偿数额未能体现对胡某合法权益的充分保护。而二审的成功之处就在于其充分注意了对原告合法权益的保护。

（二）全部赔偿原则的限制

全部赔偿是为了保护受害人的利益，在计算损害赔偿的范围时必须坚持的一个原则。但是，受害人的赔偿请求范围也要受到一定的限制。在全部赔偿原则下，赔偿的也只能够是合理的损失，而不包括不合理的损失，如受害人借故增加的开支就不在赔偿之列。

【案例9-3-3】违法种植树木遭砍伐为啥仅获苗木赔偿?

——《因自己种在他人自留山上的果树被砍要求赔偿损失案》[①]

1998年2月，原告陈甲未经被告陈乙同意在其自留山上进行

① 《陈成裕因种在被告自留山上的果树被砍诉陈石金赔偿损失案》，最高人民法院中国应用法学研究所编：《人民法院案例选》2003年第4辑（总第46辑），人民法院出版社2004年版，第149页。

开发，并于当年12月种上梨树、柑橘树等计160株。2000年2月13日和4月27日，被告陈乙等先后两次到其自留山上将原告开垦土地上种植的果树砍掉。

原告诉至法院，要求被告赔偿开发荒山损失费用和赔偿苗木损失3000元，并要求被告按同种果树给予补植，恢复原状。

一审法院经审理认为：原告未经有关部门批准和被告方同意，擅自在被告的自留山内开垦种植果树，已侵权在先，现原告要求被告赔偿被砍掉果树的经济损失，不予支持，予以驳回。

二审法院经审理认为：原告未经被告同意，擅自在被告的自留山内开垦种植果树，属侵权行为。对此造成的损失自己应承担主要责任，即70%的责任。对上诉人的侵权行为，被上诉人未通过正当途径解决，私自砍掉上诉人种植的果树，造成上诉人不应有的损失，也存在一定的过错，其对上诉人的损失应承担30%的赔偿责任。

本案事实清楚，案情简单，但一、二审的判决结果却有所不同。这里就涉及赔偿范围的问题。

原告的实际损失包括开垦荒山的费用和果树苗木损失，但由于原告在先实施的"种植果树行为"是非法的，故赔偿的范围应仅限于原告的果树苗木损失，而开垦荒山的损失费用属不合理损失，应予排除。

另外，基于政策考虑，我国有些法律规定对特定的损害不适用完全赔偿原则，而采限额赔偿原则，如《道路交通事故处理办法》、《国家赔偿法》等相关规定。

（三）实际损害的确定

当损害发生时，要实现全部赔偿，尚需对侵权行为所造成的实际损害加以确定。而要确定实际损害的大小，需注意以下几个方面的问题：

1. 必须弄清法律之所以要保护该合法权益的意旨所在

侵权行为之所以受到法律的禁止，就是因为它侵犯了法律所保护的权利或者利益。对受害人的损害赔偿，应当根据法律的意旨确定其范围。超出法律所保护意旨的利益损害，当然不应给予赔偿。

【案例9-3-4】遗腹子为啥成了“死者生前事迹抚养的人”？
——《秦甲等诉某公司道路交通事故赔偿案》①

1999年12月29日，某公司的司机忻某驾车在高速公路超车时，因未与被超车辆保持足够距离，与正在行车道行驶的另一小客车车头左侧相撞，致被超车辆失控撞断路边护栏后冲下路基，车中秦乙等4人当场死亡。交警大队作出道路事故责任认定书，忻某应负事故全部责任。死者秦乙的父亲秦甲、母亲堵某、妻子吴某于2000年2月15日向区法院起诉，要求该公司赔偿丧葬费、被抚养人生活费、死亡补偿金等合计146264元。案件受理后，吴某生下死者秦乙的儿子秦丙，法院依法追加其为原告。吴某以秦丙的法定代理人身份，要求被告赔偿秦丙的抚育费19808元。

法院经审理认为：忻某在驾驶机动车辆高速行驶中，违反《高速公路交通管理办法》的有关规定，造成事故发生，应负事故全部责任。忻某系被告单位司机，驾驶被告单位车辆，在执行职务中发生交通事故，依法由被告承担赔偿责任。原告主张的具体赔偿费用，应按有关规定计算。其中原告秦丙在事故发生时，虽然尚未出生，但应视为死者秦某生前实际抚养的人，其要求被告赔偿生活费的诉讼请求，应予支持。

被告不服，提出上诉。二审法院经审理认为，原审认定的事实清楚，驳回上诉，维持原判。

本案争议的焦点是，民事损害发生时已受孕但尚未出生的胎儿出生后应否获得抚养费的赔偿？

---

① 《秦惠其等诉上海万泉不锈钢材料有限公司道路交通事故赔偿案》，载最高人民法院中国应用法研究所编：《人民法院案例选》2001年第4辑（总第38辑），人民法院出版社2002年版，第196页。

《民法通则》第119条、最高人民法院《关于贯彻执行〈中华人民共和国民事通则〉若干问题的意见（试行）》第147条、《道路交通事故处理办法》第37条均将受偿主体确定为“死者生前扶养的人”和“死者生前实际扶养的人”。因此，如何针对本案正确理解和把握“死者生前实际扶养的人”，就成了正确处理本案争议的关键。

根据民法理论有关权利延伸保护的原理，在必要时根据相关法律条文，为胎儿在将来出生时行使权利预留合理的空间，符合我国民法通则公平原则的内在要求和有损害即有救济的民事裁判原则。本案中的原告秦丙虽然在损害发生时尚未出生，但民法对其权利的保护理应向前延及至受孕后出生前，使其在实际出生后能够得到及时和有效的司法救济。换言之，即该婴儿一旦出生并为活体，其民事主体就应得到承认，其权利就延伸至孕育期间，而秦乙也必然与其形成法定的扶养关系。所以秦丙是“依靠受害人实际扶养而又没有其他生活来源的人”。

2. 确定的实际损害必须与侵权行为之间具有因果关系

毋庸置疑，与侵权行为没有相当因果关系的损害，是不应予以赔偿的。例如，受害人在侵权行为受伤住院治疗后，因患败血症死亡的损害，应列入赔偿范围；因医院失火而被烧死的损害，就不应计入加害人的赔偿范围。①

【案例9－3－5】无过错的共同饲养人有责任是因为风险共担

——《楚某诉郑甲等共有的耕牛致其人身伤害赔偿案》②

被告5人按各自田亩比例共有耕牛一头，5户轮流饲养。1995

---

① 杨立新主编：《侵权法实务全书（上）》，吉林人民出版社1999年版，第365页。

② 《楚兰英诉郑德洪等共有的耕牛致其人身伤害赔偿案》，载最高人民法院中国应用法学研究所编：《人民法院案例选》1997年第4辑（总第22辑），人民法院出版社1998年版，第108页。

年10月30日上午，郑甲从轮值饲养人郑乙处牵走耕牛使用，交给许某耕作。耕作休息时，许某将牛拴在楚某英责任田边的一棵树上。10时左右，楚某到自家责任田田埂上摘扁豆时，发现此牛正在吃其责任田中种植的山芋藤，在询问未果后，便上前去解牛绳，欲将牛牵走。正在解拴在树上的牛绳时，此牛发怒用牛角将楚某戳倒在地，经人救离现场，送往卫生院急诊，诊断为脾破裂。随即转院至市医院，作了脾切除手术。

经县法院法医室鉴定，楚某的损伤为伤残9级。1996年1月18日，楚某以郑乙、郑甲、许某3人为被告，向县法院提起诉讼，要求3被告共同赔偿其医药费等各种费用。因在审理中法院说明雇佣人的民事责任由雇主承担，楚某放弃了对许某的赔偿请求，以牛系郑乙、郑甲、郑丙、郑丁、李某5户共有饲养为理由，要求该5被告共同承担上述费用。

法院经审理认为：原告楚某的人身损害是由五被告共同饲养的牛造成的，虽然五被告对此都没有过错，但依照法律规定应当承担民事责任。其中，饲养人郑乙、使用人郑甲应承担70%的责任，共有人郑丙、郑丁、李某应按拥有牛的份额共同承担30%的责任。

从本案的损害直接因果关系看，在原告解牛绳时，牛突然发怒用角将原告戳伤，是瞬间发生的。对此，无论是受害人还是拴牛人都是无法预料、无法防止或者虽有预料但也无法防止的，且未出现受害人或者其他人故意挑逗而使牛发怒的行为；同时，使牛人在耕作休息时将牛拴在树下让其吃草休息，原告经询问无人理睬前去解牛绳，这些行为都是正常的行为，不具有违法性，故对牛伤人来说，不存在有谁过错的问题。

按照《民法通则》第127条的规定，由于不存在受害人或者第三人的过错，也不存在动物饲养人或者管理人的过错，就不存在动物的饲养人或者管理人的免责事由和依过错承担过错责任的问题，对作为牛的饲养人或者管理人的被告来说，即应承担法律规定的无过错责任。

3. 必要时还应考虑行为人到主观过错程度

一般来说，实际损害的确定不能以加害人过错程度的轻重为依据，也不能以行为社会危害性的大小为依据。但在确定精神损害赔偿的实际损害时，应考虑侵权行为人的主观过错。

【案例 9-3-6】赔偿离婚前故意毁损的家庭财产案

——《梁某诉原某离婚并赔偿在婚姻关系存续期间毁损的家庭财物案》①

1996 年 12 月 5 日，原告梁某与被告原某登记结婚。共同生活期间，原、被告双方常因家庭琐事发生争吵。1999 年农历三月十九日晚，原某因与梁某发生矛盾，将家中电器等财物予以不同程度的毁坏，并将家中存放的烟全部捣烂。当晚被告离家出走。2001 年 1 月 10 日，梁某向法院起诉，要求判决准予其与被告原某离婚，并由被告赔偿毁坏财物之损失 7540 元。

法院经审理认为：原、被告双方夫妻感情确已破裂，已无和好可能。原、被告双方同意离婚，应准予。

被告因家庭矛盾故意毁坏家庭财物，有明显过错，严重侵犯了属原告部分所有的家庭财产权，属侵权行为，应承担赔偿责任。因被告有明显过错，故在分割夫妻共同财产时应少分。

一方故意毁损夫妻共同财产，将夫妻共同财产积极、显著减少的，本质上是侵害了另一方对夫妻共同财产的财产权，这种行为的违法性是显而易见的，行为人对自己的违法行为应承担相应的法律责任。

① 《梁三俊诉原慧莲离婚并赔偿在婚姻关系存续期间毁损的家庭财物案》，载最高人民法院中国应用法研究所编：《人民法院案例选》2001 年第 3 辑（总第 37 辑），人民法院出版社 2002 年版，第 72 页。

三、损益相抵原则

（一）损益相抵原则的概念与特征

1. 损益相抵原则的概念

所谓损益相抵原则，是指赔偿权利人基于发生损害的同一原因受有利益的，应从损害额内扣除利益，而由赔偿义务人就差额予以赔偿的确定损害赔偿范围的规则。也有学者认为，从损害额里扣除利益，不是基于当事人的意思表示而发生效力，与债的抵消中"抵消"一词的含义并不相同，故采用"损益相消"的称谓更为科学。

【案例9-3-7】赔偿过程中获得保险金怎么处理？

——《帮工受伤后人身意外伤害保险金被领取要求赔偿和返还案》①

被告人骆某修缮房屋，原告马某应骆某邀请来帮工。骆某先安排马某朝房顶上泥，后又安排马某做饭。马某进入伙房时，一根水泥房梁断裂下落，砸在马某身上，致其右足桡骨双骨折和右腿腓骨双骨折，住入医院治疗47天，花去医疗等费用共计2096.80元。骆某支付了该笔费用，同时从保险公司领取了马某在事故发生前投保的人身意外伤害保险1000元，但未交付给马某。马某出院后，又因骨折伤未完全治愈再次住院治疗，又花去医疗等费用1934.90元。

经法医检验：马某右足桡骨双骨折，治疗后仍遗留右腕关节右前骨功能部分受限的症状，功能丧失约50%以上；右腿腓骨双骨折，经治疗未留下后遗症。

法院经审理认为：原告马某在帮助被告骆某干活的过程中，被

① 《马成林诉骆银山在帮忙中受到身体伤害后人身意外伤害保险金又被其领取要求赔偿和返还案》，载最高人民法院中国应用法学研究所编：《人民法院案例选》1999年第3辑（总第29辑），时事出版社2000年版，第54页。

突然断裂的水泥檩条砸伤致残，对此损害的发生双方都没有过错，应按公平原则由双方分担责任。据此，法院判决：被告骆某赔偿原告马某医疗等费用的70%，共计6575.91元，并返还原告马某保险金1000元。

二审过程中经法院调解，双方当事人达成协议：由上诉人骆某赔偿被上诉人马某经济损失6575.91元，扣除已付1625.80元，还应偿付4950.11元，诉讼费用由双方共同分担。

本案受害人马某在人身意外伤害事故发生前向保险公司投保了人身意外伤害保险，在给骆某帮工过程中受到人身意外伤害后获得了1000元保险金。若马某自己取得了这1000元，撇开保险法中有关保险代位权的规定不谈，这确属受害人基于同一损害原因而获得的利益，应该按照损益相抵原则，从其损害额内予以扣除。

但是，我国《保险法》第46条明确规定："被保险人因第三者的行为而发生死亡、伤残或者疾病等保险事故的，保险人向被保险人或者受益人给付保险金后，不享有向第三者追偿的权利……"这就是说，在发生人身损害后，受害人可以向加害人要求赔偿损失，因同一原因还有权要求保险人给付人身损害保险金，即可以获得双重补偿。在这种情形下，显然不存在损益相抵的问题。

2. 损益相抵原则的特征

罗马法中就已经出现了"损益相抵"原则，德国的普通法进一步完善了该原则，现代各国民法在损害赔偿中普遍采纳了这一原则。一般认为，损益相抵原则具有以下的特征：

（1）损益相抵适用于一切损害赔偿的场合。从原则适用的范围看，损益相抵原则是适用于一切损害赔偿场合的原则。不单在侵权导致的损害赔偿里可以适用，在违约导致的损害赔偿之债里也是可以适用的。

（2）损益相抵决定着赔偿范围的大小以及如何承担。从原则具有的功能看，损益相抵原则是确定侵权损害赔偿范围大小以及如何承担的原则。损害赔偿责任已经确定地由加害人承担是损益相抵原则适用的前提条件，损益相抵原则不解决损害赔偿责任是否应予承担的问题。

（3）损益相抵的内容为损害额扣除同一原因产生的利益之差。从原则的具体内容看，损益相抵原则所确定的赔偿标的，是于损害额内扣除因同一原因而产生的利益额之差，而非全部赔偿额。

（4）法官应该依职权主动适用损益相抵原则。从原则的适用程序看，损益相抵原则应当由法官依职权行使。在诉讼中，即使当事人没有提出损益相抵的主张，法官也应依职权主动适用该原则。

【案例9-3-8】照顾受伤者好心人讨来的赔偿金应归谁用？
——《返还因交通事故所获得的赔偿款纠纷案》①

1993年11月，钟某（女）因婚姻之事由郭某（男）带到广东省。因婚事未谈成，两人一同乘车返回时，在福建境内发生撞车事故，致钟某受伤住院，由郭某进行护理。后肇事单位赔偿给钟某伤残补助费等共计6707元，由郭某之弟代表钟某亲属签名领取，并转交给郭某，两人均未告诉钟某赔偿数额。钟某于1993年12月出院后，住在郭某家继续治伤20天。其间，郭某付给钟某500元。后钟某得知实情，要求郭某返还余款。郭某以应扣除钟某受伤后所花费用为理由，加以推诿。钟某为此诉至法院。

法院经审理认为：钟某因车祸致伤所得赔偿款是其合法财产，理应受法律保护。郭某在钟某受伤后能主动进行护理照料，精神可嘉，而郭某妄图侵吞钟某的赔偿款则是严重的侵权行为。考虑到郭某护理钟某付出了劳动并支付了部分费用，根据郭某举证所列各项费用，认定其为钟某支出的各种费用及其应得的护理工资共计

---

① 《钟运娇诉郭带发返还其因交通事故所获得的赔偿款不应认定为不当得利案》，最高人民法院中国应用法学研究所编：《人民法院案例选（民事卷）》（1992-1999年合订本），中国法制出版社2000年版，第1187页。

1676元，应当由钟某承担。除郭某已给的500元和先予执行所给付2800元外，郭某还应返还钟某1700多元。

郭某对钟某并不负有法律上或者合同上的照顾护理义务，其在钟某受伤后予以护理照顾的行为构成无因管理。鉴于劳务本身也是无因管理的重要组成部分，故郭某有权要求钟某偿付为其治疗直接支出的各项费用以及郭某本人的劳务报酬。虽然钟某在郭其的侵占行为发生后受有损害，但其基于发生损害的同一原因也获得了利益，依据“损益相抵”的理论，赔偿义务人郭某在赔偿钟某所受到的全部损失时，可以在赔偿额中扣除赔偿权利人钟某所获得的利益。

（二）损益相抵原则的构成要件

在侵权损害赔偿中要适用损益相抵原则，必须符合一定的条件，即所谓“损益相抵原则的构成要件”。一般认为，损益相抵原则的适用要符合以下三个要件：

1．须有侵权损害赔偿之债成立

损益相抵原则是在侵权损害赔偿之债中计算实际损失大小时适用的一个原则，若侵权赔偿之债不存在，则自无适用的余地。

2．须受害人受有利益

就“损益相抵”而言，仅从字面即可看出，受害人既有损也有益。如果受害人只是纯粹受损，并未获得利益，纵有损害赔偿之债成立，亦无适用该原则的余地。这里所说的“利益”，既包括积极利益也包括消极利益。积极利益为受害人现有财产的增加，消极利益则为受害人应当减少的利益没有减少。如房屋倒塌后残存的建筑材料是积极利益，受伤住院后免于支付的伙食费则是消极利益。

3．须损害事实与所得利益之间存在因果关系

通说认为，虽然损益相抵原则不以相当因果关系为绝对标准，但是受益和损害事实之间必须具有某种因果上的关联。

【案例9－3－9】专利损害赔偿适用损益相抵须符合一定的条件

——《蒋某诉李某等专利申请公布后、专利权授予前使用费支付和专利侵权案》①

原告蒋某于1994年12月26日向国家专利局提出了一种“有线电视终端信号的处理方法及装置”的发明专利申请，于1996年7月31日公开，于1999年9月11日被授予发明专利权。1995年7月20日，原告与被告李某、金某合伙开办了某电器技术中心，后更名为某厂。1995年底，原告退出该中心，同时约定两被告今后不得再使用原告的发明专利申请的技术从事有线电视增台器的生产经营活动。

1996年9月，原告发现某厂、被告李某、金某未经原告同意，以生产经营为目的，使用原告的专利技术大肆制造、销售有线电视增台器，直至专利授权公告之日，从未向原告支付临时使用费。被告的行为给原告造成了巨大的经济损失，原告请求判令被告李某、金某承担应由某厂负担的支付临时使用费160万元的责任。

1999年9月，原告又发现被告某公司擅自使用原告的专利技术制造、销售有线电视增台器。其行为侵犯了原告的专利权，应承担专利侵权的赔偿责任，请求判令赔偿经济损失407472元；请求判令被告销毁生产模具、成品和半成品；判令被告在报纸上公开赔礼道歉、消除影响并承担本案的诉讼费用及原告的合理调查取证费和代理费等。

法院经审理认为：由于涉案专利系发明专利，因此在发明专利申请公布之后，申请人可以要求实施其发明的单位或者个人支付适

① 《蒋柏平诉李磊等专利申请公布后、专利权授予前使用费支付和专利侵权案》，载最高人民法院中国应用法学研究所编，《人民法院案例选》2002年第1辑（总第39辑），人民法院出版社2002年版，第288页。

当的费用。原告可以向某厂提出支付发明专利临时保护费的诉讼请求。某厂生产、销售的有线电视增台器的技术方案与原告蒋某的专利技术方案一致，某厂应当向原告支付适当的使用费。由于某厂已经不存在，故其给付责任应当由其合伙人即被告李某、金某承担。原告要求每台收取使用费20元的主张是合理的。

被告某公司生产、销售的有线电视增台器的技术方案与原告蒋柏平的专利技术方案一致，某公司构成专利侵权，应当向原告赔偿损失。原告要求某公司赔偿经济损失的计算方法基本合理，但是原告产品的利润达到52元/台，甚至超过了法院查明的被告产品的销售价格，应当酌情考虑被告的实际销售情况。

被告李某、某公司对判决不服，提出上诉。二审法院经审理认为，原审认定的事实清楚，法律适用正确，但对某公司侵权产品销售数量计算有误，销售侵权产品的数量为7464台，按每台10元利润计算，应当赔偿74640元。

首先，临时保护使用费的计算。

原告要求被告李某、金某承担160万元的临时使用费，其理由为根据铁路部门的托运单估算，某厂生产销售了使用其专利技术的有线电视增台器8万台，每台收取使用费20元，共计160万元。但某厂在存续期间，不仅只生产原告专利技术的增台器，还生产其他增台器，在铁路部门的托运单上，记明的托运货物有仪器和配件，而仪器和配件不能必然地认为全部是原告专利技术的增台器。所以，在认定数量时，应当考虑扣除这些因素所涉及的数量。

同时，临时保护使用费的收取，不同于专利侵权赔偿判定时要求被告将全部利润都赔偿给原告，而只是收取“适当的使用费”，因此就不应当适用侵权损害赔偿原则，而应当考虑产品的实际成本、销售利润等情况，并应给技术使用人留下适当的利润。某厂在报纸上刊登广告时称增台器价格为165元至178元，因此原告要求每台收取使用费20元的主张是合理的。一审法院即以每台20元的使用费乘以27000台的数量确定了给付使用费的数额。

其次，专利侵权损害赔偿的计算。

原告要求被告某公司赔偿经济损失407472元，依据的是法院查明的被告某公司自1999年8月9日至10月26日，有发票记载共销售有线电视增台器1959台，总价款46723元；计算至庭审期间，估计共销售7464台，乘以原告每台的利润52元，即得388128元。原告的计算方法在被告生产数量、价格、利润等情况不明的情况下，是基本合理的；但是原告产品的利润达到52元/台，甚至超过了法院查明的被告产品的销售价格，不能谓之为公平合理，应当酌情考虑到被告的实际销售情况而定。由于增台器产品销售价格下降极大，利润也随之大幅下降，所以法院按每台10元的利润推算予以赔偿。

(三) 损益相抵原则的适用和排除

损益相抵原则作为损害赔偿的一个基本原则，具有广阔的适用空间。不单对于金钱损害赔偿可以适用，对于恢复原状也可以适用。在计算损害赔偿大小的时候，只要充分符合损益相抵原则的构成要件，就应适用该原则。

1. 损益相抵的准则

所谓“损益相抵的准则”，就是指确定应予扣除的利益范围时应当遵守的准则，即对于什么样的收益应在赔偿中予以扣除。

(1) 损益同源说。最早，德国国家商事法院通过判例创立了“损益同源”的标准，即利益和损害必须出于同一事故。只有利益的取得依照常理全部可归因于损害事故时，才可以主张扣除。

(2) 相当因果关系说。“相当因果关系说”开始流行，并逐渐代替“损益同源说”取得统治地位。“相当因果关系说”主张，损益是否相抵应以利益和损害事故之间有无因果关系为准。

(3) 法规意旨说。“相当因果关系说”在运用时暴露了不少缺陷，于是现代学者又提出了“法规意旨说”。该说认为，利益是否扣除不绝对依赖利益和损害事故之间是否具有严格的因果关系，而取决于法规的意旨。法规可以根据实际情况作出调整，使得损害赔偿的范围认定更加公正合理。

在司法实践中，一般情况下，应依据“相当因果关系说”来确定应予扣除的收益的范围，而在特定情况下，应结合法律规范的目的来排除某些依据相当因果关系应予扣除的收益。

2．通常应当予以扣除的利益

依据各国司法实践，应予扣除的利益一般包括：

（1）物被毁损后所产生的新利益。例如，建筑物毁损后所遗留的木板，汽车爆炸后所残存的可用零件，森林起火后所剩下的木炭，这些都是物被毁损后的新生利益。

（2）实物赔偿新旧物相差的利益。若被损坏之物为旧物，赔偿之物为新物，则新旧物相差的利益应予扣除。因为新物价值明显大于旧物，不予以扣除就会使受害人得利，这与损害赔偿制度的宗旨不符。

（3）原应支出因损害事实的发生而免于支出的费用。例如，住院期间免于支付的伙食费等。

（4）原无法获得因损害事实的发生而获得的利益。德国法院曾经有个判例，一骑手在赛马时为求赢得奖金违反惯则鞭马至死，马匹所有人因马死而受损害，但是也因此而获得原本无法获得的奖金，法院认为该奖金即应予以扣除。①

（5）贴现利益。若将未来的多次赔偿给付改为现实的一次性给付，则中间利息显然应该予以扣除。

前述《帮工受伤后人身意外伤害保险金被领取要求赔偿和返

① 参见曾世雄：《损害赔偿法原理》，中国政法大学出版社2001年版，第254页。

还案》①中，原告马某应骆某的邀请来到骆家帮助做杂事。马某进入伙房时，一根水泥房梁断裂下落，砸在马某身上，致其右尺桡骨双骨折和右腿腓骨双骨折。骆某负责支付了该笔费用，同时从保险公司领取了马某在事故发生前投保的人身意外伤害保险金，但未交付给马某。马某出院后，又因骨折伤未完全治愈再次住入医院治疗。被告对第二次住院治疗的费用拒绝承担责任。

一审法院认为原告马某在帮助被告骆某家干活的过程中，被突然断裂的水泥檩条砸伤致残，对此损害的发生双方都没有过错，应按《民法通则》规定的公平责任原则确定由双方分担责任。判决被告骆某赔偿原告马某医疗等费用之70%。被告返还原告保险金1000元。

骆某对此判决不服，提起上诉。二审法院在审理中，经主持调解，双方当事人达成协议：上诉人骆某赔偿被上诉人马某经济损失6575.91元，扣除已付1625.80元，还应偿付4950.11元；一、二审案件受理费由上诉人与被上诉人各负担50%。二审法院对该协议内容予以确认。

房屋水泥檩条突然断裂掉落砸在马某身上，这对双方来说均是无法预见的，因此他们对此损害的发生均无过错。我国《民法通则》第132条、最高人民法院《关于贯彻执行〈中华人民共和国民法通则〉若干问题的意见（试行）》第157条对“公平责任原则”作出了具体规定。既然本案双方当事人对损害的发生均无过错，无疑应适用公平责任原则确定民事责任的分担。具体而言，就是根据实际情况，责令被告骆某给予原告马某一定的经济补偿。

---

① 《马成林诉骆银山在帮忙中受到人身伤害后人上意外伤害保险金由被其领取赔偿和返还案》，载最高人民法院中国应用法研究所编：《人民法院案例选》1999年第3辑（总第29辑），人民法院出版社2001年版，第54页。

3．对损益相抵原则适用的限制

一般认为，以下几种情况受害人所得的利益不得扣除：

（1）基于造成利益者的意思不得扣除的。例如，第三人对受害人的赠与。第三人对受害人的赠与，动机各种各样，即使是基于对受害人因加害人的侵权行为陷入困境的同情而为，赠与的目的依然是增加受害人的财产，而不是为了使加害人受惠。若允许扣除，则实际上是使加害人获得该赠与财产的利益，这明显与赠与人的意思不相符合。与赠与同理，因继承所得利益、慈善机构救助所得利益、非加害人所送的慰问金皆不得扣除。

（2）基于法律规定受有的利益，而依该法律规定的意旨不允许扣除的。例如，因伤残提前退休获得的退休金、抚恤金，就不允许扣除。

（3）基于一般的社会观念，不认为是利益的。损害事故发生后，除了给受害人带来某种损害结果外，也可能为其创设某种有利环境，但按照一般社会观念，不被承认为是一种利益的，自然不得予以扣除。例如，丈夫因加害人的侵权行为致死而使妻子获得改嫁的权利，若这对夫妻感情不和，妻子正在起诉离婚，丈夫的死亡的确能够给妻子带来一个有利的环境，但是这种改嫁的机会不能够被认为是一种利益，而要求从损害中予以扣除，否则将有悖于社会基本理念。

【案例9－3－10】受损利益得客观考量

——《某影视社诉某电视台从其他电视台播放中录制其享有著作权的电视剧后又播放侵犯著作权案》[①]

某影视社与中央电视台影视部签订了一份联合拍摄五集蒲剧电

① 《黄河影视社诉临猗电视台从其他电视台播放中录制其享有著作权的电视剧后又播放侵犯著作权案》，载最高人民法院中国应用法学研究所编：《人民法院案例选》1999年第4辑（总第30辑），人民法院出版社2000年版，第256页。

视剧《西厢记》的合拍协议书。中央电视台播放时，被告某电视台予以录制，在其无线台播放了该剧，并在剧前加播有特约广告及飘字广告。某影视社认为，该电视台未经其同意，擅自录制并通过无线台播放其拥有无线电视播放、发行权的蒲剧电视剧《西厢记》，其行为已构成侵权，于是起诉要求被告某电视台赔偿经济损失。

一审法院经审理认为，原告对《西厢记》电视剧享有发行权及无线电视播放权和许可他人播放并获得报酬的权利。被告某电视台在未取得该电视剧著作权人许可的情况下，擅自在其无线台播放该电视剧，使用该作品，且用于营利性活动，已构成对原告著作权的侵害，对原告因此侵权行为而遭受的直接损失和可得利益的损失，依法应承担民事赔偿责任。判决被告赔偿原告经济损失60万元。

宣判后，被告以原判认定事实不清，适用法律不当，赔偿数额确定无据为理由，向高级人民法院提出上诉。

二审法院经审理认为：中央电视台影视部与被告某影视社签订合拍五集蒲剧电视剧《西厢记》的协议，为双方的真实意思表示。协议约定该剧的无线电视播放、发行及收益权归被告某影视社，其权利理应得到法律的保护。原告复制《西厢记》电视剧目的是为了播放，并非发行、出售，故其行为只是影响了被告某影视社的发行量，而非侵犯某影视社的发行权。判决变更一审民事判决为某电视台赔偿某影视社经济损失192160元；原告应在原侵权范围内向被上诉人某影视社赔礼道歉、消除影响。

本案一审判决被告赔偿原告经济损失60万元。二审法院确定赔偿数额时考虑《西厢记》已在中央电视台播放。发行的录像带价格、数量由市场决定，以行政命令摊派数量作为损失额计算依据，有失公平。各县的经济发展水平，单位、个人承受能力有限。某电视台的县级台规模，虽然也波及周边县市，但不是全部覆盖。某影视社提供的录像带发行情况统计表未表明被告的覆盖范围与录像带的销售有必然因果关系。综合以上因素，二审法院认为，应赔偿发行权受影响后的可得利益损失，但是一审判决赔偿数额过高，二审变更为赔偿经济损失192160元，比较符合客观实际。

（四）损益相抵的计算方法

根据损害标的和所得利益性质的不同，损益相抵的计算方法可以分几种情况。

在损害与所得利益都是金钱时，比较好计算，用损害减去所得利益，直接赔偿差额即可。

在损害可以通过恢复原状予以填补而所得利益为金钱时，也很简便，将所得利益金额交出即可。

有争议的是，当损害为恢复原状或者金钱赔偿，但是所得利益为物或者权利时，该如何处理。例如，一辆奔驰车被撞坏后，加害人是赔偿与整辆车相当的价值并且获得残车的零部件所有权，还是仅赔偿该车的价值减去零部件的差额部分的价值而不取得零部件所有权呢？通说认为应该采纳前种方法，即先由加害人予以全额赔偿，再由受害人将残余物所有权转移给加害人。

四、衡平原则

（一）衡平原则的含义

所谓"衡平原则"，是指在确定损害赔偿范围时，必须考虑双方当事人的实际情况，特别是经济情况，使赔偿责任的确定更为公正合理。司法实践中，在确定侵权赔偿额时，如果加害人确实存在经济上的困难，法院一般会适当地减少赔偿数额。

【案例9－3－11】确定赔偿范围须考虑当事人的实际情况——《吴某诉某中学等人身损害赔偿案》①

被告某中学组织全校学生秋游登山。学校老师被告陈甲、陈乙为打猎而私带一支猎枪上山。被告学生李某持该猎枪玩耍，导致该枪不慎走火发射出枪弹，打中原告学生吴某。为此，原告提起诉讼，请求判令四被告共同赔偿。

法院经审理认为，被告陈甲、陈乙在被告某中学组织学生秋游活动过程中，擅自携带枪支，并因管理不善和疏忽大意，造成被告李某持枪玩耍走火射伤原告吴某，被告陈甲、陈乙存在主要的过错责任，应共同承担主要的赔偿责任。

被告李某属限制民事行为能力人，对玩耍枪支可能产生致人损害的后果，有一定的识别和预见能力，对持枪玩耍走火造成原告受伤，负有相应的过错。鉴于被告李某现已为成年人，能独立承担民事责任，依法应自行对给原告造成的伤害承担相应的赔偿责任。

被告某中学对二被告陈甲、陈乙未尽教育、管理的义务，使被告陈甲、陈乙私自携带猎枪；对学生未尽管理、教育的义务，使被告李某擅自持枪玩耍。因此，被告某中学对给原告造成的损害也存在过错，依法也应承担与其过错相适应的赔偿责任。判决被告陈甲、陈乙承担50%的赔偿责任；某中学承担30%的赔偿责任；李某承担20%的赔偿责任。

被告不服，提出上诉。二审法院审理查明事实与一审相同，判决驳回上诉，维持原判。

本案是一起学校、老师未尽职责范围内的相关义务而导致学生致他人人身损害的侵权案件。《侵权责任法》第40条规定："无民

---

① 《吴瑞宗诉安溪县龙涓中学等人身损害赔偿案》，载最高人民法院中国应用法学研究所编：《人民法院案例选》2007年第1辑（总第59辑），人民法院出版社2007年版，第170页。

事行为能力人或者限制民事行为能力人在幼儿园、学校或者其他教育机构学习、生活期间，受到幼儿园、学校或者其他教育机构以外的人员人身损害的，由侵权人承担侵权责任；幼儿园、学校或者其他教育机构未尽到管理职责的，承担相应的补充责任。”现有的法律、行政法规和司法解释以及部门规章规定学校等教育机构对在校学习期间的未成年人承担的是一般侵权的过错责任，即按照其职责范围和过错大小来确定应当承担的民事责任，法院根据当事人对事故发生的过错程度，依法根据过失大小确定各自承担一定的赔偿份额是合理的。

（二）衡平原则的法理基础

衡平原则是由损害赔偿责任的性质决定的。损害赔偿责任说到底是一种财产责任，如果加害人经济状况很差，财产很少甚至根本没有财产，那么要他承担这种责任就不具有现实可能性。而且，现代民法是以人为本的，人的基本权利应该得到应有的尊重和保护，为加害人保留必要的生存资料，也是符合民法的人文精神的。

【案例 9－3－12】均无过错而衡平各方利益是救济用的“大口袋”

——《朱甲、陈某诉顾乙、顾丙海上作业人身伤亡损害赔偿纠纷案》[①]

朱甲的舢板船与韩某、施某等人的舢板船一起停泊在港内，朱甲的舢板船在最外档。顾乙的舢板船进港，欲停在朱甲与韩某等人的舢板船之前。因顾乙无法将船固定好，撞入朱甲和韩某的舢板船之间，将朱甲等人的舢板船挤了出去。朱丁（原告朱甲、陈某之子）在被告顾丙的说明下将顾乙船上一只大锚搬到自己的小船上，

① 《朱传才、陈启兰诉顾用圣、顾礼清海上作业人身伤亡损害赔偿纠纷案》，载最高人民法院中国应用法研究所编：《人民法院案例选》2005 年第 1 辑（总第 51 辑），人民法院出版社 2005 年版，第 405 页。

将船开出帮其抛锚。朱丁在抛锚过程中溺水身亡。

原告朱甲、陈某诉称，被告顾乙、顾丙在固定舢板船没有效果的情况下要求朱丁帮助重新抛锚，并指示朱丁如何送锚。由于被告顾乙指挥不当，致使朱丁在送锚过程中被潮水冲走身亡。因此朱丁是受被告顾乙、顾丙的委托或雇佣履行送锚义务而死亡的；被告顾乙、顾丙应共同承担赔偿责任。

被告顾乙、顾丙辩称：顾乙是舢板船的所有人，顾丙与该起事故无关；顾乙没有委托朱丁送锚；朱丁的死亡是因为违章操作所致。被告顾乙、顾丙不承担朱丁死亡的赔偿责任。

一审法院经审理认为，虽然顾乙对朱丁的死亡没有过错，但朱丁是为了顾乙的利益受到损害，根据公平责任原则，一审判决被告顾乙补偿朱甲、陈某朱丁死亡丧葬费、死亡补偿金的50%。

原告朱甲、陈某，被告顾乙均不服判决，提出上诉。二审法院经审理认为，本案属于海上作业引起的人身伤亡损害赔偿纠纷，性质属于民法调整的侵权民事法律关系。朱丁的过失行为不是造成死亡的必然原因，可以排除朱丁在自己受害时主观上具有明显的过错。原审法院认定朱丁、顾乙对朱丁死亡均无过错是正确的。原审法院从衡平双方利益的角度出发，根据《民法通则》的有关规定，适用公平责任原则处理双方当事人的纠纷是正确的。二审判决驳回三上诉人的上诉。

本案中，法院的判决是从衡平双方利益的角度出发，根据公平责任原则处理的。公平责任的归责原则适用于侵权民事法律关系。《民法通则》第132条将“公平责任原则”归入侵权民事责任的章节。因此，从适用法律的角度看，采用公平责任的归责原则只适用于侵权民事法律关系。亲友之间、邻里之间互相提供义务帮助的行为大量存在。在提供帮助的过程中，由于各种原因，会造成义务帮助人伤亡的事件，从而在受益人与义务帮助人及其家属之间产生纠纷。从性质上看，单就受益人与义务帮助人之间的帮助行为本身而言，并不属于民法意义上所调整的民事权利义务关系。但是，当义务帮助人在提供义务帮助过程中造成自身伤亡的，可按照侵权民事法律关系来调整双方的权利义务关系。受益人对义务帮助人没有过错的，可适用公平责任原则处理。

（三）衡平原则与公平责任原则的区别

1. 过错状况不同

公平责任原则是在受害人和加害人都没有过错的情况下，由双方当事人公平地分担损失。衡平原则是在一方或双方当事人具有过错的情况下，考虑经济状况等因素而减轻赔偿责任。

2. 性质不同

公平责任原则是归责原则，衡平原则是赔偿原则。

3. 适用的前提不同

适用公平责任的前提，是赔偿责任尚未归责；适用衡平责任的前提，是赔偿责任已经确定，只是考虑具体责任的大小。

【案例 9-3-13】调解协议生效后悔约有违诚实信用原则
——《杨某等诉某卫生院延误抢救且力度不够造成其亲属术后死亡医疗损害赔偿案》①

范某在某卫生院接受手术后，出现异常情况，终因抢救无效死亡。原、被告双方达成医疗损害赔偿协议。医疗事故技术鉴定委员会对范某死亡医疗纠纷作出鉴定意见为一级医疗技术事故。

依此鉴定结论，三原告向法院起诉，请求法院判令被告再赔偿原告医疗、交通、丧葬、死亡补偿、鉴定、被扶养人生活补助、精神抚慰等费。

一审法院认为，原、被告双方在有关部门主持调解下达成的医

① 《杨治文等诉玄滩镇卫生院延误抢救且力度不够造成其亲属术后死亡医疗损害赔偿案》，载最高人民法院中国应用法研究所编：《人民法院案例选》2001 年第 3 辑（总第 37 辑），人民法院出版社 2002 年版，第 113 页。

疗损害赔偿协议，合法有效，且已实际履行。原告在其合法权益已实现后，要求被告再偿付高额损害赔偿的要求无法律依据，不予支持。被告自愿再补偿原告2000元，应予准许。

范妻、范子、范女不服，提出上诉。二审法院判决驳回上诉，维持原判。

医、患双方就医疗损害赔偿达成的协议，就是合同，当受合同法调整；其效力判定，当依合同法关于合同效力的规定。原告在被告实际全部履行了协议，自己的合法权益、协议的权利实现后，对协议提出悔约，也有违民事行为诚实信用的原则，人民法院不支持原告的悔约行为，有了进一步的理由。

（四）衡平原则的适用规则

在适用衡平原则确定损害赔偿范围大小时，必须遵守既定的规则。

（1）衡平原则的适用是以损害赔偿之债已经成立为前提的。若赔偿责任的有无尚存疑问，当然就不能直接适用该原则了。

（2）衡平原则只适用于根据过错责任、过错推定责任以及无过错责任确定的侵权损害赔偿之债。如果是根据公平责任承担损害赔偿责任的情形，就不再适用衡平原则，因为公平责任在归责时就已经将衡平因素考虑进去了。

（3）衡平原则应在适用全部赔偿原则、财产赔偿原则、损益相抵原则和过失责任原则之后再适用。从适用顺序上来看，衡平原则要放在最后。若非在考虑以上原则的前提下再适用衡平原则，则结果就只能是“和稀泥”，而缺乏量化的基础。

【案例9－3－14】必不可少的利益衡量所给予之抚慰性赔偿
——《刘某诉某乒乓球俱乐部等以初诊但后被法医鉴定否定的结论为依据决定其离队影响其运动生涯赔偿案》①

1995年10月5日，某乒乓俱乐部成立，但该俱乐部迄今未办妥有关登记手续。原告刘某到某乒乓俱乐部训练、学习。原告因双小腿出现多处皮肤红斑，由俱乐部派人陪同就诊，初步诊断为血管炎。同年，某乒乓俱乐部以原告在试训期间由于健康的缘故，对原告作出离队决定。同月，原告法定代理人委托作法医鉴定结论为原病变系感染或过敏因素所致的一次性皮肤红斑结节，并不影响运动训练。遂多次向俱乐部要求恢复训练和学习均遭拒绝。因此，原告之法定代理人以原告的名义向法院提起诉讼，要求被告共同赔偿原告车旅费、鉴定费、学籍耽误费和精神损失费8万元。

法院经审理认为，原告享有乒乓球俱乐部规定的读书和训练等权利。现俱乐部以不正当的缘故决定原告离队，造成原告的经济损失应承担民事责任。鉴于俱乐部和社发局并非独立法人，不具备独立承担民事责任的能力，故由设立它的被告社发局和某房产公司共同承担赔偿责任。对原告要求被告赔偿其和父母为处理其离队纷争所花费的车旅费、鉴定费损失，经审查并无不当，可予支持。至于原告主张的其他经济损失，根据我国民法基本原则及本案的具体情况，酌情确定。判决社发局、某房产公司共同赔偿原告车旅费、法医鉴定费共计人民币2954.60元，共同给付原告经济补偿款人民币1万元。

本案校方在仅有普通门诊初步诊断，且同时也有否定意见的情况下，就做出原告离队的决定，确为轻率；特别是在原告方不久获

---

① 《刘愔诉嘉信乒乓球俱乐部等以初诊但后被法医鉴定否定的结论为依据决定其离队影响其运动生涯赔偿案》，载最高人民法院中国应用法研究所编：《人民法院案例选》1999年第3辑（总第29辑），人民法院出版社2000年版，第64页。

得肯定性否定鉴定，使校方有采取补救措施可能时，校方仍坚持己见，处理方式过于简单化。这种轻率和简单化，对学员个人来说，可能就使其失去了重要的机会，断送其前程，对个人影响是极大的。

所以，从利益衡量的价值观看，校方应对自己的轻率行为造成的对学员的损害负责，其中给予抚慰性的赔偿，是必不可少的内容。

4. 衡平原则的适用应当综合考虑各种因素

衡平原则的适用，不单要考虑经济因素，还要考虑社会因素、伦理因素等；不单要考虑加害人的情况，还要考虑受害人的情况。即对各种因素均应进行全面的考虑。

5. 衡平原则的适用底限，是为加害人及其家属保留必要的生活费用

原则上必须使加害人在承担完责任之后，还能够正常生活。

第十章　特殊侵权责任概述

第一节　特殊侵权责任概述

一、特殊侵权责任的概念和特征

（一）特殊侵权责任的概念

侵权责任法理论认为，损害赔偿的请求权可以在两种情况下行使：一是受害人根据法律规定的一般侵权行为构成要件提出损害赔偿的请求；二是受害人不能或难以根据法律规定的一般侵权行为构成要件提出，但可按照法律关于特殊侵权行为构成要件的规定提出损害赔偿的请求。

第二种情形主要包括由被告以外的其他人造成的损害、因被告管领下的物件致人损害和危险行业致人损害而引起的赔偿救济，这都是早期特殊侵权责任的三种基本类型。

【案例 10－1－1】此路不通

——《市政管理处采取安全措施不当致人伤残赔偿案》[①]

被告市政管理处实施排水施工工程，并在其西端和南端设置了标志灯和路障，但仍在南端留有约 1．5 米的空隙，原告天黑行至

① 《陈桂英诉珲春市市政管理处施工采取安全措施不当致其伤残赔偿纠纷案》，最高人民法院中国应用法学研究所编：《人民法院案例选（民事卷）》（1992—1999 年合订本），中国法制出版社 2000 年版，第 1520 页。

此处掉入空隙，造成伤残，于是诉至法院，请求赔偿。

法院经审理认为：被告应当预见自己排水工程的路障有空隙可能会造成损害后果，而未对此采取适当管理措施，致使原告掉入沟中造成伤残，故应依据《民法通则》第125条的规定承担全部赔偿责任。

《侵权责任法》第91条第1款规定："在公共场所或者道路上挖坑、修缮安装地下设施等，没有设置明显标志和采取安全措施造成他人损害的，施工人应当承担侵权责任。"

市政管理处没有办法证明自己设置了明显标志采取了安全措施，故法律推定市政管理处有过错，其行为已经造成了原告损害的事实，故应当承当这一特殊侵权行为的法律责任。

（二）特殊侵权责任的特征

由于特殊侵权行为的形态较多且呈不断扩张的趋势，故总结特殊侵权责任的特征主要是总结特殊侵权责任的共性特征。目前的理论发展一般将特殊侵权责任的特征表述为以下几个方面：

1. 归责原则适用的特殊性

一般侵权行为适用过错责任原则，而特殊侵权行为则依《民法通则》和有关民事法规的规定，适用过错推定原则和无过错责任原则，以保护受害人的合法权益。归责原则的特殊性，也决定了特殊侵权责任在构成要件和举证责任上的特殊性。

【案例10－1－2】医院是否应对手术中的停电造成的事故负责？

——《手术进行时突停电　交大二院一病人死亡》①

凌晨1时许，某医院突然停电，此时手术台上还有两名病人，

① 《手术进行时突停电　西安交大二院一病人死亡》，NEWS. SOHU. COM，来源：华商网－华商报，（记者 牟凝慧）2004年08月09日07：58。

其中一人腹腔已经打开。一个小时后医院恢复供电，在此期间手术室内一直靠蜡烛照明。

当天下午5时许，经抢救无效，开腔病人死亡。

2. 构成要件的特殊性

特殊侵权行为的要件只能具体问题具体分析，其共性特征都是不采用一般侵权行为构成要件中的过错要件。

由于法律就不同种类的特殊侵权行为具体规定其要件，每种特殊侵权的要件在法律上都有着具体、明确的要求，故一些特殊侵权的构成要件就不具有普遍性。同时由于特殊侵权中大多数责任具有“替代性”，再加上法律出于保护受害人利益以实现社会公平的目的，使得特殊侵权一般不以过错为追究责任的主要要件。能够作为所有特殊侵权行为都具有的要件就只有损害事实和因果关系，违法行为则并非每个特殊侵权行为都需具备的要件。

3. 举证责任的特殊

一般侵权责任的证明由赔偿权利人负举证责任。特殊侵权责任在举证责任上主要实行“举证责任倒置”。其倒置证明的范围并不是全部责任要件，而主要只是在过错证明上举证责任倒置，在无过错责任中，无疑就无需倒置举证了。至于损害事实、因果关系的要件，仍应由赔偿权利人予以证明。

许多特殊侵权责任构成在法律上要求采用无过错和推定过错的归责原则，但也有一些特殊侵权行为采用的是过错责任归责原则，如某些医疗事故责任等。不过，就这些特殊的侵权行为而言，即使采用过错责任归责原则，在过错之外的其他构成要件的举证责任分配问题上，也表现出与一般侵权行为不同的举证办法，即同样采用“举证责任倒置”的办法，其目的显然是通过对受害人的充分保护和救济以实现实质正义和社会公平。

如前所述，案例《医院因计划免疫预防接种事故致人人身损害赔偿案》①，婴儿瞿某接受“百白破”三联针的第一针，因护士注射失误，导致左坐骨神经损伤（注射性）。

瞿某诉至法院，要求医院赔偿损失。法院法医鉴定中心对瞿某的病因作出鉴定结论：瞿某左坐骨神经损伤系注射所致。

法院经审理认为：被告医护人员行为与原告损害事实之间有直接因果关系，该医护人员在履行职务过程中的过失行为给原告造成了损失，依法应由其单位即被告承担责任。被告辩称应由区防疫站承担责任，因证据和理由不足，不予支持。

本案是一起因计划免疫预防接种引起的人身损害赔偿纠纷。本案审理的关键就在于归责原则的适用。

预防接种事故属于技术性、专业性较强的侵权案件。在这类事故中，受害人作为非专业人员，在客观上无法也不可能适时采证以供鉴定或诉讼之用。此类案件若按一般过错归责原则由受害人举证证明医疗机构在预防接种行为中有过错，那么对受害人而言，显然过于苛刻，这无疑就意味着，其实在诉讼的一开始，就已经将受害人置于了不利的诉讼境地。同时，这当然也有悖于《侵权责任法》保护受害人合法权益的精神和公平原则。

预防接种类工作所针对的对象既为不特定的公众，且专业技术要求又高，法律要求对于预防接种事故应适用过错推定责任，且为举证责任倒置，即只要受害人能证明：损害事实存在以及损害后果与医疗机构的行为之间存在因果关系，而医疗机构又不能举证证明自己无过错，就推定其有过错，由其承担法律后果。

本案中，瞿某左坐骨神经损伤的损害事实客观存在，业已查明由被告的注射行为引起，至此瞿某即已完成举证，同时鉴于医院无法举证证明损害并非注射行为所致，或注射行为完全规范，损害是

---

① 《瞿疏朗诉江苏省省级机关医院因计划免疫预防接种事故致人身损害赔偿案》，最高人民法院中国应用法学研究所编：《人民法院案例选（民事卷）》（1992—1999 年合订本），中国法制出版社 2000 年版，第 1317 页。

瞿某在该次预防接种之前或之后因其他注射行为所致，故法院即可据此判决医院承担民事责任，赔偿原告的损失。法院如此采用对双方当事人均公平的过错推定归责原则，充分体现了《侵权责任法》保护受害人合法权益的立法本意和公平原则。

4. 责任承担的“替代性”

从特殊侵权责任产生的法律效果看，一般不是由行为人或造成损害的对象承担责任，而是由与该损害有关系的人来承担责任。“替代性”反映了承担责任人与致害行为人或致害物件之间存在的某种联系，这种由责任人替代直接加害人承担的损害责任就被称为“替代责任”。但环境污染、医疗事故侵权等并不具有这种替代性，而一般是由法人组织替代具体行为人承担民事赔偿责任。

【案例 10-1-3】子债父偿

——《未征得父母同意让未成年人开车发生交通事故赔偿纠纷案》①

黄某在未征得15岁的张某父母同意的情况下，让张某开车到某地。在公路上调头时，张某的车与王某的三轮车相撞，致使王某车上的四人受伤。根据交通大队对该事故所作的责任认定书，张某对受害人进行了赔偿。

事后，张某以黄某在未经其父母同意的情况下指使自己开车而造成交通事故为由，要求其负担部分损失，遭到拒绝。张某便将黄某诉至法院。

法院经审理认为：张某系限制行为能力人，黄某在未征得其父母同意的情况下，让张某开车为其服务，故应承担相应的责任；张某的法定代理人因对张某监护不严，也应承担相应的责任。

---

① 《张海博诉黄艳秋未征得其父母同意让其开车服务发生交通事故应分担赔偿责任案》，最高人民法院中国应用法学研究所编：《人民法院案例选》1999年第2辑（总第28辑），时事出版社1999年版，第127页。

本案中，事故发生时张某年仅15岁，是限制行为能力人。根据《民法通则》第133条的规定："无民事行为能力人、限制民事行为能力人造成他人损害的，由监护人承担民事责任。监护人尽了监护责任的，可以适当减轻他的民事责任。"另根据《侵权责任法》第32条第1款规定："无民事行为能力人、限制民事行为能力人造成他人损害的，由监护人承担侵权责任。监护人尽到监护责任的，可以减轻其侵权责任。"张某的监护人应对张某的行为负责。但另一方面，黄某雇佣或指使限制行为能力人张某从事依其行为能力不能从事的行为，实际上是借助限制行为能力人延伸和扩展了自己的活动范围，并因此而获得利益，依转承责任理论，黄某自然也应对张某的行为负责。

二、特殊侵权责任的类型

(一) 我国当前特殊侵权责任的种类

我国《侵权责任法》明确规定的特殊侵权责任主要有以下12种：

(1) 监护人责任；(2) 教育机构责任；(3) 用人单位责任；(4) 网络侵权责任；(5) 安全保障义务人责任；(6) 产品责任；(7) 机动车交通事故责任；(8) 医疗损害责任；(9) 环境污染责任；(10) 高度危险责任；(11) 动物损害责任；(12) 工作物害责任。

这其中 (1) 到 (5) 项是在《侵权责任法》第四章"关于责任主体的特殊规定"规定的，第 (6) 到 (12) 项则分别规定在第五到第十一章。

【案例 10－1－4】用人单位对其雇员的替代赔偿案
——《郭某故意伤害刑事附带民事诉讼案》①

郭某在乙办事处担任保安人员。某日，李某和其妻张某到该办事处找厕所，与郭某发生争执。在抓扯过程中，郭某将李、张二人的头部打伤，经市法医鉴定：李某的损伤系重伤；张某的损伤系轻伤。

后郭某在父母的陪同下到公安机关自首，经省司法精神病鉴定委员会鉴定，认定郭某患有精神分裂症。被害人李某和张某在诉讼中提起刑事附带民事诉讼，要求郭某及乙办事处共同赔偿其经济和精神损失。

法院认为：乙办事处作为政府的派出机构，在单位用人上应当谨慎，却将患有精神分裂症的郭某聘用为值班保卫人员，显然存在一定的过失。且郭某是在值班保卫中致人伤害，其行为属于职务行为，附带民事责任不以共同的故意和共同的行为为前提条件，故根据《关于贯彻执行〈中华人民共和国民法通则〉若干问题的意见》(试行) 第 152 条的规定，乙办事处应承担赔偿责任。

根据《侵权责任法》第 34 条第 1 款规定："用人单位的工作人员因执行工作任务造成他人损害的，由用人单位承担侵权责任。"乙办事处依法应当对其工作人员执行职务造成他人损害的行为承担赔偿责任。

（二）特殊侵权责任的学理类型

依侵权责任法理论，可以将部分上述特殊侵权责任种类划分为三个基本类型：

① 《郭泽宇故意伤害刑事附带民事诉讼案》，最高人民法院中国应用法学研究所编：《人民法院案例选》2000 年第 1 辑（总第 31 辑），人民法院出版社 2000 年版，第 14 页。

<table>
<tr><th></th><th colspan="2">种类</th><th>致害情形</th><th>责任承担者</th></tr>
<tr><td rowspan="15">特殊侵权责任</td><td colspan="2" rowspan="8">特殊主体侵权</td><td>无行为能力、限制行为能力人行为致害</td><td>监护人</td></tr>
<tr><td>国家机关工作人员职务行为致害</td><td>国家机关</td></tr>
<tr><td>其他用人单位工作人员职务行为致害</td><td>用人单位</td></tr>
<tr><td>个人劳务活动致害</td><td>劳务接受者</td></tr>
<tr><td>教育机构未成年人损害责任</td><td>教育机构</td></tr>
<tr><td>网络侵权责任</td><td>网络用户、提供者</td></tr>
<tr><td>安全保障义务人责任</td><td>安全保障义务人</td></tr>
<tr><td>医疗事故责任</td><td>医疗机构</td></tr>
<tr><td rowspan="7">特殊领域侵权</td><td rowspan="4">危险作业致害责任</td><td>环境污染致害</td><td>污染者</td></tr>
<tr><td>产品缺陷致害</td><td>制造者、销售者</td></tr>
<tr><td>机动车交通事故损害</td><td>肇事者</td></tr>
<tr><td>高度危险作业致害</td><td>作业者</td></tr>
<tr><td rowspan="3">物件致害责任</td><td>动物致害</td><td>饲养人、管理人</td></tr>
<tr><td>建筑物及其物件致害</td><td>所有者、管理者</td></tr>
<tr><td>地下工作物致害</td><td>施工人</td></tr>
</table>

1. 特殊主体的侵权责任

传统民法中的特殊主体侵权责任，是指为他人行为负责的特殊侵权责任，这种特殊侵权责任也被称为“对人的特殊侵权责任”，也就是一般所讲的“替代责任”。

2. 物件致害责任

即为自己管领下的物件致害负责的特殊侵权责任。这种特殊侵权责任也被称为“对物的特殊侵权责任”，有学者认为这种侵权责任也是“替代责任”。

前述案例《共有的耕牛致人伤害赔偿案》①，郑某等共有的耕牛顶伤村民，受伤者请求郑某等赔偿。

法院经审理认为：原告人身损害系由五被告共同饲养的耕牛造成，虽五被告对此都没有过错，但依照法律规定应承担民事责任，判决五被告按份承担原告相应费用。

《民法通则》第127条规定："饲养的动物造成他人损害的，动物饲养人或者管理人应当承担民事责任……"依此规定，这种侵权责任是过错推定责任，即使原告证明不了被告有过错，被告也应承担责任。《侵权责任法》第78条规定："饲养的动物造成他人损害的，动物饲养人或者管理人应当承担侵权责任，但能够证明损害是因被侵权人故意或者重大过失造成的，可以不承担或者减轻责任。"

其理论依据就在于：原告对所受损害没有过错。于此情形下，由原告承担所受损失无疑是极不公平的；而对于被告来说，该动物是处于其管领之下的，只有他才能真正控制其所管领的动物而不伤人，故既然动物致人损害，就说明其没有尽到自己应尽的责任。因此，本案被告要为其耕牛伤人承担过错推定之侵权责任。

3. 危险作业致害责任

即为自己实施的具有高度危险性的行为所承担的特殊侵权责任。这种责任是基于损害和风险分担理论而由行为人承担的，因其行为是社会发展所必需而并不具有非法性和可责难性。

---

① 《楚兰英诉郑德洪等共有的耕牛致其人身伤害赔偿案》，最高人民法院中国应用法学研究所编：《人民法院案例选》1997年第3辑（总第21辑），人民法院出版社1997年版，第108页。

【案例10－1－5】爆炸作业中路人受伤害怎么赔偿?
——《游某诉丙巳保安服务中心等高度危险作业致人损害赔偿纠纷案》[①]

原告游某诉称，其乘车途经李某的采石场时，适逢被告丙巳保安服务中心在放炮炸石，一块石头被炸飞，掉落到原告腿上，致使原告双腿受伤。游某遂状告丙巳保安服务中心、李某、王某三被告连带赔偿损失。

据查，李某系该石场的采矿权人，王某系该石场直接经营者。

法院认为，本案原告游某系因爆炸作业而致伤，法定的责任主体为爆炸作业人。本案中，法律上的爆炸作业人李某与事实上的爆炸作业人王某、丙巳中心民爆大队同属《民法通则》第123条规定的爆破作业人。三被告从事的爆破作业造成了原告的损害，且李某、王某、丙巳中心民爆大队并未主张及举证证明原告的损害系由其自己故意造成，故对原告构成共同侵权，依法应当承担连带责任。

其中，因民爆大队非独立法人，其隶属于丙巳保安服务中心，不具有独立承担民事责任的能力，故其民事责任应当由被告丙巳保安服务中心承担。

本案中的爆炸作业无疑属于高度危险作业，按照《民法通则》的规定，从事高度危险作业造成他人损害的，应当承担民事责任，如果能够证明损害是由受害人故意造成的，不承担民事责任。而根据《侵权责任法》第72条和第73条的规定，占有或者使用易燃、易爆等高度危险物造成他人损害的，占有人或使用人应当承担侵权责任；从事高空、高压、地下挖掘活动，经营人应当承担侵权责

---

① 《游芝英诉昆明市西山区保安服务中心等高度危险作业致人损害赔偿纠纷案》，案例来源：北大法律信息网，载 http://vip. chinalawinfo. com/Case/displaycontent. asp? Gid = 117460370。

任，但能够证明受害人故意或不可抗力造成的除外。所以可见，对于高度危险作业，实行的是无过错责任原则。本案情中，原告明显不存在故意的情形，故应由被告对此损害共同承担赔偿责任。

三、特殊侵权责任的归责原则

（一）关于特殊侵权责任归责原则的不同学说

特殊侵权责任的归责原则在侵权法理论中一直存有争议，形成了不同的学说，主要有“一元归责说”（过错原则）、“二元归责说”（过错原则与无过错原则）和“多元归责说”（过错原则、无过错原则、公平原则）。不同的归责学说导致了确立特殊侵权的责任归属时的不同观点，我国学者一般对“二元归责说”持肯定态度。

如前所述案例《患者诉医院为其植入的心脏起搏器两年后电极导线折断导致再次植入赔偿案》[①]，原告施心脏起搏器植入手术，心脏起搏器在体内电极导线断裂，遂请求赔偿。

法院经审理认为：植入原告体内的美国某公司生产的心脏起搏器仅使用两年时间，就出现电极导线断裂的情况，给原告造成了损害。原告第二次植入使用的德国公司生产的心脏起搏器已植入体内4年仍正常工作，这本身就说明第一个心脏起搏器明显没有达到一般同类心脏起搏器的合理使用年限，故可以认定被告医学仪器公司销售的美国某公司生产的心脏起搏器存在缺陷。

根据产品质量举证责任倒置的原则，被告方不能证明自己无过错，即视为有过错，应承担赔偿责任。被告方在承担责任后，可依

① 《程桂兰诉464医院为其植入的由秦明医学仪器公司销售的心脏起搏器两年后电极导线折断致再次植入赔偿案》，最高人民法院中国应用法研究所编：《人民法院案例选》2000年第4辑（总第34辑），人民法院出版社2001年版，第132页。

法向生产者进行追偿。据此，法院判决：被告医学仪器公司一次性赔偿原告购买心脏起搏器的费用及其亲属护理原告的误工损失总计34778.38元，并给予原告精神上受到损害的补偿金4万元；被告医院承担连带责任。

这起因产品质量问题引发的损害赔偿案件中，首要的问题就是确定产品是否存在质量缺陷。

而在本案中，由于原告第一次植入的心脏起搏器在体内无法取出，自无法进行科学的分析和鉴定，为了保护处于弱势地位的患者利益，法院正确运用了举证责任倒置原则。通过举证责任倒置，法院查明了两点事实：一是原告第一次植入的美国某公司生产的心脏起搏器没有达到一般同类产品的使用年限，由此证明该心脏起搏器存在质量缺陷；二是被告医学仪器公司不能证明该心脏起搏器的质量缺陷是由原告造成的。故可以认定讼争的心脏起搏器存在质量缺陷。依据《侵权责任法》第43条的规定："因产品存在缺陷造成损害的，被侵权人可以向产品的生产者请求赔偿，也可以向产品的销售者请求赔偿。"

（二）二元归责说在我国特殊侵权责任中的运用

1. 我国特殊侵权责任中也存在以过错为归责原则的情形

具体而言，包括特殊主体侵权中的教育机构与网络、安全保障义务人侵权责任。

建筑物或者其他设施以及建筑物上的搁置物、悬挂物发生倒塌、脱落、坠落致人损害，地面施工没有设置明显标志和采取安全措施致人损害，以及教育机构中限制行为能力人的损害等特殊侵权行为，虽都强调是适用过错责任原则，但对因果联系的举证和证明依然采用举证责任倒置的方法，即先推定加害人的过错行为造成受害人的损害，然后再由加害人承担自己没有该实施侵权行为的证明责任。

对于大多数采取过错责任原则的特殊侵权行为，都采取了过错推定，即所谓“过错推定归责原则”。其强调在认定侵权责任时，首先推定加害人有过错，由其负有证明自己没有过错的举证责任，在加害人不能证明的情况下则确定由其承担侵权责任的归责原则。其之所以被应用的理由即在于：对于一些特定的侵权行为，若适用过错责任原则，由受害人举证证明加害人的主观过错，则不但极其困难而且也不公平；而若适用无过错责任原则，则对保护责任人的合法权利不利，且容易导致责任人放松对他人安全的注意义务，使社会危险因素增加。在这种情况下适用过错推定归责原则，既照顾了责任人的利益，又强化了对受害人的保护和社会安全。

对此，我们已经在前面第七章的侵权责任法的归责原则中特设一节对过错推定责任原则作了专门的阐述。

【案例 10－1－6】水瓶砸死婴儿谁赔偿

——《昆明楼上住户扔水瓶砸死婴儿　警方鉴定指纹追凶》[①]

张大爷抱着外孙散步时，从楼上掉下一个水瓶，正好砸到外孙的头上。随后，婴儿于第二天下午死亡。警察勘察完现场后，对4栋4单元所有住户进行了排查，并对二楼以上的住户提取了指纹，警方已经锁定扔水瓶的嫌疑人。

2. 混合过错在特殊侵权责任中的应用

在一些特殊侵权案件中，损害也可能是由受害人的过错引起的。对此，《侵权责任法》第26条规定：“被侵权人对损害的发生也有过错的，可以减轻侵权人的责任。”该规定具有过错责任的因素，但人们在理解过错归责原则时，更加注重的是加害人的过错，受害人的过错仅被视为是减轻加害人责任的抗辩事由。

应当说，混合过错还是侵权责任法中通用的过错归责原则，并

---

① 《昆明楼上住户扔水瓶砸死婴儿　警方鉴定指纹追凶》，2007年05月06日02：42，来源：现代快报，据《春城晚报》报道。

非特殊侵权责任的专有归责原则。其理论基础是行为产生责任，任何人都要对自己的行为负责，行为人要为自己实施的行为承担相应的法律后果，这也是一般民事责任的理论基础。

【案例 10－1－7】《动物致人损害赔偿案》①

被告肖某与原告徐某是邻居。被告家一只良种大公鸡死了，被告之妻认为是原告下药给毒死的。原告来到被告家解释时，与被告之妻发生争吵。争吵中，被告家的狗冲出来将原告咬伤。

这是一起动物致人损害案件。《侵权责任法》第 78 条规定："饲养的动物造成他人损害的，动物饲养人或者管理人应当承担侵权责任，但能够证明损害是因被侵权人故意或者重大过失造成的，可以不承担或者减轻责任。"

本案中，被告因对自己饲养的动物管理不善造成了原告的损害，依法应承担赔偿责任。但是，原告到被告家争吵与被狗咬伤没有直接的关系，其也不存在过错，故不能因此减轻被告应负的赔偿责任。

第二节　特殊侵权责任的构成要件与免责条件

一、特殊侵权责任构成要件与一般侵权责任构成要件的比较

法律对每一种特殊侵权责任的构成要件都有具体明确的规定，这些要件也各不相同。归纳一下，与一般侵权责任的四个构成要件

① 《徐红梅诉肖宗玉动物致人损害赔偿案》，国家法官学院、中国人民大学法学院编：《中国审判案例要览》（1993 年综合本），中国人民公安大学出版社 1994 年版，第 681 页。

相比较，损害事实和因果关系是特殊侵权责任必需和共同的要件，违法行为并非所有特殊侵权责任必需的要件，过错也不是所有特殊侵权责任必需的要件，无过错责任侵权构成就不问过错。

侵权行为种类	构成要件			
一般侵权行为	损害	违法性	过错	因果关系
特殊侵权行为	损害	违法性（不必需）	过错（推定）无过错	因果关系

（一）损害事实的客观存在是所有侵权责任必不可少的要件

损害事实作为侵权责任的共同要件，特殊侵权也不例外。所有的侵权责任都是以权利受到损害为责任承担的依据，特殊侵权在损害事实上的“特殊性”表现在要求行为人具有特殊的注意义务和责任，而不是指所要保护的利益特殊，不论是对哪一种民事权利的侵害都有可能构成特殊侵权责任。

【案例 10－2－1】交通事故赔偿制度的里程碑

——《道路交通事故赔偿制度的演变和立法思考》①

2008 年 1 月 4 日晚，中国人民大学民商事法律科学研究中心邀请了王胜明教授为同学们做题目为“道路交通事故赔偿制度的演变和立法思考”的演讲。

讲座中，王胜明主任以不久前修改的《中华人民共和国道路交通安全法》第 76 条为基础谈了赔偿制度的演变和立法思考。

1. 道路交通事故赔偿制度的演变

王主任认为道路交通事故赔偿制度的演变大体上经历了第一阶

① 王胜明：《道路交通事故赔偿制度的演变和立法思考》，法学讲堂、中国民商法律网、中国人民大学民商事法律科学研究中心“民商法前沿”系列讲座现场实录第 312 期。（摘录：黄凯华）上传时间：2008－4－4。

段过错责任原则、第二阶段无过失责任原则和过错推定责任原则（危险物说、控制说、利益说）和第三阶段主要通过第三者责任强制保险制度解决道路交通事故赔偿问题的发展，进一步加强了对受害人的保护。

2. 道路交通事故赔偿制度的立法思考

王主任认为道路交通赔偿制度的确立应以减少事故、减少纠纷、有利于道路畅通不造成更大损失为指导思想。王主任认为无论是无过失责任还是过错推定原则，其所针对的都是机动车一方，在实践中不应把原则扩大化，它们本不是解决事故赔偿的普遍的和唯一的原则；修订前的《交通安全法》第76条规定可以认为是过错推定加部分无过错责任，而不是之前人们认为的“无责全赔”。

在谈到我国在赔偿制度的选择上是采取无过失责任还是过错推定原则，王主任认为无过失责任适用于事故发生原因不会是受害人的情况，而一旦事故发生原因需要考虑被害人过失时，则采用过错推定原则。

此外，对于强制保险制度的完善。王主任认为强制保险的赔偿范围应该扩大到路上的行人以及机动车和对方机动车上的乘客而对于事故后人身伤害的赔偿因采取不论受害人、机动车有无过失均在赔偿限额内赔付；对于财产损失则可以采取过错责任，有责赔付。

3. 我国交通事故赔偿制度的主要内容

王主任认为发生交通事故后先由保险公司在责任和限额内赔付，即由强制保险制度来解决，责任和限额由国务院规定；超过保险限额的部分，交通事故发生在机动车之间的，采取过错责任，发生在机动车和行人之间的，采取过错推定加10%的无过错责任。

（二）在特殊侵权责任中违法行为并非必备要件

在饲养的动物致人损害的特殊侵权责任中，不需要具有责任人的违法行为要件。相反，若存在行为人的违法行为，如指使动物伤人，则为一般侵权而非特殊侵权，因为在这种情况下，动物只是侵权的工具而已。又如在高度危险作业致害责任中，责任人的行为是社会进步和发展所必需的，也不具有可责难性和违法性。

【案例 10－2－2】炮弹不长眼睛 责任基于规定

——《气象局发射气象炮弹碎片致人死亡损害赔偿纠纷案》[①]

某日，被告气象局发射了气象炮弹，此间，原告丈夫在回家途中受伤倒地，经抢救无效死亡。诊断为颅骨裂伤致死，是由一硬物高速冲击造成的。后原告在受伤地附近发现了炮弹头部等炮弹残骸。原告遂向法院诉称，其丈夫系被被告所发射的炮弹碎片击伤致死，请求赔偿。

法院查明，死者受伤事件与气象局发射炮弹时间基本吻合，死者头颅骨凹陷形状与炮弹残骸形状相符，可排除其他致伤原因。被告虽辩称不是自己发射炮弹所致，但举不出证据加以证明。故法院支持了原告的诉讼请求。

本案属于高度危险作业致人损害的特殊侵权责任案件，被告要对其行为负法律规定的无过错责任。显然，被告的行为是为了防止出现冰雹天气灾害导致农业生产受损，是为了社会利益而依法行使自己的职责，并不具有任何违法性和可责难性，只是基于法律的特别规定而由其承担赔偿责任。

（三）两者构成的最明显的区别表现在过错举证上的差异

无过错责任特殊侵权就不需要以过错作为承担民事责任的要件，只要有损害事实和因果关系就可以认定。在适用过错推定归责原则时，没有过错是由加害人自己来证明的，即“举证责任倒置”。在公平责任特殊侵权中，过错自然更不是构成要件，而是由

① 《李艳平诉宁安县气象局发射气象炮弹碎片致人死亡损害赔偿纠纷案》，最高人民法院中国应用法学研究所编：《人民法院案例选》1994 年第 2 辑（总第 8 辑），人民法院出版社 1994 年版，第 82 页。

双方对均无过错的损害分担责任。

【案例 10-2-3】双方均无过错的损害分担
——《大学生称宿舍过挤致精神分裂　向学校索赔80万》[①]

2002年9月，卢某考入了甲大学。当时由于学校东校区没有学生宿舍。于是在卢某入学的两年时间内，他一直和另外13名学生一起住在家属楼的一套住房内。

2004年9月，卢某办理退学申请，退学后他被确诊为精神分裂症（偏执型）。卢母认为儿子的精神残疾与校方有直接的关系，遂代表儿子向法院提起诉讼，索赔近80万元。

由于卢母无法证明是学校的原因引起儿子患病，一审法院判决学校无责。卢母上诉到市一中院，继续索赔近80万元的补偿。市一中院法官认为，卢某的住宿条件与他患病之间是否存在关系，属于技术性极强的专业问题，法院不得不借助司法鉴定机构的专业判断来认定，但现有的技术条件并不能给出一个肯定答复。法院无法支持卢母的诉讼请求。

最终，经过市一中院法官再次协调，甲大学愿意将给予卢某的赔偿从2万元增加到5万元。同时法院考虑到卢某家的实际困境，免除所有的诉讼费用。

（四）因果关系同样是两者都必须具备的构成要件之一

一个人只对与其行为有关的损害负责是天经地义的，故损害与行为之间存在因果关系是所有侵权责任都必须具备的构成要件之一。但特殊侵权责任中因果关系的认定有其特殊性，即责任主体的行为与损害之间并无直接的因果关系，要根据法律所规定的行为或物件等与损害之间的因果关系来加以确定，而不是根据责任主体的

① 《大学生称宿舍过挤致精神分裂　向学校索赔80万》，来源：京华时报（北京）（作者：孙思娅）2009-03-23 02：22：48。

直接行为与损害之间的因果关系确定。

二、特殊侵权责任的免责条件

就特殊侵权的责任归属而言，不仅适用过错归责的侵权行为有法律规定的免责条件，而且对于适用无过错归责的侵权行为法律也规定有相应的免责条件，这表明，无过错责任并不意味着侵害人就不享有免责的待遇。

但需要说明的是，并不是所有的特殊侵权案件都适用同样的免责条件。特殊侵权责任的免责条件可以分为两类：一般免责条件和特别免责条件。一般免责条件既适用于一般侵权责任，也适用于特殊侵权责任，除法律另有规定外，在各种情况下均可适用，因而具有普遍适用性。特别免责条件则只有在法律有特别规定时才能适用，其他情况则不能适用。

（一）一般免责条件

我国《侵权责任法》规定的侵权行为一般免责条件包括：（1）不可抗力；（2）受害人故意；（3）第三人过错。①

这里所谓的特殊侵权责任的“一般免责条件”仅指不可抗力，其他两类免责事由，在侵权行为的一般构成要件中已经予以讨论。

【案例10－2－4】不可抗力致全部免责只能是在其为唯一原因时

——《因妻被风刮倒的枯树砸断电线电击死亡诉供电公司等赔偿纠纷案》②

某日，红石峦村一带下雨，朱某下班经过本村刘某住宅时，大

① 具体内容参见本书第四章第五节（违法阻却）中关于“外来原因”相关部分的论述。

② 《鲍玉民因其妻被风刮倒的枯树砸断电线电击死亡诉承德供电公司、红石栾村、刘栋赔偿纠纷案》，最高人民法院中国应用法学研究所编：《人民法院案例选（民事卷）》（1992—1999年合订本），中国法制出版社2000年版，第1523页。

风将刘家院内一棵枯死的树刮倒，导致一根电线被砸断，落在朱某身上，致其触电死亡。事故发生后，朱某之夫鲍某向法院提起诉讼，要求供电公司、红石栾村、刘某赔偿损失。

一审法院经审理认为：被告红石峦村和供电公司对损害后果负无过错责任；被告刘某是树的所有人和管理人，也应承担一定的责任。

供电公司不服，上诉称线路的产权及维修都属红石峦村。二审法院经审理认为：低压线路系红石峦村集资所建，归该村管理，该村应承担无过错民事责任；刘某系枯树的所有人和管理人，对损害的发生也应负一定责任；供电公司的上诉理由成立，不承担责任。

通常而言，刮风所造成的损害可视为不可抗力，从而可免除当事人的侵权责任。但是，若当事人或第三人的行为也是损害发生或扩大的原因之一，对损害的发生也有过错，则当事人就不能以不可抗力为由要求全部免责，而只能根据原因力的大小，要求适当减轻部分责任。

本案中，刮风并不是朱某被电击致死的唯一原因，被告红石峦村和刘某对朱某的死亡均有过错。刘某未能尽到所有人和管理人基于管理职责而产生的充分注意义务，存在主观上的过错，故应对朱某的死亡后果承担损害赔偿责任。红石峦村对出事线路未尽到充分注意的管理职责，未注意到周围的枯树对线路安全的影响，未能及时消除隐患。鉴于红石峦村不能证明自己无过错，根据过错推定原则也应承担相应的损害赔偿责任。

（二）关于特殊侵权的一般免责条件在学理上有不同的认识

1. 一般侵权的免责条件对特殊侵权也都是适用的

有学者认为，一般侵权的免责条件对特殊侵权也是适用的，并没有什么区别。

2. 对特殊侵权适用的一般免责条件只有不可抗力

也有学者认为，高度危险责任原则上不能以不可抗力抗辩，只有在法律有特别规定的情形下才能以不可抗力作为抗辩理由。如《铁路法》第18条规定，由于不可抗力原因造成货物、包裹、行李损失的，铁路运输企业不承担赔偿责任。又如《铁路法》第58条规定："……如果人身伤亡是因不可抗力或者由于受害人自身的原因造成的，铁路运输企业不承担赔偿责任。"《侵权责任法》第72条和第74条也分别规定了高度危险作业下因不可抗力可免责的情形。

还有学者认为，特殊侵权的一般免责条件与一般侵权的免责条件一样，所不同的是，受害人故意或第三人的过错是被当作特殊侵权的特殊条件来看待的。

【案例10－2－5】高压线下违规建房触电其重大过失等于故意
——《夏某等诉供电公司触电人身损害赔偿纠纷案》①

2005年某日，曹某在柳某家帮工建房屋。此房屋地处被告供电公司架设的10千伏高压线路保护区内。当曹某安装一楼楼梯间钢筋时，触电当即死亡。曹某的家人夏某便状告供电公司，要求其为曹某的死亡承担责任。

法院经审理认为，曹某碰触10千伏高压电死亡，事故段电力线路产权人为被告供电公司。《电力法》第53条第2款规定，任何单位、个人不得在依法划定的电力设施保护区内修建可能危及电力设施安全的建筑物、构筑物，不得种植可能危及电力设施安全的植物，不得堆放可能危及电力设施安全的物品；其第54条规定，在依法划定电力设施保护区内进行可能危及电力设施安全的作业时，应经电力管理部门批准并采取安全措施后，方可进行作业。行

① 《夏泽枝等诉湖口县供电有限责任公司触电人身损害赔偿纠纷案》，案例来源：北大法律信息网，载 http://vip.chinalawinfo.com/Case/displaycontent.asp? Gid = 117475445。

政法规《电力设施保护条例》第10条第1项规定，架空电力线路保护区为导线边线向外侧水平延伸并垂直于地面所形成的两平行面内的区域，在一般地区1至10千伏电压导线的边线延伸距离为5米；其第15条第3项规定，任何单位或个人在架空电力线路保护区内，不得兴建建筑物、构筑物。

本案中，该10千伏架空电力线路架设在先，柳某新建住宅楼在后，新建住宅楼与10千伏架空电力线路水平距离远远小于行政法规规定的5米距离，恰在架空电力线路保护区内。受害人曹某是成年人，具有完全民事行为能力。在明知其参与施工的住宅楼位于架空电力线路保护区内，该兴建行为具有极大危险性的情况下，仍自愿承担风险，参与该住宅楼具体施工；在明知离电线只有2米左右距离的情况下，仍搬运5.7米长钢筋，结果触电身亡。供电公司具有法定免责事由，不需承担民事责任。判决：驳回原告夏某等全部诉讼请求。

本案即是特殊侵权责任的案例，根据《侵权责任法》第73条的相关规定处理。《侵权责任法》第73条规定："从事高空、高压、地下挖掘活动或者使用高速轨道运输工具造成他人损害的，经营者应当承担侵权责任，但能够证明损害是因受害人故意或者不可抗力造成的，不承担责任。被侵权人对损害的发生有过失的，可以减轻经营者的责任。"

被告供电公司依据法律规定的免责事由，证明了"受害人故意"这一免责事由的存在，从而避免了损害赔偿责任的承担。

（三）随着侵权责任法的发展，即使是一般免责条件也不一定适合于作为特定的无过错侵权行为的免责事由

譬如，行使特别职权或特别职务行为的人就不能在自己执行职权或职务时，简单地以不可抗力作为免责事由。消防队员就不能以着火是不可抗力为由而拒绝承担救火的义务。法国1985年《公路交通事故赔偿法》第2条规定，与事故有牵连的车辆管理人，在

任何情况下均不能基于不可抗力和第三人行为免责。

（四）特别免责条件

法律针对某些特殊侵权行为规定了特别免责条件，具体包括：

1. 受害人的故意和受害人的原因

《侵权责任法》第26条规定："被侵权人对损害的发生也有过错的，可以减轻侵权人的责任。"即对于受害人与加害人均有过错情形的规定。适用过错责任的案件，除了《侵权责任法》规定的情形外，还存在以下三种情形：

（1）受害人的过错是损害后果发生的全部原因，他人的行为不构成损害后果发生的原因；

（2）受害人的过错不是与加害人的过错而是与第三人的过错共同构成损害后果发生的原因；

（3）法律对受害人的故意、过失或重大过失在确定加害人的民事责任中的作用作专门的规定。

从广义的抗辩角度看，上述三种情形也可以归入减轻或者免除加害人侵权责任的抗辩，但又完全不同于受害人与加害人的共同过错情形。对于第一种情形，加害人的行为与损害后果之间不存在任何因果关系，故加害人可以在程序阶段就主张自己行为的正当性而请求确认其不应承担责任，也可以通过否认因果关系的存在而主张免责。对于第二种情形，加害人可主张自己行为正当，也可通过否认因果关系的存在而主张免责，并可请求法院将有过错的第三人追加为被告，由其承担侵权责任。第三种情形，主要出现在适用无过错责任原则的侵权行为案件中。

【案例10-2-6】被告争吵有过错不等于被狗咬伤就有过错
——《动物致人损害赔偿案》①

被告肖某与原告徐某是邻居。被告家一只良种大公鸡死了，被告之妻认为是原告下药毒死的。原告来到被告家解释时，与被告之妻发生争吵。争吵中，被告家的狗冲出来将原告。

这是一起动物致人损害案件。《侵权责任法》第78条规定："饲养的动物造成他人损害的，动物饲养人或者管理人应当承担侵权责任，但能够证明损害是因被侵权人故意或者重大过失造成的，可以不承担或者减轻责任。"本案中，被告因对自己饲养的动物管理不善造成了原告的损害，依法应承担赔偿责任。但是，原告到被告家争吵与被狗咬伤没有直接的关系，其也不存在过错，故不能因此减轻被告应负的赔偿责任。

2. 行为人没有过错

在推定过错责任中，行为人只要能证明自己没有过错，就可以免责。这主要体现在《侵权责任法》第85、88、90、91条等规定中，即适用于在公共场所、道旁或者通道上挖坑、修缮安装地下设施等和建筑物或者其他设施以及建筑物上的搁置物、悬挂物发生倒塌、脱落、坠落造成他人损害的案件。

需要注意的是，《侵权责任法》第32条规定："无民事行为能力人、限制民事行为能力人造成他人损害的，由监护人承担侵权责任。监护人尽到监护责任的，可以减轻其侵权责任。"这时，责任人尽管没有过错，也只能减轻而不能免除责任。

① 《徐红梅诉肖宗玉动物致人损害赔偿案》，国家法官学院、中国人民大学法学院编：《中国审判案例要览》（1993年综合本），中国人民公安大学出版社1994年版，第681页。

【案例 10－2－7】受害人自拆限位器翻窗坠楼酒店负有责任吗?

——《马某等诉乙酒店等人身损害赔偿纠纷案》[①]

2005 年 7 月 22 日，甲展览馆作为房屋产权人，乙酒店作为房屋出租人，丙证券公司下属的分支机构丁证券营业部作为承租人，三方签订了一份《房屋租赁协议》，约定证券营业部承租该房屋第一层部分区域及第二层全部区域，作为开展证券业务的场所。后丁证券营业部在二楼 207 房间开设了大户室。该楼房二楼 207 室的窗户上安装着限位器，窗外有一个平台，窗户及窗外平台均由乙酒店建造和安装。

2005 年 11 月 1 日，原告马某之子钱某（系原告钱一、钱二之父）在丁营业部的 207 室内进行股票交易。上午 10 时许，因晾晒在窗台上的鞋垫落到窗外平台，钱某卸开 207 室窗户上的限位器，翻窗到窗外平台上欲捡回鞋垫，因平台底板塌落而坠楼，经医院抢救无效死亡。

原告马某、钱一、钱二向法院起诉被告甲展览馆、乙酒店、丙证券公司、丁证券营业部，请求判令三被告对钱某的死亡承担民事责任。

法院经审理认为，乙酒店加装了限位器，限制窗户开启的幅度，使人不能从窗户进出。客观上消除了室内人员翻越窗户到达平台的可能。被告丁证券营业部在承租该房屋作为自己的经营场所后，保留了窗上加装的限位器。钱某是基于自己对平台性质作出的错误判断，以自己携带的螺丝刀，擅自卸开 207 室窗户上的限位器，翻越窗户到达窗外平台，以致坠楼身亡。无论是被告甲展览馆还是乙酒店，都已用事实证明，作为该建筑物的所有人、管理人，其已保证了建筑物的安全使用，对钱某的坠楼死亡没有过错。无论

① 《马青等诉古南都酒店等人身损害赔偿纠纷案》，案例来源：北大法律信息网，载 http://vip.chinalawinfo.com/Case/displaycontent.asp? gid＝117507975。

是被告丙证券公司还是丁证券营业部，也都以事实证明，其已在合理限度内履行了安全保障义务，对钱某的坠楼死亡不应当承担责任。据此，法院判决：驳回原告的诉讼请求。原告不服一审判决，提起上诉。

中院经审理认为：乙酒店作为涉案房屋的出租人、管理者，丙证券公司、丁营业部作为在该房屋内经营证券业务的经营者，其已尽了安全保障义务的合理限度。故判决：驳回上诉，维持原判。

本案中，根据《侵权责任法》第85条规定："建筑物、构筑物或者其他设施及其搁置物、悬挂物发生脱落、坠落造成他人损害，所有人、管理人或者使用人不能证明自己没有过错的，应当承担侵权责任。所有人、管理人或者使用人赔偿后，有其他责任人的，有权向其他责任人追偿。"本案中，从法院的判决理由中明显可以看出被告方不存在过错，即已经尽到了合理范围内应尽的注意义务。

本案的损害后果完全是由被告自身的过错造成的，钱某应当对自己的过错造成的后果承担责任。

3. 第三人过错

第三人过错作为"外来原因"的抗辩一般适用于过错责任的侵权案件。在第三人与责任人共同过错的情况下，如果双方不是出于共同故意，也非出于共同过失，就不构成共同侵权，故只可以免除被告因第三人行为造成的部分责任。

在无过错责任领域这一抗辩要受到一定的限制。通说认为，在无过错责任侵权案件中，如果法律已经明确将第三人过错作为抗辩免责事由的，就应依法律规定处理；如果法律没有作出明确规定的（如《民法通则》第121、122、123、125条并没有明确规定第三人过错作为抗辩事由的问题），就应分情况处理：对于高度危险作业致害案件，原则上不得以第三人过错作为抗辩，而对于其他无过错责任案件，被告可以第三人过错作为抗辩事由以减轻自己的责任，但不免除其责任；第三人的轻微过失，则不构成被告减轻责任或免除责任的理由。

【案例 10-2-8】买方的过错不能作为卖方免责的理由
——《产品缺陷与不正当使用行为竞合造成损害分担责任案》①

董某从被告处购买了一辆该厂装配的半拖挂汽车。同年 1 月 21 日，董某用该车装载汽车底盘（超重），运往外省某城市。行驶途中，挂车后右外侧轮钢圈突然破碎，致使该车向右侧翻车。经交警认定：造成该车翻车的主要原因系由于钢圈破碎所致。于是，董某向法院起诉，要求被告赔偿经济损失。

经法院委托鉴定：该钢圈为不合格产品。一审法院认为：被告应承担赔偿责任。二审法院经审理认为：作为卖方的经销公司，应当无条件地承担因其所销售的车辆质量不合格给买方造成的损害的赔偿责任。买方的过错不能作为卖方免责的理由。但董某超重行驶也是钢圈破碎的原因之一，也应承担一定责任。

产品责任是我国民法中的一类特殊侵权责任，是指产品的制造者、销售者对缺陷产品造成的他人财产、人身损害所承担的责任。产品责任是无过错责任。受害人无需证明加害人有过错，而只需证明产品的缺陷、造成的损害、缺陷产品的使用与损害之间存在因果关系即可。

4. 其他免责条件

一些部门法还对特定的特殊侵权责任的免责条件作出了具体的规定。这些免责条件的适用要严格依照法律的规定，而不能随意适用。例如，《产品质量法》第 29 条规定的“未将产品投入流通的”和“产品投入流通时，引起损害的缺陷尚不存在的”以及“将产

---

① 《董景春诉四平专用汽车厂物资经销公司产品缺陷与不正当使用行为竞合双方分担责任案》，最高人民法院中国应用法学研究所编：《人民法院案例选（民事卷）》（1992 年—1996 年合订本），人民法院出版社 1997 年版，第 694 页。

品投入流通时的科学技术水平尚不能发现缺陷存在的”等免责条件。再如《侵权责任法》第七章医疗损害责任第60条也规定了医疗机构的免责条件。这样的免责条件是依据各类特殊侵权行为的不同特点而确定的。

【案例10-2-9】雷雨天气打电话遭雷击能让电话公司赔偿吗?

——《接电话遭雷击身亡 法院：雷雨不能打电话是常识》①

张某雷雨天在家接电话，被电击死亡。张某之妻郭某状告电话安装单位乙公司。一审法院驳回了郭某的请求。

该案在审理过程中，法院委托市气象局组织防雷专家进行了技术调查。确认事发当天张家的电话线路因雷电产生过高电压。郭某称乙公司作为经营者，没有告知使用者打雷时不应打电话，存在过错。

法院认为，乙公司已履行了法定义务。而雷雨天气不应打电话是作为有完全民事行为能力人应有的常识，不应再要求电话线路经营者对每名消费者进行提醒。因此乙公司不应承担赔偿责任。

第三节 替代责任

一、替代责任的概念及其理论基础

（一）替代责任的概念及其意义

1. 替代责任之概念

替代责任，是指责任人为他人的行为或人的行为以外的自己管领下的物件或其所从事的危险作业所致损害承担的侵权责任。替代

① 《接电话遭雷击身亡 法院：雷雨不能打电话是常识》，2006-07-08 08：49：32，来源：京华时报（北京），（记者 郭晓明）。

责任在罗马法上是由“准私犯”之法调整的。从直接行为人与责任人的角度而言，责任人因行为人之特殊侵权行为所承担的责任，就是替代责任。[①]

【案例 10－3－1】孩子们致命的缄默是父母不教之过
——《5 名少年见同伴溺死不呼救　掩盖真相被告上法庭》[②]

甲市某学校 6 名学生结伴在一池塘里游泳，其中一名 14 岁少年顾某滑入池中溺死，其他 5 名同伴非但不呼喊施救，反而在顾某沉塘后将其衣服掩埋，并在返校后对此事守口如瓶。死者顾某的家长在得知真相后，将这 5 名学生及其所在学校和当地镇政府告上法庭。

2. 替代责任的意义

一般侵权责任是对自己的行为承担责任，而对于他人的行为或自己监管的物件或从事的危险作业造成的损害承担责任就是侵权法上所谓的“替代责任”。当今侵权责任法中特殊侵权责任主要体现的就是替代责任。

我们需要探寻的替代责任问题是：法律规定在行为人自己没有不当行为的时候，需要对他人的行为或因“物件的行为”、“危险作业的行为”承担责任的目的和依据是什么？

从法律上看，这种责任的确立是基于“推定的但可以反驳的过错”（［德］克雷斯蒂安·冯·巴尔语），即推定被告具有注意义务，但由于其疏于监督而没有尽到这种注意义务。受害的请求权人对于被请求权人的疏于监督无需举证加以证明。现代侵权法律制度规定因他人的行为而承担替代责任，是建立在行为人控制他人行为

① 杨立新：《侵权法论》，人民法院出版社 2004 年 1 月第 2 版，第 492 页。

② 《5 名少年见同伴溺死不呼救　掩盖真相被告上法庭》，来源：扬子晚报（余飞缪礼延），http://www.sina.com.cn，2006 年 08 月 27 日 07：53。

的义务的基础上，也是建立在加害人与责任人之间的特殊关系基础之上的。

还有理论观点认为，任何人均有控制他人行为的一般义务，当被控制的人实施对他人有危险性的行为并导致他人损害时，对此人行为承担控制义务的人就应当对受到损害的第三人承担侵权责任。因“物件”和“危险作业”致人损害而承担替代责任也是这个道理：物件和危险作业致人损害是因监管人疏于控制的注意义务以致损害后果的发生，故责任人须为此承担未尽注意义务的责任。

【案例 10－3－2】依法“推定的但可以反驳的过错”
——《采石中因错误爆破导致人身伤害赔偿案》①

李甲、李乙、李丙和刘丁自愿合伙组成了采石组，并推举李甲为负责人，后邱戊也入伙。某天，采石组在本村一个采石工地准备装炮爆破，按照分工，由李乙、李丙、刘丁在外担任警戒，邱戊负责爆破，李甲予以协助。因邱戊违章作业，炸药提前爆炸，当场炸伤了自己的双眼，李甲也受了轻伤。

邱戊向法院起诉，要求李甲、李乙、李丙及刘丁共同承担其被炸瞎双眼的医药费、误工费、护理费及伤残后的生活费等。

法院经审理认为：邱戊作为完全民事行为能力人，应该能够预见到违反操作规程进行爆破这种高危作业会产生很大的危险，但仍然违反安全操作规程，导致发生事故，造成双眼被炸瞎，本人具有一定的过错，应负相应的责任。

李甲作为采石组推举的负责人，本应重视安全生产，在邱戊违规作业时没有加以制止，反而协助参与违章爆破，对此次事故负有不可推卸的责任，也应当承担相应的责任。

---

① 《邱传贵诉李亚梭等四人在合伙采石爆破作业时被炸伤要求合伙人赔偿纠纷案》，最高人民法院中国应用法学研究所编：《人民法院案例选（民事卷）》（1992—1999 年合订本），中国法制出版社 2000 年版，第1050 页。

从本案来看，邱戊和李甲都是完全民事行为能力人，应当预见违反规程进行爆破操作有可能会造成事故，但邱戊仍然违反操作规程进行爆破作业，对事故的发生存在明显的过错。李甲作为合伙负责人，应该制止邱戊的违规操作却没有制止反而予以协助，没有尽到自己的安全注意义务，最终导致事故的发生，当然其也存在过错，二者都应当承担相应的责任。因此，根据《侵权责仨法》第26条的规定可按双方过错的程度来判决各自承担相应的民事赔偿责任。

（二）替代责任的理论基础

关于替代责任的理论基础，众说纷纭，有代表性的观点主要有：

1. 侵权责任的赔偿性质决定侵权赔偿可以替代

刑事责任的基本原则是罪责自负，不能让没有罪过的人承担刑事责任，而侵权责任则不同。侵权责任一般采用财产性的赔偿方式，而财产责任不像人身责任，是可以由他人代为承担的。

2. 权利义务的一致性

从民法关于权利义务一致的理论看，不论是基于风险价值观还是利益价值观，都可以作为承担替代责任的依据。虽然作为承担替代责任的责任者不是侵权行为的直接实施者，但其与行为人、物件或危险作业之间存在着因监护、雇佣、监管等形成的特殊联系，蕴含着责任人对这些人、物或作业行为的管理和监督职责，故责任人应为此造成的损害承担替代责任。

3. 社会公平的理念

替代责任的形成是基于社会公平的理念。无过错的受害人或仅有一些过错的受害人遭受损害而得不到救济，是有失公平的。因此，让负有相应职责的人为此承担责任，可以很好地体现法律的公平价值理念和追求。

【案例 10－3－3】医院对药品质量最有发言权——《“齐二药索赔案”透露的危险信号》[①]

【媒体报道】

“齐二药索赔案”在 8 月 10 日的开庭审理中，法院提出，应将此案定性为医疗损害纠纷，这跟之前定性的产品责任纠纷迥然不同。

如果将“齐二药索赔案”改变定性，由产品责任纠纷改变为医疗损害纠纷，将使得医疗机构在主观上更愿意选用质量更有保障、声誉更高的药品和耗材。这也就意味着国内制药企业的产品可能将更大范围地失去市场份额。

在产品责任纠纷中，医疗机构只是作为整个案件的“使用环节”被推上被告席，赔偿的主体依然是生产假药的制药企业。成为被告却未必一定有责任，没有责任也就不必承担民事赔偿。

而作为医疗损害纠纷，医疗机构的责任则成了无可推卸的责任。这作为医疗机构来讲，显然是难以接受的。据现有法律规定，保证药品质量的义务在药品的生产、经营部门和药监部门。中山三院的药品是通过广东省招标采购来的，批文和证书齐全。医院并无过错。

在医患关系紧张的大背景下，医院应诉、赔款一则是消耗时间、人力、财力，更重要的是对医院品牌和声誉的损害。在此情况下，外资制药的产品必将更受医生青睐。更何况，在目前的医药卫生体制下，医院本来就倾向于选择价格较高的外资产品，“齐二药索赔案”的进展只能进一步支持这种想法。

再加上实施不久的《处方管理办法》中“一品两规”的规定，国内制药企业所面临的压力更是与日俱增，外（合）资药企的市

① 《“齐二药索赔案”透露的危险信号》，2007 年 08 月 17 日 14：57，来源：搜狐健康，作者：金丰杰。

场份额将进一步扩大，优势会更加明显，这已经成为一个不争的事实。

(三) 替代责任的特征

替代责任具有以下法律特征：

1. 责任人与致害行为人或致害物件分离

在一般侵权责任中，责任人与致害人是一致的。而替代责任则不同，致害的直接原因是责任人以外的致害人，或是人之行为以外的物件。这种责任人与致害人、致害物相分离的情形，是产生赔偿责任转由责任人承担的客观基础。

【案例 10-3-4】公交爆炸怎么赔偿死伤者？

——《公交爆炸案死者家属索赔 25 万》①

【媒体报道】

2008 年“7·21”公交车爆炸案中，王甲不幸身亡。王甲有一五岁的女儿，其父王乙找公交公司索赔。因王甲意外身亡，王乙的老伴出现精神失常；小孙女无人照料。王乙说，他和老伴都是年过半百，已经种不动地了，孙女的抚养费和老伴的治疗费成了燃眉之急。他算了一下，如果公交公司能够赔偿 25 万元，未来的生活才有保障。

2. 责任人与致害行为人或致害物件之间存在隶属、雇佣、监护、管理等特定关系或联系

只要行为人与责任人之间存在着法律规定的某种转承责任所要求的依附关系，责任人就应对行为人实施的侵权行为承担民事责任。

① 《公交爆炸案死者家属索赔 25 万》，来源：彩龙中国（昆明），2008-09-17 11：18：13。

3. 责任人为赔偿义务主体，承担赔偿责任

替代责任作为侵权行为民事责任的一种特殊责任形式，其中存在三种主体：侵权行为的实施人、责任人和受害人。在行为人实施了致使他人受到损害的侵权行为后，不是按照一般侵权行为由行为人对受害人承担民事责任，而是由责任人对此承担民事责任，即行为主体与责任主体相分离，由责任主体对行为主体的行为负责。

4. 其实质是选任不当或监管不严之责任

替代责任的责任人所负的责任实际上是责任人对自己选任工作人员不当以及监督管理不严的过错所承担的责任。

5. 替代责任仍然是对自己行为所负的一种独立的责任。

【案例 10－3－5】有关联的统统都列入赔偿人范围
——《曾某、中国人民财产保险公司某支公司与谭某等道路交通事故人身损害赔偿纠纷案》①

2005 年 7 月，曾某驾车发生交通事故，造成谭某受伤。事故车的车主是岑某。车辆保险承保单位是中国人民财产保险股份有限公司某支公司，第三者责任险责任限额为 200000 元。市公安局交通警察支队出具交通事故认定书，认定曾某饮酒后驾驶机动车超过限速标志标明的最高时速是造成事故的全部原因，承担事故的全部责任，谭某不承担责任。

一审法院经审理认为：曾某酒后驾驶机动车，发生交通事故，造成谭某受伤，市公安局交通警察支队作出的交通事故认定书认定曾某承担事故的全部责任，谭某不承担责任，故曾某应对谭某的全部医疗费用承担赔偿责任。岑某作为事故车的车主，依法应当对谭某的全部医疗费用承担连带赔偿责任。

---

① 《中国人民财产保险公司广州市经济技术开发区支公司与谭某等道路交通事故人身损害赔偿纠纷上诉案》，载北大法律信息网：http://vip.chinalawinfo.com/Case/displaycontent.asp? Gid＝117555102&Keyword。

另外，车辆第三者责任险在我国是带有强制性的，可以理解为与道路交通安全法所规定的第三者强制责任险是相同的。我国保险法明确规定，机动车给第三者造成损失的，保险公司可以直接向第三者赔偿保险金，道路交通安全法也有类似规定。

保险公司认为酒后驾驶属于保险公司免责的范畴，不应由保险公司承担赔偿责任，理由不成立。我国保险法和道路交通安全法规定保险公司承担第三者责任险时，并没有规定免责范围，保险合同中规定的免责范围只在保险人与被保险人之间具有约束力，不能适用于第三人，不能对抗法律的强制性规定，所以保险公司应当对保险车辆因肇事对第三人造成的损失在第三者责任险限额内承担赔偿责任。

综上，一审法院判决保险公司向谭某赔偿损失；曾某、岑某对谭某的损失承担连带赔偿责任；保险公司承担赔偿责任后，可以向曾某、岑某追偿。

保险公司不服，提起上诉。二审法院，维持原判。

根据《侵权责任法》第 33 条第 1 款规定，若无意识状态因行为人过错造成的，则行为人承担侵权责任；若无意识状态非因行为人过错造成的，则行为人不承担侵权责任而承担公平责任，即当事人双方对造成损害均无过错。但是按照法律的规定又不能适用无过错责任的情况下，根据公平的观念，在考虑受害人的损害、双方当事人的财产状况以及其他相关情况的基础上，令加害人对受害人的损失予以适当补偿。

本案中曾某醉酒后处于无意识或意识失去控制的状态下而驾车致使他人受伤的，是由于自己过错造成的这种无意识状态，因此不可能免除他的侵权责任，也不可能适用公平责任，而是要承担侵权责任。由于《侵权责任法》第 33 条第 2 款规定了完全民事行为能力人因醉酒、滥用麻醉药品或者精神药品对自己的行为暂时没有意识或者失去控制造成他人损害的，应当承担侵权责任。因此曾某醉酒后侵犯了受害人合法权益的，应当直接适用第 33 条第 2 款，承担侵权责任。

本案岑某作为车主，根据法律规定，要与曾某承担连带责任，但可以向曾某追偿。而对于保险公司而言，酒后驾车是否属于第三者责任保险的免责范围，法律并没有规定，这种免责范围只是保险公司与被保险人自己签订的，根据合同相对性，是不能对抗第三人的，因此保险公司依然有对第三人赔偿的责任。但由于酒后驾车是合同约定的免责条款，对当事人有效，因此保险公司可以事后追偿。

二、替代责任的类型

理论上，替代责任的类型主要有以下几种：

(一) 对他人侵权行为所产生责任的承担

这类责任主要有雇主责任（或称雇佣人责任）、监护人责任（即监护人对行为能力欠缺者的责任）、学校对学生的责任等。例如《侵权责任法》第四章关于责任主体的特殊规定中，第32条到第35条关于法定代理人、用人单位等的替代责任的规定。

【案例10-3-6】“好玩儿”扔出5000元

——《顽童扔石头砸坏4辆宝马　家长只愿赔5000元》①

【媒体报道】

2008年8月2日中午2时，一辆牌号为“渝B29325”的大挂车行驶到贵新公路215公里处时，突然有人从公路旁的山坡上往下扔石头。大挂车装载着9台全新宝马车，其中4台被砸坏，损失逾30万元。驾驶员随即向贵新四大队交警报了案。交警赶赴现场，了解情况后，找到了涉案的5个小孩子家里。这5个小孩大的15

① 《顽童扔石头砸坏4辆宝马　家长只愿赔5000元》，2008-08-04 09：39：29，来源：金黔在线（贵阳）。

岁，小的仅 8 岁。他们均承认，向大挂车扔了石头，“就只是觉得好玩”，据了解，孩子们的家长只愿赔付 5000 元。

（二）对物件致人损害而产生责任的承担

这里所说的“物件致人损害”既包括无生命的物件给人造成的损害，也包括动物致人损害。

例如，《侵权责任法》第 85 条规定：“建筑物、构筑物或者其他设施及其搁置物、悬挂物发生脱落、坠落造成他人损害，所有人、管理人或者使用人不能证明自己没有过错的，应当承担侵权责任。所有人、管理人或者使用人赔偿后，有其他责任人的，有权向其他责任人追偿。”这里的所有人、管理人对物件致人损害的责任即是一种替代责任。

【案例 10－3－7】“悬在城市上空的痛”

——《“高空抛物致人损害，加害人不明时全楼或俱赔”引关注》①

【媒体报道】

昨天，上海市高院民一庭庭长汪某对 7 月 1 日起即将实施的《侵权责任法》进行了解读，引起了广大市民的热议。

《侵权责任法》第 87 条规定：“从建筑物中抛掷物品或者从建筑物上坠落的物品造成他人损害，难以确定具体侵权人的，除能够证明自己不是侵权人的外，由可能加害的建筑物使用人给予补偿。”市民对此尤其关心的是：一人受害，全楼都可能一起补偿，居民是否被“株连”？此规定与“谁主张谁举证”的原则是否相违背？

① 《居民：担心被株连 律师：公共安全优先》，来源：《新闻晨报》，（2010－06－30）（联合早报网讯）。

（三）对危险作业致人损害而产生责任的承担

这里的危险作业致人损害，如高空、高压、易燃、易爆等工业发展所必需但又具有高度危险性的作业给人造成的损害。

例如，《侵权责任法》第九章高度危险责任中对从事高空、高压、易燃、易爆、剧素、放射性、高速运输工具等对周围环境有高度危险的作业造成他人损害的，一般应当承担民事责任；如果能够证明损害是由受害人故意造成的，不承担民事责任。这里的高度危险作业人承担的责任也是一种替代责任。

也有学者认为，高度危险作业致害责任也是为自己管领下的物件致害承担赔偿责任的替代责任，因为高度危险作业的致害原因，还是高度危险作业的物，故主张替代责任只有两类，即对人的替代责任和对物的替代责任，[①] 也就是上面论述的第一、二种。

如前所述案例《农妇被火车头拖行致死 铁路部门称最多赔500元》[②]。

2007年10月16日上午10时许，杨某和邻居袁某一起穿越货场回家，被一辆正在作业的火车头撞倒。杨某左腿被碾住，被带出几十米远，一路都是血，杨某不停惨叫。当天下午，杨某死在医院。事发后，铁路部门认为，根据铁路方面的法律法规，他们没有责任。几经交涉，最后，铁路部门称出于人道考虑，愿意赔偿500元。

2008年3月10日，杨某的家人起诉到市丙东区法院，要求丁火车站、丁车务段、戊车辆段共同赔付有关费用。

---

① 杨立新：《侵权法论》，人民法院出版社2004年1月第2版，第498页。

② 《农妇被火车头拖行致死 铁路部门称最多赔500元》，来源：中安在线－安徽商报（合肥）（作者：武长鹏、傅义），2009－01－08 04：49：17 。

第十一章　特殊主体之侵权责任

《侵权责任法》第四章专章规定了“关于责任主体的特殊规定”，其中规定了监护人责任，用人单位、劳务派遣单位和用工单位的责任，个人劳务中接受劳务者的责任等。这实际上是将国家机关工作人员、法人工作人员侵权行为，合并在一起，归为用工责任。同时，将传统的“雇主责任”则以雇主是否为个人，分为用人单位责任和个人劳务关系中接受劳务者的责任。

第一节　用人单位与个人劳动关系中的侵权责任

一、用人单位责任

《侵权责任法》第 34 条第 1 款规定：“用人单位的工作人员因执行工作任务造成他人损害的，由用人单位承担侵权责任。劳务派遣期间，被派遣的工作人员因执行工作任务造成他人损害的，由接受劳务派遣的用工单位承担侵权责任；劳务派遣单位有过错的，承担相应的补充责任。”

本条规定调整的是个人劳务关系以外的用人单位的侵权责任。这里的“用人单位”包括企业、事业单位，国家机关，社会团体，个体经济组织。“工作人员”包括用人单位的正式员工，也包括临时在单位工作的人员。[①] 对国家机关工作人员侵权、法人工作人员

① 全国人大常委会法制工作委员会编：《中华人民共和国侵权责任法释义》，法律出版社 2010 年版，第 169 页。

以及其他经济组织工作人员的侵权等，虽有诸多共性，但是仍各有其特殊规则，本书将分类讨论。

【案例 11-1-1】用人单位要对雇员的侵权行为予以赔偿
——《王某富诉仝某道路交通事故人身损害赔偿纠纷案》①

2005 年 12 月 21 日，被告仝某雇佣的司机尚某驾驶一辆货车将横穿公路的原告王某撞伤。事故发生后，法医鉴定为：原告为多发性肋骨骨折属八级伤残、右眼外伤后视力下降属十级伤残；交警大队经对事故现场勘验，认定尚某负主要责任，王某负次要责任。原告起诉要求被告赔偿各种费用及精神抚慰金等。

诉讼中，原告之妻于 2006 年 3 月 26 日生下一男孩。为此，原告又请求追加被抚养人生活费。

法院审理认为，被告仝某与尚某之间是雇佣和被雇佣的关系，仝某应当对尚某的行为承担相应的赔偿责任。原告王某的孩子虽出生于事发之后，但王某对孩子进行抚养是其法定义务，因此，对于原告要求被告赔偿孩子抚养费的合理部分依法应予支持。

鉴于原告在横穿公路时未能尽到安全注意义务，对自身所造成的损害后果也应承担一定责任，原、被告之间的赔偿责任按三七开划分为宜。

本案是一起典型的个人劳务关系中侵权责任问题。根据《侵权责任法》第 35 条规定："个人之间形成劳务关系，提供劳务一方因劳务造成他人损害的，由接受劳务一方承担侵权责任。提供劳务一方因劳务自己受到损害的，根据双方各自的过错承担相应的责任。"本案尚某和被告仝某之间形成了雇佣劳动关系，即尚某是在受被告仝某的雇佣活动中，驾驶车辆与原告王某发生碰撞。此时，

---

① 《王国富诉仝学刚道路交通事故人身损害赔偿纠纷案》，最高人民法院中国应用法研究所编：《人民法院案例选》2007 年第 3 辑（总第 61 辑），人民法院出版社 2008 年版，第 144 页。

作为接受劳务一方的仝某承担的是无过错责任。

（一）国家机关及其工作人员职务侵权责任

1. 国家机关及其工作人员职务侵权的概念

国家机关及其工作人员职务侵权是指代表国家行使国家权力的国家机关或者国家机关的工作人员，在执行职务的过程中，侵害公民、法人合法权益的行为。

《国家赔偿法》第2条规定："国家机关和国家机关工作人员行使职权，有本法规定的侵犯公民、法人和其他组织合法权益的情形，造成损害的，受害人有依照本法取得国家赔偿的权利。"

【案例11－1－2】国家可以成为特殊的民事赔偿主体
——《城市建设委员会城市管理侵权赔偿纠纷案》①

赵某驾驶中巴车在市火车站广场南北主干道中段候客，被城市建设委员会广场管理人员杨某制止并现场以空白票据处以20元罚款。赵某不服，让杨某出示执法证，两人发生口角。罚款后，赵某驾驶车辆南行至主干道南段，杨某南行至车前，双方再次发生口角并撕扯，后杨某将赵某拉到办公室进行殴打。赵某因双上肢软组织损伤、脑外伤综合征、上呼吸道感染，住进医院，住院期间医疗费为2500元，杨某主动承担2590元。

赵某不服市城市建设委员会对其作出的违章罚款决定，向法院提起诉讼。

一审法院经审理认为：原告作为客运个体户，在禁止停车的地方停车上人，违反了经省政府批准的《市城市客运管理暂行办法》的有关规定，被告对其进行处罚是正确的；但被告工作人员在行政

---

① 《赵智春等诉漯河市建设委员会城市管理侵权赔偿案》，最高人民法院中国应用法学研究所编：《人民法院案例选（国家赔偿卷）》（1992—1999年合订本），中国法制出版社2000年版，第275页。

管理活动中殴打原告并给其造成了伤害，应负主要责任。原告不服从管理，妨碍行政管理人员依法执行公务，也有一定的责任。

二审法院认为：被上诉人在其职权范围内对上诉人进行现场执罚是正确的，但被上诉人在执罚中未出示有关证件，票据不载明具体事项，引起票据的票号、票面不符，作出的具体行政行为违反法定程序。被上诉人在现场执罚这一具体行政行为完成后，又找到上诉人理论，引起撕扯，对上诉人殴打造成伤害，属行使职权过程中发生的事实行为。一审判决在认定行政侵权的同时，判决维护具体行政行为，属适用法律错误。

本案涉及两个行为，一是现场执罚，一是殴打造成伤害。现场执罚的特点在于：发现违法，即时处罚。原告交 20 元罚款，被告出具罚款票据，该具体行政行为已经完成。

现场执罚后，被告在与原告发生口角的过程中给原告造成伤害，虽与罚款行为有时间上的联系，但不是罚款具体行政行为的继续，也不是另一个具体行政行。此行为虽然发生在管理的地域范围内，但不在职务范围中，不属于滥用职权的行政行为，属事实行为，因此不符合国家机关及其工作人员职务侵权的定义，并不构成特殊侵权，只能依照《国家赔偿法》第 3 条的有关规定请求行政赔偿。

2. 国家机关及其工作人员职务侵权的性质

对国家机关及其工作人员职务侵权的性质历来存在争议：一种观点认为属于私法性质；另一种观点认为属于公法性质；第三种观点认为兼有公法和私法的双重性。一般认为第三种观点较合理，即认为国家赔偿法是介于行政法与民法的边缘性法律。

【案例11－1－3】土地使用证上的信息有误算不算侵权？
——《卢某诉县政府错误颁发国有土地使用证案》①

2002年6月原告卢某在其不超出主房西边界位置建厨房，其邻居第三人李某以其持有的《国有土地使用证》为依据提起民事诉讼，诉称原告卢某所建厨房占压了其宅基（现已审理终结）。原告卢某认为被告县政府为第三人李某颁发的《国有土地使用证》所载东西宽度伸展到了原告宅基范围内约40公分，被告颁发土地使用证未经四邻签字，未发布通告和公示告知，没有经过实地核查，认定事实错误。

原告卢某以被告县政府颁证侵权为由，提起行政诉讼，请求撤销为第三人李某颁发国有土地使用证。

法院认为：被告县政府作出被诉具体行政行为有法定职权。但在操作过程中，由于被告县政府颁证前忽略现场核查，土地登记中未经四邻签字，诉讼中在法定期间内未提供公示方面的证据，致使该具体行政行为违反法定程序而应依法予以撤销。

本案是一例因具体行政行为违法导致侵权的案例。在第三人与原告发生的宅基地纠纷中，民事判决依据的县政府颁发的土地证，后来被法院判决撤销。若本案原告依法提起申诉后通过审判监督程序就可以对该民事判决书予以纠正。

3．国家机关及其工作人员职务侵权损害赔偿的当事人

国家机关及其工作人员违法执行职务侵权案件的当事人包括直接侵权行为人、赔偿义务机关、受害人与赔偿请求人。

---

① 《卢渊诉睢县人民政府错误颁发国有土地使用证案》，载最高人民法院中国应用法研究所编：《人民法院案例选》2005年第1辑（总第51辑），人民法院出版社2005年版，第495页。

【案例11-1-4】乡政府越权收税行为属侵权
——《田某和吴某诉乡政府违法要求缴纳税费并请求返还税费案》[①]

乡政府以公开竞标方式，将本乡牲猪肉案市场承包给田某和吴某经营，并签订《乡牲猪肉案市场经营管理目标责任书》，约定田某、吴某必须在经营前一次性缴清税费，方可办理有关经营证照，并约定乡畜牧站在辖区内不再办理其他经营户的《许可证》。随后，田某、吴某缴纳税费。

不久，乡牲猪肉案市场上出现其他经营户，且没有缴纳与田某、吴某同样的税费。田某、吴某遂向县法院提起行政诉讼，要求撤销《目标责任书》。

法院认为，被告乡政府将辖区内牲猪肉案市场通过招标形式承包给二原告经营于法无据，且被告不具备收取税费的法定职责，该《目标责任书》内容违法。据此，一审法院判决确认《目标责任书》内容违法，并驳回原告其他诉讼请求。

本案争议的焦点在于：如何认定《目标责任书》的性质，以及该责任书内容是否合法。鉴于乡政府不具有收取税费的法定职责，税务机关、动物检疫机关与乡政府间并无收取税费的委托关系，乡政府收取税款和检疫费系超越职权的行为，故该《目标责任书》内容违法。

---

① 《田华等诉火烧坪乡政府违法要求缴纳税费并请求返还税费案》，载最高人民法院中国应用法学研究所编：《人民法院案例选》2004年行政·国家赔偿专辑（总第50辑），人民法院出版社2005年版，第451页。

【案例 11－1－5】3718 天的牢狱　100 万的赔偿请求

——《十年冤狱事件续：提请百万元国家赔偿》①

郝金安因法院错判入狱十年。山西省高级人民法院邀请郝金安及其家人前往太原，协商国家赔偿事宜。

郝金安的代理律师李万忠透露，有关国家赔偿的问题已经进入实质协商阶段，他指出郝金安能够得到赔偿的天数是 3618 天，根据《国家赔偿法》第 26 条的规定，郝金安可以向山西省高级人民法院提出 100 余万元的国家赔偿请求。

4. 行政机关和司法机关对自己工作人员违法行使职权的侵权行为承担责任，应当具备的条件

（1）直接侵权行为人与赔偿义务机关之间有劳动人事关系。

（2）该行为人的行为与该机关的职权行使有关联。

（3）是行为人的直接侵权。

两个以上行政机关共同行使行政职权时侵害他人合法权益造成损害的，共同行使行政职权的行政机关为共同赔偿义务机关。赔偿义务机关被撤销的，继续行使其职权的行政机关为赔偿义务机关；没有继续行使其职权的行政机关的，撤销该赔偿义务机关的行政机关为赔偿义务机关。经复议机关复议的，最初造成侵权行为的行政机关为赔偿机关，但复议机关的复议决定加重损害的，复议机关对加重的部分履行赔偿义务。法律、法规授权的组织在行使授予的行政权力时侵害他人合法权益造成损害的，被授权的组织为赔偿义务机关。

---

① 《郝金安十年冤狱事件续：提请百万元国家赔偿》http://news. QQ. com，2008 年 03 月 02 日 12：54，法制网—法制日报。

【案例11-1-6】市场中"重名"是侵权
——《正甲饲料公司不服乙省工商局、丙市工商局责令变更企业名称案》①

乙省工商行政管理局认为丙市工商局注册的企业——正甲饲料有限公司的名称，已损害了"正甲"注册商标的专用权和在先权利人的合法权利，并导致社会公众及消费者的误解和误认，故根据《企业名称登记管理规定》及相关规定，请丙市工商局对该企业名称予以纠正。

丙市工商局根据乙省工商局的通知，对上诉人作出责令变更企业名称的通知，责令上诉人变更企业名称。正甲饲料公司不服，以丙市工商局为被告，向法院提起诉讼。

本案中涉及的主要问题是上级机关对下级机关作出行政命令，下级机关执行该命令，当事人应当以谁为被告提起行政诉讼。

上级机关作出了具体行政行为，通常下级机关没有审查上级机关具体行政行为合法与否的权力和条件。所以，从纠正违法这一角度出发，应当以作出具体行政行为的上级机关为行政诉讼的被告。

在本案中正甲公司应当以省工商局为被告提起行政诉讼。

受害人，是指其合法民事权益受到国家机关及其工作人员违法行使职权的行为侵害的公民、法人及其他组织。

在实践中，可能承受其权利的不仅包括法人或者其他组织，也可能为公民。

① 《泸州正大饲料有限公司不服四川省工商局、泸州市工商局责令变更企业名称案》，载最高人民法院中国应用法学研究所编：《人民法院案例选》2004年行政·国家赔偿专辑（总第50辑），人民法院出版社2005年版，第148页。

【案例 11－1－7】通报批评也能侵犯法人的名誉权？

——《宏甲实业公司诉县技术监督局食品卫生检查行为侵犯其名誉权纠纷不属民事诉讼范围应依行政诉讼程序处理案》①

被告乙县技术监督局的两名工作人员到原告宏甲实业有限责任公司进行食品卫生检查，发现其出售的部分食品存在过期和其他质量问题。当晚，县技术监督局以本局名义在县有线电视台上播发了《提请消费者注意》的书面文稿称："宏甲公司门市部经销大量过期变质食品，请消费者注意，不要只注意价格而忽视质量，上当受骗。"

原告认为，此报道歪曲客观事实，对其声誉造成了极为恶劣的影响，侵犯了其公司的名誉权，遂向县法院提起诉讼。

一审法院认为，被告侵犯了原告名誉权。判决县技术监督局给宏甲公司恢复名誉，消除影响，并向宏甲公司赔礼道歉。宣判后，被告不服，上诉至该市中级人民法院。

二审法院认为：县技术监督局的食品卫生检查行为，是依法进行的行政执法行为；该局在本县有线电视台上的通报批评，是以单位名义播发的，属依法行政。因此，原审判决认定案件性质错误，违反法定程序，可能影响案件正确判决。裁定撤销一审法院民事判决，发回重审。

本案之所以应属于行政诉讼范围，而非侵犯名誉权的民事案件是由于：

首先，被告县技术监督局进行食品卫生检查，无论是否属越权行为，均应认定是行政执法机关的一种行政行为。

① 《宏兴实业有限责任公司诉兴山县技术监督局食品卫生检查行为侵犯其名誉权纠纷不属民事诉讼范围应依行政诉讼程序处理案》，载最高人民法院中国应用法学研究所编：《人民法院案例选》1997 年第 2 辑（总第 20 辑），人民法院出版社 1997 年版，第 150 页。

其次，县技术监督局在检查后，以该局名义在当地有线电视台播发“提请消费者注意”的书面文稿，也应当认为是一种行政执法行为。

最后，从主体上看，县技术监督局是执法检查者，具有行政管理者的身份；宏甲公司是被检查者，是受行政机关具体行政行为管理的被管理者。双方在这种行政管理关系上，主体的地位并不平等。

因此，因行政管理行为引发的诉讼，应属行政诉讼的范围，而不属民事诉讼的范围。

5. 国家机关及其工作人员职务侵权的构成要件

国家机关及其工作人员职务侵权除了须具有特殊主体的特征外，还需要具备一定的构成要件。

（1）存在违法行使职权的加害行为。判断行为是否违法，其标准应当是客观的工作人员在客观上是否实具体有以下客观标准；

一是行使职权是否有法律依据。

国家机关及其工作人员行使职权应当具有明确的法律依据，在其授权的范围内行使职权。凡没有法律依据而行使职权、超越授权范围行使职权等，均为违法行使职权。

二是行使职权是否违反法定程序。

国家机关及其工作人员依法律法规或者行政命令的授权行使职权，也应当按照法律规定的程序进行，而不能违反程序法的规定。

三是行使职权是否违反其他法律规定。

国家机关及其工作人员行使职权除了应当有明确的法律依据和遵守程序法外，还必须遵守其他法律规定，尤其不得违反禁止性法律规范。

（2）发生损害。损害，是指国家机关及其工作人员违法行使职权侵犯他人合法权益所产生的后果。损害的一般情形包括：人身自由的限制与剥夺，身体伤害，死亡，财产损失，其他损害等。

（3）侵权行为与损害结果之间存在因果关系。国家机关及其工作人员职务侵权的因果关系包括以下两方面：

一是直接行为人的侵害行为（行为的违法性）与损害之间的因果关系。应当考虑原因与结果之间必须存在时间上的顺序性、侵害行为与损害都必须具有客观性、侵害行为是引起损害的必要条件等因素。

二是赔偿义务机关与直接侵权行为人之间的相互关系。

国家机关及其工作人员职务侵权，其赔偿义务机关均为有关国家行政机关或司法机关，但直接行为人与赔偿义务机关有时会不重合。当直接行为人不是国家机关而又要该机关作为赔偿义务机关承担赔偿责任时，必须证明赔偿义务机关与直接侵权行为人之间存在必要的关系。若直接行为人为赔偿义务机关的工作人员或直接行为人为赔偿义务机关的受委托人，即可认定赔偿义务机关与直接行为人之间存在必要的关系。

【案例 11－1－8】镇政府为啥就不能强扣大豆
——《镇政府强扣大豆行为构成国家机关及其工作人员的职务侵权案》[①]

姜某将8000余公斤大豆，雇车跨省经国道运往甲市面粉厂。当行至乙县丙镇境界时，姜某被该镇组织的联合堵卡站截住，其以乙县政府有关大豆不准跨界、禁运等规定为由，将姜某的大豆全部扣下。该镇政府将全部粮款的50%支付给原告，余款以迫购为名扣下，并未开任何手续及凭证。姜某不服，以该镇政府为被告，向法院提起诉讼。

法院认为：被告乙县丙镇政府组织有关部门设立堵卡站是依照

---

① 《姜恩海诉铁岭县平顶堡镇人民政府侵权赔偿案》，载最高人民法院中国应用法学研究所编：《人民法院案例选（国家赔偿卷）》（1992－1999年合订本），中国法制出版社2000年版，第391页。

上级有关规定精神成立的，是合法的，应予肯定。

但在堵截原告的黄豆后，又强行扣押、迫卖，并按计价量总得款的50%予以迫购的行为是错误的行政行为，违反了国务院、省、市、县有关粮油市场管理的文件及通知精神，应予纠正。

被告应返还原告被迫购的大豆50%的货款，并适当赔偿原告的运费款。

本案镇政府强扣大豆行为究竟有没有构成国家机关及其工作人员的职务侵权，直接涉及对国家机关及其工作人员职务侵权构成要件的分析问题。被告根据上级指示在秋粮征购期间设立堵卡站，是正确的。但堵卡站须在上级文件规定的范围内行使职权，故强行扣押、迫卖不应列入被堵之列的外省市人姜某运往乙县的黄豆，是在错误理解市、县两级政府文件精神的情况下而实施的错误行为。丙镇政府的行为已构成了职务侵权。

6. 国家机关及其工作人员职务侵权的归责原则

国家机关及其工作人员职务侵权应当适用无过错责任原则。

在实践中，国家机关及其工作人员职务侵权的构成，不以国家机关或其工作人员的过错为要件。此类侵权行为适用无过错责任原则。受害人无须举证证明国家机关及其工作人员的过错，只须证明侵害行为（违法行使职权）、损害及二者的因果关系，即可获得赔偿。对受害当事人而言，有时证明“违法”比证明“过错”更为容易一些。

国家机关及其工作人员侵权责任的法定免责条件主要有：国家机关工作人员行使与职权无关的个人行为致人损害；因公民、法人和其他组织自己的行为致使损害发生的；法律规定的其他情形，如不可抗力致害、因职务授权行为而致害等。

【案例11－1－9】醉酒者死亡和警察有关吗?

——《张某申请乙市公安局丙分局行政赔偿案》①

某日凌晨，巡警王某、管辖民警门某接到群众报警在某楼内扶梯处发现醉酒者张某。随后，民警多次电话通知张某的哥哥速来处理，未果。随即，民警电话通知“120”急救中心及法医到场。法医到达现场后，确认张某已经死亡，死因为脑外伤，其家属当即表示无异议。

一年后，张父向公安分局提出国家赔偿请求，后又向公安分局补充提出了确认派出所不作为行为违法的申请。公安分局作出行政行为确认书，确认派出所不存在不作为行为。张父对此不服，向该区法院提起行政诉讼。

法院经审理认为，被告在接警后第一时间赶到现场，并采取了及时通知家属、拨打120等救助措施，并无不作为行为，更不构成违法行为。且被告的出警行为与张某的死亡结果亦无法律上的因果关系。根据《国家赔偿法》第2条之规定，不属于法律确定的赔偿范围，不应承担赔偿责任。故判决驳回原告要求国家赔偿的诉讼请求。

本案的焦点是警察履行救助危难法定义务及处警行为承担行政赔偿责任的条件。

派出所在接到报警后，及时出警来到现场，及时走访邻居确定醉酒者身份，及时与家属取得联系并派人在现场守护。民警履行救助危难法定义务所作出的出警行为符合及时和积极的要求，不具有行政行为的违法性。民警在家属答应马上赶来而又久等不至时，又多次电话催促家属，后又电话通知了“120”急救中心。被告的行

① 《张志发申请上海市公安局普陀分局行政赔偿案》，载最高人民法院中国应用法学研究所编：《人民法院案例选》2004年行政·国家赔偿专辑（总第50辑），人民法院出版社2005年版，第475页。

为又具有行政行为的适当性。

民警既难以预见醉酒倒地的张某家属会久候不至，更难以预见经常醉酒的张某发生了死亡的结果。因此，死亡后果的发生与救助危难的出警行为之间不构成因果关系，故原告行政赔偿之诉请难以得到法院的支持。

7. 国家赔偿责任

国家赔偿，是指国家赔偿义务机关对国家机关及其工作人员职务侵权行为给他人合法权益造成的损害所进行的赔偿。国家赔偿采取支付赔偿金（或赔偿损失）作为国家机关及其工作人员职务侵权的主要责任方式，而不是由直接行为人或有关国家机关承担行政责任，也不是只对直接行为人采取单纯的法律制裁，这反映了国家赔偿的民事责任性质。

国家赔偿责任与一般侵权行为的赔偿责任相比，其特殊性表现在：赔偿责任的义务主体为赔偿义务机关，直接加害人个人不对受害人承担赔偿责任；人身侵害的赔偿标准不是参照受害人受害前的实际收入情况，而是采用"国家上年度职工日平均工资"或"国家上年度职工年平均工资"标准；对于常见的侵害财产的案件，规定了具体赔偿范围，无具体规定的按照直接损失给予赔偿。

国家机关及其工作人员的职务侵权行为未产生直接损害后果，但直接威胁到他人的合法权益安全时，也可以采用民事责任方式中的停止侵害、排除妨碍、消除危险的民事责任方式。

【案例 11-1-10】向工商局索赔必须满足替代责任之要件
——《工商行政管理局违法查封摊位及货物造成损害赔偿案》[①]

原告张某于1989年经市工商行政管理局批准，在该市岭东市

① 《张晓康诉公主岭市工商行政管理局查封其摊位及货物行政侵权赔偿案》，载最高人民法院中国应用法学研究所编：《人民法院案例选》1993 年第 3 辑（总第 5 辑），人民法院出版社 1993 年版，第 180 页。

场租用被告摊位经营百货商店。1992年初，被告市工商局工作人员出于为其在岭东市场租用摊位的熟人换一个好位置的目的，要求张某串动摊位，遭到拒绝。同年3月12日，被告工作人员再次让张某串动摊位遭到拒绝后，在未出示任何证件的情况下，将原告正在营业的商店查封，换上门锁，贴上封条，对原告经营的商品也未当场清点记录。后该店在被封期间两次被盗。

原告向法院提起诉讼，请求撤销被告不合理的决定，并赔偿因查封商店所造成的损失和被盗现金2500元及丢失货物折价款5000余元。

法院认为：被告封闭原告商店无法律依据，侵犯了原告的合法权益，由此造成的经济损失应予赔偿。原告诉称商店现金及物品被盗证据不足，不能认定，故不予支持。

依据《国家赔偿法》第2条规定，本案中的原告符合获得国家赔偿的资格，应由直接加害人所在的机关履行赔偿责任。因此，法院判决被告赔偿原告的经济损失是有法律依据的。本案被告承担职务侵权责任的方式即为支付赔偿金。

（二）法人工作人员致害责任

1. 法人工作人员致害责任的概念

法人工作人员致害责任，是指法人工作人员在执行职务中致人损害，由法人作为赔偿义务主体，为其工作人员致害的行为承担赔偿责任。

《民法通则》第43条规定：“企业法人对它的法定代表人和其他工作人员的经营活动，承担民事责任。”最高人民法院在1988年1月26日的《关于贯彻执行〈中华人民共和国民法通则〉若干问题的意见》（试行）第58条的解释是：“企业法人的法定代表人和其他工作人员，以法人名义从事的经营活动，给他人造成经济损失的，企业法人应当承担民事责任。”

在最新的《侵权责任法》第34条规定：“用人单位的工作人

员因执行工作任务造成他人损害的，由用人单位承担侵权责任。”这里的用人单位包括法人、非法人组织单位，也包括学校等教育机构这种具有特殊职责的法人。

法人工作人员致害责任与法人侵权责任还是有一些区别的，主要体现在法人侵权责任是法人因为自己的侵权行为形成的责任，而法人工作人员致害责任是法人为其工作人员的行为承担责任，是一种替代责任。例如，学校老师致害责任与学校侵权责任在适用法条上是区别的。对于《侵权责任法》而言，前者适用第34条规定“用人单位的工作人员在工作过程中造成他人损害的，由用人单位承担侵权责任”，后者适用第38、39、40条规定，直接规定了学校的过错责任、过错推定责任以及补充责任。

【案例11－1－11】分解为老师之行为的学校法人行为

——《老师上课期间体罚学生造成伤害赔偿案》①

张某原系某小学学生，苗某曾任原告张某所在班级体育教师。上体育课时，张某私自到其他年级军训场地玩耍，苗某追过去，用手拽住张某的红领巾推搡，并杵其一拳。张某当时感到胸部发闷，中午回家后全身抽搐。经送医院诊断，被确诊为植物神经功能紊乱。张某在治疗中先后共花医药费5655.6元，住宿费、交通费等共209.26元。

事后，张某的父亲多次要求学校处理未果，于是代理张某向法院提起诉讼，要求学校赔偿。

法院认为：苗某的行为属职务行为，故全部责任应由学校承担，第三人的责任由学校按有关规定自行处理。

该小学作为事业单位法人，其民事行为能力主要通过两个途径

① 《张帅因受教师体罚致人身损害诉鸡西市师范附属小学赔偿纠纷案》，最高人民法院中国应用法学研究所编：《人民法院案例选》1996年第1辑（总第15辑），人民法院出版社1996年版，第93页。

实施：其一，学校的重要民事活动由校长作为法定代表人，以学校的名义进行；其二，教师按学校安排从事日常的教学活动。学校从事教学活动的法人行为分解成校长以学校名义进行的活动和教师直接开展教学活动的职务行为两部分。

苗某为维护教学管理秩序对学生进行体罚，学校应当对教师的职务行为承担民事责任。教师体罚学生，在学校与学生间构成了特殊侵权，由此引起的人身损害赔偿诉讼，应由学校作为被告。

2. 法人工作人员致害责任的构成要件

（1）工作人员存在违法的执行职务行为。民法理论上将法人视为拟制法律人格，法人自己无法实施具体的行为，只能以法定代表人或其他工作人员的行为来表达法人的意志，实施民事行为。因此，要让法人为其法定代表人及其工作人员的行为承担责任，就要求其是为执行法人的职务而发生的侵权。虽然在认定法人工作人员执行职务行为的依据上存在不同观点，但是一般认为，应当以执行职务的外在表现形态为标准，而不是仅仅以法人或工作人员的主观意思为标准。

【案例 11－1－12】上班期间撞倒行人是外在的执行职务行为
——《雇员上班期间伤害致人死亡损害赔偿案》①

被告贺甲佩戴"汇星商场上岗证"，骑一辆女式自行车从汇星商场灯具组到家电组提货，行至某路段时，将原告罗某之妻龚某（69 岁）撞倒在地，送医院抢救无效死亡。经法医技术鉴定，龚某因严重颅脑损伤而死亡。

原告将贺甲、贺乙、傅某（系贺某的雇主）起诉至法院，请

---

① 《罗不同、罗四清与贺江英、贺光惠、傅德彬人身损害赔偿纠纷案》，案例来源：北大法意网，载 http://www.lawyee.net/Case/Case_Display.asp？RID＝22451。

求判令，三被告赔偿龚某死亡补偿费、被扶养人生活费、丧葬费、误工费、交通费及精神损害赔偿金。

法院认为：被告贺甲在上班时间，佩戴“上岗证”骑自行车外出办事，其目的是为了更好的履行职务，途中没有采取应急措施撞伤他人致死，应承担过错赔偿责任。因被告贺甲是受雇于贺乙和傅某，贺乙和傅某应承担赔偿责任。故原告的诉讼请求理由正当，应予支持，应由被告贺乙和傅某承担连带赔偿责任。

本案中，原告罗某之妻龚某是在被告贺某上班时间骑自行车外出办事的过程中被撞身亡的，而侵害公民的生命权益无疑是严重违法行为，故其符合雇佣人侵权责任的构成要件，故应由贺乙和傅某承担替代赔偿法律责任。

（2）损害后果发生。损害后果包括财产损失和精神损害。

【案例11－1－13】补偿要能起到补偿抑或抚慰原告损失的作用

——《邱某诉县邮政局邮递延误使自己失去上学机会损害赔偿案》①

原告邱某2009年参加全国成人高考。同年10月4日，被某高校录取为全日制学生。学校把该录取通知书以挂号信方式寄往原告处。因被告甲县邮政局工作人员疏忽，直至2010年1月14日才把该挂号信投递到社迳中学。到寒假结束后原告才收到该挂号信，原告因此失去这次学习机会。原告与被告交涉未果，遂起诉至法院，要求被告赔偿原告各项损失4200元，及精神抚慰金10000元。

法院认为，作为提供邮政服务的法定企业，被告应当为用户提供迅速、准确、安全的邮件投递业务，但由于被告工作人员的失

① 《邱晖华诉全南县邮政局邮递延误使自己失去上学机会损害赔偿案》，最高人民法院中国应用法研究所编：《人民法院案例选》2004年民事专辑（总第48辑），人民法院出版社2004年版，第245页。

职，导致挂号信在拖延了三个多月以后才送到原告所在单位。直接造成原告无法按时报到入学而丧失了一次接受高等教育的机会。被告的行为侵害了原告的受教育权，给原告造成巨大的精神压力和痛苦，应当给原告以精神损害赔偿。

是否给予原告精神损害赔偿是本案的焦点问题。本案中，原告因迟延收到录取通知书，致使不能按时报到入学，丧失了一次接受高等教育的机会，被告的邮递延误行为侵害了原告的受教育权，给原告造成了巨大的精神痛苦，原告应当得到相应的精神损害赔偿；也只有采用精神损害赔偿这种方式，才能比较公平地弥补原告的损失。如果按照邮政业务规章规定的给予不超过两倍邮资的赔偿，则该赔偿不仅不能起到抚慰原告和补偿原告的损失的作用，而且会对原告造成很大的心理创伤。

(3) 行为与损害后果之间存在因果关系。这主要是指直接行为人的行为与损害结果之间存在因果关系，法人与损害结果之间只存在间接的因果关系。

【案例 11－1－14】玩忽职守导致受害学生冻伤致残
——《陈某玩忽职守误将学生锁在教室造成学生冻伤致残案》①

被告人陈某系某学校学前班代课教师。1994 年 3 月 8 日下午 4 时，学生王某（男，6 岁零 6 个月）还在教室不明显处坐着，陈某以为教室里的学生已全部走完，即将教室的门用明锁锁住后回家。王某为了回家，在翻窗户时身体被夹在铁栏杆中间无法移动，直至次日 11 时才被人发现救下。因王冻伤严重，致终身残废。

县检察院以被告人陈某犯玩忽职守罪，向县法院提起公诉，被

① 《陈梅玲玩忽职守误将学生锁在教室造成学生冻伤致残案》，载最高人民法院中国应用法研究所编：《人民法院案例选》1995 年第 4 辑（总第 14 辑），人民法院出版社，第 51 页。

害人王某及其监护人提起附带民事诉讼，要求被告人陈某赔偿其经济损失，同时要求追加学校及其主管单位为附带民事诉讼被告人，承担相应的赔偿责任。

法院认为，被告人陈某身为教师，负有教书育人和监护职责，本应尽职尽责做好本职工作，履行好监护责任，但由于其粗心大意而误将王某锁在教室，造成王某终身残废，其行为已触犯刑律，构成玩忽职守罪。在追究被告刑事责任的同时，判决其赔偿被害人经济损失5000元。

考虑到有关部门正在牵头组织社会各界捐款，为王某今后的生活、治疗所需费用做了有效的筹集工作，故不再追加学校为附带民事诉讼的被告人。

本案中，因被告玩忽职守导致被害人王某冻伤致残。对该侵权行为，被告人应承担赔偿责任。同时，作为学校，对在校学生安全负有保护的责任和义务，对王某的损失理应承担相应的赔偿责任。

(4) 法人及其工作人员主观上存在过错。

法人的主观过错是指法人在选任、监督、管理等方面存在的过错，对法人的过错一般是采用推定的方法来加以认定。认定法人工作人员的过错的主要功能，是为了实现法人对有过错工作人员追偿的权利。

【案例11-1-15】一起典型高度危险作业的特殊侵权赔偿案件

——《耀某等人诉乙电力联营公司与甲河村委会触电损害赔偿纠纷案》[1]

甲河村委会电工维修变压器换线时，因旧导电线悬挂在空中，

① 《耀琼等人诉当阳市电力联营公司与当阳市坝陵办事处文河村委会触电损害赔偿纠纷案》，载最高人民法院中国应用法研究所编：《人民法院案例选》2004年民事专辑（总第48辑），人民法院出版社2004年版，第158页。

被害人尹某帮忙向下拉旧导电线，旧导电线上端在滑落过程中与变压器瓷瓶前的高压线接触，致尹某遭电击死亡。被害人的家属向法院起诉，请求赔偿经济损失。

法院审理认为，被告甲河村委会的电工在撤换电线时，因操作不当，致使受害人尹某触及高压电而死亡，而该电工的行为是受被告人乙电力联营公司的委托。另查明，依据二被告关于甲河村进户前的电力设施改造合同，该电力设备产权应视为二被告共同所有。因此，对被害人尹某触电身亡所造成的经济损失应二被告共同承担赔偿责任，并互负连带责任。对于原告方请求被告赔偿财产损失、精神抚慰金没有法律依据，不予支持。

本案是一起典型高度危险作业的特殊侵权赔偿案件。根据最高人民法院《关于审理触电人身损害赔偿案件若干问题的解释》，在触电人身损害赔偿案件中，损害赔偿的民事责任是由高压电力设施的产权人承担，同时考虑各当事人对于触电事故的过错和原因力来确定责任的大小。本案受害人是被高压电电击身亡，因此，准确认定发生触电事故的高压电力设施的产权人，是正确确定本案触电损害赔偿责任承担者的关键。

3. 法人工作人员致害责任的归责原则

根据《侵权责任法》第24条的规定，法人工作人员致害责任采取的是无过错原则。

【案例11-1-16】民政局先行垫付赔偿主体与直接行为人相脱离

——《山西沁源特大交通事故遇难者家属获赔432万元》[1]

发生的山西沁源特大交通事故共造成20名学生和1名教师

① 《山西沁源特大交通事故遇难者家属获赔432万元》，来源：http://www.sina.com.cn2005年11月20日16：56，新华网（记者 吕晓宇）。

遇难。

沁源县县委宣传部部长说，鉴于肇事司机所在单位黎城县白龙汽车运输有限责任公司暂无赔偿能力，沁源县委、政府决定由民政局先行承担损害赔偿垫付责任；4名受伤学生已经转到条件较好的太原接受治疗，在沁源住院的部分受伤学生已经出院。

4. 赔偿责任

法人所承担的赔偿责任是替代责任，具有赔偿主体与直接行为人相脱离的特点，即直接行为人是法人的法定代表人或其他工作人员，赔偿责任的主体则是法人。因为法人是对其工作人员的职务行为负责，该行为理应由法人承担，而不能由实施直接行为的法人工作人员承担。

二、个人劳务关系中劳务接受者责任

（一）雇佣人致害责任的概念及与个人劳务关系中劳务接受者责任的关系

雇佣人致害责任，也称“雇主责任”，是指受雇人在执行雇佣活动时致人损害，雇主（雇佣人）应承担的替代赔偿法律责任。

我国《侵权责任法》第35条规定：“个人之间形成劳务关系，提供劳务一方因劳务造成他人损害的，由接受劳务一方承担侵权责任。”本条规定的个人劳务关系中劳务接受者的责任，实际上就是一种雇主责任，但是，却只包括雇主是自然人的情形，当雇主是个体工商户、合伙等时，则适用《侵权责任法》第34条的规定。

承担雇佣人致害责任的前提是雇主与雇员之间存在雇佣关系。雇佣关系的存在是雇主责任的基础。是否存在雇佣关系，应当依据我国劳动法的有关规定判断。

我国现阶段的劳动关系中，存在劳动关系和劳务关系这两个层面上的法律关系。在界定二者关系的差异时，人们有着不同的认识。① 对于劳动关系与劳务关系的区别，我们认为，从关系性质上看二者都应当归属于雇佣关系，只是就目前我国的劳动法律制度确立的原则看，劳务关系仅指狭义的雇佣关系，不包括劳动关系(劳动法调整的关系)，劳动关系形成的致害责任一般以法人的工作人员致害责任处理。

雇佣关系通常由雇佣合同确定，但是，有些当事人之间并不存在书面合同，而只存在事实上的雇佣关系，这些也应当被认为是雇佣关系。我们还需要认识到，独立的承包人与发包人之间的关系不是雇佣关系，订做人与委托人之间的关系不是雇佣关系，部分委托人与受托人之间的关系也不是雇佣关系。另外，实践中也存在一人受雇于数个雇主的现象。在发生雇员侵权时，应当根据具体情况判断是由数个雇主分担责任还是由其中的某个雇主承担责任。雇主对于雇员负有选任和监督的责任。

---

① 有观点认为，“劳动关系”是指我国劳动法调整的关系，“劳务关系”是指劳动法调整之外形成的劳动关系。也有观点认为，各国的社会制度影响各国的法律制度的建立。在私有制的国家中，侵权行为中的雇佣人赔偿责任，包括一切雇佣劳动制度下的个人执行职务造成他人的损害。由于私有制国家的一切用工制度都是雇佣制，因而包括法人、非法人组织和公民雇佣他人的一切情况。我国目前的劳动用工主体，是公有制下的社会主义劳动制度，企业的不同所有制性质，体现出用工制度上的差异。在国有、集体性质的机关法人和企业法人中，机关和企业的职工仍然以“主人”的身份参加劳动、工作，一般不以雇佣关系体现。因此，在出现此类劳动纠纷时，一般不以雇佣合同对待，而作为劳动纠纷对待，必须通过特定的劳动仲裁程序解决，不服裁决的才能提起民事诉讼。而对于一些不属于这类劳动关系的，实践中一般将其作为雇佣合同对待，可以直接提起民事诉讼。

另有观点认为，劳动关系反映的是用工时间较长并存在持续稳定的劳动关系，而劳务关系是指用工关系不固定的情况。

【案例 11－1－17】干活为啥就不是劳动?!

——《尹某因主动按惯例卸货遭受损害诉货主朱某按雇佣关系赔偿案》①

被告朱某门市所在地装卸货物形成一种习惯，即无论谁家门市有货物，当地人都可以主动去卸货，而不论卸货人有多少，货主仅按实际的货物吨数以较为固定的价格，给付卸货人费用，由卸货人自行分配。2001 年 3 月 24 日下午，原告尹某等得知被告朱某门市来了一车麸皮需卸，便主动前去为朱某卸货。卸货过程中，由于货物堆放过高，麸皮包掉落砸伤尹某。因伤势较重，送往医院治疗，共花医疗费 2417.21 元。2001 年 7 月 10 日，尹某起诉至法院，要求被告赔偿各项损失 13481.59 元。

一审法院认为：双方的行为表征结合交易习惯，可以认定双方已经订立雇佣合同。原告在受雇期间从事雇佣活动而造成的身体各项损失，应由被告承担民事责任。但是，原告卸货时明知货物堆放过高，存在危险，却未能严格注意安全，导致损害后果发生，原告主观上也存在重大过错，应当减轻被告的民事赔偿责任。

二审法院认为：雇佣关系的基本特征是雇员按照雇主的指示，利用雇主提供的条件提供劳务，雇主向提供劳务的雇员支付劳动报酬。本案中，被上诉人尹某是主动卸货，其行为不受上诉人意志左右，毋须服从上诉人的监督，双方之间的地位是平等的，应认定为劳务合同关系。在劳务合同关系中，上诉人的义务是给付劳动报酬，被上诉人的义务是提供劳务。被上诉人在提供劳务中不慎被砸伤，应由其自己承担赔偿责任。

本案在确定赔偿责任时的关键问题是如何认定双方当事人之间

① 《尹希梅因主动按惯例卸货遭受损害诉货主朱素年按雇佣关系赔偿案》，载最高人民法院中国应用法研究所编：《人民法院案例选》2003 年第 4 辑（总第 46 辑），人民法院出版社 2003 年版，第 168 页。

的法律关系。

雇佣关系是指雇员按照雇主的指示，利用雇主提供的条件提供劳务，雇主向提供劳务的雇员支付劳动报酬。劳务合同是平等主体的公民之间、法人之间、公民与法人之间纯粹以提供劳务为内容而签订的协议。劳务合同与雇佣合同在合同主体关系、报酬支付、履行方式、风险承担等方面均有不同。具体而言，劳务合同具有临时性。具体体现在合同对象的临时性、合同订立的临时性及履行时间的短期性三方面。另外，劳务活动还具有独立性，其所提供的劳务是独立完成的。

本案中，原告以出卖自己的体力而获得报酬，被告以不特定的提供劳务人为给付对象，按货物数量支付报酬。当被告有货物需要卸时，原告按习惯主动为其卸货，被告未表异议的情况下，双方即以默示的方式建立了一种合同关系。这种习惯仅是双方合同成立的一种便利条件，并不是事实雇佣关系形成的表现。被告仅按货物的数量一次性支付报酬。原告提供劳务的行为也不受被告意志的左右，也毋须服从被告的监督与管理。双方之间并没有人身依附关系。货物卸完给付报酬后双方的合同关系即告终结。因此，本案是劳务合同关系，并非雇佣合同关系与承揽关系。因此，被告不应承担责任。

（二）雇佣人侵权责任的构成要件

1. 须有第三人受损害的事实

损害包括人身损害和财产损害。对于受害人属于同一雇主的是否也属于第三人的范畴问题，各国的法律规定并不相同，我国的民法理论一般认为，不应将其作为第三人对待，而应以雇主对雇员所承担的责任来对待。

【案例 11－1－18】承运人应当承担运输过程中的活动风险——《杨某等因其亲属自备运输工具在为被告经营的石料厂拉运石料中翻车致死诉孙某按雇佣关系承担人身损害赔偿责任案》①

被告人孙某经营某石料厂，曾与死者杨某口头约定：杨某带自己的拖拉机（无车牌）到被告人孙某开办的石料厂从事倒运石料工作，交替使用杨某或孙某的拖拉机将石料厂石窝中的石料拉到石料厂粉碎机处；用杨某的拖拉机为 0.95 元/吨，用孙某的拖拉机为 0.30 元/吨。由于石料厂道路不平，雇主不注重安全生产方面的监管，致使杨某在倒运石料过程中拖拉机翻车，致杨某死亡，经交警部门认定不属道路交通事故。事后，杨某的亲属向法院起诉，要求损害赔偿。

一审法院认为：杨某与被告孙某之间不属于雇佣关系，亦非运输合同关系。并认定杨某与被告孙某对该事件均无过错，因此，适用公平原则判决被告承担损失的一部分。

二审法院认为：杨某与孙某之间权利义务关系的主要内容是每吨石头的运价。依据《合同法》的规定，货物运输合同是承运人将货物从起点运输到约定地点，托运人或收货人支付运输费用的合同。杨某生前用自己的拖拉机从采石地点 1 公里之外的石料厂运送石头，装车工作由采石厂人员负责，每次装车的重量由杨某自己确定，双方均对运送石头的数量作记录，按实际运送的吨位依约定的价格结算运送费用，该行为符合运输合同的法律特征。故撤销原审判决，驳回原审原告损害赔偿的诉讼请求。

---

① 《杨春荣等因其亲属自备运输工具在为被告经营的石料厂拉运石料中翻车致死诉孙世荣按雇佣关系承担人身损害赔偿责任案》，载最高人民法院中国应用法研究所编：《人民法院案例选》2003 年第 4 辑（总第 46 辑），人民法院出版社 2003 年版，第 158 页。

本案当事人对事实并无异议，争议的焦点是死者杨某与被告孙某之间的民事法律关系，系雇佣关系抑或运输合同关系。

雇佣关系应当具备以下四个特征：一是雇员在雇主的控制下完成工作，雇主可以随时修正工作内容；二是雇员利用雇主提供的生产条件、场所等，以雇主的名义对外从事活动；三是雇主与雇员之间产生了一种人身依附关系，雇员在如何工作的问题上没有自主权；四是雇佣关系中有一个相当长的支付工资的周期。依据《合同法》的规定，货物运输合同是承运人将货物从起运地点运输到约定地点，托运人或收货人支付运输费用的合同。

本案中，杨某生前用自己的拖拉机从采石地点1公里之外的石料厂运送石头，装车工作由采石厂人员负责，每次装车的重量由杨某自己确定，双方均对运送石头的数量作记录，按实际运送的吨位依约定的价格结算运送费用，该行为符合运输合同的法律特征。在运输合同中，承运人应当承担运输过程中的风险，而非由托运人承担，故二审法院的判决是正确的。

2. 须雇员执行职务的行为造成损害

雇主只是对雇员在执行职务时所为的侵权行为承担雇主责任。

执行职务的行为包括：依雇主的指示在自己职权范围内行为；为完成职权范围内事务所为的辅助行为；为雇主利益实施的合理行为（也可能是超越职权的行为，如无权代理行为），该行为应当具有客观上的合理性。雇主仅对雇员在执行职务时造成的损害承担赔偿责任，雇员在执行职务范围之外所造成的损害，由雇员自己负责。

【案例 11－1－19】用公司介绍信包伙就餐并拿用烟酒算谁的？
——《甲饮食服务公司诉乙建筑安装公司、许某欠款纠纷案》[①]

1990 年 7 月 2 日，被告许某接受乙建筑安装公司指派，负责承建由乙建筑公司承包的工程。为便于工作，许某以建筑公司名义与甲公司签订租赁房屋合同。合同规定：甲公司将所属红旗饭店 3 间房屋出租给建筑公司使用。此外，许某还将乙公司交其联系工程用的空白介绍信押于甲公司，并与甲公司达成口头包伙就餐协议。同年 11 月 20 日，工程竣工后，经结算，乙公司欠甲公司房租费 3276 元，伙食费 3878 元，烟、酒款 1540 元。许某经请示乙公司同意后，以乙公司的名义给甲公司出具了欠条，并许诺将工程款结回后即付款。此后，建筑公司将工程款结算完毕，却没有给甲公司付款。甲公司请求法院判令建筑公司支付欠款。

法院认为：乙公司委派许某负责承建的工程，是乙公司承包的工程，非许某个人的工程。许某租用甲公司房屋，也是因工作的需要，以乙公司的名义签订的租赁合同，许某经请示乙公司同意后，以乙公司名义出具了欠据，乙公司已经认可。因此，乙公司理应承担给甲公司造成的经济损失。

正确合理地划分经济纠纷当事人在经营活动（即民事活动）中的责任是非，是审判实践中经常遇到的难点问题。

本案中，许某作为乙公司的职工依据其要求签订的房屋租赁合同和给甲公司出具的欠条是有效的，可以看做公司的行为。

---

① 《博尔塔拉蒙古自治州饮食服务公司诉乌鲁木齐星火建筑安装公司、许志定欠款纠纷案》，载最高人民法院中国应用法研究所编：《人民法院案例选》1993 年第 1 辑（总第 3 辑），人民法院出版社 1993 年版，第 120 页。

3. 须雇员的行为构成侵权

雇员的行为构成侵权是雇佣人承担替代责任的必要条件。

【案例 11－1－20】不具备构成要件无须承担雇佣人替代责任
——《杨某因拒收的邮件由邮局退回后下落不明诉投递人赔偿案》[①]

1999 年 12 月 24 日，原告杨某持“国际小包通知单”，到被告处领取朋友从英国寄来的邮件，发现邮件包装开封，因不知邮寄物是否丢失或损坏，故拒绝接收。被告按照有关规定将该邮件退回。12 月 28 日，原告到被告处协商解决，被告告知其已将邮件退回英国。原告经与英国朋友联系，得知英国朋友并未收到退回的邮件，邮件下落不明。为此，原告到法院起诉，要求被告继续履行合同，赔偿损失，并赔礼道歉。

法院经审理认为：讼争邮件是国际邮件，原告不能举证证明该邮件是给据邮件，应视为平常邮件。被告在窗口投交时，原告因邮件包装开封而拒收，被告按照《国际邮件处理规则》的有关规定，将邮件立即退回原寄邮政，被告并无违法行为，故原告不具备起诉赔偿的诉讼主体资格。裁定驳回原告杨某之起诉。

判断原告是否具备诉讼主体资格，首先要明确原、被告之间是否存在法律关系。在此国际邮政业务中，包括四方当事人，即给原告邮寄邮件的英国朋友、英国邮政、中国邮政和原告。按照正常程序，原告在英国的朋友作为寄件人先把寄给原告的邮件，在英国办理委托邮递手续，并交纳一定邮费，英国邮政根据有关规定委托中国邮政将该邮件投交给原告。在这个邮政业务中，英国邮政与原告朋友之间是邮件收寄合同关系，英国邮政与中国邮政是委托投递合

---

① 《杨檬因拒收的邮件由邮局退回后下落不明诉投递人红旗路邮政支局赔偿案》，载最高人民法院中国应用法学研究所编：《人民法院案例选》2002 年第 2 辑（总第 40 辑），人民法院出版社 2002 年版，第 126 页。

同关系，中国邮政按照英国邮政的委托把邮件投交给原告是投递关系。

根据《邮政法》第7条关于“邮件和汇款在未投交收件人、收款人之前所有权属于寄件人或者汇款人”的规定，在邮件投交前中国邮政与原告之间不存在民事权利义务关系。如果在邮件投递过程中出现邮件丢失、损坏等情况，可以由寄件人向原委托邮政提出赔偿（必须是给据邮件）。在此业务中，被告实施窗口投交，由于原告拒绝接收，致使未构成投交。因此，原、被告不存在权利义务关系，原告也就不具备诉讼主体资格。

（三）雇员致人损害的归责原则

在我国，对于雇员在执行职务活动中造成他人损害的，雇主应承担无过错责任。这是为了保护受害人的利益，同时也符合保护弱者的现代民法思想。在这种无过错责任归责原则下，雇佣人不能以证明自己对受雇人的选任和监督已尽应有之注意义务而免责。

【案例11-1-21】依雇主指示职权范围内之损害就得赔偿——《徐某诉留某和其雇工致人损害雇主应负转承赔偿责任纠纷案》①

1990年11月7日，被告刘某雇佣两名外地人为她家收割晚稻。当天下午3时许，被告与两名雇工一起拉一辆装有稻谷和打稻机的板车回家，下坡时，因在前面拉车的雇工没有控制好车头，被告和另一名雇工在后面也没能拖住车尾，致使板车滑坡失控，撞到原告徐某。原告伤情被诊断为：“腹部闭合性挫伤，膈肌破裂、脾

① 《徐凤珠诉留敏群和其雇工致人损害雇主应负转承赔偿责任纠纷案》，载最高人民法院中国应用法学研究所编：《人民法院案例选》1994年第4辑（总第10辑），人民法院出版社，1995年版第80页。

破裂、腹壁挫裂伤、腹膜呈血肿、结肠脾曲挫裂并粪瘘，外伤性血气胸。”事故发生后，两名雇工即逃离，且身份和下落均不明。为此，原告向法院提起诉讼，要求被告赔偿医疗费。

法院审理认为：徐某的损伤系被告留某和两雇工拉车配合不当所致。因留某与两雇工系雇佣人与受雇人关系，故留除应承担自己的侵权赔偿责任外，还应对雇工造成的损害承担替代赔偿责任。鉴于徐某在诉讼中已明确表示只要求留某赔偿2325元，同时考虑到留某的家庭经济比较困难，可酌情赔偿。原告刘某赔偿徐某医疗费2325元，减去已给付的575元，余款1750元，于判决生效后两个月内付清。

法院认定雇主在实施拉车行为时也是共同侵权人，故判定其承担一般侵权责任，同时由于雇工逃走无下落还应承担雇主的替代赔偿责任，是正确的。在处理结果上，赔偿数额虽然较少，但鉴于受害人已明确表示同意减少赔偿数额，同时考虑到责任人经济状况较差，予以适当赔偿尚可。

（四）雇员致人损害的赔偿责任

在雇佣法律关系中，加害人不是赔偿义务主体，赔偿义务主体是雇佣人（雇主），受害人是赔偿的权利主体。赔偿义务主体应当对自己已尽选任、监督的注意义务负举证责任。受害人需要证明损害事实、受雇人行为与损害结果之间存在因果关系。实践中，雇主承担责任还取决于第三人的选择，即应共同对受害人承担连带侵权责任。此种受害人诉讼请求权的行使可以有三种选择：既可以仅对雇员提起侵权诉讼；也可以仅对雇主提起侵权诉讼；还可以对雇主和雇员提起共同侵权诉讼。

【案例 11-1-22】雇主先赔后追偿是为了更好地保护受害人 ——《雇主柳某被判承担交通事故赔偿责任后诉其所雇肇事司机程某及公路局路况不好也有责任追偿案》①

原告柳某雇佣的司机程某（第一被告）驾驶拖拉机在公路上与案外人发生交通事故，经交警队认定程某负主要责任。因程某的行为属职务行为，经县法院民事判决书判决，原告柳某应承担案外人损失 41786.34 元。赔偿后，原告以程某违章驾驶及县公路局不及时清理路面积雪，导致事故发生为由，诉至法院，要求二被告承担事故损失。

法院经审理认为：被告程某没有按规定年审自己的行车证，是不能继续驾驶车辆的，且程某此次所驾车辆又压占路中心线，违反靠右行驶的交通规则，对此事故有一定的过错责任。作为车主的原告柳某在雇佣司机时审验不严，对此事故损失有一定责任。对于路面上的积雪，不足以影响车辆的正常通行，故法院认为公路局不应承担责任。故判决由被告程某分担事故损失的 20%。

本案是雇主对受雇人员在执行所分配的工作中致第三人损害承担民事赔偿责任后，向受雇人员进行追偿引发的诉讼。

本案中，被告司机受雇于车主，二者之间形成个人劳务关系，雇主所承担的赔偿责任是替代责任，具有赔偿主体与直接行为人相脱离的特点，即直接行为人是企业工作人员，而赔偿责任的主体则是法人。

司机在行使职务行为时所发生的致人损害结果理应由车主承担赔偿。根据《道路交通事故处理办法》规定，驾驶员所在单位或

① 《雇主柳永福被判承担交通事故赔偿责任后诉其所雇肇事司机程相顺及公路局路况不好也有责任追偿案》，载最高人民法院中国应用法研究所编：《人民法院案例选》2003 年第 1 辑（总第 43 辑），人民法院出版社 2003 年版，第 125 页。

者机动车的所有人赔偿损失后，可以向驾驶员追偿部分或全部费用。根据公平原则和过错归责原则，驾驶员应适当承担部分责任。本案中，被告司机因违章造成交通事故，具有一定过错，法院判决其承担损失的20%是正确的。

雇员在从事雇佣活动中时常出现酒后作业、违章操作等现象，在雇员故意或重大过失致人损害的情况下，仍然让雇主单独承担责任，可能对雇主不公平。对此，最高人民法院《关于审理人身损害赔偿适用法律若干问题的解释》第9条的规定是："雇员在从事雇佣活动中致人损害的，雇主应当承担赔偿责任；雇员因故意或者重大过失致人损害的，应当与雇主承担连带赔偿责任。雇主承担连带赔偿责任的，可以向雇员追偿。"

【案例11-1-23】保安打伤业主 物业首先担责

——《吴丙诉乙物业公司人身损害赔偿纠纷案》①

原告吴某是甲住宅小区的业主，被告乙是甲小区的物业公司。2005年2月18日凌晨，在小区的大门口，因被告所雇佣保安不让原告将车驶入小区内，原告因此与该名保安发生争执。原告被该保安用防盗锁打中右额头，致"急性内开发性颅脑损伤、GNS15分、颅底骨折伴鼻漏、右眼睑裂伤"等，原告当场晕倒。

原告因此先后两次住院治疗，花费11367.49元。随后，原告将乙物业公司诉至法院，要求其承担赔偿责任。

区法院经审理后认为，作为物业管理部门的被告，其应当尽到管理和保护业主权益的责任，但其所雇佣的保安人员却在履行职务行为过程中殴打了业主，被告具有管理上的失职。根据最高人民法

---

① 《吴建发诉泉州市丰泽顺鑫物业管理有限公司人身损害赔偿纠纷案》，载最高人民法院中国应用法学研究所编：《人民法院案例选》2006年第4辑（总第58辑），人民法院出版社2007年版，第146页。

院《关于审理人身损害赔偿案件若干问题的解释》第9条的规定，被告应对该损害行为承担替代责任，被告在承担了替代赔偿责任后，有向实际侵权人追偿的权利。

1. 被告保安殴打原告并非个人行为而是执行工作任务的行为。

本案中，被告雇佣的保安人员是在其服务的小区范围内与作为业主的原告产生争执，争执的起因是保安人员在履行其职务，即不让原告将车辆驶入小区内，在处理该工作事宜中与作为业主的原告意见不合而发生争执，进而发生打架纠纷。虽然雇主并无授意保安打人，但因雇员的行为是与其工作是紧密相关的，且基本目的是维护雇主的利益，故应按最高人民法院的司法解释精神推定为雇佣活动范围，即本案被告所雇佣的保安人员打人行为应视为执行工作任务的行为而非个人行为。

2. 被告对其保安殴打业主的行为应承担用人单位侵权责任。

《侵权责任法》对用人单位的工作人员的执行工作任务侵权作了规定，用人单位直接承担侵权责任，但该责任的性质如何，通说认为是替代责任，但也可认为是用人单位自己的直接责任。

至于用人单位是否享有对其工作人员的追偿权，要考虑其他各种因素，不是职务侵权责任本身要解决的问题。因此，新的《侵权责任法》对此没有规定。

第二节　监护人责任

一、监护人责任的概念

监护人责任，又称法定代理人之侵权责任，无民事行为能力人、限制民事行为能力人致人损害的责任，是指无民事行为能力人或限制民事行为能力人因自己的行为致人损害，由其监护人承担赔偿责任，其责任性质属于替代责任。

《侵权责任法》第32条规定:“无民事行为能力人、限制民事行为能力人造成他人损害的,由监护人承担侵权责任。监护人尽到监护责任的,可以减轻其侵权责任。有财产的无民事行为能力人、限制民事行为能力人造成他人损害的,从本人财产中支付赔偿费用。不足部分,由监护人赔偿。”

二、法定代理人侵权责任的构成要件

(一)违法行为人必须是无行为能力人或限制行为能力人

在行为不法性的要求上因这两种人意思能力上的差别而有所不同:由于无民事行为能力人完全不能辨认自己的行为,若受有责任能力人的教唆、帮助而侵害他人合法权益,则不能认定其构成侵权,而只能由该教唆、帮助人承担侵权的责任;限制民事行为能力人若受有责任能力人的教唆、帮助而侵害他人合法权益,则因其仍具备一定的意思能力而与该教唆、帮助人构成共同侵权。

【案例11-2-1】教唆儿童侵权之教唆者须“埋单”
——《陈某教唆儿童损坏财产赔偿案》①

8岁儿童刚刚和几个年龄相仿的小朋友在村中玩耍。陈某一时兴起,指着旁边村民李某家屋顶上的太阳能热水器对孩子们说:“看谁有本事能打中那个热水器,谁打中了我奖谁1块钱。”刚刚和小朋友们顿时争先恐后地捡石头扔向李某家的屋顶。几下之后刚刚便击中了热水器,导致热水器被损坏。

李某要求刚刚的父母赔偿热水器损失800元,而刚刚的父母认为应由教唆人陈某赔偿,双方互相推脱,李某便诉至法院。

法院经审理认为:作为具有完全民事行为能力的陈某,能够预见侵权行为产生的后果,却教唆无民事行为能力的儿童实施侵权行

① 作者:马丽萍,来源:农民日报,载“现代农业网”〈http://www.xdnyw.com/new_view.asp? id=1200〉,2005/08/22。

为，致使李某的热水器被损坏，应当承担热水器的赔偿责任。

本案涉及无民事行为能力人实施侵权行为时法定代理人的责任承担问题。根据最高人民法院《关于贯彻执行〈中华人民共和国民法通则〉若干问题的意见（试行）》第148条的规定："教唆、帮助无民事行为能力人实施侵权行为的人，为侵权人，应当承担民事责任。"本案应由教唆人陈某承担全部民事赔偿责任。

（二）只要具备了构成要件法定代理人就要承担侵权责任

由于无民事行为能力人和限制民事行为能力人行为能力缺失，故法定代理人责任与其他替代责任不同，它不要求行为人有过错，至于法定代理人有无过错要求，则要视归责原则而定。

（1）须存在无民事行为能力人独立的违法行为或限制民事行为能力人的违法行为。

也就是说，法定代理人承担侵权责任的前提条件之一就在于无民事行为能力人的违法行为须具有独立性，而限制民事行为能力人的行为只要具备违法性即可。

（2）须他人人身或财产受到损害。

（3）须不完全民事行为能力人的违法行为与受害人的损害结果之间存在因果关系。

三、法定代理人侵权责任的归责原则

（一）我国民法上适用的是转承责任不依过错为转移

根据《侵权责任法》第32条第1款"无民事行为能力人、限制民事行为能力人造成他人损害的，由监护人承担侵权责任。监护人尽了监护责任的，可以适当减轻他其侵权责任"，及《民法通则》第133条第1款"无民事行为能力人、限制民事行为能力人造成他人损害的，由监护人承担民事责任。监护人尽了监护责任的，可以适当减轻其民事责任"的规定，不论监护人是否有过错，均须承担侵权责任，只是在监护人尽了监护责任的情况下可适当减轻其责任。

【案例 11－2－2】是监护人即有责任更何况隐瞒病史有过错
——《精神病人隐瞒病史婚后病发杀妻赔偿责任承担纠纷案》[①]

蔡甲经人介绍与曾某恋爱，并于1998年11月登记结婚。自两人恋爱时起，蔡甲及其父蔡乙均未将蔡甲得过精神病的事实告诉曾某。1999年元旦，蔡甲趁曾某熟睡之际，用砖头将其打死，之后服安眠药自杀未果。经司法精神病医学鉴定，蔡甲属于“精神分裂症，无刑事责任能力”。其后，双方父母发生财产纠纷，诉至法院。

曾某的父母诉称：蔡甲与其父蔡乙隐瞒精神病史，欺骗其女儿与蔡甲结婚。现蔡甲将其女儿杀害，依法应由其监护人蔡乙负责赔偿。

蔡乙则辩称：并未有人询问过其子是否患过精神病，其没有告知的义务。而曾某才是其子的第一监护人，故不应由其承担赔偿责任。

法院经审理认为：蔡甲为间歇性精神病人，属限制民事行为能力人，其父蔡乙是他的法定监护人，应当履行监护职责。蔡乙作为蔡甲的监护人，本应将蔡甲的精神病史告知曾某却未告知，其应承担的监护责任依法不能免除。根据《民法通则》第133条第1款的规定：“无民事行为能力人、限制民事行为能力人造成他人损害的，由监护人承担民事责任……”蔡乙应承担蔡甲杀妻的民事损害赔偿责任。但因蔡甲突发精神病，蔡乙对其行为无法预见，也无法控制，故可以适当减轻蔡乙的责任。

---

① 《曾敬朋等诉蔡筱泉隐瞒婚前精神病史与其女结婚后精神病发作将其女杀死应由监护人蔡思义承担赔偿责任案》，最高人民法院中国应用法学研究所编：《人民法院案例选》2000年第2辑（总第32辑），人民法院出版社2000年版，第127页。

本案的难点在于，婚后曾某是否就成了蔡甲的监护人。在蔡甲杀死曾某前，曾某并不知蔡甲患有精神病，故其不存在受害人的过错。而在曾某遇害后，从法律上看，蔡乙仍具有加害人的监护人的身份。

根据《侵权责任法》第32条及《民法通则》第133条的规定，蔡乙既为蔡甲的法定监护人，就应对其侵权行为承担无过错的民事赔偿责任。也就是说，只要蔡甲实施了致人损害的侵权行为，其法定监护人蔡乙就要对该行为承担侵权责任，而不论其是否尽到了监护责任。在确定了蔡乙应承担侵权责任后，接下来就要考察其监护责任的履行情况，这是确定责任大小的需要。而蔡乙隐瞒蔡甲患过精神病的事实，以致酿成悲剧，存有过错，其更应承担赔偿责任。

（二）法定代理人的补充赔偿责任

法定代理人侵权责任中的赔偿义务主体是法定代理人，故就行为人应否对致害后果承担赔偿责任而言，区别行为人是无民事行为能力人还是限制民事行为能力人并没有特别的意义。

根据《侵权责任法》第32条第2款“有财产的无民事行为能力人、限制民事行为能力人造成他人损害的，从本人财产中支付赔偿费用。不足部分，由监护人适当赔偿。”和《民法通则》第133条第2款“有财产的无民事行为能力人、限制民事行为能力人造成他人损害的，从本人财产中支付赔偿费用。不足部分，由监护人适当赔偿，但单位担任监护人的除外。”的规定，我们可以看出，法定代理人与不完全民事行为能力人之间并不存在一般意义上的连带责任关系。

1. 法定代理人只承担补充部分的连带责任

即只对不足部分承担连带责任。在新的《侵权责任法》的规定中，删除了单位担任监护人可以不承担不足部分连带赔偿责任的规定。即只要是监护人，包括单位为监护人的，都要对被监护人的赔偿不足的部分承担连带责任。根据新法优于旧法，应当首先适用新的《侵权责任法》。

【案例 11－2－3】先用本人财产赔偿不足才由其监护人适当补充

——《乘车期间受无责任能力的第三者伤害赔偿案》[①]

马甲、其母张某和其未婚妻马丙，乘坐由被告通化铁路分局通化列车段担当乘务的旅客列车。同车厢一名叫杜某的乘客突然手持水果刀将马甲的颈部刺伤。当张某和马丙上前制止时，杜某又将二人腿部刺伤。马甲在送往医院的途中死亡，医院诊断证明为颈部刺伤吸入性窒息死亡。杜某被公安机关抓获，经鉴定，杜某患急性妄想性精神病，无民事责任能力。嗣后，杜某的家属自愿付给马甲家属人民币 8500 元作为经济补偿，并已交付。

原告张某、马丙向通化铁路运输法院起诉，要求被告给付马甲死亡保险金、死亡补偿费、丧葬费，给付原告伤害补偿费。

法院经审理认为：原告及死者马甲持有效客票乘坐被告担当乘务的旅客列车，双方之间成立合法有效的合同关系。被告疏于对旅客的管理，对第三者危害乘客安全的行为未能预防和制止，存在主观过错。被告应承担相应的赔偿责任。

对于铁路旅客运输中发生的旅客伤亡，铁路运输企业承担的赔偿责任性质是严格责任。从《铁路法》第 58 条和《铁路旅客运输损害赔偿规定》第 4 条来看，铁路运输企业对旅客运输中发生的旅客伤亡，仅对由于不可抗力或者旅客自身原因造成的人身伤亡不承担赔偿责任（免责），对其他原因，包括如本案这种因第三人原因造成的旅客伤亡均应承担赔偿责任。第三人虽已予以赔偿，但赔

---

① 《张淑英等诉通化列车段乘车期间受无责任能力的第三者伤害赔偿案》，载最高人民法院中国应用法学研究所编：《人民法院案例选》1999 年第 1 辑（总第 27 辑），时事出版社 1999 年版，第 240 页。

偿不足以弥补损害的，铁路运输企业就不足部分应予赔偿。

因为第三人有赔偿责任，所以，法律也赋予铁路运输企业在赔偿后向有责任的第三人追偿的权利。由于本案的第三人为精神病患者，对其造成的损害，应首先用其本人财产支付赔偿费用，不足部分才由其监护人适当赔偿，也就是说，法定代理人只承担部分的连带责任。

2. 共同侵权中监护人仅应承担次要民事责任之补充

最高人民法院《关于贯彻执行〈民法通则〉若干问题的意见(试行)》第148条第2款和第3款规定："教唆、帮助无民事行为能力人实施侵权行为的人，为侵权人，应当承担民事责任。教唆、帮助限制民事行为能力人实施侵权行为的人，为共同侵权人，应当承担主要民事责任。"可见，在无民事行为能力人因受教唆、帮助实施侵权行为的情形下，法定代理人不承担侵权责任；在限制民事行为能力人因受教唆、帮助而实施侵权行为的情形下，法定代理人只承担次要的侵权责任。

【案例11-2-4】教唆精神病人伤人谁负主要赔偿责任？

——《精神病人被教唆打人父母也得担责》①

徐某是年满16周岁的精神病人，村里的人常常拿他寻开心。某日，23岁的田某拿徐某开心，问其是否敢拿石头砸旁边的王某，徐某听了此话立即捡起一块石头向王某砸去。王某躲闪不及，被击中头部，经医院治疗，头部缝合了3针，住院7天共花费医疗费2170元。

王某将田某和徐某的父母告上法庭，要求赔偿医疗费。

经审理，法院判决：田某承担70%的责任，赔偿王某1519

---

① 作者：邹传君，载"辽宁法制报网"〈http://www.lnfzb.com/News,2005,11,18,2259,18.shtml〉,2005/11/18。

元；徐某的父母承担30%的责任，赔偿王某651元。

本案涉及因教唆行为而导致的共同侵权问题。依《民通意见》第148条第3款的规定，教唆、帮助限制民事行为能力人实施侵权行为的人，为共同侵权人，应当承担主要民事责任。本案中，田某为完全民事行为能力人，徐某为限制民事行为能力人，在田某的教唆下，徐某实施了侵权行为，造成了王某的损害，田某和徐某之间形成了共同侵权，但田某应承担主要的民事责任；徐某的父母是徐某的法定监护人，有管理、看护的义务，徐某对他人造成的损害后果，应由其父母承担次要的民事责任。

第三节　教育机构与网络、安全保障义务人侵权责任

一、教育机构侵权责任

（一）未成年人在校园受到损害时的侵权责任

《侵权责任法》第38条规定："无民事行为能力人在幼儿园、学校或者其他教育机构学习、生活期间受到人身损害的，幼儿园、学校或者其他教育机构应当承担责任……"依据本条规定，无民事行为能力人受到损害时的归责原则是过错推定原则。

1. 教育机构侵权责任为法定责任

【案例11-3-1】《加拿大法律能限制"范跑跑"》①

在加拿大，对学校和教师在紧急情况下的责任都有非常明确的

① 《加拿大法律能限制"范跑跑"》，2008年07月05日08：23：29，来源：中青在线-青年参考，（文薛丽　发自温哥华）。

规定。没有履行职责的教师不算触犯刑律，国家无权对失职教师进行刑事起诉。但失职教师会面临民事的法律责任。关于学校教师在紧急情况发生时的责任，加拿大有这样一些规定：

教师在突发灾难（包括地震）的情况下，必须处理当时的紧急情况，这是责任，不是义务。加拿大政府专门对教师在突发灾难时的责任作了如下规定：

当地震突然发生时，任课教师的首要行动是，把学生迅速疏散至足球场或篮球场等空旷场所；然后，教师必须清点学生人数并陪同学生呆在疏散场地，直到一切正常。

从上述加拿大关于教师在突发灾难时的责任规定可以知道，如果教师失职导致学生遇到伤害，学生家长极有可能对学校和教师提出指控和赔偿，因为上述规定将成为家长起诉学校和教师的依据。所以，尽管教师失职并不触犯刑律，国家也通常不会对失职人员进行起诉，但失职者面临民事诉讼则是难免的。

2. 教育机构侵权责任之归责原则依然依过错为转移

《侵权责任法》第39条规定："限制民事行为能力人在学校或者其他教育机构学习、生活期间受到人身损害，学校或者其他教育机构未尽到教育、管理职责的，应当承担责任。"依据本条规定，限制民事行为能力人受到损害时的归责原则为过错原则。

【案例11-3-2】学校已尽应尽责任即可不负赔偿责任
——《袁甲因其子在校就读期间患急病抢救无效死亡诉学校赔偿案》①

原告袁甲之子袁丙（8岁）就读于被告乙市光华外语学校（私立学校，全封闭式管理）。一日早晨，袁丙出现异常，班主任

① 《袁战通因其子在小就读期间患急病抢救无效死亡诉光华外语学校赔偿案》载最高人民法院中国应用法学研究所编：《人民法院案例选—民事卷》（中），中国法制出版社2000年版，第920页

将其先后送往校医务室及第二人民医院，期间电话通知其家长。第二人民医院诊断袁丙患脑干型乙型脑炎。后因病情严重，经抢救无效而死亡。

原告以其子在被告学校学习期间得病，被告延误治疗造成其子死亡为理由，向法院起诉，请求法院判决被告赔偿。

法院认为：原告之子袁丙虽然在被告处得病，但袁丙所得病为“乙型脑炎”，且系爆发性急症抢救无效死亡。被告对其已尽到应尽责任，被告不应负赔偿责任，原告要求被告赔偿，法院不予支持。但对袁丙入学时所交各项费用应予退回。考虑原告因此损失过大，被告应给予原告一定的经济补偿。

学校除有提供良好的学习条件的义务外，还有提供良好的生活服务及卫生保健服务的义务。但是，原告之子所患病症并不属学校提供服务不良所造成的，而是一种传染性的爆发性急症，学校的医务室是无法预测预防和救治的。因此，不能因为是在校期间患病，就认为学校有责任，这实属一种偶然的自然因素造成的。同时，校医务室所能提供的卫生保健服务，不能要求其必须达到正规医院的水平，它只是针对一般常见病及常见外伤作常规处置和临时处置。所以，本案被告的校医在作了常规处置后即要求送患者去大医院治疗，处置应是得当的，符合其可提供的卫生保健服务的水准要求。据此，原告所主张的被告延误其子的治疗，是没有事实依据的。

故应明确的是，未成年人在学校读书，并不发生未成年人的监护人的监护责任转移到学校的问题。学校对在校读书的未成年人的责任，是有关未成年人保护法规定和学校管理法规确定的一种管理、保护责任，也是一种法定责任，但其内容与监护责任是各不相同的，不容混淆。

（二）未成年人受到教育机构以外的人员伤害

1．学校对第三人侵权仅依过错负补充责任

根据《侵权责任法》第40条规定：“无民事行为能力人或者

限制民事行为能力人在幼儿园、学校或者其他教育机构学习、生活期间，受到幼儿园、学校或者其他教育机构以外的人员人身损害的，由侵权人承担侵权责任；幼儿园、学校或者其他教育机构未尽到管理职责的，承担相应的补充责任。”

依据本条规定，对未成年人受到教育机构以外的人员伤害，应由教育机构以外的人员承担侵权责任，学校对第三人侵权以过错负补充责任。

【案例 11－3－3】幼儿园咋就管不好顽皮的男童

——《女孩午睡被同学捅伤耳膜　幼儿园拒绝承担责任》[①]

游某6岁的女儿婷婷在利奥艺术幼儿园上大班。去年9月27日女儿在幼儿园午睡时，右耳被邻班一个外号叫毛毛的调皮男生用竹签捅伤。为了防止家长责骂，老师们要求婷婷回家后不得向家长诉说。

当晚9时，气愤不已的游某带着女儿找到幼儿园，没想到幼儿园拒绝开门。无奈之下，游某向110报警。

经过渝中区公安分局大坪派出所协调，当晚，幼儿园老师将孩子送到重医附属儿童医院检查两次，结果发现婷婷的鼓膜受伤。两个月后，婷婷的右耳还在一直流脓。经过医生检查，孩子的右耳听力大幅下降，几近失聪。

就未成年人而言，当学校有过错时，其承担的应是补充责任，而且，教育机构以外的人员的侵权责任与教育机构的补充责任是有先后顺序的。其首先由教育机构以外的第三人承担侵权责任，在无法找到第三人，或是第三人没有能力全部承担责任时，才由教育机构承担补充侵权责任。如果第三人已经全部承担了侵权责任，则教

① 《女孩午睡被同学捅伤耳膜　幼儿园拒绝承担责任》，2010年02月23日03：44，重庆晚报作者：范永松。

育机构就不必再承担。其次，教育机构承担的是相应的补充责任。教育机构承担的补充责任，并不是全部责任，而是在其未尽到安全保障义务的范围内承担。

二、网络侵权之民事责任

《侵权责任法》第36条规定："网络用户、网络服务提供者利用网络侵害他人民事权益的，应当承担侵权责任。网络用户利用网络服务实施侵权行为的，被侵权人有权通知网络服务提供者采取删除、屏蔽、断开链接等必要措施。网络服务提供者接到通知后未及时采取必要措施的，对损害的扩大部分与该网络用户承担连带责任。网络服务提供者知道网络用户利用其网络服务侵害他人民事权益，未采取必要措施的，与该网络用户承担连带责任。"

【案例11-3-4】虚拟的网络侵权之"通知拿下即免责"——《甲公司诉乙网络公司名誉侵权纠纷案》①

2006年2月18日，被告所经营的网站论坛上，一位"我走我的"的网民发表一篇题为《赛格轻又丢车》的帖子，"昨天，听车行的人曝出一个惊人的消息：……前几天丢了一辆车，赛格轻居然不知道丢了车，车主要求查车还查不到汽车在哪里。原来赛格轻有一种不是独立安装独立操作的GPS，是直接和汽车防盗器对接的兼容式GPS。一旦汽车出现什么故障，会直接影响GPS防盗报警，安装了GPS如同没有安装一样。""要么就不装，如果要装的话，一定不能选这种丢了车还不知道的G屁S。""选一种好的GPS还是比较放心一些。"

同月20日，原告打电话告知被告上述文章内容失实，贬低、

① 《汕头市赛格轻导航设备有限公司诉汕头市易讯网络有限公司名誉侵权纠纷案》，载最高人民法院中国应用法学研究所编：《人民法院案例选》2008年第4辑（总第66辑），人民法院出版社2009年版，第134页。

诋毁了原告的商业信誉，要求被告删除该文章。被告于同月23日对该文章进行锁定处理，即可以阅看，不能跟帖。

2006年2月21日，原告向市公证处申请对被告网站中有关网页进行证据保全。2006年3月中旬（3月17日之前），原告总经理及其委托律师到被告住所地，要求被告尽快删除上述文章。被告提出应按《商业信息纠纷处理流程》由原告提交书面协调函，以便核实身份，在未确认提出意见者身份的情况下，不能随便删"帖"。此后，原告没有向被告提交书面协调函。

一审法院经审理认为，被告所经营的网站论坛上发表的《赛格轻又丢车》，是网民直接在论坛上发表的，代表的是众大网民的立场，并不代表被告立场。原告认为被告应承担侵权责任，应从上述争议信息发布前被告是否存在过错以及发布后管理是否存在过错上来认定。

而被告网站的每个页面都声明了，网民对其所发布的信息负责，不得发布法律法规禁止的信息，且在注册过程中要求用户仔细阅读网络服务协议、社区站规和中国互联网相关法律。应认定在争议信息发布前被告已履行了相关管理义务。

该文既没有侮辱性语句，也没有明显可供判断违法的语句，要求被告对该言论进行判定，是不现实的。故法院最终判决，驳回原告诉讼请求。

本案发生时，《侵权责任法》尚未实施，法律中没有对网络侵权的专门规定，法院根据《民法通则》等相关法律作出的判决，是值得肯定的。根据《侵权责任法》第36条的规定，网络用户、网络服务提供者利用网络侵害他人民事权益的，应当承担侵权责任。网民利用网络服务实施侵权行为的，被侵权人有权通知网络服务提供者采取删除、屏蔽、断开链接等必要措施。网络服务提供者接到通知后未及时采取必要措施的，对损害的扩大部分与该网民承担连带责任。乙网络公司已经尽到了网络管理者的义务，不应承担责任。

三、安全保障义务人之侵权责任

安全保障义务在我国法律中，体现在最高人民法院《关于审理人身损害赔偿案件适用法律若干问题的解释》第6条："从事住宿、餐饮、娱乐等经营活动或者其他社会活动的自然人、法人、其他组织，未尽合理限度范围内的安全保障义务致使他人遭受人身损害，赔偿权利人请求其承担相应赔偿责任的，人民法院应予支持。因第三人侵权导致损害结果发生的，由实施侵权行为的第三人承担赔偿责任。安全保障义务人有过错的，应当在其能够防止或者制止损害的范围内承担相应的补充赔偿责任。安全保障义务人承担责任后，可以向第三人追偿。赔偿权利人起诉安全保障义务人的，应当将第三人作为共同被告，但第三人不能确定的除外"。

《侵权责任法》在总结司法实践经验的基础上，第37条规定了："宾馆、商场、银行、车站、娱乐场所等公共场所的管理人或者群众性活动的组织者，未尽到安全保障义务，造成他人损害的，应当承担侵权责任。因第三人的行为造成他人损害的，由第三人承担侵权责任；管理人或者组织者未尽到安全保障义务的，承担相应的补充责任。"

根据《侵权责任法》第37条本条规定，安全义务人未尽到安全保障义务根据不同的义务种类，分为不同责任：

（一）安全义务人未尽到安全保障义务，造成他人损害的，应当承担侵权责任

前述《王乙诉双丙商场有限责任公司管理不善致使自己人身

损害赔偿案》①，王甲携子在双丙商场选购童装时，服装货架上掉下的暖瓶将孩子烫伤。

法院经审理认为，由于双丙商场对其设立的儿童用品区域的安全问题未采取积极有效的预防措施，未尽到谨慎的注意义务，因此，该商场应承担侵权责任。

双丙商场作为公共的经营场所，有义务提供安全的购物环境，避免顾客在购物过程中受到意外的人身损害。商场在设立儿童用品区域时，应当充分考虑到许多儿童将随其父母或亲属到该经营区域一起选购物品的情况。儿童具有活泼好动、好奇心强的特点，商场必须针对这一特点，对其经营设施和销售商品的安全性问题尽到高度谨慎和注意义务，避免造成儿童人身损害事件的发生。

本案中，如果双丙商场采取禁止员工在货架上放置具有一定危险性用品的预防措施，就能够避免类似事件发生。由于双丙商场对其设立的儿童用品区域的安全问题未采取积极有效的预防措施，未尽到谨慎的注意义务，应承担侵权责任。

（二）因第三人行为造成的安全义务侵权责任

因第三人的行为造成他人损害的，由第三人承担侵权责任；管理人或者组织者未尽到安全保障义务的，承担相应的补充责任。

第四节　专家责任

一、专家侵权行为之民事责任概述

（一）专家的含义

人们通常所称的“专家”是指专门研究一门学问或擅长某项

① 《王沛辰诉北京双安商场有限责任公司管理不善致使自己人身损害赔偿案》，最高人民法院中国应用法研究所编：《人民法院案例选》2004 年民事专辑（总第 48 辑），人民法院出版社 2004 年版，第 189 页。

技能的人。而侵权责任法上所言的"专家"主要是指具有专业知识或技能，得到执业许可或资格证书，并向当事人提供专门服务的人。

在我国现阶段，专家主要包括：律师、医务工作者、注册会计师、建筑师、税务师、公证人等。

【案例 11－4－1】会计事务所忠实勤勉义务之违反
——《陈某诉乙制衣公司、蔡某、洪某、戊大会计公司因虚假出资、虚假验资应支付买卖合同货款案》[①]

1999 年 8 月份，被告蔡某、洪某共同投资 100 万元设立乙制衣公司，出资比例为 95% 和 5%，戊会计师事务所出具了货币出资 100 万元的验资报告；工商管理局核准成立该公司。其后会计事务所接受公司委托，对公司增资进行变更验资，报告载明：乙制衣公司截至 1999 年 10 月 12 日实有资本为 350 万元。

2001 年 4 月 17 日，己门染整厂与被告乙制衣公司签订一份《还款协议》，同年 9 月 17 日，己门染整厂将上述合同权利转让给原告陈某，并进行了公告通知。2001 年下半年制衣公司因其他原因被法院查封，经评估该公司净价仅为 488466 元。因此，原告请求法院判决乙制衣公司返还欠款和违约金；蔡某、洪某在虚假验资的范围内承担责任；会计事务所出具虚假验资报告，具有主观过错，应在虚假验资的范围内承担责任。

二审认为，会计师事务所进行实物出资的验资时，符合程序但是在验资过程中主观上负有过错。原告依法受让债权后，当然享有对债务的追索权。结合乙制衣厂的税务登记材料等相关证据，一审

---

① 《陈汉滨诉鸿双辉公司、蔡禧福、洪顺利、永大会计公司因虚假出资、虚假验资应支付买卖合同货款案》，载最高人民法院中国应用法研究所编：《〈人民法院案例选〉2004 年商事·知识产权专辑》（总第 49 辑），人民法院出版社 2005 年版，第 15 页。

认为讼争业务发生在增资之后及虚假验资与妨碍债权实现之间是正确的。

判决为被告制衣厂支付给原告陈某货款55万元及逾期付款违约金；被告蔡某应在其虚假出资的范围内对制衣有限公司的上述债务承担赔偿责任；被告蔡某清偿不足的部分，由被告戊会计师事务所在虚假验资的范围内承担补充赔偿责任；驳回原告陈某的其他诉讼请求。

这是一起因买卖合同拖欠货款引起的、债权人向债务人主张权利并状告验资机构承担虚假验资责任的案件。当债权人试图通过诉讼途径实现债权时，往往面临的是人去楼空的债务人公司。由此，法院受理的此类案件逐年上升，并且责令会计师事务所承担赔偿责任的判例也屡见不鲜。

这类专家一般都须具备如下条件：

（1）受过某一方面的专门职业教育和训练。这种教育和训练达到高等或者中等教育的水平或者得到国家的认可。

（2）具有从事某项专业工作资格证书并领有执照。得到资格认可的专家以其专门知识或技能向当事人提供专业服务的活动，被称为专家的执业活动。只有在从事其资格（执照）所确认的执业工作时，才被认为是专家，其活动才受到专家责任的原则和规范的调整和约束。其执照一般由国家的专门管理部门颁发或者由有关行业协会颁发。

（3）他们以其专业知识向社会上的当事人提供智力性的专业服务为职业。多数情况下，专家总是以自己的专业服务于社会并以这种服务作为谋生的手段，即从中收取报酬或者其他类似的回报。即使是专职的专家，也只是其为当事人提供专业服务的活动才被认为是专家的执业活动，而他们所进行的其他活动并不被认为是专家的执业活动。

（4）专家与其所服务的对象之间存在特别的信赖关系。专家进行执业活动，由于他与当事人之间具有特殊的信赖关系，对其所从事的执业活动，其应负有高度注意的义务、对当事人忠实的义务以及勤勉工作努力完成受委托任务等。这些义务可能是由专家与当事人之间的服务合同所约定的，也可能是法律、行业规范、职业道德的要求。

（二）专家责任的概念及其法律属性

所谓专家责任，是指具有特别知识和技能的专业人员在履行专业职能的过程（执业）中给他人造成损害所应承担的民事责任。

1. 专家责任首先为民事责任

追究专家的损害赔偿责任一般属于普通的民事责任范围，受合同法和一般侵权责任法的调整。

【案例 11-4-2】理当最大限度维护委托人的合法权益
——《许某诉乙律师事务所逾期向法院提供证据致被代理人的诉讼请求未被法院支持请求赔偿损失案》①

2001 年 1 月原告许某在施工中不慎坠落受伤，于 2002 年 8 月诉丙建筑工程有限公司等人赔偿医疗费、住院伙食补助费、误工费等费用。原告于 2002 年 8 月 28 日委托被告乙律所的律师陈某作为该案的诉讼代理人，代理权限为特别授权。

在该案审理中，法院指定给原告的举证期限届满日为 2002 年 10 月 4 日，原告代理人陈律师分别在 2002 年 12 月 9 日、12 月 17 日向法院提交原告被抚养人情况的相关证据、即户口簿及派出所证明。2003 年 3 月 24 日法院判决丙建筑工程公司应赔偿许某医疗费、误工费、护理费等费用；因原告方超过法院指定的举证期限才向法院提交原告与被抚养人、赡养人亲属关系的证据，驳回原告要

① 《许振培诉福建德化戴云律师事务所逾期向法院提供证据致被代理人的诉讼请求未被法院支持请求赔偿损失案》，最高人民法院中国应用法研究所编：《人民法院案例选》2005 年第 3 辑（总第 53 辑），人民法院出版社 2006 年版，第 225 页。

求赔偿被抚养人生活费50106元的诉讼请求。

2004年3月30日原告以被告律师在履行诉讼代理过程中存在过错造成其经济损失50106元为由诉至法院，要求被告赔偿该笔损失。

法院经审理认为，原告许某与被告律师事务所之间所形成的有偿委托代理合同关系，双方意思表示真实，依法应确认有效。被告作为原告特别授权的代理人，理当充分运用自己的专业知识和技能，尽心尽职地根据法律的规定完成委托事项，最大限度地维护委托人原告的合法权益。

但由于被告在履行代理人职责的过程中，未尽注意义务，逾期向法院提交原告被抚养人情况的相关证据，致原告要求赔偿被抚养人生活费的请求未能得到法院支持，造成原告经济损失，对此，被告负有过错责任。被告乙律师事务所应赔偿给原告许某人民币34473.8元。

本案是一起代理律师逾期向法院提供证据致当事人的请求得不到法院支持而引发状告律师事务所诉讼代理合同案。代理律师及其所在律师事务所应承担违约赔偿责任没有争议，但对代理律师承担责任的大小，则有较大的争议。在审理过程中，当事人的经济损失，可能很小，但也可能非常大，如当事人的全部损失均由代理律师承担，则代理律师及其所在律所可能面临破产危险，不利于律师事业的发展。因此，在立法上应当做出当事人与其代理律师之间利益冲突平衡点，合理地确定代理律师及其所在律所的赔偿责任范围，让代理律师在其过错范围内承担最高额度的赔偿责任。当然，本案代理律师逾期向法院提供证据致使委托人的部分请求未能得到法院采纳，律所对该可得利益应予赔偿符合合同法要求。因此法院审理是正确的。

2. 引起专家责任的多种法律事实之构成的综合性

专家责任的特殊性在于：

（1）专家责任通常与雇主责任相联系。

直接实施加害行为的人为作为雇员的专家，而承担责任者为雇主，如医疗机构、律师事务所、会计师事务所。

（2）加害在履行合同中所产生。

加害人实施加害行为，总是以与受害人存在某种合同关系为前提，因此会产生侵权责任与合同责任的竞合问题。

（3）专家责任的认定往往需要较强的专门知识。

（4）侵权的客体具有复杂性。

专家责任中的侵害行为通常侵害受害人的财产权，有时也出现受害人人格权受到损害的情况。

（5）专家责任通常有责任保险且有责任额度限制。

最终由保险公司或者相关的行业协会在限定的额度内进行赔偿。

（6）救济途径具有可选择性。

对于由专家行为产生的纠纷，法律一般承认合同责任与侵权责任的竞合，容许受害人一方在合同责任与侵权责任之间进行选择。

3．专家责任的法律基础在于合同的信赖义务

一般说来，专家的执业活动，都是为当事人服务，从事的是与当事人的人身或财产利益关系重大的事务。专家的疏忽大意，势必给当事人造成严重的损失。虽然在专家与当事人之间一般存在某种合同关系，但是专家一方对相关问题具有专门的知识和技能，而且了解或者能够预知他们的合同关系中可能出现的发展变化；相反，当事人一方往往对有关的专业知识知之甚少，也缺乏聘请专家进行工作的经验。在这种不平衡的知识水平的条件下，与其说当事人是与专家通过讨价还价的方式订立合同，倒不如说是他们基于对专家的信赖而将自己的重大事务托付给了专家。

二、律师执业侵权责任

（一）律师执业侵权责任的概念

1. 律师执业侵权责任为专家责任的一种

其是指律师执业中未尽职守给当事人造成损害所应承担的民事赔偿责任。

律师在执业过程中产生的责任，可能存在两种情形：一是律师对其委托人所应承担的责任，二是律师对其委托人之外的第三人所应承担的责任。

由于律师与委托人之间存在合法的委托合同关系，因此律师承担责任的依据就主要是违反了合同约定的义务，这种责任性质是违约责任。《合同法》第406条就明确规定，有偿的委托合同，因受托人的过错给委托人造成损失的，委托人可以要求赔偿损失。无偿的委托合同，因受托人的故意或者重大过失给委托人造成损失的，委托人可以要求赔偿损失。其规定的是一种过错责任。

【案例11-4-3】律师未依约出庭违背委托合同信赖义务
——《代理案件未出庭就索要代理费　两律师因违约法庭败诉》①

曲女士因离婚纠纷与某律师事务所签订了一份委托代理协议，协议约定代理方律师必须认真负责保护曲女士的合法权益，并按时出庭，负责案件的判决、调解、案外和解和撤诉代理。事后，该律师事务所指派了赵某和李某两名律师为曲女士代理。法院开庭审理时，两位代理人因在外地出差未出庭，该案最后以调解方式结案，曲女士分得财产价值200余万元。

两代理人要求曲女士按照协议的约定支付代理费，遭到拒绝，

---

① 作者：孙向晖 张玉芝 张忠民，来源：中国法院网，载“甘肃金中浩律师事务所网”〈http://www.jzhlaw.com/www/ContentsDisp.asp? id=350&ClassId=1〉,2005/12/02。

于是诉至法院，要求曲女士支付代理费。

经审理，法院根据双方签订的委托代理协议，认定代理律师没有按代理协议的约定履行义务，构成违约，最终没有支持律师索要费用的诉讼请求。

律师与委托人之间的关系主要受委托代理合同的调整，因此，纠纷发生后，委托代理合同就成为评判的主要依据。

当然，律师与委托人之间也会产生侵权责任，可能发生与违约责任的竞合。

（二）律师执业侵权的构成要件

律师执业侵权，从侵权责任法的基本理论来看，仍是一种一般侵权责任，其构成仍需要行为的违法性、损害、因果关系以及直接加害人的过错等四项要件。

1. 律师侵害委托人的具体行为具体表现为对信赖义务的违反

依据委托人与律师事务所订立的合同、律师法的规定和律师界的惯例，受委托的律师通常负有执行委托事务、说明义务、提供咨询意见和建议的义务、调查义务、保密义务等。具体的违约行为有：

（1）不履行代理职责（如不出庭、不提交有关文书、不调查有关权利义务关系、不作应有的说明）。

（2）遗失委托人的重要文件或者重要有价值的材料；侵占委托人的财产。

（3）发表不利于委托人的言论，侵害委托人的名誉权。

（4）泄露、宣扬委托人的隐私。

（5）超越委托人授予的代理权限，越权或者无权代理造成委托人损害。

（6）泄露委托人的商业秘密。

（7）提供虚伪、错误或不准确的信息，或者提供不当的咨询意见或建议等。

【案例11-4-4】“疏通关系费”从何说起?

——《女律师收委托人疏通关系费被判退还》①

律师李某在代理王某分家纠纷上诉一案时先后以“打官司需疏通关系，要请法官吃饭”为由，骗取2.5万元，并拒绝开发票。王某向律协投诉，律协要求律所和李某退还收取的费用，但律所和李某并未履行。故王某起诉至法院，并提供录音证据，要求律所和李某退还5000元代理费，李某返还2.5万元“疏通关系费”。

经审理，法院判决李某将所收取的2.5万元退还给委托人。

李某不服，上诉至中院。中院经审理认为：通过录音可以认定，律师李某收取王某2.5万元，并告之该款用于疏通关系、请客吃饭。李某系执业律师，作为王某的诉讼代理人，以疏通关系、请客吃饭为名收取2.5万元既无合法依据，又违反律师职业道德，王某要求李某退还上述款项理由正当，应予支持。一审判决无误，应予维持。

律师在执业过程中，应严格遵守法律法规和执业道德规范。因不法行为给委托人造成损害的，应由律所承担律师执业侵权的民事责任。

2. 律师执业侵权以过错为归责原则

律师只有在有过错的情况下，才对其侵害行为所造成的损害后果承担民事责任。

判断一个律师在执行业务中有无过错，“最一般地说，这种责任要求一名律师在执行业务中符合职业道德”，即以一名合格律师在当时当地条件下所应尽的注意义务作为标准。

律师的“注意义务”与普通侵权的注意义务有所不同。律师专家责任是针对特定职业的群体责任或者说是职业责任，而普通侵

① 作者：李京华，载“西安律师咨询网”〈http://www.flzxw.com/shownews.asp?id=557〉,2005/07/04。

权责任针对的是不特定主体的个体责任。

【案例11-4-5】专业律师的注意义务以"善良管理人"为标准

——《律师事务所因未尽到委托职责被判赔》①

油品公司委托某律师事务所购买零号柴油1万吨，并授权该所进行谈判、起草、共同签订合同等。该所律师郭某遂带油品公司人员到"军调中心"所在地，签订了"零号柴油协议书"，油品公司给"军调中心"开具了金额为50万元的支票，但"军调中心"一直未向油品公司供货。事后查明，该"军调中心"根本不存在。此事导致油品公司与某化工厂签订提供零号柴油1000吨的合同不能履行，油品公司给付化工厂违约金9万元。

油品公司诉至法院，要求律师事务所赔偿上述损失。

法院经审理认为：油品公司基于对具有专业法律知识的律师事务所的信赖，将与订立合同有关的谈判、起草合同等事务交其办理。作为专业法律机构的律师事务所应履行善良管理人的注意义务，包括对"军调中心"主体资格的审查。律所在诉讼中不能证明"军调中心"真实存在，故应对其未履行审核签约主体资质的过错而导致的油品公司的损失承担民事赔偿责任。

律师执业侵权以过错为归责原则。对注意义务的违反，即可认定为有"过错"。作为专业的法律人员，律师的注意义务应以"善良管理人"为标准。

（三）律师责任赔偿主体及其责任限制。

1. 律师责任之赔偿主体

在我国，律师只能加入一个律师事务所，以该律师事务所的名

① 作者：牛爱民 孙萍，来源：新华社，载"中国法院网"〈http://www.chinacourt.org/public/detail.php? id=177236〉,2005/09/11。

义对外进行执业活动。直接加害人为某一律师，但赔偿主体应为该律师所在的律师事务所，律师事务所承担的是一种雇主责任或替代责任。

【案例 11 -4 -6】律师责任赔偿主体为其所在的律师事务所
——《高餐饮消费法院不认　律所“吐出”2.5 万》①

闻某等与一家律师事务所签订委托代理合同，约定律师收取办案手续费 8 万元，若法院不立案，律师退还办案手续费，但需扣除差旅费。后因法院未立案，双方于 2004 年协商解除代理合同。之后，律所退还了 5 万元，还提供了约 3 万元发票，包括差旅费 2802.64 元、餐饮费 24867 元等。

闻某等对此帐不满，认为差旅费根本不需要 2802 元，更不用说 2.5 万的餐饮费了，于是诉至法院，要求退还尚未用完的律师办案手续费 2.5 万元。

法院经审理认为：根据约定，律师为当地村民行政诉讼立案所支出的合理的必要费用，应当由当地村民来承担。所谓合理的费用，应当与处理的事务有直接联系。律师在实际开支费用时，应尽善良行为，以适当节约的方法处理事务。现在律师要求报销的餐饮发票中，有多笔超过 1000 元的大笔餐饮发票，还有办公用品发票，而高规格餐饮消费和办公用品，与代理立案无直接联系，属非必要开支。

据此，法院判决：由该律师事务所退还代理费 2.5 万元。

律师不能以个人的名义，而只能以律师事务所的名义从事执业活动，律所的性质是特殊的普通合伙，故律师在职业过程中因过失给他人造成的人身或财产损害，须由律所承担相应的民事法律

---

① 作者：李鸿光，载“中国法院网”〈http://www.chinacourt.org/public/detail.php?id=191419〉,2006/01/06。

责任。

2. 律师责任之限制旨在避免律师业风险过大

(1) 律师执业侵权责任仅在以律师酬金为基础的一定范围之内。律师承担专家责任，既不受委托合同酬金的限制，也并非承担无限赔偿责任。契约性特征决定了律师对当事人承担法律责任必须考虑委托合同的对价；侵权性特征决定了律师对当事人承担的法律责任必须以实际损失为依据，但也应该考虑到律师执业的风险问题。

(2) 此种赔偿的最终的风险还是要由律师业自身来承担。虽然现在有律师执业保险，但其并不能从根本上解决律师的专家责任风险。

(3) 律师执业侵权责任限制的法理依据来自律师专家责任的混合属性和公平责任原则之要求。如果对律师专家责任不作限制，律师的这种随机工作方式，易成为某些不诚信的当事人转嫁责任的对象。律师业务所涉及的事物往往千变万化，在一些法律滞后或没有法律依据的情形下，律师的行为有时更容易产生失误。在律师业面临巨大风险情况下，如果对律师的赔偿责任与其他专家服务甚至与其他形式的普通民事赔偿责任相同，则会造成形式上平等而实质上不公平的局面。

三、注册会计师执业侵权责任

(一) 注册会计师执业侵权责任的概念

1. 注册会计师是一种以其专业知识服务于社会的专家

其是依法取得注册会计师证书并接受委托从事审计（审查企业会计报表出具审计报告，验证企业资本出具验资报告，审计企业合并、分立、清算事宜中的审计业务出具有关的报告，其他由法律法规规定的审计业务）和会计咨询、会计服务业务的执业人员。

2．注册会计师责任为专家承担的民事侵权责任

注册会计师参加执业活动应当加入会计师事务所。会计师事务所对本所的注册会计的执业活动负责，并对外承担民事责任。

《中华人民共和国注册会计师法》第42条规定："会计师事务所违反本法规定，给委托人、其他利害关系人造成损失的，应当依法承担赔偿责任。"《股票发行与交易管理暂行条例》第77条规定："违反本条例规定，给他人造成损失的，应当承担民事责任"。最高人民法院在1996年4月4日法函（1996）56号中指出："即使会计师事务所出具的验资证明无特别注明（即存在担保的条款－引者注），给委托人、其他利害关系人造成损失的，根据《中华人民共和国注册会计师法》第42条的规定，也应当依法承担赔偿责任。"

【案例11－4－7】故意提供虚假证明文件不但涉罪而且应赔
——《短短半年时间　虚假验资3亿》①

短短半年时间内，石狮市华侨会计师事务所原主任郑某为他人虚假验资达3亿多元人民币，其触犯了提供虚假证明文件罪，近日被石狮市法院一审判处有期徒刑4年6个月，并处罚金人民币5000元。这是泉州市首例被发现的注册会计师职务犯罪案件。

（二）注册会计师执业侵权的构成要件

1．注册会计师执业侵权行为属于一般侵权行为

注册会计师在会计执业活动中，违反了注册会计师法的有关规定，侵犯他人合法民事权益，须承担民事责任。通常包括：

（1）出具虚假或者内容与实际情况不相符合的验资报告；

（2）泄露其从执业活动中获得的委托人或者利害关系人商业

① 《短短半年时间　虚假验资3亿》，2003－07－05，福建日报。

秘密；

（3）其可不作为侵权。

包括不指出违法事项、不指出报表中的重大不实情况等。

【案例 11－4－8】注册会计师侵权亦同样须承担民事责任
——《虚假验资报告出笼的台前幕后》①

震惊全国的齐齐哈尔第二制药厂制售假药案，牵出了出售假冒药用辅料的江苏美奇精细化工有限公司，同时牵出了为该公司出具虚假验资报告的注册会计师王五（化名）。最终，王五被法院以出具证明文件重大失实罪判处罚金 1 万元，其所在南京正一联合会计师事务所也被依法撤销。

2．过错是注册会计师执业侵权的构成要件之一

注册会计师在主观上“明知”而为侵权行为的，应当认定注册会计师存在故意。按照注册会计师执业准则和规则，注册会计师应当知道而不知道或者出于疏忽而为侵权行为的，应当认定注册会计师存在过失。若注册会计师主观上不存在过错，即使其行为具有违法性（如事实上出具了虚假或者内容不真实的验资报告），也不承担民事责任。

【案例 11－4－9】披露的会计信息造假要承担民事赔偿责任
——《贝岭公司上市盈利预测报告披露会计信息失实案》②

1998 年 9 月 25 日，才挂牌上市一天的贝岭公司在《上海证券报》上发布了一则重要公告，公告称：该公司在其上市公告书中

---

① 《虚假验资报告出笼的台前幕后》，2010－1－11，15：58，中国税务报。

② 李若山、史学军、谭菊芳：“会计信息更正的代价”，载《财务与会计》1999 年第 4 期。

关于每股税后利润的刊登有误，现特此更正。此公告一登出，当天贝岭公司的股票就停牌半天。下午复牌后，股价一路下跌，给部分投资者造成了损失。

为此，有些投资者准备向法院提起诉讼，要求追究有关机构和人员的法律责任，主张上市公司、证券承销机构、会计师事务所以及律师事务所等机构应对其因上市公司披露的会计信息有重大错误而产生的损失承担赔偿责任。

本案涉及注册会计师执业侵权责任的认定。注册会计师执业侵权行为属于一般侵权行为，其构成需要不法行为、损害、因果关系和过错四个要件。就本案而言，注册会计师故意违反法律的强制性规定提供虚假的会计信息，导致股价下跌，造成了部分投资者的损失，满足了侵权行为的基本构成要件，故应对投资者因此遭受的损失承担相应的赔偿责任。

需要指出的是，判断注册会计师是否存在主观上的过错，通常是有具体的法定标准或者会计行业的执业准则和规则的，如果违反这样的规定，该注册会计师无疑存在过错。反之，如果注册会计师严格按照法律法规和行业规范的规定从事执业活动，则不认为其存在过错。但是，在实践中，由于情况千差万别，法律法规和行业规范不可能对任何可能出现的情况规定无遗。在缺乏这样的判断标准时，诚信善意之人的标准就将发挥重要的作用：行为人是否达到了一个具有专门的会计知识的诚信善意之人的注意程度——如果达到了这一注意程度，就不存在过错，反之则存在过错。

（三）赔偿责任与责任限制

1. 会计师事务所的责任

在我国，注册会计师需要加入一个会计师事务所进行执业活动，接受委托和收取佣金（服务费用等），总是以会计师事务所的名义进行。因此，会计师事务所应对本所注册会计师在执业活动中造成的侵权承担民事责任，这是“替代责任”在注册会计师执业侵权中的运用，会计师事务所就其注册会计师的执业侵权行为承担的是无过错责任。

【案例 11－4－10】最高人民法院虚假验资诉讼第一案
——《虚假验资赔偿案》①

该案一审判决会计师事务所验资不实金额在 49948.5 元的范围内，承担连带赔偿责任；二审改判会计师事务所应验资证明不实金额在 40 万元范围内承担连带赔偿责任。

二审认为会计师事务所出具的 50 万元验资证明，其中 10 万元有上诉人海府建行的存款证明为依据，责任应当由海府建行承担，其余 40 万元验资不实的责任，由会计师事务所承担。

这是第一起被收进最高人民法院公报的虚假验资诉讼案，对注册会计师专家民事责任的认定具有极其重要的意义。

2. 责任限制

现行法律没有对注册会计师执业侵权的赔偿责任限制问题做出规定，但在有关司法解释中有相关规定，如最高人民法院在《关于会计师事务所为企业出具虚假验资证明应如何承担责任问题的批复》中规定“会计师事务所与案件的合同当事人虽然没有直接的法律关系，但鉴于其出具虚假验资证明的行为，损害了当事人的合法权益，因此，在民事责任的承担上，应当先由债务人负责清偿，不足部分，再由会计师事务所在其证明金额的范围内承担赔偿责任。”

① 刊登在《最高人民法院公报》2000 年第 2 期。

第五节　医疗损害责任

一、医疗事故责任的相关概念与法律性质

（一）医疗事故责任的概念

我国《医疗事故处理条例》第 2 条规定，医疗事故是指医疗机构及其医务人员在医疗活动中，违反医疗卫生管理法律、行政法规、部门规章和诊疗护理规范、常规，过失造成患者人身损害的事故。

所谓医疗事故责任，即是指因医护人员诊疗护理过失而产生的赔偿责任。我国《侵权责任法》专门在其第七章规定了医疗损害责任。第 54 条规定："患者在诊疗活动中受到损害，医疗机构及其医务人员有过错的，由医疗机构承担赔偿责任。"由于《侵权责任法》优于旧法《医疗事故处理条例》和相关的司法解释，那么《侵权责任法》的出台使得医疗事故责任的法律依据统一了起来，结束了医疗事故损害赔偿法律适用的双轨制。

【案例 11－5－1】非法行医被判刑

——《胡某非法行医案》[①]

在新疆某监狱服刑期间，胡某未取得合法的医生执业资格而在监狱内行医，被监狱管理局发现并禁止。胡某被释放出狱后，又分别在山西和陕西非法行医。患者王某、刘某、何某在连续服用胡某开具的含有芒硝的中药水后，均昏迷并死亡。法医鉴定认为，死者王某、刘某、何某均系服用硭硝后反复呕吐、腹泻，引起严重脱水，后病情加重，最终死亡。检察院以胡某非法行医罪，起诉到人

① 《胡万林非法行医案》，载最高人民法院中国应用法学研究所编：《人民法院案例选》2002 年第 1 辑（总第 39 辑），人民法院出版社 2002 年版，第 60 页。

民法院，请求追究其刑事责任。

法院经审理认为：被告人胡某已构成非法行医罪，病人在短时间内死亡与服用胡某开的加芒硝的中药水有直接因果关系，胡某应对其犯罪行为负刑事责任。

本案中胡某没有取得合法的医生执业资格而行医，并造成了病人死亡的严重后果，其行为已经构成了非法行医。

（二）医疗事故责任的法律性质

在我国，由于现行的法律法规并无有关调整医疗单位与病人之间诊疗关系的规定，理论上有主张将医疗事故责任归为违约责任，也有主张将医疗事故责任归为侵权责任。实践中，由于医疗事故责任受害人常会遭受人身损害，如果依违约侵权，不能得到精神损害赔偿，当事人一般都选择侵权损害赔偿。

【案例 11－5－2】未能实现承诺医疗要不要赔偿?
——《患者诉医院按其承诺在治疗达不到标准时退还治疗费案》①

许某因患右输尿管中段结石，到中医院医治。该医院原院长给许某一份广告，内容是一种新的碎石方法——电磁波源体外碎石治疗，并称“结石不碎，分文不取”。该院长还承诺第一次碎石交费720元，如结石未碎，第二次碎石费减半收取，第二次碎石无效，第三次免费碎石。许某按约交了治疗费，但历时三个月，前后四次进行碎石后，徐某体内的结石仍未被碎掉。经检查发现结石的大小、部位同治疗前一样。许某以中医院违约为由，要求医院退还治疗费，并赔偿损失。

经法院主持调解，双方当事人达成协议，由中医院退还原告碎

① 《许榴珍诉奉新县中医院按其承诺在治疗达不到标准时退还治疗费案》，载最高人民法院中国应用法学研究所编：《人民法院案例选》2001年第2辑（总第36辑），人民法院出版社2001年版，第128页。

石费，原告放弃了要求赔偿损失的诉讼请求。

一般医疗纠纷受害人选择侵权之诉，但本案受害人选择了违约之诉。因为在本案中，作为医疗单位的被告在其广告和承诺中，将其治疗效果与收费标准非常具体、明确地联系在一起，构成了合同可以具体执行的对价条件；并且明确地表明了违约的表现形式(结石未碎）和违约责任的承担方式（第二次减半收取，第三次免费和结石未碎，分文不取)。

二、医疗事故责任归责原则

(一）医疗事故过错责任

1. 我国医疗事故责任采取过错责任原则

《侵权责任法》第54条规定："患者在诊疗活动中受到损害，医疗机构及其医务人员有过错的，由医疗机构承担赔偿责任。"依据侵权责任法的一般原理，过失责任当然也包括基于故意的侵权责任。在实践中，区别直接加害人（医护人员）的过失与故意对于确定医疗单位是否应当承担赔偿责任没有意义，但对于某些情况下确定赔偿的数额有一定参考意义。对于故意行为而引起的医疗行为侵权，实际上已经涉及刑事犯罪的问题，依照刑法应当追究刑事责任。我国《侵权责任法》确立了医疗损害责任的过错责任原则。

【案例11-5-3】医生"看不见"患者眼里的刺要赔偿

——《张某诉市立医院医疗事故人身损害赔偿案》①

原告张某在家劈木材时不慎致伤右眼，到被告市立医院治疗，住院期间经多次查房及B超检查，均未发现球内异物。在治疗无

---

① 《张庆芳诉淮安市第一人民医院医疗事故人身损害赔偿案》，载最高人民法院中国应用法研究所编：《人民法院案例选》2004年民事专辑（总第48辑），人民法院出版社2004年版，第211页。

效果的情况下，原告张某转诊于某军区总医院，并在该院进行了手术，此次住院花去医疗费9123.6元。

同年12月26日，原告张某以被告市立医院具有过错为由向法院起诉，要求被告市立医院赔偿损失及精神损害抚慰金。

法院经审理认为：被告市立医院没有尽到高度注意义务，对该过错应当承担责任。但原告张某右眼盲伤残程度达八级并非完全是被告市立医院的这一过错所致，故原告张某要求被告市立医院赔偿造成八级伤残的全部损失不尽合理。被告市立医院应当予以合理赔偿。

本案原告张某在被告市立医院检查时，被告市立医院应当在自己的医疗设备及技术水平范围内对原告张某极尽注意义务，而被告市立医院仅作右眼玻璃体混浊的不准确、不全面的诊断结论，从而导致异物漏诊。显然，被告市立医院没有尽到高度注意义务，对该过错应当承担责任。

2. 善良管理人注意义务的过错之客观判断标准

一般来说，一个合格的医护人员是否尽到了善良管理人的主意义务，是判断加害人主观上是否有过错的标准。因此，不能用病情后果来判断医护人员有无过失。

（1）凡违反有关法律法规进行医疗护理操作的，属于未尽到应有之注意义务；

（2）违反行业和医院的各种管理规章进行医疗护理操作的，属于未尽到应有之注意义务；

（3）违反各种操作规程进行医疗护理操作的，属于未尽到应有之注意义务；

（4）违反医护人员职业道德规范的，属于未尽到应有之注意义务。

《侵权责任法》第55条规定：“医务人员在诊疗活动中应当向患者说明病情和医疗措施。需要实施手术、特殊检查、特殊治疗的，医务人员应当及时向患者说明医疗风险、替代医疗方案等情况，并取得其书面同意；不宜向患者说明的，医务人员应当向患者的近亲属说明，并取得其书面同意。医务人员未尽到前款义务，造成患者损害的，医疗机构应当承担赔偿责任。”

《侵权责任法》第 57 条规定：“医务人员在诊疗活动中未当尽到与当时的医疗水平相应的注意义务。造成患者损害的，医疗机构应当承担赔偿责任。”判断医务人员注意义务时，应当适当考虑地区、医疗机构资质、医务人员资质等因素。

【案例 11－5－4】接生过程中抱错孩子能找医院赔吗？
——《市妇幼保健院因工作差错致出生女婴被抱错诉张某与第三人吴某交换抱错的亲子争议案》①

由于原告妇幼保健院护士未按规定核对手圈，导致被告向某和第三人吴某的女婴抱混。经鉴定确认后，原告将鉴定情况告诉被告向某，要求被告夫妇将其喂养的女婴交还第三人夫妇。向某夫妇坚称鉴定有假，拒不交换抱回女婴。

原告在要求被告交换女婴无果的情况下，向法院起诉，要求被告将错抱的女婴交回，由其交还第三人夫妇，并由被告领回自己的亲生女婴。

法院经审理认为：被告向某夫妇主张其所抱女婴为其所生，无事实依据，本院不予支持。发生亲子分离是原告工作失误所致，原告应负过错责任。被告拒不换回婴儿，严重侵犯第三人的亲子监护权。第三人由此遭受的经济损失和精神损失，原告和被告理应按照其各自过错承担相应民事责任。

这是一起因原告工作失误，导致被告和第三人的亲生女婴被错

① 《襄樊市妇幼保健院因工作差错致出生女婴被抱错诉张光艳与第三人吴捷交换抱错的亲子争议案》，载最高人民法院中国应用法学研究所编：《人民法院案例选》1999 年第 4 辑（总第 30 辑），人民法院出版社 2000 年版，第 53 页。

抱；因被告固执己见，导致原告和第三人实际损失不断扩大而发生的确认亲子关系、侵权损害赔偿纠纷案。根据我国《民法通则》第18条第2款规定："监护人依法履行监护的权利，受法律保护。"本案发生后，原告采取积极措施，力争挽回损失。被告不相信科学，不接受劝说，拒绝交还第三人的亲生女婴，严重侵犯了第三人的亲子监护权。由此造成的实际损失，理应由被告按其过错承担主要赔偿责任，原告在其过错范围内承担责任。

（二）医疗事故的过错推定

《侵权责任法》第58条规定："患者有损害，有下列情形之一的，推定医疗机构有过错：（一）违反法律、行政法规、规章以及其他有关诊疗规范的规定；（二）隐匿或者拒绝提供与纠纷有关的病历资料；（三）伪造篡改或者销毁病历资料。"这种过错推定责任也是过错责任归责原则中的一种，但是给予了医疗机构更严格的举证证明责任。

但是，我们不能要求医护人员超越现有医疗科学技术水平，医护人员只要尽到上述注意义务，即便对患者治疗护理后出现某种不良后果，也不应认为医护人员有过错。

前述《晁某保诉乙医院在其妻子治疗时猝死后未封存现场实物和未在规定时间做尸检致丧失鉴定条件医疗损害赔偿案》①。

法院经审理认为：原告之妻到被告下属职工医疗机构就诊治疗，双方之间形成医患关系。被告所属职工医院对本案纠纷负有主要责任。原告负有次要责任。

本案主要涉及的问题为：关于医疗赔偿的法律适用和赔偿范围

---

① 《晁长保诉洛玻集团的医院在其妻子治疗时猝死后未封存现场实物和未在规定时间做尸检致丧失鉴定条件医疗损害赔偿案》，载最高人民法院中国应用法学研究所编：《人民法院案例选》1999年第4辑（总第30辑），人民法院出版社2000年版，第99页。

及标准。

最高人民法院（1992）《关于李新荣诉天津市第二医学院附属医院医疗事故赔偿一案如何适用法律问题的复函》中指出："……应当依照《民法通则》、《医疗事故处理办法》的有关规定和参照《天津市医疗事故处理办法实施细则》的有关规定，根据该案具体情况，妥善处理。"民法所确定的赔偿原则与《医疗事故处理办法》确定的补偿原则，有很大差异，适用补偿原则显然不利于维护当事人的合法权益，有悖于保护公民健康权和生命权的法律精神。

三、医疗事故赔偿责任及免责条件

（一）赔偿责任

《医疗事故处理条例》改变了原《医疗事故处理办法》使用的"医疗事故补偿费"概念，采用了医疗赔偿的概念，规定发生医疗事故的赔偿等民事责任争议，医患双方可以协商解决；不愿意协商或者协商不成的，当事人可以向卫生行政部门提出调解申请，也可以直接向人民法院提起民事诉讼。双方当事人协商解决医疗事故的赔偿等民事责任争议的，应当制作协议书。协议书应当载明双方当事人的基本情况和医疗事故的原因、双方当事人共同认定的医疗事故等级以及协商确定的赔偿数额等，并由双方当事人在协议书上签名。

【案例 11－5－5】医疗调解协议达成后还能撤销吗？

——《向某诉乡卫生院医疗损害发生后达成有调解协议和医疗事故鉴定做出后又撤销赔偿案》[①]

原告向某送其妻梁某到被告卫生院门诊部急诊，值班医生何某

---

① 《向爱茂诉金龙乡卫生院医疗损害发生后达成有调解协议和医疗事故鉴定作出后又撤销赔偿案》，载最高人民法院中国应用法研究所编：《人民法院案例选》1999 年第 3 辑（总第 29 辑），人民法院出版社 2000 年版，第 117 页。

诊断梁某患的是妇科病、肺炎及心脏病，并据此开药留院治疗。次日上午梁某突然烦躁不安，全身冒汗，其家属要求转院治疗。当梁某被抬上车不久，即出现口鼻流血，卫生院未采取应急抢救措施，仍让病人转院，行车途中，梁某心脏停止跳动，送到县医院时已死亡。其后县卫生局、乡政府、卫生院的领导组织原告向某及死者的其他亲属与何某就此事件进行调处，达成协议。

事后，向某因认为赔偿太少，遂向法院提起诉讼。

一审法院经审理认为：原被告已经就该医疗纠纷达成调解协议，并按协议兑现。该协议是双方当事人自愿达成的，合法有效，原告及患者的亲属对自己的民事权利进行了处分，现又反悔，要求卫生院赔偿10万元，理由不能成立，不予支持。向某不服此判决，向中级人民法院上诉。

中级法院经审理确认一审认定的事实，判决撤销一审判决；改判卫生院赔偿向某所花丧葬费、误工费、交通费及死者生前抚养和扶养的人生活费共计21611.60元（已付6000元）。

在本案例中，卫生院医生何某对患者诊断失误，治疗措施不力，以致患者被延误治疗，造成肺大出血窒息死亡，经鉴定属一级医疗事故。对此，卫生院应承担过错责任，赔偿死者家属丧葬费，死者生前抚养和扶养的人的生活费等。但二审法院对于精神损害赔偿的要求并没有予以认定。

医疗事故所造成的损害应当包括精神损害，受害人有权提出民法上的救济。这既有利于保护受害人，也有利于促进医疗单位及其工作人员谨慎行医。因此原告向某所提出的精神损害赔偿应予考虑。

已确定为医疗事故的，卫生行政部门应医疗事故争议双方当事人请求，可以进行医疗事故赔偿调解。调解时，应当遵循当事人双方自愿原则，并应当依据本条例的规定计算赔偿数额。经调解，双方当事人就赔偿数额达成协议的，制作调解书，双方当事人应当履行；调解不成或者经调解达成协议后一方反悔的，卫生行政部门不再调解。

医疗事故赔偿，应当考虑下列因素，确定具体赔偿数额：

（1）医疗事故等级；

（2）医疗过失行为在医疗事故损害后果中的责任程度；

（3）医疗事故损害后果与患者原有疾病状况之间的关系。

（4）不属于医疗事故的，医疗机构不承担赔偿责任。

（二）医疗责任之免责条件

《侵权责任法》第60条规定："患者有损害，因下列情形之一的，医疗机构不承担赔偿责任：（一）患者或者其近亲属不配合医疗机构进行符合诊疗规范的诊疗；（二）医务人员在抢救生命垂危的患者等紧急情况下已经尽到合理诊疗义务；（三）限于当时的医疗水平难以诊疗。"

【案例11－5－6】常见病被误诊为川崎病要赔偿

——《叶乙等诉县医院初诊与他院确诊不同系误诊要求赔偿其初诊和去他医院治疗的费用案》[①]

原告叶甲带其女儿叶乙到被告县医院就诊，县医院将叶乙诊断为"川崎病"，予以进行输液治疗。由于不知"川崎病"是什么病，出于心理恐慌，叶甲带孩子又租车赶往省立医院治疗。省立医院经检查认为发热待查，予以输液治疗，后确诊为上呼吸道感染。三天后叶乙病愈。

原告遂以县医院系误诊给其造成经济损失为由，向法院起诉，要求县医院赔偿叶乙在该院的医疗费及前往省立医院治疗的交通费。

---

① 《叶燕森等诉泗洪县人民医院初诊与他院确诊不同系误诊要求赔偿其初诊和去他医院治疗的费用案》，最高人民法院中国应用法研究所编：《人民法院案例选》2003年第2辑（总第44辑），人民法院出版社2003年版，第138页。

法院经审理认为：被告既不构成违约，亦不构成侵权，原告的诉讼请求无法律依据。

应当认为，医疗诊断的本质属于经验医学，医生的初诊失误不宜列入赔偿范围，否则会严重挫伤医务人员探索临床医学的积极性。医疗服务是一种高风险的职业，与一般服务行业性质不同。在医疗实践中尚有许多未知领域，不能苛求医生在初诊时百分之百准确，如将初诊的不确定性列入赔偿范围，会使医务人员采取消极防范措施，降低医疗效力。

（三）医疗责任一般为转承责任

在医疗事故案件中，直接加害人往往是医护人员，而承担赔偿责任的主体则是雇用该直接加害人的“医疗单位”，只有个体医务人员才对自己的侵害行为所造成的损害承担赔偿责任。

【案例 11－5－7】医疗单位不得推卸其应负之民事赔偿责任。

——《谢某为患者实施切脾手术时玩忽职守错切肝脏案》①

在魏某手术过程中，主治医生谢某在包块性质不明的情况下，将患者肝左叶外侧段切除。当发现错切肝脏后，谢某没有妥善处理肝断面，完成预定手术，使魏某失去再次手术治疗的机会，造成肝脏衰竭出血，多脏器衰竭死亡。经医疗事故技术鉴定委员会鉴定为一级医疗责任事故。

检察院以被告人谢某犯玩忽职守罪向中级法院提起公诉。魏某之妻吴某提起附带民事诉讼，要求被告人谢某和附带民事被告人该医院赔偿各项经济损失 4 万余元。

---

① 《谢清录为患者实施切脾手术时玩忽职守错切肝脏案》，载最高人民法院中国应用法研究所编：《人民法院案例选》1995 年第 3 辑（总第 13 辑），人民法院出版社，第 60 页。

法院认为谢某犯玩忽职守罪并赔偿死者家属的经济损失。同时医院亦承担一定的责任。

谢某作为一名执业医师在为魏某实施手术过程中，首先是违反医院的有关管理制度、诊疗护理技术操作规则和常规制度；其次违反作为医护人员的职业道德标准，造成了一级医疗责任事故。谢某的行为与魏某的死亡有直接因果关系，其行为有明显的违法性，已经构成了玩忽职守罪。触犯了刑法，应承担刑事责任及相应的民事责任。

医疗单位对其承担的赔偿责任是一种雇主责任或替代责任。故医疗单位不得以“无选任不当之过错”或“已尽监督职责”为由而推卸医疗事故责任。

四、缺陷药品、器材等致人损害问题

医疗单位向病员提供诊疗护理，需要使用药品、各种器材、辅助材料等，这些大部分不是由医疗单位生产的而是由其他厂家生产的。《侵权责任法》第59条规定：“因药品、消毒药剂、医疗器械的缺陷，或者输入不合格的血液造成患者损害的，患者可以向生产者或者血液提供机构请求赔偿，也可以向医疗机构请求赔偿。患者向医疗机构请求赔偿的，医疗机构赔偿后，有权向负有责任的生产者或者血液提供机构追偿。”

如果医疗单位不是缺陷药品、器材等的生产者，医疗单位则应对其所造成的损害负过错的赔偿责任。由于受害人很难指明缺陷药品、器材的生产者，因此法律允许受害人得直接向医疗单位主张产品责任，医疗单位不得推诿，但可以无过错之情形向生产者追偿。如医疗单位不能指明具体生产者，则应承担生产者的责任。

【案例11－5－8】OK镜不OK

——《患者诉医院和医疗器械公司医疗产品质量责任案》①

原告高某（右眼裸眼视力为4.6）在被告医院接受OK镜片近视治疗，由于使用了被告医疗器械公司提供的OK镜片和CK专用护理液，诱发绿脓杆菌性右角膜溃疡，导致右眼角膜白斑，右眼视力降至0.1。

经鉴定：两被告提供给原告使用的OK镜片和OK专用护理液细菌培养有绿脓杆菌生长，原告感染右眼细菌性角膜溃疡与配戴OK镜片有直接关系。

法院经审理认为：两被告向原告销售的OK镜片及护理液系有缺陷的产品，且对损害的发生有过错，根据《产品质量法》第42条的规定，两被告应对原告配戴有缺陷的OK镜片及护理液造成的伤残后果承担赔偿责任。

这是一起典型的缺陷药品、器材等致人损害案件。在处理这类纠纷时，除了要适用侵权损害赔偿的一般原理外，还要适用《产品质量法》确定的赔偿原则。

① 《高小爱诉南海市金沙镇医院及深圳市欧剋医疗器械有限公司医疗产品质量责任案》，载最高人民法院中国应用法学研究所编：《人民法院案例选》2004年民事专辑（总第48辑），人民法院出版社2005年版，第216页。

第十二章　工作标的物致人损害的民事责任

第一节　产品责任

一、产品责任的相关概念及其法律属性

（一）产品责任的相关概念

1. 产品责任的概念

我国《侵权责任法》第41条规定："因产品存在缺陷造成他人损害的，生产者应当承担侵权责任。"第42条规定："因销售者的过错使产品存在缺陷，造成他人损害的，销售者应当承担侵权责任。销售者不能指明缺陷产品的生产者也不能指明缺陷产品的供货者的，销售者应当承担侵权责任。"第43条规定："因产品存在缺陷造成损害的，被侵权人可以向产品的生产者请求赔偿，也可以向产品的销售者请求赔偿。"

由此可见，所谓产品责任是指产品的制造者和销售者违反不侵害他人人身、财产的绝对义务，由于产品缺陷致人损害的侵权行为而依法应承担的民事责任。

前述《陈某、秋某等832人诉镇政府购销玉米种子质量纠纷

案》中，[1] 镇政府种子站向农民出售伪劣种子被告上法庭。

法院认为：种子站出售种子质量不合格，对陈某等709人蒙受的经济损失应负主要责任。因种子站不具备法人资格，其赔偿责任应由甲镇政府承担。种子公司在售种前亦未按科学方法进行芽率检验即提高芽率，供种时未向种子站提供质量合格证及检疫证，而且所供种子达不到该省规定的质量标准，又未经有关部门审批，违反国家及省里的有关规定，对给农民造成的经济损失也负有赔偿责任。

根据《侵权责任法》第43条规定，种子站作为销售者应该对农民受到的损失承担相应的赔偿责任。因镇政府所设的种子站没有经过工商登记，其不具备民事主体资格，因此对其造成侵权行为由镇政府承担责任。法院将镇政府变更为本案被告是正确的。

2．产品缺陷致人损害侵权行为的概念

引起产品责任发生的产品缺陷致人损害的侵权行为，是指产品的制造者和销售者因制造、销售的产品造成他人人身或产品以外的其他财产损害而应承担民事责任的行为。[2]

产品缺陷致人损害的侵权行为是事实行为，而由此形成的产品责任则为法律关系，该法律关系中，缺陷产品的生产者和销售者是责任主体，受损害人为权利主体。

① 《陈百谦、秋里焕等832人诉哈尔滨市道里区太平镇人民政府购销玉米种子质量纠纷案》，载最高人民法院中国应用法学研究所编：《人民法院案例选》1992年第1辑（总第1辑），人民法院出版社1992年版，第132页。

② 魏振瀛主编：《民法》，北京大学出版社、高等教育出版社2000年版，第711页。

【案例12－1－1】配料不符合规定成份致鸭子死亡侵权连带赔偿

——《肉鸭因食用缺陷饲料大量死亡赔偿纠纷案》[①]

熊某从县农牧局兽医总站饲料批发部购进甲公司生产的鸭用饲料喂养其饲养的肉鸭。鸭子食用饲料2天后陆续出现死亡现象，持续了40余天，共死亡肉鸭3100只。经鉴定机构化验证明，熊某购买的饲料中“喹乙醇”严重超标，且含有不得与之同时使用的“粘杆菌素”，如果两种物质同时使用会造成鸡鸭等食用后死亡。

熊某遂以县农牧局兽医总站和甲公司为被告，向法院提起诉讼，要求赔偿经济损失45280元。

法院认为：原告所饲养的肉鸭是在食用了在兽医总站饲料批发部购买的甲公司生产的饲料后出现死亡的，鉴定证实了该饲料的配料中有不符合规定的成份，足以致使鸭子在食用后死亡，且两被告都没有证明鸭子的死亡是由于其他原因造成的。由此可以认定，熊某饲养的鸭子是因为食用了甲公司生产的存在缺陷的饲料而死亡的，甲公司应当承担侵权责任，赔偿熊某的经济损失。

鉴于饲料批发部不是独立的法人，隶属于县兽医总站，其虽然在销售过程中没有违规行为也没有过错，但根据《产品质量法》第43条的规定，其作为销售者与生产者应承担连带责任。据此，法院判决：甲公司赔偿熊某经济损失35000元，由县兽医总站承担连带责任。

本案中，由于甲公司生产的饲料存在危及他人财产的不合理的危险，并且事实上造成了他人财产减损的损害结果，当然应对遭受实际损失的熊某承担产品侵权责任。

---

① 《熊金元诉江西星子县农牧局兽医总站等赔偿案》，载中国高级法官培训中心、中国人民大学法学院编：《中国审判案例要览》（1997年民事审判案例卷），中国人民大学出版社1998年版，第263页。

而作为销售者的县兽医总站与熊某之间因销售成立合同关系，那么就应基于合同对熊某承担合同义务，熊某在遭受损失后可以要求其承担违约责任；同时，根据我国《侵权责任法》和《产品质量法》的规定，其又与生产者一起承担连带侵权责任。这时就构成了侵权责任和违约责任的竞合，按照责任竞合理论，熊某享有选择权。

本案中，熊某选择依产品侵权之诉将甲公司和兽医总站作为共同被告告上法庭，最终由法院依产品侵权的法律规定作出损害赔偿判决，维护了其合法权益。

3. “产品”的定义

对于“产品”的定义，一直以来存在诸多争议。我国《产品质量法》第2条第2、3款规定：“本法所称产品是指经过加工、制作，用于销售的产品。建设工程不适用本法规定；但是，建设工程使用的建筑材料、建筑构配件和设备，属于前款规定的产品范围的，适用本法规定。”

前述《黄某诉乙燃具股份有限公司人身损害赔偿纠纷案》，[①]黄某使用购买的热水器时，热水器故障导致煤气爆炸烧伤，黄某向生产者索赔。

法院认为，根据黄某提供事故现场照片所示、保险公司的勘查记录以及华乙公司与黄某签订的《烧伤经过和处理意见》和黄某烧伤事实、法医鉴定的证据证实，可以认定黄某的烧伤是使用华乙牌直排式热水器时因爆炸烧伤所致。

乙公司作为热水器的生产厂家，应承担证明黄某使用的乙牌热

① 《黄小玲诉中山华帝燃具股份有限公司人身损害赔偿纠纷案》，载最高人民法院中国应用法学研究所编：《人民法院案例选》2007年第1辑（总第59辑），人民法院出版社2007年版，第158页。

水器没有缺陷或存在其他法定免责事由的举证责任，鉴于其不能证明其生产的产品没有缺陷，因此对该缺陷产品造成的损害应该承担相应的赔偿责任，包括物质损失和精神损害。

由本案可见，缺陷产品损害赔偿纠纷案件中，产品存在缺陷造成损害的举证责任和法定免责事由的举证责任相互独立。

受害人应对产品存在缺陷并实际引发了侵权后果举证，而缺陷产品的生产者或销售者则可通过举证证明存在免责事由而免责。缺陷产品造成的损害，既包括物质损失也包括精神损害。

(1)“产品”在法律上，既不同于物理学意义上的“物”，也不同于经济学意义上的“商品”。在美国，“产品”是指一切商品、货物、消费品以及它们的零部件。《欧共体产品责任指示》第2条规定：“产品”是指所有动产，但初级农业产品及猎获物被排斥在外，即使它们与其他动产或不动产相附着，也不属于产品责任法上的“产品”。①

【案例12－1－2】技术监督局“封存”了霉变玉米是否侵权？

——《罗某不服乙区技术监督局封存玉米决定案》②

原告罗某于1995年1月从外地采购一批玉米存放在乙区火车站粮食仓库，准备销售。这批玉米经过火车长途运输，已发生霉变。1995年2月被告乙区技术监督局接到群众举报线索后，即派员前往该火车站检查核实，经现场检查后封存了全部玉米。原告罗某遂起诉至法院不服封存玉米决定。

① 参见江平主编：《民法学》，中国政法大学出版社1999年版，第768页。

② 《罗华不服重庆市北碚区技术监督局封存玉米决定案》，载最高人民法院中国应用法学研究所编：《人民法院案例选》1996年第2辑（总第16辑），人民法院出版社1996年版，第217页。

法院审理认为：封存是技术监督部门依法行使行政管理职权在必要时采取的保全措施，目的在于避免违法行为继续造成社会危害。因此，被告对该批玉米144袋作出封存的决定，事实清楚，适用法律正确，程序合法。

同时，鉴于该批玉米在铁路运输中发生大量霉变，购来后通过与好玉米人工掺合后进行销售符合产品特征。因此，应受产品质量法调整。据此，对其作出封存决定是正确的。

行政机关在没有作出行政处罚之前，根据法律规定可以对可能灭失的证据采取保全措施，而封存是保全措施之一。法律之所以规定这种证据的保全手段，目的就是更好地查清事实，更好地对违法行为进行惩处；同时也可以避免社会危害进一步扩大。因此，技术监督局在没有查清违法事实之前，有权力采取封存的保全措施。

（2）我国法律和学说对“产品”的概念作了缩小性解释。现行法律都将精神产品和未经加工的原产品排除在外。我国有学者将“产品”定义为：工业产品，无体物之电力、煤气也应包括在内。土地、畜牧、渔业产品和猎物经加工者，也应包括在内。[①] 自然，随着经济活动的频繁和扩大化，以及立法倾向于对消费者权益保护的趋势，对“产品”的解释在将来可能会有所突破。

前述《汤某因食用喷有禁用农药的水果中毒诉用药人林某赔偿案》,[②] 汤某偷吃邻居地里的龙眼，不料龙眼树喷洒了农药，偷吃的人都中毒，受害人要求龙眼树的主人及偷摘的人赔偿。

一审法院认为：被告在龙眼树上违法喷洒甲胺磷农药，其本意

---

① 梁慧星：《民法学说判例与立法研究》，中国政法大学出版社1993年版，第143页。

② 《汤毅青因食用喷有禁用农药的水果中毒诉用药人林活新赔偿案》，载最高人民法院中国应用法研究所编：《人民法院案例选》1998年第2辑（总第24辑），人民法院出版社1998年版，第72页。

虽只为杀虫，无损害他人之故意，但现已造成原告等10人中毒事件，被告对此应负次要赔偿责任，向原告赔偿医药费的20%。第三人偷摘被告的果实，是严重的违法行为，并且将果实分给他人享用，是造成原告等10人中毒的主要责任者，因此对此事件负主要赔偿责任，向原告赔偿医药费的60%。原告明知第三人的果实是违法而来仍食用，造成本人的身体损害亦应承担一定的责任，即承担医药费的20%。

二审法院审理后维持原判。

虽然审查被告的行为，其有双重过错：被告不但使用了禁用农药，而且在使用后未采取任何措施作公示警示性告诫或防护，等于是明知故犯和听任高度危险损害后果的发生，无论在主观上还是客观上都存在严重过错；但鉴于本案是未经加工的水果原产品，应予排除在产品责任之外，故而本案只能是以一般侵权责任予以处理，而并非产品责任问题。

（3）认定属于产品责任中的“产品”应当具备经过加工、制作和用于销售这两个要件。根据现行法律规定，不但通过导线输送的电能以及利用管道输送的油品、燃气、热能、水都可以作为产品；而且计算机软件和类似的电子物件也可以视为产品；用于销售的微生物制品、动植物制品、基因工程制品、人类血液制品等也可以视为产品。

【案例12-1-3】未被加工的种子就不能算产品

——《何某等2043户农民诉乙农业技术开发公司等销售劣质种子案》①

何某等2043户农民先后从乙农业技术开发公司购买大量某品

① 《何从高等2043户农民诉河南省新蔡县涧头乡农业技术开发公司等销售劣质种子案》，载中国高级法官培训中心、中国人民大学法学院编：《中国审判案例要览》（1997年民事审判案例卷），中国人民大学出版社1998年版，第266页。

牌玉米种子。但至收成时，与当年同类优质良种玉米及当地前三年同类优良玉米种相比，大幅减产，所有农户遭受重大损失。

何某等诉至法院，要求乙农技公司等赔偿损失。被告乙农技公司辩称：该批种子是从被告丁农科所技术良种服务部购买的，应由丁农科所承担赔偿责任。

法院查明：该批种子是被告戊经销大楼从农民手中收购的，没有经过加工，而是在出具了该单位的种子生产合格证和植物检疫合格证后，就冒充良种进行销售。被告丁农科所技术良种服务部在不知情的情况下同被告戊经销大楼签订了购买该杂交玉米良种的协议，购买了这批假冒良种。被告丁农科所在收货后未进行复检的情况下，又将该批种子卖给了被告乙农技公司。乙农技公司也未进行复检，就将该批种子分别卖给了众农户，造成了大幅减产的巨大损失。

法院经审理认为：对于该损失，三被告应依各自过错的大小承担赔偿责任，由被告戊经销大楼承担主要责任，被告乙农技公司和丁农科所承担次要责任，且三被告应承担连带责任。

从本案法院判决的依据看，适用的是产品责任。但案件涉及的种子是否应认定为“产品”却值得商榷。因为从本案查明的事实可以看出，该批种子是被告经销大楼直接从农户手中收购的农业原产品，且收购后并没有进行加工就冒充杂交良种进行销售。显然，该批种子不符合我国《产品质量法》关于产品应“经过加工、制作”的规定。因此，被告承担的不应是产品责任，而是被告戊经销大楼以故意欺诈的方式实施的一般侵权行为。

（二）产品责任的法律属性

1. 产品责任既可能是一种侵权责任也可能是违约责任

随着现代工业的迅速发展，工业制品致人损害案件层出不穷。起初，为了保护消费者免受缺陷产品的侵害，当消费者受损害需要得到某种公平的法律救济时，立法者和民法学者主要借助合同理论对消费者进行救济，从而形成了明示担保和默示担保理论。

【案例12-1-4】不当行为和产品不合格共同引发损害结果
——《董某诉四甲专用汽车厂物资经销公司产品缺陷与不当使用行为竞合双方分担责任案》①

1995年1月，董某从汽车集团公司四甲专用汽车厂物资经销公司购买了一辆由四甲专用汽车厂装配的丁型载重量为10吨的半拖挂汽车。同年1月21日，董某用该车装载货物，超重2.9吨，行进中挂车后右外侧轮钢圈突然破碎，致该车在行驶中向右侧翻车，造成交通事故。

经事故发生地交通警察中队认定：造成该车翻车的主要原因系挂车后右外侧轮钢圈破碎。

一审法院认为：作为卖方的经销公司，应无条件地承担因其所销售车辆质量不合格而给买方造成损害的民事责任。无论买方有无过错，都不能作为卖方免责的理由。根据交通事故处理部门的责任认定，经销公司应承担翻车事故给董某造成损失的主要赔偿责任。但董某超重行驶，也是钢圈破碎，致车翻倒的原因之一，亦应承担一定责任。据此，由经销公司承担本案损失的80%，董某承担20%。

本案是当事人在使用产品过程中的不当行为和产品本身不合格共同导致了损害结果的发生。由于产品责任为无过错责任，而当事人的不当行为造成的损害的归责原则为过错责任，双方此时不能构成混合过错。

虽然对于此种情况下如何处理法律并没有明确规定，但一般认

---

① 《董景春诉四平专用汽车厂物资经销公司产品缺陷与不当使用行为竞合双方分担责任案》，载最高人民法院中国应用法研究所编：《人民法院案例选》1996年第4辑（总第18辑），人民法院出版社1997年版，第58页。

为可以类推适用《侵权责任法》第 26 条[①]来处理，即减轻汽车销售商的责任，受害人对于自己的损失也应该承担一定的责任。

（1）明示担保理论。其基本观点为：售出的产品不符合在产品或者其包装上注明的产品标准或者不符合以产品说明、实物样品等方式表明的质量状况的即违反明示担保义务，销售者自应当负责修理、更换、退货；给购买产品的用户、消费者造成损失的，销售者应当予以赔偿。

【案例 12－1－5】刑事责任的承担并不免除所应承担的民事责任

——《王某销售伪劣种子案》[②]

1990 年 6 月，甲省林业厅帮助乙省林业厅购买长白落叶松种子，并安排由丙市林木种子站劳动服务公司购买。此后，王某便以个人的名义，到丁省戊场县，收购华北落叶松种子将其假冒为朝鲜进口的长白落叶松种子，卖给丙市林木种子站劳动服务公司。

1991 年 8 月，乙省所购的种子已育出苗木，经技术鉴定系华北落叶松，因其不适宜在甲省境内种植，所有苗木全部作废，造成间接经济损失 180 余万元。

本案最终以销售伪劣种子罪定罪量刑，但刑事责任的承担并不免除其应当承担的民事责任，售出的种子违反明示担保义务，作为销售者自应当负责更换或退货责任；给购买产品的用户造成巨大损失，销售者应当予以赔偿。

---

① 《侵权责任法》第 26 条规定："被侵权人对损害的发生也有过错的，可以减轻侵权人的责任。"

② 《王堂久销售伪劣种子案》，载最高人民法院中国应用法研究所编：《人民法院案例选》1994 年第 2 辑（总第 8 辑），人民法院出版社 1994 年版，第 19 页。

（2）默示担保理论。其基本观点为：售出的产品不具备产品应当具备的使用性能而事先未作说明的，即违反了合同的默示担保义务，销售者应当负责修理、更换、退货；给购买产品的用户、消费者造成损失的，销售者应当赔偿。

（3）品质担保之外尚需借助侵权理论对受害人予以救济。不论明示担保还是默示担保，两种制度都不能完全达到救济受害人的目的，都只能是对合同关系的当事人之间违反约定义务而产生的损害给予救济，而受到产品直接损害的第三人的利益则难以得到保护。故当受害人是合同当事人时，就产生了侵权责任和违约责任的竞合；而当受害人并非合同当事人时，则仅产生侵权责任。

【案例 12－1－6】产品人身伤害与重大过错所致财产损失不能免责

——《李某等诉丙农机有限公司产品质量人身损害赔偿案》[①]

2005 年 4 月，李某的亲属高某在丙农机有限公司购买拖拉机一台。后高某驾驶该车时，方向盘突然脱落，出现事故，高某当场死亡。事后，丙农机公司及拖拉机生产厂家甲公司均拒绝赔偿。在同意没有产品质量问题的情况下，甲公司和受害者家属达成救助协议。后经鉴定该拖拉机有质量问题导致本次事故。受害者家属据此将两家公司诉至法院。

法院经审理认为，本案受害者购买的拖拉机因质量存在问题发生事故，并造成受害者死亡，作为产品销售者的乙农机公司和生产者的甲公司均应当承担赔偿责任。法院认为，虽然双方在赔偿协议中认为该事故的发生与产品质量无关，但经专业部门鉴定，该事故发生的直接原因是产品质量存在问题，故不能因双方订立的协议来

① 《李雪花等诉河南省邓州市鸿发农机有限公司产品质量人身损害赔偿案》，载最高人民法院中国应用法学研究所编：《人民法院案例选》2007 年第 4 辑（总第 62 辑），人民法院出版社 2008 年版，第 131 页。

否认拖拉机存在质量问题的客观事实。法院遂判决：甲公司赔偿死者家属各项经济损失；乙农机公司对上述款项负连带赔偿责任。

事故发生后，经过相关鉴定机构最后鉴定的结论为该产品存在质量问题导致本次事故的发生。至于事故发生后所达成的救助协议中明确约定该产品不存在质量问题，且在同意此前提的情况下，产品的生产厂家才对受害者家属进行救助，由于该前提实际属于合同法第53条规定的："合同中的下列免责条款无效：（一）造成对方人身伤害的；（二）因故意或者重大过失造成对方财产损失的"的情况，因此该协议应该无效。

所以，产品生产厂家不能据此主张其对本次事故没有责任。

2. 产品责任不以加害人与受害人之间存在合同关系为前提

产品责任是基于产品缺陷造成他人损害这一事实产生的，是对法律所规定义务的直接违反而产生的法律责任。因此，无论是与缺陷产品的生产者或销售者有直接合同关系的消费者、用户，还是第三人，因使用缺陷产品受到人身伤害或财产损失的，受害人均可要求赔偿。最高人民法院的司法解释已经明确地说明了产品责任赔偿请求人的基本范围是消费者、用户和第三人。

【案例 12-1-7】合同瑕疵不影响有损害事实产生之侵权赔偿
——《北京甲公司诉内蒙古丁公司等产品责任案》①

北京甲公司在张家务村桃园内进行果树种植。该公司管理人员李某到夏某处购买了内蒙丁公司生产的"30%虫螨净烟剂"20盒，

① 《北京中北果品种植有限责任公司诉夏连青、内蒙古神威科技开发有限责任公司产品责任案》，载国家法官学院、中国人民大学法学院编：《中国审判案例要览》（2003年民事审判案例卷），中国人民大学出版社、人民法院出版社2004年版，第226页。

药款170元（当时发票上只简单注明买方为张家务桃园，而实际无此单位）。甲公司在按照药品的说明对果树喷药后，桃树开始大量落果。后甲公司了解到并无“30%虫螨净”之名，该药的原名为“30%敌敌畏烟剂”，是改名后销售的，而桃树等果树在幼果期对该种药品非常敏感，使用后会造成大量落果。后经鉴定，甲公司的经济损失为109200元。

甲公司为此将夏某和丁公司告上法庭，两被告则以该药品不是甲公司购买而不具备主体资格为由，未经法庭准许中途退庭。

一审法院经审理认定：甲公司的工作人员到夏某处购买了丁公司生产的“30%虫螨净烟剂”20盒，当时以“张家务桃园”的简称署名。夏某和丁公司主张甲公司不是药品的购买者和使用者，没有证据加以证明，不予采信。

丁公司生产的烟剂没有注明含有的“敌敌畏”成分，并没有说明幼果期使用可能会造成的严重后果，使甲公司受到严重损害。夏某和丁公司应当对甲公司遭受的经济损失承担共同赔偿责任。据此，法院判决：夏某和丁公司共同赔偿甲公司经济损失10万元，夏某退还甲公司农药款107元。

丁公司不服，提起上诉，称其产品为合格产品，且甲公司不具备本案主体资格。

二审法院审理后维持原判。

本案争议的焦点在于：夏某和丁公司认为在发票上注明的是“张家务桃园”，而非甲公司，故甲公司不具备起诉的主体资格。无疑，这是依合同的相对性原则来理解产品责任的。

产品责任是一种侵权责任，其效力同样可以及于合同外的第三人，只要是因为产品缺陷而遭受损害的人都有资格作为原告提起诉讼。

3. 产品责任是一种特殊侵权责任

产品责任的特殊性主要表现在归责原则上。一般侵权责任适用过错责任原则，而产品责任对于生产者适用无过错责任（或称

“严格责任”）的归责原则，且销售者与生产者承担法定的连带责任，受害人无需证明责任人是否存在过错，只需证明产品的缺陷、损害、缺陷与损害之间的因果关系。

产品责任的特殊性还表现在免责条件上。法律对产品责任的免责条件有专门规定。

二、产品责任的构成要件

产品责任的构成要件为：产品存在缺陷；须有人身、财产的损害事实；缺陷与损害事实之间存在因果关系。

（一）产品存在缺陷

缺陷在产品责任法中是一个十分重要的概念，它是构成产品责任的重要要件之一。只有责任主体生产或销售的产品存在缺陷，才可能构成产品责任。

1．产品缺陷的概念

各国对产品缺陷的表述多有不同。[①] 但一般认为，产品缺陷，

---

① 各国法律规定关于“缺陷”的概念。

《欧共体产品责任指令》第6条对缺陷进行了明确的界定：“考虑下列所有情况，如果产品不能提供人们有权期待的安全性，即属于缺陷产品：（a）产品的使用说明；（b）能够投入合理期待的使用；（c）投入流通的时间（产品置于市场销售的时间）。但不得仅以后来投入流通的产品更好为由认为以前的产品有缺陷。”

《欧洲共同市场产品责任法草案》第4条规定：“当产品不能提供人们所期待的身体或财产上的安全时，产品有缺陷。”

美国：《第二次侵权法重述》规定：“缺陷是一种在产品离开卖方时直接消费者无法预期的‘不合理的危险’”。《产品责任示范法》第104条规定：“如果，并且只有在下列情形下，可以证明产品存在缺陷：（1）产品生产过程中存在不合理的不安全性；（2）产品设计上存在不合理的不安全性；（3）未给予适当警示或指示，致使产品存在不合理的不安全性；（4）不符合产品销售者的明示担保，致使产品存在不合理的不安全性。”

英国：《消费者保护法》第3条规定：“为本章之目的，如果产品不具有人们有权期待的安全性，该产品即存在缺陷。”

丹麦：《产品责任法》第5条规定：“产品不具备合理要求的安全性为有缺陷。”

是指产品存在危及他人人身或财产安全的不合理的危险。“缺陷”与传统民法中“瑕疵”的区别在于：缺陷的外延小于瑕疵，只有存在危及人身或他人财产安全的不合理危险的瑕疵方可称为“缺陷”。瑕疵不仅包括了缺陷，还包括一些并不具有不合理危险性的质量问题或数量问题，这类产品瑕疵的责任，当事人应承担违约责任，而不是侵权责任。

【案例12-1-8】行业标准未作规定不能作为免责事由
——《化工公司诉干燥设备厂侵权案》①

2002年2月甲化工公司向乙设备厂购买干燥机一台，单价7万元，质量按行业标准，供方指导安装调试。3月，乙设备厂安装调试完毕交付使用，甲化工公司付清全部货款。后甲化工公司在使用干燥机的过程中发生爆炸。经认定：该干燥系统没有导除静电的装置，干燥系统的设备本身也没有接地，在干燥时产生的静电不能导除，产生静电积聚，最终导致爆炸。

甲化工公司向法院起诉，请求判令乙设备厂返还设备款7万元，并赔偿因其产品质量问题造成原告的原材料损失14000元。

法院经审理认为：虽然干燥机的行业标准中未有需安装静电导除和接地装置的要求，但《产品质量法》规定，生产者对其产品应承担防止发生诸如爆炸等危及人身、财产安全重大事故的不合理危险的义务。鉴于安全技术服务有限公司作出的事故认定报告，认定被告对设备未安装静电导除装置、设备本身也无接地装置，致产品干燥时产生的静电不能导除，酿成爆炸，足以证明被告的产品存在缺陷，依法应承担法律责任。干燥设备厂提出的行业标准未作规定的理由不能作为免责事由。

---

① 参见王炎、王卫华、吴剑平：《行业标准能否成为免责事由》，来源：中国民商法律网，载“中国网络法律站点”，http://www.chinaweblaw.com/news/n39245c8.html，2006/02/07。

反之，甲化工公司用该机器干燥化工原料硼氢化钾，未超出产品说明书范围；且干燥机的说明书和机器上均未有法律规定的警示标志和警示说明，甲化工公司使用乙醇进行洗涤并不构成对设备的使用不当。

本案争议的焦点是，在造成损害的产品符合行业标准的情况下，生产者是否还应承担产品责任。

本案中，乙设备厂生产的干燥机虽然符合行业标准，但未安装静电导除和接地装置，易发生爆炸，明显存在不合理危险，应视为产品存在缺陷。法院判其承担赔偿责任是基于对《产品质量法》第43条的正确理解，值得赞同。

我国《产品质量法》第46条规定："本法所称缺陷，是指产品存在危及人身、他人财产安全的不合理的危险；产品有保障人体健康和人身、财产安全的国家标准、行业标准的，是指不符合该标准。"其含义应为：产品缺陷为产品存在危及人身、他人财产安全的不合理的危险；在有保障人体健康和人身、财产安全的国家标准、行业标准的情况下，如果不符合标准，就可以直接认定产品有缺陷；而即使符合标准，若受害人能够提供证据证明产品存在危及人身、他人财产安全的不合理危险，则应仍得认定产品有缺陷。

2. 我国法律在界定"产品缺陷"时采用了双重标准

(1) 产品存在不合理的危险是产品缺陷的一般标准。所谓"不合理的危险"，指的是对人体健康和人身、财产安全构成的威胁，着眼点在于产品的安全性，而非其适用性。它以普通消费者对产品的合理期望作为判断产品是否存在缺陷的标准。

【案例 12－1－9】杀虫剂会爆炸？

——《赖某等诉林某销售广东乙得华企业集团公司生产的化学危险品爆炸财产损害赔偿纠纷案》①

1994 年 5 月间，林某购进由被告乙得华公司生产的气雾“丁扑”杀虫剂销售。该店面上午有阳光照射，“丁扑”杀虫剂突然发生爆炸，引起火灾。受害人赖某遂起诉林某、乙得华公司要求其赔偿。

经查，“丁扑”杀虫剂存在产品质量问题，加之长时间置于阳光下暴晒，引起容器内温度升高，压力增大，发生爆炸。爆炸时容器金属壁之间或与铁门之间互相撞击，迸出火星，引起周围可燃物燃烧，导致大火蔓延。

法院认为：被告乙得华公司生产的“丁扑”杀虫剂属于化学危险物品，该公司没有生产许可证，属于违法生产。该“丁扑”杀虫剂内在质量不合格，导致产品自动爆炸引发火灾，作为生产厂家的乙得华公司应对造成的火灾损失承担主要赔偿责任。

被告林某在其经营属于化学危险品的气雾杀虫剂，没有领取经营许可证，经销“丁扑”杀虫剂时违反产品明示的注意事项，将杀虫剂置于阳光照射范围之内，对不合格产品“丁扑”杀虫剂在常温 29℃时发生爆炸起了一定的诱发作用，主观上也有过错，应对火灾损失承担次要赔偿责任。

本案被告乙得华公司承担的是产品责任，而产品责任为无过错责任，不考虑当事人是否有过错，只要因产品不合格造成损害，产品的生产者就应该承担相应的赔偿责任。本案的销售者由于在销售过程中违反了商品的警示注意义务，促成不合格产品的爆炸造成损

① 《赖江村等诉林庆磷销售、广东乐得华企业集团公司生产的化学危险品爆炸财产损害赔偿纠纷案》，载最高人民法院中国应用法学研究所编：《人民法院案例选》1997 年第 1 辑（总第 19 辑），人民法院出版社 1997 年版，第 183 页。

害结果的发生，其应该在其过错范围内承担相应的赔偿责任。所以本案销售者承担的是过错责任。

（2）在产品缺陷一般标准之外的强制标准。指国家和行业对特定产品制定的专门性的强制性标准。

产品的国家标准或行业标准只是产品的最基础性即最低标准，不符合该标准显然是存在缺陷的。我国《标准化法》第 14 条规定："强制性标准，必须执行。不符合强制性标准的产品，禁止生产、销售和进口……" 从该规定可以看出，产品符合强制标准是产品得以生产、销售和进口的前提条件，不符合强制标准的产品根本没有市场准入资格。

【案例 12－1－10】产品"伪劣"谁说了算？
——《县农资公司因出售劣质化肥被县标准计量局行政处罚案》①

1989 年，县农资公司依合同购进"某牌"复混肥。厂方随货出具了一张产品质量检验单。县工商局对这批化肥进行检测后认定为合格产品，而县标准计量局经检测后则认定为不合格产品。由于二者结论不同，在县委领导下，又组成联合调查小组，最终调查小组认定剩余的库存化肥为不合格产品。据此，对农资公司作出行政处罚，因此成诉。

法院认为：省联合调查小组送检的程序合法，库存的化肥被认定为不合格产品是正确的。已经销售的化肥和库存化肥由于生产厂家只提供一张检测单作为同一质量的证明，因此认定已经销售的化肥和库存化肥为同一批次化肥根据是充分的。对化肥公司进行相应的行政处罚是正确的。

---

① 《桐梓县农资公司因出售劣质化肥被桐梓县标准计量局行政处罚案》，载最高人民法院中国应用法学研究所编：《人民法院案例选》1994 年第 4 辑（总第 10 辑），人民法院出版社 1995 年版，第 181 页。

对于产品是否属于合格产品，我们国家的管理部门为产品质量监督部门。本案中的县标准计量局是国家专职技术监督机构，有权对该批次化肥是否属于合格产品进行查处。而工商局虽然按照行政法律规定享有一定的行政管理职权，但其不是产品质量监督部门，无权对产品是否合格作出结论。

(3) 符合强制标准并非一定没有危险存在。产品侵权责任制度的出发点就是不断加强生产者、销售者的责任，充分保护消费者的权益。故产品虽然符合国家、行业的相关标准，但若被证明存在危害他人人身、财产的不合理的危险，则仍应认定该产品存在缺陷，由产品责任人赔偿消费者所遭受的损失。

【案例 12-1-11】酒瓶上没有"禁酒令"
——《王某等诉富乙春酒厂产品标识上未依法标注相关内容误导其夫大量饮酒致死人身损害赔偿案》①

1997 年 4 月 2 日，王某的丈夫张某在应酬时喝了半斤当地产的富乙春酒，回家后又喝了一瓶半富乙春酒，结果当晚就腹痛不止。第二天到医院就诊，被确诊为因饮酒过量引发的急性出血坏死性胰腺炎。王某将富乙春酒厂诉至法院，要求其承担赔偿责任。

法院认为：酒产品应否标明警示标志，国家法律或行业规章均无相关要求。王某的诉请认为富乙春酒厂的酒产品有质量缺陷，具体是指该产品没有标识有关危及人身健康的警示标志。中华人民共和国《饮料酒标签标准》对酒产品并没有此类强制性规定。故富乙春酒厂酒产品无此警示标志，不被认为该酒产品有质量缺陷。因此，王某的诉请不能得到法院支持。

---

① 《王英等诉富平春酒厂产品标识上未依法标注相关内容误导其夫大量饮酒致死人身损害赔偿案》，载最高人民法院中国应用法研究所编：《人民法院案例选》2001 年第 2 辑（总第 36 辑），人民法院出版社 2001 年版，第 98 页。

本案争议的焦点问题，实质上是富乙春酒厂的产品是否存在指示上的缺陷，即对产品的成分、使用方法等未作正确的指示说明，对产品的危害性未作必要的警示造成人身损害应否承担民事责任。根据当时的法律规定来看，相关法律法规并没有要求标识有关危及人身健康的警示标志，因此，该酒不属于指示有缺陷的产品。不过从维护人体健康角度来看，酒类产品应该在酒瓶上标注饮酒有害身体健康的标示。虽然本案原告最终败诉，但是在这个案子之后，国家就出台了相关规定。

3．产品缺陷的分类

人们通常将产品缺陷分为设计缺陷、制造缺陷和警示缺陷。

（1）设计缺陷。设计缺陷，是指制造者在设计产品时，其产品的结构、配方等方面存在不合理的危险性。

认定产品是否具有设计缺陷，应当限定在将该产品用于其所设计的用途。如果将产品用于其所设计的用途之外的用途，即使该产品存在“不合理危险”，也不能认定存在设计缺陷。此外，认定设计缺陷，还应考虑该产品设计时的科学技术发展状况、有无类似的可以替代的设计方案等因素。

【案例 12－1－12】产品设计不符合规定即属于设计上的缺陷
——《甲酒店诉乙公司等产品责任损害赔偿案》①

甲酒店在乙公司购买了一台抽湿机，使用当晚酒店发生火灾。经公安消防局认定：火灾原因是甲酒店使用该抽湿机时没有按规定使用面式插座，且插座上插了多条电线。该抽湿机是乙公司从丙公

① 《海口佳友酒店诉海南乐普生商厦有限公司等产品责任损害赔偿案》，载中国高级法官培训中心、中国人民大学法学院编：《中国审判案例要览》（1997 年民事审判案例卷），中国人民大学出版社 1998 年版，第 253 页。

司购买的进口产品。

甲酒店于是以乙公司为被告起诉到法院，要求其承担产品责任。经乙公司申请，丙公司被列为第三人。

一审法院认为：公安消防局认定火灾原因是甲酒店非正常使用抽湿机引起的。该批抽湿机经商检局检验为合格产品，虽然该批抽湿机的外壳为不阻燃塑料，但应认为这是对外壳采取何种塑料的一般性描述，并不说明产品设计上存在缺陷。据此，法院判决驳回原告的诉讼请求。

甲酒店不服，提起上诉。二审法院认为：按照中国的相关标准要求，非金属材料的部件应具有足够的耐燃和阻燃扩展性能，而该抽湿机的外壳为不阻燃塑料，不符合我国相关标准，属于设计和选材上有缺陷，且这种缺陷和火灾有直接的因果关系。该抽湿机的销售商乙公司和丙公司没有严格执行进货检查验收制度，构成共同侵权，应共同赔偿甲酒店的损失。据此，法院判决撤销一审判决，由乙、丙公司共同赔偿甲公司 170353.9 元，并承担连带责任。

这是一起关于产品设计缺陷的案例。一审法院认为，抽湿机的外壳为不阻燃塑料并不构成设计缺陷，而认定是由于甲公司的非正常使用引起的火灾。二审法院则认为，证明甲公司非正常使用的证据不足，而抽湿机的外壳不符合我国关于非金属材料的部件应有阻燃性能的规定，属于设计上的缺陷，而这种缺陷是引起火灾的直接原因，故销售者应当承担连带赔偿责任。当然其承担后可以向生产者追偿，因为设计缺陷一定是由生产者造成的，销售者只是承担法定的连带赔偿责任。

(2) 制造缺陷。制造缺陷，是指产品在制造或装配形成最终产品的过程中出现原材料、配件、工艺、程序等方面的错误，而导致产品具有不合理的危险性。

【案例 12－1－13】火柴厂生产的取暖器爆炸怎么赔偿？
——《支某等诉乙厂生产甲公司销售的取暖器爆炸伤人赔偿纠纷案》①

乙厂组装取暖器，并因欠甲公司债务，将取暖器以物抵债清偿给变电公司。而后甲公司以收取职工 90 元，余款 180 元用职工福利费冲销为对价将这批取暖器分发给了职工。这批取暖器在使用过程中不断出现各种质量问题，甲公司除将其送回火柴厂修理外没有采取其他措施。后支某一家在使用过程中发生爆炸。支家将乙厂和甲公司诉至法院，要求赔偿损失。

支家人受到人身伤害和经济损失与其使用的乙厂生产的取暖器存在缺陷有直接的因果关系，乙厂对支家遭受的损失应承担主要民事赔偿责任。甲公司从乙厂以以物抵债的方式购进取暖器，发售给本单位职工，收取职工 90 元价款，余额 180 元以福利费冲销，上述行为应视为销售行为。甲公司在此过程中对取暖器存在质量问题未引起足够重视，对损害结果的发生有过错，依法应承担次要的经济赔偿责任。

本案与设计缺陷产品的问题出于设计本身不同，制造缺陷产品的问题在于制造该产品的原材料以及配件的质量和总装工艺的质量不过关。根据法律规定，因产品缺陷造成损害的，受害者可以选择向生产者索赔也可以选择向销售者索赔。

（3）警示缺陷。警示缺陷，是指生产者没有提供适当的警示和说明，致使其产品在使用、储运等过程中存在不合理的危险。

一件产品必须附带有能够使消费者了解如何安全使用该产品的

---

① 《支应霞等诉安丘县火柴厂生产青岛送变电工程公司销售的取暖器爆炸伤人赔偿纠纷案》，载最高人民法院中国应用法学研究所编：《人民法院案例选》1996 年第 2 辑（总第 16 辑），人民法院出版社 1996 年版，第 106 页。

信息，方能认为是合理安全的。若没有提供适当的警示和说明，则该产品可能被认定为是有缺陷的，这种缺陷就被称为“警示缺陷”。没有适当的警示和说明，在产品的消费、使用过程中造成他人人身、财产损害时，产品就有可能被认为存在警示缺陷而成为缺陷产品。

【案例12－1－14】制造者有对所销售的产品作必要说明的义务

——《肖某诉陈某等销售的鞭炮于燃放时在手中爆炸伤手赔偿案》[①]

1998年元月，原告肖某到被告陈某、黄某夫妇经营的商店购买了一种由方某、谢某生产的无商标、无厂家、无警示标志、无产品合格证的鞭炮。当肖某燃放鞭炮时，由于来不及扔出，致使其左手当场被炸伤，后左手掌被锯掉。产品质量检验所对被告陈某和黄某店内与致伤鞭炮同类的产品进行检验，结果为该产品系致命不合格产品。原告遂于1998年3月向法院提起诉讼，要求销售者陈某和黄某赔偿损失8万元。

法院审理认为：本案中方某、谢某生产和销售不合格“三无”鞭炮是导致肖某受伤的主要原因，该二人应负主要责任；陈某、黄某销售的鞭炮为“三无”产品，该二人对本案的发生亦负有相应的责任。

本案直接引发损害的原因是产品存在缺陷，受害人购买了“三无”鞭炮，而且鞭炮上没有警示标志，因此其在燃放时也就不会知道有哪些注意事项，也就不存在应该注意的问题，所以对本次损害的发生没有过错。

---

① 《肖威诉陈红等销售的鞭炮于燃放时在手中爆炸伤手赔偿案》，载最高人民法院中国应用法研究所编：《人民法院案例选》1999年第3辑（总第29辑），人民法院出版社2000年版，第110页。

警示说明的内容一般包括产品的基本情况及主要性能、正确的使用方法以及错误使用可能招致的危险等事项。我国《产品质量法》第26条规定："产品质量应当符合下列要求"……（三）符合在产品或者其包装上注明采用的产品标准，符合以产品说明、实物样品等方式表明的质量状况"。第27条规定："产品或者其包装上的标识必须真实，并符合下列要求：（一）有产品质量检验合格证明；（二）有中文标明的产品名称、生产厂厂名和厂址；（三）根据产品的特点和使用要求，需要标明产品规格、等级、所含主要成份的名称和含量的，用中文相应予以标明；需要事先让消费者知晓的，应当在外包装上标明，或者预先向消费者提供有关资料；（四）限期使用的产品，应当在显著位置清晰地标明生产日期和安全使用期或者失效日期；（五）使用不当，容易造成产品本身损坏或者可能危及人身、财产安全的产品，应当有警示标志或者中文警示说明。裸装食品和其他根据产品的特点难以附加标识的裸装产品，可以不附加产品标识。"

（二）须有他人人身及财产受损害的事实

损害，是指使用缺陷产品所导致的人身伤害、死亡以及财产损失和其他重大损失。

【案例12-1-15】用罂粟拴住顾客的胃能不有害健康吗？
——《周某在出售的食品中添加欺骗他人食用毒品案》[①]

被告人周某在承包经营聚丙隆饭馆期间，在明知食用罂粟壳对人体有害的情况下，为了牟取私利，招揽顾客，从1992年5月开始，故意使用罂粟壳炖肉，或者把罂粟壳研成粉末作为火锅调料，欺骗顾客食用。1993年2月，周某将饭馆转包给他人经营，并将

① 《周连启在出售的食品中添加欺骗他人食用毒品案》，载最高人民法院中国应用法研究所编：《人民法院案例选》1994年第2辑（总第8辑），人民法院出版社1994年版，第58页。

0. 2千克罂粟壳也转交给经营者，让其在出售的食品中继续使用。案发后，查获其剩余罂粟壳3.5千克。检察院以被告人周某犯欺骗他人吸食毒品罪向法院提起公诉。

法院经公开审理认为：被告人周某明知罂粟壳含有吗啡等毒品成份，食用后有害人体健康，但为了牟取私利，其不择手段，故意欺骗他人食用，情节恶劣，其行为已构成欺骗他人吸食毒品罪，应予惩处。判决被告人周某犯欺骗他人吸食毒品罪，判处有期徒刑一年，并处罚金1000元。

本案的被告在其出售的食品中添加了对人体有害的毒品，该毒品危害了他人身体健康。其在承担刑事责任的同时，对因该犯罪行为造成的民事侵权损害仍需承担相应的赔偿责任。根据《侵权责任法》第43条规定来看，被告既是食品的生产者又是食品的制造者，其对自己销售的食品造成的民事损害应承担赔偿责任。只是由于本案在追究刑事责任过程中，受害人并没有提出刑事附带民事诉讼请求，因此按照不告不理原则，法院没有对民事损害进行审理。

1. 我国《产品质量法》对“损害”的规定

《产品质量法》第41条规定：“因产品存在缺陷造成人身、缺陷产品以外的其他财产（以下简称他人财产）损害的，生产者应当承担赔偿责任。”第44条规定：“因产品存在缺陷造成受害人人身伤害的，侵害人应当赔偿医疗费、治疗期间的护理费、因误工减少的收入等费用；造成残疾的，还应当支付残疾者生活自助具费、生活补助费、残疾赔偿金以及由其扶养的人所必需的生活费等费用；造成受害人死亡的，并应当支付丧葬费、死亡赔偿金以及由死者生前扶养的人所必需的生活费等费用。因产品存在缺陷造成受害人财产损失的，侵害人应当恢复原状或者折价赔偿。受害人因此遭受其他重大损失的，侵害人应当赔偿损失。”

可见，我国《产品质量法》规定的产品责任的损害范围包括人身损害、除产品本身的财产损害和其他重大损失。

【案例 12-1-16】标签标注的内容与种子的质量明显不符
——《史某等 156 位农民诉丁蔬菜种子服务站等
出售质量不合格种子致产品被拒收赔偿案》①

原告史某等 156 位农民与被告绿甲隆公司协商签订鲜菜订购协议约定被告为原告安排种植绿菜花，并在绿甲隆公司的推荐下种植户购买丁种子服务站销售的绿菜花种子。原告所购买的种子产品说明书上说“径不空心”、“栽培适应性广泛”、“在高温多雨等不适宜绿菜花栽培的环境地，也可采收商品性极美的蕾球”。在种植收成后原告通知被告来收，但是被告以“径空心”等不符合收购标准拒绝收购。原告将绿甲隆公司和丁种子服务站诉至法院。

法院经审理后认为：绿菜花种子的标签上明确该品种有“栽培适应性广泛，径不空心”等特性，但种植户收获的绿菜花却全部空心。标签标注的内容与种子的质量明显不符，种子经营者种子服务站对此应承担种子质量低下造成损失的赔偿责任。绿甲隆公司与种植户签订大批量的进出口绿菜花的订购协议，并推荐种植户购买种子丁服务站销售的“绿秀”绿菜花种子，致使种植户受到严重经济损失，其行为与丁种子服务站的行为对被告构成了共同侵权。故判决其与丁种子服务站对原告承担赔偿连带责任。

本案的被告种子服务站在产品说明书上明确说明了产品质量标准，但是实际的产品并没有达到所标识的质量标准。被告违反了物的瑕疵担保责任，对此造成的损失应予赔偿。出卖人在销售物时需要承担瑕疵担保责任。瑕疵担保责任包括物的瑕疵担保和权利的瑕疵担保。本案就是被告违反了物的瑕疵担保责任。

---

① 《史忠等 156 位农民诉绿发蔬菜种子服务站等出售质量不合格种子致产品被拒收赔偿案》，载最高人民法院中国应用法研究所编：《人民法院案例选》2003 年第 1 辑（总第 43 辑），人民法院出版社 2003 年版，第 157 页。

2. 产品责任的精神损害赔偿问题

关于我国采用的“其他重大损失”规定，在理论上存在不同认识：一种观点认为，这是包括精神损害赔偿的规定；另一种观点则认为，这一规定不包括精神损害赔偿，而是指财产损失中的间接损失。应当说，不论立法者的立法本意如何，仅就规定而言，并不能排除对产品责任精神损害的赔偿。从民法的精神来看，只要法律没有明确规定不赔偿，就可以提出赔偿的请求。应当认为，事实上我国的司法实践是承认产品责任的精神损害赔偿的。

【案例 12－1－17】造成了死者家属精神上的伤害自应承担责任

——《青岛幼儿食用果冻被噎死案》①

王某（一岁零两个月）的母亲在青岛丙超市购买了深圳乙公司生产的“乐口甲”牌果冻。王某在食用时，因果冻滑进呼吸道内死亡。

王某的父母以果冻是危险食品却没有警示性说明为由，将该果冻厂商及销售商告上法庭，要求赔偿各种损失费及精神损失费共计36 万余元。

法院经审理认为：深圳乙公司生产的果冻存在可能被幼儿吸进呼吸道而危害生命健康安全的危险，但在其包装上却没有对这种危险的存在予以警示说明，致使王某的父母在不了解该危险的情况下给幼儿食用，造成王某被噎死的损害后果。深圳乙公司没有尽到适当的警示说明义务，其产品存在警示缺陷，应承担产品责任。

法院判决：果冻生产厂商深圳乙公司赔偿王某的父母各项损害共计 4.5 万余元。

---

① 陈伯华：《青岛“果冻噎死孩子”案一审宣判》，来源：《生活日报》，载“人民网”,http://unn.people.com.cn/GB/channel326/327/741/200107/23/83836.html,2001/07/23。

根据我国《消费者权益保护法》第18条第1款规定，认定产品存在警示缺陷，应当符合三个条件：产品中存在致害危险；产品存在合理说明或者警示的高度必要性；没有说明、警示或者说明、警示不充分。

本案中，果冻的生产商没有提示消费者充分注意果冻可能造成的危害后果，故未尽到警示义务。该产品存在警示缺陷，因这种缺陷不但损害了他人的人身和财产安全，还在精神上对死者家属造成了重大伤害，生产者应承担赔偿责任。精神损害应是其损害中十分重要的一部分。本案法院判决被告对原告的精神损害进行补偿，是值得肯定的。

（三）缺陷与损害事实之间有因果关系

在产品责任案件中，产品的缺陷与受害人的损害之间前者为原因，后者为结果。

1. 在产品责任中因果关系的证明对象具有特殊性

产品责任案中因果关系的证明对象即“损害是由于使用或消费有缺陷的产品所致”。原告要证明的内容包括：被告为缺陷产品的生产者或销售者；产品存在缺陷；受害者受到损害；损害是由于使用或消费有缺陷的产品所致。被告要证明的则是自己的免责事由。

【案例12－1－18】保险柜不保险给作案提供了便利要赔吗？

——《乙村煤矿等诉甲城五金厂的防盗产品不防盗赔偿案》①

乙村煤矿从丙门市部购买了甲城五金厂防盗保险柜一台。一日晚，乙村煤矿保险柜被撬，柜内存放的现金74220.70元全部被盗

① 《上马郡头村煤矿等诉长城五金厂的防盗产品不防盗赔偿案》，载最高人民法院中国应用法研究所编：《人民法院案例选》1998年第2辑（总第24辑），人民法院出版社1998年版，第63页。

走。破案后，追回赃款 32000 元。

丁食品有限公司从县五交化公司购进甲城五金厂生产的防盗保险柜一台，一日晚，该公司保险柜也被盗，丢失现金 61940.53 元。此案至诉讼结束时尚未侦破。

案发后，二原告以保险柜质量不合格为由向县消费者协会和县标准计量局投诉，经上述部门处理，甲城五金厂对二原告被撬的保险柜予以更换。但对保险柜被撬造成的经济损失没有赔偿，二原告又以此为由，向县法院提起诉讼，要求被告甲城五金厂赔偿因该不合格保险柜给二原告造成的经济损失。

在审理中，法院委托市标准计量局对二原告被撬的两台金城牌防盗保险柜进行了质量技术勘验和材质检验，经鉴定认为：该保险柜出厂时就为不合格产品。

法院认为：因该产品不合格给犯罪分子作案时提供了便利，对二原告造成直接经济损失，被告负有一定责任。二原告在使用该产品过程中，违反有关财会制度，存放现金超过规定限额，加之企业内部治安防范措施不力，也给犯罪分子造成可乘之机，故也应负一定责任。对二原告所诉赔偿因侦破案件所花费用，本院不予支持。判决被告甲城五金厂赔偿原告乙村煤矿直接经济损失 21110 元，赔偿原告丁公司直接经济损失 30970 元。

二审法院经审理则认为：二被上诉人的财产损失是由于犯罪分子的犯罪行为和其内部管理不善所致，与保险柜质量无直接因果关系，故上诉人不应承担责任。

本案中被告生产的防盗保险柜虽属不合格产品，但造成二原告财产损失是由犯罪分子的犯罪行为和二原告内部治安防范管理不善所致，并非因为产品本身存在缺陷之故，与保险柜质量无直接因果关系。所谓“防盗”，只是减小了盗窃得逞的概率，是为盗窃行为所设置的一定的障碍，是一种技术上的障碍。它不是生产者对不被盗后果向购买使用者承诺的一种保证义务。要求保险柜生产者承担损失不具备产品质量责任的构成要件。所以，本案由被告承担产品责任显然不合理。二审法院依据案件事实和法律规定，依法撤销一审民事判决，驳回二原告的诉讼请求，是正确的。

2. 证明方法的特殊性

在产品责任案件因果关系的证明方法上，除了采用传统的证明方法外，还大量采用实验室检验、化验、测试方法、数理统计方法、社会流行病学统计方法、间接反证方法等。

【案例 12-1-19】谁来证明可乐里有没有病菌?

——《消费者诉某可乐公司产品侵权案》①

雷某先后三次从乙商行购买了由甲可乐公司生产的饮料共三箱，回家与妻子吴某、女儿和儿子共同饮用时，发现其中一瓶汽水内装有一支吸管。为此，雷某一家对饮用该批饮料心感不安，遂到医院作身体检查，结果发现吴某和儿子患有乙肝大三阳病症，用去检验费 375 元。雷某等 4 人认为，两人患病是饮用了甲公司生产的系列饮料所致。于是，雷某持上述产品和医院的检验单据向甲公司索赔。甲公司认为，饮用该公司饮料不可能导致乙肝大三阳病，拒绝了赔偿要求。

雷某等人向法院提起诉讼，要求甲公司赔偿并赔礼道歉。

一审法院认为：按举证责任倒置原则，甲公司在法定期限内无法提供证明原告等人感染乙肝病的其他途径，以及该产品内装的异物（吸管）不可能带有乙肝病毒而成为传播媒体的证据。故应推定吴某两人所患乙肝病是饮用了甲公司的不合格产品所致，甲公司应承担由此产生的侵权后果。判决甲公司应承担吴某等人因治疗乙肝大三阳而支付的合理费用，并偿付体检费 357 元，赔偿原告精神

---

① 广东省法院民庭：《广东太古可口可乐有限公司与雷作坚等人产品责任纠纷案》，来源：广东省高级法院，载“法信网”，http://www.law863.com/show.aspx? id=7538&cid=8，2006/02/06。

损失费100万，并书面向原告道歉。

二审法院认为：虽然雷某提供送检的一瓶饮料，经检验发现“有可见杂质”，但由于已被开启饮用，是在开启一年零四个月后才送检，因此不能确定甲公司生产流程中出现问题，且经检验未发现致病菌。根据现有证据只能确认该瓶汽水为次品。没有充分的证据证明甲公司生产的产品与吴某两人患有的乙型肝炎疾病之间存在因果关系。

本案举证责任的分配原则是，缺陷产品与损害结果之间存在的因果关系属于受害人的举证责任范围，而法律规定的免责事由属于加害人的举证责任范围。据此，判决撤销一审判决，驳回被上诉人雷某等的诉讼请求。

一审法院错误地理解了产品责任的举证规则，认为适用举证责任倒置的原则，应由生产者对产品缺陷及因果关系举证证明。事实上，产品责任在举证责任的分配上与一般侵权并无不同，原告要证明自己的损害、产品的缺陷以及损害与产品缺陷之间的因果关系，只不过不用举证证明生产者有过错而已。二审法院正确认识了该问题，撤销了一审的错误判决。本案原告之所以败诉就在于不能证明被告的产品缺陷（一瓶饮料内有吸管）与其患病之间存在因果关系。

三、产品责任的归责原则

产品责任的归责原则，历来是我国法学界争论的一个焦点：一种观点认为，我国现行产品责任实质上仍属于过失责任的范畴或适用过错推定；另有一种观点认为，产品责任的归责原则为无过错责任原则；还有一种观点认为，我国产品责任法应采取过错责任与无过错责任相结合的混合归责原则。

（一）直接责任与最终责任

我国《产品质量法》对责任主体和责任种类的规定都具有特殊性。责任主体的特殊性在于较广泛地规定了销售者的责任。而关于责任种类，其特殊性在于区别了直接责任和最终责任。

1. 直接责任

直接责任是指缺陷产品的生产者、销售者直接向请求赔偿的受害人所承担的责任。《侵权责任法》第43条第1款规定："因产品存在缺陷造成人身、他人财产损害的，受害人可以向产品的生产者要求赔偿，也可以向产品的销售者请求赔偿。"

【案例12-1-20】不合格饲料生产者承担直接赔偿责任
——《张甲诉张乙代销丙饲料加工厂的不合格产品致其饲养的猪死亡赔偿案》①

张甲为养猪专业户，1994年12月他在张乙的个体饲料商店购买了丙饲料加工厂生产的"888猪料精"三袋，回家喂猪后导致10头猪死亡，后经鉴定该批饲料为不合格产品，无生产合格证书。猪死后，张甲将张乙和丙饲料厂诉至法院。

法院认为：张甲饲养的11头猪因食用了丙饲料加工厂生产的猪料精中毒死亡，丙饲料加工厂自应负担赔偿责任。张乙为丙饲料加工厂代销猪料精，与其形成委托代理关系，其民事责任应由被代理人丙饲料加工厂承担。据此判决丙饲料厂赔偿原告所受损失。

本案在认定代销饲料构成代理关系后，代理人实施行为的后果由被代理人承担。但受害者可以任意选择向销售者或生产者要求赔偿，生产者不得以是销售者的责任为由抗辩，同样，销售者也不得以是生产者的责任为由抗辩。

2. 最终责任。

最终责任，是指产品责任的最终归属，包括制造者的无过错责

① 《张守福诉张明志代销台安县辽西饲料加工厂的不合格产品致其饲养的猪死亡赔偿案》，载最高人民法院中国应用法研究所编：《人民法院案例选》1996年第4辑（总第18辑），人民法院出版社1997年版，第64页。

任和销售者的过错责任。当承担直接责任者也是最终责任承担者时，这两种责任完全重合；而当承担直接责任者（如无过错的销售者）不是最终责任的承担者时，这两种责任分离，前者得向后者追偿。

根据《侵权责任法》第 43 条第 2 款和第 3 款规定："产品缺陷由生产者造成的，销售者赔偿后，有权向生产者追偿。因销售者的过错使产品存在缺陷的，生产者赔偿后，有权向销售者追偿。"第 44 条规定："因运输者、仓储者等第三人的过错使产品存在缺陷，造成他人损害的，产品的生产者、销售者赔偿后，有权向第三人追偿。"

（二）过错责任与无过错责任

1. 生产者承担无过错责任

根据《侵权责任法》第 41 条的规定"因产品存在缺陷造成他人损害的，生产者应当承担侵权责任"，可见我国法律规定生产者在产品责任中承担责任并不以过错为其构成要件。也就是说，生产者在被消费者追究产品责任的时候，不能通过举证证明自己没有过错而获得免责。由于其与销售者之间是法定连带责任，故如果生产者在承担了直接责任后，能够证明销售者对损害的发生有主观过错，就可以要求销售者承担最终责任；如果其不能证明销售者有过错，就只能依据无过错责任原则自行承担最终责任。

【案例 12－1－21】生产和销售不合格的产品都有过错

——《甲科学协会示范种鸡场诉乙兽药厂、丙牧工商联合公司因使用不合格兽药造成鸡群死亡损害赔偿纠纷案》[①]

甲种鸡场从丙公司购回乙兽药厂生产的奎乙醇（散剂）400

① 《周至县科学协会示范种鸡场诉江苏省东台市广山兽药厂、西安市牧工商联合公司因使用不合格兽药造成鸡群死亡损害赔偿纠纷案》，载最高人民法院中国应用法研究所编：《人民法院案例选》1993 年第 3 辑（总第 5 辑），人民法院出版社 1993 年版，第 73 页。

包。其药标签注明对家禽霍乱、白痢、血痢、腹泻等病均有疗效，并有抗菌治疗助长作用。同年9月底，种鸡场为了预防鸡群细菌感染，按照说明书给鸡喂药，结果发生鸡大面积死亡。后经兽医研究所鉴定，系该药所含奎乙醇过量引起中毒所致。种鸡场将兽药厂、联合公司诉至法院。

法院经审理认为：兽药厂生产不合格的兽药奎乙醇（散剂）给种鸡场造成经济损失，应负主要赔偿之责。联合公司出售兽药厂不合格兽药，亦应承担一定的赔偿责任。

本案兽药厂生产的产品不合格是引发本案损害的主要原因，其应承担主要责任。联合公司在销售过程中没有审查严格，销售不合格的产品，其也存在一定过错，应在过错范围内承担一定的责任。当然在产品质量侵权的情况下，受害者可以选择产品生产者起诉，也可以选择产品销售者起诉，任何一方都有义务承担全部赔偿责任。

2. 销售者承担过错责任

《侵权责任法》第42条第1款规定："因销售者的过错使产品存在缺陷，造成他人损害的，销售者应当承担侵权责任。"销售者在产品责任中承担的是过错责任。由于销售者的过错导致产品存在缺陷的，销售者应当按其过错承担赔偿责任。但是当消费者要求销售者承担产品责任时，销售者却不能以其没有过错为抗辩理由对抗消费者的请求，这是由销售者与生产者之间法定的连带责任决定的。

直接责任和最终责任划分的意义，在于更加切实有效地保护受害者，销售者不能以自己没有过错而推卸法定的直接责任，但是，如果其没有过错或者没有充分证据证明其有过错，就不用承担最终责任，而可以向生产者追偿，由生产者承担最终责任。

【案例12-1-22】无法证明是合格产品就要承担全部责任——《胡某等4人诉陈某、广州丙公司、广州丁宝集团因产品质量问题导致的产品侵权案》①

2000年10月丁宝集团与丙公司签订《关于许可使用“丁宝”商标、商号的协议》，许可在其单独生产的或是其营业执照许可范围内并经广州丁宝集团审查批准的产品上使用“万宝”商标，其合法期限至2003年7月1日。

陈某与广州丙公司签订《代销销售协议》，并约定由陈某负责售后服务，丙公司负责提供零配件及技术指导。而后，原告胡甲的父亲在被告陈某经营的专卖店里购买了涉案热水器，上标有警示语“特别忠告热水器必须安装在浴室外通风良好的地方”。

一日晚，胡某之子胡甲与原告邹某之女邹乙使用涉案热水器洗澡时，门窗紧闭，未开启通风，致胡甲、邹乙吸入大量一氧化碳中毒身亡。经查，陈某及其雇工王某未取得《家电维修人员技术资格证》。涉案热水器因在生产及销售中均未配备排烟管道，王某在安装涉案热水器时曾建议原告的父亲及其家人及时采购排烟管道以便一同架设，王某在调试涉案热水器时接通了燃气，违规进行了点火试验。事后一直未给涉案热水器配置排烟管道。

因胡某等4人要求陈某、广州丙公司、广州丁宝集团赔偿经济损失未果，故引起讼争。

一审法院经审理认为：应当认定胡甲父亲家安装使用的热水器是劣质产品。该热水器是由被告广州丙公司直接生产的，故应当由其承担该产品质量责任。

---

① 《胡某等4人诉陈育培、广州小天使公司、广州万宝集团因产品质量问题导致的产品侵权案》，载最高人民法院中国应用法研究所编：《人民法院案例选》2008年第1辑（总第63辑），人民法院出版社2008年版，第179页。

原告胡某在安装涉案热水器时未提供排烟管道。受害人胡甲、邹乙在胡某家使用涉案热水器时未开启门窗通风，造成所产生的一氧化碳毒气大量留滞于浴室间。故原告方具有过错。

被告广州丙公司违背国家规定，委托没有资质和技术的被告陈某从事燃气快速热水器的安装、维修和售后服务工作，是造成涉案热水器违规安装的原因之一。被告陈某存在违法安装涉案热水器及未经验收即供应并接通燃气的过错。且接受被告广州丙公司的委托，违规雇佣没有经过专业培训，没有上岗证书的王某到胡某家安装热水器，致使安装不符合规定，以致发生死亡事故。

被告广州丁宝集团是涉案热水器的商标所有权人，作为涉案热水器的生产者之一，应当承担该产品质量的连带责任。

二审法院认为：产品质量责任案件适用严格责任原则，不论消费者在使用产品时有没有过错，只要产品的生产者、销售者不能证明其生产、销售的产品是合格产品，就都应当对其产品造成的损害结果承担全部的民事责任。

但是，判令赔付精神损害抚慰金则应当坚持过错责任原则，有别于当事人依据《产品质量法》的规定诉请赔付丧葬费、死亡赔偿金的承担方式，需要考虑原、被告双方的过错程度及大小以确定各责任人承担的份额。

被告陈某是涉案热水器的适格销售者。被告丙公司、广州丁宝集团作为涉案热水器的生产者，对其产品质量是否合格负有举证责任。被告广州丙公司和广州丁宝集团因未能举证证明涉案热水器的产品质量是合格的，受诉法院可以认定涉案热水器的产品质量不合格。

被告陈某的主观过错主要表现为，自己既无安装资质又无技术水平，却无视国家标准，接受委托从事燃气燃烧器具的安装、维修等工作。且又违背此规定雇佣未经专业培训、无上岗证书的人员安装涉案热水器。

涉案热水器虽然标有“特别忠告热水器必须安装在浴室外通

风良好的地方”的警示说明，但是这个警示说明不严谨，且未能实际避免、消除产品不合理的危险，属于有缺陷的产品。依照《产品质量法》第41条“因产品存在缺陷造成人身、缺陷产品以外的其他财产（以下简称他人财产）损害的，生产者应当承担赔偿责任”的规定，应当承担相应的赔偿责任。被告广州丙公司和被告广州丁宝集团应当共同给原告胡某等4人支付丧葬费、死亡赔偿金等费用。被告陈某与其连带承担涉案热水器的产品质量责任。

应当认为，一审法院在适用严格责任原则认定被告方应承担涉案热水器的产品质量责任后，又适用过错责任原则，从而判令由原告方自行承担一部分丧葬费、死亡赔偿金是可以的。一般认为，判令赔付精神损害抚慰金应当坚持过错责任原则。

由于生产者承担的是无过错责任，只要其不能证明销售者有过错，就必须承担产品责任。反之，若有证据证明销售者对产品责任有过错，那么销售者也要对自己的过错部分承担最终责任。

另外，销售者不能指明缺陷产品的生产者，也不能指明缺陷产品的供货者的，应当承担赔偿责任。在这种情况下，销售者不能以自己没有过错对抗消费者，要承担直接责任；同时又不能提供生产者或供货者，就无法转嫁自己已经承担的赔偿责任，这样销售者就承担了最终的产品责任。

此外，《侵权责任法》第42条第2款规定：“销售者不能指明缺陷产品的生产者也不能指明缺陷产品的供货者的，销售者应当承担侵权责任。”如果销售者不能指明缺陷产品的生产者也不能指明缺陷产品的供货者，那就说明销售者有过错，没有对进货过程尽到注意义务。本条规定除了体现了对受害人的充分保护，也告诫销售者谨慎进货，选择安全可靠的生产者、供应商。

（三）运输者、仓储者的责任

运输者、仓储者不是产品责任的直接承担者，消费者受到损害不能直接要求运输者或仓储者进行赔偿，而只能要求生产者和销售者承担产品责任。但是，若产品的缺陷是由运输者或仓储者造成的，则生产者或销售者可以向其追偿。根据《侵权责任法》第44条规定："因运输者、仓储者等第三人的过错使产品存在缺陷，造成他人损害的，产品的生产者、销售者赔偿后，有权向第三人追偿。"

在《罗某不服重庆市北碚区技术监督局封存玉米决定案》①中，涉案的玉米本来不属于《产品质量法》中的产品，但是本案原告的人工掺合行为已经改变了原产品性能，应当将该玉米视为经过加工、制作的产品，所以该案适用《产品质量法》予以处理是正确的。

假如此种掺合是由于运输者掩盖自己的过失而进行的，生产者和销售者赔偿后，就有权予以追偿。生产者、销售者的这种追偿可以基于合同的违约责任，也可以基于侵权责任。因为生产者或销售者与运输者或仓储者之间存在运输合同或仓储合同法律关系，运输者或仓储者没有依约定保管好货物，造成了产品缺陷，当然应当对其违约行为给合同相对方造成的损害承担赔偿责任，而合同责任的归责原则一般是不问过错的。

另外，如果运输者或仓储者的行为构成了对生产者或销售者的侵权，生产者或销售者就可以要求其承担侵权责任，只是这种侵权责任不是产品责任，而是一般的侵权责任，适用的归责原则是过错责任，即必须证明运输者或仓储者主观上有过错才可以追究其侵权责任。而最终是追究违约责任还是侵权责任，生产者或销售者可以根据责任竞合理论选择有利于自己的方式。

---

① 《罗华不服重庆市北碚区技术监督局封存玉米决定案》，载最高人民法院中国应用法学研究所编：《人民法院案例选》1996年第2辑（总第16辑），人民法院出版社1996年版，第217页。

四、产品责任的免责事由

我国《产品质量法》第41条第2款规定："生产者能够证明有下列情形之一的，不承担赔偿责任：（一）未将产品投入流通的；（二）产品投入流通时，引起损害的缺陷尚不存在的；（三）将产品投入流通时的科学技术水平尚不能发现缺陷的存在的。"

从文字解释看，如果销售者在能够证明自己没有过错的情况下，也可以通过证明上述三个免责事由而主张免责。显而易见，法律规定销售者承担的是过错责任，同时又与生产者承担连带责任。如果销售者证明了其没有过错，就不应承担产品责任的最终责任，而仅根据法定的连带责任承担直接责任。在销售者同生产者承担连带责任的情况下，销售者当然也可以引用生产者所具有的抗辩事由，否则就会导致销售者承担直接责任，却因为生产者存在免责事由而无法对生产者进行追偿的不公平情形。

前述《蔡某诉邮电局购机后因故障连续更换四次要求退机赔偿案》[①]中，蔡某购买的手机有故障，与卖家邮电局协商不成遂起诉法院。

法院经审理认为：蔡某与市邮电局之间买卖移动电话意思表示真实，买卖关系成立，其民事行为合法有效。蔡某所购的4部移动电话除一部产品质量不合格外，其他三部均为合格产品。因此其主张4部手机均属伪劣产品证据不足，其要求市邮电局承担双倍财产赔偿责任和精神损害赔偿责任，于法无据，不予采纳。

应当认为，法院的此判决有待商榷。既然已经有证据证明其销售的第二部手机为不合法产品，说明销售者没有履行明确告知的义

---

① 《蔡志鸿诉厦门市邮电局购机后因故障连续更换四次要求退机赔偿案》，载最高人民法院中国应用法研究所编：《人民法院案例选》1999年第2辑（总第28辑），人民法院出版社1999年版，第38页。

务，且其提供的另两部手机均为修理后的产品，又都没有明确告知原告，无疑也侵害了消费者的知情权。

既然，销售者在销售产品时，只要没有履行积极的告知义务，就构成消极不作为的欺诈行为。那么本案原告要求双倍赔偿的要求符合法律规定。

同时，《侵权责任法》第46条规定："产品投入流通后发现存在缺陷的，生产者、销售者应当及时采取警示、召回等补救措施。未及时采取补救措施或者补救措施不力造成损害的，应当承担侵权责任。"本条规定，明确了即使产品在投入流通前没有发现缺陷，但是流通后发现缺陷的，生产者未及时采取补救措施放任损害发生，或补救措施不力造成损害的，仍应承担侵权责任。

（一）未将产品投入流通

投入流通，是指以任何形式的出售、出租、租赁，以及抵押、质押、典当等形式发生产品移转。若产品仍处于生产阶段或紧接着生产完毕后的仓储阶段，则不认为已投入流通。

【案例12－1－23】使用库存缺陷产品受损厂家要赔偿吗？
——《未投入市场的体育器材致人损害赔偿案》①

甲公司生产了一批臂力棒，成品出厂前经检验员的严格检测，将有严重缺陷的产品存放在废品仓库。管理员刘某从废品仓库中私自拿了一件臂力棒送给其朋友陈某作为生日礼物，但未告知陈某该臂力棒的来源及存有严重缺陷。

后陈某在晨练时，臂力棒断裂，陈某颌骨被撞裂，四颗门牙缺损。陈某向甲公司要求赔偿，遭到拒绝，遂以甲公司和刘某为共同

① 李赣兴：《使用库存缺陷产品受损厂家不负赔偿责任》，来源：《法制日报》，载"中国网络法律站点"，http://www.chinaweblaw.com/news/n40256c8.html，2006/02/25。

被告诉至法院，要求赔偿损失。

法院经审理认为：陈某使用甲公司生产的缺陷产品（臂力器）受到伤害是事实，该产品存在缺陷和陈某受到伤害以及产品缺陷与损害之间的因果关系都可以证明。但是该臂力器是甲公司已经认定有严重缺陷而存放在废品仓库的，并未投入流通。根据《产品质量法》第41条关于生产者免责的规定，甲公司对没有投入流通的臂力器不承担产品责任。

由本案可见，产品责任也不是绝对责任，只要具备法定免责事由，生产者就可以不承担产品责任。

本案中，甲公司能够证明该臂力器是其作为废品存放在仓库的，并没有投入流通，而是刘某擅自取出送给陈某的，因此就具有法定的产品责任免责事由，故法院驳回了陈某对甲公司的诉讼请求。最后根据《合同法》关于瑕疵担保责任的规定——赠与人故意不告知瑕疵造成受赠人损失的，应当承担损害赔偿责任——判令刘某承担全部赔偿责任。

（二）产品投入流通时引起损害的缺陷尚不存在

如果生产者能够证明自己的产品在投入流通时不存在缺陷（如证明在设计、制造、说明上不存在缺陷），就说明产品的缺陷是在流通以后才发生的。因流通以后的产品脱离了生产者的控制，生产者无法预见也无法排除其后产生的缺陷，故不应为此承担产品责任，否则就显然是不公平的。

【案例12－1－24】公用电话设施爆炸致人伤害要赔偿吗？
——《周某诉乙德地区电信局等案》[1]

1998年3月7日，周某因其店内公用自动电话计费器及电源

① 《周妙彬诉宁德地区电信局等案》，载国家法官学院、中国人民大学法学院编：《中国审判案例要览》（2001年民事审判案例卷），中国人民大学出版社2002年版，第352页。

转换器发生爆炸而被炸伤眼睛。发生爆炸的电话计费器和电源转换器是1997年周某的父亲与乙电信局签订委托代办公用电话协议书时由该电信局提供的，生产厂家为丙公司。

周某向法院提起诉讼，要求乙电信局和丙公司赔偿自己的损失。

一审法院委托有关机构对受损电话计费器和被告提供的同型号计费器及电源转换器进行鉴定，鉴定结论为：爆炸不是由电话计费器自身引发的，产品符合规格。

一审法院经审理认为：原告因电话计费器爆炸致双眼受伤，事实清楚，证据充分。被告未能证明是原告使用不当或其他过错造成的，故可以认定原告没有过错；鉴定结论也证明被告生产、销售的产品不存在缺陷，因此也没有过错。但因为损害事实的存在，各方应按公平原则分担责任。据此，法院判决由被告乙电信局、丙公司各赔偿原告包括精神损失费在内的各项损失，驳回原告的其他诉讼请求。

二审法院经审理认为：电话计费器和电源转换器发生爆炸造成周某眼睛受伤的事实，有现场目击证人、医院证明、法医鉴定可以认定。鉴定结论没有直接肯定爆炸的电话计费器和电源转换器不存在缺陷，而电话计费器和电源转换器发生爆炸应该认为是由于产品存在缺陷造成的，被告丙公司没有提供发生爆炸不是由其产品缺陷引起的证据，又没有举证存在免责事由，故应承担产品责任。乙电信局销售产品没有过错，对产品质量没有责任，但依《民法通则》和《产品质量法》的规定，应承担连带责任，一审适用公平责任显属不当。据此，法院判决撤销一审判决，由乙电信局和丙公司连带赔偿各项损失。

本案中，一审法院根据鉴定结论认为丙公司的产品质量符合标准，爆炸不是电话计费器自身引起的，该产品不存在缺陷，且乙公司没有过错，同时周某和甲电信局也没有过错，故适用公平责任由三方分担损失。这显然是对产品责任归责原则的误认，二审法院纠正了这个错误，作出了正确的判决。

本案的关键在于对产品缺陷的认定和归责原则的适用。首先，电话计费器和电源转换器发生爆炸炸伤周甲是有证据证明的。也就是说，损害和因果联系是清楚的。那么，产品是否有缺陷就成了问题的关键。依一般的公众观念，电话计费器和电源转换器应该不会爆炸，即该产品应该不存在爆炸的危险，而事实上却出现了这种情况，那么就应该认为产品是有缺陷的。周甲证明电话计费器和电源转换器发生爆炸的事实就已经完成了证明产品存在不合理危险这一缺陷的举证责任。

而鉴于乙公司提供的鉴定结论只能表明“被告提供的同型号计费器及电源转换器”没有缺陷，但“没有直接肯定爆炸的电话计费器和电源转换器不存在缺陷”，因此可以认为，只有在生产者能够证明自己的产品在投入流通时不存在缺陷，证明了在设计、制造、说明上都不存在缺陷，譬如其能证明是周某的不正常使用或故意用他物引爆等原因造成的，方可证明产品没有缺陷。

故而，即使不是产品自身造成的，譬如是因为电压等情况造成爆炸，鉴于丙公司未能提供证明产品的缺陷是在流通以后才发生的证据，证明流通以后的产品业已脱离了其生产者的控制，生产者无法预见也无法排除其后产生的缺陷，才不应承担产品责任，否则仍应认定产品存在缺陷，仍应当认为原告关于产品存在缺陷的举证业已成立。

（三）开发风险

所谓开发风险，是指将产品投入流通时的科学技术水平尚不能发现缺陷的存在。如果将产品投入流通时的科学技术水平不能发现缺陷的存在，即使其后由于科学技术的进一步发展而认识到产品存在缺陷，制造者也不对已投入流通的产品致损承担产品责任。世界上大多数国家都将开发风险作为产品责任的免责条件。

与开发风险紧密关联的有两大因素：一是时间因素，二是对科技发展水平的认定。从时间上看，免责条件所限定的时间是“投入流通时”，而不是设计产品时、制造产品时或投入流通后。因此，衡量有关科学技术水平，应以产品投入流通的时间为标准时间。但有些产品是多次投入流通的，每次投入流通的时间相距可能较长，就应以与“科学技术发展到了能够发现缺陷存在的水平”的时间最为接近的一次投入流通的时间为标准时间，对此后投入的产品造成的损害，制造者不能免责。

认定某产品的制造者是否有责任时，在对其科学技术水平的要求上，其应是处在该领域科学技术前沿者；要求的科学技术水平不应局限于某一地区或某一国家的状况，而是指在该领域世界科学技术水平的状况；有无同类替代产品以及科学文献（著作及学术刊物的文章）通常被用来认定科学技术的发展水平。但需要注意的是，符合国家或行业的相关标准并不能直接作为“产品投入流通时的科学技术水平尚不能发现缺陷的存在”的依据，因为科技的发展水平与国家或行业标准并不一定是保持一致的。

（四）其他免责条件

除了上述三种产品责任的特殊免责事由外，产品的生产者或销售者还可以援引其他的一般免责事由（如受害人的过错、非正常使用或错误使用等）进行抗辩。当然，产品的生产者或销售者须对这些免责事由承担举证责任。

【案例 12－1－25】既为“山寨”何谓“名车”

——《甲公司诉德国丙公司生产的丁品牌汽车质量损害赔偿因不是原装车并为走私罚没车撤回起诉案》①

原告于 1996 年 2 月在乙机电设备总公司购得被告德国丙公司品牌轿车 1 辆，总计支付人民币 120 万元。在总行驶里程不足 6 万

① 《南建企业集团有限公司诉德国 BMW 公司生产的 BMW 汽车质量损害赔偿因不是原装车并为走私罚没车撤回起诉案》，案例来源：北大法律信息网，http://vip.chinalawinfo.com/Case/displaycontent.asp? Gid = 117462470。

公里的情况下，多次出现无故停驶现象，多次在被告授权维修点维修，产生维修费数万元。1999 年 10 月再次维修时被告知：缸体损坏，需进行更换。原告要求被告对缸体损坏原因作合理解释，被告均以种种借口推诿。随后，原告起诉，请求法院判令被告承担产品质量责任，对原告购买的轿车进行更换或退货，赔偿原告经济损失 120 万元，承担全部诉讼费用。

经查，原告起诉的轿车非被告德国丙公司所生产，而系他人拼装、伪造的轿车。

诉讼中，原告申请对讼争的轿车质量进行鉴定，被告则要求对该车是否其公司生产制造的原装车进行鉴定。确认讼争的轿车是他人利用被告生产制造的汽车零部件拼装的走私罚没车。庭审辩论后，原告书面申请撤回对被告的起诉。

法院认为：承担产品质量责任的主体是生产者和销售者。被告丙品牌公司所持对讼争的轿车质量免责的主张，有事实和法律根据，依法应予支持。

《产品质量法》虽没有明确规定生产者应否对他人假冒、伪造的产品，他人通过非法途径销售的产品，即走私的产品承担产品质量责任。从生产假冒伪劣产品的应承担相应法律责任和生产者对其生产制造的产品承担产品质量责任的法律规定看，生产者不应对他人假冒、伪造、拼装的产品承担产品质量责任。

本案存在的免责条件即为“其他免责条件”。

五、关于产品责任诉讼时效的特别规定

我国《产品质量法》就缺陷产品致人损害的诉讼时效，作出了不同于《民法通则》的规定。该法第 45 条规定：“因产品存在缺陷造成损害要求赔偿的诉讼时效期间为二年，自当事人知道或者应当知道其权益受到损害时起计算。因产品存在缺陷造成损害要求赔偿的请求权，在造成损害的缺陷产品交付最初消费者满十年丧

失；但是，尚未超过明示的安全使用期的除外。”

前述《心脏起搏器两年后电极导线折断致再次植入赔偿案》[①]中，经医院推荐，征得原告及亲属的同意，医院购买了被告医学仪器公司销售的美国某公司生产的一种心脏起搏器。随机发给患者的“起搏器患者安全卡”注明，该机保证年限为“终身”。两年里，先后两次心脏起搏器电极导线折断。随后，原告起诉至法院。

一审法院经审理认为：为原告植入心脏起搏器，其目的在于使原告的心脏病状况得到改善，从而延长原告的生命。但原告使用的美国某公司生产的心脏起搏器仅 2 年时间，就出现电极导线断裂的情况，给原告带来了损害。原告第二次植入使用的另一公司生产的心脏起搏器已在体内 4 年仍正常工作，这说明第一个心脏起搏器明显地没有达到一般同类心脏起搏器的合理使用年限，因此可以认为被告医学仪器公司销售的美国某公司生产的心脏起搏器存在缺陷。

涉及产品质量不合格案件时，应注意区分产品质量责任和产品瑕疵责任。《民法通则》中规定的是产品瑕疵责任，也就是说只是产品的质量不合格。而如果因产品质量不合格而导致消费者人身及财产损害的，则属于产品质量责任，应当适用《产品质量法》中规定的 2 年诉讼时效期间。

本案所涉产品因不合格而导致原告人身或其他财产损失，因此，其诉讼时效应当适用我国《产品质量法》第 45 条的规定。因为相对于《民法通则》而言，《产品质量法》属于特别法，按照一般法与特别法的关系原理，在对同一个问题有不同规定的情况下，应适用特别法的规定。故本案应当适用的是《产品质量法》中规定的 2 年诉讼时效期间，原告在第二次植入心脏起搏器之后的近 2

① 《程桂兰诉 464 医院为其植入的由秦明医学仪器公司销售的心脏起搏器 2 年后电极导线折断致再次植入赔偿案》，载最高人民法院中国应用法学研究所编：《人民法院案例选》2000 年第 4 辑（总第 34 辑），人民法院出版社 2001 年版，第 132 页。

年内提起诉讼，并未超过诉讼时效。

我国《产品质量法》第45条前半部分规定的是因产品缺陷致人损害的诉讼时效为2年。而后半部分“因产品存在缺陷造成损害要求赔偿的请求权，在造成损害的缺陷产品交付最初消费者满十年丧失；但是，尚未超过明示的安全使用期的除外”，则是对产品责任要求赔偿请求权除斥期间的规定。

六、产品责任的惩罚性赔偿

《侵权责任法》第47条规定：“明知产品存在缺陷仍然生产、销售，造成他人死亡或者健康严重损害的，被侵权人有权请求相应的惩罚性赔偿。”本条规定，确立了我国法律对产品侵权惩罚性赔偿的规定。

侵权责任法是以“恢复原状”为基本原则的，是否应规定惩罚性赔偿，在《侵权责任法》立法过程中引起了很大争议。惩罚性赔偿是英美侵权行为法的制度，而大陆法系国家一直都未接受惩罚性赔偿制度。因为大陆法系国家认为，民法是私法，只能解决平等主体之间的法律问题，私人之间，一方不能惩罚另一方。

【案例12-1-26】知假买假搞惩罚性赔偿能否得到法律支持？——《吴某诉大乙烟酒食品商店出售过期食品构成欺诈加倍赔偿案》[①]

原告于1997年2月20日在被告处购买五香牛肉干和沙嗲牛肉干各10盒，同月23日、24日，又在被告处购买上述两种牛肉干

① 《吴进文诉南京大庆烟酒食品商店出售过期食品构成欺诈加倍赔偿案》，载最高人民法院中国应用法研究所编：《人民法院案例选》1998年第2辑（总第24辑），人民法院出版社1998年版，第56页。

各15盒，共计50盒。该牛肉干包装盒所标注的生产日期为1996年7月3日，保质期6个月，即原告购买之日，该食品已超过保质期一个月有余。

同年3月5日，原告曾就他于2月20日所购买的价值235元的上述牛肉干向被告索赔，被告退款并双倍赔偿共计739元。嗣后不久，原告又就2月23日、24日两次所购买的牛肉干向被告索赔，要求双倍赔偿，因协商未果，原告遂诉至法院要求退还货款并双倍赔偿。

法经审理后认为：消费者的合法民事权益受法律保护。消费者在购买、使用商品时，其合法权益受到损害的，可以向销售者要求赔偿。被告销售超过保质期的食品，其行为显属违反法律的无效民事行为，应当依法承担民事责任，故对原告要求被告退还货款的主张予以支持。

被告销售法律明令禁止销售的食品，且不能证明自己的行为确非欺骗或误导消费者而实施，其行为已构成欺诈，故被告应依法承担增加赔偿原告所受到的损失的责任。增加赔偿的金额依法应为原告购买该食品的价款数额，故原告要求被告增加食品价款双倍赔偿的主张于法不合，不予支持。原告要求被告赔偿的其他损失，应根据原告的实际需要确定。

原告是否以营利为目的，这并不妨碍其作为一名公民行使其法律赋予的权利。而且，被告方也无充分证据证明原告以营利为目的而购买该过期食品，故原告应为受《消费者权益保护法》保护的消费者。被告出售过期食品显然是一种违法行为，被告应承担退还货款的责任。根据国家工商总局发布施行的《欺诈消费者行为处罚办法》第4条的规定，被告的行为属欺诈消费者的行为，应当承担欺诈的法律责任。《消费者权益保护法》第49条的规定，属于惩罚性条款，在被告有欺诈行为的前提下，原告要求增加赔偿的请求应予以支持，只是原告所要求增加双倍赔偿，系对法律条文的理解错误，增加赔偿的数额应为该货物价款的本数，而不是价款的两倍。

当然，立法机关也否定了一些学者提出的建立全面的惩罚性赔偿制度的意见，法律严格限制了惩罚性赔偿的适用范围和条件。在《侵权责任法》中，将惩罚性赔偿仅限定在恶意产品侵权中，不得扩大适用。

第二节 建筑物等设施及管领之物致人损害的民事责任

一、建筑物等设施及其搁置物、悬挂物致人损害的概念

（一）工作物致人损害责任的概念

我国《侵权责任法》第七章对工作物致人损害进行了详细的分类，《侵权责任法》第85条规定："建筑物、构筑物或者其他设施及其搁置物、悬挂物发生脱落、坠落造成他人损害，所有人、管理人或者使用人不能证明自己没有过错的，应当承担侵权责任。所有人、管理人或者使用人赔偿后，有其他责任人的，有权向其他责任人追偿。"

所谓"工作物致人损害责任"，又称"工作物致害责任"，通说认为是指，建筑物或其他设施以及建筑物上的搁置物、悬挂物发生倒塌、脱落、坠落造成他人损害，其所有人或者管理人所应承担的民事责任。

【案例12-2-1】高架桥坍塌致人死伤谁来赔偿？

——《高架桥坍塌调查：被质疑存在偷工减料》[①]

5月17日下午，320国道高等级公路的重要配套工程—湖南株洲市红旗路高架桥发生垮塌，造成9人死亡，16人受伤，24辆车受损。

① 黎广：《株洲高架桥坍塌调查：被质疑存在偷工减料》，载《时代周报》2009年5月21日。

据目击事故全程的市民说，事故发生时，红旗高架桥的北边桥面上，仍有工程车在作业，同时也在对高架桥110号—109号桥墩段路面实施机械拆除，桥墩突然断裂，终于形成骨牌效应，导致八个桥墩九个桥面坍塌。大桥垮塌事件的原因，涵盖了爆破施工、机械拆除、桥的质量、交通管制不到位等问题。

2. 对“建筑物”的理解各不同

在确定建筑物致人损害责任时，首先应当对什么是“建筑物”进行定义。我国台湾地区民法学者史尚宽先生曾对土地工作物进行过列举，主要包括：一般建筑物、桥梁、埠头、运河、堤坝、铁路、埋管工事、运动圆木、水门、屏障、甬壁、沟渠、电柱、电线、广告塔、揭示场、街灯、纪念碑墓石、隧道、栏杆、阶台、屋檐、天井、梁桁、门窗、烟囱、电梯、照牌、壁镜等。

（二）建筑物等设施及其搁置物、悬挂物致人损害责任的特征

1. 建筑物致人损害责任是工作物致人损害的特殊侵权责任

建筑物致人损害是典型的工作物致人损害的侵权行为。在特殊侵权行为中，一类是对他人的行为负责的特殊侵权，一类是对工作物致人损害负责的特殊侵权。建筑物致人损害的致害物是建筑物或者其他设施以及建筑物上的搁置物、悬挂物，都属于工作物致人损害的侵权行为。

【案例12-2-2】不慎跌入隧道通风采光井谁之过，谁来赔？
——《刘某诉市中心区交通项目领导小组办公室、市政工程研究院公共构筑物致害人身损害赔偿案》①

原告刘某途经某大道隧道顶部的通风采光井时，不慎从通风采

① 《刘某诉市中心区交通项目领导小组办公室、市市政工程研究院公共构筑物致害人身损害赔偿案》，参见广东省广州市中级人民法院（2006）穗中法民一终字第587号民事判决书。

光井掉下隧道内被机动车碾轧身体，造成刘某受伤，市交警支队出具交通事故认定书，认定该次事故属于道路交通中的意外事故。市法医学会法医鉴定刘某为十级伤残。该大道隧道工程系由被告市市政工程研究院负责设计，被告市中心区交通项目领导小组办公室建设而成。

原告刘某遂起诉。

一审法院经审理认为：市政工程研究院设计、市中心区交通项目领导小组办公室建设的该大道隧道工程，经过法定部门验收后投入使用。本案中，刘某的受伤是由于其不遵守《道路交通安全法》的规定，跨越了隧道绿化隔离设施，而不慎从隧道通风采光井坠落，被隧道内行驶的机动车碾轧身体而致。刘某作为一个有完全行为能力的成年人，其具有辨认、控制、判断自己行为的能力，但是其既不按规定走画有斑马线的人行横道，也不从标示显著、易于通行的地下行人隧道通过，却偏偏选择不是道路的绿化带隔离设施行走，从而酿成本次事故。

刘某所受到的损害后果与市政工程研究院设计、市中心区交通项目领导小组办公室对隧道工程的设计、建设并无关联性，市政工程研究院设计、市中心区交通项目领导小组办公室不存在任何过错，因此，刘某要求市政工程研究院设计、市中心区交通项目领导小组办公室赔偿损失的请求，没有事实与法律依据，不予支持。

原告刘某不服一审判决，提起上诉。

二审审理期间，上诉人与二被上诉人经法院调解达成庭外和解。

本案是由构筑物致人损害的赔偿纠纷案件。

本案的焦点首先在于两被告是否应承担责任。本案致人损害的设施虽然属于公众设施，但从终极意义上说仍是民法上的物件。根据上述条文疏议，构筑物等设施因本身质量存在瑕疵如设计存在缺陷造成他人损害的，构筑物的建设人和施工人应承担严格责任，承担责任后可以向其他责任人追偿。

在本案中，尽管该构筑物的设计和施工符合国家建设工程质量标准，但通风采光井上未采取任何覆盖或其他保护措施，在设计上存在安全隐患；通风采光井旁边虽设置有警示标识，但该警示标识在显著性上存在不足，且缺损的警示标识未及时修缮，可认定该构筑物在管理和维护上存在瑕疵。

我国《国家赔偿法》并未规定公有公共设施的国家赔偿责任。《关于〈中华人民共和国国家赔偿法（草案〉的说明》指出："桥梁、道路等公共营造物因设置、管理欠缺发生的赔偿问题不属于违法行使职权的问题，不纳入国家赔偿的范围，受害人可以依照《民法通则》的有关规定，向负责管理的企业、事业单位请求赔偿。"因此，两被告应承担相应的民事责任。另外，本案责任的性质究竟是国家责任还是民事责任?

由于本案的构筑物是公众构筑物，不同于私人构筑物，因此在适用法律上存有争议。关于公有公共设施致害赔偿问题，理论界历来有两种截然对立的观点。一种观点认为应当属于民事责任，适用《民法通则》第126条和《最高人民法院关于人身损害赔偿案件适用法律若干问题的解释》第16条的规定。

另一种观点认为应当属于公法责任，纳入国家赔偿的范围，适用《国家赔偿法》。虽然从世界各个国家立法例来看，公共构筑物的责任在传统上归属于国家赔偿责任。但可以认为，在公众构筑物造成他人损害时，会发生责任竞合的情形，即国家赔偿责任和民事责任的竞合。

由于公众设施属于民法范畴上的特殊物件，当产生致害后果时，既有可能符合民法中物件致人损害赔偿责任的构成要件，产生私法上的责任。同时，依法管理、维护公众设施又是行政主体的法定义务和职责，不履行法定职责产生损害后果的，又可能符合行政赔偿责任的构成要件，产生公法上的责任。

从维护人们的合法权益，为受害人提供有效的法律救济的角度出发，应当由受害人选择责任之一行使。

2. 建筑物致人损害责任是责任人为工作物损害负责的“替代责任”

特殊侵权责任大都是替代责任。按照责任人所替代承担责任的对象是人还是工作物，替代责任可分为对人的替代责任和对物的替代责任。

【案例12-2-3】对管理的玻璃致人损害所承担的替代责任
——《唐某诉公房使用人陈某、公房所有人丙纸箱厂楼房窗户玻璃坠落致其人身伤害赔偿纠纷案》①

被告丙纸箱厂于1988年建成一栋7层家属楼，在该楼四单元南侧阳台下修建一乒乓球台。该楼窗户玻璃安装存在质量问题，使用中曾数次发生玻璃坠落之事，住户普遍提出意见，但纸箱厂未及时进行修缮。某日居住在该楼四单元六楼南侧的被告陈某酒后关阳台南边窗户时，玻璃坠落并破碎，玻璃碎片下落插入当时正在打乒乓球的原告唐某头顶部，致唐当场昏迷。后被送至医院进行手术。

原告唐某起诉到法院，要求被告陈某赔偿医疗费、家长护理的误工损失费、家长精神损害赔偿费及今后医疗费、生活费。

一审法院经审理认为：被告陈某对应承担主要责任。被告丙纸箱厂对此事故亦应承担一定责任。原告要求被告赔偿家长精神损失费之请求，无法律根据，不予采纳。宣判后，唐某提起上诉。

二审法院认为：丙纸箱厂与陈某均应承担相应的民事赔偿责任。唐某上诉部分有理，应予采纳。陈某所持不承担赔偿责任的上诉及丙纸箱厂以无过错、不承担赔偿责任的答辩均无理，应予驳

① 《唐继军诉公房使用人陈应驹、公房所有人工贸合营西宁纸箱厂楼房窗户玻璃坠落致其人身伤害赔偿纠纷案》，载最高人民法院中国应用法学研究所编：《人民法院案例选》1994年第3辑（总第9辑），人民法院出版社1994年版，第82页。

回。原审认定事实基本清楚，但适用法律错误，具体分担责任有误，赔偿数额偏低，应予改判。

本案关键的问题在于对本案这种情况应按一般侵权适用过错原则处理，还是应按特殊侵权适用过错推定原则处理。

对于此种情况，应当认为应适用特殊侵权过错推定原则。根据特殊侵权过错推定原则的要求，受害人只需证明损害事实的存在及损害后果，无须证明对方当事人对此是否存在过错；只要对方当事人不能证明自己没有过错，就推定其有过错而承担相应的民事责任。

建筑物致人损害责任是物件致人损害的替代责任，是责任人对其管理、使用的物件致人损害所承担的替代责任。

3. 建筑物致人损害责任主要包括建筑物上的搁置物、悬挂物发生倒塌、脱落引起的损害责任

（三）建筑物致人损害责任的构成要件

根据我国《侵权责任法》第85条的规定，建筑物致人损害责任的构成要件为：加害行为、损害后果、因果关系和加害人的过错。

1. 加害行为

在大多数侵权行为的构成中，加害行为表现为加害人对受害人的直接侵害行为。但在建筑物倒塌、脱落或坠落致人损害的侵权行为中，加害行为则由两个部分构成：一是加害人对该建筑物（或其他设施，或者建筑物上的搁置物、悬挂物）的所有或管理事实；二是建筑物（或其他设施，或者建筑物上的搁置物、悬挂物）的倒塌、脱落或坠落。二者必须同时具备，方能构成侵害事实。

【案例12－2－4】整楼倒塌一片哗然

——《上海楼房倒塌理赔方案公布：退钱换房二选一》①

上海“莲花河畔景苑”事故理赔将有实质性进展。在张慕村召开倒覆楼业主沟通会上，公布了倒覆楼理赔初步方案。参与制定方案的相关负责人透露，开发商拿出最大诚意，制定了或退钱、或换房的A、B两套解决方案。

2. 损害后果

损害后果主要包括：

（1）致受害人产生人身的损害。例如，因致伤、致残而使受害人减低或丧失劳动能力。

（2）致受害人死亡。

（3）致受害人财产的直接损害。例如，砸死受害人的牲畜、砸毁受害人房屋或其他财产。

（4）致受害人收入的减少或丧失。

（5）致受害人为医疗等费用的开支。加害人应对受害人的一切人身和财产损失承担责任。

3. 因果关系

加害行为与损害后果之间的因果关系是指二者之间的引起与被引起的关系。建筑物或者其他设施以及建筑物上的搁置物、悬挂物的倒塌、脱落或坠落直接造成人身伤害或财产损害，固然为有因果联系；但若物理力并未直接作用于他人的人身或财产，而是引发其他现象致他人的人身或财产受损害，也应认定为有因果关系。②

---

① 《上海楼房倒塌理赔方案公布：退钱换房二选一》，载《新民晚报》，2009年7月11日。

② 王利明主编：《民法·侵权行为法》，中国人民大学出版社1993年版，第468页。

【案例12－2－5】“此桥不能过”

——《梁某等诉丙村民委员会人身损害赔偿纠纷案》①

2004年10月4日下午，原告梁某驾驶（核定载重量为1吨）农用车，在装载了重达4吨的砖块，从拆房工地驶至尤家里小丁家桥时，不顾村民劝阻过桥，造成桥梁一侧坍塌，农用车翻入河中，梁某及其同车乘坐的妻子张某一同落水，张某因溺水死亡，梁某本人也被他人送往医院抢救，共用去医药费497.7元。

在镇司法所主持调解下，西典巷村委给予死者张某家属一次性照顾补偿费2万元。2004年12月，梁某等向法院提起诉讼，认为调解协议显失公正，要求撤销协议，扣除已经支付的20000元，还需支付赔偿金159114.8元。

法院审理认为，丙村委作为桥梁的管理者已尽到了管理义务。本案原告梁某，违反道路交通运输的法律规定严重超载，并且在不顾村民劝阻的情况下仍执意行驶在非常狭窄的村道便桥上，对桥梁的承载能力作出了错误的判断，最后导致损害结果的发生，梁某存在明显的过错。事故发生后双方订立的调解协议，是双方真实意思的表示，并没有显失公正之处，因此原告要求撤销该协议的理由，不能成立。丙村委给予原告的补偿费用，是出于对原告家庭的同情给予的经济帮助，不可因为原告行使起诉的权利而主张返还。

判决：驳回梁某等的诉讼请求。

本案属于建筑物致人损害的特殊侵权责任纠纷。

建筑物、构筑物或者其他设施及其搁置物、悬挂物致害的侵权责任，其所有者、管理者应当承担责任，但如果所有者或管理者能够证明自己主观上没有过错，则不承担责任。在本案中，发生事故

① 《梁万喜等诉无锡新区西典巷村村民委员会人身损害赔偿纠纷案》，载最高人民法院中国应用法学研究所编：《人民法院案例选》2006年第3辑（总第57辑），人民法院出版社2007年版，第161页。

的桥梁是在丙村委所辖的村道上，丙村委虽不是桥梁的建造者，但对村民集资建造的桥梁应有管理的义务，但根据丙村委向法院提供的证人证言，其已经尽到了管理者应尽的义务，表明其主观上没有过错，自不应承担责任。

4. 加害人的过错

对建筑物致人损害，加害人一方通常具有过失，即未能尽到一个善良管理人应当尽到的注意义务，未能对建筑物进行合理的设计建造或必要的安全管理，才导致损害的发生。依据我国《侵权责任法》的规定，受害人无须对加害人的过错进行举证和证明，而是由法律推定加害人存在过错。加害人可以举证证明自己没有过错，只有在其能够证明自己没有过错的情况下方能免除侵权责任。

（四）建筑物致人损害的归责原则

根据《侵权责任法》第85条规定，建筑物致人损害责任采用过错责任原则，但适用的是过错推定方法，即首先推定加害人有过错，同时允许加害人对自己没有过错加以证明：若加害人不证明自己或者不能证明自己没有过错，则认定其有过错；若加害人能够证明自己没有过错，则不构成侵权行为，不承担侵权责任。

【案例12-2-6】高空抛掷物就能导致“连坐”吗？
——《被烟灰缸砸伤无法确定具体加害人诉开发商及居民损害赔偿案》①

某日深夜，郝某加完夜班回家，在路过学田湾正街65和67号楼下时，一只从天而降的烟灰缸砸在了他的头上，经过手术急救，郝某脱离了生命危险，但留下了严重的后遗症，被鉴定为三级智能障碍伤残、命名性失语伤残、颅骨缺损伤残等，伴随经常发作的外伤性癫痫，郝跃基本丧失了生活自理和工作能力。郝某遂将65、

① 参见重庆市第一中级人民法院（2002）渝一中民终字第1076号民事判决书。

67 号两幢居民楼的开发商及两幢楼一定楼层以上的 24 户居民先后告上了法庭，要求他们共同赔偿。

法院审理认为，该两栋房屋除事发当晚有 3 户人家无人居住外，其余 22 户房屋的居住人共同承担赔偿责任。被告开发商作为该两栋房屋的产权人，不是实际使用人，不承担赔偿责任。

本案属于高空抛物致人损害的特殊侵权案件。应当认为，《侵权责任法》的规定让建筑物使用人承担了更多的义务和责任，但从预防损害发生的角度和有关当事人利益平衡的角度讲，此规定还是具有一定积极意义的，此外，法律为保护建筑物使用人的利益，规定了如果建筑物使用人能够证明自己不是加害人的则不承担责任。可以说，法律此规定实现了民事主体权利保护与社会利益保护之间的平衡。因此，法院判决有 22 户居民承担责任是合理的，正是现代民法之实质正义的体现，在本案的判决中，有 3 户人家没承担责任则是因为他们具有法定的抗辩事由。

（五）高空抛物致人损害的民事责任

《侵权责任法》第 87 条规定："从建筑物中抛掷物品或者从建筑物上坠落的物品造成他人损害，难以确定具体侵权人的，除能够证明自己不是侵权人的外，由可能加害的建筑物使用人给予补偿。"

本条仅适用于从高层建筑物或区分所有建筑物上抛掷或坠落的物品致人损害而加害人又不明确的情形，如果损害的发生不是由于从建筑物中抛掷或坠落的物品引起的，而是由其他数人共同实施加害行为引起的，则不适用本条的规定。这是本条与共同危险行为的主要区别。高空抛物之构成要件为：

1. 有损害事实的发生

根据"无损害就无救济"的法理，只有在当事人受到实际损害的情形下才会得到法律的救济。所谓实际损害，是指权利人的权利和受到法律保护的其他利益受到破坏，失去或降低了原来具有的价值的事实。

2. 损害的发生与建筑物的抛掷物或坠落物有因果关系

受害人所受到的损害必须是由从高层建筑上抛掷出来的或坠落的物品造成的，如果是由和建筑物没有关系的原因造成的，则不适用该条的规定。这是本条适用所要求的最重要的情形，也是本条和共同危险行为的重要区别。

3. 具体加害人无法确定

本条主要适用于侵权人不明确时的情形，如果加害人是确定的，则不适用本条的规定。

【案例12-2-7】给予补偿只能是对当事人利益的一种衡平——《高空抛物砸死人　深圳73业主“连坐”成被告》[①]

2006年5月31日傍晚，家住南山区海德二道附近的小学四年级学生小宇，放学途经海德二道时，突然被一块平板玻璃从南侧人行道的上空坠下砸中头部，后经抢救不治身亡。

由于无法得知玻璃从何而来，更不知道是有人故意抛下，还是玻璃从附近建筑物自行坠下，公安等多部门介入调查，但至今没有一个具体说法。小宇的家属为了给儿子一个说法，开始了漫长的寻求法律之路。他们决定将与海德二道南侧最近的“好来居”73个业主及“好来居”物业管理处告上法庭。

2006年7月27日，南山区人民法院依法受理了该案，并初定于当年9月12日开庭审理。

业主对自己列为被告大喊“冤枉”，认为把他们告上法庭没有法律依据。为了证明自己当时并不在家中，在场的大部分业主都找到了证人，当庭为他们作“不在现场证明”。“我们不排除真正的

① 《高空抛物砸死人　深圳73业主“连坐”成被告图》，http://news.QQ.com，2007年12月21日09：18，大洋网，记者李朝红 见习记者 王子荣（南方网）。

被告就在73名业主中间，但总不能因为一个人没有调查出来，就让我们全部受罚吧?”

这是一宗典型的高空抛物致人死亡案件，也是在仍未破案的情况下，谁是被告、该谁来赔偿有争议。虽然在本案中的原被告律师都持有不同观点，但他们都认为，小宇只是公众中的不确定者，而高空抛物损害的是整个社会的公共利益，社会大众中的每一个人，随时都有可能成为受害者。

4. 高空抛物之抗辩事由

建筑设施致人损害适用的归责原则为过错责任原则，其中推定的是具体加害人的主观过错，而本条如果被认为是适用的过错推定，其就不仅仅是推定主观过错，同时推定的还有侵权责任要件中的因果关系，因此，应当认为，此时事实上应为公平责任的适用，所以法律必须赋予潜在的责任主体以抗辩权。

这样在高层建筑中，如果使用人有多人时，其中一人或数人能够证明其不可能实施加害行为，即可以拒绝承担责任，该规定只能是对当事人利益的一种衡平。所以，在侵害人不明确的情况下，法律为了保护人们的权利免受不当侵害和对权利受损的人们进行救济，规定了有可能实施该行为的人对受害人予以一定的补偿而非赔偿，这实质上也是在有关当事人之间进行损害的分配。

二、建筑物、构筑物或者其他设施倒塌致害侵权责任

（一）建筑物、构筑物或者其他设施倒塌致害侵权责任的概念

《侵权责任法》第86条规定：“建筑物、构筑物或者其他设施倒塌造成他人损害的，由建设单位与施工单位承担连带责任。建设单位、施工单位赔偿后，有其他责任人的，有权向其他责任人追偿。因其他责任人的原因，建筑物、构筑物或者其他设施倒塌造成他人损害的，由其他责任人承担侵权责任。”

本条主要针对建筑物、构筑物或者其他设施本身因质量问题而

发生倒塌致人损害的情况。鉴于近年来社会上频发的“豆腐渣”工程倒塌，对人民的生命、财产安全造成了直接的威胁，立法者于是在《侵权责任法》中专设一条对此种特殊侵权情形作出了规定。

【案例12－2－8】不可抗力与管理瑕疵竞合管理者依然应负责任

——《乙市总工会等诉甲市公路总段等管理的公路防护墙在暴雨中倒塌造成车毁人亡赔偿案》①

某日凌晨，甲市地区普降特大暴雨。原告乙市总工会司机魏某驾驶该单位轿车行至甲市东花坛铁路立交桥时，因机动车道积水不能通行，遂驾车沿非机动车道行驶。此时由甲市郊区公路总段负责养护维修的公路防护墙因雨水浸泡，近五十余米长的防护墙突然倒塌，将该车砸毁，造成魏某当场死亡。乙市总工会及魏某近亲属遂以郊区公路段、市公路总段、甲铁分局为被告，向法院提起诉讼。

一审法院经审理认为：铁路分局不是公路防护墙的所有人或管理人，依法不承担赔偿责任；郊区公路段才是公路防护墙的管理者，但其不具备法人资格，所负民事责任应由其所属法人单位市公路总段承担，公路总段应承担主要责任。魏某违章行入非机动车道，应承担次要责任。

二审法院经审理认为：原审认定造成的损失应由市公路总段承担主要赔偿责任，魏某应承担次要赔偿责任，于法无据。原审判决适用《民法通则》第126条正确，但同时在责任认定适用了过错原则，与其适用的法律条文相矛盾。因此变更一审民事判决。

本案发生时该地区普降40年以来少遇的特大暴雨，这一自然现象无疑属于不可抗力，但并不能由此认为公路防护墙的管理者可

① 《偃师市总工会等诉洛阳市公路总段等管理的公路防护墙在暴雨中倒塌造成车毁人亡赔偿案》，载最高人民法院中国应用法学研究所编：《人民法院案例选》2000年第2辑（总第32辑），人民法院出版社2000年版，第132页。

以免责。因为当存在不可抗力与管理瑕疵的竞合时，依据民法理论中原因竞合之规则，管理者依然应当承担民事赔偿责任。

魏某违章行车与公路防护墙倒塌造成其车毁人亡的损害结果之间实属一种巧合，这种巧合只能说明，魏某违章行车行为是损害结果发生的适当条件而非原因，二者之间没有法律上的因果关系。相反，作为防护墙的管理者其管理瑕疵却使防护墙具有塌方致人损害的可能性，故应认定有因果关系。

（二）归责原则

《侵权责任法》第86条适用的是无过错责任原则。

法律之所以如此规定，是因为建筑设施倒塌不同于搁置物、悬挂物的脱落或坠落，其受害人是不特定的公众，有可能给周围的众多人员带来人身或财产上的损害，因此，法律规定了严格的责任。基于严格责任的规定，在发生建筑设施倒塌致人损害时，建设单位和施工单位不得以其主观上没有过错主张免责，只能以法律规定的事由进行抗辩。

【案例12-2-9】严格责任的法律意旨在于保护公众
——《商某因围墙垮塌受伤诉甲公司人身损害赔偿纠纷案》[①]

2005年7月15日晚9时许，重庆市大渡口区天降暴雨，商某及儿子路过被告甲公司开发的住宅小区时，该工地的围墙突然倒塌，将商某及儿子砸倒后掩埋其中。后经法医鉴定，商某属10级伤残。2006年7月10日，商某起诉至法院，要求甲公司赔偿，甲公司主张不可抗力不承担赔偿责任。

一审法院认为，被告向主管部门作出的汇报材料中已明确围墙

---

① 《重庆科而士房地产开发有限公司与商永红人身损害赔偿纠纷上诉案》，案例来源：北大法律信息网，http://vip. chinalawinfo. com/Case/displaycontent. asp? Gid = 117521329。

倒塌的主要原因是围墙排水方面存在问题，被告作为从事房地产开发的企业，对围墙修建的安全要求是熟知的，但在修建本案所涉发生倒塌的围墙时排水措施处置不妥，导致遇暴风雨天气因积水而倒塌，因此应当认定被告明显存在过错，故判决甲公司赔偿商某损失。

甲公司不服，提起上诉。

二审法院驳回上诉，维持原判。

本案中，甲公司从一审到二审都坚持主张围墙倒塌是不可抗力不承担赔偿责任。甲公司对围墙的排水措施处置不当，导致下暴雨时围墙积水过多，造成围墙倒塌，致原告受伤，对此损害事实甲公司明显存在过错。

一、二审法院从不可抗力的含义出发，结合本案事实对此进行了严格的认定，都认为不构成不可抗力，是正确的。

（三）责任承担

建设单位、施工单位赔偿后，有其他责任人的，有权向其他责任人追偿。此即赋予了建设单位和施工单位追偿权。此情形主要适用于其他人对建筑设施因质量问题而发生倒塌具有一定的过错，如因为建筑设施在设计或监理方面存在瑕疵，追偿权的赋予主要是基于实现有关当事人之间利益的衡平，让其他责任人对其过错行为引起的后果承担责任，不至于放纵违法行为。

第十三章　管领行为及其标的物侵权之民事责任

第一节　管领物致人损害之民事责任

一、堆放物倒塌致人损害的侵权责任

（一）堆放物倒塌致人损害的概念

《侵权责任法》第 88 条规定："堆放物倒塌造成他人损害，堆放人不能证明自己没有过错的，应当承担侵权责任。"

本条所谓的堆放物，是指堆放在土地上或其他地方的物品。堆放物倒塌致人损害是指由于堆放物品滚落、滑落或者堆放物倒塌致使他人受到损害。关于堆放物的倒塌致人损害的侵权情形我国《民法通则》没有予以规定，最高人民法院关于贯彻执行《中华人民共和国民法通则》若干问题的意见（试行）第 155 条规定："因堆放物品倒塌造成他人损害的，如果当事人均无过错，应当根据公平原则酌情处理。"

所谓的堆放人，就是指将物品堆放于某处的人。最高人民法院《关于审理人身损害赔偿案件适用法律若干问题的解释》中规定，堆放物品滚落、滑落或者堆放物倒塌致人损害的，适用《民法通则》第 126 条的规定，由所有人或者管理人承担赔偿责任，但能够证明自己没有过错的除外，此处该解释将堆放人界定为了所有人和管理人。我国《侵权责任法》对堆放人的范围没有作出具体的规定。

【案例 13－1－1】堆放树桩的所有人就是堆放人

——《智障少女被树干活活砸死　法判两个采伐人赔偿 4 万》①

一个 16 岁的智障少女，从一个堰埂处经过时，被砍伐后在此放置的一段滚动的树桩活活砸死。树木的主人、采伐人、木材加工厂三方到底谁应该为少女的死亡担责？法院对此案公开审理。

法院开庭审理后认为：本案的被告王某、宰某合伙买树并将其伐倒截节后，作为该堆放树木的所有人，应对其堆放的物品负有管理义务，二被告置于堰埂斜坡中间的小路上，树干存在随时滚落的危险，对此事故的发生存在过失；原告之女天生智力残疾，不能完全辨认自己行为的后果，原告李父作为其女监护人，其女在其视线范围内，应能告知其女危险，以避免事故的发生，因此对该事故发生也存在过失，应减轻树木所有人的民事责任。

判决赔偿原告李父因其女死亡的死亡赔偿金、丧葬费、精神损害抚慰金等损失。

本案中的两被告并非有伤害受害人的故意，但是他们作为该堆放树木的所有人，对其堆放的物品负有管理义务，应当预见到将已采伐成小段的树干放置于小路边，存在滚落的危险，而没有采取必要的措施，因此对事故的发生存有过失，应当对损害后果的发生承担民事赔偿责任。

（二）堆放物倒塌致人损害的归责原则

堆放物倒塌致人损害的侵权责任适用过错责任原则，在举证方式上实行的是举证责任倒置，堆放人在不能证明其主观上无过错的情形下即应承担侵权责任。堆放人能够证明自己主观上没有过错，即尽到了相应的管理责任和义务的，就不应责其承担损害赔偿

---

① 《智障少女被树干活活砸死　法判两个采伐人赔偿 4 万》，（记者何平 通讯员王小慧 曾庆朝 李豹），中广网，2008－03－05，中广网河南分网消息。

责任。

【案例13－1－2】存放物品伤人所有人和管理人都得赔偿——《陆某诉徐某在某食品厂存放的锅炉被其子拴住玩吊床游戏时倾倒砸伤其子致死赔偿案》①

原告陆某之子朱某（男12岁）与柳某（男14岁）、刘某（男11岁）三人进入某食品厂厂区玩耍。在该厂篮球场一侧篮球架旁，存放有经食品厂领导同意的被告徐某代销的立式锅炉，原告之子等三人即在篮球架与锅炉之间玩吊床。期间锅炉向朱某这边倾倒过来砸在朱某头部，朱某当即大量流血昏迷。后经抢救无效死亡。陆某向法院起诉，请求被告食品厂和徐某给予适当赔偿。

法院经审理认为：两被告承担原告各种经济损失的50%，其余经济损失由原告自负。

本案是关于堆放物倒塌致人损害的侵权纠纷。

对堆放人应作广义解释，不应仅仅限定为堆放物的所有人，在特定情形下，非所有人也可能承担损害赔偿责任，如对堆放物具有现实管理义务和可能的管理人。此规定可以促使堆放物的所有人或管理人尽到合理的注意义务，减少损害的发生。

首先，堆放物倒塌致害责任适用过错责任原则，即首先考虑当事人主观上是否存在过错，但在举证方式上实行的是举证责任倒置，即由被告人承担是否有过错的举证责任。其次，因徐某与被告某食品厂之间存在存放关系，由此被告某食品厂成为致害物件锅炉的现实管理人，其应承担起管理好锅炉的注意义务，并且应承担锅炉致他人损害所导致责任的风险。

综上所述，被告某食品厂虽不是锅炉的所有人，但具有现实管

① 《陆爱丽诉徐文成在桓仁食品厂存放的锅炉被其子拴住玩吊床游戏时倾倒砸伤其子致死赔偿案》，载最高人民法院中国应用法学研究所编：《人民法院案例选（民事卷）》（1992—1999年合订本），中国法制出版社2000年版，第1537页。

理的义务和责任，因其没有尽到相应的责任，不能证明其主观上没有过错，所以应承担相应的侵权责任。

二、公共道路堆放物品致人损害的责任

（一）公共道路堆放物品致人损害的概念

《侵权责任法》第89条规定："在公共道路上堆放、倾倒、遗撒妨碍通行的物品造成他人损害的，有关单位或者个人应当承担侵权责任。"

对本条所谓的公共道路应作广义的解释，即公共道路包括但不局限于公路法、公共管理条例中的公路以及道路交通安全法中的道路。公共道路既包括通行机动车的道路，也包括人通行的道路。公共道路主要为公众通行所用，《道路交通安全法》第31条："未经许可，任何单位和个人不得占用道路从事非交通活动。"凡在公共道路上堆放、倾倒、遗撒物品妨碍他人通行的，并因此造成他人损害的，堆放人、倾倒人、遗撒人或对此道路负有管理义务的单位应对受害人承担侵权责任。

本条所谓的有关单位和个人是指在公共道路上堆放、倾倒、遗撒物品的单位或个人，也应包括对公共道路具有管理、维护和保障道路畅通义务的单位和个人。

（二）公共道路堆放物品致人损害之归责原则

公共道路堆放物品致人损害适用的是无过错责任原则，当事人主观上没有过错，也应当对自己的行为或物品造成他人损害的后果承担损害赔偿责任。法律之所以对在公共道路上堆放物品致人损害的责任规定为无过错责任，主要是鉴于行为本身即具有过错性，公共道路为公众通行之所用，任何单位和个人不得通过堆放物品的方式侵占公共道路或因为自己的倾倒、遗撒行为对他人造成损害。

三、林木折断致人损害的所有人或管理人的侵权责任

（一）林木折断致人损害的概念

因林木折断造成他人损害，林木的所有人或者管理人不能证明自己没有过错的，应当承担侵权责任。

【案例 13－1－3】公交被路边大树砸中谁之过？

——《重庆一棵大树倒下砸中公交　阻断交通 3 小时》①

某日，某市人民路路旁一棵直径约 30 厘米的黄葛树突然倒下，倒下的大树砸到了一辆过路的公交车，造成该路段交通阻断约 3 小时，该路段公路被倒下的枝干“拦腰截断”，交通完全阻断。所幸并无人员伤亡。

（二）树木折断致人损害之归责原则

树木折断致人损害是过错责任，在举证方式上实行的举证责任倒置，即在发生了树木折断致他人伤亡的情形时，应由树木的所有人或管理人承担自己主观上没有过错的举证责任，如果所有人或管理人能够证明自己没有过错，则不承担侵权责任。

【案例 13－1－4】树木管理人的赔偿从何而来？

——《台当局认定阿里山小火车翻车不存在人为疏忽》②

台湾地区当局 28 日下午举行记者会，宣布经专家勘察，翻车事故无人为疏失因素，是树木腐朽自然断裂导致。

专家勘察后认为，这棵林木为壳斗科的森氏栎，而非先前

① 《重庆一棵大树倒下砸中公交　阻断交通 3 小时》，2010 年 09 月 29 日 14：02，华龙网（数字记者 庞可）。

② 《台当局认定阿里山小火车翻车不存在人为疏忽》，2011 年 04 月 29 日 03：28，京华时报。

“农委会”认定的青刚栎，估计树龄近百年。该林木幼龄时曾发生过折断，在两主干交叉处产生腐朽。整棵树木生长旺盛，外观看不出腐朽迹象。森氏栎木材比重较大，坠落后的冲击力较强，因此造成小火车翻车。此次断裂意外，无法凭人力检测和预防，属自然现象。

台湾“农委会”主委陈武雄表示，根据林务局的规定，阿里山森林火车铁轨与周围的树木均保持5米的距离，并且一直都有专人沿途检查行车安全。造成事故的树木与铁轨距离为8米，高度差十多米。

四、地面施工、地下设施致人损害责任

（一）地面施工、地下设施致人损害责任的概念

地面施工致人损害责任是指在公共场所、道旁或者通道上挖坑、修缮安装地下设施等，没有设置明显标志或采取安全措施而造成他人损害时，施工人应当承担的民事责任。

《侵权责任法》第91条规定：“在公共场所或者道路上挖坑、修缮安装地下设施等，没有设置明显标志和采取安全措施造成他人损害的，施工人应当承担侵权责任。窨井等地下设施造成他人损害，管理人不能证明尽到管理职责的，应当承担侵权责任。”

如前述案例《陈某诉某市市政管理处施工采取安全措施不当致其伤残赔偿纠纷案》[①]，被告市政管理处承担某排水施工工程，被告在排水沟的西端设置了红色标志灯和栏杆路障，在排水沟的东端设置了南北排列的各长2米、直径70公分的水泥管四根为路障，

① 《陈桂英诉珲春市市政管理处施工采取安全措施不当致其伤残赔偿纠纷案》，载最高人民法院中国应用法学研究所编：《人民法院案例选》1992年第2辑（总第2辑），人民法院出版社1992年版，第62页。

但南侧水泥管与排水沟施工土堆之间有约1.5米的空隙。原告陈某骑自行车回家，骑行进入了该空隙处，连人带车掉入排水沟内致伤。

法院认为：被告应当预见自己排水工程的路障留有空隙，可能会造成损害后果，但由于自信而未对此采取适当管理措施，致使原告掉入沟内而伤残，被告的这种过失行为与原告的伤残有因果关系，因此被告应负全部赔偿责任。

处理本案的关键在于对民法通则第125条的规定如何理解。这个规定它采取的是过错推定原则，即只要施工人不能证明在施工现场设置了符合要求的明显标志和采取了符合要求的安全措施，在造成他人损害时，就推定其有过错。

“没有设置明显标志和采取安全措施”一语，不能仅理解为没有作为，它还包括虽有作为但属消极作为这种情况，即虽设置了标志，但标志不足以引起他人注意，和虽采取了一定的防护措施，但该措施不足以起到正常安全防护的作用。

本案就属于消极作为这种情况。被告在施工现场西端设置了红色标志灯和栏杆路障，是符合法律要求的。但在施工现场东端所采取的防护措施，是明显不符合法律要求的，一是没有设置红色标志灯，以在各种情况下提醒路人注意；二是虽采取了一定的安全防护措施，但该措施有明显的漏洞，不足以在正常情况下起到防护作用。因此，本案被告存在过错，应当承担致原告损害的全部赔偿责任。由于该条规定的民事责任是一种特殊的侵权民事责任，因此，是不考虑受害人的过错因素的。

（二）地面施工致人损害的构成要件

1. 有地面施工的行为

施工行为包括在公共场所、道旁或通道上挖坑、修缮安装地下设施等。这是其区别于一般侵权行为的主要特征。

2. 没有设置明显标志和采取安全措施

法律规定的施工人作为义务包括两项：一是要设置明显标志；二是要采取安全措施。施工人如果不作为，就应当承担责任；如果仅履行了其中一项义务，而未履行另一项义务，也应当承担相应的责任。

如果施工人能够证明自己已经设置了明显标志并采取了必要的安全措施，一般可以免责。但需要注意的是，施工人对该标志和措施还负有维护的义务。若该标志和措施在发生损害时已经遭到损坏，未起到应有作用，施工人仍应承担责任。

3. 有损害的发生

同其他一切侵权行为一样，损害是构成地面施工致人损害的侵权行为的要件之一。在此类侵权案件中，受害人所受的损害主要为人身损害。

4. 地面施工而没有设置明显标志或采取安全措施的行为与他人损害之间有因果联系

在此类侵权案件中，因果关系之查明通常并不复杂，适用一般的证明方法即可。但医学的和科学的鉴定结论，往往对于证明人身损害是因侵权行为所致具有重要的意义。

【案例 13－1－6】警示标志陈旧数量少不足以引起夜行路人注意

——《施工标志不醒目　一女士深夜掉进深沟折断两肋骨》①

晚上 12 点 45 分左右，蔡女士摔进一条施工沟，背部狠狠地砸在突出的钢筋上。

目击者彭某说，这个沟旁放着两盏灯，那天因为风大灯被吹灭了。而且，也没有放置施工路牌。蔡女士被送到医院检查后，发现

① 《施工标志不醒目　一女士深夜掉进深沟折断两肋骨》，2003－11－25，08：53：40，来源：南国都市报，（记者纪燕玲）。

断了两根肋骨，怀疑骨折并且移位。

负责管工的老莫说他们平日都放着灯和施工路牌。第二天早上，事发地点没有施工路牌，200 多米的施工路段上只放置了一个施工路牌。

根据《侵权责任法》第 91 条的规定，地面施工致人损害责任的一个重要构成要件就是施工人在地面施工时没有设置明显标志和采取安全措施。所谓“没有设置明显标志”，其实包括了两种情形：一是没有设置标志；二是虽设置了标志，但该标志不明显，即未能达到足以引起他人注意的程度。本案中，被告放置的警示标志陈旧且数量较少，不足以引起在夜间行走的路人的注意，故应依法承担地面施工致人损害的责任。

(三) 地面施工致人损害之归责原则

关于地面施工致人损害责任的归责原则，我国民法学界一直存在争议，有的认为是“过错责任”“过错推定责任”“无过错责任原则”。目前通说，地面施工致人损害的归责原则应为严格责任原则，即无过错责任原则，施工人即使主观上没有过错也应当对其行为产生的损害结果承担赔偿责任。根据法律规定，即使施工人设置了明显标志或采取了安全措施但仍不足以防止损害的发生，则仍应承担责任。

而地下设施造成他人损害的归责原则应为过错责任原则，在举证方式上实行的是举证责任倒置。在此情形下，如果管理人如果能够证明其已经尽到管理职责，则可以拒绝承担责任。

第二节　环境污染的民事责任

一、环境污染致害民事责任的概念

环境污染致害责任是指因污染环境造成他人人身、财产损害时，污染者应当承担的民事责任。

《侵权责任法》第65条规定："因污染环境造成损害的，污染者应当承担侵权责任。"

前述《王某诉蒙某不按要求使用除草剂造成其种植的农作物损失赔偿纠纷案》[1]，王某与蒙某的瓜地相邻，蒙某在大风天气里给自己的地喷洒除草剂，结果损害了下风头王某的庄稼，遂争讼。

法院经审理认为：蒙某行为已构成侵权，应承担赔偿责任。

本案蒙某未按使用要求在无风、晴天使用，而是在大风的上风头使用，并且不听他人劝阻，结果使下风头的王某承包的瓜地里属双子叶植物的打瓜苗受到了损害，造成王某的经济损失。蒙某因在使用上有过错，应当承担赔偿损失的民事责任。

私法上的环境严格责任调整的始终是环境方对私法主体的补偿；从环境基金中得到的补偿也不属于这一范畴。那些因环境媒质导致公民损害的情形，如因土壤、水或空气中的物质负担，也属于影响个人利益的环境污染。除此之外，"震动、声响、压力、射线、大气、蒸汽、热和其他现象"是否也属于狭义上环境责任法的调整范围（在德国环境责任法第3条中是肯定的）的问题，在欧洲层面上似乎尚未被广泛展开。想要真正描述环境严格责任的范围通常就必须穿越国内法一些传统领域的界限。

——［德］克雷斯蒂安·冯·巴尔

① 《王志英诉蒙小骏不按要求使用除草剂造成其种植的农作物损失赔偿纠纷案》，载最高人民法院中国应用法研究所编：《人民法院案例选》1993年第1辑（总第3辑），人民法院出版社1993年版，第90页。

二、环境污染致害责任的构成要件

（一）须有污染环境的行为

行为人依据法律规定排放污染物被视为是合法行为，违反法律规定排放污染物是违法行为。但不管是否违法，其排污造成了环境的污染都属于污染环境的行为。

国家对于排放污染的许可规定有对范围的要求和对排放限度的要求，如确立排放区域、确定排污标准等，这是面对经济发展和环境损害的矛盾而不得以选择的一种平衡。如果排污单位违反了国家的规定，就要受到国家的行政制裁；而符合国家的排污规定，却不能成为其不承担环境污染致害责任的免责事由。这与产品责任中提到的符合国家标准和行业标准却不能成为产品责任的免责事由同理。

【案例 13－2－1】复杂的叠加污染致害
——《某县环保局成功调解一起污染死鱼纠纷案件》①

某县环保局接到某鱼塘承包业主的投诉：某化工淀粉厂废水流入其承包的鱼塘，造成鱼塘死鱼。现场调查发现此鱼塘除月于养鱼外，多处还设有围栏用于围养鸭子，水质浑浊。该化工淀粉厂排污沟从鱼塘堤坝处经过。由于鱼类容易受到水体酸碱度、气温变化、水中溶解氧、有机物、氨氮因子、氰化物因子等因素的影响，死亡原因比较复杂。

县环保局得出调查结论：鱼塘中氨氮中毒是引起鱼类急性死亡的原因，主要是鱼主的经营活动引起，鱼塘养鱼主对死鱼事故负主要责任。淀粉厂有少量废水流入鱼塘，引起叠加污染，对鱼塘死鱼负有次要责任。据此县环保局依法调解该事故的损失赔偿问题。同

① 《隆安县环保局成功调解一起污染死鱼纠纷案件》，E－mail：longaninfo@nanning.gov.cn，2007－06－01，来源：隆安县环保局（黄文清）。

时县环保局责令该化工淀粉厂停止利用该水沟排放废水。

（二）须有污染环境的损害后果

污染损害与其他损害相比，其特殊性在于：

1. 污染损害具有复杂性

这主要表现为损害原因的复杂。造成污染损害的原因可能很多，而这些原因又可以产生一些综合的连锁反应，更增添了这种复杂性

前述《船舶燃料供应甲有限公司因在国内航线运输船舶碰撞致漏油申请按〈1969年国际油污损害民事责任公约〉设立油污损害赔偿责任限制基金案》[①]中：

法院认为：本案没有证据证明申请人对本次油污损害事故有实际过失或私谋。市环保局认定"甲燃供2"轮船员驾驶船舶的过失，并不能当然推定本次碰撞事故的发生是由于申请人的实际过失或私谋造成的，因此异议人的上述主张不能成立，本院不予支持。

本案属于环境污染损害案，环境污染造成的损害与其他损害相比，其特殊性在于污染损害具有复杂性。主要表现为损害原因的复杂。该案中两船相撞，导致燃料入海造成污染，而两船相撞的原因则非常复杂，由此导致该案环境污染责任在因果关系认定上的困难。

2. 污染损害具有隐蔽性

这主要表现为受害人遭受的损害往往不能及时被发现。产生隐

① 《中国船舶燃料供应福建有限公司因在国内航线运输船舶碰撞致漏油申请按〈1969年国际油污损害民事责任公约〉设立油污损害赔偿责任限制基金案》，载最高人民法院中国应用法学研究所编：《人民法院案例选》2002年第1辑（总第39辑），人民法院出版社2002年版，第347页。

蔽性的原因在于：人体对于污染的轻微侵害在一定时间内是有免疫力的，只有污染侵害达到一定程度，人体才会产生不良反应。由于污染形成一般有一个过程，这就使污染损害具有隐蔽性的特点。

【案例 13－2－2】污染损害赔偿的因果关系实行举证责任倒置
——《谢某等诉水泥公司在烟囱倒塌后继续生产时排放的粉尘气体致其种植的农作物生长异常损害赔偿案》①

2003 年 3 月间，7 名原告在被告乙水泥公司经营的水泥厂东南和西北方种植了两爿四季豆共 28.5 亩。同年 4 月间，该水泥厂的烟囱倒塌。倒塌后，水泥厂继续生产，并向外排放烟尘。此后，7 名原告所种植的四季豆发生枝叶枯死、豆角畸形等。

2003 年 6 月 16 日，7 名原告向法院起诉要求被告赔偿四季豆经济损失。

法院认为：环境污染损害民事责任的构成要件，是致害行为与损害结果之间具有因果关系。根据省分析检测中心的鉴定结论，7 名原告种植的四季豆发生枝叶枯死、豆角畸形等损失与被告水泥厂排放的烟尘没有因果关系。为此，7 名原告要求被告赔偿其种植的四季豆因枝叶枯死、豆角畸形造成的经济损失，证据不足，法院不予支持。

因本案属环境污染损害赔偿纠纷，对加害行为与损害结果之间的因果关系的证明，实行“举证责任倒置”，被告应就其行为与损害结果之间不存在因果关系承担举证责任。环境污染损害赔偿纠纷案件被告举证既是他的权利，也是他的义务。

被告提供的在其周围其他村民种植的四季豆长势良好的证据，

① 《谢高章等诉银杏水泥公司在烟囱倒塌后继续生产时排放的粉尘气体致其种植的农作物生长异常损害赔偿案》，载最高人民法院中国应用法研究所编：《人民法院案例选》2004 年民事专辑（总第 48 辑），人民法院出版社 2004 年版，第 268 页。

该证据足以反驳原告提供的鉴定结论，其次被告提出当地农业局不具备鉴定资质条件，其所作鉴定结论不具有法律效力的说法也有一定道理，因此对于其排放的超标烟尘与原告四季豆枝叶枯死、豆角畸形之间的因果关系无法认定。原告诉求理应被驳回。此案亦说明了环境污染具有隐蔽性。

3. 污染损害具有持续性

污染损害不会因为污染行为的停止而立即消失。这是因为一些污染物的去除不是短时间可以实现的，而需要一定时间的自然净化过程，在污染物去除前，就可能造成持续性的损害；还有一些污染物难以去除（如一些特殊重金属），这种损害将长久地威胁人们的生命和健康。

【案例 13－2－3】长期的噪音构成对环境的持续侵害
——《杨某诉甲航务工程公司噪声污染致精神损害赔偿案》①

被告公司建立铁件加工厂，从事铁件加工业务。原告杨某购买了某公寓并入住。该房屋与被告公司加工厂区相毗邻，由于铁件加工厂三班倒加工敲打、制作铁件，给居住在附近的原告及家人造成噪声污染，原告多次向环保部门投诉，环保部门也多次要求其进行整改，被告向市环境监理中心所出具 4 条整改报告。

其后，被告并没有按整改报告实施整改，噪声污染继续存在，原告等住户再次向环保部门投诉举报，要求处理。因协商处理未果，原告杨某诉求：被告立即停止对原告的一切侵权、侵害行为；判令被告支付精神损失赔偿费 10000 元。

法院经审理认为：被告公司已对原告构成侵权，原告请求被告

① 《杨寒秋诉第三航务工程局第六工程公司噪声污染致精神损害赔偿案》，载最高人民法院中国应用法研究所编：《人民法院案例选》2004 年民事专辑（总第 48 辑），人民法院出版社 2004 年版，第 124 页。

停止侵害，符合法律规定，应予支持，原告请求被告支付精神损害赔偿人民币1万元，并不为过。亦应支持。被告应对有条件整改而未及时整改，为了赶工创利而置相邻居民休息、生活于不顾的行为付出代价。

《环境噪声污染防治法》第2条规定："称环境噪声，是指在工业生产、建筑施工、交通运输和社会生活中所产生的干扰周围生活环境的声音。本法所称环境噪声污染，是指所产生的环境噪声超过国家规定的环境噪声排放标准，并干扰他人正常生活、工作和学习的现象。"第23条规定："在城市范围内向周围生活环境排放工业噪声的，应当符合国家规定的工业企业厂界环境噪声排放标准。"

被告公司厂房机台生产时产生的工业噪声，经检测已经超出国家标准，环境主管部门向被告公司发出的环境违法行为限期改正通知书也从另一侧面证明了被告公司确实存在噪声污染行为。

被告排放的工业噪声，超过国家规定的工业企业厂界噪声排放标准，危害居住于被告厂界相毗邻的原告，造成原告安宁权、健康权受到侵害，法院对本案的定性准确，判决被告承担相应的民事责任准确，应予维持。法院确定被告以金钱的方式承担责任，体现对被损害者的精神抚慰，也是适当的。

4. 污染损害的影响具有广泛性

污染损害的影响在地域、受害对象、受害利益上都具有广泛性。

【案例13－2－4】环境应急管理工作面临巨大挑战
——《我国重金属污染高发今年共发生9起血铅事件》[①]

近年来，我国突发环境事件数量居高不下，安全生产事故和交

① 《我国重金属污染高发今年共发生9起血铅事件》，2010年12月19日03：28（四川在线－华西都市报 据新华社）。

通事故以及自然灾害引发次生环境事件明显增多，重金属污染仍保持高发态势，致使环境应急管理工作面临巨大挑战。

环境保护部副部长张力军在全国环境应急管理工作会议上说，近三年来，突发环境事件总量居高不下。2010 年 1 – 11 月，环境保护部共接报并妥善处置突发环境事件 149 起，其中重大环境事件 4 起，较大环境事件 39 起。这些环境突发事件涉及 27 个省区市，主要分布在华东、华南、西北等地区。比如，大连中石油国际储运有限公司陆上输油管道爆炸火灾事故引发海洋污染事件等突发环境事件，处置过程难度大、耗时长、费用高。

张力军认为，安全生产事故和交通事故是次生环境事件的主要原因。2010 年以来，由安全生产事故和交通事故引发的次生灾害事件有 91 起，占总数的 61.1%。4 起重大突发环境事件中，3 起均为安全生产事故和交通事故引发的。

张力军介绍，自然灾害次生突发环境事件明显增多。2010 年以来，自然灾害频发、环境风险隐患突出的企业特别是设防能力不足的尾矿库企业和化工企业在大灾中成为威胁环境安全的“不定时炸弹”。2010 年 1 – 11 月，自然灾害导致及次生的突发环境事件达 17 起，与企业排污所引起的突发环境事件数量持平。

据了解，重金属污染事件仍保持高发态势，也给环境应急管理工作带来不小挑战。2010 年相继发生了 9 起血铅事件，这表明目前铅冶炼企业造成的污染仍然很严重。

（三）污染环境行为与污染损害后果之间存在因果关系

污染环境损害的特殊性造成了一些环境污染责任在因果关系认定上的困难，又由于造成环境污染的污染源的产生往往是现代工业发展的结果，故污染形成本身就存在一定的高科技含量，这为寻找污染的原因提出了一定的科技水平要求。鉴于因果关系由原告举证的困难，《侵权责任法》第 66 条规定：“因污染环境发生纠纷，污染者应当就法律规定的不承担责任或者减轻责任的情形及其行为与损害之间不存在因果关系承担举证责任。”该法条规定了举证责任倒置原则，即由被告对污染环境行为与污染损害后果之间不存在因果关系承担举证责任。

【案例 13－2－5】环境侵权举证责任“转移”或“倒置”原则

——《陆某诉某食品公司环境污染损害赔偿案》[①]

被告某公司排放的污水将原告的鱼塘污染，导致原告陆某饲养的鱼虾大量死亡，事后被告又不同意赔偿。原告诉至法院，要求被告给予赔偿。

法院审理认为，被告无法证明自己排放的污水与原告的鱼的死亡之间没有因果关系，因此应当承担不利后果，对原告给予赔偿。

传统的诉讼举证规则一般是要求受害人对自己的诉讼主张提出相应证据，承担主要的繁重的举证责任。在环境诉讼中，由于环境污染侵权的特殊性，在因果关系的证明上，受害人具有特别的困难。因此，对环境侵权采取了举证责任“转移”亦称“倒置”的原则，即由原告承担的举证责任，改为由被告举证，或者原告只需要提出受到损害的事实证据，如果被告否认应承担民事责任，则需要提出反证。

本案中，被告公司辩称，流入原告鱼塘的污水并不是被告一家，另外还有生活污水，而被告排放的污水是沿着污水沟排放的，当日流入是因为有大雨导致，是不可抗力，被告曾要求加高堤坝，原告不同意，故原告也有责任。而这些争辩理由，都不能免除被告的责任。只有当被告证明存在法定的免责事由和自己行为与损害结果之间不存在因果关系才能免责。

---

① 《陆开文诉蚌埠市园味园食品有限公司环境污染损害赔偿案》，载最高人民法院中国应用法学研究所编：《人民法院案例选》2006 年第 3 辑（总第 57 辑），人民法院出版社 2007 年版，第 179 页。

三、环境污染致害责任的归责原则和免责事由

（一）环境污染责任之归责原则

由于环境污染形成的原因主要是大工业生产，如果采用过错责任原则，受害人就会因不能证明污染者的过错而得不到赔偿。同时，按照受益原则，排污人也应对污染行为造成的损害承担赔偿责任，而不论其主观上是否存在过错。

因此，我国《侵权责任法》第65条的规定“因污染环境造成损害的，污染者应当承担侵权责任”，即与《民法通则》、《环境保护法》以及《大气污染防治法》的相关规定一致，规定我国环境污染致害责任的归责原则为无过错责任原则。

【案例13－2－6】事实上的因果关系何时导致损害赔偿关系？
——《李某诉灌区管理处将水库发包给黄某养鱼因投放化肥养鱼致水质污染造成取用该水喂养的鸡死亡赔偿案》①

李某于1994年承包镇养殖基地养鸡后，饲养用水一直取自附近水库。期间灌区管理处将水库发包给黄某喂鱼，黄某在喂鱼期间向水库投放了大量的化肥，导致水库水质受到污染。李某在取用水库的水喂鸡后，造成肉鸡死亡4285只，造成损失80369.5元。原告李某向法院起诉要求水库管理处和黄某承担赔偿责任。

一审法院经审理认为：水库管理处、黄某应当承担损害赔偿责任。原告亦有过错，应承担一部分损失。

二审法院认为：上诉人的行为不具有违法性，主观上没有过错。原被告双方没有法律上的权利义务关系，原告无权要求上诉人

① 《李国发诉东风渠灌区管理处将水库发包给黄家松养鱼因投放化肥养鱼致水质污染造成取用该水喂养的鸡死亡赔偿案》，载最高人民法院中国应用法研究所编：《人民法院案例选》2001年第3辑（总第37辑），人民法院出版社2002年版，第141页。

和黄某赔偿损失。上诉人和黄某的行为不构成民事侵权，依法不应当承担赔偿责任。上诉人的上诉理由成立。原判适用法律不当，应予纠正。

本案一、二审的判决结果大相径庭，有几个问题值得关注。

1. 事实上的因果关系不能必然导致法律上的赔偿关系

民事赔偿关系成立，必须严格审查侵权民事责任构成要件。本案中，李某所受到的损害与水库的水被"污染"有直接的因果关系。但是这种事实上的因果关系并不一定导致法律上的损害赔偿关系的成立，因为它不具备环境污染损害责任的三个构成要件。本案在环境污染损害责任构成的三要件中有两个不成立，因此，一审判决有误，二审予以纠正。

2. 环境污染损害赔偿的归责原则问题

环境污染损害责任，是一种特殊侵权责任，与产品侵权责任、高度危险作业致人损害责任，是同一种性质的侵权责任。环境污染侵权行为的归责原则为无过错责任原则。

环境污染侵权损害适用无过错责任原则有一个问题需要特别关注：即环境污染侵权损害适用无过错责任原则，应当排斥过错责任原则的适用。本案一审既判决黄某和管理处承担环境污染的无过错责任，又判决李某承担因饲养鸡过程中没有注意水质变化的过错责任，从法理上是讲不通的。

（二）环境污染致害责任的免责事由

根据我国相关法律规定，环境污染致害责任的免责事由主要有：不可抗力、受害人的过错等。

但需要注意的是，即使具备了法定免责条件，行为人在免责情形出现后也应以积极的态度尽必要的义务，否则仍应承担相应的侵权责任。例如，在发生不可抗力时，行为人只有在及时采取了必要的合理措施，仍然不能避免环境污染损害的情况下，才可以免予承担责任。

【案例13－2－7】要看是否为故意或者明知可能造成损失
——《韩国丁公司因船舶碰撞造成船载有毒物质污染海域申请海事赔偿责任限制案》①

申请人所属的韩国籍甲轮，在中国乙港因操作有误与中国籍船丙轮发生碰撞，碰撞造成有毒物质泄漏。

后韩国丁公司向海事法院提出海事赔偿责任限制申请，请求准予其对甲轮因碰撞造成所载有毒物质污染海域的损害赔偿责任限制。

法院经审理认为：甲轮在严重不适航的情况下，违规冒险进港，以致酿成船舶碰撞有毒物质污染损害的严重事故。因此，申请人的海事赔偿责任限制申请理由不成立，应予驳回。

本案是一宗典型的有毒物质污染损害赔偿责任限制案。由于责任人享受责任限制，客观上会导致债权人不能得到充分的赔偿。因此，法律对责任人享受责任限制作了相应的限制规定。如果损失是由于责任人故意或者明知可能造成损失而轻率地作为或不作为造成的，责任人无权享受责任限制的权利。

四、环境污染责任之责任主体的特殊规定

（一）两个以上污染者造成损害的责任

《侵权责任法》第67条规定："两个以上污染者污染环境，污染者承担责任的大小，根据污染物的种类、排放量等因素确定。"

侵权法的本条规定实际上即无意思联络的数人侵权，立法过程中，有人提出应承担连带责任，但最终出于公平原则的考虑，法律

---

① 《韩国租赁发展有限公司因船舶碰撞造成船载有毒物质污染海域申请海事赔偿责任限制案》，载最高人民法院中国应用法研究所编：《人民法院案例选》1998年第1辑（总第23辑），人民法院出版社1998年版，第266页。

规定了污染者应承担按份责任。

确定了数个污染者的责任后，判断污染者的责任大小应考虑的因素除了包括污染物的种类、排放量等，还应有排放地的距离、排放持续时间、污染物的致害程度等。

【案例 13－2－8】数人均明知会损害他人而为之的污染行为
——《吴某、王某、姜某重大环境污染事故案》①

被告人吴某从赵某处购得旧氯气罐3只，被告人知其中1只罐内有残存氯气，该气体不能随意排放。后吴某又将该三只氯气罐卖给被告人王某。姜某已明知罐内是有害气体，令吴某放掉罐内氯气，吴某遂将氯气罐阀门打开使氯气排放。后氯气散发到空气中，导致旁边小学师生群体中毒；并致当地127.9亩农作物受损和一头猪被毒死。

检察院以被告人吴某、王某、姜某犯重大环境污染事故罪，向法院提起公诉。

法院经审理判决：被告人吴某、王某、姜某行为均已构成重大环境污染事故罪。

本案被告人吴某、王某、姜某为了出售和收购废旧的氯气罐，违反《大气污染防治法》的规定，在未经环境保护部门许可且无任何防治设施的情况下，将有害废气氯气排放到水中。其作为成年人，应当预见到排放的氯气对人们生产、生活的环境可能造成严重危害后果，但由于他们疏忽大意的过失行为，致使有害气体氯气散发到空气中酿成重大环境污染事故，造成二百余名师生中毒及各项经济损失共9万余元的严重后果，三被告人的客观行为和主观特征

① 《吴自柱、王启、姜翠兰重大环境污染事故案》，载最高人民法院中国应用法研究所编：《人民法院案例选》2001年第3辑（总第37辑），人民法院出版社2002年版，第44页。

均符合重大环境污染事故罪的构成要件。

（二）第三人过错污染环境的责任

《侵权责任法》第68条规定："因第三人的过错污染环境造成损害的，被侵权人可以向污染者请求赔偿，也可以向第三人请求赔偿。污染者赔偿后，有权向第三人追偿。"

根据本条规定，在环境污染事故中，第三人过错绝不是污染者的减责或免责事由。污染者与有过错的第三人，承担的是不真正连带责任，并且分别适用不同的归责原则。

在有过错的第三人未查明、已失踪或赔偿能力不足时，为保护受害人利益，污染者要承担无过错责任。但是污染者也被赋予了向有过错的第三人追偿的权利，实现了各方利益的平衡。

【案例13－2－9】第三人过错绝非污染者的减责或免责事由——《游泳场诉两公司的船舶碰撞所造成船载油料泄漏海域污染损害赔偿案》①

被告甲公司所属的甲轮与被告乙公司所属的乙轮发生碰撞。碰撞使乙轮船体破裂，该轮所载重油泄漏，造成包括原告游泳场在内的该市部分水域及海岸带污染。原告向当地海事法院提起诉讼，请求判令被告甲公司、乙公司赔偿其清污费用和营业损失。

海事法院认为：乙公司所属乙轮泄漏货油造成了环境污染，应对因油污产生的损害承担赔偿责任。甲公司不是污染损害侵权法律关系当事人，不应承担污染损害赔偿责任。遂判决被告乙公司向原

① 《菱角咀海滨游泳场诉东海海运有限公司与中国船舶燃料供应福建有限公司的船舶碰撞造成船载油料泄漏海域污染损害赔偿案》，载北大法律信息网 http://vip.chinalawinfo.com/Case/displaycontent.asp? Gid = 117463305&Keyword = 环境侵权，浏览时间：2009年12月27日，18:30:15。

告赔偿损失34000元、驳回原告对被告甲公司的诉讼请求。

本案争议的主要问题，是作为船舶碰撞的双方当事人是否均应对因船舶碰撞造成的污染损害直接承担民事责任。

本案发生在《侵权责任法》实施前，当时法院依据《海洋环境保护法》对于海洋环境污染适用无过错责任原则，如果完全由于第三者的故意或过失造成的，污染者才能免除责任。

本案中，甲轮与乙轮发生碰撞，两者都有过错，甲轮并不承担责任，由漏油者乙轮承担责任。本案如果发生在《侵权责任法》实施后，就会得出不同的结论：即原告既可以请求第三人甲轮承担责任，也可以请求乙轮承担责任。只是乙轮承担责任后，有权向甲轮追偿而已。

五、环境污染致害责任的诉讼时效

《环境保护法》第42条规定："因环境污染损害赔偿提起诉讼的时效期间为三年，从当事人知道或者应当知道受到污染损害时起计算。"该规定比《民法通则》规定的一般诉讼时效多出一年，环境污染损害赔偿案件应当适用该三年的诉讼时效规定。

【案例13－2－10】环境污染侵权的诉讼时效是更长的三年——《乙河口水库水产管理所污染损害赔偿案》①

甲公司在毗邻乙河口水库处建成火电站，以水库作为冷却水源。然而在电站并网发电后，水管所养殖水域中的常规鱼类的产量下降，其中小银鱼几乎绝迹。鉴定报告指出：乙河口电厂从水库抽

① 《南召县鸭河口水库水产管理所诉南阳鸭河口发电有限责任公司环境污染损害赔偿案》，一审判决书：河南省南召县人民法院（2004）南召云民初字第417号；二审判决书：河南省南阳市中级人民法院（2005）南民一终字第684号，来源：北大法宝。

水并把含热废水排入水库（能量介入及热污染）造成了水库渔业产量下降。

同时，鉴定结论指出，1998年5月至2001年12月，丙水管所渔业资源损失额为707.34万元，其年均直接损失为189万元左右。2003年丙河水管所向法院提起诉讼，要求甲公司赔偿水管所2001年度的部分直接经济损失79.8万元。

本案经过一审和二审审理，两级法院均支持原告的诉讼请求，判决被告承担因热污染而造成原告渔业资源损失的法律责任。

在本案中，导致原告渔业权利受到损害的原因较为复杂，既有环境侵权，还有普通民事侵权，存在侵权竞合现象。鉴定结论指出，侵权原因有两个：一个是被告所设置的拦污设施不能起到有效拦鱼，而造成了原告养殖鱼类被取水口所抽走，从而直接致害；另一个是被告出水口所排出的废水水温过高而对原告养殖鱼类生长、代谢、捕食规律和繁殖产生影响，破坏了养殖水域的生态平衡，从而造成原告养殖鱼的大量损失。第一个原因是直接对渔业权的侵害，属于普通民事侵权。第二个原因是因水污染而对公民渔业权造成的损害，属于典型的环境侵权。故本案中原告所遭受损失的原因是多重的，既有传统的民事侵权，又有新兴的环境侵权。

本案中诉讼时效是一个非常重要的法律问题，它决定着环境纠纷当事人能否通过司法途径寻求权利救济。在司法实践中，环境民事合同纠纷与侵权纠纷诉讼时效的法律规定是不一样的。就环境民事合同纠纷而言，其诉讼时效适用《民法通则》一般规定，即两年。

而就环境侵权纠纷而言，其诉讼时效的适用较为特殊。依据《民法通则》规定，环境财产侵权案件的诉讼时效为两年，而环境人身侵权案件的诉讼时效仅为一年。上述较短的诉讼时效显然不利于对受害者的保护。随后颁布的《环境保护法》把环境侵权案件的诉讼时效规定为三年。根据特别法优于普通法的原则，《环境保护法》生效以后，环境侵权案件的诉讼时效为三年。此外，法律规定诉讼时效可以因诉讼、请求行政解决、向加害人追偿等原因而中断或因某些法定原因的出现而中止或延长。

第三节　高度危险责任

一、高度危险作业责任的概念及产生历史

（一）高度危险作业责任的概念

高度危险作业责任，是指因从事对周围环境具有高度危险作业造成他人损害时，作业人所应当承担的赔偿责任。高度危险作业是危险性工业的法律用语，是指在现有的技术性的条件之下，人们还不能完全控制自然力量和某些物质属性，虽以极其谨慎的态度经营，但仍有很大的可能造成人们的生命、健康以及财产损害的危险性作业。

我国《民法通则》第 123 条列举了七种高度危险作业："从事高空、高压、易燃、易爆、剧毒、放射性、高速运输工具等对周围环境有高度危险的作业造成他人损害的，应当承担民事责任；如果能够证明损害是由受害人故意造成的，不承担民事责任。"

需要指出的是，我国《民法通则》第 123 条列举的上述七种高度危险作业，是一种不完全列举，在现实生活中符合"对周围环境有高度危险"性质的其他作业，也应解释为高度危险作业之一种。《侵权责任法》第 69 条规定："从事高度危险作业造成他人损害的，应当承担侵权责任。"

【案例13-3-1】铁路运输是最传统的高危作业

——《杨某因进入未设防护的火车站停留的列车尾下玩耍在列车启动时被轧伤诉某铁路分局人身损害赔偿案》①

甲铁路分局所属的乙安站3道，东侧为原告杨某所在的村庄，西侧为乙安站，站区无封闭。某日16时28分，丁次列车进入乙安站，停留于站内3道等候加补机车。此后，原告杨某与两名同学来到该货物列车尾部最后一节车辆下玩耍。16时53分，该列车开出时，致原告受伤。经鉴定，原告构成二级伤残。原告提起诉讼，请求判令被告铁路分局赔偿原告各种损失。

一审法院认为：原告是未成年的幼儿，没有行为能力，其监护人没有尽到监护职责，致使本案损害后果发生，应对本案事故负主要责任。本案乙安站铁路作业人对本案事故亦应负一定责任。本起事故给受害人造成的损失除了物质损失外，精神损害是显而易见的，应给予一定的抚慰和赔偿。

二审法院经审理确认一审查明的事实属实，认为：根据侵权责任的归责原则和侵害人存在的过错，被上诉人对上诉人被火车轧伤致残造成的损失应当承担主要赔偿责任，即60%的责任，上诉人的监护人承担40%的责任。二审判决认为，监护人没有尽到监护职责，对本案损害后果应负主要责任没有法律根据。遂判决撤销一审判决铁路局赔偿原告身体损害所致损失87626元，维持赔偿原告精神损害抚慰金2万元；改判铁路局赔偿原告身体损害所致损失262877元。

由于铁路运输是高危作业，火车站是高度危险活动区，无行为

---

① 《无民事行为能力人杨斌因进入未设防护的火车站停留的列车尾下玩耍在列车启动时被轧伤诉太原铁路分局人身损害赔偿案》，载最高人民法院中国应用法学研究所编：《人民法院案例选》2003年第4辑，（总第46辑），人民法院出版社2003年版，第131页。

能力人杨某未经许可，进入火车站停留的列车尾下玩耍，因火车开动被压伤，火车站管理人铁路分局应对杨某的伤害承担无过错责任。

但是，无过错责任不意味着一定是全部责任，铁路分局可因法律规定的事由而全部或部分免责。本案中，被侵权人有过错，可以减轻侵权人的责任。此外，假设铁路分局对火车站尽到设置安全措施并尽到警示义务，就可以减轻责任或免责。只是铁路分局对所属的距离原告村庄仅数十米的火车站无安全防范意识，未设置防护措施，没有围墙与村隔绝，对原告的损害应予赔偿。

（二）高度危险作业责任的理论由来与发展

《1838 年普鲁士铁路企业法》规定："铁路公司所运输的人及物，或因转运之事故对别的人及物造成损害，应负赔偿责任。容易致人损害的企业虽企业主毫无过失，亦不得以无过失为免除赔偿的理由。"当时，普鲁士全境内只有 158 公里铁路，但这条法律所确立的原则完全适合于现代大规模铁路运输行业的赔偿责任。它规定了受害人的范围、加害人的无过错责任，甚至指出这种无过错责任应适用于包括铁路公司在内的一切"容易致人损害（即从事高度危险作业）的企业"。高度危险作业赔偿制度由此开始确立。

高度危险作业责任确立的目的是为了协调因现代社会发展需要而出现的高度危险作业的危险性与保障人们生产、生活安全之间的矛盾。

关于高度危险作业的侵权责任，大多数国家不是直接规定在民法典中，而是在民法典的附属性单行法规中加以规定，如德国 1871 年 6 月 7 日的《帝国责任义务法》（铁路）、1952 年 12 月 9 日的《陆上交通法》（公路交通）和 1922 年 8 月 1 日的《空中交通法》（1959 年 1 月 10 日修订），这些有关高度危险作业的法律均适用无过失赔偿责任。法国的情形与德国基本相同，有关高度危险作业的侵权责任大多规定于单行的民事法规中，如 1985 年的《交通事故赔偿法》，但也有一些国家将高度危险作业的侵权责任直接规定在民法典中。

【案例13－3－2】必须协调的社会发展与生产生活安全间的矛盾

——《法国再次发生核辐射事件》[①]

法国电力公司2008年7月23日承认，法国南部特里卡斯坦当天发生一起核辐射事件，100名公司员工遭到“轻微辐射”。这是法国几周来发生的第四起核电站事故，也是5天来发生的第二起事故。

法国电力公司发言人卡罗琳·米勒说，特里卡斯坦一座核电站内的4号核反应堆管道发生泄漏，当时，这座反应堆已被关闭，正被重新注入燃料。

米勒说，员工遭受辐射的程度只有规定限度的1/40。“让我们担心的不是辐射的程度，而是遭受辐射员工的人数”。

本月18日，法国另一处核电站的15名工人在实施日常维护工作时遭到放射性辐射污染。

法国是核能利用大国，现有59座核电站，所产电力占法国电力总产能的近80%。不过，接连发生的核电站事故也引起社会对核安全的质疑。

二、高度危险作业责任的构成要件

（一）作业人须从事高度危险作业

我国《侵权责任法》未对“高度危险作业”进行界定。《民法通则》第123条对“高度危险作业”所作的是一种列举式的规定，但又是一种不完全性的列举，即只列举了最常见的七种。在现实生

① 《法国再次发生核辐射事件》，2008年07月25日09：07，来源：新华网。

活中，如果存在“对周围环境具有高度危险”的其他作业，也应当列入高度危险作业之中。

高度危险作业，应具备以下两个特征①：首先，它是一种合法行为，至少是不为法律所禁止的行为。人类为了享受现代科技文明所带来的巨大经济利益，必须允许从事某些高空、高压、易燃、易爆、剧毒、放射性以及高速运输工具的存在和发展，并赋予其合法性。其次，加害人从事的这种作业对于周围环境的高度危险以及可能造成的损害具有不可避免性。

（二）须发生损害后果

损害后果可以是财产损害，也可以是人身损害。

就高度危险作业的损害而言，出现财产和人身的实际损害固然属于损害，但也不排除没有出现损害而构成对财产和人身的威胁危险时，受危险威胁的人要求危险作业行为人消除危险的权利。这里存在这样一个问题，即应否将威胁财产和人身危险也视为一种损害？在特殊情况下，鉴于高度危险作业的危险性，即使损害结果没有发生，而仅仅出现了致害的危险，受危险威胁的人仍然可以要求危险作业行为人承担民事责任。

《最高人民法院关于贯彻执行〈中华人民共和国民法通则〉若干问题的意见（试行）》第154条规定：“从事高度危险作业，没有按有关规定采取必要的安全防护措施，严重威胁他人人身、财产安全的，人民法院应该根据他人的要求，责令作业人消除危险。”可见，高度危险作业引起的使人担心、恐慌的结果应当被视为已经造成了损害。

（三）高度危险作业行为与损害后果之间存在因果关系

要证明损害发生的原因是高度危险作业行为，有时是非常困难的，尤其是放射性物质给人体造成的损害需要经过一段较长的时间

① 张新宝：《中国侵权责任法》（第二版），中国社会科学出版社1993年版，第518页。

才能显现。因此，法律要求受害人只需进行盖然性证明（如数理统计证明、社会流行病学证明）即可，之后提供证据的责任就由受害人转移到加害人，由加害人对因果关系的不存在承担举证责任。

【案例 13－3－3】建房在先，架线在后有无赔偿责任？
——《张某被高压电灼伤诉电力公司、王某分别依无过错责任、过错责任赔偿损失纠纷案》①

原告张某（14 岁）系被告王某的外甥女。1977 年王某经政府批准，在宝春路边建造了两间平顶房屋。1983 年被告电力公司经批准在宝春路架设了 10 千伏高压电线路，高压电线与某平顶房屋之间垂直距离大于 4 米。1989 年王某未经批准，将平顶屋加层为三层半楼房，三楼阳台扶手与高压电线之间最近距离约 40 厘米，当地电力部门对王某的翻建行为未加阻止。同年张某到王某家时因触电受伤，经法医鉴定，其伤情属重伤范围。张某向人民法院提起诉讼，要求电力公司承担赔偿责任。

法院受理案件后，追加王某为被告。

法院经审理认为：被告王某擅自翻建楼房，未采取安全措施，应负主要责任；被告电力公司架设的高压线符合规定，并无过错，不应该赔偿，原告张某的监护人未尽到监护责任，负一定的责任。法院根据《民法通则》第 119 条的规定作出了判决。

张某和王某不服判决，提起上诉。二审法院作出了驳回上诉、维持原判的判决。张某、王某不服终审判决，向省高级人民法院申请再审。

再审法院经审理认为：电力公司作为特殊侵权责任主体，未能

① 《张霞被高压电灼伤诉温岭县电力公司、王天志分别依无过错责任、过错责任赔偿损失纠纷案》，载最高人民法院中国应用法学研究所编：《人民法院案例选》（民事卷　下）1992－1999 年合订本，中国法制出版社 2000 年版，第 1478～1483 页。

举证损害是由张某本人故意造成，故对张某的损害负主要责任；王某违章翻建房屋，负一定的责任；张某的监护人不承担责任。原一、二审法院认定事实不清，适用法律不当，撤销一、二审判决。

本案中的高压触电事故属于高度危险作业的范畴，发生了损害结果，且高度危险作业行为与损害后果之间明显存在因果关系。应适用高度危险责任，适用无过错责任原则，再审法院判决由电力公司承担责任是合理的。

三、高度危险作业致人损害责任的归责原则

（一）对高度危险作业致人损害责任适用的归责原则的争议

对于高度危险作业致人损害，适用何种归责原则，我国法学界素有争议，主要有以下几种观点：

1. 无过错责任说

占主导地位的观点认为，高度危险作业致人损害应适用无过错责任。①

2. 特殊过错推定说

主张侵权责任归责原则一元化的学者，试图扩展过错推定的运用，对高度危险作业致人损害责任适用“特殊过错推定”。②

3. 混合规则原则说

《民法通则》第123条规定的某些情形应适用过错责任（如汽车交通事故），而另一些情形则应适用无过错责任。③

4. 无过错责任否认说

完全否定“无过错责任原则”者认为，无过错责任原则是不

---

① 王家福等主编：《中国民法学·民法债权》，法律出版社1991年版，第512页。

② 王卫国：《过错责任原则：第三次勃兴》，浙江人民出版社1987年版，第200－205页。

③ 王利明：《论无过错责任》，载《比较法研究》1991年第2期。

存在的，即使在“公害”或“高度危险作业侵权”中也并无这一原则。①

【案例 13-3-4】以有利于道路畅通不造成更大损失为指导思想

——《道路交通事故赔偿制度的演变和立法思考》②

2008 年 1 月 4 日晚，中国人民大学“民商法前沿论坛”第 311 期隆重举行。王胜明主任以不久前修改的《中华人民共和国道路交通安全法》第 76 条为基础谈了赔偿制度的演变和立法思考。

王主任认为，道路交通事故赔偿制度的演变大体上经历了第一阶段过错责任原则、第二阶段无过失责任原则和过错推定责任原则（危险物说、控制说、利益说）和第三阶段主要通过第三者责任强制保险制度解决道路交通事故赔偿问题的发展，进一步加强了对受害人的保护。

王主任认为，道路交通赔偿制度的确立应以减少事故、减少纠纷、有利于道路畅通不造成更大损失为指导思想。接着结合各国道路交通法的立法实践，谈了对于无过失责任和过错推定的理解，王主任认为，无论是无过失责任还是过错推定原则其所针对的都是机动车一方，在实践中不应把原则扩大化，它们本不是解决事故赔偿的普遍的和唯一的原则；修订前的《交通安全法》第 76 条规定可以认为是过错推定加部分无过错责任，而不是之前人们认为的“无责全赔”。

在谈到我国在赔偿制度的选择上是采取无过失责任还是过错推定原则时，王主任认为，无过失责任适用于事故发生原因不是由于

---

① 张佩霖：《也论侵权损害的归责原则》，载《政法论坛》1990 年第 2 期。

② 王胜明：《道路交通事故赔偿制度的演变和立法思考》，——“民商法前沿”系列讲座现场实录第 312 期/法学讲堂/中国民商法律网/中国人民大学民商事法律科学研究中心，上传时间：2008-4-4。

受害人的情况，而一旦事故发生原因需要考虑被害人过失时，则采用过错推定原则。

（二）高度危险作业致人损害的责任为无过错责任

我们赞成第一种观点，高度危险作业致人损害应适用无过错责任原则。由于高度危险作业具有超出一般程度的危险性，即使作业人极其谨慎，仍难以避免危险事故的发生；而一旦发生危险事故，又会给周围环境中的人们生命、健康以及财产造成很大的伤害或损失，因此，各国立法大多承认该种责任是一种无过错责任。我国《侵权责任法》第69条的规定，表明对高度危险作业致人损害的责任也是适用无过错责任原则。这有利于促使从事高度危险作业的组织和个人提高责任心和改进技术安全措施，并有助于加强对受害人的保护。

（三）高度危险作业的免责事由

1. 民用核设施发生核事故造成他人损害的

民用核设施的经营者应当承担侵权责任，但能够证明损害是因战争等情形或者受害人故意造成的，不承担责任。

2. 民用航空器造成他人损害的

民用航空器的经营者应当承担侵权责任，但能够证明损害是因受害人故意造成的，不承担责任。

【案例13－3－5】航空器对特定的侵入者不负安全保障义务
——《昆明扒机少年败诉　机场对侵入者不负保障义务》①

梁某因在昆明扒机摔伤，诉被告云南机场集团公司、四川航空股份有限公司人身损害赔偿一案，日前由昆明市官渡区人民法院进

① 《昆明扒机少年败诉　机场对侵入者不负保障义务》时间：2005年09月22日13：54，来源：新华网昆明9月22日电（记者 屈明光）。

行了不公开开庭审理，一审判决原告梁某败诉，驳回其诉讼请求，并由其监护人负担诉讼费1308元。

某日晚，原告与另一少年柬某从昆明机场北头的围栏钻入昆明机场停机坪北区，于第二日清晨爬入停在昆明机场的川航B320－8670号飞机的起落架舱内。在该飞机升空后，柬某掉在机场跑道上摔死，原告则随飞机飞抵重庆，在昏迷中被重庆机场工作人员发现并救出，当日被遣返昆明。原告返回后，经诊断为右耳耳膜内陷，左耳耳膜穿孔，导致航空性中耳炎和听力受损。

原告称，自己是未成年人，不应对扒机事件负责，二被告则没有有效防范非机场工作人员随意进入机场禁区，发现有人从飞机上掉下来，未及时让飞机返航，并未及时有效地为原告进行全面治疗，特诉请判令两被告赔偿治疗费、交通费、住宿费共计13714.20元、法定代理人因陪同产生的误工损失5252元、精神损失人民币2万元及后期治疗费用，并承担本案诉讼费。

法院经审理认为，原告梁某因扒机事件受伤，原因是其攀爬飞机，侵入飞机内部，随飞机高空长距离飞行所致，并非合法地居于航空器的周围，或正常使用航空器并因此受到损伤，因此原告主张应据此推定航空器的所有权人、管理人员有过错的观点不能成立。本案两被告及第三人当然负有保障飞行正常秩序、保障正常使用航空器的义务，但对特定的侵入者即本案原告不负安全保障义务。按照技术规范，川航的航前检查不包括且不必要打开起落架舱门，其航前检查已尽必要注意义务。原告不能据此认定被告及第三人不作为、放任损害结果的发生、扩大损失并以此作为原告索赔的理由和依据。作为机场及航空器的所有权人、管理人对损害后果的发生无过错，不应承担民事赔偿责任。

法院认为，原告梁某在事件发生时年满14周岁，对其攀爬飞行器的危险性，应当有足够的认知，不能以“未成年”为免责事由。本案中居于前列的判决理由，并非梁某的年龄状况及其监护人的法定职责，而是梁某的行为具有非正当性和潜在危险性，应当予以禁止和杜绝，不在保护之列。梁某虽确有损害后果及经济损失，但其主张无合法依据，遂作出上述判决。

3. 占有或者使用易燃、易爆、剧毒、放射性等高度危险物造成他人损害的

占有人或者使用人应当承担侵权责任，但能够证明损害是因受害人故意或者不可抗力造成的，不承担责任。被侵权人对损害的发生有重大过失的，可以减轻占有人或者使用人的责任。

4. 从事高空、高压、地下挖掘活动或者使用高速轨道运输工具造成他人损害的

经营者应当承担侵权责任，但能够证明损害是因受害人故意或者不可抗力造成的，不承担责任。被侵权人对损害的发生有过失的，可以减轻经营者的责任。

5. 未经许可进入高度危险活动区域或者高度危险物存放区域受到损害

管理人已经采取安全措施并尽到警示义务的，可以减轻或者不承担责任。

6. 承担高度危险责任，法律规定赔偿限额的，依照其规定

前述《汤某因食用喷有农药的水果中毒诉用药人林某赔偿案》[①] 中，林某给自家龙眼树上喷洒农药，汤某等人偷摘吃了龙眼中毒索赔。

法院审理认为：被告应负次要赔偿责任，向原告赔偿医药费的20%。第三人应负主要赔偿责任，向原告赔偿医药费的60%。原告亦应承担一定的责任，即承担医药费的20%。

---

① 《汤毅青因食用喷有农药的水果中毒诉用药人林活新赔偿案》，载最高人民法院中国应用法学研究所编：《人民法院案例选》（民事卷　下）1992－1999年合订本，中国法制出版社2000年版，第1484～1489页。

本案被告使用禁用高毒农药，喷洒于其种植管理的果树上，虽然目的是为防止果实不为虫害，但由于使用的是禁用高毒农药，此类农药被禁用就意味着使用会对周围环境（包括对人、家畜、自然环境）有高度危险。因此，将被告的行为确定为《民法通则》第123条所规定的“对周围环境有高度危险”的行为，是符合该规定的立法意旨的。不过，《侵权责任法》第72条的规定与此规定有所不同，既增加了不可抗力作为加害人的免责事由，又规定了被侵权人对损害的发生有重大过失的，可以减轻占有人或者使用人的责任。

四、关于高度危险责任主体的特殊规定

（一）遗失、抛弃高度危险物致害责任

《侵权责任法》第74条规定：“遗失、抛弃高度危险物造成他人损害的，由所有人承担侵权责任。所有人将高度危险物交由他人管理的，由管理人承担侵权责任；所有人有过错的，与管理人承担连带责任。”

按照本条规定，遗失、抛弃高度危险物造成他人损害的，承担侵权责任的主体是所有人。遗失、抛弃高度危险物致害责任，应适用无过错责任原则。如果高度危险物的所有人将其交由管理人管理而造成他人损害的，应由高度危险物的管理人承担侵权责任。此时，高度危险物的所有人有过错的，与管理人负连带责任；所有人没有过错的，不承担责任。

【案例13－3－6】高度危险物“铯137”不见了

——《吉林悬赏一万元　寻找丢失放射源》①

某市水泥厂发现放射源“铯137”丢失，该放射源原来存放于

① 《吉林悬赏一万元　寻找丢失放射源》，http://www.sina.com.cn，2005年04月03日23：37，法制晚报。

烧水泥的大窑底下，后大窑因故停止生产，人们也就忽略了这个放射源。直到近日在查看过程中，才发现“铯137”已不翼而飞。该放射源在10米内对人体有害，人体摄入量小于0.25Gy（国际通用吸收剂量单位）属于安全范围，超过此值会引起免疫力下降、白血球死亡及骨组织坏死。

本案涉及抛弃高度危险物造成他人损害的责任认定。抛弃高度危险物造成他人损害的，应由所有人承担侵权责任。抛弃是所有权消灭的原因之一，所有权人抛弃所有物的，一般不会造成他人损害，也不会产生由所有人承担侵权责任的问题。但若抛弃物为高度危险物，则该物造成他人损害的，所有人仍应承担侵权责任。

（二）非法占有高度危险物致害的责任

《侵权责任法》第75条规定：“非法占有高度危险物造成他人损害的，由非法占有人承担侵权责任。所有人、管理人不能证明对防止他人非法占有尽到高度注意义务的，与非法占有人承担连带责任。”

【案例13-3-7】高度危险物必须要妥善保管

——《常某等因其亲属在就餐时误将硫酸当做白酒饮下致死诉饭店业主吴某等损害赔偿案》①

受害人郭某和被告许某一同到被告吴某饭店用餐。在未经吴某允许的情况下，许某擅自到柜台内为郭某倒酒，将柜台酒桶旁的一塑料桶内的液体当成散白酒倒于郭某酒杯内。郭端杯喝了一口感觉异常，便吐出口中尚未吞咽的部分，急称“这不是酒！”并称感到胃内发烧，吴某从厨房冲出说：“喝的是硫酸。”郭某随即被送往县医院医治，被诊断为“硫酸中毒”，后经抢救无效而死亡。

---

① 《常秀云等因其亲属在就餐时误将硫酸当做白酒饮下致死诉饭店业主吴占国等损害赔偿案》，最高人民法院中国应用法学研究所编：《人民法院案例选》2002年第4辑（总第42辑），人民法院出版社2003年版，第161页。

法院经审理认为：被告吴某身为饭店业主，应将为他人存放的硫酸同饭店食品严格隔离存放，以有效防止意外事件发生。但吴某却疏于管理，未能将硫酸妥善放置，致使顾客错把硫酸当成散白酒而误倒杯中，出现了顾客误饮硫酸而致死的严重后果，故被告吴某对郭某的死亡应负主要责任。

被告许某及郭某到饭店就餐，其二人如饮酒须向店主预定，但当时只预定了饭菜而未要求饮酒，并且未经业主准许而倒酒擅饮，实属欠妥，对损害结果的发生应承担相应的责任。被告岳某将硫酸存放在被告吴某的饭店，应认为二者之间存在保管合同关系，被告吴某虽予以否认，但未能提供足够证据予以证实。保管物因保管人管理不当致人损害，应由保管人承担民事责任，所以被告岳某在本案中不应承担赔偿责任。

此案事实较为清楚，但审理中一个重要问题是如何适用归责原则。对于被告岳某而言，法院主要认为其与被告吴某业已构成保管合同关系，保管合同成立后，保管物即一桶浓硫酸的占有权与实际所有权人已发生分离，保管人吴某应对保管物尽妥善保管的义务。

而许某为郭某擅自倒酒（郭对此是默认的），显然已超出餐饮服务合同的范围，明显存在不妥，如果二人倒酒之前通过店主吴某确认，一场悲剧可能就避免了。故本案涉及非法占有的高度危险物致害责任的认定问题。

首先，许某作为高度危险物的非法占有人，将浓硫酸倒入受害人郭某的杯中，应承担侵权责任。由于非法占有人实际控制和支配该高度危险物，其有能力预防损害的发生，因此，由高度危险物的非法占有人承担侵权责任是合理的。其次，吴某将高度危险物放置于柜台酒桶旁，并致使能轻易为许某取得，其未尽到应有得注意义务。

按照《侵权责任法》第 75 条的规定，使高度危险物的所有人、管理人承担过错责任，客观上可促使其积极履行自己的注意义务，防止高度危险品丢失。由于所有人、管理人承担的是过错责任，所以，其可以举证证明自己对于高度危险物被他人非法占有无过错，从而免于承担责任。

第四节　饲养动物损害责任

一、动物致人损害责任的概念

（一）动物致人损害责任概念

动物致人损害责任，是指饲养的动物造成他人损害时，动物的饲养人或管理人所应承担的赔偿责任。我国《侵权责任法》第78条规定："饲养的动物造成他人损害的，动物饲养人或者管理人应当承担侵权责任，但能够证明损害是因被侵权人故意或者重大过失造成的，可以不承担或者减轻责任。"

【案例13-4-1】被狗咬的孕妇自行流产怎么赔偿?
——《孕妇遭狗咬自行流产损害赔偿案》①

何某（系孕妇）去探望同栋房屋四楼的朋友时，被家住二楼的张某所养的狗咬了一口，并于次日注射了狂犬疫苗。何某因担心疫苗会对腹中的胎儿产生不良影响，遂进行了人工流产手术。

为此，原告起诉至法院，请求判令被告赔偿其损失。

另查：何某被狗咬伤时，已怀有三个月的身孕；张某所饲养的哈巴狗没有取得有关部门颁发的准养证书。

法院经审理认为：被告应对原告被其狗咬伤所受损失以及原告流产住院期间的医疗费、误工费、营养费、护理费、交通费予以赔偿。原告要求的精神损害赔偿，没有法律依据，故不予支持。

---

① 《何正红诉张来发饲养动物致人损害赔偿案》，载国家法官学院、中国人民大学法学院编：《中国审判案例要览》（1998年民事审判案例卷），中国人民大学出版社1999年版，第384~386页。

本案与一般的动物致人损害赔偿案件的不同之处就在于其损害后果，即哈巴狗咬伤的是孕妇，且孕妇被咬后做了人工流产。

原告被咬伤注射疫苗后对胎儿有无影响，进行人工流产所造成的损失应否予以赔偿，就成为本案争议的焦点。法院考虑到注射狂犬病疫苗是否会对胎儿产生影响，并非一般人所能了解，何某担心注射狂犬疫苗会对胎儿产生影响，并且其无了解被告的哈巴狗是否带有狂犬病毒的义务，为保证优生优育，避免更大损害后果的发生，而进行了人工流产，由此造成的损失，原告并无过错，从而认定被告对其因管理不善致饲养的哈巴狗咬伤孕妇所产生的人工流产的后果承担责任。应该说，法院对此民事责任的归责认定是正确的。

（二）“饲养动物”的界定。

要认识“饲养动物”，就需要对两个概念作解释：一是“动物”的范围；二是“饲养”概念的界定。各国法律规定对“饲养动物”的理解并不完全一致。

1. 动物的范围问题

罗马法和日耳曼法将赔偿局限于“家畜”所造成的损害，近代大陆法系民法典则一般的规定为“动物”。由于“能够动的物”范围太广，一些国家在立法时，就为划分动物的范围展开了争论。早期的欧洲国家民法典制定过程中，立法者仅仅注意到肉眼可以看到的动物，蜜蜂在当时就被视为最小的有潜在危险的动物。

但是，在1966年《葡萄牙民法典》修改时，立法者就微生物是否属于立法条文中所规定的“动物”展开了激烈的争论。同样，在《荷兰民法典》修改时，立法者也就病毒和细菌问题进行了讨论，但后来还是将其作为危险责任考虑。对有些问题的争论则至今没有停止，如转基因产品危险引起的责任后果归属。

2. 关于饲养的问题

主要指如何看待因饲养而引起的“管束”问题，这涉及对动物管理上的不同分类，美国采取了分别列举的方式，即既包括

"放牧牲畜"，也包括"家养动物"和"野兽"。

【案例 13－4－2】依村规民约打死吃青的猪是否赔偿？
——《伯某诉村民委员会以执行村规民约为理由打死其饲养的猪赔偿案》①

某村为保护庄稼不受损失，制订了一份村规民约。其中第 2 条规定："三天后，开始执行制度，牛到地里罚款 10 元，猪、羊到地里罚款 5 元。"第 3 条规定："猪、羊在地里吃青，打死不赔偿。"该村规民约制订后，村主任李某在村里放电影时讲了此制度的内容，但没有召开村民大会宣讲此制度，亦没有抄录发给各户。

某日原告伯某家饲养的一头母猪挣脱拴养（一直拴养）的绳索，跑到麦地里，被村干部朱某发现用土枪打死。原告向人民法院提起诉讼，要求两被告赔偿。

法院经审理认为：被告村民委员会应对原告的损失承担主要赔偿责任。被告朱某的行为是村委会授权，属职务行为，故对原告损失不负赔偿责任。原告有一定过错，应承担一定责任。

这是一起比较特殊的侵权案件。侵权行为发生的前提是"村规民约"的许可。我国《村民委员会组织法》（试行）第 16 条第 2 款规定："村规民约不得与宪法、法律和法规相抵触。"我国宪法规定："公民的合法财产受法律保护。"该村民委员会制定的村规民约规定"打死猪、羊不赔偿"，显然是违反上述法律规定的。对由此产生的损害后果，该村委会应承担赔偿责任。

本案另一被告朱某的行为是一种执行职务的行为，其后果应由村民委员会承担。所以，受案法院判决由村民委员会承担朱某的行为所造成的损害赔偿责任，是正确的。

---

① 《朱伯珍诉险峰村村民委员会以执行村规民约为理由打死其饲养的猪赔偿案》，载最高人民法院中国应用法学研究所编：《人民法院案例选》1997 年第 2 辑（总第 20 辑），人民法院出版社 1997 年版，第 125 页。

本案原告饲养的猪跑出吃青，按《民法通则》第127条的规定精神，除非其能证明是由于第三人的过错造成的，就应推定其在管理上有过错。这种过错是产生应受村规民约处罚的直接原因，故其对本案发生的损害后果也应承担一定的责任。

3. 我国《侵权责任法》第十章中规定的“饲养的动物”应具备以下几个条件：

（1）动物为特定的人所有或占有。

（2）饲养者或管理者对动物具有适当程度的控制力。

（3）动物依其自身的特性有可能对他人的人身或财产造成损害。

（4）动物为家畜、家禽、宠物或驯养的野兽、爬行类动物等。

【案例13－4－3】机动车撞了宠物也要赔偿

——《天津规定机动车与宠物狗相撞按交通事故处理》①

近年来，车狗相撞引发的赔偿纠纷数量呈上升趋势，这是否属于交通事故以及如何赔偿成为纠纷争论的焦点。天津市公安交管局日前发布最新解释称，车与宠物狗相撞应按交通事故受理。

根据《道路交通安全法》规定，交通事故指车辆在道路上因过错或意外造成人身伤亡或财产损失的事件，包括四个构成要素：主体为车辆；事故发生道路是指公路、城市道路，包括广场、公共停车场等公众通行场所；事故原因是车辆方过错或意外；事故后果为人身伤亡或财产损失。

天津市公安交管局介绍说，机动车在道路上与宠物狗相撞符合这四个构成要素属交通事故，应按交通事故来处理。交管部门接到车狗相撞交通事故报警后应当受理，并作必要的现场记录，核实事故损失，判定当事双方责任。认定此类交通事故责任应把负有管理

① 《天津规定机动车与宠物狗相撞按交通事故处理》，http://www.sina.com.cn，2006年05月31日14：38，新华网天津5月31日电（刘元旭、杨栋）。

责任的宠物狗主人作为一方当事人，根据交通事故当事人行为对发生交通事故所起作用及过错程度，确定当事人责任。

天津市公安交管局有关负责人指出，在车狗相撞引发的赔偿纠纷中，有两个认识误区应澄清：一是“宠物狗享有路权可上路”。按规定，养犬人携犬出户应使用束犬链，由成年人牵领，不允许宠物狗独自上路，而宠物狗可由主人牵着上路是因主人拥有路权。二是“车撞无证宠物狗也要承担赔偿责任”。因为城市饲养宠物狗须办《养犬许可证》《犬类免疫证》及号牌，对未办理《许可证》的无证狗不应认定为合法财产，车撞无证狗司机可免责。

（三）饲养动物致人损害责任的构成要件

1. 存在饲养动物的加害行为

这里的“加害行为”是指人的饲养行为与动物的致人损害行为的复合。只有这两种行为相结合，才能构成“加害行为”。

在一般侵权行为中，作为侵权责任构成要件的加害行为，通常是加害人的直接行为。但在饲养动物致人损害的侵权责任中，饲养动物是直接的行为者，即饲养动物的独立动作导致他人损害。所谓“饲养动物的独立动作”，是指饲养动物基于其本身具有的危险性，在不受外力强制或驱使下做出的自身动作。若饲养动物是在外力强制或驱使下做出的自身动作，则不属于“饲养动物的独立动作”，而是人的行为。在这种情况下，饲养动物充当的是致害工具，行为人应当承担一般侵权责任。①

2. 有损害结果发生

饲养动物的加害行为通常会导致以下损害结果：首先是纯粹的财产损害，如地里的庄稼被牲畜吃掉或践踏；其次是对人身造成损害，受害人经过一定时间得到恢复，但需付出医疗费、护理费、误工费、精神抚慰金或其他收入等；再次是致人死亡，将涉及救治费

---

① 王利明主编：《中国民法案例与学理研究》（侵权行为篇，亲属继承篇），法律出版社 2003 年版，第 158 页。

用、丧葬费、死亡赔偿金以及受害人生前抚养者（如丧失劳动能力的父母、未成年子女）的生活费用等。

3. 饲养动物的加害行为与损害结果之间存在因果关系

饲养动物的加害行为与损害结果之间必须具有事实上的因果关系。其判断标准应以相当因果关系为依据，有直接因果关系的，自无疑义；有间接因果关系的，为适当条件者，仍构成侵权责任。例如，马受惊后撞翻路旁的车辆，因车辆倒翻而砸坏他人货物，为有因果关系；动物咬伤他人，致感染败血症而死，亦为有因果关系。①

在饲养动物致人损害案件中，受害人应当证明侵害行为与损害结果之间的因果关系。但在某些案件中，只需受害人对因果关系证明到一定程度，举证责任就转移到动物饲养人或者管理人一方。

> **很明显，受害人被狗咬伤受到的伤害是由动物“造成的”，但是在法律上不能归责于狗，正如一有缺陷的机器造成伤害在法律上是不能归责于机器一样。一个动物既不能被认定承担责任，也不能实施法律意义上的“行为”；它不能对其“作为”或“不作为”进行解释。而对人的行为而言，因果关系导致或者限制责任。然而，因果关系这一法律观念的效能不适用于物。在法律上，物包括了动物，或者至少动物被当作物对待。**
>
> ［德］克雷斯蒂安·冯·巴尔

二、饲养动物致人损害责任的归责原则和免责事由

（一）归责原则

饲养的动物虽然不同于高度危险作业带来的危险，但在饲养动

① 王利明、杨立新编著：《侵权行为法》，法律出版社 1996 年版，第 300 页。

物致人损害责任的归责原则上，各国一般适用无过错责任的归责原则或者严格责任的归责原则。

虽然我国民法学界在无过错责任问题上存在着尖锐的争论，一般都认为我国《民法通则》第127条所规定的饲养动物致人损害的民事责任是一种无过错责任。

《侵权责任法》继续采用了无过错原则作为一般归责原则。然而，在动物园的动物致人损害时，《侵权责任法》第81条规定："动物园的动物造成他人损害的，动物园应当承担侵权责任，但能够证明尽到管理职责的，不承担责任"，这里采取了过错推定的原则。

【案例13-4-4】动物园对动物咬伤游客负赔偿责任
——《陈某诉甲小学、乙公园动物致人损害赔偿纠纷案》①

甲小学在进行安全教育后，组织学生去丙公园观赏秋色。陈乙和几位同学来到公园内的动物园入口处，工作人员收取每位学生1元钱后，让这些学生进入了动物园。陈某为给狗熊喂汽水，翻越熊舍前的防护栏杆，将拿着汽水瓶的左手伸进熊舍的铁栏栅，瞬间被一只狗熊咬住了左臂，挣扎中右手又遭另一只狗熊抓咬。陈某被闻讯赶到的教师送往医院救治。

甲小学为此垫支医疗费17944.40元，陈某的父母从该校付款2000元。从特困捐助款中给付12000元，获得学生伤害保险赔款21875.90元。

经查甲小学组织学生去公园，随行教师仅有5名，且在公园内任学生自由活动。乙公园在入口处设有游客须知标牌，在熊舍处设有警示标牌，上有"观赏动物时，身体部位切勿越过护栏，防止

① 《陈星星诉如皋市如城镇邓元小学、如皋市人民公园动物致人损害赔偿纠纷案》，载最高人民法院中国应用法学研究所编：《人民法院案例选》2005年第4辑（总第54辑），人民法院出版社2005年版，第124页。

动物伤害。爱护动物，不要向笼舍内乱抛杂物以及食物，不要逗引动物”等警示语。经现场勘验，熊舍迎面为铁栏栅，栏栅间距6.5厘米，铁栏栅外1.2米处设有防护栏杆，栏杆高1.2米。

法院认为，原告陈某已满12周岁，系小学高年级学生，已具备起码的安全常识及相应的认知能力。然而，在学校已进行安全教育，公园亦有安全警示标志的情况下，置危险于不顾，翻越护栏、逗引狗熊，以致造成被狗熊咬伤的惨剧。应当认定，原告自身的过错是导致事故发生的直接原因，其监护人应承担事故的相应责任。

被告甲小学组织学生校外活动中，仅有5名教师随行，对5个班的未成年学生而言，显然偏少。且放任学生自由活动，对由此可能出现的安全隐患，未能采取相应的安全防范措施，如派教师把守动物园入口处等，故甲小学在本起事故中存在明显过错，应承担与其过错程度相适应的责任。

被告乙公园虽履行了应尽的警示义务，但工作人员为招揽游人，以低于儿童票价的特殊收费让原告等学生进入动物园，并未对这些特殊游人予以特殊关注，应当认定乙公园尚未完全尽到合理限度范围内的安全保障义务，应承担事故的一定责任。

二审驳回上诉人的上诉请求。

本案之中，被告乙公园尚未完全尽到合理限度范围内的安全保障义务，应承担事故的一定责任。

首先，公园防护设施不足以保护未成年人。一是防护栏杆仅高1.2米，对于10周岁以上的未成人来说，翻越十分容易；二是熊舍铁栅栏间距过大，为6.5厘米，不足以阻隔未成年人的手臂伸入，如果铁栅栏外再设一层铁网，则可避免这种危险。

其次，乙公园对未成年人的安全保护未尽注意义务。动物园有猛兽区，这是公园工作人员明知的，而未成年人好奇心强、自制力差，公园工作人员应当预见到几个未成年学生进入动物后可能会无视警示语而逗引动物，因为疏忽大意而没有派人在猛兽区巡视，以致发生了损害，其主观过失是存在的。

基于此可知，公园并没有尽到管理职责，不能免责。只可因受害人的重大过失而减轻其责任。

（二）免责事由

动物的饲养人或者管理人并非要对饲养动物造成的一切损害承担赔偿责任。饲养动物致人损害的免责情形一般包括两类：一是法定免责；二是约定免责。

（1）受害人的过错

《侵权责任法》第78条规定："饲养的动物造成他人损害的，动物饲养人或者管理人应当承担侵权责任，但能够证明损害是因被侵权人故意或者重大过失造成的，可以不承担或者减轻责任。"规定了受害人的过错为法定的免责事由。

受害人的过错在不同的案件中并不完全相同。只有在受害人的过错是引起损害的全部或主要原因时，动物的饲养人或管理人才能免责。若受害人的过错只是引起损害的部分原因或次要原因，则不能免除动物饲养人或管理人的赔偿责任，而应适用过失相抵规则。

【案例13－4－5】狗伤人，主人赔不赔？

——《庄某诉谢某等动物致人损害赔偿纠纷案》[①]

两被告的女儿谢某叫原告到其家中玩耍。当原告行至被告家门口时，突然被两被告饲养的大狼狗咬伤耳朵，致原告的右耳廓外缘被咬断。原告经两次住院治疗，目前仍未痊愈，且右耳听力受到影响，原告请求法院依法判令两被告赔偿其损失。

法院经审理院认为：两被告饲养的狗咬伤原告，两被告作为狗的饲养人，应承担相应的民事责任。原告因遭受人身伤害，其请求符合法律的规定，应予支持。

---

① 《庄晓永诉谢得丰等动物致人损害赔偿纠纷案》，案例来源：北大法律信息网，http://vip.chinalawinfo.com/Case/displaycontent.asp? Gid=117464330。

在动物致人损害案件中，被告如能证明损害是由被害人自己的过错或第三人的过错造成的，则可以免责。本案中，被告以受害人故意逗弄狗以致被咬伤为由主张免除责任，但由于没有提出足够的证据来证明，故没有得到法院的支持，仍应就此损害承担赔偿责任。

(2) 第三人的过错

第三人挑逗、敲打、喂食他人饲养的动物或毁坏安全设施、警戒标志，致使受害人受到人身或财产损害的，第三人应当承担赔偿责任。对于非法占有人（偷盗）的责任，以第三人的过错论。

在上述两种情形中，动物的饲养人或管理人应承担受害人或第三人有过错的举证责任。动物的饲养人或管理人不仅有责任证明受害人或第三人的过错，而且有责任证明其过错行为与损害结果之间的因果关系。在我国司法实践中，有判决动物饲养人或管理人与有过错的第三人共同承担赔偿责任的案件。

【案例 13-4-6】没有防护措施的家犬伤人主人理应赔偿

——《梁某与郭某动物致人损害赔偿纠纷案》[①]

梁某与郭某系邻居，双方住所地有明文规定，对自养家犬不能随意在外放养，但郭某照样放养在公众场所。在梁某没有抓玩挑逗郭某饲养的家犬的情况下，该犬分别在9月25日、10月6日、12月22日三次咬伤梁某的左小腿、左脚背和右大腿，梁某被郭某的家犬咬伤后，在医院进行门诊治疗用去医疗费及检验费合计267.6元。双方未就赔偿问题达成协议，故梁某起诉至法院要求判令郭某支付医疗费、检验费、误工费、精神损失费等。

法院审理认为，梁某被郭某的家犬咬伤，非其抓玩挑逗此犬所

① 参见广东省佛山市中级人民法院（2003）佛中法民一终字第1257号民事判决书。

致，其行为没有过错，郭某所在住所地亦明文规定对自养家犬不能随意在外放养，郭某没有管理好所养家犬，致其在公共场所咬伤梁某，导致本次纠纷的责任在郭某，故其应承担赔偿责任。

饲养动物应当符合有关管理规定，饲养人或管理人对动物必须采取适当的安全措施以防止造成他人损害，否则，动物饲养人或者管理人应当承担侵权责任。本案中，郭某违反了所在住所地关于自养家犬不能随意在外放养的明文规定，没有尽到管理好所养家犬的责任，致其在公共场所咬伤梁某，故其应承担赔偿责任。并且，根据《侵权责任法》第 79 条的规定，本案中即使梁某有抓玩挑逗郭某家犬的行为，郭某也不能将此作为抗辩理由。

（3）默示免责

如果动物饲养人或管理人（合法占有使用人）与驯兽员、兽医、服务人员（如修蹄工）因雇佣或者劳务关系存在明示或默示的免责约定，就可免除动物饲养人或管理人因动物致上述人员损害的赔偿责任。当事人可以在合同中明确约定免责的内容和范围。在没有明示约定的情况下，也可推定他们之间具有某种默示的免责约定。但无论有无明示的免责约定，动物饲养人或管理人都应当提供适当的劳动保护条件和安全措施，并事先告知该动物的特别危险。

（4）不可抗力

我国《民法通则》第 107 条规定："因不可抗力不能履行合同或者造成他人损害的，不承担民事责任，法律另有规定的除外。"这条规定是适用于饲养动物致人损害的，因为《民法通则》第 127 条并没有作出特别的除外规定不将其列为免责条件。

【案例 13 -4 -7】击毙疯牛实属无奈无须赔偿

——《公牛发疯公路上狂奔 600 多米被警方击毙》①

某日，一头待装车公牛突然发疯，在西坪公路上狂奔 600 多米后，冲进火车北站公路集装箱公司院内四处乱窜，派出所所长穆某当场将发疯公牛击毙。

甲是当地的屠宰户，看到牛突然冲出院子，焦急的他一边给朋友打电话求助，一边开车去追牛。近一个小时后，才将公牛赶进火车北站公路集装箱公司院内，他拨打了“110”报警。

民警说，当时院内，还有好多名装卸工人和一些群众，公牛不时作出准备攻击动作，当时很难控制它。

民警将现场群众疏散后在附近隐藏起来，穆某当场将牛击毙，未造成任何人员受伤。

三、饲养人或管理人的赔偿责任

（一）饲养动物致人损害的赔偿义务人

1. 各国法律的规定

各国法律规定虽有差别，但都围绕着一个中心：承担赔偿责任的义务主体与饲养的动物之间的物权关系。

> **【各国法律规定】**
> **《十二表铜表法》规定：所有人；**
> **《法国民法典》规定：所有人或使用人；**
> **《德国民法典》规定：占有人或管理人；**
> **《日本民法典》规定：占有人；**
> **我国《民法通则》规定：动物的饲养人或动物的管理人。**

① 《公牛发疯公路上狂奔600 多米被警方击毙》，2011 年01 月14 日10：55，乌鲁木齐在线讯（记者 刘青霞 通讯员 苏成银）。

【案例 13－4－8】第三人的牛顶伤代为看管的牛怎么赔？
——《王某诉司某受委托为其放牛虽约定牛被顶伤自担损失仍要求赔偿其牛被顶伤的损失案》①

被告国某给原告王某、被告司某放牛，每头牛每年放牧费 180 元。在放牧过程中，原告王某的牛被被告司某的牛顶伤，原告的牛因此不能食草。事情发生后，原告王某向法院起诉，请求司某、国某二被告予以赔偿。

法院经审理作出判决：（1）被告国某、司某赔偿原告王某经济损失 1100 元。（2）两被告相互承担连带责任。

本案即涉及动物的饲养人与管理人相分离的情况下（代为看管），动物致人损害的责任由谁承担的问题。本案中，若司某与国某之间是雇佣关系，由于雇工是在雇主的指派、管理之下，为雇主的利益使用和管理牛，雇工的行为对外应视为雇主的行为，依据《侵权责任法》第 78 条规定："饲养的动物造成他人损害的，动物饲养人或者管理人应当承担侵权责任。"因此本案法院的判决二人承担连带责任应当说是合理的。

2．我国法律的规定。

《侵权责任法》第 78 条规定："饲养的动物造成他人损害的，动物饲养人或者管理人应当承担侵权责任。"我国通说认为，动物的饲养人，是指动物的所有人，动物的管理人是指实际控制和管束动物的人。

（二）饲养动物脱逃或放归野生后致人损害的赔偿义务人

《侵权责任法》第 82 条规定："遗弃、逃逸的动物在遗弃、逃

① 《王殿江诉司国显受委托为其放牛虽约定牛被顶伤自担损失仍要求赔偿其牛被顶伤的损失案》，载最高人民法院中国应用法研究所编：《人民法院案例选》2000 年第 4 辑（总第 34 辑），人民法院出版社 2001 年版，第 125 页。

逸期间造成他人损害的，由原动物饲养人或者管理人承担侵权责任。”

一般认为，家畜、家禽以及狗、猫等宠物脱逃的，不能免除所有人或合法占有人的赔偿责任。其在逃逸、迷失期间，仍应视为饲养动物，但已回复野生状态的除外。

【案例13－4－9】世界濒危保护动物的东北虎侵权咋办?

——《饥饿东北虎咬伤家畜　黑龙江村民需要补偿》①

冬季到来后，作为世界濒危保护动物的东北虎不时咬伤、咬死家畜。对此，黑龙江省绥阳林业局工作人员说，只有政府对家畜被虎所伤的人家进行适当补偿，才能调动当地百姓爱虎、护虎的热情。

2006年秋天，一只饥饿的东北虎吃了一头小牛、咬伤一头大牛，后来被村民追赶跑进了森林；2006年初冬又有一只东北虎吃了一头牛、一只羊；2007年1月中旬，在暖泉河林场再次发现东北虎踪迹。

当地村民对频频出现的“虎患”感到无可奈何。对此，绥阳林业局丁某认为，从东北虎保护和村民利益出发，除了提醒村民上山注意安全，最好结伴而行，不能带狗同行外，还应出台规定，对家畜被虎所伤的人家进行适当经济补偿，这样才能让当地百姓配合政府部门搞好东北虎的保护工作。

（三）过错第三人的责任

《侵权责任法》第83条规定：“因第三人的过错致使动物造成他人损害的，被侵权人可以向动物饲养人或者管理人请求赔偿，也可以向第三人请求赔偿。动物饲养人或者管理人赔偿后，有权向第

① 《饥饿东北虎咬伤家畜　黑龙江村民需要补偿》，新华网哈尔滨1月31日专电（记者颜秉光），http://www.sina.com.cn,2007年01月31日18:59，新华网。

三人追偿。”

我国《民法通则》第127条关于动物侵权的规定表明，由于第三人的过错造成损害的，第三人应当承担民事责任。《侵权责任法》修正了《民法通则》的规定，扩大了受害人请求救济的责任主体范围，将饲养人、管理人纳入因第三人过错造成的动物侵权的责任主体之中。这实际上是一种不真正连带责任，损害赔偿责任应由造成损害发生的直接责任人即第三人承担。动物饲养人或管理人承担责任后，有权向第三人追偿。《侵权责任法》采取这样的立法例，主要是基于保护受害者的立法倾向。

【案例13－4－10】行窃的小偷被看家狗咬死法律站在哪一边?
——《夜坠别墅庭院 看家烈犬咬死不速之客》①

翻过围墙 男子被两狼狗撕咬

正在大家四处寻找小偷时，一阵“救命”声传来，求救声来自围墙外别墅的私家花园。两条身长足足1米多的大狼狗正趴在一男子的身上，男子蜷缩在地上，裤子和内裤都被撕烂了，“下身”被咬得血淋淋的。

几分钟后，“110”巡警到达现场，民警立即通知“120”。经“120”诊治，男子已没有生命迹象。

被狼狗咬死的男子叫田某，贵州人。田某是否涉嫌盗窃，警方表示正在调查。

争议：狗主人该不该赔偿 众说纷纭

据警方一位人士讲，像狼狗这种大型烈犬，在城区办不到养狗证。

狗主人该不该承担责任，成为居民们热议的话题。有人认为，

---

① 《正文夜坠别墅庭院 看家烈犬咬死不速之客》2009－11－27，09：03，成都商报。

即使是小偷也罪不至死，主人应承担赔偿责任。有的居民则认为，养狗看家护院，男子是自己闯进去的，那么高的围墙偏要翻进去，是咎由自取。究竟赔不赔，律师也有分歧。瑞月永华律师事务所蒲律师表示，狗主人在别墅内养狗，是封闭式的，田某非法侵入他人住宅，导致人身伤害，狗主人可以不承担责任，这跟是否具有养狗证无关。四川公生明律师事务所蒋律师也认为，田某侵犯了私人住宅，只要不是狗主人故意放狗咬人，就不应承担责任。

四川广力律师事务所邢律师则认为，饲养动物致人损害，属于特殊的民事侵权行为。如果狗主人属于非法饲养，就应承担一定责任，田某未经允许闯入私人住宅，也应承担相应责任。四川亳达律师事务所蒲律师表示，狼狗不是在教唆下攻击的，尽管不承担刑事责任，但由于狼狗把人咬死，狗主人还是应进行相应的民事赔偿。

跋

王泽鉴老师曾说过："学习法律的最佳方法是，先读一本简明的教科书，期能通盘了解该法律的体系结构及基本概念。其后再以实例作为出发点，研读各家教科书、专题研究、论文及判例评释……"①

作为一名法学工作者，我深知法律的生命力终究应当在实践中获得，故而我始终关注着法律与实务的衔接。作为一名法学教授，在教学中我体会到仅仅学习具体的条文和规定，而不理解这些法律规范背后所蕴含的深刻的法理考量因素，是不足以掌握和运用法律来解决实际问题的。而只有通过对案例的分析和掌握，才是掌握条文以及理解其所蕴含的深刻理念的捷径。注重案例的学习和探讨，无疑对学生掌握法学知识和法律条文的运用，大有裨益。

循着这种思路，2005 年 2 月我受命主编了《民法学卷四·侵权责任法》，2005 年 6 月我主编了《侵权责任法案例重述》，这两本书都已由中国政法大学出版社出版。

2009 年《侵权责任法》颁布后，我立即整理我的侵权责任法讲义及多年所收集的真实案例，开始了《中华人民共和国侵权责任法条文释义与典型案例详解》，该书已由法律出版社 2010 年 4 月出版发行。《侵权责任法典型案例实务教程》这本书就是在这些研究的基础上，对侵权责任法适用中典型案例的再次编撰，其以我多年的教案为基础，力求通俗易懂，在构建理论体系的同时，尽量与

① 王泽鉴：《法律思维与民法实例：请求权基础理论体系》，中国政法大学出版社 2001 年版，第 17 页。

实践相结合。

本书收录了自 1992 年以来《人民法院案例选》、《最高人民法院公报》和《中国审判案例要览》公布的几乎所有侵权法案例，当然也收集了媒体对许多新的社会事件的报道，我们希望通过对这些案例特别是判例的重新分析和梳理，来论证并理解和把握这些知识背后所蕴含的深刻的人文及法理理念，以期帮助读者准确、系统地掌握《侵权责任法》的新发展。

在这本书终得以面世之际，自己深感编撰过程之艰辛。首先，案例的寻找，特别是收集那些力求使其与法条内容相契合的侵权责任法真实案例，并非一件信手拈来且随心所欲的工作。其次，对所找到的案例予以规范的注释也非常不容易。在本书中，我们对每个案例都力争注明作者及出处，尽最大可能避免了以前在所难免地出现的“案例自编”之窘境，以求最终可以使每一个读者欲溯本求源之时，均能够明白当时法官的思维过程，使读者真正弄清中国的法律人是如何将西方的民法理论这一普世真理，与中国司法实践相结合，创造性地推进我国民事审判工作的。

在本书的编撰过程中，我指导的硕士生、博士生和访问学者对本书所需材料的收集、整理、编排做了大量的工作。总而言之，本书是我所带领的这一学术团队共同创作的结果。

参加本书撰稿以及资料收集整理的人员是：访问学者周黎、崔俊贵，博士生王芳、丁小团、孙丽、刘志强、郭志京、孔德峰、唐飞、李志国，硕士研究生王宁、禹良、杨怀智、贾永智、贾明星、刘艳明、刘诗瑜、马秋影、刘天舒、王倩、何耀佳、高杨、郑杰、何冠楠、古丽努尔、崔华洁、杨永营、邱杨、蔡晓仪、杨舒淇、刘菲菲、范静怡、温松梅、李敏、张珺、李兆军、高海玲等。

对于我的学生们为此所做的辛勤工作，特别是对最终付出极大的努力，完成统校的副主编周黎女士，在本书终于得以面世之际，我作为这本书的指导与组织者，特致谢忱。我的每一个学生都有其特别的贡献，但周黎作为一名访问学者，付出了更多的耐心和努力，为本书的最终完成做出了辛勤的劳动。没有她的智慧和努力，这本书难以出版。当然，王芳女士对本书案例的概括与抽象，撰写了极为经典的样稿，表现出了卓越的才华与极强的文字表达能力。总之，本书是集体智慧的结晶。

当然，由于《侵权责任法》刚刚通过，本书的撰写时间仓促，加之笔者的能力有限，书中不足之处在所难免。殷切期望广大读者不吝赐教，以便本书再版时能进一步完善。

李显冬

2011年5月25日

于北京蓟门桥政法大学老校